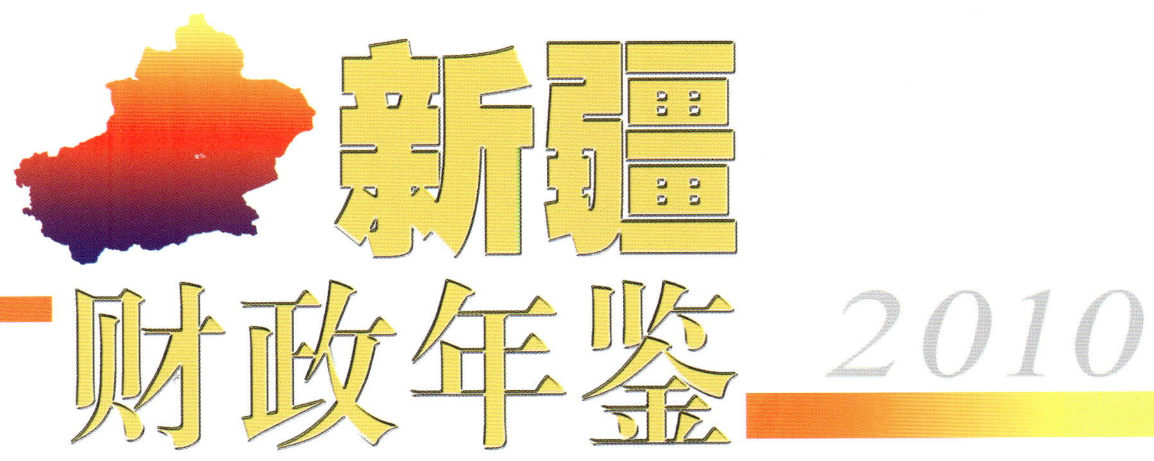

新疆财政年鉴 2010

FINANCE YEARBOOK OF XINJIANG

新疆财政年鉴编辑委员会 编

中国财政经济出版社

图书在版编目（CIP）数据

新疆财政年鉴2010/新疆财政年鉴编辑委员会编. —北京：中国财政经济出版社，2012.1
ISBN 978－7－5095－3349－9

Ⅰ. ①新…　Ⅱ. ①新…　Ⅲ. ①地方财政－新疆－2010－年鉴　Ⅳ. ①F812.745－54

中国版本图书馆CIP数据核字（2011）第282325号

责任编辑：陆宗祥　　　　责任校对：王　英
封面设计：张德林　　　　版式设计：博　华

中国财政经济出版社 出版
URL：http：//www.cfeph.cn
E－mail：cfeph@cfeph.cn

社址：北京市海淀区阜成路甲28号　邮政编码：100142
发行处电话：88190406　财经书店电话：64033436
北京富生印刷厂印刷　各地新华书店经销
880×1230毫米　16开　41.5印张　968 000字
2012年2月第1版　2012年2月北京第1次印刷
定价：398.00元
ISBN 978－7－5095－3349－9/F·2839
（图书出现印装问题，本社负责调换）
本社质量投诉电话：010－88190744

2011年1月6日，自治区党委常委、自治区常务副主席黄卫出席自治区财税工作会议并讲话。

2011年1月6日，自治区财税工作会议在乌鲁木齐市召开。

2011年1月7日，自治区财政厅厅长弯海川出席财政会议并讲话。

2011年1月7日，自治区财政工作会议在乌鲁木齐市召开。

2010年5月17日，中共中央、国务院召开新疆工作座谈会。图为全厅干部职工学习传达新疆工作座谈会会议精神。

2010年2月7日，财政部副部长丁学东赴自治区财政厅检查指导工作。

2010年10月26日，财政部部长助理胡静林赴新疆调研强农惠农工作。图为胡静林同志在自治区财政厅指导工作。

2011年1月8日，自治区财政厅举行"两基"建设工作经验交流会。

2010年10月24日，自治区乡镇财政建设工作现场会在伊犁举行。

2010年11月29日，自治区财政厅“两基”建设交流会议在乌鲁木齐市召开。

2010年11月29日，自治区财政厅召开“两基”建设交流会现场。

2010年7月5日，上海市政府援疆工作规划调研组一行来自治区财政厅调研。

2010年6月1日，自治区财政厅举办“爱我伟大中华、建设美好新疆”知识竞赛。

2010年9月7日，财政厅第四届职工运动会。

2010年12月，自治区会计学会成立30周年纪念大会召开。

2003－2010年新疆财政一般预算收入、上划中央税收、一般预算支出增长变化示意图

单位：亿元

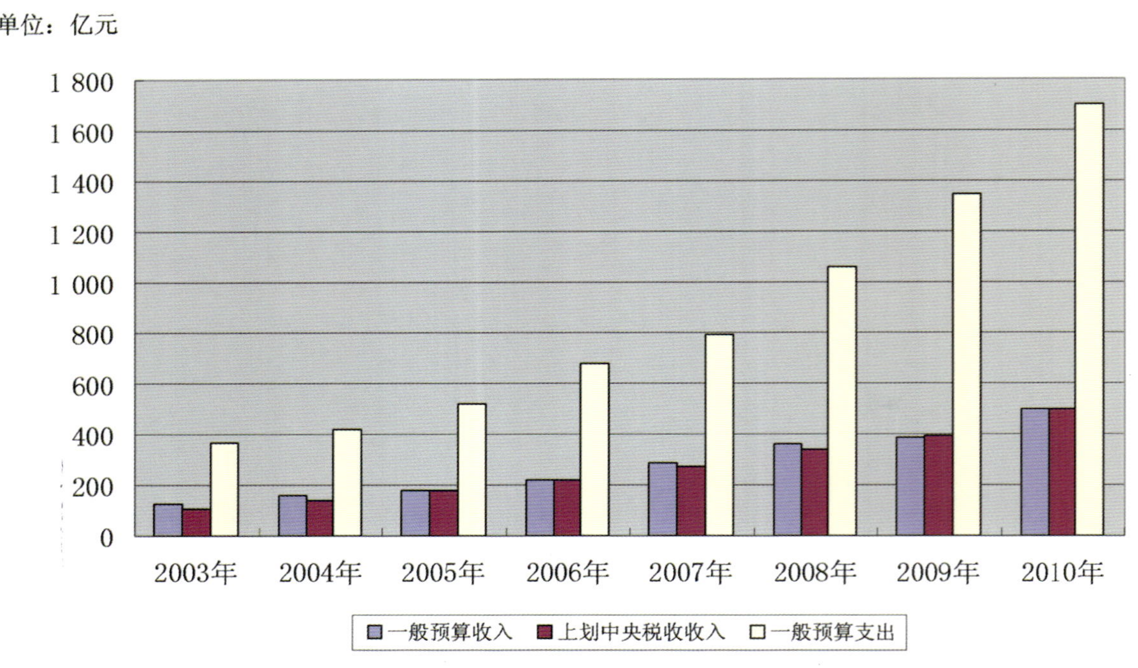

2010年新疆地方财政收入构成图

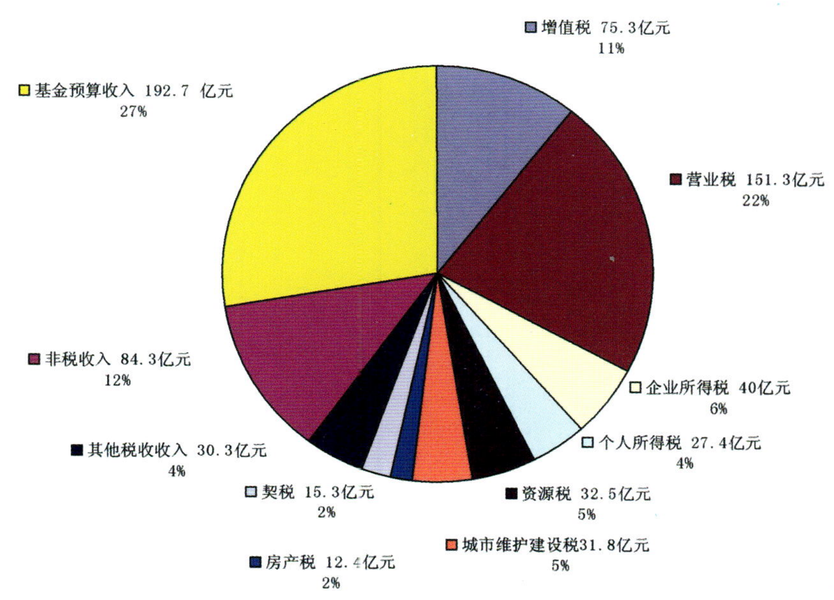

2010年新疆地方财政支出构成图

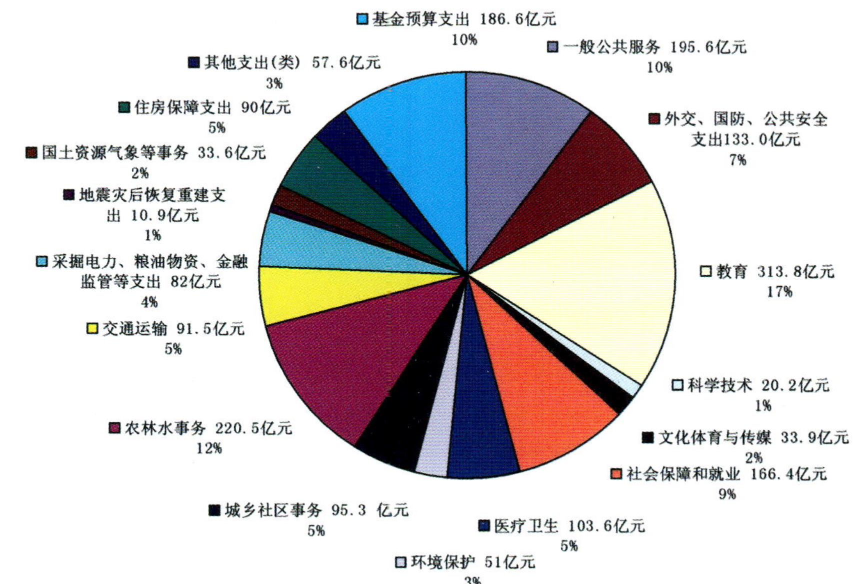

2010年新疆各级财政一般预算收入构成图

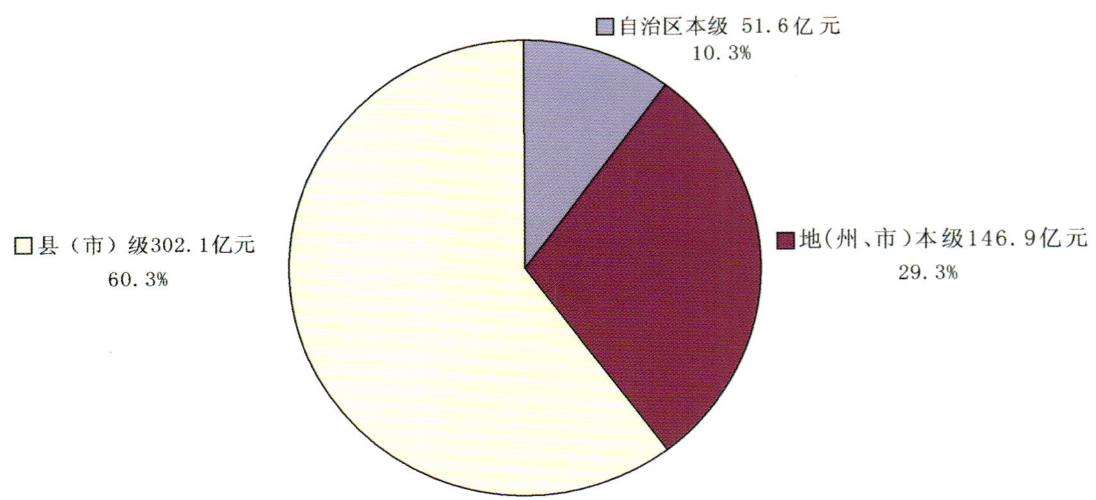

2010年新疆各地、州、市财政收入排名分布图

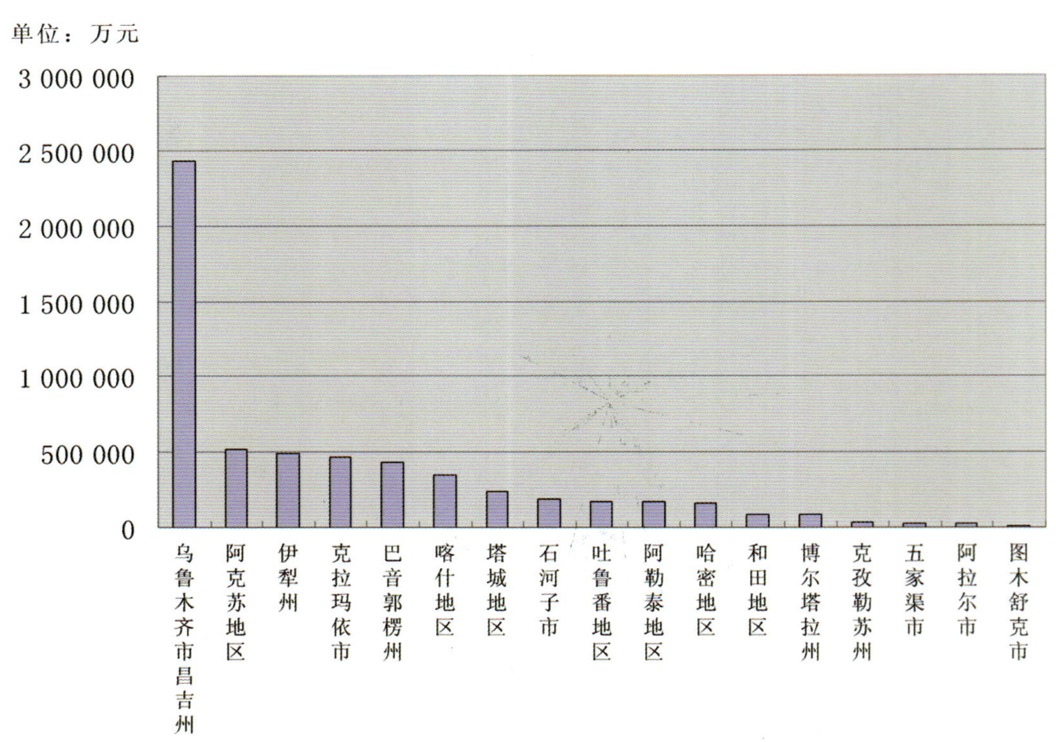

《新疆财政年鉴2010》

编辑委员会

《新疆财政年鉴2010》

编辑部成员

（新疆维吾尔自治区财政厅）

主　　编：谢　煊

副 主 编：艾新鲁　蔡湘平

责任编辑：赵晓文

编　　辑：马新华　陈岩岭　刘长江　卢　芳　陈　杰　任守德

目　录

第一部分　重要财经文献

第二部分 新疆财政工作概况

第三部分　各地、州、市财政工作概况

第四部分　财政统计资料

第五部分　财政法规选编

第六部分　财政干部、机构、教育

第七部分　财政大事记

第一部分

重要财经文献

政府工作报告（摘要）

——在新疆维吾尔自治区第十一届人民代表大会第四次会议上

自治区政府主席　努尔·白克力

（2011年1月14日）

一、过去五年及2010年的工作

过去五年，极不平凡。我们在党中央、国务院和自治区党委的坚强领导下，坚持以邓小平理论和“三个代表”重要思想为指导，深入贯彻落实科学发展观，积极应对国际金融危机冲击，坚决打击境内外敌对势力的分裂破坏活动，努力化解社会转型期的各类矛盾，紧紧抓住国家实施西部大开发战略和中央推进新疆加快发展一系列重大决策部署的有利时机，艰苦奋斗、锐意进取，经济实力明显增强，改革开放深入推进，结构调整步伐加快，基础产业、基础设施和生态环境建设不断加强，各项社会事业蓬勃发展，人民生活进一步改善，法治政府建设取得明显成效，天山南北发生了翻天覆地的变化。“十一五”规划确定的主要预期目标任务胜利完成，为“十二五”时期经济社会发展奠定了坚实基础。初步统计，五年间全区生产总值年均增长10.6%，地方财政一般预算收入年均增长22.7%，全社会固定资产投资年均增长21.2%，社会消费品零售总额年均增长16.7%，外贸进出口总额年均增长16.6%，城镇居民人均可支配收入和农民人均纯收入年均分别增长11%和12.7%，累计新增城镇就业207万人，城镇登记失业率控制在4%以内，人口自然增长率控制在11‰以下，单位生产总值能耗下降10.2%，化学需氧量、二氧化硫排放量基本完成总量控制目标。

刚刚过去的2010年，是新疆受国际金融危机和“7·5”事件双重影响，发展和稳定面临复杂严峻形势，充满挑战的一年；也是中央召开新疆工作座谈会，提出实现新疆跨越式发展和长治久安战略决策，新疆面临历史性大机遇，各族人民群众充满期盼和坚定信心、团结奋斗的一年。我们坚持以科学发展观为统领，认真贯彻落实中央新疆工作座谈会、全国对口援疆工作会议和自治区党委七届九次全委（扩大）会议精神，解放思想、凝聚力量、抢抓机遇、扎实工作，努力推进经济快速发展，着力改善民生，全力维护社会稳定，提振了各族人民实现科学跨越、后发赶超的信心，增强了全社会的凝聚力和向心力，形成了大建设、大开放、大发展的良好局面。全区生产总值预计5 000亿元，增长10.5%；全社会固定资产投资预计完成3 539亿元，增长25.2%；社会消费品零售总额1 378亿元，增长17%；外贸进出口总额171.3亿美元，增长23.9%；全口径财政收入1 190.7亿元，增长34.7%，其中地方财政一般预算收入500.5亿元，增长28.8%；地方财政一般预算支出1 695.1亿元，增长25.9%；城镇居民人均可支配收入13 500元，增长10%；农民人均纯收入4 500元，同比增长15.9%。

（一）新型工业化进程加快

不断丰富完善新型工业化发展思路，加快以石油石化、煤电煤化工、有色金属、特色农产品深加工、高新技术等为主导的新型工业化步伐，提升了工业经济质量。工业增加值预计完成1 950亿元，增长13.5%；规模以上工业企业实现利润765亿元，增长69%。积极推动进疆大企业大集团建设项目的立项、开工和建设工作。依托建设国家大型石油石化基地的有利条件，争取中央石油企业的支持，开展石化下游产业的深度合作，推动了克拉玛依、米东、库车及独奎等石化工业园区建设，促进了石化下游产业集群化发展。地方工业快速发展，增加值增长20.5%，占全部工业增加值34%。出台《关于促进中小企业发展的实施意见》。中小企业实力不断增强，涉足领域不断扩大，在吸纳就业、增加税收、优化经济结构、构建和谐社会等方面发挥了重要作用。信息化建设步伐加快，电子政务试点和“数字城市”建设取得初步成效。生态环保型工业园区建设、循环经济和低碳经济发展受到高度重视，产业集聚和产业升级得到普遍关注，新建工业项目基本实现了园区化。49家国家和自治区级园区已成为自治区新型工业化的重要载体。

（二）“三农”工作成效显著

在自然灾害影响和市场波动较大的情况下，围绕发展六大产业，坚持以市场开拓为重点、加工增值为目标、农民增收为核心，大力推进现代农牧业发展。粮食总产量1 171万吨，创历史新高；棉花总产量248万吨，棉农收益大幅提升；林果面积1 700万亩，林果产品总产量800万吨；现代畜牧业快速发展，规模养殖水平不断提高。主要农作物良种覆盖率为90%，农业综合机械化率80%，设施农业面积达100万亩，新增高效节水面积380万亩、绿色食品原料基地620万亩、农业标准化生产示范区62个。新增中国驰名商标、新疆著名商标和新疆品牌产品88个。加快北京、上海、广州等城市农产品展销中心建设，推动农产品营销模式的全面创新，实现了农产品网上交易，完善了农产品流通服务体系。龙头企业带动250万农户增收，实现销售收入516亿元。培训农村富余劳动力67万人次，转移农村劳动力210万人次，劳务创收80亿元。农村生产生活条件继续改善，解决了120万农村居民的安全饮水问题，新增12万沼气用户。新建和改造农村公路5 503公里。投入扶贫资金8.7亿元，实施扶贫项目565个。投入移民安置资金11.4亿元，实施移民民生工程113个。

（三）投资力度不断加大

着力加强重大基础设施和生态环境保护项目建设。完成重点建设项目投资1 200亿元，增长20%。下坂地水利枢纽、吐鲁番机场、国道314线库尔勒—库车高速公路等42个重点项目建成投运，喀什—和田铁路开通运营，实现了新疆与西北750千伏电网联网。卡拉贝利水利枢纽、库车—阿克苏高速公路等32个重点项目开工建设。兰新铁路第二双线、国道217线独山子—乔尔玛公路等项目加快实施。新增前期费10亿元，一批重大项目前期工作加速推进。城乡通信网络建设不断加强。重点流域综合治理、天然林保护、平原绿化、荒漠植被恢复、土地整治、矿山地质环境恢复治理等生态工程建设全面加快。完成造林 295 万亩、退耕还林 39 万亩、退牧还草 1 630 万亩。实施各类污染减排、环境综合整治项目 127 个。

（四）人民生活明显改善

坚持民生优先，着力解决各族群众最直接、最关心、最紧迫的问题，财政用于民生支出 1 198 亿元，占地方财政一般预算支出 71%，增长 26.4%。大力实施安居富民、定居兴牧工程，19.1 万户农牧民实现安居。大企业大集团以冠名方式无偿援建水库项目进展顺利。新建廉租住房 8.5 万套、公共租赁住房 1.2 万套，棚户区改造 7 万户。采取 24 小时动态清零措施，近 4 万户“零就业”家庭至少一人就业。出台《关于进一步促进大中专毕业生就业的意见》。80% 以上应届大学毕业生实现就业。城镇五项社会保险参保人数达 1 370 万人。城镇职工和城镇居民医保参保率分别为 91.4% 和 85.5%。30 万“五七工”“家属工”等集体企业未参保人员纳入基本养老保险。新型农村养老保险试点扩大到 56 个县（市），参保 358 万人。新农合覆盖农牧业人口 1 034 万，参合率为 98.6%，住院报销比例增加 5 个百分点。提高城乡居民最低生活保障水平，实现了应保尽保、分类施保。增加了农村“四老”人员、村干部、企业离退休人员和干部、职工的收入。突发应急救援体系建设不断完善，成功应急营救 4 000 余人，最大限度地减少了事件造成的损失。市场持续繁荣，商品供给充足，满足了各族群众基本生活需求。

（五）社会事业全面发展

义务教育普及成果进一步巩固提高，中高等职业教育规模进一步扩大，高中阶段教育比例进一步提高，高等教育内涵建设成效明显，各类教育办学条件继续改善。各类教育在校学生 443.93 万人，主要劳动年龄人口平均受教育年限达 9 年。“双语”教育进一步普及，农村学前“双语”幼儿园建设成效显著。内高班办班城市增加到 36 个，办班学校增加到 66 所，在校生规模达 2.23 万人。高校和高中阶段贫困家庭学生资助面达 82%。科技新兴战略深入实施，区域创新体系进一步优化，科技创新能力不断提高，对经济社会发展的支撑引领作用明显增强。科技成果不断涌现，其中获得国家科技进步一等奖 3 项、二等奖 6 项。建成基层医疗卫生服务建设项目 391 个、农村计划生育服务站 168 个。计划生育利益导向政策取得明显成效。各类重大传染病、地方病得到有效防控。食品药品安全专项整治工作成效显著，确保了各族群众饮食用药安全。新建乡镇文化站、广播电视村村通项目 924 个和 8 463 个，东风工程、农家书屋工程、送书下乡工程扎实推进。兴边富民计划深入实施，加大了对人口较少民族发展的扶持力度。推进“贫困残疾人康复救助关爱工程”、“阳光助行工程”、“光明工程”和“扶贫就业基地建设工程”，提高和改善了群众生活质量。维护老年人合法权益、老年优服活动成效显著。成功举办 2010 年跆拳道世界杯、自治区第十二届运动会和自治区第七届少数民族传统体育运动会。在国内外重大比赛中取得 21 枚金牌、18 枚银牌、15 枚铜牌的历史最好成绩，在第十六届亚运会、亚残会上实现了历史性突破。高质量完成了全国第六次人口普查的登记复查工作。

（六）改革开放不断深入

乡财县管、农村土地流转、集体林权制度等农村改革深入推进。国有企业产权改革、资源整合力度不断加大，困难国有企业改制重组取得重大进展。非公有制经济快速发展，私营企业、个体工商户和外资企业注册资本分别增长 18%、22% 和 7%。民间投资日趋活跃，增长 67%，占投资总额的 30%。资源税改革率先实施，矿产资源探矿权采矿权出让管理进一步规范，重大项目资源配置机制逐步形成。公共财政管理体制改革不断深化，县级基本财力保障机制和激励约束机制不断健全，财政保障能力不断增强，税收职能作用进一步发挥。金融体制改革继续深化，地方银行、村镇银行、小额贷款公司迅速发展。农村基础金融服务全覆盖工作当年部署、当年完成。金融机构人民币各项贷款新增余额1 100亿元，增长30%，高于全国平均水平10个百分点。资本市场融资210亿元。农业保险保障能力不断提升，支持了受灾农牧民抗灾自救。医药卫生体制改革五项重点工作进展顺利。向西开放深入推进，能源资源大通道建设取得突破。中哈霍尔果斯国际边境合作中心建设步伐加快，喀什、霍尔果斯特殊经济开发区建设前期工作全面启动。开展了跨境贸易与投资人民币结算试点。第19届“乌洽会”成功举办，中国—亚欧首届博览会筹备工作扎实推进。与中亚、西亚及俄罗斯的经济技术合作日益深入。实际利用外资2.4亿美元，增长11.3%；引进区外到位资金1 300亿元，增长30%。接待入境旅游者106万人次，创汇3.7亿美元，分别增长45.7%和40.8%；接待国内旅游者3 000万人次，旅游收入280亿元，分别增长43%和58.4%，均创历史最好水平。

（七）援疆工作扎实推进

认真落实全国对口援疆工作会议精神，成立对口援疆工作领导小组，积极主动做好与对口援疆省市的协调对接，19个省（市）援疆干部工作队领队提前到位，第七批援疆干部全部进疆。认真编制援疆工作总体规划及各类专项规划，制订工作实施方案，签订一批援建项目合同。按照试点先行、民生优先原则，启动棚户区改造、廉租房建设、新农村建设、医院学校建设以及特色产业基地建设等99个对口支援试点项目，投入资金36.5亿元，其中援疆省市援助资金20亿元。组建了一批以援疆省市命名的工业园区，产业援疆迅速兴起，呈现强劲发展势头。与30多个国家部委及国内大企业大集团在多个领域签署了战略合作协议，在疆投资进一步增大。

（八）兵团建设不断加强

生产建设兵团认真贯彻落实中央新疆工作座谈会和全国对口援疆工作会议精神，以科学发展观为统领，全面推进经济建设、政治建设、文化建设、社会建设以及生态文明建设，经济社会呈现良好发展态势，为全区改革发展稳定作出了新的贡献。兵团生产总值预计完成751亿元，增长13.2%；固定资产投资420亿元，增长32%；外贸进出口总额56亿美元，增长20.2%；城镇居民人均可支配收入14 500元，增长12.2%；农牧工家庭人均纯收入8 680元，增长13.2%。

（九）社会大局保持稳定

广泛开展“热爱伟大祖国、建设美好家园”主题教育活动和民族团结进步创建活动，增强了各族干部群众的国家意识、公民意识和法治意识。依法加强对宗教事务的管理，充分发挥宗教人士和信教群众在促进经济发展、维护社会稳定方面的积极作用。认真解决群众关心的热点难点问题，加强新形势下的信访工作，有效化解人民内部矛盾，促进了社会和谐。创新社会服务管理模式，加强社会治安综合治理，打牢了维护社会稳定的工作基础。坚持“反暴力、讲法制、讲秩序”，做到维稳工作常态化，增强突发事件处置和社情舆情研判能力，粉碎了境内外“三股势力”的一系列分裂破坏活动，全区形势总体稳定、总体可控、总体向好。严格落实安全生产责任制，深化隐患排查治理，确保了安全生产形势基本稳定。初步建立、健全应急管理体制机制，应对自然灾害、事故灾难、公共卫生和社会安全等各类突发事件的能力全面加强。

一年来，我们坚决贯彻中央决策部署，奋力推进科学跨越、后发赶超，体现了新时期新阶段的“新疆效率”，求发展、谋富裕、思稳定、盼和谐已经成为新疆的主旋律。在看到成绩的同时，我们也清醒地认识到存在的问题和矛盾。经济发展滞后，结构不合理，城乡区域发展差距较大；城、乡居民收入水平偏低，民生改善任务繁重；政府职能转变和法治政府建设存在差距；维护社会稳定的任务十分艰巨。对于这些矛盾和问题，我们要高度重视，采取有效措施，认真加以解决。

回顾五年的历程，我们经受了严峻考验，取得了令人鼓舞的成就，经济社会全面发展，民生显著改善，成绩来之不易，经验弥足珍贵。实践证明，无论前进中的困难多么巨大，任务多么艰巨，只要我们坚定不移地贯彻落实党中央、国务院和自治区党委的决策部署，紧紧依靠全区各族干部群众，团结奋进、顽强拼搏，牢牢把握科学发展这个主题，加快转变经济发展方式，保持经济平稳较快发展，切实保障和改善民生，努力做到发展为了人民，发展依靠人民，发展成果由人民共享，就一定能够战胜前进道路上的各种艰难险阻，不断开创改革开放和社会主义现代化建设的新局面，在天山南北创造新的人间奇迹。

在国际金融危机和“7·5”事件双重影响下，我们能够取得这样的成绩，是党中央、国务院和自治区党委坚强领导的结果，是贯彻落实中央决策部署的结果，是国家部委和19个援疆省（市）大力支持的结果，是全区各族干部群众团结奋斗的结果。我代表自治区人民政府，向付出艰苦努力的全区各族干部群众，向作出无私奉献的驻疆部队、武警官兵、公安干警和援疆干部，向关心和支持新疆发展稳定的全国人民，表示崇高的敬意和衷心的感谢！

二、今后五年及2011年的工作

“十二五”时期，是在新的历史起点上加快推进新疆跨越式发展和长治久安的重要时期，也是深化改革开放、加快转变经济发展方式的攻坚时期。我们要按照党的十七届五中全会、中央经济工作会议、中央新疆工作座谈会精神，以及自治区党委七届九次、十次全委（扩大）会议的部署，奋力推进跨越式发展和长治久安两大历史任务，努力实现人民群众对过上美好生活的新期待！

“十二五”时期指导思想是：高举中国特色社会主义伟大旗帜，以邓小平理论和“三个代表”重要思想为指导，深入贯彻落实科学发展观，坚持中国共产党领导，坚持社会主义制度，坚持民族区域自治制度，坚持各民族共同团结奋斗、共同繁荣发展，深入实施稳疆兴疆、富民固边战略，以科学发展为主题，以加快转变经济发展方式为主线，始终把推动科学发展作为解决一切问题的基础，始终把改革开放作为促进发展的强大动力，始终把保障和改善民生作为全部工作的出发点和落脚点，始终把加强民族团结作为长治久安的根本保障，始终把维护社会稳定作为发展进步的基本前提，努力推进新疆跨越式发展和长治久安。

“十二五”时期总体战略是：稳疆兴疆、富民固边。战略选择是：以现代文化为引领，以科技、教育为支撑，加速新型工业化、农牧业现代化、新型城镇化进程；加快改革开放，打造中国西部区域经济的增长极和向西开放的桥头堡，建设繁荣富裕和谐稳定的美好新疆。

“十二五”时期主要预期目标是：坚持走中国特色、符合新疆实际的发展道路，全面推进经济建设、政治建设、文化建设、社会建设以及生态文明建设。到2015年人均地区生产总值达到全国平均水平，城乡居民收入和人均基本公共服务能力达到西部地区平均水平，基础设施条件明显改善，自我发展能力明显提高，民族团结明显加强，社会稳定明显巩固。

“十二五”时期，新疆发展面临重大机遇。世界经济格局正在发生深刻复杂变化，世界经济有望继续回升。我国经济仍处于发展的重要战略机遇期，长期保持平稳、较快增长的趋势不会根本改变，为新疆发展创造了有利环境。同时，新疆还具备推进跨越式发展的三大有利条件。一是中央新疆工作座谈会和全国对口援疆工作会议，对推进新疆跨越式发展和长治久安作出全面部署，举全国之力支持新疆发展，在新疆工作历史上具有里程碑意义，充分体现了中央对新疆发展和稳定的特殊重视、特殊关怀，出台政策之多、投入资金之多、建设项目之多、惠及民生之广，在新疆工作历史上前所未有，这必将在解决制约新疆发展稳定的根本性、长远性、基础性问题上取得重大突破，对加快建设繁荣富裕和谐稳定的新疆产生重大而深远影响。二是自治区党委在深入调查研究、广泛汇集民意民智的基础上，提出了符合全区发展实际的新思路、新举措，形成了政通人和、奋发创业的新气象，各族干部群众的注意力、关注点和兴奋点已经聚集到走向富裕、走向现代化和建设美好新疆上来，形成了推进跨越式发展和长治久安的巨大动力和活力。三是经过改革开放30年的发展，新疆综合实力大幅提高，比较优势日益凸显，发展后劲显著增强，积累了推进改革开放和现代化建设的经验，增强了驾驭经济社会发展大局和解决复杂问题的能力。我们坚信，有党中央、国务院的坚强领导，有国家的支持和兄弟省市的支援，各族人民团结一致、自力更生、艰苦奋斗，用勤劳的双手共同建设美好家园，跨越式发展和长治久安的战略目标就一定能够实现！

做好“十二五”时期的工作，我们必须以科学发展为主题、以转变经济发展方式为主线，把经济发展建立在结构优化、资源节约、环境友好、社会和谐的基础上，在发展中促转变、在转变中谋发展，为全面建设小康社会打好基础。一要坚持科学跨越。牢固树立发展是第一要务的思想，牢牢抓住并用好重要战略机遇期，调动各族干部群众的积极性、主动性和创造性，充分发挥自身优势，切实抓好政策落实、规划编制、项目落地、协调衔接，推进经济又好又快发展。二要坚持转变经济发展方式。积极培育新优势，抢占战略制高点，切实把经济结构战略性调整作为主攻方向，做大做强优势产业，加快培育发展战略性新兴产业，逐步建立起结构合理、技术先进、清洁安全、附加值高、吸纳就业能力强的现代产业体系。三要坚持民生优先。始终把保障和改善民生作为经济社会发展的首要目标，将加快经济发展同发展社会事业、解决关系人民生活的突出问题结合起来，在发展经济中解决民生问题，在改善民生中促进科学发展和社会和谐稳定，确保居民收入与经济发展同步增长，让各族群众充分享受改革开放成果。四要坚持资源开发可持续、生态环境可持续。处理好加快发展与生态保护的关系，优化资源配置，促进资源科学、有序、合理、高效开发，牢固树立环保优先、生态立区理念，做到经济发展与环境保护并重。五要坚持维护社会政治大局稳定。时刻保持清醒头脑，增强危机意识、忧患意识和责任意识，始终坚持两手抓、两手都要硬，坚持标本兼治、重在治本的原则，全方位筑牢维护社会稳定的政治基础、组织基础、思想基础和群众基础。

2011年是中国共产党成立90周年，是“十二五”的开局之年，是推进跨越式发展和长治久安的关键之年，起好步、开好头至关重要，意义重大。

2011年主要预期目标是：全区生产总值增长10%以上，工业增加值增长17%，地方财政一般预算收入增长22%，全社会固定资产投资增长25%，社会消费品零售总额增长17%，外贸进出口总额增长18%，居民消费价格总水平涨幅控制在4%左右，新增城镇就业40万人，城镇登记失业率控制在4%以内，城镇居民人均可支配收入增长11%，农民人均纯收入增长11%，人口自然增长率控制在11‰以内，努力完成节能减排任务。要实现以上目标，我们必须抓好以下工作。

（一）大力推进新型工业化进程

认真贯彻落实自治区《关于加速推进新型工业化进程的若干意见》，站在行业、市场、技术、规模的制高点，加快煤电煤化工、石油石化下游产业、建筑材料、紧缺矿产资源开发、农产品深加工、高新技术等优势产业和新疆特色现代产业体系建设。把提升产业层次和技术水平、增强自主创新能力作为推进新型工业化、转变发展方式的着力点，在一些重要产业领域尽快掌握核心技术，形成一批拥有自主知识产权的技术、产品。继续加强大企业大集团引进工作，同时采取更加有效措施支持本地企业做大做强。

按照以项目确定资源配置的原则，对重点项目、重点工程予以重点支持。全力推进煤炭资源转化，抓紧编制修订伊犁、准东、库拜、吐哈四大基地煤炭资源开发利用总体规划。把煤制气、煤制烯烃、煤制二甲醚、煤制油、煤基多联产等项目作为发展现代煤化工产业的“制高点”，及早动手、加快推进，形成长远竞争力。坚持疆电外送的目标不动摇，高层推动，多方努力，大力推进电网电源建设，力争“十二五”期间取得突破性进展。鼓励推进疆煤外运。支持大企业大集团适度发展煤电硅、煤电冶等高载能产业。加大紧缺矿产资源勘探开发力度，加快发展铁、铜、镍、黄金、铅锌、钾盐和重要稀有金属的深加工，尽快形成矿产资源勘探、开发、冶炼、加工的产业集群。支持中央石油企业增加油气资源勘探投入，扩大开采规模，确保油气产量稳步增长。发挥大型石化项目的聚集和带动作用，支持地方企业参与石油石化下游产品深加工，选准项目，加快布局，高起点高水平推进，最大限度延伸产业链。加快新能源、新材料、生物技术、先进装备制造、节能环保、电子信息等战略性新兴产业发展。加强信息化和工业化的深度融合，推进传统产业转型升级，引导企业加快信息技术在研发设计、生产制造、经营管理等关键环节的应用。大力发展轻工业，加快纺织工业“两城七园一中心”建设。坚持科学规划、合理布局、适度集中，引导园区建设实现布局优化、产业聚集、用地节约，完善基础功能和公共服务体系，提升承载能力，培育壮大产业集群。建设一批特色对口援疆园区，有效承接产业转移。

认真落实支持非公有制经济和中小企业发展的政策措施，全面贯彻自治区促进中小企业发展工作会议精神，大力实施“中小企业成长工程”，在中小企业参与优势资源开发利用、为大企业大集团协作服务、发展产业集群、提升技术创新与管理水平上实现新突破。进一步优化中小企业发展环境，加大财税、信贷、用地、用电支持力度，特别是对成长性好、带动面广、吸纳劳动力多的农副产品精深加工企业，给予信用担保、财政贴息等特殊政策扶持。高度重视企业家队伍建设，关心企业家、崇尚企业家、爱护企业家，创造有利于企业发展的体制机制。

（二）扎实推进现代农牧业发展

认真贯彻实施《自治区农业现代化建设规划纲要》，着力提高农业生产经营规模化、标准化、产业化水平，实现农业发展方式由产品数量型向市场经营型、质量效益型、精深加工型、绿色环保型转变，增强农业综合生产能力、抗风险能力和可持续发展能力。坚持以市场为导向，以农民增收为核心，着眼于国内外大市场，全面推进农产品市场体系建设。加快实施农产品“品牌战略”和“走出去”战略，按照“政府搭台、企业唱戏”原则，积极扶持营销主体，拓展外销经营的深度和广度。依托口岸优势，加快构建农产品出口外销平台，发展外向型农业。坚持用工业化思维谋划和推进现代农牧业发展，积极引进农产品加工、物流大企业，建立公司+基地+农户，集生产、加工、运输、仓储、配送为一体的现代农牧业发展体系。稳步推进“万村千乡市场工程”和“农超对接”。大力发展农民专业合作组织，实现与市场的全方位对接。

进一步优化现代农牧业发展布局。增强粮食综合生产和加工转化能力，确保区内平衡，略有节余。推进棉花、特色林果业、优质畜产品发展，提升特色农业发展规模、质量和效益，增加农民收入。加大以水利为重点的农业基础设施建设和中低产田改造力度，大力发展高效节水农业，推广喷滴灌节水技术，推进精品农业、设施农业发展。严格保护耕地特别是基本农田，坚持节约集约利用土地，坚决制止非法开垦荒地。积极推广以节本增效为重点的农业先进适用技术，增强农业科技成果转化能力，提高农业机械化、信息化水平。加强涉农服务体系整合，建立、健全金融、信息服务、防灾减灾、动物疫病防治等社会化服务体系和农产品质量、安全体系。坚持用现代文化和科技知识引导和培训农牧民，拓展“科技之冬”科普知识传播渠道，帮助农民增强科技意识，转变思想观念和经营理念。

以安居富民为目标，拓展农村内部就业增收

领域，推进现代种植业、养殖业以及休闲观光农牧业发展，提高农牧民经营性收入水平。大力发展有利于农民就近、就地就业的劳动密集型企业，积极组织农民外出务工，力争农民转移就业180万人次，人均劳务增收200元。认真落实惠农补贴政策，增加农民转移性收入。扎实开展扶贫工作，实施集中连片开发，重点抓好南疆三地（州）、边境地区、贫困山区开发式扶贫，有序开展移民扶贫。进一步加快新农村建设，统筹村镇规划，突出产业发展，强化公共服务设施建设，确保20年不落后。整合抗震安居、危房改造等资金，大力实施安居富民、定居兴牧、抗震防灾工程，整体改善村庄人居环境。

（三）统筹推进新型城镇化建设

坚持统筹城乡、科学布局、规划先行、产业支撑的原则，以提高综合承载能力和综合竞争能力为目标，加快建设一批特色鲜明、文化浓郁的现代化城市。高水平、高起点编制区域中心城市、中小城市和小城镇发展规划，突出地域和民族特色，注重文化内涵和现代风格，提升城市建设品味和水平。以建成我国西部中心城市、面向中亚西亚的现代化国际商贸中心、多民族和谐宜居、天山绿洲生态园林城市和区域重要的综合交通枢纽为目标，推动乌鲁木齐现代都市建设。以建成具有浓郁民族特色的现代化城市和有吸引力的西部“明珠”为目标，加快喀什城市建设步伐。积极培育一批区域中心城市，推进城镇组群发展，完善城市产业体系和城市功能，促进产业聚集，辐射带动周边发展。加强城镇交通、供排水、供气、供电、供热等基础设施建设，提高城市社会公共服务水平，打造宜居、宜业环境，提升人口聚集能力和可持续发展能力。科学规划建设一批工业强镇、商贸重镇、旅游名镇，发挥以城带乡、以工促农、扩大就业、拉动消费的重要作用。加大土地监察执法力度，坚决制止违规违法用地行为。

围绕城镇化建设，大力发展生产性服务业，重点发展金融保险、文化创意、现代物流等服务业，加快发展会计、工程咨询、法律、会展、监理等专业服务业和中介服务业。加快生活性服务业发展，重点发展文化、体育、通信等产业以及社区、家政、养老服务和市政公用事业，加强社区商业服务网点、家政服务网络、标准化菜市场等建设，完善城市社区服务功能，满足人民群众多层次、多元化需求。紧紧围绕“丝绸之路”旅游品牌，加大旅游基础设施、旅游项目、旅游景点建设力度，依托丰富独特的民族风情和历史文化，促进旅游与文化结合，开发具有地域特色和民族特色的旅游项目，大力发展冰雪旅游、特种旅游、特色旅游和边境旅游，培育新的旅游热点，全面提升旅游服务水平和能力。

（四）不断深化改革扩大开放

全面推进地（州、市）、县（市、区）政府，乡（镇）机构改革，优化组织结构，规范机构设置，严格控制人员编制。稳步推进事业单位分类改革。进一步完善国有资产管理体制，调整优化国有经济布局结构。大力支持非公有制经济发展，优化政策环境，凡法律、法规未禁止的行业和领域一律对非公有制经济开放，吸引更多投资者兴办企业，带动全民创业。积极引导非公有制企业参与优势资源开发、加工和综合利用。深化农村土地管理制度、集体林权制度改革，完善粮食流通体制。稳步推进资源性产品价格改革。加快财税体制改革，健全公共财政体系。支持金融服务实体经济、服务现代产业体系，引导信贷资金投向“三农”和中小企业。加强融资担保体系建设。加大企业上市融资力度，鼓励股权投资类企业发展。推进包括产权交易市场在内的多层次资本市场建设。推广农户综合保险试点，扩大政策性农业保险覆盖范围。推进水利管理体制改革，加强对流域水资源的统一调度管理。加大全方位对内对外开放力度。围绕石化下游产业发展、优势矿产资源开发、特色农产品深加工、现代物流业发展以及面向中亚俄罗斯出口加工基地建设，积极吸引和承接东部地区特别是援疆省（市）的产业转移。进一步加大与周边国家资源开发合作力度，充分利用两个市场、两种资源，加快我国西部陆上能源资源大通道建设。继续推动跨境贸易与投资人民币结算试点，促进贸易和投资便利化。加快现代物流业发展，推动乌鲁木齐国际物流中心及喀什、霍尔果斯、阿拉山口区域物流中心建设。进一步完善口岸设施，扩大口岸开放，提高通关效率。坚持“以质取胜”战略，提高进出口商品质量。充分利用国家给予的特殊政策，加强区域合作，抓好边境贸易，支持企业“走出去”，拓展向西开放的深度广度。抓好喀什、霍尔果斯特殊经济开发区建设前期工作，统筹规划好发展定位和产业布局，落实土地、税收等方面的差别化产业政策，加快基础设施建设和招商引资工作。做好中哈霍尔果斯国际边境合作中心封关运营各项工作，尽快启动经营性项目。

全力办好首届中国—亚欧博览会。中国—亚欧博览会是我国与亚欧国家和地区开展首脑外交的重要平台，是推动新疆与亚欧国家合作的重要渠道。加快组建中国—亚欧博览会相关机构，制订具体工作计划，精心组织、全力做好招商招展和安全保卫工作。充分利用公共传媒，大力宣传新疆经济社会发展成就，提升亚欧博览会的吸引力。高质量、高水平建设好新疆国际会展中心。努力把中国—亚欧博览会办成成功、精彩、难忘的盛会，打造新疆开放、合作、发展新形象。

（五）加强基础设施和生态环境建设

进一步扩大投资规模，集中力量抓好一批事关全局和长远发展的基础产业、基础设施和生态环境等重大项目建设。2011 年自治区初步安排 252 项重点建设项目，计划投资 1 500 亿元以上，安排水利骨干工程、综合交通运输体系、电网工程、重点流域生态环境保护工程以及煤电煤化工、有色金属等领域的项目建设。加快兰新铁路第二双线、昌吉新热电厂等 140 个在建项目工程进度；新开工建设哈密—额济纳铁路、乌鲁木齐绕城高速等 40 个项目；全力做好项目前期工作，力争准东—重庆和哈密—郑州两条特高压直流输电工程、富蕴—准东铁路等一批项目早日开工。加快南疆三地（州）火电电源建设，改善电力紧张局面。

全面完成塔里木河流域近期综合治理工程，加强叶尔羌河等重点河流的防洪能力建设。启动实施塔里木盆地周边和准噶尔盆地南缘防沙治沙工程、天山北坡谷地森林保护工程，加快重点防护林、天然林保护，湿地保护，冰川保护，艾比湖流域生态环境保护等工程建设，建立草原生态保护补助奖励机制。严格矿产资源开发管理，引导产业和项目合理布局，确保资源集约高效开发。支持重点耗能行业和企业节能技术改造，加强对主要污染物排放总量的控制。积极推进建筑节能工作。依法开展重点产业和重点领域规划环评工作，坚持项目建设“三同时”制度，加强对在建项目的环境保护管理。加大节能减排力度，淘汰落后产能，加强循环经济技术研发、示范、推广和能力建设。大力开发利用水能、风能、太阳能等可再生能源。加大重点流域湖泊、重点区域环境综合整治。严禁在塔里木河流域毁林开荒造地。加强饮用水源地保护，确保城市供水安全。加快城镇污水处理设施改造升级、污水再生利用和收集配套管网建设，全面实施县城垃圾无害化处理。积极发展以集中供热为主、多种清洁能源、可再生能源为辅的供热方式，继续推进乌鲁木齐市大气污染防治工程。加强农村环境保护，创建一批“环境优美乡镇”和“文明生态村”。

（六）进一步加大改善民生力度

实行更加积极的就业政策，健全城乡公共就业服务体系，重点做好“零就业”家庭、未就业大学毕业生、农村转移劳动力和退役军人就业工作，巩固“零就业”家庭 24 小时动态清零成果。高度重视并切实做好大中专毕业生就业工作，切实贯彻自治区党委、自治区人民政府《关于进一步促进大中专毕业生就业的意见》，力争两年内未就业大中专毕业生基本实现就业。大力开发公益性就业岗位，落实创业培训补贴、就业援助等扶持政策，加大职业技能培训力度，着力解决就业困难人员就业。完善市场就业机制，扩大就业规模，改善就业结构，转变就业观念，鼓励更多劳动者自主创业。统筹做好农村富余劳动力转移就业工作。对自主创业、返乡创业的农民工提供财税、金融、经营用地等方面的政策扶持。

加快覆盖城乡居民的社会保障体系建设。继续扩大社会保障制度覆盖面，将符合条件的群体纳入相应社会保障范围，初步实现人人享有基本社会保障。做好非公有制企业从业人员、农民工、被征地农民、灵活就业人员和自由职业者参保工作。力争新型农村社会养老保障制度覆盖面扩大到80%以上县（市）。完善“五项”社会保险、城乡医疗救助和城乡居民最低生活保障制度，建立低保标准调整机制，稳步提高低保标准和补助水平，继续加强动态管理下的应保尽保、分类施保。加大改制、关闭破产困难企业困难职工的救助帮扶力度。逐步提高优抚对象抚恤补助水平。重视做好老龄工作。加大社会福利机构建设力度，提高孤儿养育保障水平。高度重视残疾人的生存发展，积极做好五保户、流浪未成年人等弱势群体的救助保护工作。完善应急管理体系和救灾物资储备体系，全面提高减灾救灾能力。

按照统一规划、合理布局、设施配套、安全适用的原则，坚持高起点、高水平、高效益，精心组织实施安居富民、定居兴牧工程，让广大农牧民过上具有基本现代文明的生活。完成30万套农村安居房建设任务、2万户游牧民定居任务。新建廉租住房7.4万套、公共租赁房5.6万套、各类棚户区改造10万户。完成414万平方米中小学校舍和医院抗震加固改造任务。加快南疆天然气利民工程建设。改善农村水、电、路、气等基础设施条件，扩大农村户用沼气规模，开工建设一批“定居兴牧”水利工程。坚决落实稳定物价各项措施，加强市场价格监管，畅通农产品运输通道。严厉打击恶意囤积、哄抬物价、牟取暴利等违法行为，坚决遏制食品类价格过快上涨，确保物价总水平基本稳定。认真落实“米袋子”“菜篮子”行政首长负责制，完善中央和地方粮油等食品储备投放机制，全力保障蔬菜、牛羊肉市场供应。建立物价上涨与困难群众生活补贴联动机制，千方百计为群众排忧解难，保障居民出行便捷安全，解决好困难群众就医、取暖等问题。切实安排好受灾群众基本生活，帮助受灾群众重建家园。

（七）加快文化、科技、教育、卫生、事业发展

文化是一个民族的精神和灵魂，是现代化建设事业的重要组成部分，直接关系社会文明进步，关系国民素质提高。坚持以现代文化为引领，尊重差异、包容多样、相互欣赏，进一步弘扬各民族的优秀文化，传承和提升区域特色文化，激扬以爱国主义为核心的民族精神和以改革创新为核心的时代精神，激活现代文化的改革开放和现代化建设内涵，发挥教育、凝聚、鼓舞和引领作用，努力形成爱国、感恩、勤劳、互助、开放、进取的精神。鼓励文化创新，充分挖掘民族文化资源，加大对少数民族语言广播影视译制和书刊翻译出版扶持力度。鼓励各民族作家用本民族语言创作。做好文化遗产传承保护和文物保护工作。抓好语言文字规范化、标准化和信息化建设。深入推进文化体制改革，建立有利于优秀文化产品产出的体制机制，繁荣新闻出版、广播影视、文学艺术。强化网络文化管理。进一步繁荣和发展哲学社会科学。加强文化惠民工程和公益性文化事业建设，构建覆盖城乡的公共文化传播体系，积极推进西新工程、村村通工程、农村电影放映工程、东风工程、农家书屋工程和春雨工程，完善村（社区）文化室和地（市）级图书馆、群艺馆、博物馆等公共文化基础设施。贯彻落实《全民健身条例》，大力发展公共体育事业，广泛开展全民健身运动，不断提升竞技体育水平。

坚持把科技发展放在突出的战略地位，更多地依靠科技进步和自主创新推动经济社会发展。

切实深化科技体制改革，加快科技创新体系建设，促进科技成果向现实生产力转化。加快国家重点工程（技术）研究中心、国家重点（工程）实验室、国家地方联合技术创新平台和企业技术中心建设。坚持把自主创新作为培育发展战略性新兴产业的关键，集中力量抓好一批重大科技专项和重点项目的实施。加强科研院所和高校科研基础能力建设，提高产学研合作水平，增强企业自主研发能力，推进企业技术进步。牢固树立人才优先发展理念，完善人才培养引进使用机制，多措并举育人才、海纳百川引人才、不拘一格用人才、营造环境励人才，为加快发展聚集人才资源。重视高端人才引进工作，力争在重点领域形成高端人才比较优势。加强少数民族干部队伍建设和人才资源开发。实施《自治区知识产权战略纲要》，提升知识产权创造、运用、保护和管理能力。

坚持把教育事业摆在优先发展战略位置，财政资金优先保障教育事业，公共资源优先满足教育事业。巩固提高“两基”成果，推动义务教育均衡发展，促进教育公平。高度重视学前教育，进一步推进高中阶段教育，不断扩大内高班和区内初中班办学规模。加大以就业为导向的中高等职业教育力度。重点抓好南疆中等职业学校和实训基地建设。扩大家庭经济困难学生资助政策和免学费政策实施范围，启动实施中等职业教育“三免一补”政策。加快特殊教育学校建设和师资培养。加强高水平大学建设，全面提高高等教育质量。围绕新型工业化、农牧业现代化和新型城镇化，优化学科专业结构，加快人才培养。完成高校债务化解工作。积极、稳妥、有效推进“双语”教育，加强对“双语”教学的师资培养、培训和教学研究，实施“双语教师特设岗位计划”和“免费师范生”特培计划。加快农村教师周转宿舍建设。

扎实推进医药卫生体制改革“五项”重点工作。提高新型农村合作医疗补助标准，完善城乡基本医疗保障体系。加大国家基本药物制度实施力度，降低群众基本用药负担。加强农村、社区基层医疗卫生机构建设，落实和完善补偿机制，促进基本公共卫生服务均等化，确保人均25元基本公共卫生服务经费标准。继续抓好重大疾病防治，全面开展新疆儿童先天性心脏病救治工程，对贫困家庭患儿实行免费救治。抓好突发公共卫生事件应急处置工作。稳步推进公立医院改革试点，坚持医疗服务的公益性质。推进中医民族医药事业发展。切实落实地方政府负总责、监管部门各负其责、企业是第一责任人的食品、药品安全责任体系，深入开展食品、药品安全整治工作。实行积极的计划生育利益导向政策，采取有效措施降低和稳定生育水平，控制人口过快增长。大力实施优生健康促进工程，提高人口出生素质。进一步发挥工青妇等群众团体在经济社会发展中的积极作用。

（八）切实抓好新一轮对口援疆工作

坚持民生优先、规划先行、产业为重的原则，立足当前，着眼长远，完善对口援疆工作规划，做好与自治区“十二五”规划的衔接。落实领导分工责任制，健全对口支援工作配套机制和协调保障机制，确保援疆工作有力、有效、有序开展。积极、主动做好援疆项目服务工作，在项目规划、资源配置等方面给予大力支持，加大产业援疆力度。加强对援疆资金和物资的监督管理，统筹使用好中央补助资金、自治区配套资金与援助资金。关心援疆干部的工作和生活，做好各项服务保障工作，解除后顾之忧，最大限度地发挥他们的作用。落实好区内干部到援疆省（市）挂职锻炼的政策，通过挂职、培训等措施，让新疆干部增长见识、开阔视野、转变观念、提高本领。做好对口援疆工作成效、援疆干部先进事迹的宣传工作，形成全社会关心支持援疆工作的良好局面。

（九）积极推进平安和谐新疆建设

坚定不移地坚持党的民族政策和民族区域自治制度，把加强民族团结作为推进新疆跨越式发展和长治久安的根本保障，深入开展民族团结宣传教育和民族团结进步创建活动，巩固广大干部群众“各民族共同团结奋斗、共同繁荣发展”的思想基础。全面贯彻党的宗教信仰自由政策，依法加强对宗教事务的管理，坚持独立、自主、自办原则，引导宗教与社会主义社会相适应，制止非法宗教活动。深入宣传党中央、国务院和全国各族人民对新疆的深切关怀和巨大支持，宣传新疆的美好发展前景，把各族干部群众的感恩之情转化为“热爱伟大祖国、建设美好家园”的强大精神力量。

正确处理人民内部矛盾，做好新形势下群众工作，切实维护好群众利益。深入推进社会管理创新，健全社会矛盾纠纷调处化解机制，充分发挥行政机关在化解行政争议和民事纠纷中的作用，引导群众以理性、合法的方式表达利益诉求。坚持领导干部特别是主要领导干部处理群众来信和接待群众来访制度，妥善处理和解决群众反映的问题和实际困难，从源头上预防和减少矛盾。健全社情舆情汇集分析机制、社会稳定风险评估机制。加强流动人口服务与管理。坚持“安全第一、预防为主、综合治理”方针，严格落实安全生产责任制，有效防范和遏制重（特）大安全事故。建立、健全各类突发公共事件应急机制，有效预防和处置各类突发事件。

牢固树立稳定压倒一切的思想，在坚持发展是硬道理的同时，切实抓好稳定这个硬任务。坚持中央提出的影响新疆社会稳定的主要危险是民族分裂主义的正确论断，坚持发展和稳定两手抓、两手都要硬，坚持“反暴力、讲法制、讲秩序”，推动维护稳定工作常态化建设，坚决防止发生大规模群体性事件，坚决防止发生特大恶性暴力恐怖案件，严密防范、严厉打击分裂破坏、暴力恐怖活动。深入开展意识形态领域的反分裂斗争，强化网络信息管理，提高对情报信息和社情舆情的研判应对能力。推进常态化社会治安防控体系建设，落实标本兼治各项措施，加大对治安乱点的整治力度，坚决打击危害安全的黑恶势力犯罪及各类严重刑事犯罪。

（十）加强人民满意的政府建设

深化行政管理体制改革，加强政府自身建设，是贯彻落实科学发展观的必然要求，也是履行好政府职能、优化发展环境的关键。一要提高推动科学发展能力，加强各级干部执行力建设，围绕推进跨越式发展和长治久安，着力在优化环境和提高效率上狠下工夫，创造廉洁高效的政务环境、公平公正的司法环境、规范守信的市场环境、和谐稳定的社会环境。按照高起点、高水平、高效益的要求，切实转变思想观念和工作作风，力戒官僚主义、形式主义，求真务实，特事特办、急事快办，敢于负责、敢于担当、敢于突破。二要进一步转变政府职能，健全政府职责体系，加强基层政权建设，注重履行社会管理和公共服务职能。牢固树立主动为企业服务、为企业排忧解难意识，努力提高工作效率和服务质量。继续抓好行政审批制度改革，减少行政审批事项。三要深入推进依法行政，加快法治政府建设，提高政府立法和制度建设质量。建立重大事项公众参与、专家咨询、合法性审查及听证制度。完善行政执法体制，强化对违法和不当行政行为的监督。深化政务公开，加强电子政务建设，办好政府网站。推进决策公开、行政权力运行公开透明和程序化，加强效能监督，保障人民群众的知情权、参与权、表达权和监督权。自觉接受人民代表大会、政协和社会舆论监督。四要大力推进廉政建设，严格执行廉政建设责任制和领导干部廉洁从政准则，严格控制检查评比达标表彰活动，从严查处违纪、违法案件。进一步规范财政转移支付、土地征用出让、政府采购、国有资产转让等公共资源权力运行。优化财政支出结构，压缩和控制一般性支出，建设节约型机关。建设人民满意的政府，必须切实加强和改进新形势下的群众工作，要立足新时期、新阶段，顺应人民群众新期待，把维护好、发展好人民群众的利益作为制定各项方针政策的出发点和落脚点；坚持思想上尊重群众、感情上贴近群众、工作上依靠群众，从群众中汲取智慧和力量；牢固树立群众利益无小事的观念，认真解决群众反映强烈的突出问题，坚决纠正损害群众利益的行为，始终与人民群众同呼吸、共命运、心连心。

各位代表：我们将进一步深化兵地融合发展，全力支持军队和国防建设。一如既往地支持兵团发展壮大，充分发挥兵团在推动改革发展、促进社会进步方面的建设大军作用，以及增进民族团结、确保社会稳定的中流砥柱作用，巩固西北边陲、维护祖国统一的铜墙铁壁作用。支持兵团调整经济结构，转变经济发展方式，统筹推进基础设施、城镇和园区建设，帮助解决资源配置问题。支持兵团加快推进城镇化、新型工业化和农业现代化，提高戍边维稳能力，把兵团改革发展稳定各项事业推向前进。切实加强军政、军民团结，加大“双拥”工作力度，完善国防动员体系，深化国防教育，加强后备力量建设，筑牢边疆安全屏障。

各位代表！新疆“十二五”发展宏伟蓝图已经绘就，中央寄予厚望，各族人民热切期盼，前景无限美好。我们的任务艰巨、使命光荣、责任重大。让我们更加紧密地团结在以胡锦涛同志为总书记的党中央周围，在自治区党委的坚强领导下，团结一致、奋力拼搏，为推进跨越式发展和长治久安、夺取全面建设小康社会新胜利、谱写各族人民幸福美好生活新篇章而努力奋斗！

在自治区财税工作会议上的讲话（摘要）

自治区党委常委、自治区政府常务副主席　黄　卫

（2011 年 1 月 6 日）

一、认清形势，进一步增强做好财税工作的责任感和使命感

“十一五”时期，是自治区经济社会快速发展的五年，是自治区财政实力大幅提高的五年，是全区广大财税干部团结拼搏、锐意进取，推进财税事业大发展的五年。五年来，各级财税部门在自治区党委、人民政府的正确领导下，深入贯彻落实科学发展观，全面落实中央和自治区的决策部署，积极组织财政收入，大力调整优化支出结构，严格控制和压缩一般性支出，集中更多的财力，支持经济社会事业发展、保障和改善民生，有力地促进了自治区经济建设和社会和谐稳定。全区财政收入快速增长，地方财政一般预算收入由 2005 年的 180 亿元增加到 2010 年的 500 亿元，年均增长 22%。支出结构进一步优化，民生投入持续增加。自治区财政用于民生方面的支出由 2005 年的 311 亿元增加到 2010 年的 1 198 亿元，占地方一般预算支出的 71%。财政宏观调控能力进一步增强。综合运用预算、国债、贴息、担保等政策手段，在推进新型工业化建设、加快优势资源转换、促进经济发展方式转变等方面，发挥了政策引导作用。税收服务环境进一步改善。税务部门妥善处理依法征税和促进发展的关系，积极落实税收优惠政策，为招商引资创造了良好条件。财税体制改革不断深化，适应公共财政体制要求的管理运行机制初步建立，基层政府提供基本公共服务的能力显著增强。

特别是在 2010 年，各级财税部门在中央新疆工作座谈会、全国对口援疆工作会议精神的鼓舞下，紧紧围绕自治区党委作出的一系列保障和改善民生的重要部署，充分调动一切可能的财力，集中力量办了一批群众看得见、摸得着的大事、实事。同时，积极研究出台了加快推进新型工业化、农牧业现代化和新型城镇化建设的有关财税政策。一是积极落实提高各类人员收入政策。提高了城乡最低生活保障水平，调整了企业参保人员的抚恤金标准，提高了农村“四老”人员补助标准和村干部基本报酬，发放了企业离（退）休人员生活补贴和取暖补贴；调整了部分县（市）艰苦边远地区类别，提高了四、五、六类县（市）艰苦边远地区津贴标准，提高了机关、事业单位干部、职工的津贴补贴的发放水平。调整提高各类人员收入涉及 400 多万人，惠及面前所未有。二是积极落实促进就业的政策。安排近 8 亿元资金促进困难人员就业，完成了

1.5万余户零就业家庭动态清零的任务。三是加大了卫生、教育、保障性住房建设投入。安排16.9亿元资金，将新农合和城镇居民医保政府补助标准，提高到每人每年120元，住院费用报销比例达到60%。建立了财政补助和基本医保基金共同补偿的机制，基层医疗卫生机构的服务能力进一步增强。安排资金6亿元，大力支持学前“双语”教育。加大保障性住房建设投入，完善廉租住房制度，努力改善城镇低收入群众的住房条件。按照高起点、高水平的要求，整合中央和自治区各类农村建房资金，保证了“安居富民”和“定居兴牧”工程的顺利实施。四是认真落实各项强农、惠农政策。健全财政支农资金稳定增长机制和涉农资金整合长效机制，进一步完善了粮食直补、农资综合直补、良种补贴等涉农补贴政策，扩展了政策覆盖面，加大了补贴力度，提高了农民收入水平。五是有力地推动了经济发展方式转变和结构调整。强化财税政策手段，发挥财政资金调控作用，建立重大项目前期经费保障机制，支持重大能源项目建设，扶持纺织、农产品加工等传统产业升级改造，推动高新技术产业发展，促进旅游业发展。完善节能减排财政政策，淘汰落后产能，发展循环经济。

“十一五”以来，通过财税系统各族干部、职工的辛勤努力，财税工作取得了显著成绩，为自治区经济发展和社会进步作出了突出贡献。在此，我代表自治区党委、自治区人民政府，向全区财税战线上的广大干部、职工，表示衷心的感谢和诚挚的问候！

经过“十一五”时期经济社会的快速发展，自治区的经济实力进一步增强，可用财力大幅度增加，为“十二五”加快发展奠定了雄厚的物质基础。同时，我们也要清醒地看到，新疆还存在经济发展滞后、经济结构不合理、农牧业基础薄弱、区域发展不平衡、基础设施建设滞后、生态环境脆弱、财政自给率低等制约跨越式发展和长治久安的特殊困难和因素，实现跨越式发展和长治久安的目标，还需要我们付出艰苦的努力。

从当前全区的财税形势看，2011年财税工作面临的减收增支因素较多。中央和自治区出台的一系列税收优惠政策，对当前的财政增收会带来一定影响。实施“十二五”规划，加快推进新型工业化、农牧业现代化和新型城镇化，转变经济发展方式、调整经济结构、加强基础设施建设等，需要保持相当的投资规模；应对物价上涨压力，落实自治区各项民生政策，需要加大财政投入；提高基层财政保障水平，增强基层政府提供基本公共服务能力，需要进一步加大财政转移支付力度。从总体上看，2011年全区财政收入将继续保持增长，但财政支出压力增大，财政收支紧张的矛盾更加突出。财税部门的同志们肩负着治税理财，促进经济社会发展的重任，一定要认清形势，把思想统一到中央新疆工作座谈会精神上来，统一到自治区党委一系列重大决策部署上来，进一步增强责任感和使命感，坚定信心，迎难而上，确保全面完成2011年的财税工作任务。

二、统一思想，牢牢把握新时期财税工作的重点任务

（一）要更加注重服务大局，以科学发展观统领财政、税务工作全局

各级财税部门要牢固树立大局意识、责任意识，坚决把思想行动统一到中央和自治区重大决策部署上来。要算好政治账，全力保证事关自治区发展全局的重大支出需要，充分发挥财政资金的引导作用，促进经济快速发展，打造发展型财政。算好长远账，健全财税政策体系，促进经济发展方式转变，打造创新型财政。算好社会账，加大公共服务领域投入，构建结构优化、配置合理的民生保障机制，维护社会和谐稳定，打造公共型财政。

（二）要更加注重发挥职能作用，着力推进“三化”进程

要围绕推进新型工业化、农牧业现代化、新型城镇化建设，着力在增强发展动力、拓展发展

空间、培育发展优势、提升发展水平上取得新突破。充分发挥财税政策在稳定增长、改善结构、调节分配、促进和谐等方面的作用，积极构建有利于科学发展的财税体制机制和管理制度。要利用财税政策调控手段，引导和带动各类生产要素合理流动，突出支持重点产业、重点工程和重点项目建设，抢占加快发展的制高点。要坚持高起点、高水平、高效益，始终坚持走资源开发可持续、生态环境可持续的道路，大力支持优势资源转换和新型工业化建设。

（三）要更加注重保障和改善民生，推动经济社会协调发展

保障和改善民生，是我们一切工作的出发点和落脚点。要从推进社会和谐稳定的全局出发，把更多的精力投入到公共服务中去，把更多的财力倾斜到改善民生上来，让各族群众共享改革发展的成果。要建立保障民生的长效机制，推进各项民生资源的整合与衔接，促进民生政策效益最大化。在民生资金保障上，各级政府要研究建立民生投入自然增长机制，加快形成政府主导、多方参与的筹资机制，鼓励社会资金投入民生工程。在民生工作运行上，要建立科学高效、规范透明的政策执行机制，把更多的财力向困难群众倾斜、向农村倾斜、向基层倾斜。

（四）要更加注重深化财税体制改革，进一步健全公共财政体系

要把改革创新作为强大动力，以更大的决心推进体制、机制和制度创新，加快完善公共财政体系。要按照财力与事权相匹配的原则，进一步明确各级政府支出责任，完善财政转移支付制度，建立县级基本财力保障机制。要健全科学完整、结构优化、有机衔接、公开透明的政府预算体系，全面反映政府收支总量、结构和管理活动。要继续深化预算管理制度改革，提高预算管理的科学化、精细化程度。要健全税收征管制度，完善税收政策，充分发挥税收筹集财政收入的主渠道作用。

（五）要进一步加强管理，切实提高财政资金使用效能

要积极探索和掌握财政管理的客观规律，建立、健全管理制度和运行机制，运用现代管理方法和信息技术，不断提高财政管理的效能和财政资金的使用效益。要提高税收征管的质量和效率，确保税收收入随着经济发展稳定增长，努力做到执法规范、征收率高、成本降低、社会满意。要完善“功能齐全、协调高效、信息共享、监控严密、安全稳定、保障有力”的税收管理信息系统，充分发挥信息化在税收征管、稽查、执法等环节中的作用。

三、加强领导，狠抓2011年财税各项工作的落实

2011年是“十二五”开局之年，也是贯彻落实中央新疆工作座谈会精神的关键之年。做好2011年的财政税务工作，对促进自治区经济又好又快发展，为“十二五”开好头、起好步具有十分重要的意义。各级党委、政府要高度重视财税工作，进一步加强对财税工作的领导，支持财税部门更好地开展工作。各级财税部门要与有关部门密切配合，加强协调，形成合力。

（一）要着力抓好增收节支工作

要大力加强财政收入组织工作，完善财税征管联动机制，推进财税库银横向联网，支持税务部门加强税收征管，完善收入分析预测工作机制，认真研究经济、征管、政策等因素对收入的影响，增强组织收入的前瞻性、主动性和有效性，不断提高财政收入质量和水平。要加强和规范非税收入管理，进一步明确执收部门征缴责任，加强重点项目征管，确保实现均衡入库、持续增长，增强政府可调控财力。各地、各部门要牢固树立勤俭节约的思想，严格控制和压缩会议经费、因公出国（境）费用、公务用车购置等行政支出，从严控制党政机关办公楼等楼堂馆所建设，严肃财经纪律，坚决反对铺张浪费。要正确处理好组织收入和落实税收政策的关系，一方

面要用足、用活、用好税收优惠政策，切实发挥税收政策促进经济发展的功能；另一方面，要坚决制止越权减免税，切实维护国家税法的统一性和严肃性。

（二）要着力支持经济平稳较快发展

李克强副总理在全国财政会上明确指出，发展经济和发展财政，一定要良性循环。要培育财源、放水养鱼。2011年国家继续实施积极的财政政策，主要是考虑要保持经济的增长速度，但也可能要承担通货膨胀的压力。对此我们一定要有清醒的认识，要把握好速度、质量和效率的关系，着力在转变经济发展方式、调整经济结构上下工夫，促进经济平稳较快发展。要落实结构性减税政策，实施好“国家促进区域协调发展，加快民族和边疆地区发展，统筹城乡发展，推动节能环保、新能源、信息产业等新兴产业发展”的财税政策，充分发挥财政政策效果直接、运用灵活的优势，拓展和深化优势资源转换战略，推进经济发展方式转变。要支持做大做强支柱产业和特色产业，促进资源优势向经济优势转化。要积极扶持战略性新兴产业发展，支持企业自主创新，使经济增长建立在结构优化的基础上。要大力促进中小企业发展和服务业发展，加快形成新的竞争优势和经济增长点。要创新资金投入方式，研究完善支持现代产业发展的财税政策，形成经济发展的长远竞争力。要进一步加强与中央各部门的工作对接，认真研究促进新疆跨越式发展和长治久安的相关税收政策，积极争取国家的支持。要强化税收政策的调控制约功能，促进资源节约和环境保护，鼓励发展循环经济。要积极落实边贸及进出口有关税收的优惠政策，加大实施沿边开放力度，鼓励资源类产品进口加工，支持新疆企业走出去，促进外向型经济发展，打造向西开放的“桥头堡”。

（三）要着力支持农牧业发展

要深入贯彻落实中央和自治区关于农村改革发展的重大决策部署，进一步加大财政投入力度，扎实推进社会主义新农村建设。要进一步整合财政支农资金，提高财政资金的整体效益和规模效益。要发挥财税政策的扶持作用，落实惠农惠民补贴政策，扩大政策性补贴受益范围，使广大农牧民得到更多实惠。要积极支持农业综合生产能力建设，加大农业基础设施、农业综合开发和扶贫开发的投入，促进现代农牧业发展。要大力支持棉花、粮食、特色林果、畜产品四大基地建设，提升农产品加工转化能力、市场开拓能力，加快构建现代农业产业体系，努力实现由传统生产型向市场经营型转变，由规模数量型向质量效益型转变，由农产品初级加工型向精深加工型转变。要加大对小型农田水利和高效节水建设的投入，切实打牢农业发展基础。要加大对农民创业的财税支持，进一步加强农民工就业转移培训工作。要加大转移支付力度，积极推进农村综合改革，提高基层政权的行政能力。认真落实国务院关于草原生态补偿工作的部署，建立、健全草原生态补偿机制。

（四）要着力保障和改善民生

要把解决好民生问题作为2011年财政工作的重中之重，强化公共财政职能，把更多的财政资源用于改善民生和发展社会事业。要充分发挥财政税收在国民经济二次分配中的重要作用，不断扩大保障范围，提高保障水平。要加大财政支持“安居富民”、“定居兴牧”工程、保障性住房建设、农村危房改造、城市和国有工矿棚户区改造的力度，切实把各项惠民政策落实到每家每户。要坚持优先发展教育的方针，强化对地方教育附加的征管，扩大地方教育经费来源，完善义务教育经费的保障机制，确保教育支出达到法定增长要求，不断增强教育对跨越式发展和长治久安的支撑作用。要实施更加积极的就业政策，重点解决城镇零就业家庭和大中专毕业生的就业问题。要以国家深化医药卫生体制改革为契机，巩固和发展农牧区新型合作医疗制度，加快完善城镇职工基本医疗保险、城镇居民基本医疗保险制度，提高城乡基本保障水平，切实解决群众看病难、看病贵的问题。要完善社会保障体系，继续扩大各项社会保障制度的覆盖范围，将符合条件的各类群体纳入相应的社会保障制度，实现人人享有基本社会保障。

（五）要着力加强科学精细管理

要进一步加强预算管理，提高预算编制的科学性、准确性，健全单位、部门预算执行管理制度，强化预算支出管理责任，提高预算支出执行的及时性、均衡性。要加强财政资金绩效管理，健全绩效评价体系，扩大绩效评价范围。加大财政监督力度，建立、健全覆盖财政资金运行全过程的监督机制，自觉接受人民代表大会、审计部门的监督，拓展社会监督渠道。完善税收制度、征管体制和内部管理机制，充分发挥税收调节经济、调节分配的作用。要进一步规范税收执法，强化税收执法监督，整顿和规范税收秩序，加大税法宣传教育力度，提升税收执法质量。要推行以分类、分级管理为基础，以信息管税为依托，以“大征管”格局为保障的专业化管理方式，建立、健全横向互动、上下联动、内外协作的运行机制。

关于2010年自治区国民经济和社会发展计划执行情况与2011年自治区国民经济和社会发展计划草案的报告（摘要）

——在新疆维吾尔自治区第十一届人民代表大会第四次会议上

自治区发展和改革委员会主任　刘晏良

（2011年1月14日）

一、2010年自治区国民经济和社会发展计划执行情况

2010年，在自治区党委的坚强领导下，全区上下以贯彻落实中央新疆工作座谈会和自治区党委七届九次全委（扩大）会议精神为主线，按照自治区十一届人大三次会议审议批准的国民经济和社会发展计划，进一步解放思想、更新观念、提高效率，采取了一系列促发展、保民生的重大举措，加大投资建设力度，推进结构调整，深化改革，扩大开放，克服了各种不利因素影响，各项工作取得了新突破，经济社会呈现出快速发展的好势头，效益明显提高，民生显著改善，社会大局稳定，年初确定的计划目标顺利完成。初步预计，全区生产总值突破5 000亿元，增长10.5%左右，比上年提高2.4%。地方财政一般预算收入500.5亿元，增长28.8%。

（一）农业生产形势好，工业和服务业增速加快

按照“保粮、调棉、兴果、促畜”的方针，加快发展特色农牧业，农业生产效益大幅提高。粮食生产再获丰收，预计产量超过1 171万吨，创历史新高。棉花产量248万吨，棉农收入大幅增加。特色林果业持续健康发展，规模效益进一步显现，面积突破1 700万亩，果品产量800万吨。畜牧业稳步发展，肉类产量140万吨，奶产量167万吨。设施农业总面积100万亩。新增高效节水面积380万亩。

工业生产全面提速，煤炭、电力、钢铁、有色、建材等行业快速增长，企业效益大幅提升，新型工业化进程加快。预计全年工业增加值1 950亿元，增长13.5%，比上年提高7.3%。

规模以上工业企业实现利润765亿元，增长69%。新疆已列为国家第十四个大型煤炭基地，一批大型煤矿、煤电、现代煤化工项目开工建设，显现出广阔的发展前景。主要产品产量中，煤炭1亿吨，增长13%；发电量655亿千瓦时，增长15%；原油加工量2 600万吨，增长39.4%；乙烯110万吨，增长1.2倍；钢材930万吨，增长35.3%；水泥2 400万吨，增长18.3%；棉纱41万吨，增长6.9%。

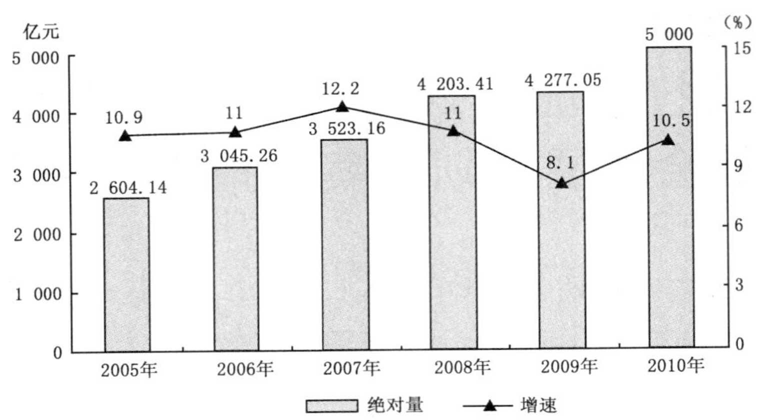

图1 生产总值及增长速度

注：增长速度按可比价格计算

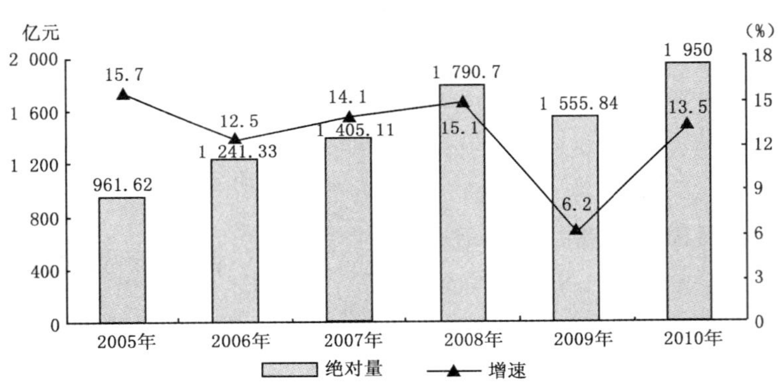

图2 工业增加值及增长速度

注：增长速度按可比价格计算

进一步落实鼓励服务业发展的政策措施，加大财税、金融、价格等对现代服务业的支持力度，餐饮、房地产、金融保险、信息服务、物流配送、社区服务等发展较快。旅游业强劲增长，全年接待国内旅游人数3 000万人次，实现收入280亿元，分别增长43%和58.4%；接待入境旅游人数106万人次，创汇3.7亿美元，分别增长45.7%和40.8%，均创历史最高水平。预计全年服务业增加值增长10.5%，比上年提高1.3%。

（二）投资、消费、出口快速增长，协调拉动作用增强

把固定资产投资作为调结构、惠民生、强基础的重要抓手，全力推进项目前期、申报审批、争取资金和项目建设各个环节，取得了显著成效。全年全社会固定资产投资完成3 539亿元，增长25.2%，新增投资700多亿元；重点项目完成投资1 200多亿元，42个重点项目建成投产，32个重点项目开工建设，是历年来投资额最多、成效最大的。全年落实国家基建补助投资359.1亿元，比上年增加139亿元，是历年来最多的。全年重点项目新增生产能力主要有：水库库容33.52亿立方米，电力装机350万千瓦，铁路580公里，改建4C机场1个，新建4C、4D机场各1个，原油461万吨，天然气8亿立方米，年产全钢载重子午线轮胎60万条，日供水能力10万吨、污水处理和污水再生利用35万吨、垃圾无害化处理能力1 200吨，集中供热面积1 100万平方米。

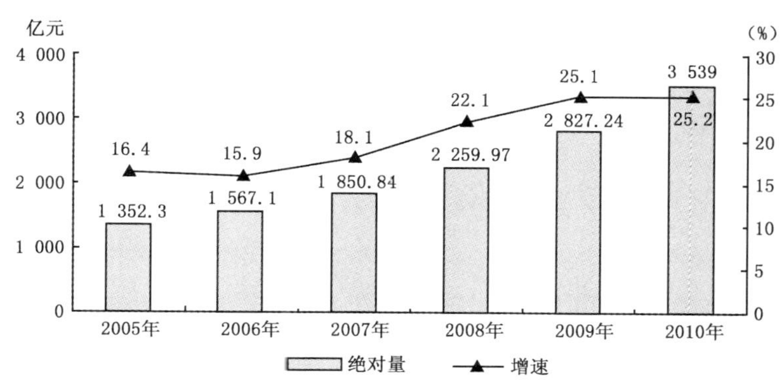

图3　全社会固定资产投资总额及增长速度

采取了一系列扩大就业、完善社会保障、增加居民收入的有力措施，增强居民消费能力。进一步优化市场消费环境，落实鼓励消费的各项政策，积极培育消费热点，继续开展家电下乡、汽车下乡等活动，有效挖掘了居民特别是农村居民的消费潜力。预计全年社会消费品零售总额1 378亿元，增长17%。汽车销售额增长21%，家用电器增长22%，金银珠宝增长50%。

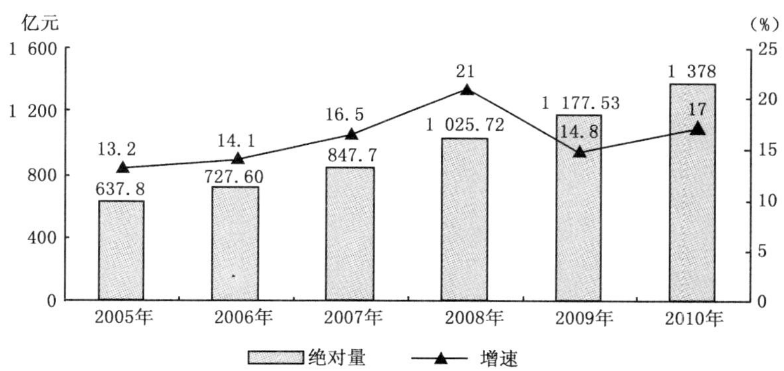

图4　社会消费品零售总额及增长速度

全面推进"外引内联、东联西出、西来东去"的开放战略，对外开放取得新突破。国家把新疆向西开放作为全国全方位开放战略的重要组成部分，纳入了国家"十二五"规划。喀什、霍尔果斯两个特殊经济开发区前期工作全面启动。成功举办第19届"乌洽会"，成为新疆历史上规模最大、效益最好的一届盛会。与内地经济技术合作的领域和规模进一步扩大，大企业集团积极参与自治区大开发、大建设，一大批优势资源项目启动建设。加强口岸建设，努力扩大同周边国家的经贸合作，开展人民币跨境结算试点，对外贸易回升向好。预计全年实现进出口总额171.3亿美元，增长23.9%；外商直接投资2.4亿美元，增长11.3%。

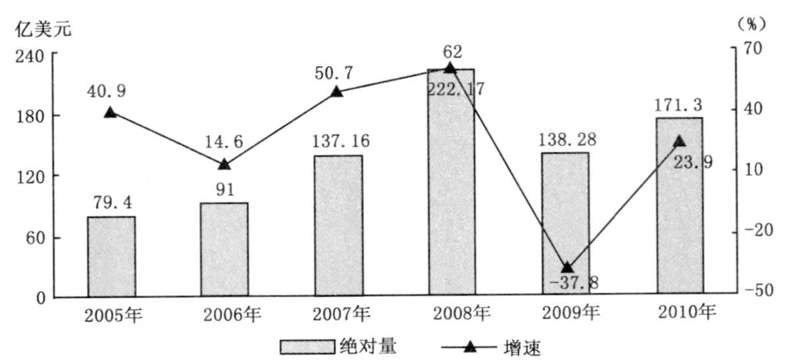

图5 进出口总额及增长速度

（三）大力保障和改善民生，人民群众得到更多实惠

把保障和改善民生放在更加突出的位置，集中力量实施了一大批民生工程，大力推进就业和社会保障，加快社会事业发展，投入之大、受益面之广前所未有。预计全年城镇居民人均可支配收入13 500元，增长10%；农民人均纯收入4 500元，增长15.9%。

高起点、高水平、高效益实施安居富民、定居兴牧工程，19.1万户农牧民实现定居，开工建设9座牧区小型水库和1座渠首工程。新建廉租住房8.5万套，公共租赁房1.2万套，改造各类棚户区危旧住房7万户。解决了120万农村居民饮水安全和8.95万无电人口用电问题，新建、改建农村公路5 503公里，新增农村沼气12万户。启动实施南疆天然气利民工程，喀什、和田液化天然气示范工程建成投运。加强贫困地区农村基础设施建设，帮助26万贫困人口脱贫。

全年实现城镇就业再就业45.6万人，农村劳动力转移就业210万人次，零就业家庭实现至少一人就业。30万未参加社会保险的集体企业退休人员享有了基本养老保障，扩面并提高城乡居民最低生活保障标准，提高农村"四老"人员生活补助和村干部基本报酬，调整区内企业职工最低工资标准和离退休人员生活补贴，增加机关事业单位干部、职工工资收入，涉及各类人员400多万人。南疆三地（州）所有县（市）及其他地（州）边境、贫困县共56个县（市）被纳入新农保试点范围，参合人数358万人。

建成学前双语幼儿园668所，民汉合校20所，中小学校舍安全工程86个，中西部农村初中校舍改造工程24个，中等职业教育基础能力建设项目6个。学前、中小学接受"双语"教育和民考汉的学生占少数民族在校生比例达49%，比上年提高8.19%。内地新疆高中班招生2.23万人，增加2 300人。中等职业教育招生16.5万人，在校生占高中阶段比例为43%。比上年提高11%。建成县级医院标准化建设项目37个，中心乡镇卫生院47个，行政村卫生室260个，社区卫生服务中心42个，地市级重点中医院5个。新型农村合作医疗参合率达98.6%，比上年提高1.3%，最高支付限额提高到全区农民人均纯收入的6倍以上。医药卫生体制改革全面推开，全区198个乡镇卫生院、80个社区卫生服务中心、30个县（市）政府办基层医疗卫生机构实施了国家基本药物制度，对列入国家基本药物目录的药品实行零差率销售。建成国营农牧林场综合文化站106个，南疆三地（州）行政村文化室681个，社区文化室31个，广播、电视人口综合覆盖率分别提高到94.9%和95.28%。开展了一系列以"唱响和谐文化、滋润和谐心灵"为主题的"送演出下基层"文化惠民活动，"热爱伟大祖国、建设美好家园"主题教育活动深入人心。

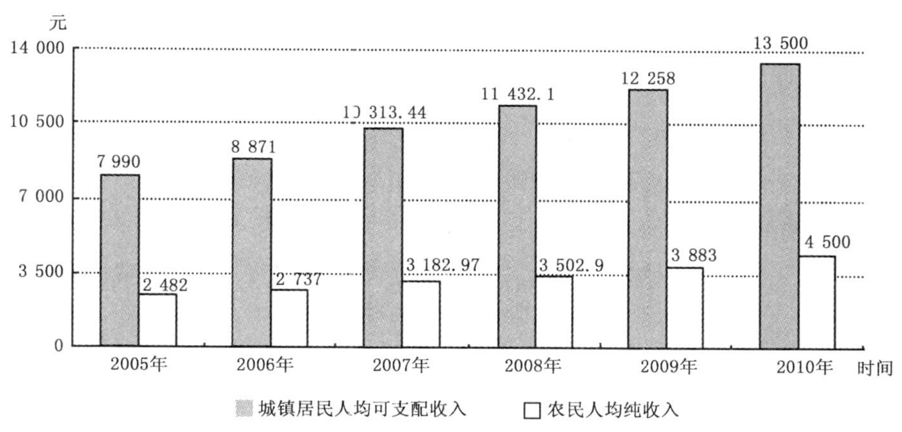

图6　城乡居民收入

（四）积极采取有力措施，维护市场价格秩序

2010年7月份以来，全区居民消费价格总水平持续上升，副食品价格涨幅较大。自治区把稳定物价作为重中之重，积极采取措施，维护人民群众利益。一是保障市场供应。落实扶持农业生产的各项政策措施，支持生产基地和流通体系建设，对主要粮食品种、油料收购进行补贴，调动农民生产积极性。加强产销衔接，积极组织调配，在节假日等重点时段加大国家和自治区两级储备投放力度，全力保障粮、油、肉、菜等农副产品市场供应，确保生活必需品不脱销、不断档。二是维护市场价格秩序。清理和取消不合理收费项目，扩大鲜活农产品运输绿色通道范围；发挥大型粮食加工企业、批发市场、超市的主渠道作用，支持建设社区菜店，减少流通成本。整顿和规范市场秩序，加大对违法行为的处罚力度，严厉打击串通涨价、哄抬物价、价格欺诈等违法行为。三是稳定政府管理价格。严格管理政府定价项目，保持了城市公交、供暖、医疗、教育等公用事业价格稳定。继续实施煤炭最高限价，对部分建材实施临时价格干预措施。暂缓出台天然气价格调整方案，对天然气经营企业民用气销售和城市公交给予补贴，确保我区的天然气出厂价格维持在全国较低水平。四是切实保障困难群众基本生活。根据物价上涨情况，对城乡困难群众实行一次性价格临时补贴，其中优抚对象、城市低保对象每人补贴80元，农村低保对象每人补贴40元，“五保”对象每人补贴100元。继续实行对大中专院校学生的伙食补贴政策，提高义务教育寄宿生生活费补贴标准。

（五）新一轮对口援疆全面启动，试点项目建设取得实效

全国对口支援新疆工作会议以来，19个省（市）党政主要领导亲自带队，深入受援县（市）实地调研，建立了对口援疆前方指挥部；自治区和各受援县（市）成立了援疆工作领导小组和协调机构，积极主动配合做好受援工作，加强与支援省（市）的对接，共同推动对口援疆工作。按照国家部署，认真编制对口援疆总体规划和专项规划，积极开展试点项目建设，取得了阶段性成果。目前，经济、干部、人才、教育、科技援疆全面展开，对口支援规划已基本完成，99个试点项目开工建设，总投资36.5亿元，其中对口援助资金20亿元，重点投向住房、教育、卫生、农村基础设施、灾后重建、特色产业发展等领域，部分项目已建成使用。

在经济运行持续向好的同时，还有一些值得关注的问题，主要是物价上涨较快，居民消费价格指数上涨超过预期，牛羊肉、蔬菜等价格高位运行。此外，在就业、中小企业贷款、节能减排等方面依然存在一些问题，需要采取有力措施，积极努力解决。

二、2011 年自治区经济社会发展的总体要求和主要目标

2011 年是“十二五”开局之年，是深入贯彻落实中央新疆工作座谈会和自治区党委七届九次、十次全委（扩大）会议精神的关键之年，是全面实施对口支援新疆工作的起步之年。做好 2011 年经济社会发展工作．对巩固、提升当前改革发展稳定的好形势，推进跨越式发展和长治久安具有十分重要的意义。

经济工作的总体要求是：以邓小平理论和“三个代表”重要思想为指导，全面贯彻中央精神，深入贯彻落实科学发展观，全面落实自治区党委七届九次全委（扩大）会议确定的具体战略选择，坚持资源开发可持续、生态环境可持续的原则，加快构建具有新疆特色的现代产业体系，不断提升向西开放水平，加快通道建设，着力保障和改善民生，坚定不移地维护社会政治大局稳定，努力实现经济社会又好又快发展。

经济和社会发展的主要预期目标是：全区生产总值增长 10% 以上；工业增加值增长 17%；地方财政一般预算收入增长 22%；全社会固定资产投资增长 25%；社会消费品零售总额增长 17%；外贸进出口总额增长 18%；居民消费价格总水平涨幅控制在 4% 左右；新增城镇就业岗位 40 万个，城镇登记失业率控制在 4% 以内；城镇居民人均可支配收入增长 11%，农民人均纯收入增长 11%；人口自然增长率控制在 11‰ 以内。

确定这样的预期目标，充分体现了科学发展观的要求，综合考虑了各方面因素，兼顾需要和可能，并与“十二五”规划相衔接。

确定生产总值增长 100% 以上，是坚持科学合理、积极稳妥、留有余地的原则，统筹考虑了发展面临的外部环境、国家政策支持、跨越式发展的需要和现实可能性，引导各方面在继续保持经济平稳较快发展的同时，下更大的工夫推动经济发展方式转变和经济结构调整，下更大的工夫提高经济发展质量和效益、增强发展的可持续性，高起点、高水平、高效益地做好各项工作，为新疆在新的起点上实现科学跨越、后发赶超打好基础、创造条件。

确定全社会固定资产投资增长 25%，主要考虑保持较快的投资增速和适度的投资规模，是调结构、惠民生、强基础的必然要求，是为“十二五”加快发展奠定基础、积累后劲的重要举措，必须全力以赴完成。随着深入落实中央新疆工作座谈会精神，全面实施新一轮对口援疆工作，在基础设施、改善民生、优势资源开发等领域，一大批重大项目开工建设，这将有力推动投资较快增长。

确定城镇居民人均可支配收入和农民人均纯收入均增长 11%，主要考虑国家将加大收入分配调节力度，加快制定收入分配制度改革方案，完善企业、机关和事业单位工资正常增长机制，逐步提高最低工资标准，进一步缩小收入差距。同时，自治区将把改善城乡居民生产生活条件、扩大就业渠道、加快完善社会保障体系等作为改善民生的优先领域，最大限度地提高各族人民生活水平，努力使城乡居民收入增速不低于经济增长速度。

确定居民消费价格上涨控制在 4% 左右，一方面是考虑到当前自治区绝大多数产品供应充足，特别是农业连年丰收，粮食库存充裕，有条件保持物价基本稳定；另一方面考虑到价格“翘尾”因素和新涨价因素的影响，价格面临上涨的压力较大，我们必须把稳定价格总水平放在更加突出的位置，切实做好保障市场供应、加强市场监管和安定群众生活等各项工作，努力保持价格总水平基本稳定。

三、2011 年自治区经济社会发展的主要任务和措施

坚持发展第一要务不动摇，紧紧围绕科学发展的主题，把加快转变经济发展方式贯穿于全部

工作的始终，坚持跨越式发展和长治久安的具体战略选择，始终在科学发展的轨道上推进跨越式发展，重点在"促增长、防通胀，转方式、调结构，惠民生、促协调，打基础、强基层"上狠下工夫，努力在加快发展上取得新突破。

（一）加速推进新型工业化，加快构建现代产业体系

坚持扩大规模与优化升级并举，大企业、大集团与中小企业并进，提高效益与利民惠民并重，抓住最现实、最具比较优势、最有可能占领技术和市场制高点的主攻方向，超前谋划，科学布局，抓紧建设一批重大产业项目，重点在煤电煤化工和石油石化下游产业发展上取得新突破。

1. 高标准、高效率、高效益开发建设国家第十四个大型煤炭基地，争取国家批复实施《新疆大型煤炭基地建设规划》和《新疆能源资源转化实施总体方案（2011—2020）》，加快推进煤电外送和煤电煤化工基地建设。争取国家尽早批复伊宁矿区5号勘查区等10个矿区总体规划，核发一批大型煤矿前期工作"路条"，开工建设准东大井矿区南露天煤矿等5个大型、特大型煤矿。把煤制油、煤制气、煤制烯烃、煤制二甲醚、煤基多联产等项目作为发展现代煤化工产业的制高点，加快推进庆华年产55亿立方米煤制天然气一期、广汇80万吨二甲醚、华电年产60亿立方米、中煤能源年产40亿立方米煤制气等项目建设。结合煤制天然气外运，力争开工建设一条年输送能力300亿立方米煤制气管道项目。

2. 积极支持石油石化工业发展，确保油气产量稳定增长。大力支持疆内企业参与石油天然气下游产品深加工，重点在天然气化工、合成纤维、合成树脂、合成橡胶、精细化工等领域，谋划、布局好一批项目，最大限度地延伸石油、天然气下游产业链。建成吉木乃广汇日产150万立方米液化天然气项目，加快建设美克化工年产10万吨1，4—丁二醇二期、沙雅金圣胡杨化工年产60万吨硝基复合肥，力争开工建设新疆和山巨力年产15万吨TDI（甲苯二异氰酸酯）、30万吨MDI（二甲苯烷二异氰酸酯）等项目。支持企业"走出去"参与周边国家油气资源开发合作，加快广汇收购哈萨克斯坦斋桑油气区块建设，开工建设吉木乃广汇日产150万立方米天然气输气管道。

3. 继续加大勘探力度，争取在重点矿种和重点成矿带上有新的突破。加快紧缺矿产资源的综合开发利用，积极发展铜、镍、铅、锌等重要有色金属和钾盐、膨润土、石材等特色非金属深加工业。开工建设哈密和鑫矿业年产60万吨铜镍矿采选、新疆硝石钾肥年产30万吨硝酸钾钠等项目。

4. 支持钢铁、水泥、食品工业发展，振兴纺织工业。开工建设八钢拜城、克州赣鑫、新兴铸管和静特钢等钢铁项目；加快建设天山建材、山东山水公司等一批水泥生产线，尽快形成新增产能。扶持发展一批高成长性的农业产业化龙头企业，大力实施农产品精深加工项目。推进阿克苏、石河子纺织工业城建设，大力发展喀什、呼图壁、沙雅、巴楚、奎屯、库尔勒、博乐等纺织工业园区，建成富丽达纤维年产20万吨差别化粘胶短纤维项目。

5. 积极培育战略性新兴产业，组织实施一批新材料、新能源、生物产业、电子信息等领域的产业化专项；抓好国家地方联合工程实验室和创新服务平台建设，增强自主创新能力。继续实施电子政务公共服务项目，加快信息资源整合和信息共享的标准体系建设。

6. 发展壮大特色装备制造业，建成新疆农牧机械产品制造及科技成果转化基地、伊犁建能大型矿山机械设备制造等项目；加快建设特变电超高压及出口基地等项目。围绕石油开采、输气管道、现代煤化工成套设备等，做好相关装备制造业的招商工作。

7. 大力发展服务业。完善促进服务业发展的税收、价格等扶持政策。深度开发旅游资源和产品，全力打造"丝绸之路"旅游品牌，带动沿线景区开发。改善重点旅游景区基础设施，实施红色旅游景区二期建设规划。加快在中心城市、交通枢纽和口岸建设一批起点高、规模大、辐射能力强，集运输、仓储、包装、流通加工、配送等功能一体的现代物流基地或物流中心。强化金融保险业服务功能，拓展和规范法律、信息、咨询等中介服务。大力发展社区卫生、文化娱乐、家政保洁、养老托幼等便民服务。

8. 加快产业聚集园区建设。支持乌鲁木齐经济技术开发区、高新技术产业开发区等国家级园区建设，积极推动具备条件的省级园区升格为国家级产业聚集园区。支持有条件的地（州）和部分市（县）行政中心所在地建设产业聚集园区。按照“一园一业”的发展理念，以龙头企业带动配套发展，发挥好园区的产业集聚、资源整合、技术创新和辐射带动效应。

（二）大力推进农牧业现代化，提升农牧民生产生活水平

按照自治区推进农牧业现代化的要求，紧紧围绕农牧民增收，大力发展高效节水农业，加快实施安居富民、定居兴牧工程，促进农牧业发展方式转变，提升农牧业整体效益和农牧民生活水平。

1. 始终把粮食安全放在首要位置，通过增加农业生产补贴、提高主要粮食品种最低收购价、加大科技投入等措施，稳定面积，提高单产，增加总产，不断增强粮食综合生产和加工转化能力，确保粮食区内平衡，略有节余。小麦面积稳定在 1 600 万亩。启动“十二五”优质棉基地建设，重点实施高标准棉田、良繁田等工程，棉花面积稳定在 2 300 万亩。调整优化林果业区域布局和品种结构，加快林木种苗基地和林果灾害综合防控体系建设。鼓励农民和社会资本参与农产品保鲜储藏运输，新增果品冷藏保鲜库容 30 万吨。围绕保障主要农副产品市场供应，积极发展农区畜牧业和城郊畜牧业，加强优质畜产品基地和标准化规模养殖小区（场）建设，提高畜产品产量；在城郊新增 10 万亩规模化现代设施农业。

2. 完善现代农牧业支撑体系。大力发展高效节水农业，继续实施 31 个大型灌区改造和田间高效节水灌溉工程，推进农田基本建设、中低产田改造和土地整理，积极发展旱作节水农业，大规模推广喷滴灌节水技术，加快建立标准化、规范化高效节水综合示范区，力争新增高效节水面积 400 万亩。坚决禁止盲目无序开垦荒地。加快推进农业机械化，继续实施保护性耕作工程，加大农机购置补贴力度，加强基层农技推广体系、动物疫病防疫体系、农产品质量安全体系建设。继续实施种子工程，加快推进良种繁育基地建设。加大防洪设施投入，启动中小河流治理、山洪地质灾害防治等专项建设。

3. 充分发挥安居富民和定居兴牧工程在推进农牧业现代化方面的创新性作用，高起点、高水平、高效益建设，普惠各族人民群众。加快安居富民工程建设，按照现代和民族特色相统一、新居建设与产业发展相结合的要求，优化县域村镇布局，整体规划城镇、村落、房屋及配套的学校、医院等公共服务设施和生产基础设施，强化产业带动，大力发展农牧业和农牧产品加工业，实行多种经营；在条件较好、沿路、沿景点的重点村庄，依托产业基础和资源优势，加快中心村建设，提升当地传统产业，引导集聚劳动密集型产业，促进劳动力转移。加快定居兴牧工程建设，以牧区小水库为抓手，实施游牧民定居工程，推进安居住房、牲畜棚圈、饲草基地和水电路气等配套工程以及公共服务设施建设。做好支撑产业统一规划，大力发展规模养殖，培育养殖小区、养殖专业户，开展牧民劳动技能培训，鼓励牧民从事民族手工业、餐饮业、民俗旅游业等第二、第三产业，引导牧民加快向城镇转移，实现安居、兴牧、富民的整体推进。

（三）加快推进新型城镇化，统筹城乡协调发展

按照统筹城乡、合理布局、突出特色、以城带镇的原则，加快推进新型城镇化，合理确定大中小城市和小城镇的功能定位、产业布局，加快构建基本公共服务和基础设施一体化、网络化发展的城镇化新格局。2011 年城镇化率比上年提高 1 个百分点。

1. 以乌昌都市区为核心，以南、北疆铁路及其邻近主要公路干线为发展轴，着力构建“一核两轴多组群”的城镇发展格局。进一步完善城镇体系，突出发展区域中心城市和小城镇，努力把伊宁、石河子、库尔勒、喀什、阿克苏、哈密建成50 万人口以上的区域中心城市。乌昌都市区要积极推进乌鲁木齐、昌吉、阜康、五家渠四市同城化发展，推动乌鲁木齐现代都市建设。以兰新铁路西段、建霍高速、312 国道所组成的综合交通廊道作为北疆城镇发展主轴，积极培育石河子—玛纳斯—沙湾、克拉玛依—奎屯—乌苏、博乐—阿拉山口—精河、伊宁—霍尔果斯等城镇组群，构建天山北坡城市群。促进城市间产业对接、设施配套和服务联动，有序推进城市合理分工、协调发展。以南疆铁路和 314 国道干线作为城镇发展轴，着力培育库尔勒—轮台、阿克苏—库车、喀什—阿图什等各具特色的城镇组群。加快完善城市功能，扩大城市规模，强化城市管理，提升人口聚集能力和综合承载能力。加快培育和田、阿勒泰、塔城、吐鲁番、哈密等各具特色的区域中心城市，增强其对周边小域镇的辐射带动力。以城市群和大中城市为依托，以产业发展为支撑，积极推进小城镇建设，重点支持一批成长性好的县城按照高标准的小城市进行规划建设，促进小城镇与区域中心城市共同发展。抓好自治区重点示范镇（乡）建设，支持有条件的地方规划建设一批工业强镇、商贸重镇和文化旅游名镇。大力扶持边境县（市）城镇发展。

2. 按照城市规划的总体要求，通盘考虑生产、生活、生态以及城市特色的需要，加快城市综合交通运输网络建设，突出城市干道建设，优先发展公共交通，不断提升城市交通集散功能。加快实施城镇供排水、垃圾处理、集中供热等工程，新增日供水能力 20 万吨、污水处理能力 30 万吨、垃圾无害化处理能力 1 000 吨；供热面积 1 000 万平方米。认真搞好城市园林绿化和城市周边绿环建设。加快实施喀什老城区改造工程，重点进行危旧房配套基础设施、居民危旧房大修加固和拆除重建。

（四）加快民生工程建设，着力改善和保障民生

以富民为核心，集中各方力量，以最快速度、最大强度实施好自治区确定的一系列重大民生工程，大力发展社会事业，在改善民生上扎扎实实办几件实事。

1. 按照统一规划、合理布局、设施配套、安全适用的原则，高起点、高水平、高效益实施安居富民和定居兴牧工程。力争完成 30 万户农村安居房建设任务、2 万户游牧民定居任务；加快建设 25 座牧区小型水库、1 座渠首和 1 个灌区引水工程；启动配套饲草基地建设。推进农村水路气电等配套设施建设，解决 120 万人饮水安全问题；新建、改建农村公路 1.1 万公里；新增沼气用户 8 万户；推进南疆天然气利民工程，新增气化人口 74.3 万人，实现气化率 21.6%；解决 9 万无电地区人口用电问题。加快城镇保障性住房建设，新建廉租住房 7.4 万套，公共租赁房 5.6 万套，改造各类棚户区 10 万户。加大扶贫开发和以工代赈投入力度，加强贫困地区农村小型水利、畜牧草场等基础设施建设，帮助 25 万农村贫困人口摆脱贫困。

2. 把扩大就业放在突出位置，进一步落实和完善促进大中专毕业生、转移就业和困难群体就业的政策措施，多渠道增加就业，力争两年内全区未就业大中专毕业生基本实现就业，确保零就业家庭 24 小时动态清零。加快建设覆盖城乡的公共就业服务体系。

3. 提高社会保障水平。抓紧实施城镇基本养老保险省级统筹。力争新型农村社会养老保障制度覆盖面扩大到 80% 以上县（市）。进一步提高养老金和城乡居民低保标准、“五保”供养水平，加快儿童福利院、养老院建设，切实改善城乡困难群体的生活。

4. 优先发展教育事业。加快实施中西部地区农村初中校舍改造和中小学校舍安全工程；全面完成学前双语幼儿园规划内建设任务，建设483所农村边远艰苦地区双语教师周转宿舍和200所“双语”寄宿制学校，改扩建28所民汉合校普通高中；扩大内地新疆高中班和区内初中班招生规模，积极举办内地新疆中职班；启动中等职业教育基础能力建设二期工程11所中等职业学校，扩大涉农中等职业教育免费范围；完成新疆大学“211”工程四个重点学科建设任务。

5. 提高医疗卫生服务水平。改扩建县级医疗机构10所、中心乡镇卫生院8所、行政村卫生室630所；建成81所社区卫生服务中心；新建4所精神卫生专业机构；启动县级卫生监督机构、全科医生临床研究基地建设；建成维吾尔医药研发中心基地。加强基层计划生育服务体系建设，继续实施“少生快富”工程。

6. 繁荣发展文化事业。大力实施“春雨工程”，建设660个行政村和28个社区文化室，启动15个地（市）级图书馆、15个群艺馆、6个博物馆改扩建工程，实施好2个丝绸之路新疆段遗产地保护项目。继续实施“村村通工程”，全面推进“农家书屋工程”。

（五）加强基础设施建设，为经济社会发展提供有力支撑

突出重点领域，抓住关键环节，全力以赴推进重大项目建设，强化建设项目管理，确保实现固定资产投资增长25%的目标。初步安排自治区重点项目252项，计划完成投资1 500亿元以上，其中新开工重点项目40项。

1. 水利方面。抓好重点河流的控制性骨干工程建设。塔里木河流域全面完成近期综合治理任务，加快卡拉贝利、吉音水利枢纽建设，开工建设阿尔塔什水利枢纽。其他流域建成奇台中葛根、乌鲁木齐大西沟水库，加快建设托克逊阿拉沟、阜康白杨河、昌吉努尔加、轮台五一、塔城白杨镇等中型水库，积极推进一批大中型山区控制性水利枢纽前期工作，力争开工建设。

2. 交通方面。铁路加快兰新第二双线等11条在建项目建设，建成吐鲁番—库尔勒二线、兰新线红柳河—阿拉山口电气化改造、库车—俄霍布拉克、哈密—罗布泊铁路，新增里程450公里。力争开工建设乌鲁木齐新客站、乌鲁木齐集装箱中心站、哈密—额济纳、北屯—富蕴—准东、中吉乌喀什—吐尔尕特段铁路。推进哈密—将军庙、库尔勒—格尔木、淖毛湖—兰新、沙尔湖—大南湖—敦煌铁路前期工作，尽早开工建设。公路重点突出高速公路和国省道干线建设，大力实施农村“富民畅通”工程，推进口岸、国边防公路升级改造，提高路网整体通行保障能力。建成库车—阿克苏、乌鲁木齐—白杨沟岔口、木垒—鄯善、三塘湖—老爷庙等一批公路项目。开工建设乌鲁木齐绕城高速、阿克苏—喀什、克拉玛依—塔城等7条高速公路和五彩湾—大黄山、乌什—别迭里等一大批项目。民航以打造乌鲁木齐西部门户枢纽为重点，不断加强航线网络布局，力争开辟新的国际国内航线。开工建设富蕴、且末机场，积极推进若羌楼兰、塔中、莎车机场前期工作。油气管道建成中亚天然气一期输气管道、独山子—乌鲁木齐原油管道、伊宁—霍尔果斯煤制气外输管道。

3. 电力方面。加快建成昌吉新热电厂、乌苏热电厂、尼勒克一级水电站等在建的1 180万千瓦装机，积极推进开工建设华电喀什发电厂三期热电扩建、华威和田热电厂、哈密千万千瓦级基地首期200万千瓦风电等1 000万千瓦装机。2011年，新增装机350万千瓦。加快疆内750千伏骨干电网建设，建成吐鲁番—巴州750千伏输变电工程，开工建设凤凰—乌苏—伊宁、伊宁—库车—巴州、库车—阿克苏—喀什等750千伏输变电工程，大幅度提高跨地区输电能力。完善220千伏、110千伏等各电压等级输配电网络，进一步推进城市和农村电网改造，提高农网装备水平和农村供电可靠性。积极推进“疆电东送”通道工程前期工作，力争取得突破性进展。

（六）坚持不懈地推进全社会节能减排，努力提高生态文明水平

把建设资源节约型、环境友好型社会作为加快转变经济发展方式的重要着力点，坚持环保优先、生态立区，坚持不懈地推进节能减排、循环经济、生态环保和应对气候变化工作。

1. 扎实做好全社会节能减排工作。坚定不移地贯彻国家有关规定，严格落实目标责任，深入开展节能减排全民行动。严格执行单位产品能耗标准，对新上项目，严格控制、严格审批，使新上项目工艺技术、装备水平和单位产品能耗处于国内外领先地位。强化节能减排目标责任考核，健全激励和约束机制，增强企业和全社会节能减排内生动力。加快实施重点节能改造工程、节能产品惠民工程、合同能源管理推广工程，建设一批循环经济示范工程。突出抓好重点耗能企业节能管理，组织开展企业节能低碳行动，开展能效水平对标，公告能源利用状况。推广节能环保型和绿色建筑。积极应对气候变化，全面开展低碳试点，推行清洁生产，控制温室气体排放。

2. 加强生态环境建设。加快实施天然林保护、重点防护林工程，巩固退耕还林成果，力争新增林地250万亩、封育150万亩。开工建设塔里木盆地周边、准噶尔盆地南缘防沙治沙、天山北坡谷地森林恢复与保护工程。继续实施退牧还草工程，全面推行草原生态保护奖励机制。加强湿地保护与恢复。继续推进乌鲁木齐市大气污染防治工程。

（七）继续深化重点领域改革，提升外向型经济水平

1. 继续推进农村土地管理制度改革和集体林权改革试点，发展多种形式的适度规模经营。积极发展农村小型金融组织和小额信贷，力争实现乡镇基础金融服务全覆盖；健全农业保险制度，扩大政策性农业保险范围。鼓励关联企业、上下游企业联合重组，实现一体化经营，提高抗风险能力。落实支持非公有制经济和中小企业发展的政策措施，支持民营经济加快发展。深化投资体制改革，制定并实施《自治区关于鼓励和引导民间投资健康发展的实施意见》，进一步消除制约民间投资准入的制度性障碍；继续完善投资项目后评价、重大项目公示和责任追究制度。按照国家部署，推进资源性产品价格改革。切实做好自治区医药卫生体制改革重点工作，加快建立健全药品供应保障体系，建立覆盖全区的国家基本药物制度，减轻群众基本用药费用负担；重点加强农村三级卫生服务网络和以社区卫生服务为基础的服务体系建设。加快推进财税体制改革。

2. 集中力量抓好喀什、霍尔果斯两个特殊经济开发区规划建设。统筹规划喀什、霍尔果斯特殊经济开发区发展定位和产业布局，加快启动基础设施建设，尽快落实土地、税收、进出口等方面的差别化产业政策，全力做好招商引资工作，力争开发区建设迈出实质性步伐。加快向西开放平台建设。全力以赴办好首届中国—亚欧博览会，扩大国际影响力。加快伊尔克什坦口岸迁建，进一步完善霍尔果斯、卡拉苏等口岸基础设施。积极支持有实力的企业“走出去”。到周边国家从事能源资源开发，通过风险勘探、合资合作、参股控股等方式，推动在中亚建立油气供应基地。加强与内地经济技术合作。支持内地企业参与新疆开发建设，落实优惠政策，加快项目审批，提供规范化服务，推进建设我国向西进出口商品加工基地、商品中转集散地、走出去开发能源资源和开拓国际市场的“新欧亚大陆桥”。修订适合新疆特点的外商投资产业目录。鼓励发展节能环保、节水农业、农副产品深加工等投资项目。积极、稳妥利用国际金融组织和外国政府贷款，促进自治区基础设施建设。开工建设亚行贷款阿勒泰地区边境县及口岸镇基础设施和生态环境改善项目，积极推进奎屯、克拉玛依亚行项目和伊宁市世行项目前期工作。

（八）加大南疆三地（州）和沿边高寒地区扶持力度，促进区域协调发展

实施“两带两区”发展战略，率先发展天山北坡经济带、天山南坡产业带；扶持南疆三地（州）贫困地区、沿边高寒地区加快发展，为促进全面协调可持续发展拓展新的空间。

1. 天山北坡经济带：大力推进乌昌经济一体化和城乡一体化进程，重点发展能源矿产资源精深加工、制造业、战略性新兴产业和现代服务业。开工建设乌鲁木齐绕城高速公路，推进乌鲁木齐轻轨项目前期工作。加快建设吐鲁番—哈密经济区太阳能综合利用示范基地、煤电生产和煤炭外运基地，建成哈密大南湖电厂和新疆大型光伏并网哈密（2万千瓦）、吐鲁番（2万千瓦）特许权招标等项目，积极推动吐鲁番新能源示范城市光伏微电网试点项目建设。支持石河子—玛纳斯—沙湾经济区建设全疆重要的制造业基地、纺织工业基地、绿色食品加工基地，重点提升果蔬、肉类制品加工规模，大力发展人造纤维及深加工产业，加快建设农业产业化示范区。支持奎屯—克拉玛依—乌苏经济区加快建设商贸物流中心，搞好石油石化和特色农业精深加工；支持博乐—精河—阿拉山口、伊宁—霍城—察布查尔经济区发展外向型经济，组织实施一批现代煤化工、特色农牧产品加工业、旅游业项目。

2. 天山南坡产业带：做大做强石油天然气、煤化工、纺织、农副产品精深加工等特色优势产业。积极推进钢铁、水泥、纺织等一批重大产业项目建设。重点推进南疆火电电源建设，抓紧阿克苏热电厂（2×20万千瓦）、塔什店火电厂四期扩建（2×13.5万千瓦）等项目建设；加快巴楚热电厂（2×35万千瓦）等项目前期工作，争取早日开工建设。大力推进库尔勒—阿克苏铁路复线、库车—阿克苏高速公路等一批基础设施项目建设。

3. 南疆三地（州）贫困地区：加快实施安居富民、定居兴牧和南疆天然气利民等民生工程。创新开发方式，整合各类资源，大力推进集中连片扶贫开发。加快推进水利、交通、电力等重大基础设施建设。加大对特色优势产业发展扶持力度，大力发展林果、棉花、畜禽、药材等农副产品加工和储藏保鲜。积极发展旅游业和民族特色手工业。加快建设全疆重要的特色林果产品生产加工基地、外向型农业基地，以及面向中亚、南亚的民族特色产品生产加工基地和物流中心。

4. 沿边高寒地区：加快发展以现代畜牧业、生态旅游业、矿产开发和边境贸易为主的特色优势产业。全面推进17个边境扶贫重点县（市）扶贫工作，加大实施兴边富民行动力度。大力实施定居兴牧工程，配套完善水、路、气、电等基础设施，加快建设社会主义新农村和新城镇，推动传统畜牧业向现代畜牧业转变，传统生活方式向现代生活方式转变，促进游牧民定居。

（九）强化价格调控监管，稳定价格总水平

充分认识保持价格总水平基本稳定的重要性和紧迫性，把稳定价格总水平放在更加突出的位置，切实做好市场保障和价格稳定工作。

1. 切实落实“米袋子”、“菜篮子”行政首长负责制，全力组织蔬菜、牛羊肉等主要农副产品生产和调运。建立完善重要农产品三级储备制度，继续把握好中央、地方储备粮油投放和轮换的节奏、力度，落实好成品粮、油应急储备制度。开工建设20万吨粮油中转储备库和10万吨肉食、蔬菜冷链物流设施。新建、改建一批农产品批发市场，支持重点城市建设农产品配送中心和连锁网点，提高零售企业鲜活农产品产地采购比例。规范和降低集贸市场摊位费和超市进场费，落实鲜活农产品运输绿色通道政策，降低农副产品流通成本。

2. 建立健全重要农副产品市场监测预警体系，完善市场和价格调控预案。落实价格干预措施，完善收费政策，规范收费行为，取消一批不合理收费项目，降低偏高的收费标准。严格控制政府定价项目，在2011年3月底之前不出台政府管理商品和服务价格提价措施。

3. 组织开展涉农、涉企、教育、医疗、金融、资源性产品等方面的价格和收费专项检查，有针对性地开展建材价格和建设项目收费检查，重点打击囤积居奇、哄抬价格、变相涨价以及恶意炒作、合谋涨价、串通涨价等违法行为。对性质恶劣的典型案件，除给予经济制裁之外，还要通过新闻媒体公开曝光。完善价格信息发布制度，及时向社会公布价格动态和信息，稳定社会预期。

4. 完善对低收入群众的补助办法，安排好困难群体生活。科学制定城乡居民低保标准测算调整办法，建立社会救助和保障标准与物价上涨挂钩联动机制。对优抚对象、城乡低保对象、农村“五保”供养对象发放临时补贴，增加对大中专院校家庭经济困难学生和学生食堂的补贴。

（十）倾心尽力做好对口援疆工作，让各族人民共享援建成果

以保障和改善民生为首要目标，坚持规划引导，突出产业支撑，加强综合协调，完善保障措施，有力、有序、有效地推进对口援疆工作。一是协助支援省（市）共同编制好县（市）援建总体规划和专项规划，加强规划项目论证和对接，特别是要与受援地区经济社会发展规划相衔接，避免重复建设。二是合理安排建设时序，突出重点领域，坚持民生优先，统筹使用好中央补助投资、自治区配套资金和对口援助资金，大力推进农村安居、农民致富、双语教育、园区建设、人才干部等工程建设，全面推动经济、干部、人才、教育、科技全方位对口援疆。三是依托支援省市的资金、人才、技术和产业优势，以园区建设为平台，加强经济技术合作，加快优势产业转移，培育壮大特色优势产业，增强受援地区自我发展能力。四是研究建立援疆项目绿色通道，简化对口援建项目审批程序，提高审批效率，落实各项优惠政策，确保对口支援项目尽快建成发挥效益。

各位代表，2011 年经济和社会发展工作任务艰巨而繁重。我们要紧密团结在以胡锦涛同志为总书记的党中央周围，在自治区党委的正确领导下，自觉接受自治区人大的指导和监督，虚心听取自治区政协的意见和建议，进一步解放思想，转变观念，扎实工作，狠抓落实，为推进新疆跨越式发展作出新的更大贡献。

关于 2010 年自治区预算执行情况和 2011 年自治区预算草案的报告（摘要）

——在新疆维吾尔自治区第十一届人民代表大会第四次会议上

自治区人民政府党组成员、财政厅厅长　弯海川

（2011 年 1 月 14 日）

一、“十一五”时期自治区财政工作及 2010 年自治区预算执行情况

“十一五”时期，在自治区党委的正确领导下，我们坚持以邓小平理论和“三个代表”重要思想为指导，深入贯彻落实科学发展观，着力提升工作理念，加强财政宏观调控，推动经济平稳较快增长和发展方式转变，加大社会事业发展投入，保障和改善民生，完善公共财政管理机制，提高科学发展能力，财政发展改革取得新的重大进展，为实现扩内需保增长、惠民生促和谐做出了积极贡献。财政增收机制不断健全，财政实力明显增强，地方一般预算收入由 2005 年的 180.3 亿元增加到 2010 年的 500.5 亿元，年均增长 22.7%；支出结构不断优化，财政保障能力进一步增强，人员工资、津贴补贴及其他涉及个人部分支出得到保障，铁路、公路、机场、水利、能源等重大项目建设资金有效落实，财政投入突出向民生倾斜，民生支出由 2005 年 311 亿元增加到 2010 年的 1 198 亿元，重点支持了“三农”、教育、文化、科技、社会保障和就业、医疗卫生、保障性住房等民生事项；财政制度创新力度不断加大，财政管理体制不断完善，县级财政保障能力进一步提高，财政队伍能力进一步加强，财政发展改革进入新阶段。

刚刚过去的 2010 年，是新疆经济社会发展进程中具有重大历史意义的一年。中央新疆工作座谈会做出了推进新疆跨越式发展和长治久安的战略部署，为新疆发展带来了千载难逢的历史性机遇。我们认真贯彻落实中央新疆工作座谈会、自治区党委七届九次全委（扩大）会议精神，大力支持经济发展，强化收入征管，实现财政收入的稳定增长；调整财政支出结构，保障和改善民生，优先保证“三农”、教育、科技、医疗卫生、社会保障、保障性住房、环境保护等方面的支出需要；推进财政管理基础工作和基层建设，

着力解决经济运行和社会发展中存在的突出矛盾和问题，促进了自治区经济和社会持续协调健康发展。总体来看，自治区预算执行情况良好，各项财政改革与发展取得新进展，较好地完成了第十一届人民代表大会第三次会议确定的各项财政工作任务。

（一）自治区预算预计完成情况

1. 财政收入情况。一般预算收入500.5亿元，比2009年（下同）增加111.8亿元，增长28.8%，完成预算109.3%。其中：税收收入416.2亿元，增加115.1亿元，增长38.2%，完成预算111.4%；非税收入84.3亿元，减少3.3亿元，下降3.8%，完成预算100.4%。

政府性基金收入192.7亿元，增加88.4亿元，增长84.8%，完成预算168.2%。

地方财政收入（一般预算收入加政府性基金收入，下同）693.2亿元，增加200.2亿元，增长40.6%，完成预算121.1%。

上划中央税收收入497.5亿元，增加106.9亿元，增长27.4%。

全口径财政收入1 190.7亿元，增加307.1亿元，增长34.7%。

2. 财政支出情况。一般预算支出1 695.1亿元，增加348.2亿元，增长25.9%，完成预算94.3%。

政府性基金支出185.7亿元，增加58.5亿元，增长46%，完成预算73.5%。

地方财政支出（一般预算支出加政府性基金支出，下同）1 880.8亿元，增加406.7亿元，增长27.6%，完成预算91.8%。

3. 财政收支平衡情况。一般预算收入总计1 793.9亿元，其中一般预算收入500.5亿元、上级补助收入1 124.4亿元、中央财政代理发行地方政府债券收入60亿元、上年结余105亿元、调入资金4亿元。一般预算支出合计1 707.1亿元，其中一般预算支出1 695.1亿元、上解上级支出2亿元、安排预算稳定调节基金10亿元。收支相抵，年终结余86.8亿元，其中结转下年支出90.6亿元，净结余为赤字3.8亿元，比上年减少0.9亿元。

政府性基金收入总计252.8亿元，其中政府性基金收入192.7亿元、上年结余35.4亿元、上级补助收入24.7亿元。政府性基金支出185.7亿元。收支相抵，年终结余67.1亿元。

（二）自治区本级预算预计完成情况

1. 财政收入情况。自治区本级一般预算收入51.6亿元，增加1.4亿元，增长2.8%，完成预算96.5%。其中：营业税0.8亿元，增长16.3%，完成预算的87.3%；企业所得税2.1亿元，下降29%，完成预算66.6%，下降的主要原因是电力企业、股份制企业和总机构预缴所得税均有所下降；资源税19.1亿元，增长232.3%，完成预算84.1%，大幅度增长的主要原因是自2010年6月1日起，自治区实行原油、天然气资源税从价计征；非税收入29.6亿元，下降27.4%，完成预算110.6%，下降的主要原因是国有企业破产、改制资产变现、股权转让收入以及来自驻疆大企业、大集团捐赠收入大幅度减少。

政府性基金收入54.2亿元，增加35.1亿元，增长183.1%，完成预算144.1%。

自治区本级地方财政收入105.8亿元，增加36.5亿元，增长52.6%，完成预算116.1%。

2. 财政支出情况。自治区本级一般预算支出474.8亿元，增加67.9亿元，增长16.7%，完成预算88.8%。主要项目：农林水事务支出76.4亿元，加上对各地农林水事务转移支付80.7亿元，两项合计安排支出157.1亿元，增长10.4%；教育支出48亿元，加上对各地教育转移支付54亿元，两项合计安排支出102亿元，增长31.8%；医疗卫生支出16.1亿元，加上对各地医疗卫生转移支付39亿元，两项合计安排支出55.1亿元，增长26.7%；社会保障和就业支出46.2亿元，加上对各地社会保障和就业转移支付66.6亿元，两项合计安排支出112.8亿元，增长29.1%；保障性住房支出0.3亿元，加上对各地保障性住房转移支付76.1亿元，两项合计安排支出76.4亿元，增长170.9%；文化体育与传媒支出10.9亿元，加上对各地文化体育与传媒转移支付4.5亿元，两项合计安排支出15.4亿元，增长2.4%；科学技术支出7.4亿元，加上对各地科学技术转移支付0.3亿元，两项合计安排支出7.7亿元，增长30.5%；环境保护支出7.7亿元，加上对各地环境保护转移支付34.2亿元，两项合计安排支出41.9亿元，增长44.5%；公共安全支出48.3亿元，加上对各地公共安全转移支付25.9亿元，两项合计安排支出74.2亿元，增长79.7%；交通运输支出83.1亿元，加上对各地交通运输转移支付0.2亿元，两项合计安排支出83.3亿元，增长38.8%；一般公共服务支出52.3亿元，加上对各地一般公共服务转移支付9.5亿元，两项合计安排支出61.8亿元，增长13.4%。

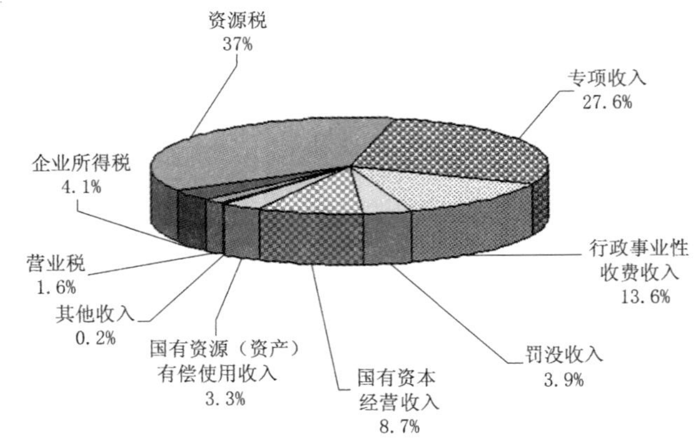

图1　2010年自治区本级一般预算收入结构

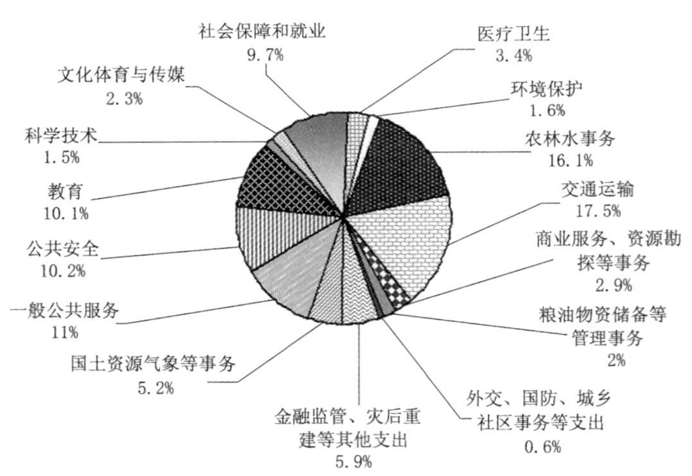

图2　2010年自治区本级一般预算支出结构

自治区本级政府性基金支出49.4亿元，增加11.6亿元，增长30.8%，完成预算58.2%。

自治区本级地方财政支出524.2亿元，增加79.5亿元，增长17.9%，完成预算84.6%。

3. 财政收支平衡情况。自治区本级一般预算收入总计1 361.8亿元，其中一般预算收入51.6亿元、上级补助收入1 124.4亿元、中央财政代理发行地方政府债券收入60亿元、上年结余92亿元、下级上解收入33.8亿元。一般预算支出合计1 298.2亿元，其中一般预算支出

474.8 亿元、补助下级支出 798.3 亿元、转贷中央财政代理发行地方政府债券支出 13.1 亿元、上解上级支出 2 亿元、安排预算稳定调节基金 10 亿元。收支相抵，年终结余为 63.6 亿元，其中结转下年支出 60.4 亿元、净结余 3.2 亿元。

政府性基金收入总计 95 亿元，其中政府性基金收入 54.2 亿元、上年结余 16.1 亿元、上级补助收入 24.7 亿元。政府性基金支出合计 59.5 亿元，其中政府性基金支出 49.4 亿元、补助下级支出 10.1 亿元。收支相抵，年终结余 35.5 亿元。

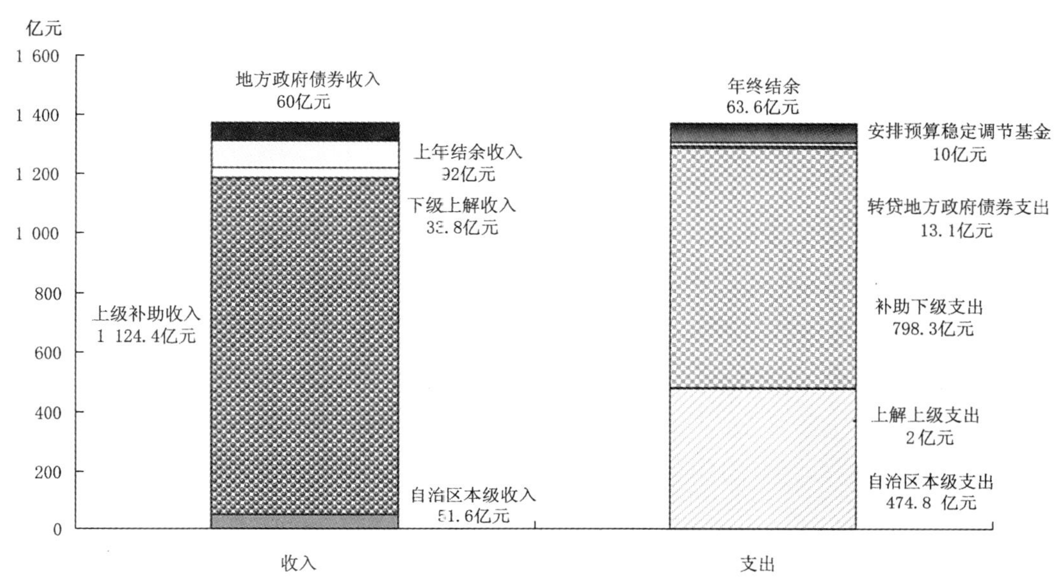

图 3　2010 年自治区本级一般预算收支平衡情况

（三）自治区本级对各地补助情况

2010 年自治区本级对各地补助 798.3 亿元，增加 177.2 亿元，增长 28.5%。其中：税收返还 33.2 亿元，增长 3.3%；一般性转移支付 334.3 亿元，增长 16.2%；专项转移支付 430.8 亿元，增长 43%。专项转移支付增幅较高的原因是中央财政代理自治区发行了 60 亿元地方政府债券，其中 46.9 亿元是以专项转移支付方式拨付各地的。由于自治区经济发展不均衡，除乌鲁木齐、克拉玛依、石河子三个市外，其他地（州、市）主要依靠自治区补助。据统计，2010 年各地支出中平均 65.5% 是来源于自治区补助的。

以上全区和自治区本级财政预算执行情况，与中央财政结算后还会有所变化，届时再向自治区人大常委会报告。

（四）自治区财政工作情况

1. 增强工作责任感和使命感，全力落实中央支持新疆发展各项政策。一是提高城乡居民和机关事业单位干部、职工收入水平。按照“整体设计、统筹兼顾、突出重点、解决难题、向基层倾斜”的原则，深入开展调研，广泛征求意见，首先提高城乡居民最低生活保障水平，提高企事业单位离休人员生活补贴水平，对企业离（退）休人员发放冬季取暖费补贴，对 1995 年底以前退休的企业人员发放生活补贴，提高企业非因公和因病死亡人员抚恤待遇标准，提高农村“四老”人员生活补贴标准，对军队移交地方管理的无军籍退休人员发放津贴补贴，调整最低工资标准，解决已离岗农村代课教师待遇等。在此基础上，提高机关事业单位干部、职工工资收入水平。二是落实资源税改革政策。按照中央资源税改革政策，精心组织，周密安排，确保资源税改革顺利进行，当年实际增加财政收入 19 亿元。此项政策增加的收入，主要用于保障和改善民生。三是争取企业所得税优惠政策。根据中央对新疆困难地区新办企业实行所得税“两免三减半”优惠政策，经过反复研究，向中央有关部门提出“新疆困难地区界定”、“鼓励类企业范围”等政策建议，并及时上报《新疆享受“两免三减半”税收优惠政策产业目录》。四是研究出台了有关税收优惠政策。研究制定纺织、农产品精深加工、旅游、外贸行业税收优惠政策实施细则，支持相关行业快速发展。

2. 发挥财政职能作用，着力推进新疆经济科学跨越发展。一是加大政府公共投资力度。2010年，安排各类基本建设资金311亿元，比2009年增加28.2亿元。拨付资金88亿元，优先保障事关自治区经济发展全局的公路、铁路、机场、水利枢纽工程。争取中央代理新疆发行地方政府债券60亿元，集中用于保障性安居工程、基础设施建设、节能减排、生态建设、医疗卫生教育文化等中央扩内需的地方配套项目，以及喀什老城区改造、学校和医院抗震防灾等重点民生项目。新增安排项目前期费10亿元，支持自治区交通、水利等重要产业、重点领域的项目前期准备工作。二是积极培育战略新兴产业。健全支持节能减排和新能源发展的财税政策体系，设立新能源发展、节能减排等专项资金，推动风电、太阳能等清洁能源产业发展；投入15.4亿元全力支持重大科技专项、科技成果转化、科技兴新等项目发展。调整优化支持企业发展资金投向，积极发挥政府采购政策功能，对环境保护产品、自主创新产品实行政府优先采购。三是支持优势资源转换战略。加大资金投入力度，积极支持矿产资源勘查。安排资金4.7亿元，重点支持重要成矿区带、重要矿床的深部找矿工作，“358地质勘查项目”，东疆地区煤炭资源预查，伊犁河谷地煤炭资源调查等重大矿产资源勘查项目。四是支持中小企业发展。安排资金17.2亿元，促进中小企业技术改造、技术创新、产业升级、市场开拓、扩大就业和自主品牌建设。实施中小企业税收优惠政策，减轻中小企业负担。发挥政策引导作用，支持政府信用平台、信用担保机构和金融机构发展，为中小企业融资创造有利条件。

3. 加大社会事业投入，集中财力支持和保障民生事业发展。一是支持完善社会保障体系。企业退休人员基本养老金连续6年提标，月均标准由2005年的829元提高到2010年的1 577元，增长近1倍。将集中供养的农村“五保”供养标准由原先的人均每年2 571元提高到3 960元，每人每年增加1 389元。提高城乡居民最低生活保障标准，惠及城乡居民215.1万人。扩大新型农村社会养老保险试点范围，覆盖全区56个县（市）和60%左右的农业人口，为全区51.7万名年满60周岁以上的农牧民发放了基础养老金。安排资金1.1亿元，为全区230万名城乡困难群众发放临时性物价补贴。二是支持促进就业体系建设。安排资金19.2亿元，实施促进零就业家庭就业扶持政策，制定出台促进大中专毕业生就业扶持政策，继续落实小额担保贷款财政贴息、公益性岗位补贴、社会保险补贴、职业培训补贴、农村富余劳动力转移、以奖代补等促进就业的政策，鼓励城乡劳动者通过自主创业实现就业。2010年，全区城镇实现就业再就业205万人，转移农村劳动力就业超过176万人次，城镇登记失业率始终控制在4%以内。三是支持医疗卫生和计划生育服务体系建设。安排资金16.9亿元，将新农合和城镇居民医疗保险政府补助标准提高到每人每年120元。顺利实施国家基本药物制度，建立了基本药物零差率财政补助和基本医疗保险基金共同补偿的多渠道补偿机制，享有基本医疗保障的人数达到1 576万人。支持公共卫生体系建设，加大对艾滋病、结核病等传染病和地方病的防治力度。安排11.5亿元，完善人口计划生育利益导向政策体系建设，支持农牧民免费计划生育技术服务、家庭奖励扶助、家庭特别扶助、特殊奖励政策和少生快富工程。四是支持教育事业优先发展。2010年，教育投入307.2亿元，比2009年增加67.1亿元，增长28%。安排资金19.7亿元，为全疆240万中小学生提供了免费教科书，为29.9万农村家庭贫困寄宿生补助了生活费。安排农村中小学校生均公用经费，保障了农村中小学校正常运转。安排资金6亿元，对喀什、和田等七地（州）九县（市）27.6万名学前“双语”幼儿园在校幼儿学生每人每年发放了伙食补助和免费读本补助，对5 385名学前“双语”教师每人每年发放9 600元的工资和4 500元的基本养老、医疗和失业保险，大力支持学前“双语”教育工作。安排资金6.3亿元，帮助高校偿还部分债务。安排资金1.6亿元，积极支持自治区职业学校建设。五是支持公共文化事业发展。安排资金17.1亿元，重点支持东风工程、广播电视无线覆盖工程、村村通工程、农村电影放映工程、乡镇文化站建设、农家书屋、农村文化资源信息共享等，繁荣各族群众的文化生活。支持备战全国第十二届运动会、2010年世界杯跆拳道比赛，对获奖运动员教练员给予表彰奖励等。六是支持保障性安居工程建设。安排45.8亿元用于新建廉租住房8.5万套、筹集公共租赁住房1.2万套、城市和国有工矿棚户区改造7万户，发放廉租住房租赁补贴7.2万户（次）。

4. 落实强农、惠农政策，支持社会主义新农村建设。投入支农资金219.5亿元，比上年增长11.5%。一是实施安居富民工程和定居兴牧工程。整合各类资金24.5亿元，完成5.7万户农村困难家庭建房和1.3万户牧民定居房。二是支持发展现代农业。投入17.4亿元，支持森林、草原生态保护与建设工程。投入12亿元，支持农田水利建设，发展节水农业，新增高效节水灌溉面积380万亩。投入6.2亿元，支持农业特色产业发展，支持农业基地、科技支撑、加工转化、市场开拓能力建设，培育有市场引领、品牌支撑、产加销相衔接的农副产品精深加工和储运保鲜营销的龙头企业。三是巩固惠农补贴政策。加强补贴发放管理，安排资金41.9亿元，用于粮食直补、农资综合直补、农作物良种补贴、农机购置补贴、牲畜良种补贴、林木良种补贴等涉农补贴。四是健全农村金融服务体系。完善农作物保险保费补贴政策，拨付农业保险财政补贴资金3.4亿元，扩大农业保险规模，增加农业保险品种。开展特色林果业保费补贴试点。推进县域金融机构涉农贷款增量奖励试点。继续支持农村信用社改革。五是加强农业综合开发和扶贫开发。安排6.8亿元农业综合开发资金，实施中低产田改造、高标准农田示范工程建设和中型灌区配套改造等项目。安排扶贫资金18.6亿元，重点支持整村推进、产业扶贫和贫困户劳动力转移培训工作，改善贫困地区生产生活条件。六是深化农村综合改革。安排资金1.4亿元，将村级公益事业建设“一事一议”财政奖补试点范围扩大到67个县（市）的近2 000个村，惠及农牧民近320万人。全面开展农村义务教育其他债务和乡村公益性债务的清理工作。安排资金2亿元，支持国有农牧场改革。

5. 深化财政管理改革，推进财政科学化、精细化管理。一是政府预算体系基本建立。进一步细化政府性基金预算编制，完成2010年社会保险基金预算、2011年国有资本经营预算试编工作，初步建立了较为完整的政府预算体系。二是预算编制水平逐步提高。合理确定定员定额标准，规范项目预算编制程序，部门预算编制进一步细化。自治区对下补助预告知数逐年增加，预算编制的完整性进一步提高。三是预算执行管理不断强化。健全预算支出责任制度和通报机制，加大预算执行分析和动态监控力度。加强国库资金调度，确保财政资金安全。制定结余资金管理办法，规范部门结余结转资金管理。四是绩效评价工作深入开展。2010年，自治区财政对312个项目实施了绩效评价，评价资金总额458亿元。强化绩效评价结果运用，增强预算单位使用财政资金的责任，提高资金使用效益。五是财政监督更加有力。完善覆盖财政资金运行全过程的监督机制，加大财政资金专项监督检查力度。健全防治“小金库”长效机制，扎实开展社会团体、国有及国有控股企业“小金库”

专项治理工作。依法执行经人民代表大会审议通过的预决算，自觉接受人民代表大会、审计部门的监督。

2010年，自治区财政工作取得的成绩，离不开自治区党委的正确领导，也离不开人民代表大会、政协的关心和支持。但我们也清醒地认识到，财政运行和财政管理中还存在一些困难和问题，主要是：经济社会事业发展对财政支出需求越来越大，收支矛盾仍然比较突出；保障民生的力度还要进一步加大，财政支出结构需要进一步优化；基层政府提供公共服务的能力尚需提高，财政改革需要深入推进；财政管理水平有待提升，财政职能作用需要进一步发挥等。对此，我们要高度重视，积极采取有效措施，认真加以解决。

二、“十二五”时期自治区财政目标任务和2011年自治区预算草案

根据新形势、新任务，我们确定“十二五”时期自治区财政收入目标是地方财政一般预算收入年均增长22%，财政支出目标是地方财政一般预算支出年均增长24%。为确保完成上述目标任务，自治区各级财政将全面贯彻落实十七届五中全会、中央新疆工作座谈会及自治区党委七届九次、十次全委（扩大）会议精神，深入贯彻落实科学发展观，紧紧围绕推进新疆跨越式发展和长治久安，主动适应环境变化和挑战，科学谋划工作，创新体制机制，强化政策支持，为实现自治区“十二五”规划目标任务提供坚实财力保障。一是大力培育财源税源，依法加强税收征管，规范非税收入管理，提高收入质量，着力组织财政收入，提高保障能力。二是发挥财税政策作用，健全完善促进经济发展的财税调控机制和政策体系，加快推进新型工业化、农牧业现代化和新型城镇化进程，着力促进经济平稳、较快增长和发展方式转变。三是优化支出结构，完善公共财政体制，切实保障和改善民生，着力推进基本公共服务均等化。四是加强财政法制建设，深化预算管理制度改革，加强干部队伍建设，全面推进财政科学化、精细化管理，着力提高财政管理水平和管理绩效。

2011年是实施“十二五”规划的第一年，做好开局工作意义重大，影响深远。根据《中华人民共和国预算法》、《国务院关于编制2011年中央预算和地方预算的通知》、《财政部关于编制2011年地方财政预算的通知》以及自治区党委七届九次、十次全委（扩大）会议精神，结合“十二五”时期自治区财政工作收、支目标和主要任务，研究确定2011年自治区预算编制的指导思想和原则。

指导思想：以邓小平理论、“三个代表”重要思想和科学发展观为指导，贯彻落实党的十七届五中全会和自治区党委七届九次、十次全委（扩大）会议精神，按照财政部编制2011年地方预算的要求，贯彻实施积极的财政政策，大力支持经济发展方式转变，促进财政收入增长；进一步优化财政支出结构，切实保障和改善民生，加大对“三农”、教育、科技、医疗卫生、社会保障和就业、保障性住房、节能环保等方面的投入力度；建立县级基本财力保障机制，加大对困难地区的支持力度，逐步实现基本公共服务均等化；深化各项财政改革，加强财政科学管理，提高财政资金使用效益。

基本原则：一是积极稳妥，收支平衡的原则。财政收入预算编制要与国民经济发展相适应，既要保持适当的增长速度，又要合理把握财政收入规模。财政支出预算安排要量入为出、量力而行，坚持收支平衡，不编制赤字预算。二是统筹兼顾，突出重点的原则。按照“保基本、保重点、保民生、压一般”的原则，合理安排各项财政支出。不断调整和优化财政支出结构，坚持以人为本、民生优先，确保事关自治区经济社会发展的重大项目支出和各项民生支出。三是艰苦奋斗，厉行节约的原则。从严控制购车、会议、出国（境）经费等一般性支出，严格控制党政机关楼堂馆所建设，严禁超面积、超标准建

设和装修，切实降低行政成本。四是稳步推进，全面完整的原则。进一步规范公共财政预算，健全政府性基金预算，完善国有资本经营预算，推进编制社会保险基金预算，逐步建立完整的政府预算体系。五是提高质量，注重绩效的原则。进一步完善绩效评价制度，积极推进财政资金的绩效评价，将考核结果作为安排预算的重要依据，不断提高财政资金的使用效益。

依据上述指导思想和基本原则，按照2011年自治区国民经济和社会发展规划，代编了自治区预算草案，编制了自治区本级预算草案。

（一）自治区预算草案

一般预算收入建议安排610亿元，比2010年完成数500.5亿元增加109.5亿元，增长22%。其中：国税部门征收的涉及地方分享的税收收入123亿元，增长23.4%；地税部门征收的涉及地方分享的税收收入396亿元，增长25.1%；非税收入91亿元，增长7.9%。

一般预算支出建议安排1 486.2亿元，比2010年年初预算1 124.8亿元增加361.4亿元，增长32.1%。

一般预算收支平衡情况：收入总计1 488.2亿元，其中一般预算收入610亿元、上级补助收入791.4亿元、上年结余86.8亿元；支出合计1 488.2亿元，其中：一般预算支出1 486.2亿元、上解上级支出2亿元。收支相抵，当年收支平衡。

政府性基金预算收入建议安排179.3亿元，加上上年结余67.1亿元，收入合计246.4亿元。政府性基金预算支出建议安排179.3亿元，加上结转下年支出67.1亿元，支出合计246.4亿元。收支相抵，当年收支平衡。

以上是自治区代编预算情况，待各级政府的预算上报后，再审核汇总，报自治区人大常委会备案。

（二）自治区本级预算草案

一般预算收入建议安排76.3亿元，比2010年完成数51.6亿元增长47.8%，增幅较高的主要原因是原油、天然气资源税改革“翘尾”增收。其中：营业税0.9亿元、企业所得税3亿元、资源税40亿元；非税收入安排32.4亿元，比2010年完成数29.6亿元增长9.3%。

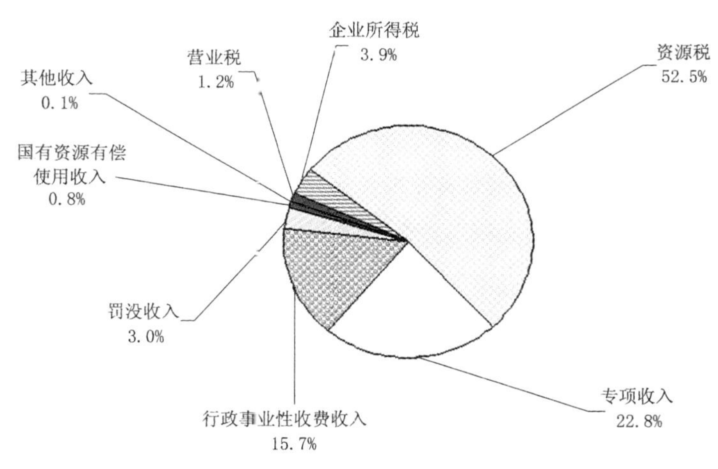

图4　2011年自治区本级财政收入结构

一般预算支出建议安排510.7亿元，比2010年年初预算406亿元增加104.7亿元，增长25.8%。主要支出项目是：农林水事务支出58.5亿元，增长12.5%；教育支出51.8亿元，增长22.6%；医疗卫生支出18.8亿元，增长8.5%；社会保障和就业支出55.6亿元，增长63.6%；文化体育与传媒支出9.5亿元，增长53.1%；科学技术支出7.2亿元，增长33.5%；公共安全支出40.3亿元，增长39.2%；一般公共服务支出61.8亿元，增长20.2%；保障性住房支出16.3亿元，增长617.1%；交通运输支出49.4亿元，增长29.5%。

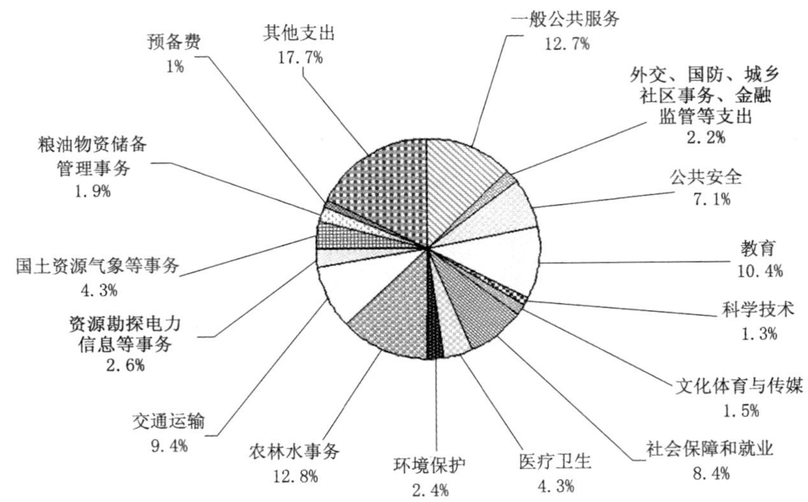

图5　2011年自治区本级财政支出结构

一般预算收支平衡情况：收入总计963.9亿元，其中一般预算收入76.3亿元、上级补助收入791.4亿元、下级上解收入32.6亿元、上年结余63.6亿元；支出合计963.9亿元，其中一般预算支出510.7亿元、上解上级支出2亿元、补助下级支出451.2亿元。收支相抵，当年收支平衡。

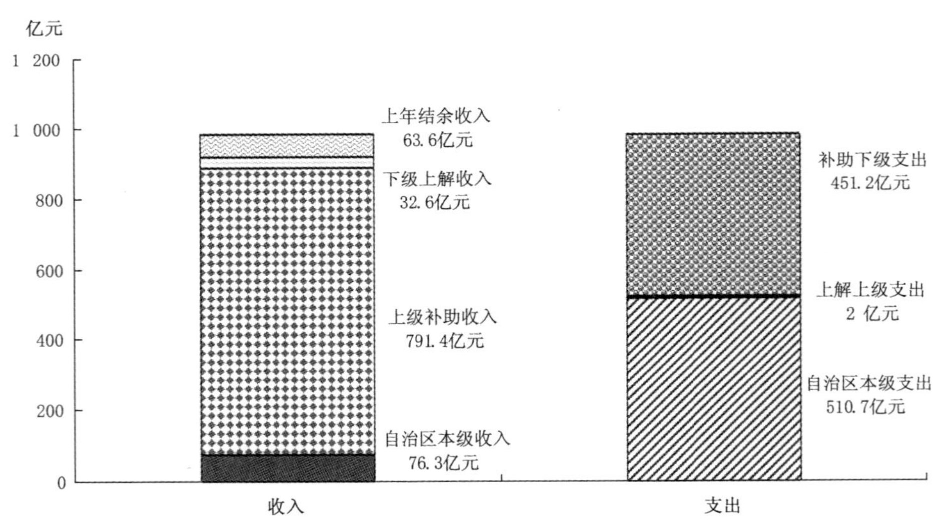

图6　2011年自治区本级一般预算收支平衡关系

政府性基金预算收入建议安排41.9亿元，加上上年结余35.5亿元，收入合计77.4亿元。政府性基金预算支出建议安排41.9亿元，加上结转下年支出35.5亿元，支出合计77.4亿元。收支相抵，当年收支平衡。

（三）自治区本级对各地补助安排情况

2011年自治区本级对各地补助451.2亿元，增加105.8亿元，增长30.6%。其中：税收返还34.3亿元，增加1.4亿元，增长4.3%，主要是根据对2011年各地增值税、消费税收入预计情况进行测算；一般性转移支付342.2亿元，增加74.9亿元，增长28%，增加的主要原因是提高城乡居民收入水平及执行机关、事业单位干部、职工津贴补贴政策“翘尾”；专项转移支付74.7亿元，增加29.5亿元，增长65.1%，主要是进一步提高预算编制的完整性，将部分中央专项转移支付编入各地预算。

（四）完成2011年预算任务的工作措施

1. 强化收入征管，实现财政收入稳步增长。采取有力措施，完善增收激励机制，调动各级政府组织收入的积极性。坚持依法征税，加强税收监管，防止税收流失，做到各项税收应收尽收。全面落实中央和自治区税收优惠政策，支持经济社会发展。加强非税收入征缴管理，加大对资产类、资源类非税收入的收缴力度，推进非税收入纳入预算管理工作。加强财税政策研究，积极争取中央将煤炭、有色金属等主要矿产纳入资源税从价计征改革范围。

2. 发挥财政职能，促进经济发展方式转变。充分运用税收政策、财政投入、财政担保、财政补贴等手段，引导和带动更多的社会资金投入，推动经济发展方式转变。坚持资源开发可持续、生态环境可持续的原则，大力支持煤炭资源转化，加快延伸石油石化下游产业发展，加快紧缺矿产资源的综合开发利用。加大对城镇规划、城市公共服务设施建设的投入力度，加快推进新型城镇化建设步伐。增加项目前期投入，加快产业园区建设，支持喀什、霍尔果斯两个特殊经济开发区规划建设。推动向西开放，大力支持首届“中国—亚欧经贸博览会”的筹办工作。

3. 严格支出管理，加大重点支出保障力度。按照“保基本、保重点、保民生、压一般”的支出原则，调整优化支出结构，确保机关、事业单位人员工资、津贴补贴等基本支出。集中财力保障和改善民生，保障事关自治区经济社会发展全局的水利、交通、电力、城市基础设施建设等重大项目支出。牢固树立过紧日子的思想，坚持勤俭办一切事业，严格落实中央和自治区关于厉行节约，制止奢侈浪费的各项规定，控制一般性支出。

4. 加大财政投入，切实保障和改善民生。一是支持“富民安居”和“定居兴牧”工程。加大资金投入，整合同类资金，按照高起点、高水平、高效益的标准，大力支持“富民安居”和“定居兴牧”工程，改善农牧民居住环境，提高农牧民生活水平。二是加大对教育事业的投入。继续巩固义务教育，大力支持“双语”教育，加快推进普及高中阶段教育，全面提高高等教育质量。加大以就业为导向的中高等职业教育力度，促进职业教育规模不断扩大。三是支持就业再就业工作。完善促进就业财税政策，重点解决高校毕业生、农村转移劳动力、城镇就业困难人员就业问题。继续加大对就业困难人员和零就业家庭就业的政策扶持力度。四是大力支持保障性住房建设。进一步加大财政投入，统筹对口援建、银行贷款等各方面资金，确保完成自治区廉租住房和公共租赁住房建设、棚户区改造目标任务。五是加快完善社会保障体系。继续扩大各项社会保障制度的覆盖范围，加快推进新型农村社会养老保险试点，稳步提高低保标准和补助水平，初步实现人人享有基本社会保障。六是推进医疗卫生事业发展。巩固和发展农牧区新型合作医疗制度，加快完善城镇职工基本医疗保险、城镇居民基本医疗保险制度。加强公共卫生服务体系建设，稳步扩大服务范围、提高服务标准。建立覆盖全区的国家基本药物制度，减轻群众基本用药费用负担。

5. 推进现代农牧业发展，促进农牧民增收。加大财政支农资金整合力度，进一步完善涉农财政补贴政策，健全惠农补贴发放管理机制，保障粮食安全。支持棉花、粮食、特色林果、畜产品四大基地建设，推进小型农田水利设施建设，加大农业综合开发力度，提高农业综合生产能力。大力发展高效节水农业，支持推广喷滴灌节水技术，支持标准化、规范化高效节水综合示范区建设。加大“菜篮子”工程支持力度，大力发展设施农业、生态农业、循环农业，支持肉奶蛋等畜产品生产基地建设。支持高标准农产品生产基地建设，培育新疆特色农业品牌，扶持农业产业化龙头企业，推动农产品“走出去”。深化农村综合改革，深入推进开发式扶贫，支持农村服务体系和农业救灾抗灾体系建设，稳步提高农牧民收入水平。

6. 加强财政管理，进一步提高理财水平。一是继续加强财政法制建设，认真贯彻财政“六五”普法规划，完善规范性文件制定，提高依法行政、依法理财的能力和水平。二是加强预算管理。进一步规范预算编制的程序，细化预算编制的内容，增强预算编制的完整性。健全预算支出责任制，继续完善预算执行通报制度，确保预算支出的及时性、均衡性和有效性。继续深化部门预算、国库集中支付、非税收入、政府采购等制度改革。三是加强财政监督管理。重点加强对中央扩大内需、地方政府债券、民生支出和援疆资金的监督，切实保证财政资金安全性和有效性。完善预算绩效评价制度，加强绩效评价结果的运用，提高资金使用效益。四是逐步推进预决算公开工作。健全预决算信息披露制度，按要求及时公开本级预决算信息、重点支出和民生支出情况。

解放思想 科学理财
为新疆跨越式发展和长治久安
作出积极贡献（摘要）

——在自治区财政工作会议上的讲话

自治区人民政府党组成员、财政厅厅长 弯海川

（2011 年 1 月 7 日）

一、关于“十一五”时期及 2010 年自治区财政工作

“十一五”时期的五年，在自治区党委、人民政府的正确领导下，我们深入学习贯彻科学发展观，不断丰富发展工作思路和举措，着力促进经济增长，着力保障和改善民生，着力深化财政管理改革，在财政工作的实践中增强推动科学发展的能力，各方面有了新提升、新发展、新突破。

——增收机制不断健全，财政收入迈上新台阶。始终以财政促发展、以发展带增收，建立和完善财政收入稳定增长机制，努力实现财政与经济共同发展。“十一五”时期，财政收入增长速度加快，地方一般预算收入由 2005 年的 180.3 亿元增加到 2010 年的 500.5 亿元，年均增长 22.7%。2010 年当年一般预算收入增收超过 100 亿元。财政一般预算收入超亿元的县（市、区）达到 67 个，其中：一般预算收入超过 10 亿元的有 7 个，超过 5 亿元的有 15 个，超过 1 亿元的有 45 个。

——支出结构不断优化，财政保障能力明显增强。坚持“保基本、保重点、保民生、压一般”的支出原则，在财政实践工作中严格落实，丰富内涵并不断发展。对人员工资、津贴补贴及其他涉及个人部分支出给予了保障。自治区党委、人民政府确定的公路、铁路、机场、水利枢纽工程等方面的重大项目、重点支出资金得到落实。财政投入重点向民生领域倾斜，新增财力主要用于民生投入，对自治区党委、人民政府确定的民生工程，积极筹措资金予以保障。

——调控能力不断增强，财政支持经济发展的力度进一步加大。加强和改善宏观调控，提升应对复杂经济形势的能力，充分发挥财政职能作用，促进经济加快发展。财政调控机制更加注重发挥政策和资金的杠杆作用，调控方式更加注重

预算、国债、贴息、担保、政府信用平台等手段的综合运用。财政支持更多转向基础设施、科技创新、生态环保等经济社会发展重点领域。

——民生投入不断增长，财政公共服务范围扩大、水平提高。按照和谐发展的要求，不断加大公共服务领域投入，促进经济社会协调发展。突出保障并加大对“三农”、教育、文化、科技、社会保障和就业、医疗卫生、保障性住房等领域的投入。自治区财政用于民生方面的支出由2005年311亿元增加到2010年的1 198亿元，占地方一般预算支出的71%。

——制度创新力度不断加大，财政管理改革进入新阶段。注重提高财政管理水平，保障财政政策和资金效益发挥。深化预算管理改革，加大预算编制、执行、绩效管理工作力度，在财政系统全面推进管理基础工作和基层财政建设，自觉把科学化、精细化管理要求融入到财政工作各个环节、各个方面。

——对下财政体制不断完善，县级保障能力逐步提高。坚持财力向下倾斜，完善对下管理体制，加大转移支付力度，努力提高县级保障能力。自治区对下转移支付由2005年的192亿元增加到2010年的800亿元。各地公用经费水平由2005年人均1 500元提高到2010年的1.2万元。地、县人均财力大幅提高。

——干部综合素质不断提升，财政队伍建设成效显著。注重培养高素质财政干部队伍，不断增强财政干部大局意识、服务意识和创新意识。求真务实、顾全大局、主动服务的作风有了进一步加强。建立、健全教育、制度、监督、惩处并重的惩防体系，党风廉政建设取得新的成果。

过去的五年，是全区财政发展理念不断丰富提升的五年，是财政保障能力不断增强的五年，是财政改革不断深化的五年，是财政制度不断创新的五年，是财政管理绩效不断提高的五年。这些成绩的取得，是自治区党委、人民政府正确领导的结果，是各地、各部门和社会各界大力支持的结果，是全区财政干部、职工团结拼搏、开拓创新、努力工作的结果。在此，我代表财政厅党组向长期关心、理解、支持财政工作的各部门表示衷心的感谢！向广大财政干部、职工表示衷心的感谢！

2010年，我们既面临着严峻复杂的特殊环境，又面临着千载难逢的发展机遇。各级财政部门以学习贯彻中央新疆工作座谈会和自治区党委七届九次全委（扩大）会议精神为主线，统一思想、提振信心、凝聚力量、迎难而上，围绕中央和自治区决策部署，集中力量抓好大事、要事，推进自治区跨越式发展和长治久安。

（一）抓好预算执行，增强保障能力

面对复杂财政经济形势，各级财政部门积极应对，落实增收节支措施，促进财政收支平稳运行。

确保收入稳步增长。密切关注经济形势，加强收入分析监控，严格目标责任管理。依法加强税收征管，做到应收尽收。严格税收减免，防止税收流失。完善资源类非税收入收缴政策，挖掘增收潜力。积极推进中央在新疆率先实施石油、天然气资源税改革试点工作，新增资源税收入19亿元。

优化财政支出结构。强化责任落实，严格工作要求，切实做到按照“保基本、保重点、保民生、压一般”的原则安排支出。从严控制会议、购车、出国（境）、楼堂馆所建设等一般性支出，集中更多财力保障基本支出，支持重点项目建设，保障和改善民生。

提高支出预算到位率。认真分析研究，完善工作机制，加快预算执行进度。明确财政支出进度管理责任，实行预算执行和预算安排挂钩管理。建立预算支出跟踪问效、信息反馈、动态考核和定期通报工作机制，督促各地、各部门加快支出进度。

（二）抓好政策落实，推动跨越式发展

围绕中央和自治区推进新疆跨越式发展和长治久安的任务措施，强化积极财政政策手段，放大财政资金调控作用，努力形成科学发展的新局面。

促进政府投资拉动。加大预算内固定资产投入。中央代新疆发行的地方政府债券主要用于重大基础设施项目和民生项目建设。筹集资金建立重大项目前期经费保障机制，支持重要产业、重点领域的重大项目前期和储备工作。

推进优势资源转换。加大资金投入力度，开展矿产资源勘查开发整合，支持西电东送、西煤东运、“358地质勘查”、新疆深部找矿等重大项目实施，促进石油石化下游产品深加工和煤电煤化工产业发展。

支持节能减排和新兴产业发展。完善节能减排和新兴产业发展财政扶持政策。设立专项资金支持风电、太阳能光电及煤层气产业发展。优化资金投向，集中支持淘汰落后产能、公共建筑节能、绿色照明推广等重点领域。

优化企业发展环境。大力促进企业技术改造和自主创新。制定出台纺织、农产品精深加工、旅游、外贸行业发展的财税扶持政策。运用财政政策鼓励融资性担保机构和金融机构扩大对中小企业贷款规模。研究落实困难地区新办企业所得税“两免三减半”优惠政策。

（三）抓好民生大事，促进和谐稳定

坚持群众第一、民生优先，筹措资金解决群众最直接、最现实、最紧迫的民生问题，着力办好群众看得见、摸得着、得实惠的实事、好事。

提高各类人员收入。研究出台提高城乡居民最低生活保障水平、提高企业非因公和因病死亡人员抚恤待遇标准、提高农村“四老”人员补助标准等政策，对企业离退休人员发放冬季采暖费补贴，对1995年年底前退休的企业人员发放生活补贴。提高机关、事业单位干部、职工收入水平，同步提高义务教育学校、公共卫生与基层医疗卫生事业单位绩效工资水平。

积极推进就业工作。实施零就业家庭扶持政策，确保零就业家庭动态清零。研究出台促进大中专毕业生就业扶持政策。

加大社会保障力度。企业退休人员基本养老金连续6年提标。将未参保集体企业退休人员纳入基本养老保障。扩大新型农村社会养老保险覆盖面。为城乡困难群众及时发放临时物价补贴。

提高医疗保障水平。提高城镇居民医疗和新型农牧区合作医疗补助标准。推进医疗卫生体制改革，建立了基本药物零差率财政补助和基本医疗保险基金共同补偿机制。

促进教育事业发展。落实农村义务教育阶段经费保障政策。免除城市义务教育阶段学生学杂费。建立学前“双语”教育发展经费保障机制。实施中等职业学校家庭经济困难学生和涉农专业学生免学费政策。支持职业教育发展和化解高校债务。

加快推进城乡安居房建设。认真落实相关税费优惠政策，加大对保障性住房支持力度。完善资金投入机制，保障“安居富民”和“定居兴牧”工程顺利实施。

（四）抓好强农、惠农，统筹城乡发展

保持强农、惠农政策的连续性、稳定性，加大财政支农投入，推进新农村建设。

巩固惠农补贴政策。增加对农民各项补贴，拓宽政策覆盖范围。提高家电下乡、汽车摩托车下乡、汽车以旧换新补贴兑付率。

促进现代农业发展。推进小型农田水利重点县建设。加快改造中低产田和建设高标准农田。支持发展高效节水灌溉。加大设施农业发展、农业产业化经营和农业技术推广支持力度。

支持农村金融服务。落实农业保险财政保费补贴机制。开展特色林果业保费补贴试点。落实县域金融机构涉农贷款增量奖励政策。

加快农村扶贫开发。重点支持整村推进、产业扶贫和劳动力转移培训，资金投入向重点县、贫困村倾斜。

深化农村综合改革。稳步推进村级公益事业建设一事一议财政奖补试点工作。逐步清理化解农村义务教育其他债务和其他乡村公益性债务。

（五）抓好监督管理，提高资金效益

以预算管理为重点，创新工作举措，健全和完善预算编制、执行、绩效和监督相结合的财政管理运行机制。一是健全预算体系。细化政府性基金预算编制，试编国有资本经营预算，全面编制社会保险基金预算。二是深化财政改革。完善对下转移支付制度。深入推进部门预算、国库集中支付、政府采购、非税收入管理改革。三是加强结余资金管理。研究制定结余资金管理办法，明确责任分工，强化结余资金结转和收回管理，减少资金沉淀，提高资金使用效益。四是推进预算编制与资产管理相结合。初步建立“资产管理部门确定配置标准，业务管理部门审核资金、政府采购部门办理采购”的资产配置工作流程，加大行政、事业单位资产管理力度，优化资产配置。五是强化资金绩效管理。完善财政专项资金绩效评价办法，推进资金绩效评价工作。区本级完成财政专项资金绩效评价项目312个，评价资金总额达到458亿元。六是严格财政监督。不断完善监督机制，强化监督检查，开展资金绩效监督，提高监督效果。健全党政机关防治“小金库”长效机制，扎实推进社会团体、国有及国有控股企业“小金库”专项治理。组织实施强农、惠农资金专项清理和检查，促进管理机制创新和完善。

（六）抓好“两基”建设，打牢工作基础

逐步深化对财政管理基础工作和基层建设工作的认识，落实工作责任，召开现场交流会，全面加强区本级、地、县和乡镇财政“两基”建设。一是巩固财政管理基础。基础信息数据库实现动态更新，项目库滚动管理机制继续完善，财政业务信息系统推广应用力度不断加大，会计行业人才和会计队伍建设取得成效。二是健全乡镇财政职能。乡镇财政管理不断规范，就近实施监管的优势逐步显现。“乡财县管乡用”管理改革稳步推进，“村账乡代管”改革试点逐步推开。三是规范内部基层单位管理。强化财政内部基层单位建设的理念进一步增强，岗责体系和内部管理制度建设工作在各级财政全面推开。

我们在充分肯定成绩的同时，也必须清醒地看到，当前财政工作还存在一些困难和问题，主要有：解放思想、转变观念的力度还不够大，深入研究、破解难题的能力需要增强；主动服务大局、服务基层、服务部门的作风有待改进；财政收支矛盾仍然较为突出，调整优化支出结构，保障重点支出的任务比较繁重；财政管理仍然有许多薄弱环节，财政资金的绩效还需进一步提高；财政干部队伍素质、能力与当前形势发展还不相适应，干部队伍建设需要加强等。对这些问题，我们务必高度重视，积极加以解决。

二、关于“十二五”时期自治区财政工作面临的形势和任务

根据自治区党委七届九次、十次全委（扩大）会议对我们面临的国际、国内和区内经济社会发展形势的研究和判断，当前及今后一个时期，新疆既面临着前所未有的历史机遇，也面临着各种严峻挑战，总体上机遇大于挑战。贯彻落实科学发展观，推进新疆跨越式发展和长治久安，对进一步发挥财政职能作用提出了新的更高要求。我们一定要把思想、行动统一到中央和自治区对形势的分析判断和决策部署上来，紧紧围绕科学发展、跨越式发展，抓住和用好重要战略机遇期，主动适应环境变化和挑战，科学谋划工作，创新体制机制，强化政策支持，为实现自治区“十二五”规划目标任务提供坚实的财力保障。

根据新形势、新任务，“十二五”时期自治区财政工作的总体要求是：全面贯彻落实党的十七届五中全会、中央新疆工作座谈会和自治区党委七届九次、十次全委（扩大）会议精神，深入贯彻落实科学发展观，围绕推进新疆跨越式发展和长治久安，发挥财政职能作用，支持经济平稳较快增长和发展方式转变；健全财政收入稳定增长机制，优化支出结构，切实保障和改善民生；深化财税改革，健全和完善促进经济发展方

式转变的财税调控机制；推进财政科学化、精细化管理，强化干部队伍建设，提高财政管理水平和绩效，促进自治区经济平稳较快发展与社会和谐稳定。

“十二五”时期自治区财政收入目标和支出目标是：地方财政一般预算收入年均增长22%，一般预算支出年均增长24%。完成以上收支目标，我们要重点做好三项工作：一是构建科学合理、持续稳定、增长协调的收入增长机制，着力组织财政收入、提高保障能力。要着力壮大财政实力。积极培育财源税源，健全与提供基本公共服务相适应的收入体系。依法加强税收征管，强化非税收入管理，确保应收尽收，应缴尽缴。注重提高收入质量，优化收入结构。完善组织收入工作机制和激励机制。二是构建保障有力、重点突出、效用明显的财税政策体系，着力推进科学发展、跨越发展。要发挥财税政策稳定增长、改善结构、调节分配、促进和谐等方面的作用。深化财税体制改革，构建有利于转变经济发展方式的财税体制和运行机制。完善财税政策，着力推动资源开发和生态环境的可持续发展。研究落实差别化产业政策，大力促进优势特色产业发展。调整和优化支出结构，切实保障和改善民生，加快推进基本公共服务均等化。三是构建科学精细、注重绩效、安全规范的财政管理机制，着力提高财政政策效应、理财水平。要全面提高财政科学化、精细化管理水平。加强财政法制建设，提高依法理财能力。深化预算管理制度改革，完善公共财政管理体系。加强预算绩效管理，提高资金使用效益。健全财政监督机制，促进监督与管理有机融合。

按照上述总体要求和目标任务，“十二五”时期财政工作要着重把握以下四个方面。

（一）坚持解放思想，把改革创新作为财政工作的动力源泉

解放思想是适应自治区跨越式发展新形势的必然要求。解放思想就是要更新观念，转变思维，以强烈的机遇意识、责任意识、竞争意识来谋划推动工作。增强财政工作责任感和使命感，不等不靠，抢抓机遇，创新财政体制机制，为后发赶超、后来居上提供良好的体制条件和制度环境。增强“变化、变革、创新”意识，敢于打破常规，敢于担当，在真抓实干上下工夫，在破解难题上取得突破。增强政策研究意识，勇于围绕难点问题和解决深层次矛盾提出政策建议，当好各级党委、政府的参谋助手。

（二）坚持服务大局，把推动经济社会科学跨越发展作为财政工作的核心内容

服务大局是贯彻落实中央和自治区重大决策部署的必然要求。要服务、服从发展大局，对自治区确定的重大政策必须不折不扣地落实，对自治区安排的重大工作要坚决完成。紧紧围绕各级党委、政府工作部署，结合实际开展调研，主动研究和制定有利于本地区发展的政策措施。从全局出发认识和处理问题，增强全局意识、重点意识和长远意识。强化发展意识，正确对待工作中遇到的困难，通过促进发展来解决矛盾和问题。

（三）坚持以人为本，把保障和改善民生作为财政工作的出发点和落脚点

以人为本是促进社会和谐稳定的必然要求。要树立“群众第一、民生优先、基层重要”的理念，始终把群众的利益放在首位，主动解决民生问题，主动保障民生支出。加大民生投入，大力调整优化支出结构，建立、健全保障民生的长效机制。强化民生保障责任，各级政府都要主动承担责任，主动解决问题，不推诿、不“上交”矛盾。统筹分配财力，将财政资金更多地向基层倾斜，向困难群众倾斜，让各族人民群众实实在在感受到自己生活的改善。

（四）坚持科学理财，把科学化、精细化管理的要求贯穿于工作的始终

科学理财是全面提高财政管理水平的必然要求。要健全依法理财机制，把财政资金运行置于法律和制度监管之下，推进科学决策、民主决策。完善财政预算管理机制，做到运行科学、管理精细、技术先进，努力提高管理绩效。加大财政监管力度，完善覆盖财政资金运行全过程的监督机制。全面提高干部综合素质和能力，加强财政文化建设，倡导爱岗敬业、勤政廉政、真抓实干的工作作风，为自治区财政改革与发展提供强有力的智力支持和组织保障。

三、关于2011年自治区财政工作的主要任务和工作安排

中央经济工作会议明确，2011年继续实施积极的财政政策和稳健的货币政策。一方面，面临严峻的就业问题，必须要保持一定的经济增长速度，宏观经济政策要积极、灵活；另一方面，面临很大的通胀压力，必须要防止经济过热，宏观经济政策要稳健审慎。全国财政工作会议强调，要推进科学发展，促进经济结构优化和平稳较快增长，着力改善民生，推进和谐社会建设；着力改革创新，完善财税体制；着力科学管理，进一步提高财政管理绩效。自治区党委七届十次全委（扩大）会议提出，要以科学发展为主题，以转变经济发展方式为主线，更加注重以人为本，更加注重全面协调可持续发展，更加注重统筹兼顾，更加注重保障和改善民生，充分调动全社会的发展积极性，推动新疆跨越式发展和长治久安。

中央和自治区的要求，对做好2011年的财政工作具有重要指导意义。全面贯彻落实中央和自治区决策部署，我们要结合财政部门实际，进一步解放思想，深化对科学发展、跨越式发展内涵的理解和把握。在思想认识上，要更新观念，紧紧围绕实现全区各族人民群众现代化、高质量的幸福生活这一根本目的，推动发展；在发展路径上，要坚持“变化、变革、创新”，积极创造条件，推动发展；在发展方式上，要突出重点、因地制宜，充分发挥区域优势，推动发展；在发展目标上，要体现高起点、高水平、高效益，以更高的要求做好各项工作，推动发展；在发展责任上，要激发各族财政干部的工作主动性和创造力，强化工作责任感和使命感，推动发展；在工作作风上，要坚持求真务实，真抓实干，主动服务基层，服务群众，切实把好事办实、办好，推动发展。

根据当前财政经济形势和自治区党委七届十次全委（扩大）会议工作部署，考虑政策调整的收入增减因素以及实现经济发展预期目标的需要，2011年自治区财政一般预算收入安排610亿元，比上年增长22%。自治区财政一般预算支出安排1 486.2亿元，比上年年初预算增长32.1%。重点做好以下几个方面的工作。

（一）积极组织财政收入，着力保持收入稳定增长，壮大财政实力

加强税收征管。严格落实财政收入组织原则，坚持依法治税，强化税收监督检查，严厉打击各种偷逃漏税违法行为，确保应收尽收。加强税收政策管理，坚决制止和纠正越权减免税行为。对中央和自治区确定的税收优惠政策一定要认真贯彻落实。

规范非税收入管理。强化非税收入收缴管理责任，加大对重点非税收入项目征缴监管力度。完善资源、资产类非税收入管理政策，努力挖掘增收潜力。积极将非税收入全部纳入预算管理，拓宽政府财力来源。

完善组织收入机制。坚持预算执行分析会议制度，加强收入组织部门之间的协调和沟通。严格落实组织收入工作责任，强化分部门、分税种、分地区的收入管理机制。完善预算执行动态考核机制，调动各级财政组织收入的积极性。认真分析影响财政收入的各项因素，及时采取应对措施。

强化财税政策研究。发挥财税政策筹集收入的作用，从有利于促进财政增收、支持新疆经济社会发展出发，深入开展财税政策研究。2011年要继续加大自治区特殊执政成本因素的研究，争取中央支持。争取扩大资源税改革试点范围。推进喀什和霍尔果斯两个特殊经济开发区发展财税政策、困难地区新办企业所得税“两免三减半”优惠政策的落实工作。

（二）调整优化支出结构，着力保障重点，加快支出进度

保障重点支出需要。坚持“保基本、保重点、保民生，压一般”的原则，进一步调整优化支出结构，科学、合理安排支出预算。工资、津贴补贴、机构运转和维护稳定等支出要首先予以保障。对自治区确定的重点项目和重大支出资金要按要求全部落实。强化民生支出责任，加大民生投入，确保各项法定支出和自治区出台的各项民生政策落实到位。各地要关注和研究超收收入的使用问题，超收收入除按照法律法规和财政体制规定增加的当年支出，以及用于削减财政赤字、特殊一次性支出等必要支出外，原则上不再安排当年支出。

严格控制一般性支出。牢记“两个务必”，坚持艰苦奋斗和勤俭办一切事业，始终树立过紧日子的思想，坚决反对铺张浪费。大力压缩一般性支出，降低行政成本，会议经费、因公出国（境）费用、公务用车购置及运行维护费等三项经费支出原则上实行零增长。继续从严控制党政机关办公楼等楼堂馆所建设，严禁超标准装修办公用房。

强化财政支出责任。完善预算支出执行责任机制，加快财政资金拨付和使用进度。财政部门要把加快预算执行作为日常工作重点，与部门一起强化预算执行工作，调动部门加快预算支出进度的主动性和积极性。落实部门预算支出主体责任，量化预算执行目标，将责任落实到具体责任人和具体执行单位，并定期进行考评通报。财政国库管理机构、部门预算管理机构和监督机构要建立沟通顺畅的工作机制，及时沟通和反馈预算执行信息。

（三）发挥财政调控职能，着力促进经济结构调整和发展方式的转变

推动经济平稳增长。加大财政投入，调整财政投资结构，支持铁路、公路、机场、水利等重大基础设施项目建设。发挥政府信用平台作用，筹措资金保障重大基础设施和重要民生工程建设。完善重大项目前期工作经费保障机制，支持做好“十二五”期间项目储备工作。研究完善财税政策体系，加快推进新型工业化，支持特色产业、优势产业发展壮大，促进资源优势向经济优势转化。落实和完善低收入群体补助政策，发挥财政政策在扩大消费、稳定物价等方面的职能作用。

支持发展方式转变。加大重大科技专项、科技攻关和科技兴新等项目支持力度，推动企业兼并重组和技术改造，增强科技创新能力。完善节能减排和新能源产业发展政策，大力支持循环经济和可再生资源产业发展，确保资源开发可持续。加大生态环保投入，支持生态工程建设，促进生态环境可持续。完善政府采购政策，充分发挥政府采购促进自主创新、节能环保的政策功能。

促进中小企业发展。灵活运用中小企业发展资金，支持中小企业技术创新、产业升级、市场开拓和自主品牌建设。发挥政策引导作用，鼓励担保机构、创业投资机构和金融机构扩大对中小企业融资规模。完善对拟上市公司、股权投资基金等资本市场发展的财政扶持政策，鼓励资本市场发展壮大。

加快推进向西开放。利用贷款贴息、税收优惠等政策，支持喀什、霍尔果斯特殊经济开发区建设和口岸建设。支持办好“中国—亚欧经贸博览会”。落实财税扶持政策，积极发展边境贸易，鼓励企业“走出去”，支持新疆与周边国家开展经贸合作。

（四）完善财政投入政策，着力统筹城乡发展，推动社会和谐

加快推进现代农牧业。加大财政支农资金投入，推进支农资金整合，建立财政支农投入稳定增长的长效机制，加快小型农田水利建设，加强中低产田改造，支持发展高效节水农业，增强农业综合生产能力。完善惠农补贴政策，扩大对种粮农民的补贴范围和补贴规模。加强财政扶贫资金管理，推进开发式扶贫。深化农村综合改革，

全面推进村级公益事业建设一事一议财政奖补工作，完成农村义务教育其他债务清理化解任务，继续开展化解乡村其他公益性债务试点。做好农业保险保费补贴工作，继续实施鼓励金融机构增加涉农贷款的奖励政策。

保障教育优先发展。严格落实教育支出法定增长要求。巩固和完善农村义务教育经费保障政策。支持发展农村学前教育。加大“双语”教育投入力度。落实好中等职业学校家庭经济困难学生和涉农专业学生免学费政策。加强职业教育实训基地和示范校建设。继续支持化解高校债务。

加强社会保障和就业工作。切实落实好零就业家庭24小时动态清零、未就业大中专毕业生就业扶持政策。继续提高企业退休人员基本养老金水平。力争2011年实现新型农村社会养老保险全覆盖。提高城乡居民最低生活保障标准。继续做好做实企业养老保险个人账户试点工作。

推进医药卫生体制改革。建立覆盖全区的国家基本药物制度，健全和完善多渠道补偿机制。研究支持公立医院改革的政策措施。提高新型农村合作医疗和城镇居民基本医疗保险的财政补助标准。支持重大公共卫生项目建设，提高人均基本公共卫生服务经费标准。

支持住房保障体系建设。大力推进廉租住房保障、公共租赁住房和棚户区改造工作。加大资金投入，支持实施“安居富民”和“定居兴牧”工程，推进农牧民安居与致富产业开发有机结合。

（五）健全公共财政管理体系，着力增强管理绩效，保障资金安全

健全依法理财机制。加强财政规章制度建设，将日常财政行为纳入制度化、规范化和法制化轨道。完善财政规范性文件制定管理机制，强化财政执法监督，规范理财行为。贯彻落实财政部门“六五”普法规划，加大普法宣传教育，增强财政干部法律意识和法制理念。

深化财政管理改革。规范财政转移支付制度，加大对下转移支付力度。健全县级基本财力保障机制，增强基层政府提供基本公共服务的能力。健全公共财政预算，进一步细化政府性基金预算，完善国有资本经营预算制度，提高社会保险基金预算编制的完整性，加快推进政府预算体系建设。

完善预算管理制度。建立预算执行、结余资金管理、资产管理与完善预算编制有机结合的机制。增强预算编制的完整性，将上级财政提前告知的转移支付全部编入预算，并逐步加大提前告知下级财政的转移支付指标数额。加强库款调度管理，提高预算支出执行的及时性、均衡性和有效性。

加强结余资金管理。严格执行自治区制定的财政拨款结余资金管理办法，对基本支出结余要严格审核，项目支出净结余要收回预算。项目支出确需结转下年使用的，各部门要严格按程序报财政部门审核确认。部门当年专项资金预算执行情况要与次年安排挂钩，对进度慢、使用效果差的资金要暂缓安排或取消预算。

强化资金绩效评价。继续扩大专项资金绩效评价范围，对100万元以上的专项资金全部实施绩效评价。注重绩效评价结果运用，加大资金绩效评价结果与预算编制相结合的管理力度，逐步实现以绩效评价结果作为编制预算的重要依据。

加大财政监督力度。树立“大监督”理念，完善财政监督机构与预算管理机构共同实施监督的责任制度和工作协调机制。加强财政监督信息内部共享机制建设，加大专项监督检查力度，大力开展重大财税政策落实情况和重点项目资金专项检查。继续推进“小金库”专项治理工作。细化报送人民代表大会审议的预算草案，认真做好人民代表大会专题询问应询工作，全力支持审计，主动接受审计，自觉配合审计，积极参与审计，逐步扩大预算信息的公开范围，自觉接受人民代表大会、审计和社会监督。

（六）加强财政“两基”建设，着力推进财政科学化、精细化管理

加强管理基础建设。建立、健全基础数据资料动态采集机制，完善部门基础信息数据库，实现预算单位各类数据动态管理。完善定员定额与实物费用定额相结合的基本支出标准体系。建立科学的项目支出标准体系。逐步将所有项目预算纳入项目库，实现项目支出预算滚动管理。加强会计基础规范化建设，提高基层财会人员专业技能和职业水平，发挥会计服务财政发展、服务经济社会发展的作用。

加强财政基层建设。着力构建预算编制、预算执行、预算监督、绩效评价“四位一体”的乡镇财政管理新机制。强化乡镇财政资金监管职责，充分发挥乡镇财政就近、就地服务、管理和监督作用。建立、健全乡镇财政管理指导机制，督促乡镇财政加强内部管理。改善乡镇财政基础条件，提高乡镇财政干部素质和能力。加强财政处、科、股等内部基层单位建设，健全岗责体系，优化工作流程，完善财政与预算单位的协调沟通工作机制，做到分工明确、各司其职、协调配合、运转流畅。

加强财政信息化建设。加快完成“金财工程”应用支撑平台在各地的推广实施工作。完善财政公共数据授权中心建设，逐步实现对行政事业单位各类数据的动态管理。大力开展财政核心业务的整合和统一，加大财政各项管理二作信息化建设力度。加强县、乡财政信息化建设。

（七）强化财政干部队伍建设，着力提升素质，转变作风

加强能力建设。深入开展学习型机关建设活动，推进学习制度化、工作化和常态化。加强思想理论教育，提高干部政治素养。强化财经理论、财政业务等知识学习，提高干部政策理论水平。完善教育培训机制，提高干部分析问题、研究问题和解决问题的能力。加强公文写作和公文处理等文字能力培养，提高干部工作质量。

改进工作作风。各级财政部门和广大财政干部一定要牢记立党为公、执政为民，树立勤政干事、务实敬业的良好作风。要关心理解基层部门，认真听取基层部门反映的问题和提出的意见，耐心、细致解释政策，彻底根除在财政部门和财政干部中存在的门难进、脸难看、事难办的现象。要强化责任意识，恪尽职守，埋头苦干，提高效率，抓好各项工作的落实。

增强廉政意识。加强反腐倡廉教育，增强党性修养和法制意识，引导干部树立正确的人生观、价值观，筑牢拒腐防变的思想防线。严格落实党风廉政建设责任制，切实履行党员领导干部党风廉政建设职责。健全财政惩防体系各项制度，加强权力制约和监督，完善廉政风险防控机制，逐步形成有效管用的反腐倡廉制度体系。自觉加强思想道德修养，倡导形成高尚的生活情趣和健康的生活作风，主动接受组织和群众监督，做到堂堂正正做人，清清白白理财。

弘扬财政文化。坚持以文化塑造人，发挥现代文化引领作用，打造财政文化理念，努力形成良好的财政工作氛围。加强社会主义核心价值观教育、民族团结教育、职业道德教育，推进机关精神文明建设。广泛开展财政文化建设活动，培养团队精神，提高文化素养。积极推动文化管理与制度管理相融合，努力将财政文化理念融入财政管理实践，推动财政事业发展。

深入开展维护稳定工作。当前，全区形势总体稳定、总体可控、总体向好，但影响稳定的因素依然大量存在，稳定形势依然严峻。各级财政部门一定要高度重视，切实按照自治区关于做好稳定工作的要求，自觉承担维稳责任，扎实做好涉及群众利益的各项工作，从源头预防和减少社会矛盾的发生。

加强财政科学化、精细化管理
为新疆跨越式发展和长治久安提供保障（摘要）

——在全区财政工作座谈会上的讲话

自治区人民政府党组成员、财政厅厅长　弯海川

（2010 年 8 月 26 日）

一、2010 年以来自治区财政工作

中央新疆工作座谈会提出了推进新疆跨越式发展和长治久安的目标任务，坚持走具有中国特色、符合新疆实际的发展路子，全面加强新疆经济建设、政治建设、文化建设、社会建设以及生态文明建设和党的建设，到 2015 年新疆人均地区生产总值达到全国平均水平，城乡居民收入和人均基本公共服务能力达到西部地区平均水平；到 2020 年确保实现全面建设小康社会的奋斗目标。自治区党委召开七届九次全委（扩大）会议，贯彻落实中央新疆工作座谈会精神，科学分析了制约新疆跨越式发展和长治久安的特殊困难和因素，明确提出以现代文化为引领，以科技、教育为支撑，加速新型工业化、农牧业现代化、新型城镇化进程，加快改革开放，打造中国西部区域经济增长极和向西开放桥头堡的战略决策，并对实现新疆跨越式发展和长治久安七个方面重点工作做出安排部署。

各级财政部门深入学习贯彻中央新疆工作座谈会和自治区党委七届九次全委（扩大）会议精神，深刻领会中央和自治区各项战略部署，深刻认识新疆发展的历史机遇，切实增强做好财政工作的自觉性、紧迫性、主动性，狠抓增收节支，保障和改善民生，创新财政管理理念与方式，保障财政职能作用的发挥，有效服务自治区经济社会又好又快发展。2010 年以来，围绕中央和自治区确定的各项决策部署，主要做了以下工作。

（一）依法聚财增收入

不断完善收入组织工作机制，强化财政与税收征管部门工作责任，加强工作协调配合，认真分析经济、政策、征管等因素对财政收入的影响，调动一切积极因素，促进财政收入平稳较快增长。

1. 强化税收征管。坚持依法征税，严厉打击偷逃骗漏税行为，严格减免税收政策管理，防止越权减免税。推进分类管理，加大重点税源监控力度，强化各类中小税收征管。继续清理税收优惠政策，防止税收流失。乌昌地区、石河子

市、哈密地区、塔城地区、阿勒泰地区、阿克苏地区、吐鲁番地区采取措施完善税收征管机制，改进税收征管手段。克孜勒苏柯尔克孜自治州完善收入激励机制，调动各方组织收入积极性。

2. 严格非税收入收缴管理。科学编制非税收入预算，加大非税收入收缴督促检查，落实收缴责任，完善非税收入征缴激励办法，调动部门单位的征缴积极性。加大对土地出让金、国有资源和资产有偿使用收入等重点非税收入的征管力度。研究完善环境保护和资源节约的非税收入收缴政策，挖掘非税收入增收潜力。

3. 加强财税政策研究。认真落实中央支持新疆跨越发展的优惠政策，加强研究，落实责任，争取中央支持。经过积极争取，中央决定从6月1日起正式启动新疆资源税改革试点工作，预计当年可增加自治区财政收入22亿元左右。通过向中央反映新疆特殊区情和困难因素，自治区在转移支付成本差异系数、民族地区转移支付等方面得到中央的政策支持。克拉玛依市在重大财税政策研究方面工作突出，成效明显。

（二）合理用财保民生

坚持把改善民生作为财政工作的出发点和落脚点，大力调整优化支出结构，压缩一般性支出，统筹财力保障教育、医疗卫生、社会保障和就业、公共安全、城乡社区事务等公共服务支出。2010年以来，根据自治区党委的安排部署，我们重点保证了以下几方面民生政策的落实。

1. 促进就业和再就业。实施更加积极的就业政策，继续实施扶持困难企业发展政策，稳定困难企业就业。加大就业培训资金投入力度，支持农民工、农村劳动者技能培训工作。扶持零就业家庭就业，对零就业家庭给予职业培训补贴、公益性岗位补贴和社保补贴，确保15 658户零就业家庭按期实现至少1人就业。

2. 加大社会保障力度。提高城镇居民医疗保险和新型农牧区合作医疗补助标准，新增新型农牧区合作医疗试点县（市）43个。在全区30%县（市、区）实施基本药物制度。扩大新型农村社会养老保险试点范围并提高缴费补贴标准。提高城乡居民最低生活保障水平。

3. 提高低收入人员收入水平。提高城乡居民最低生活保障水平，扩大城市低保范围。对参加城镇企业职工基本养老保险社会统筹的离退休人员，发放冬季取暖费补贴。对1995年底前退休的企业人员发放生活补贴。提高城镇企业职工基本养老保险社会统筹人员抚恤标准。提高农村“四老”人员和列入优抚范围老军人生活补贴。

4. 提高机关、事业单位干部、职工工资收入。按照自治区党委、人民政府的安排部署，组织工作组对全区各地、县和区本级所有预算单位开展调研，核实津贴补贴发放的基数，梳理津贴补贴发放中存在的特殊问题，研究津贴补贴发放标准、项目、方式、来源“四统一”政策，在充分征求各方面意见的基础上，确定了提高全区机关、事业单位津贴补贴政策。此次提高津贴补贴发放水平，充分考虑各地实际困难和特殊因素，体现了中央有关政策要求，很好地贯彻了自治区党委、人民政府的决策，得到中央和自治区的肯定。

5. 大力支持“富民安居”工程。加强农村建房各类资金整合，加大对农牧民安居房补助力度，确保了自治区“富民安居”工程的顺利实施。

（三）科学管财提效益

落实《自治区关于推进财政科学化精细化管理的实施意见》，加强财政基础管理工作和基层建设，大力推进财政科学化、精细化管理，保障了财政职能作用的发挥，取得了突出成效。

1. 政府预算体系建设加快推进。政府性基金预算编制进一步细化，自治区本级所有预算编制到“项”级，细化到具体活动。逐步试编2010年企业职工基本养老保险基金、失业保险基金、城镇职工基本医疗保险基金、工伤保险基金、生育保险基金等五项社会保险基金预算，目前全区2010年社会保险基金预算草案报告已上报财政部、人力资源和社会保障部审批。自治区国有资本经营预算编制工作制度体系初步建立，国有资本经营预算编制工作正式启动。巴音郭楞蒙古自治州2009年开展了国有资本经营预算编制试点工作；伊犁州初步形成全面反映政府收支总量、结构和管理活动的政府预算体系。

2. 预算编制水平逐步提高。建立收入分析预测工作机制，收入预算编制的科学性和准确性进一步提升。阿克苏地区完善收入预测部门间协调机制，按进度、分税种，综合地区宏观经济形势，对财税收入进行科学分析预测。提高预算编制的完整性和准确性，自治区提前告知对下一般性转移支付和专项转移支付预计数，要求各级财政完整编报上级的各项补助收入。坚持“保基本、保重点、保民生、压一般”的原则，进一步加大支出结构调整力度，优先保障各项基本支出、重大项目支出和民生支出。博州、喀什地区、和田地区、克州在整合政府资源，控制一般性支出，完善行政开支定员定额标准，控制行政成本增长方面取得了良好效果。建立部门预算责任制度，做好基本支出测定、项目论证评审等前期准备工作，基本支出和项目预算编制全部细化到“项级”科目，落实到具体项目。严格政府采购预算，对未办理政府采购预算申请追加批准手续的，一律不安排政府采购。乌昌地区创新工作机制，加强政府采购管理。阿勒泰地区积极推进资产预算编制工作，实现了资产管理与预算管理的有机结合。

3. 预算执行管理不断强化。加强预算执行分析和动态监控，按月对预算执行情况和税收收入完成情况进行汇总分析。哈密地区对重点科目、重点专项、重点单位建立支出分析制度，及时掌握支出进度。完善预算支出执行通报机制，加快预算执行力度。积极开展绩效评价工作，将资金和项目管理细化成具体的指标进行量化评价，并把考核结果运用到资金分配和项目安排中。自治区本级完成2009年财政专项资金绩效评价项目312个，评价资金总额458亿元，向社会公开项目12个。阿勒泰地区、阿克苏地区、博州等地对数额较大的重点项目和民生项目开展绩效评价，并对绩效评价结果进行公示。完善财政资金安全管理保障机制，深入推进国库集中支付改革，加强会计、台账、对账、票据管理等基础工作。加强政府债务资金管理工作，积极防范财政风险。

4. 基层财政建设成效显著。全面推进“乡财县管乡用”管理方式改革，规范乡镇收支行为。加强乡镇财政资金监管，建立了信息公开和反馈制度，确定了18个具有示范带头作用的乡镇财政直接联系点。创新涉农补贴资金发放方式，强化惠农补贴资金监管。扩大“村账乡代管”改革试点，全区50%的行政村实行了“村账乡代管”改革。制定乡镇财政干部中长期培训规划，加大乡镇财政干部培训力度。推进乡镇财政信息化建设，加快乡镇会计核算电算化进程。塔城地区积极推进乡镇财政管理改革，规范乡镇财政管理。伊犁州、巴州等地对涉农补贴资金实行归口管理“一个漏斗”向下拨付，“一卡通”发放。五家渠、阿拉尔、图木舒克三个新建市，着力加强制度建设，建立、健全财政内部管理机制。

5. 财政监督管理更加规范。建立覆盖所有财政资金和资金运行全过程的监督机制，强化事前和事中监督，促进监督与管理的有机融合。认真开展部门预算编制抽查、重大支出项目评审等工作。发挥内部监督的防范作用，建立、健全预算编制、执行和监督相互协调、相互制衡的机制。认真开展“小金库”专项治理工作，按照“标本兼治、纠建并举”的原则，在银行账户开设、票据管理规定、非税收入管理、国有资产处置、严格财务核算和加大监督管理等方面，建立了防治“小金库”长效机制，全区“小金库”专项治理工作取得阶段性成效。加大财政信息公开力度，及时在报刊媒体上公布财政收支数据，以及经人大审议通过的政府预、决算和转移支付预算安排情况，增强财政预算透明度。

（四）多措生财促发展

突出科学发展主题，充分发挥财政职能作用，落实扩内需、调结构政策措施，推动自治区经济又好又快发展。

1. 加大政府投资力度。及时、足额安排拨付资金，加快资金执行进度，确保中央扩大内需投资项目和自治区确定的重大基础设施建设项目资金需求。积极争取中央代新疆发行地方政府债券60亿元，继续用于机场、铁路、水利、能源等重大基础设施项目，以及学校和医院、抗震防灾工程等民生项目建设。

2. 支持重大项目建设。加快推进自治区重要产业、重大项目、重大工程建设，建立财政经费保障机制，筹集10亿元前期工作经费，支持文化科技教育、经济发展、改善民生、基础设施建设、加快对内对外开放、节能减排和生态环境建设等重点领域建设。

3. 培育战略性新兴产业。整合各类企业发展资金，支持企业自主创新，促进中小企业发展。加大科技资金投入力度，支持重大科技专项、科技成果转化、科技兴新和中小企业创新等项目。设立新能源发展专项资金，支持风电、光电及煤层气产业发展。调整优化资金投向，集中支持淘汰落后产能、公共建筑节能、绿色照明推广等重点领域，推进全社会节能减排工作。

4. 完善促进发展财税政策。会同有关部门对中央关于新疆困难地区符合条件的企业给予企业所得税“两免三减半”优惠政策开展调研，研究提出了新疆困难地区界定和自治区鼓励类企业的范围相关意见。扶持金融机构加大对中小企业贷款的财政政策，拓宽中小企业融资渠道。

以上成绩的取得，是自治区党委、人民政府的正确领导和科学决策的结果，更是各级财政干部、职工辛勤努力的结果。在此，我代表厅党组向广大财政干部表示衷心的感谢和诚挚的问候！

在总结工作的同时，我们也要看到，尽管财政各项工作取得了显著成绩，也积累了许多经验，但是与财政部和自治区党委、人民政府的要求相比，与广大人民群众的期望相比，还有很大差距。主要表现在：部分地、县在组织收入方面的措施还不到位，需要进一步提高认识；政府预算编制体系尚不完善，需要加快推进；部门预算编制不够细化，定员定额标准不够科学；预算执行进度偏慢，项目预算支出迟缓；财政资金监管机制仍需健全，资金使用效益有待提高；基础管理工作和基层建设方面还存在薄弱环节，信息化建设水平需要提高；财政干部队伍建设需要加强，干部作风需要进一步转变等。这些问题，还需要我们下工夫加以解决。

二、把握形势机遇，不断开创财政工作新局面

中央新疆工作座谈会为新疆经济、社会跨越式发展带来了千载难逢的历史机遇。自治区党委七届九次全委（扩大）会议要求，在新的历史起点上，全区各族干部、群众要从政治和历史的高度把握战略机遇，树立强烈的责任感、使命感、紧迫感，树立科学跨越、后发赶超的雄心壮志，开创新疆工作的新局面。当前，新疆大建设、大开放、大发展的形势喜人，令人鼓舞，催人奋进。广大财政干部一定要充分认识当前面临的大好形势和机遇，深刻认识肩负的历史责任和发展机遇，勇当践行者和排头兵，不断提高履职能力和水平，在新疆经济社会跨越式发展的历史进程中有所作为。

（一）振奋精神，抢抓机遇

机遇稍纵即逝。抓住了机遇，就会乘势而上；丧失了机遇，就会停滞不前。实现科学、跨越式发展，各级财政部门必须要把思想认识统一到中央和自治区的决策部署上，迅速行动起来，以只争朝夕、奋发有为的精神状态，扎扎实实地把推进新疆跨越式发展和长治久安各项工作落实好。

要树立责任观念。中央举全国之力推动新疆经济、社会跨越式发展，既是一个不可错失的重大机遇，更是一份神圣的责任。在看到机遇的同

时，我们也要充分正视困难和问题，深刻认识财政工作肩负的艰巨使命和面临的重大挑战，增强责任意识和忧患意识，不断加强学习，提高本领，扎实做好财政工作，为自治区跨越式发展提供坚实保障。

要着力服务大局。推动科学、跨越式发展，必须始终关注大局，服从大局，要认真领会中央和自治区有关精神，增强大局意识、政治意识，从自治区改革、发展、稳定全局的高度，以保障和改善民生为一切工作的出发点和落脚点，自觉把财政工作放到自治区党委、人民政府的工作大局中去谋划考虑，善于出谋划策，勇于提出政策建议，真正把中央的特殊关怀、自治区的决策部署落实到具体工作之中。

要强化机遇意识。面对机遇，必须勇于担当，敢于负责，切实肩负重任，不丧失机遇。要保持强烈的事业责任心，珍惜干事创业的机会，下决心干成一番事业；遇到矛盾和问题，不上交，不绕道。要保持充沛的工作激情，甘于吃苦，乐于奉献，恪尽职守。要保持坚强的工作意志，敢做善成，敢抓敢管，不为困难和风险所惧，在攻坚克难中把各项工作推向前进。

（二）解放思想，开拓创新

新疆经济、社会发展滞后，有历史的原因，也有客观条件的限制，但最根本的，还是在于思想观念上的差距。面对大建设、大开放、大发展的大好形势，迫切需要进一步解放思想，更新观念，用新理念、新思路、新方法，去认识问题、分析问题、解决问题，坚决打破因循守旧、保守落后的传统做法，坚决克服迟缓拖拉、推诿扯皮的现象，发挥集体的智慧和力量，以思想的大解放、工作的大创新，推动全区经济、社会跨越式发展。

要有解放思想的强烈意识。思想解放的程度，决定发展的速度和效益。必须树立这样一种观念，那就是谁能够在思想观念上先行一步，谁就能敏锐抓住机遇的到来，找到破解难题的办法，推动各项工作不断前进。这就要求广大财政干部要不断适应形势发展需要，用新知识、新思想武装头脑，用新观念、新模式谋划工作，把财政工作提升到一个新水平。

要有解放思想的实际行动。解放思想不是一句空话，归根到底要反映在推动工作的实际行动中来。当前，实现自治区经济、社会跨越式发展，对我们每一个人来说都是一个全新的课题、全新的挑战。我们必须要着眼于实现跨越式发展的要求，树立一种超越常规、敢于创新的精神，主动迎难而上，打破思维定式和路径依赖，联系实际拿出切实可行的措施和办法，着力解决实际问题，以改革创新精神推动财政各项事业发展。

要有解放思想的创新气魄。不干工作的人永远也不会犯错误。财政干部特别是领导干部，要有敢为人先的气魄、敢于创新的胆识、敢冒敢闯的精神。工作上敢想敢干，敢讲实话，敢干大事，敢破条条框框。要坚持先干不争议，先做不评论，先试不争议，以开拓创新的大气魄率先发展，做行业中的楷模和部门中的表率。

（三）扎实工作，主动作为

推动新疆跨越式发展和长治久安，关键是要把中央和自治区各项决策部署，体现到具体行动上，落实到各项工作中。各级财政部门要把贯彻落实中央新疆工作座谈会和自治区党委七届九次全委（扩大）会议，作为当前和今后一个时期的首要任务，认真学习领会，深入开展研究，积极主动作为，实现财政各项工作的大推进、大突破、大发展、大跃升。

要积极主动谋划思路。面对当前发展形势，各级财政部门都必须主动靠上、贴上，结合实际，前瞻性地研究财政支持跨越式发展的政策措施。特别是在改善民生、推动经济又好又快发展方面，要进一步完善政策，健全机制，强化保障。对于各地在发展中的问题，各级财政部门要发挥主观能动性，依靠自身研究解决，坚决摒弃“等、靠、要”的依赖思想。

要努力提高工作效能。跨越式发展是高起点、高水平上的发展，需要我们通过高效率加以落实。前一阶段在自治区民生工程建设中，有关部门高速快捷完成任务，创造出了“新疆效率”。这也给财政部门带来了一些启示。我们在工作效率方面，是否还存在着可以提高的潜能，有多大的潜能。这个问题大家都应该认真思考。

要倡导苦干实干作风。目前，我们面临良好的机遇。但再好的机遇，没有一种认真负责、苦干实干的精神，最终也将落空。广大财政干部必须要保持一种良好的精神状态，有一种吃苦耐劳的可贵品质，瞄准目标，真抓实干，一个目标一个目标去落实，不达目的誓不罢休。绝不能麻木不仁，浑然不觉，工作上原地踏步，不思进取。

三、扎实做好后几个月财政工作

根据当前的财政经济形势，2010 年后几个月财政工作要深入贯彻落实科学发展观，加强经济运行情况监测分析，大力组织财政收入，优化支出结构，保障重点支出需要，加强管理基础工作和基层财政建设，全面推进财政科学化、精细化管理，保障各项政策措施切实发挥作用，促进经济社会又好又快发展。下面，我重点强调八个方面的工作。

（一）关于财政收支管理工作

2010 年以来，自治区财政经济运行形势总体较好，特别是资源税改革为财政增收带来积极影响。但是经济发展还存在不稳定、不确定因素，自治区陆续出台一系列重大民生政策，给财政支出带来较大压力，全年收支矛盾仍然突出，必须要高度重视收支管理工作。

加强收入组织工作。要继续强化财政收入组织管理责任机制，加大部门沟通协调力度。大力支持税务部门依法加强税收征管，应收尽收。严格税收优惠政策管理，在落实中央和自治区减免税政策的同时，严禁各地、各部门自行出台各类税收优惠政策。加强非税收入分类规范管理，加大资源资产类非税收入征缴力度。加强对经济运行变化因素的分析研究，重点关注“两免三减半”税收政策实施对财政增收的影响，做好各地财政收入影响因素的分析测算工作，把握组织收入主动权。进一步完善收入动态考核机制，加大对各地收入预算执行情况的考核监督力度。

大力调整支出结构。坚持以人为本、民生优先，按照“保基本、保重点、保民生、压一般”的要求，强化各项节支措施和目标任务，控制和压缩会议、接待、购车、出国（境）、楼堂馆所等一般性支出，集中更多财力，用于保障基本支出，支持重点项目建设，保障和改善民生。基本支出方面，特别要保障津贴补贴资金及时、足额落实。困难地、县的新增财力要首先保基本支出。重点支出方面，要确保自治区确定的铁路、“富民安居”等重点建设项目支出需求。民生方面，要统筹安排资金，重点保障各项强农、惠农政策，义务教育经费保障机制，城乡最低生活保障，新型农牧区合作医疗，城镇居民基本医疗保险，基层医疗卫生服务体系建设，保障性住房建设等重大民生政策落实到位。

加快资金支出进度。2010 年 1—7 月份，全区财政收支呈现出“一快一慢”的态势，在财政收入持续快速增长的同时，财政支出进度偏慢。对此，各级财政部门要引起高度重视。要认真分析研究支出进度滞后原因，找出症结所在，采取措施加快资金拨付进度。要加大预算执行的督导力度，区别情况对部门单位和下级财政部门提出明确支出进度目标要求，落实支出责任和奖惩措施。对人为造成支出进度过缓问题的，要进行责任追究。对区本级未明确到具体项目的专项经费预算，在 9 月底前要全部拨付下达，中央下达的专项资金要在 1 个月内下达执行。

（二）关于加强“两基”建设

全面推进财政科学化、精细化管理，进一步提高财政管理水平，重点在基础，关键在基层。管理基础工作涉及财政管理各个环节，覆盖财政管理的方方面面，是财政管理的基石，直接影响财政管理的持续性和效率。县、乡财政和财政部门内部基层单位是财政管理的重要责任主体和载体。各级财政部门按照财政部工作部署和《自治区关于推进财政科学化、精细化管理的实施意见》，切实加强“两基”建设，全面提高财政各项管理工作水平。

1. 加强各项管理基础工作。管理基础工作是为实现财政管理目标提供基础资料、基础标准、基本手段等相关工作的统称，包括基本数据信息、支出标准、项目库、收支科目体系、基础制度等内容，贯穿于财政管理工作的全过程。

抓好基础数据归集应用。建立、健全各种基础数据动态采集机制，全面掌握预算单位人员、工资及津贴补贴、资产负债、收费项目和标准，以及财政收支、财源财力、财政保障人口等信息。建立和完善财政基础信息数据库，实现对部门单位机构、编制、人员、资产、经费类型等数据的动态管理，为财政管理决策提供基本依据。

加强支出标准体系建设。合理确定部门单位维持正常运行、完成日常工作任务的基本需求，促进财政资金有效配置。完善定员定额与实物费用定额相结合的基本支出标准体系。推进参公单位纳入定员定额试点。探索事业单位基本支出经费保障模式。推进实物费用定额试点。加强项目支出标准体系建设，制定科学的项目支出分类方法。

健全项目库建设管理。逐步将所有项目预算纳入项目库管理，通过项目库申报、论证、审核，加强备选项目的筛选、更新工作，做好项目审核、排序，推进项目支出预算滚动管理，提高行政事业单位项目支出的规范化、程序化管理水平。

加大会计基础管理力度。加大新会计制度的宣传贯彻力度，深入开展单位会计基础规范化建设，加强基层财会人员的专业技能及职业水平的培训力度。全面提升会计为经济建设、为财政管理改革服务的水平，逐步实现会计工作法制化、会计监督制度化、会计信息标准化、行政审批程序化、日常管理网络化。

推进财政信息化建设。加快应用支撑平台建设，尽快实现全区平台一体化系统，为提高财政管理效率提供有力的技术支撑。2010 年年底前完成自治区本级和两个试点地（州）平台及一体化系统部署工作，构建完整、通畅的财政核心业务体系。完善网络和安全体系，推进财政身份认证和预算单位安全管理系统建设。强化标准规范的建设和执行，加快现有业务系统向平台过渡。

2. 大力推进财政基层建设。基层建设是各级财政组织体系建设的重要组成部分，既包括县、乡两级财政建设，也包括各级财政的处、科、股的建设，是推进财政科学化、精细化管理的重要依靠力量和组织保障。

加强乡镇财政建设。全面规范乡镇财政组织机构、队伍建设、业务工作、基础设施和内部管理，着力构建预算编制、预算执行、监督检查、绩效评价四位一体的乡镇财政管理新机制。合理界定和充实乡镇财政职能，发挥乡镇财政就地、就近实施监管的优势，强化乡镇财政监管职责。加强乡镇财政资金管理体系建设，建立、健全乡镇辖区内项目管理监督机制，对下达乡镇的所有财政性资金实现全面监督管理和跟踪问效。建立完善乡镇财政管理指导机制，各地财政部门要加强对乡镇财政工作的指导，县级财政要支持乡镇财政工作，并提出监管工作要求。加强对乡镇财政干部培训，逐步改善乡镇财政用房、交通、设备等基本办公条件。

加强内部基层单位建设。按照简化程序、理清环节、分清责任、明确标准的要求，健全和优化财政管理工作流程，并上墙公示，使预算编制、预算执行、财政监督、绩效评价等各项工作均依照流程规范化运行。完善基础制度建设，注重用制度管人、管事，将处、科、股内部管理工作纳入制度化、规范化轨道。明确部门预算管理责任，预算管理部门要把督促部门加强预算执行管理作为日常工作重点，与部门一起强化预算执行工作。及时掌握和分析本级各部门预算执行进度和项目绩效情况，定期对部门进行考评通报。财政国库管理部门要加强审核，提高拨付资金使用效益，并及时向预算管理部门反馈执行的相关信息。财政部门预算管理机构和专职监督机构要加强日常业务的监督管理。

（三）关于加强预算管理工作

按照财政部要求，进一步推进政府预算体系建设，提升预算编制、执行管理的质量和水平，把预算科学化、精细化管理推向更深层次、更高目标。

健全政府预算体系。2010年年底以前，要建立由公共财政预算、政府基金预算、国有资本经营预算和社会保险基金预算组成的完整政府预算体系。完善政府性基金预算，不断提高预算编制的完整性、准确性。进一步细化文化事业建设费支出预算、彩票公益金基金收支预算、国有土地使用权出让金收支预算的编制，支出全部细化到“项”级科目，减少待安排项目，项目支出预算全部明细到具体单位、具体项目。完善国有资本经营预算，建立国有资本经营预算编制工作制度体系，确定编制主体及管理部门，确定纳入区级国有资本经营预算实施范围及收益上缴比例，全面推行2011年国有资本经营预算编制工作。完善社会保障基金预算，扩大社会保险基金预算编报范围，单独编报社会保险基金预算，并向各级人大报告，研究将新型农村社会养老保险、城镇居民基本医疗保险等其他社会保险基金，逐步纳入社会保障资金预算管理。

加强预算编制管理。细化预算编制。继续规范预算编制程序，减少代编预算规模，进一步细化预算编制内容。基本支出预算要如实反映预算单位机构性质、人员、车辆、经费供给类型等基础信息，项目预算必须细化到“项”级科目和具体执行单位，有明确的绩效目标和资金拨付时间进度等。建立消化结余结转资金的长效工作机制。年初要将部门结余结转资金足额编入预算，预算执行中及早提出消化结余结转资金意见。进一步加大对预算单位结余资金的统筹力度，对当年预算执行进度缓慢、预计年度可能出现较大结余的，调减当年预算或用于该部门新增重要支出项目。对累计结余结转资金较大的部门，财政部门将压缩经费拨款总额。实施对各部门当年专项资金预算执行情况与次年预算安排挂钩的管理机制。对预算执行进度快、使用效果好的专项资金，次年预算安排时优先考虑；对预算执行进度慢、使用效果差的专项资金，次年暂缓或取消预算。推进资产管理与预算编制有机结合，研究确定符合实际的行政事业单位资产配置和更新标准，按照“资产管理部门确定配置标准，业务管理部门审核资金，政府采购部门办理采购”的工作流程，将单位资产配置纳入部门预算。加强对行政事业单位新增资产的审核，逐步扩大审核范围，预算单位未编制新增资产预算，财政部门不批复资产配置预算。加强对行政事业单位资产处置收入、出租出借收入的管理，将其纳入公共财政预算。

加强预算执行管理。健全预算支出责任制度，督促部门制定预算执行的量化目标计划，将责任落实到项目主管单位、具体执行单位和负责人。加强对本级部门和下级财政预算执行情况的督导，建立定期通报制度。加快转移支付执行进度，对已明确尚未下达的转移支付资金，提前通知各地、各部门做好资金分配计划，及时下拨资金。加强国库资金调度管理，确保基本支出预算按时间进度、项目支出预算按项目进度拨付资金。根据实际情况核定自治区以下尤其是县级财政的国库资金调度比例，在县级财政要增设周转金。进一步完善以收定支和据实结算项目支出方式，提高预算执行的均衡性。扩大财政专项资金绩效考评范围，完善绩效考评指标评价体系。健全预算编制与绩效考评关联机制，按照“基数看绩效，增长看财力”的原则，把上年预算执行与绩效情况作为编制下年预算的重要参考依据。

（四）关于落实津贴补贴政策工作

目前，自治区提高津贴补贴发放水平相关政策已经明确。前不久，自治区财政厅也已就落实津贴补贴政策工作进行安排部署。各地财政部门要严格按照自治区确定的津贴补贴发放标准，以同城同职级同待遇为原则，加快组织实施工作，确保相关政策顺利落实。

严格“四统一”政策。要在此次规范后的项目范围内发放津贴补贴，除中央和自治区确定的特殊奖励政策外，一律不得自行另设津贴补贴项目和奖励项目。自治区本级和乌鲁木齐市、各地（州、市）本级和所在市的津贴补贴发放实行统一标准，各县（市）以县（市）为单位实现同职级同标准。有条件的地（州、市），可直接在全地区范围内实现同职级同标准。津贴补贴资金要列入财政预算，由财政统一安排。所有机关、事业单位发放津贴补贴，必须通过单位设立的“津贴补贴”科目，按照自治区统一制定的职工津贴补贴发放单，按月发放。

足额落实津补贴资金。这次提高机关、事业单位津贴补贴发放标准，自治区下了很大决心，在政策上作了重大突破，研究解决了津贴补贴发放中存在的一系列特殊问题，在资金上拿出了很多财力。今后凡是发现津贴补贴政策落实不到位的，首先要追究所在地区和单位的责任。另外，按照自治区对各地（州、市）补助原则，这次提高津贴补贴发放水平，自治区承担大部分资金，各地也相应承担一部分。各地财政要认真测算，统筹安排财力，科学调度资金，确保资金足额落实。

抓紧报送津贴补贴方案。各地财政部门要会同当地人力资源社会保障部门，按照自治区确定的提高津贴补贴幅度和基本原则，以及核实基数、“四统一”的要求，抓紧研究提出提高津贴补贴的初步方案，并附各地（州、市）（含所属县、市）各职级津贴补贴发放标准表，及提高机关、事业单位津贴补贴增资测算表，报自治区财政厅、自治区人力资源社会保障厅。由两厅商议无异议后，各地再由当地人民政府（行署）按程序正式上报自治区人民政府审批，争取2010年9月中旬将提高津贴补贴方案批复各地。

（五）关于“小金库”专项治理工作

2010年，中央要求各地在开展党政机关、事业单位“小金库”治理工作的基础上，全面开展对社会团体和国有及国有控股企业“小金库”治理工作。各地要按照中央和自治区的决策部署，继续深入推进“小金库”治理工作，明确治理重点，严格执行政策，加大检查力度，严肃查处案件，巩固治理成果，不断完善防治“小金库”的长效机制。

继续推进党政机关、事业单位“小金库”治理工作。“小金库”专治理工作是财政部门永恒的职责，要认真研究自治区确定的防治“小金库”长效机制，吃透精神，狠抓落实。要在巩固现有成果的基础上，继续深入推进党政机关、事业单位“小金库”专项治理工作，要采取更加有针对性的措施，加强对基层县（区）的督导力度，切实加大对容易发生问题的关键领域和重点环节的检查力度，努力实现中央和自治区提出的彻底清理“小金库”的目标。

做好社会团体和国有及国有控股企业“小金库”专项治理工作。要按照分级负责、分口把关的原则，落实治理工作责任，及时总结推广经验，重点做好动员部署、自查自纠、重点检查和整改落实四个阶段工作。财政部门要高度重视，加强协调配合，会同民政和国有资产管理部门，扎实做好社会团体和国有及国有控股企业“小金库”专项治理工作，保证各项工作任务落到实处。

发挥防治“小金库”长效机制作用。长效机制建设是“小金库”治理工作的根本任务。各级财政部门要继续按照“更加注重治本、更加注重预防、更加注重制度建设”的要求，核实银行账户，清理、撤销违规账户，将“小金库”专项治理与推进财政体制改革和提高财政科学化、精细化管理水平相结合，认真做好防治“小金库”长效机制日常管理工作。同时，要按照“边治理、边研究、边总结、边完善”的思路，结合社会团体管理体制改革、企业治理结构完善，建立、健全社会团体和国有及国有控股企业防治“小金库”的长效机制。

（六）关于强农、惠农资金专项清查工作

根据中央关于开展强农、惠农资金专项清理和检查工作的总体部署，自治区启动了专项清查工作。清查工作分部署启动、自查自纠、重点检查、整改总结四个阶段。目前，自查自纠与重点检查工作正在交叉进行，地（州、市）级以下的自查自纠工作已全部结束。强农、惠农资金种类多，渠道多，数量大，清查任务繁重，为做好下一阶段的清查工作，我再强调两点。

扎实开展好重点检查工作。各地要严格按照中央和自治区有关要求，自查率必须达到100%，重点检查面不低于所涉及部门和县（市）总数的50%。各地要高度重视，把资金投入比较集中、问题反映比较多、管理不规范的地方和单位作为重点检查对象，对各项强农、惠农资金的安排、分配、拨付、使用、项目实施等环节进行全面清查，切实解决工作中存在的突出问题和人民群众反映强烈的问题。既要开展对强农、惠农资金管理环节的检查，也要深入基层，开展对基层执行政策和使用情况的检查，扎实做好工作，迎接中央检查组的督查指导。

建立、健全涉农资金管理机制。对于检查出的问题要认真总结分析，在积极整改的同时，研究解决问题的体制机制性措施，健全和完善各项制度，促进形成强农、惠农资金科学管理的长效机制。要加大对涉农专项的研究力度，对清理出的专项问题进行甄别，了解掌握专项的数额、用途，分析研究这些专项的设立在当时的意义、现在是否有存在的必要和将来能否发挥作用，从性质上对各类资金进行清理。要在全面、准确摸清强农、惠农政策和资金情况的基础上，围绕当地农业发展重点项目，按照“渠道不乱、用途不变、统筹安排、优势互补、形成合力、各记其功”的原则，把符合使用规定、性质相同、用途相近的支农专项资金纳入整合范围，有规划地集中财力办大事，提高财政支农资金使用效益。

（七）关于加强财政监督管理

近年来，自治区财政支出规模不断扩大，加强财政监督，保障资金规范运行越来越重要。必须牢固树立“大监督”理念，完善多层次财政监督机制，确保财政资金安全和财政干部安全。

建立财政资金运行监督机制。完善财政国库、部门预算与监督部门相互协调的综合监管机制。健全县、乡财政监管机制，强化对县、乡财政监督工作的指导。加强内部监督，加大对财政收支的重要环节、过程和结果等方面的监督和检查力度，研究建立内部监督检查工作考核制度，完善内部监督制约机制。建立完善财政监督信息披露和公告制度。开展行政事业单位会计信息质量和会计师事务所执业质量监督检查。

加强财政资金监督检查。畅通监管渠道，加强中央和自治区重大政策落实情况的跟踪监督，督促指导项目单位严格执行资金财务管理各项规定，确保资金按规定投向、规定用途使用，确保项目资金使用过程的公开、透明。积极参与援疆项目的规划和援疆资金投向，掌握援疆资金的投入和使用情况，保证对口援疆资金安全规范运行。

自觉接受人大和审计部门的监督。逐步细化报送人大审议的预算草案。认真做好人大专题询问应询工作。主动公开财政收支统计数据、各预算单位的预决算情况等，通过人大、审计的力量推进财政工作。各级财政部门要树立全力支持审计，主动接受审计，自觉配合审计，积极参与审计的理念，在切实整改审计发现的问题的基础上，着眼于制度建设，严格执行财经法律法规，不断完善决策程序，加强对权力的制约监督。

加大财政预算公开力度。主动向社会公开经自治区人大审议批准的预算、决算。逐步推进部门预算公开，扩大预算公开范围，对应该公开、能够公开的事项，要及时、主动公开。推进重大民生支出公开，对预算安排的涉及重大民生的专项支出，积极、主动公开。健全预算信息披露制度，拓宽预算信息公开渠道。加强对各地财政部门预算信息公开的指导和监督，健全预算信息公开责任制度。

（八）关于廉政建设和干部队伍建设

大力加强廉政建设和财政干部队伍建设，着力培养一批高素质财政管理人才，切实提升财政干部的政治素质、业务技能和执行能力。

强化廉政建设。牢固树立廉政和勤政理念，坚持“廉”字当先，严格遵守廉洁自律各项规定，贯彻落实党的方针政策，维护财经纪律。坚持“勤政”为民，按照“两个务必”的要求，时刻保持谦虚谨慎和艰苦奋斗的工作作风，居安思危，戒骄戒躁，爱岗敬业，秉公用权。进一步加强反腐倡廉教育，增强廉洁从政意识，筑牢党员干部拒腐防变的思想道德防线。严格执行《廉政准则》，把推动《廉政准则》贯彻落实作为一项重要任务，强化监督检查。要以《廉政准则》的内容为标尺，严格自律，管好自己，管好配偶和身边的工作人员，管好班子，带好队伍。要认真落实党风廉政建设责任制，强化干部监督，完善干部日常考核，对结果较差的要及时批评教育、诫勉谈话或予以组织调整，加大问责力度。严明纪律，严格遵守和维护党的政治纪律、经济纪律和群众工作纪律，努力在财政部门形成以廉为荣、以贪为耻的良好氛围。

加强教育培训。坚持教育与管理相结合，加强理想信念教育和党性修养教育，严格政治纪律和工作责任，引导广大干部树立正确的事业观、工作观、政绩观和大局意识。适应推进财政科学化、精细化管理需要，加强财政业务知识、财税金融以及相关法律法规、计算机应用等方面知识培训，提升干部综合能力和素质，将财政科学化、精细化管理的原理、方法和技能自觉融入到个人的工作习惯之中。突出学习培训与指导实践相结合，创新教育培训模式，使学习培训成为交流思想、研究问题、创新举措的大平台。

转变工作作风。坚持深入基层、深入群众，体察民情、倾听民声，问政于民、问需于民、问计于民，全心全意为群众办好事、办实事，不折不扣地把各项惠民政策落实好。认真解决涉及群众切身利益的问题，把群众的事当成自己的事办好、办彻底。正确对待手中的权力，把权力当成服务、当成责任，切实为部门、为基层、为群众服务。

同志们，站在新的历史起点，财政工作任务更加繁重。我们要在自治区党委、人民政府的领导下，以攻坚克难的勇气，以开拓进取的魄力，坚定信心，振奋精神，奋力拼搏，扎实工作，全面推进财政科学化、精细化管理，不断提高财政管理水平，确保圆满完成全年财政目标任务，为推进新疆跨越式发展和长治久安作出贡献！

在自治区财政系统反腐倡廉建设工作会议上的讲话（摘要）

自治区财政厅党组副书记、财政厅厅长　弯海川

（2010 年 3 月 4 日）

一、牢牢把握大局，主动应对挑战，正确认识财政工作和反腐倡廉建设面临的形势和任务

2009 年，自治区财政工作在自治区党委和政府的正确领导下，各级财政部门面对国际金融危机和乌鲁木齐“7·5”事件的严重影响，狠抓增收节支，优化支出结构，深化财政改革，加强财政管理，成功应对危机，为促进自治区经济和社会发展作出了积极贡献。一般财政预算收入完成 388.8 亿元，增长 7.7%。全口径财政收入完成 883.7 亿元，增长 7.9%。一般预算支出完成 1 349.2 亿元，增长 27.4%。

（一）充分发挥财政宏观调控职能，全力支持扩大投资消费，坚持“三个着力”

认真贯彻落实中央关于扩大内需的十项措施，着力扩大政府公共投资，2009 年，财政部门安排中央扩大内需投资、自治区本级预算基本建设投资、重大项目投资、地方政府债券投资等建设资金达 219.76 亿元，比上年增长 80%，是历年投资规模最大的一年。着力拉动城乡居民消费，增加各阶层群众的收入，重点是增加城乡低保对象等低收入群体的收入，促进城乡居民消费能力提升；增加对城乡低收入群体的补助，财政安排城乡低保、养老保险和优抚对象等人员抚恤及生活补助支出 58.36 亿元，比上年增长 31%。着力落实结构性减免税政策，认真贯彻国家出台的一系列结构性减税政策，促进自治区经济尽快走出低谷，保持经济平稳增长。

（二）立足协调可持续发展，支持经济结构调整和发展方式转变，突出“四个支持”

支持现代农业发展，2009 年，自治区财政农业投入达 198 亿元，比上年增长 38.5%。重点支持小型农田水利设施建设、伊犁河谷土地开发整理、高效节水农业发展，着力提高农业综合生产能力；支持特色农业发展，加大特色林果业、现代牧畜业、设施农业、农业产业化和农业科技创新的扶持力度。

支持经济增长方式转变，财政投入环境保护资金达 34 亿元，比上年增长 21.4%。重点支持节能技改、新能源示范和淘汰落后产能、污染治理和生态修复、城镇污水管网建设等；支持自治区重大科技专项、中小企业科技创新、高新技术发展与成果产业化。

（三）突出社会保障和民生改善，大力促进社会事业全面进步，落实“五个推进”

推进教育优先发展，2009年，财政教育资金投入达280亿元，比上年增长40.7%，重点保障义务教育经费，圆满完成“两基”攻坚迎“国检”工作；推进社会保障体系建设，社会保障投入达132亿元，比上年增长40.4%，占财政一般预算支出10.2%；推进保障性安居工程建设，在全区20个县开展了农村危房改造试点，完成3.6万农村贫困户危房改造和2 500户建筑节能示范建设任务，完成了38.2万户抗震安居房；推进医疗卫生体制改革，2009年财政医疗卫生投入达84亿元，比上年增长40.3%，极大地提高了基本公共卫生和重大公共卫生服务水平；推进公共文化服务体系建设，2009年财政公共文化投入达36亿元，比上年增长28.6%，文化、体育、新闻出版和广播电视事业不断发展，丰富了各族群众的文化生活。

（四）反腐倡廉形势和任务

2009年，各级财政部门在抓好财政工作的同时，通过大力开展反腐倡廉教育，贯彻落实党风廉政建设责任制，建立、健全各项管理制度，加强对财政权力的监督制约，落实财政源头治腐任务，开展专项治理活动，不断加强财政干部队伍作风建设，认真查处各类群众举报等扎实、有效的工作，不仅确保了中央和自治区大政方针在财政工作中的贯彻执行，而且实现了反腐倡廉建设工作与财政工作的良性互动。在这里，我代表厅党组、代表居来提书记和其他厅领导向同志们表示衷心的感谢！

在充分肯定自治区财政工作和反腐倡廉建设取得成绩的同时，我们还要清醒地看到，当前财政部门反腐倡廉建设工作中仍然存在一些突出问题。在贯彻党风廉政建设责任制上，主要是责任追究不够严格，虽然各层级都签订了“党风廉政建设责任书”，但问题是抓落实、抓考核不够到位，有的单位和部门是对健全党风廉政建设制度、履行“一岗双责”不够重视，有的是领导干部对党员干部在廉洁从政方面存在的苗头性、倾向性的问题不能及时发现、及时教育和及时处理。在推进惩防腐败体系建设上，主要是重视程度不够。2009年底，自治区主席努尔·白克力同志亲临财政厅检查指导工作，对财政厅近几年在惩防体系建设方面取得的成效给予了充分肯定；但从我们自身的实际情况来看，确实还存在一些不容忽视的问题，有的是对惩防体系建设缺乏统筹考虑，制度落实缺乏保障机制，有的是工作任务分解不细致、不认真。在干部队伍作风建设上，主要是个别党员干部服务大局、服务群众的意识不强，有的是不注重对党的科学理论和业务知识的学习；有的是遇到困难和问题就无所适从，拿不出解决问题的措施和办法；有的是责任心和事业心不强，遇事考虑个人得失多，对工作不负责任。在廉政勤政上，主要是有的党员干部对自身要求不够严格，不注重廉洁自律中的小节，特别是在8小时以外忙于应酬的多，甚至涉足一些不该去的场所，这些问题必须引起我们各级财政部门，特别是主要领导要高度重视，带头抓，严格管，下大力气加以解决，以反腐倡廉建设的实际行动取信于民。

二、完善工作机制，服务科学发展，认真抓好2010年反腐倡廉建设各项任务的落实

2010年，自治区各级财政部门的工作任务十分繁重。我们不仅要完成自治区党委、人民政府确定的工作任务，而且还要在新疆社会事业发展中发挥好职能作用。要落实好中央和自治区的重大决策、推动新疆经济社会的又好又快发展，财政工作的地位和作用就显得十分重要。因此，我们必须要以加强财政部门党员干部队伍作风建设为重点，以严格贯彻落实党风廉政建设责任制为先导，着力解决财政系统党员干部在党性、党风、党纪方面存在的突出问题，为自治区财政改革与发展提供坚强保证。

（一）要认真学习贯彻中央最近颁布实施的《中国共产党党员领导干部廉洁从政若干准则》

《中国共产党党员领导干部廉洁从政若干准则》（以下简称《廉政准则》）是党中央在总结反腐倡廉实践经验、适应新形势新任务新要求的情况下正式颁发的，体现了继承与创新、治标与治本、原则性与可操作性的有机统一，是反腐倡廉建设的一项重要基础性党内法规。《廉政准则》明确规定了党员领导干部的52个“不准”，条条适应我们财政部门，因此，在贯彻落实过程中要严格按照《廉政准则》要求和规定，进一步规范党员领导干部从政行为，着力解决涉及领导干部廉洁自律方面的突出问题。当前，在我们财政部门要切实解决党员领导干部利用职权和职务上的影响牟取不正当利益的问题，坚决杜绝以各种名义收受钱物、有价证券，防止利用公款公物假公济私、化公为私，促使财政部门的党员领导干部克己奉公、清正廉洁；还要切实解决利用职权和职务影响为亲属及身边工作人员谋取利益的问题，使财政部门每一名党员领导干部能够秉公办事、不徇私情。

制度面前人人平等，贯彻落实好《廉政准则》贵在身体力行、重在狠抓落实。2010年，各级财政部门的党组织要把贯彻实施《廉政准则》摆上重要工作日程，围绕落实党风廉政建设责任制，明确职责、细化方案、抓好落实；各级纪检监察部门要充分履行职责，协助党组抓好《廉政准则》贯彻实施工作。要深入宣传教育，引导财政部门广大党员干部全面掌握《廉政准则》的基本要求和主要内容。要完善配套制度，不断深化改革，努力解决影响财政部门党员干部廉洁从政的深层次问题，最大限度地铲除腐败行为滋生蔓延的土壤。要加强落实《廉政准则》的监督检查，通过开展集中检查和日常监督，及时发现问题，促进党员领导干部廉洁从政。

（二）要切实加强对积极财政政策实施情况的监督检查，推动科学发展重大决策部署的贯彻落实

党的十七届四中全会提出要加快少数民族地区经济和社会发展，胡锦涛总书记2009年在新疆干部大会上的重要讲话明确提出中央将采取重大措施，加快新疆经济和社会发展，改善各族人民群众生产、生活条件。2010年上半年，中央还要专门召开新疆工作座谈会，新疆将迎来新一轮投资和建设的高峰，新疆经济、社会将实现跨越式发展。财政部门在贯彻落实中央和自治区重大决策部署方面既要做到思想统一、行动迅速、不折不扣地执行，也要认真履行监督检查职责。

要积极开展对中央有关扩大内需、促进经济增长政策措施执行情况的检查，加强资金监管；积极开展对增值税转型改革，支持节能减排、自主创新、生态建设和环境保护等重大财税政策实施情况的监督检查；切实加强对“三农”、教育、就业、社会保障、医疗卫生、保障性住房、公共文化等投入的监督检查，确保财政资金安全、规范、有效；要扎实开展对灾后恢复重建资金物资管理使用情况的检查，认真落实受灾群众灾后安置和恢复重建等政策措施，保证中央和自治区有关政策措施落实到位。

（三）要抓好对财政部门领导干部的教育和监督，保证财政部门的权力正确行使

财政作为综合经济管理部门，受社会关注程度较高。我们必须经常加强对党员干部的廉洁从政教育，增强领导干部廉洁自律意识，教育和引导领导干部讲党性、重品行、作表率，夯实党员干部廉洁从政的思想道德基础，筑牢拒腐防变的思想道德防线。要始终坚持党的干部路线和用人标准，严格按条件和程序选拔任用干部，防止和纠正用人上的不正之风。要教育干部对个人升迁有一颗平常心，开阔胸襟、淡泊名利，培养高尚品德和境界。在新疆，还要把遵守政治纪律作为检验考核干部的重点，确保财政干部在“维护社会稳定、维护民族团结”中发挥积极作用。

要切实加强对权力运行的监督，扎实推进规范权力运行工作，通过建立财政权力监督制约机制，做到关口前移，防范在先。今后要逐步建立、健全财政决策权、执行权、监督权既相互制约又相互协调的权力结构，形成结构合理、配置科学、程序严密、制约有效的权力运行工作机制，既保证权力高效运行，又保证权力正确行使。

三、围绕工作重点建立、健全制度，认真贯彻中央和自治区关于加强反腐倡廉制度建设的要求

在2010年初召开的十七届中纪委五次全会上，胡锦涛总书记从党和国家事业发展全局和战略的高度作了重要讲话，全面、科学地分析了当前反腐倡廉形势，明确提出了2010年党风廉政建设和反腐败工作的要求和主要任务，提出了要建设科学、严密、完备、管用的反腐倡廉制度体系的要求，阐述了新形势下加强反腐倡廉制度建设的重要性、紧迫性和基本要求，对加强和改进新形势下党的建设具有重大而深远的意义。

（一）要加强学习，把握精神实质

加强反腐倡廉制度建设的提出、落实及不断完善，折射出了中央对反腐倡廉建设“形势依然严峻，任务依然艰巨”，以及反腐败斗争长期性、复杂性、艰巨性的清醒认识，是“惩防并举、注重预防”方针的具体体现，可谓抓住了反腐倡廉建设的“牛鼻子”，也可以说是反腐败的治本之策。因此，2010年各级财政部门要组织党员干部认真学习领会，坚决贯彻落实胡锦涛总书记的讲话精神，明确任务和要求，把加强、完善惩防腐败体系和推进反腐倡廉制度建设作为重要内容，体现在学习实践科学发展观活动的整改措施上，落实到党要管党、从严治党的具体要求中。在抓工作落实的过程中必须紧密结合财政工作反腐倡廉建设的实际，以落实惩治和预防腐败体系2008—2012年工作规划为重点，认真研究制定本单位2010年反腐倡廉工作计划，切实抓好贯彻落实。要强化反腐倡廉建设工作的组织领导，以落实党风廉政建设责任制为重点，做到有组织、有领导、有分工、有协作，有近期目标，有远期规划。各单位领导班子、各处室负责人都要严格实行“一岗双责”，不仅要抓业务，还要抓廉政，把反腐倡廉建设与财政中心工作统一安排、统一落实、统一检查、统一考核，务求实效。

（二）要把握大局，发挥职能作用

当前，自治区正处在积极应对国际金融危机、保持经济平稳较快发展、转变经济发展方式、全面实现“十一五”规划目标任务的关键时期。自治区党委七届八次全委（扩大）会议和自治区经济工作会议不仅科学分析了当前国际、国内和自治区的形势，而且对做好当前和今后一个时期的工作进行了全面安排部署。自治区党委、人民政府确定，2010年自治区财政一般预算收入完成436亿元，增长12%，并力争实现增长15%。一般预算支出完成1 124.8亿元，比上年预算增长15.7%。完成自治区党委和政府确定的收入目标任务，既有良好基础，又面临着很多挑战，如财政支出压力仍然很大，收支矛盾突出等。纪检监察部门在抓好反腐倡廉建设教育、制度、监督、改革、惩处等各项工作的同时，还要加强对贯彻落实中央决策部署情况的监督检查，确保在财政工作中的贯彻执行。

（三）要结合实际，努力完善制度

随着近几年推行的财政管理改革，财政管理的制度逐步完备，对推进财政科学化、精细化建设起到了十分重要的作用。但是我们还必须清醒地看到，当前财政部门在制度建设上还存在不完备、不适应、不到位的问题：如有的制度缺乏配套性，原则规定得多，细节规定得少，应急的制度多，长远的制度少。特别是对重大财政政策落实情况的监督检查还需要加强，对党员干部队伍的管理和教育手段有待改进等。因此，我们必须深刻认识当前财政部门反腐倡廉建设的重要性、紧迫性、艰巨性，必须把财政反腐倡廉建设放在更加突出的位置。

四、提高能力素质，自觉服务大局，进一步加强财政纪检监察干部队伍建设

胡锦涛总书记在十七届中纪委五次全会上强调，各级党员领导干部要注重加强思想政治建设和能力建设，增强政治意识、表率意识、法治意识、创新意识、宗旨意识，忠诚于党和人民事业，坚持党性原则，忠实履行职责，带头遵守和维护党纪政纪国法。我们要在认真学习、深刻领会胡锦涛总书记讲话精神实质的基础上，结合自治区财政系统纪检监察干部队伍建设的实际，采取有力措施，努力把财政纪检监察干部队伍建设好。

（一）要提高政治鉴别力

纪检监察工作是一项思想性、政治性、政策性很强的工作。政治上的清醒与坚定是做好纪检监察工作的前提与基础。因此，纪检监察干部要坚定政治方向，坚定马克思主义信仰，坚定建设中国特色社会主义信念，坚决与党中央和自治区党委、自治区人民政府保持高度一致，善于从政治上观察、分析和处理问题，做到大事面前不糊涂、原则问题不含糊、方向问题不动摇。要不断加强党性修养，牢固树立马克思主义的世界观、人生观、价值观和正确的权力观、地位观、利益观，在复杂斗争和突发事件中站稳立场，经得起各种风浪的考验。

（二）要提高学习实践能力

学习对于纪检监察干部来说不仅是一种工作需要、一种政治责任，而且是一种精神境界和一种事业追求。每个纪检监察干部都要树立终身学习的理念，要加强政治理论学习，努力掌握科学发展观等最新理论成果，把纪检监察工作放在更宽泛的领域、更高层次上来谋划。要深入学习并熟知党纪法规，认真学习财政、经济、科技、法律等方面的知识。要注重纪检监察工作的创新，用改革创新的办法分析新形势、研究新情况、探索新办法、处理新问题。要通过各种学习培训和实践锻炼全面提高纪检监察干部的工作本领，让纪检监察干部成为业务上的多面手，达到提笔能写、张口能说、放手能干，成为适应新形势下纪检监察工作需要的复合型人才。

（三）要提高服务大局的能力

纪检监察工作是党的事业的重要组成部分，因此，纪检监察干部的眼光不能局限于自己所做的工作，特别是在财政部门，纪检监察干部要自觉在自治区经济、社会发展的大局下来考虑问题，来谋划工作。每一位纪检监察干部都要做财政改革发展的促进者，主动把反腐倡廉建设放到自治区经济建设的大势中、财政改革发展的大局中去思考、去研究。要围绕全面贯彻落实科学发展观，围绕自治区财政工作的重点任务，认真履行监督检查职能，保证自治区财政工作健康良性发展。

（四）要提高查办案件的能力

纪检监察干部要找准纪检监察工作与财政中心工作的融合点，要密切关注新形势下财政部门反腐倡廉建设中出现的新情况、新问题，从严格规范党员干部的从政行为抓起，配合各级党组建立、健全制度，开展有效监督，严肃查处影响和干扰经济建设发展环境的违纪违法案件，为自治区经济建设和财政工作提供宽松的环境。同时，还要坚持查清问题是成绩、澄清是非也是成绩，惩治腐败是成绩、有效预防腐败也是成绩的理念，排除影响自治区财政改革发展的各种障碍，支持改革者，鼓励创业者，惩治腐败者，挽救失误者。

在自治区乡镇财政建设工作现场会上的讲话（摘要）

自治区人民政府党组成员、财政厅厅长　弯海川

（2010 年 10 月 24 日）

一、统一思想，突出重点，全力推进财政“两基”建设工作

全面推进财政科学化、精细化管理，进一步提高财政管理水平，重点在基础，关键在基层。管理基础工作涉及财政管理各个环节，覆盖财政管理的方方面面，是财政管理的基石，直接影响财政管理的持续性和效率。基层建设是各级财政组织体系建设的重要组成部分，既包括县、乡两级财政建设，也包括各级财政的处、科、股的建设，是推进财政科学化、精细化管理的重要依靠力量和组织保障。当前和今后一段时间，全区各级财政部门要将加强财政“两基”工作作为一项重要工作来抓，并结合各地的实际，以饱满的精神状态，强有力的工作措施，更好地推进财政“两基”工作。

（一）加强各项基础管理

财政管理基础工作是为实现财政管理目标提供基础资料、基础标准、基本手段等相关内容的统称，是推进财政科学化、精细化管理的重要支撑。财政改革的深入推进，财政职能作用的充分、有效发挥，乃至整个财政系统能否可持续发展，基础工作扎实是前提。

近年来，各级财政部门在积极推进部门预算改革、国库集中支付改革等各项财政改革方面取得了一些成绩，在组织了一系列的财政监督检查方面，也取得了很大成果。但财政的基础工作却显薄弱。作为财政部门，基础管理工作做得扎实、做得好，财政改革就推得好；基础管理工作做得不到位，财政各项工作就不可能再迈上新台阶。各级财政部门的主要领导要高度关注和重视基础工作的各个环节，抓好基础数据的归集应用，加强支出标准体系的建设，健全项目库建设管理等基础工作。

（二）进一步推进乡镇财政管理

乡镇财政是最基层的一级政府财政，直接面对广大农村和农民，肩负着落实强农、惠农政策，推进农村公共服务均等化的重要任务，是财政服务“三农”、保障民生的“窗口”。各级财政部门要按照健全公共财政体系的要求，合理界定和充实乡镇财政职能，强化乡镇财政监管职责。一是进一步建立和完善乡镇财政管理的新机制。全面规范乡镇财政的组织机构、业务工作、基础设施和内部管

理。职能上重点突出预算编制、预算执行、监督检查和绩效评价。二是合理界定和充实乡镇财政的职能。预算编制不是乡镇财政的重点职能，要发挥它的就地、就近实施监管的优势。乡镇资金出了问题首先要追究财政监管职能，因此一定要加强乡镇财政资金管理体系建设，力争再用3年时间各地达到建立、健全辖区内涉农资金监管制度。三是建立完善的乡镇财政管理指导机制。地、县财政局，要对乡镇财政工作进行指导，千万不要认为乡镇财政工作与己无关。要搞好“两基”工作，把一个地方的财政所工作搞好，一定要是主要领导亲自抓，分管领导具体抓。四是加大培训力度，提高乡镇财政干部综合素质。在这里，需要强调的是，培训的责任在自治区、地区、县财政。今后各级财政仍然要继续重视对基层财政工作人员的培训，要将切实提高乡镇财政干部的综合素质作为一项长期工作来抓。五是要不断加大乡镇财政所阵地建设。各级财政要树立不等、不靠的思想，加大投入，自治区也将会以“以奖代补”的方式支持基层，为乡镇财政所创造更好的工作条件。

（三）推进财政部门内部基层单位建设

各级财政的处、科、股是财政管理的重要责任主体和载体。完善内部基层单位建设，要按照基础资料完备，制度完善，流程规范，岗责明确，公开透明，效率突出的建设目标，做好财政部门内部基层单位建设。一是健全和优化财政工作流程。按照简化程序，理清环节，分清责任，明确标准，健全和优化财政工作的流程，使预算编制、预算执行、预算监督、绩效评价等各项工作均按流程办理。二是完善基础制度建设，把处、科、股各项内部管理工作纳入制度化管理。三是明确部门预算管理责任。财政厅预算管理部门要把督促部门、加强对预算执行的管理作为日常工作重点，部门必须强化预算的执行工作，要把预算执行作为基层部门重要工作来抓。国库管理部门要加强审核，提高拨付资金的使用效益，要在国库部门内部建立一个对预算部门反馈执行信息的机制。同时预算管理部门要配合专职的监督机构加强日常业务监督管理。

二、解放思想，开拓创新，不断推动财政工作取得新突破

新时期、新形势下，欲推进乡镇财政科学化、精细化管理，就要创新管理理念、夯实管理基础、强化资金监管、增强保障能力、提升服务水平，切实发挥乡镇财政的基础性作用。一是爱岗敬业，勇于奉献。要有高度的事业心和责任感，要以良好的精神状态和工作态度来激发各级财政推动乡镇财政管理工作的动力。二是解放思想，转变观念。财政部门工作要审时度势，做到不辜负时代对你的要求、人民对你的重托、上级对你的期望。搞好财政工作特别是基层财政工作是要有很多政策和理念作为支撑的。只有解放思想才有干劲，才能在众多的事物中抓住重点，才能突出重点，因地制宜。基层财政干部需结合实际认真研究，走适合自己区域特点、自己区域优势的发展道路，而不去追求大而全，不搞“一刀切”。三是开拓创新，勇于担当。干财政工作，不是有了良好的愿望，提高了认识，拥有良好精神状态和工作态度就能行的，还必须努力创新。各级财政部门要树立变化、变革、创新的理念，将我们现在所遇到的事物，解决问题的思路和方法，融入变化、变革、创新的理念。要按照自治区党委要求，树立世界眼光，勇于打破常规，敢于担当，敢于突破，坚决破除“唯条件论”，不能一味强调底子薄、基础差，条件落后，没条件时就要创造条件去发展。

把财政“两基”工作做好，我们还任重道远。解放思想、搞发展、加班加点、讲奉献等都是我们每个财政干部的职责观念。要时刻记住，我们是为人民工作，乡财工作搞好了，最终受益者是老百姓，只有涉农资金能实实在在体现在老百姓身上，我们才算真正做到了服务百姓。

三、振奋精神、真抓实干，扎实做好年底前的工作

面对新形势、新任务，各级财政部门要按照财政科学化、精细化管理要求，大力组织财政收入，优化支出结构，保障重点支出需要，加强“两基”建设，保障各项政策措施落实到位。

（一）抓好党的十七届五中全会精神的学习贯彻

党的十七届五中全会综合分析了国内外形势新变化、新特点，并做出了准确的战略判断，勾画了“十二五”规划蓝图，明确了“十二五”时期我国发展的主题、主线、发展的目标，以及“十二五”时期发展的重大举措，全区各级财政干部要认真学习领会。我们要深刻认识到，抓住我国重要发展战略机遇期，推动我国经济社会又好又快发展，是我们解决当前发展道路上各种矛盾和问题，推动科学发展，促进社会和谐发展的必由之路，要深刻认识到适应国际发展大局，掌握发展主动权具有的重要战略意义。

各级财政部门要有高度的责任感和使命感，要认真领会十七届五中全会精神，把握“十二五”规划蓝图，将工作思路放在大局中讨论，一切工作服从于大局、服务于大局，抢抓机遇，充分利用财政政策职能推动新疆跨越式发展。

（二）抓好财政收入组织

各级财政部门要在组织财政收入过程中，依法理财、依法办事，要研究出台公开、公正的税收优惠减免政策，并抓好落实工作，实现藏富于民，给富于民，让老百姓受益。但某个企业应纳而未纳的税决不是藏富于民，那是藏富于己，在这一点上我们要认识清楚。各级财政部门在认真落实税收优惠政策的同时，一定要做到应收尽收，只有这样，才能用集中起来的更多的财政资金来解决民生问题。各级财政部门要坚持依法征税，严格减免税收政策管理，不得自行出台税收减免政策，不得有税不征、有费不收。

（三）抓好财政支出进度

当前财政支出进度过缓是多种原因造成的，其中支出责任不够清晰、措施不够有力、支出的机制不够完善是主要原因。自治区财政厅从明确支出责任、强化工作措施、完善工作机制三个方面对加强财政支出提出了要求，全区各级财政部门要强化责任，采取有力措施努力做好年底前的财政支出工作。预算指标未按时下达由预算部门承担责任。资金未按时下达由各级财政各业务处、科、股承担责任。各业务口下达的资金，对口预算单位没有及时支出，业务处室要督促其尽快支出，并且要了解其不能按时支出的原因，尽快向厅里报。如果谁不按时报，就追究谁的责任。各财政厅业务处室还要督促单位给各地拨付资金的支出进度，如果各地不能及时花出去也要追究处室的责任。预算处、国库处要建立预算旬报制度，及时反映支出进度。还有要说明的是，各地（州）如果支出进度太缓，也要追究其责任。

这次会议是一次鼓舞人心的会议，希望全区广大乡镇财政干部继续保持优良的工作作风、敬业的工作精神、创新的工作方法，提高工作效率，以更加饱满的热情、更加充足的干劲，努力实现全区乡镇财政工作的科学化、精细化管理。

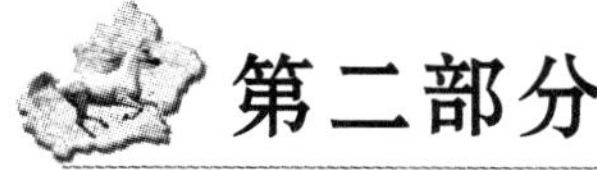

第二部分

新疆财政工作概况

自治区财政工作综述

2010年，新疆维吾尔自治区实现生产总值5 418.81亿元，比上年增长10.6%；人均生产总值24 978元，增长9.4%。其中：第一产业增加值1 078.61亿元，增长4.5%；第二产业增加值2 533.69亿元，增长12.6%；第三产业增加值1 806.51亿元，增长10.9%。全社会固定资产投资3 539亿元，比上年增长25.2%。全年进出口总额171.28亿美元，比上年增长22.3%。商品零售价格指数104.6，居民消费价格指数104.3。社会消费品零售总额1 324.47亿元，比上年增长17.1%。

2010年，新疆财政一般预算收入完成500.6亿元，增长28.8%，增收111.8亿元。基金预算收入192.7亿元，增长84.4%，增收88.4亿元。全口径财政收入1 190.9亿元，增长34.8%，增收307.2亿元。财政支出规模不断扩大，一般预算支出完成1 698.9亿元，增长26.1%，增支352亿元。地方财政支出完成1 885.5亿元（包括一般预算支出和基金预算支出），增长27.9%，增支411.4亿元。

2010年，新疆财政一般预算收入总计1 810.9亿元。其中：一般预算收入500.6亿元，上级补助收入1 125.4亿元，中央财政代理发行地方政府债券收入60亿元，上年结余105亿元，调入资金19.9亿元。一般预算支出合计1 711.4亿元。其中：一般预算支出1 698.9亿元，上解上级支出2.5亿元，安排预算稳定调节基金10亿元。收支相抵，年终结余99.5亿元，其中：结转下年支出99.4亿元，净结余0.1亿元。

政府性基金预算收入总计253.4亿元，其中政府性基金预算收入192.7亿元、中央补助资金24.7亿元、调入资金0.6亿元、上年结余收入35.4亿元；政府性基金预算支出合计187.6亿元，其中政府性基金预算支出186.6亿元、调出资金1亿元。基金收支相抵，年终滚存结余65.8亿元。

2010年自治区本级对各地税收返还和转移支付799.9亿元，增长28.8%，增加178.8亿元。包括：税收返还34亿元，增长5.6%；一般性转移支付311.5亿元，增长8.3%；专项转移支付454.4亿元，增长51%。增幅较高的原因是中央财政代理新疆发行了60亿元（其中46.9亿元以专项转移支付拨付各地）地方政府债券。

一、贯彻中央新疆工作座谈会精神，落实提高新疆干部、职工收入政策

落实中央对新疆特殊民生政策，新疆财政深入地、县开展工作调研，广泛征求意见，研究制定政策，统筹提高各类人员收入水平，惠及全区400多万人。

1. 提高企事业单位离休人员生活补贴水平。按照企事业单位离休人员与当地机关离休人员同等待遇的原则，提高了企事业单位离休人员补贴标准。

2. 提高城乡居民最低生活保障水平。提高全区83.6万城市居民最低生活保障水平，达到月人均185元；提高129.9万农村低保人员补助水平，达到月人均75元。

3. 对企业离退休人员发放冬季取暖费补贴，提高因病死亡职工抚恤金标准，对1995年底前退休的企业人员发放生活补贴。

4. 提高优抚人员生活补贴标准。一是按照月人均不低于220元标准，发放“四老”人员生活补贴。其中：老党员不低于月人均210元，老干部不低于月人均230元，老模范不低于月人均260元，老军人比照老党员生活补贴标准确定。二是提高农村列入优抚范围老军人生活补助：提高回乡务农抗战老战士生活补贴标准，每人每月达到500元；提高在乡老复员军人生活补助标准，每人每月达到435元；提高带病回乡退休军人、参战退役人员和涉核退役人员生活补助标准，从每人每月200元提高到260元；提高1993—1999年军队复员干部生活困难补助标准，从每人每月300元提高到500元。

5. 对军队移交地方政府管理的无军籍退休人员发放津贴补贴。对自治区各级政府接收的无军籍退休、退职人员，按照同城同待遇的原则享受与当地机关退休人员津贴补贴政策。

6. 调整最低工资标准。调整后的最低工资标准分为5个档次，即960元/月、800元/月、720元/月、680元/月、640元/月，分别较原标准增加120—160元不等。月最低工资标准适用于全日制就业劳动者。

7. 解决已离岗农村代课教师待遇。一是对已离岗代课教师按照代课年限给予一定的经济补偿。二是未参加城镇企业职工基本养老保险且有农村户籍的试点县（市、区）已离岗农村代课教师，可在户籍所在地自愿参加新型农村养老保险。由财政每人平均5 000元至1万元的标准给予一次性补助。三是将符合低保条件的已离岗农村代课教师按现行政策统一纳入城乡居民最低生活保障范围，并实施分类救助。

8. 落实提高机关、事业单位干部、职工工资收入政策。提高四类、五类、六类区县（市）艰苦边远地区津贴发放标准，其中四类区月人均增资150元，五类区月人均增资270元，六类区月人均增资550元。调整38个县（市、区）的艰苦边远地区津贴类别，新增11个四类区和6个五类区。调整后，南疆三地（州）、边境县、贫困县等艰苦边远地区职工待遇得到明显改善。提高机关、事业单位干部、职工津贴补贴，自治区机关单位实现了津贴补贴项目、标准、资金来源和发放方式“四统一”，自治区事业单位同步提高了干部、职工收入待遇。

二、开展资源税改革试点，推动新疆资源优势向经济优势转化

2010年，中共中央国务院新疆工作座谈会决定，中央在新疆率先进行资源税改革。财政部、国家税务总局印发《关于印发〈新疆原油天然气资源税改革若干问题的规定〉的通知》，从2010年6月1日起原油、天然气资源税由原来的从量征收改为从价计征，税率为5%。自治区财政以新财法税［2010］22号文转发了财政部、国家税务总局文件，结合油气田企业生产经营和税收管理实际，明确了原油、天然气资源税在涉油地区间的分配遵循“属地，公正、公开、透明及便利征缴”的原则，按照各油气田当期产量的比例进行分配。新疆财政积极落实相关政策，加大涉油地区和油气企业调研力度，明确涉油地区资源税分配办法，提出征管要求，确保新疆原油、天然气资源税改革试点工作顺利实施。油气资源税改革对新疆的财政收入和经济发展产生了积极的影响，壮大了新疆财力，2010年自治区财政一般预算收入增收超过100亿元，其中增收的油气资源税收入占全区增收收入20%左右，资源税收入为32.47亿元，比上年增加19亿元。实现以财政促发展，以发展带增收，建立和完善财政收入稳定增长机制。油气资源税的改革，促进了新疆矿产资源勘探开发整合和生态环境建设的可持续性，促进社会稳定和民族团结。在增收的油气资源税中，南疆五地（州）增收

10亿元左右，主要用于保障和改善民生，用于南疆基础设施建设，特别是城市低保、农村低保、困难群体的补助和下岗再就业等民生领域的资金支出。

三、发挥财政职能，推动经济科学跨越发展

（一）支持社会主义新农村建设

保持强农、惠农政策的连续性和稳定性，加大财政支农投入，促进现代农业发展，支持新农村建设。

1. 巩固惠农、惠民补贴政策。实施“安居富民”和“定居兴牧”工程，整合各类资金24.5亿元，完成5.7万户农村困难家庭建房和1.3万户牧民定居房建设。完善粮食直补和农资综合直补政策：执行小麦按计划面积每公斤补贴0.20元，大米敞开收购每公斤补贴0.30元。农资综合直补按照全区1 400万亩小麦指导性计划种植面积，每亩补贴标准90元。加强补贴发放管理，安排资金41.9亿元，用于粮食直补、农资综合直补、农作物良种补贴、农机购置补贴、牲畜良种补贴、林木良种补贴等涉农补贴。建立主产区利益补偿制度，加大对产粮大县粮食基础能力建设扶持力度，投资3.3亿元支持44个粮食主产县和6个重点小麦、玉米育种基地的高效节水工程建设。加大家电下乡政策落实力度，完善工作措施，调整家电下乡的补贴兑付程序，简化跨兵地销售产品的代垫兑付协议和资金结算申请程序，补贴兑付率稳步上升。

2. 支持现代农业发展。以现代农业发展资金为平台，集约资金、技术、管理等各种生产要素，整合相关资金，统筹用于现代农业高效节水、现代畜牧业和现代林果业的发展。投入17.4亿元，支持森林、草原生态保护与建设。投入12亿元，推进小型农田水利重点县建设，新增高效节水灌溉面积380万亩。投入6.2亿元，支持农业特色产业发展，支持农业基地、科技支撑、市场开拓能力建设。加大对设施农业发展、农业产业化经营和农业技术推广的支持力度。

3. 支持农村金融服务。落实农业保险财政保费补贴政策，拨付农业保险财政补贴资金3.4亿元，扩大保险规模，增加保险品种，开展特色林果业保险调研，不断扩大自治区政策性农业保险保障范围。落实县域金融机构涉农贷款增量奖励政策，审核确认符合奖励条件的县域金融机构共218户，奖励总额2.5亿元。

4. 深化农村综合改革。安排资金1.4亿元，使村级公益事业建设一事一议财政奖补试点范围扩大到67个县（市），惠及农牧民320万人。逐步清理化解农村义务教育其他债务和其他乡村公益性债务，把提前7个月完成清理出的15.4亿元债务全部化解完毕。

（二）加大政府公共投资力度

一是加大资金投入力度，支持重大项目建设，安排资金88亿元，优先保障公路、铁路、机场、水利枢纽工程等重大基础设施建设资金需求；支持优势资源转换战略，安排资金4.7亿元，重点支持重要成矿区带、重要矿床的深部找矿、西电东送、西煤东运、“358地质勘查”重大项目实施。二是建立重大项目建设前期工作经费保障机制，新增安排项目前期经费10亿元，支持新疆交通、水利等重要产业、重点领域的项目前期准备工作。三是加强地方政府债券资金安排使用管理。2010年财政部代理新疆发行地方政府债券60亿元。按照财政部要求，安排2.58亿元用于弥补2009年中央扩大内需项目地方配套资金缺口，安排30.92亿元用于2010年中央安排的扩大内需项目资金地方应配套的资金，安排20.63亿元用于喀什老城区改造、学校和医院抗震防灾工程、富民安居、公租房和棚户区改造等重要民生和社会事业发展项目，安排5.87亿元用于铁路建设。

（三）培育战略新兴产业发展

健全支持节能减排和新兴产业发展的财税政策体系，设立新能源发展、清洁生产和循环经济及节能减排专项资金，支持自治区具有独特优势的风电、太阳能光电及煤层气产业发展，扩大战

略性新兴产业的辐射力，发挥示范项目的典型带动作用。注重财政资金引导作用，推广采用奖励、贴息的财政资金投入方式，将财政资金分配与企业的节能量、节水量和主要污染物减排量直接挂钩。调整优化资金投向，集中支持淘汰落后产能、公共建筑节能，推广行政机关绿色照明、节能监测考核体系等重点领域建设，推进全社会节能减排。

（四）扶持纺织、农产品、旅游外贸行业发展

自治区制定下发了《关于加快自治区纺织业发展有关财税政策的通知》、《关于促进农产品加工业发展有关财税政策的通知》、《关于促进我区旅游业发展的财税政策的通知》、《关于促进我区出口生产企业发展的税收政策的通知》，明确了支持纺织、农产品精深加工、旅游、外贸行业发展的财税优惠政策。

1. 促进纺织业发展的优惠政策。主要是：对自治区纺织企业免征5年企业所得税地方分享部分，在2011—2015年期间，对企业有重大技术改造、扩大规模、生产工艺创新和延伸下游产业链的，可继续免征5年企业所得税地方分享部分；自2011—2015年起对规模以上现有和新成立的纺织企业免征5年房产税和自用土地的城镇土地使用税。

2. 促进农产品加工业发展的优惠政策。主要是：对自治区农产品精深加工范围内的企业，免征5年企业所得税地方分享部分，免征自用土地的城镇土地使用税；对农产品加工企业免征5年自用房房产税。

3. 支持旅游业发展的优惠政策。主要是：自2011年起，对A级旅游景区景点等六类涉及旅游的企业给予减免企业所得税地方分享部分，以及自用房房产税、自用土地城镇土地使用税。

4. 加快出口生产企业发展的优惠政策。主要是：2011—2020年，对新办和现有出口生产企业，根据不同情况享受累计不超过5年的免征企业所得税地方分享部分、自用房产税、自用土地城镇土地使用税的税收优惠政策。

四、保障改善民生，促进社会和谐稳定

（一）健全覆盖城乡居民的社会保障体系

2010年，继续完善社会保障政策，推进新型农村社会养老保险、新型农牧区合作医疗、城镇居民医疗保险等工作，加大财政投入保障和改善民生，全区社会保障支出242.8亿元，增加56.5亿元，增长30.3%。

2010年，全区新型农村社会养老保险试点县扩大到56个县，参保农牧民356.28万人，覆盖60%的农业人口，各级财政对新农保参保缴费补贴和基础养老金补贴5.27亿元。调整完善新农保相关政策，对16—59岁参保农牧民的最低补贴标准由原来的每人每年30元提高到50元；将100—500元5个缴费档次增加到100—1 000元10个缴费档次；为鼓励农牧民多缴费，对选择100元以上档次缴费的，每提高一个缴费档次，增加补助不低于5元；为鼓励农牧民长期缴费，对累计缴费满15年的农牧民，每增加缴费1年，每月增加不低于2元的基础性养老金。

2010年，自治区89个县（市）开展新型农牧区合作医疗工作，参合农牧民1 019万人，参合率98.6%，享受新农合待遇共830.6万人次，政策范围内实际住院报销率为50%。新型农牧区合作医疗筹资标准为人均每年150元，财政补助每人每年120元，农牧民个人缴费30元，南疆三地（州）个人缴费10元，自治区财政补助20元。2010年各级财政对新农合补助共15.23亿元，减轻农牧民就医负担，帮助农牧民解决了“看病难、看病贵”的问题。

城镇居民基本医疗保险在15个地（州、市）实现全覆盖，参保人数273.84万人，参保率90%，享受城镇居民医保待遇共45.9万人次，政策范围内实际住院报销率为55%。城镇居民医保财政补助标准每人每年120元。2010年各级财政对城镇居民医保共补助3亿元。自治

区60个县的基层医疗卫生机构实施国家基本药物制度，建立基本药物零差率财政补助和基本医保基金共同补偿的多渠道补偿机制。

2010年，实施促进零就业家庭就业扶持政策，制定出台促进未就业大中专毕业生就业扶持新政策，建立就业资金以奖代补管理办法。新疆就业资金支出30亿元，增加13.38亿元，增长80.6%。实现城镇新增就业再就业51.68万人，就业困难人员实现就业6.38万人。重点解决了21 902户零就业家庭中24 414人就业，实现零就业家庭动态清零目标。

（二）加大对教育事业的投入

2010年，各级财政教育投入307.2亿元，增长28%，比上年增加67.1亿元。大力支持学前"双语"教育工作，加强资金管理，保证资金的安全，制定了《新疆学前"双语"保障机制资金管理办法》。2010年，安排下达资金6亿元，对喀什、和田等七地（州）九县（市）27.57万名学前"双语"幼儿园在校幼儿学生每人每年发放1 000元的伙食补助和90元的免费读本补助，向学前"双语"教师每人每年发放9 600元的生活补助和4 446元的基本养老、医疗和失业保险金，安排教学、生活及活动设施配置补助资金和每生300元的公用经费补助。进一步完善农村义务教育经费保障机制改革政策，提高农村中小学生公用经费标准，达到小学每生每年400元，初中每生每年600元。提高贫困家庭寄宿生生活费标准，小学寄宿生每生每年1 000元，初中生每生每年1 250元。各级财政共安排农村义务教育经费保障机制改革资金20.81亿元，为全疆240万中小学生安排免费教科书资金2.56亿元，为29.92万农村家庭贫困寄宿制中小学生安排生活补助资金3.34亿元，为农村204万中小学生安排公用经费11.27亿元，为各族义务教育阶段学生接受良好的教育提供了物质基础。支持高等教育事业发展，安排资金8.43亿元，帮助高校偿还部分债务。安排1.6亿元专项资金支持自治区职业学校建设。

五、坚持依法理财，提升财政预算管理水平

（一）狠抓增收节支工作

落实增收节支措施，促进财政收支平稳运行。确保收入稳定增长，加强收入分析监控，严格目标责任管理。完善非税收入收缴政策，挖掘增收潜力。依法加强税收征管，严格税收减免，防止税收流失，做到应收尽收。完善工作机制，优化财政支出结构，强化责任落实，严格预算执行，从严控制会议、购车、出国（境）、楼堂馆所建设等一般性支出，切实按照"保基本、保重点、保民生、压一般"的原则安排支出，确保财政支出均衡。加快预算执行进度，建立预算支出跟踪问效、信息反馈、动态考核和定期通报工作机制，实行预算执行和预算安排挂钩管理，提高支出预算到位率。

（二）深化预算管理改革

初步建立由公共财政预算、国有资本经营预算、政府性基金预算和社会保障预算组成的政府预算体系，完成2010年社保基金预算、2011年国有资本经营预算试编工作。合理确定定员定额标准，规范项目预算编制程序，细化部门预算编制。不断完善转移支付办法，明确标准支出范围，提高公用经费标准，确保各地、县基本运转水平。国库集中支付改革整体推进，自治区本级一、二级预算单位全部纳入改革，16个地（州、市）本级90个区（县）全面推行集中支付改革。稳步开展公务卡改革工作，自治区100家一级预算单位被纳入改革范围。进一步完善国库集中支付动态监控管理，加强国库资金调度，确保财政资金安全。财政监督更加有力，防治"小金库"长效机制逐步健全。

（三）推进专项资金绩效评价

从2010年起，对自治区本级由原来的500万元以上扩大到100万元以上专项资金项目实施绩效评价。自治区本级共完成100万元以上绩效评价项目774个，评价资金总额286亿元。绩效评价工作提高了财政部门与部门单位的"绩效"

理念与责任意识，促进了财政预算工作科学化、精细化管理。

（四）规范结余资金管理

制定印发了《自治区本级部门财政拨款结余资金管理暂行办法》，明确了财政拨款结余资金的范围，确定划分标准和内容，明确各部门的职责分工和部门结余资金确认的流程，提出消化部门结余资金的具体措施：对当年可能形成较多结余资金的项目，调减当年该项目支出预算指标或调整新增项目支出；对以前年度累计结余规模较大的项目资金，调减当年预算，或在下一年度预算时，抵顶财政拨款预算数额；建立对各部门结余资金定期通报制度。规范结余资金管理减少了资金沉淀，缩小了结余资金规模，提高了财政资金使用效益。

六、夯实管理基础，推进财政科学化、精细化管理

2010年，进一步提升财政科学化、精细化管理水平，深化对基础管理工作和基层建设工作（以下简称“两基”工作）的认识，提出“两基”工作目标，丰富“两基”工作内容，落实“两基”工作责任，建立督导工作机制，组织召开自治区乡镇财政，财政厅机关，全区各地、县三个“两基”建设现场会，推动自治区财政“两基”工作的深入开展。

（一）加强财政管理基础建设

建立“预算单位基础信息—部门预算编制—项目库管理”三位一体的管理模式。建立、健全基础数据资料动态采集机制，及时更新调整预算单位基础信息，实现基础数据动态管理。加强支出标准体系建设，完善定员定额与实物费用定额相结合的基本支出标准体系。健全项目库建设，将所有项目预算纳入项目库管理，建立财政与预算单位相互协调的动态项目库，完善项目论证评审、遴选排序机制，推动项目支出预算滚动管理。加大会计基础管理力度，开展单位会计基础规范化建设，实现会计工作法制化、会计监督制度化、会计信息标准化、行政审批程序化、日常管理网络化。

（二）全面规范乡镇财政管理

一是建立、健全乡镇财政管理机制。全面规范完善乡镇财政组织机构、业务工作、办公条件和内部管理，健全预算管理等各项制度，推行包括所有收入的综合预算，全区14个地（州、市）87个县795个乡镇财政部门建立了“两基”管理基础档案，“乡财县管乡用”管理新机制全面推开。二是强化乡镇财政资金监管职能。明确资金监管目标，将51类涉农补贴资金全部纳入监管范围。强化对补助性资金监管，实行补贴对象、补助信息基础数据的动态管理，采取“一卡通”方式进行补贴发放的资金达到70%以上。严格项目资金监管，规范乡镇本级、村级资金和财务的监管，全区一半以上行政村实行了“村账乡代理”改革。三是建立乡镇财政管理指导机制。制定《自治区乡镇财政资金监管实施办法（试行）》等制度，明确县级财政资金监管责任和工作重点，加强乡镇财政资金监管工作的组织、协调、督促、考核，给予乡镇财政所必要工作经费，帮助和督促乡镇财政所健全岗位责任制，建立乡镇财政直接联系点制度和监管情况月报告制度。制定2010—2012年乡镇财政干部培训规划，用3年时间将全区所有乡镇财政干部轮训一遍，当年培训干部200余人。

（三）完善内部基层单位建设

强化内部管理机制。明确岗位职责、岗位规范、工作流程，完善管理制度并上墙公示，接受监督。各项工作有章可循，实现用制度管权、按制度办事、靠制度管人。健全财政管理制度，将现行财政业务制度编印成册，印发各地指导工作。对不适应形势需要的制度、办法，逐步修订或取消。建立沟通协调机制，围绕贯彻落实推进新疆跨越式发展和长治久安的战略部署，建立、健全同上下级部门沟通顺畅的纵向联系机制及财政内部协调配合的横向协作机制。

（自治区财政厅办公室供稿，赵晓文执笔）

综　合　财　政

一、全力争取和落实中央提高自治区工资收入政策

（一）干部、职工工资收入大幅度提高

通过调整艰苦边远地区津贴标准、提高艰苦边远地区津贴类别和提高地方津贴补贴三项政策，2010年自治区机关、事业单位干部、职工工资收入大幅增长。其中，自治区本级、乌鲁木齐市、克拉玛依市执行三项政策年人均增资超过5 000元，南疆三地（州）年人均增资超过8 000元，其他地（州）年人均增资超过7 000元。

（二）规范津贴补贴工作稳步推进

从2010年5月开始历时2个月，开展了核实自治区机关、事业单位的津贴补贴基数、实施津贴补贴“四统一”、梳理津贴补贴发放过程中突出问题等工作，逐一核实了全区18个地（州、市）本级、98个县（市、区），以及自治区本级126个一级预算单位、865个二级预算单位、504个三级预算单位的津贴补贴发放水平，为制定2010年自治区机关、事业单位规范津贴补贴方案奠定了坚实的基础。2010年规范津贴补贴后，自治区在全区范围内实现了机关事业单位津贴补贴项目的统一、发放标准的统一（不含保留地区补贴）、资金来源的统一以及发放方式的统一。实现了自治区本级机关和乌鲁木齐市机关津贴补贴同城同待遇，所有县（市）实现了同城同待遇，绝大多数地（州、市）也实现了本行政区域内津贴补贴同城同待遇，执行退休金制度的退休人员补贴实现了同城同待遇。

（三）相关人员收入待遇进一步提高

适时出台一系列政策，着力解决各类相关人员收入较低突出问题，统筹提高城乡低保人员、企业离退休人员、优抚人员、军队移交地方管理的无军籍退休人员和已离岗农村代课教师等相关人员待遇，2010年自治区相关人员收入水平得到不同程度提高。

（四）积极参与提高和调整自治区艰边贴标准和类别工作

2010年，自治区共有47个四类以上县（市）的艰苦边远地区津贴标准得到提高，新增11个四类区和6个五类区，六类区从原先的1个增加到5个，南疆三地（州）、边境县、贫困县等艰苦边远地区干部、职工收入待遇得到明显改善。通过调整艰苦边远地区标准和类别，初步解决了低类别地区人员结构比例过高、自治区艰苦边远地区津贴水平整体偏低的问题，进一步缓解了艰苦边远地区类别划分不平衡的矛盾，充分发挥了艰苦边远地区津贴向基层倾斜的导向作用。一是提高艰苦边远地区部分类别标准。从2010年1月1日起，提高四、五、六类区各县（市）的艰苦边远地区津贴发放标准，其中四类区月人均增资150元、五类区月人均增资270元、六类区月人均增资550元。二是调整部分县（市）艰苦边远地区类别。从2010年7月1日起，自治区38个县（市、区）的艰苦边远地区

津贴类别得到调整，提高了吐鲁番市、吉木乃县等类别划分矛盾较为突出县（市）的类别，自治区全部县（市、区）类别全部调整到二类以上。

（五）做好事业单位分类实施绩效工资工作

一是按照义务教育学校教师与当地公务员享受同等收入水平的原则，对未按照政策享受津贴补贴的学校实行单独算账，提出资金补助意见，确保义务教育学校绩效工资政策落实到位。二是配合相关部门加强调研，摸清各地公共卫生和基层医疗卫生事业单位工作人员结构、收入以及资金来源、资金支出去向等情况，参与研究制定了自治区公共卫生和基层医疗卫生事业单位实施绩效工资工作意见。

（六）多方筹集资金，确保津贴补贴政策落实到位

2010 年自治区财政通过各种渠道筹集资金近 60 亿元，包括争取中央补助资金 26 亿元。调资资金到位后，自治区各级财政部门加大工作力度，加快工作进度，于 2010 年 8 月底前将补助资金拨付各地区、各部门、各单位，同时，自治区财政要求并督促各机关、事业单位务必于 9 月底以前，按照自治区调资政策将补助资金兑现到广大干部、职工手中。在自治区各地区、各部门、各单位的共同努力下，2010 年自治区津贴补贴等各项调资工作平稳推进。

（七）做好机关、事业单位收入分配信访工作

安排专人负责机关、事业单位收入分配来信、来访工作。坚持热情、耐心原则，认真接待每一位上访人员。2010 年共处理来人、来信、来电 349 次，其中接待上访人员 194 次。

二、稳步推进保障性住房管理工作

2010 年，国家下达自治区廉租住房租赁补贴发放计划 13.23 万户次，截至 2010 年底，已经发放廉租住房租赁补贴 7.1 万户次，完成计划的 53.67%。下达各类棚户区改造计划 7 万户，到 12 月份拆迁补偿协议全部签订，已开工建设 6 万套安置住房。下达公共租赁住房建设任务 1.2 万套，开工率达 100%，已竣工公共租赁住房 948 套。2010 年自治区保障性住房各项任务圆满完成。

（一）及时拨付保障性住房资金

根据各类保障性住房计划，及时分配下达中央廉租住房专项补助资金 50 278 万元，中央补助公共租赁住房资金 9 167 万元，中央补助城市棚户区改造资金 5 288 万元，中央追加保障性“安居工程”资金 49 483 万元，以及地方政府债券资金 11 778 万元，确保自治区各类保障性住房计划的顺利实施。

（二）完善保障性住房资金管理办法

一是保障性住房资金预算试编工作在自治区各级财政部门开始推行。二是实行了廉租住房资金、公共租赁住房租金和保障性住房建设支出收支两条线管理。三是进一步完善保障性住房资金财务管理制度，实行廉租住房资金、公共租赁住房租金和保障性住房建设支出专项管理、分账核算。

（三）开展住房保障资金管理使用情况专项检查

2010 年 8 月，随同财政部、住建部对伊犁州中央廉租住房保障专项补助资金结余情况和廉租住房保障政策落实情况进行了调研。10 月，与自治区住建、发改委等部门对伊犁州等 7 个地区廉租住房保障项目实施情况和廉租住房保障政策落实情况进行了调研。撰写了“关于中央廉租住房专项补助资金申报审核专项调研的汇报”和“对部分地（州）保障性安居工程资金管理、使用情况的调研报告”，向财政部、住建部专题汇报自治区保障性住房工作存在的问题和有关政策建议。

（四）狠抓廉租住房保障情况统计报表工作

一是坚持按照“收付实现制”原则统计汇总分析上报各项数据，确保相关数据真实、完整。二是会同相关部门认真审定自治区廉租住房保障有关情况并及时上报了专员办。三是按照专员办对自治区两个地（州）2009年廉租住房保障审核意见要求，会同相关部门认真分析原因，督促两地区按规定期限如实上报，并重新审核汇总上报自治区2009年廉租住房保障有关情况。四是会同相关部门认真审核确认2010年各类保障性住房计划任务。

（五）加强住房公积金管理工作

一是强化与相关部门经常性工作联系，及时跟踪、了解自治区住房公积金筹集、使用、管理、增加以及变化情况，完成自治区住房公积金统计报表分析工作。二是认真做好住房公积金提高比例后的各项衔接工作，确保12%住房公积金缴存比例政策的顺利执行。三是会同相关部门对自治区住房公积金缴交、管理、使用情况，以及住房公积金增值收益用于各地补充廉租住房建设资金情况开展专项检查，确保住房公积金管理各项制度的贯彻落实。四是对哈密地区、博州、克拉玛依市、吐鲁番地区、昌吉州住房公积金中心购买国债形成的损失批准核销。五是做好住房公积金政策解释工作。

三、加强国有土地出让收支管理

（一）超额完成土地出让收入预算

认真贯彻国有土地使用权出让收入征收各项规定，积极会同相关部门加强对土地出让合同的管理，确保国有土地出让收入应收尽收。2010年，自治区国有土地使用权出让收入完成125.19亿元，为年初预算的192.72%，增收41.01亿元，增长48.71%。

（二）强化土地收支统计报表工作

一是会同国土资源和人民银行等相关部门，改进全年度土地收支统计报表以及分季收支统计明细报表，更加全面、更加及时地统计汇总自治区国有土地出让收支的各种情况。2010年自治区土地出让收入合同价款累计141.05亿元，累计同比增长47.98%。其中：划拨收入14.52亿元，出让收入104.15亿元，租赁收入6 227.8万元，其他供地方式收入6 483.13万元，变更补缴收入5.25亿元。土地支出72.4亿元，其中：征地和拆迁补偿支出28.3亿元，土地开发支出1.39亿元，支农支出2.91亿元，城市建设支出21.5亿元，其他支出18.29亿元。二是会同国土资源厅、中国人民银行乌鲁木齐支行制定了国有土地收支统计报表编制工作考核暂行办法，规范了土地收支统计报表考核工作，进一步提高了自治区国有土地收支统计工作质量。

（三）开展国有土地使用权出让专项清理工作

会同自治区监察、国土资源、住建、审计等部门，对伊犁州等三个地区国有建设用地使用权出让合同专项清理情况和房地产用地专项整治情况进行了检查，对个别单位闲置、囤积的土地依法进行收回，进一步规范了建设土地出让管理，提高了自治区土地资源使用效益。

四、强化彩票销售和管理

（一）彩票收入稳步提高

2010年，自治区全年销售彩票29.43亿元，同比增长9.18%。随着彩票销售的增长，2010年自治区彩票公益金实现收入4.31亿元，同比增长9.58%，为自治区民政和体育事业发展筹集了大量资金。

（二）大力促进彩票销售

一是分解落实彩票销售目标任务，将彩票销售任务分解落实到月，及时跟踪、分析、解决彩票销售过程中存在问题。二是批准体彩2010年足球世界杯竞猜游戏、11选5游戏和排列3游戏开展促销活动。批复福彩使用调节基金200万元开展高返奖时时彩游戏区间二星加奖活动，使用480万元调节基金开展35选7游戏加奖活动并开展高返奖时时彩二星任选一等奖加奖活动。根据市场情况及时批复停止销售泳坛夺金和31选7游戏。三是安排历年结余资金198万元，用于体彩11选5玩法的市场推广、广告宣传工作，促进体育彩票发行销售。四是加强与有关部门沟通和协调，严厉打击非法彩票销售，促进彩票市场健康发展。同时加大国家彩票宣传，发动群众自觉杜绝各种赌博违法活动。

（三）加强对彩票发行机构管理

一是做好彩票月报统计分析工作。每月按时汇总彩票销售报表，掌握彩票当月和累积发行销售数量、中奖、兑奖、弃奖等动态情况、工作成效和存在的问题，撰写《月度、季度彩票情况分析》和《月度彩票筹集财政收入分析》等专题形势分析报告，及时向自治区人民政府和财政部汇报全区彩票市场发展和管理情况。二是配合有关处室协调做好福利彩票发行中心和体育彩票管理中心国库集中支付衔接工作，督促彩票机构按时上缴发行费、公益金，对自治区彩票机构从2009年7月1日至2010年5月31日逾期未兑奖彩票资金1 152.61万元进行清理。三是审核批复彩票机构收支预算，着重审核了彩票机构绩效工资支出有关情况，坚持发行费收入实行国库集中支付，按预算、按进度及时拨付下达彩票机构经费，确保了彩票机构正常运行。

（四）进一步规范彩票公益金管理

一是细化彩票公益金预算，将体彩公益金预算编制细化到各项目，福彩公益金细化到各类别。开展了残疾人康复、殉葬设施建设、流浪未成年人救助、老年福利事业等福利彩票公益金和全民健身、奥运争光等体育彩票公益金绩效评价工作。二是加快彩票公益金支出进度，提高资金使用效益。根据彩票公益金预算，按季度拨付各地彩票公益金2.07亿元，依据彩票销售情况调整追加公益金预算并及时拨付资金。三是研究起草了《自治区彩票公益金绩效评价办法》和《自治区彩票公益金殡葬资助资金管理办法》，进一步明确了资金使用范围，确保资金专款专用。

（五）加强青少年学生校外活动场所建设管理工作

一是会同教育部门召开自治区青少年校外活动场所工作会议，回顾总结了自治区青少年校外活动场所取得的成绩和先进经验，研究分析工作中存在的问题，安排部署下一步工作。二是开展了青少年校外活动场所评估工作，评比出自治区级场所7个，地（州）级场所23个。三是按照奖优罚劣的原则分配场所运转经费，及时拨付青少年学生校外活动场所建设、设备购置和场所运转资金。安排资金共计6 160万元，其中安排17个新建场所的设备购置资金1 020万元，乌鲁木齐市水磨沟区等10个新建场所建设资金2 400万元，52个场所运转经费1 040万元，新建场所设备购置资金1 700万元。

五、编制自治区财政“十二五”规划，加强宏观经济形势预测分析

（一）完成自治区财政“十二五”规划编制工作

制定了自治区财政“十二五”规划编制工作方案，保障了规划编制工作稳步、有序推进。多次开展专题讨论，客观、全面总结回顾“十一五”期间自治区推进财税改革和加强财政保障能力建设等方面取得的主要成就、基本经验和存在的问题，科学、深入地分析、研判“十二五”时期自治区财政经济形势，统筹兼顾、积极稳妥地提出“十二五”时期自治区财政改革发展的指导思想、目标任务和工作措施，注重与全国、自治区经济和社会发展战略的衔接。2011年1月，自治区财政“十二五”规划编制工作基本完成。

（二）完成自治区财政经济形势分析材料上报工作

搜集全国特别是自治区财政经济运行情况，把握自治区石油等能源资源支柱性产业的发展态势，强化与自治区统计等部门和厅内有关处室之间的沟通和联系，按季撰写并上报了自治区财政经济形势分析报告。

六、推进财政综合工作科学化、精细化管理和“两基”建设

按照财政厅党组推进财政科学化、精细化管

理、加强财政“两基”建设的总体部署和具体要求，结合财政综合工作实际，创新工作思路，狠抓工作落实。

（一）提高彩票公益金和土地出让收支预算编制管理水平

根据彩票销售发展趋势、彩票发行增减品种和自治区经济发展状况，科学、合理地测算彩票公益金和发行费筹集规模，不断提高收入预算的科学性和准确性。改进彩票公益金项目支出预算编制办法，将项目支出预算编制全部细化到项级科目，落实到具体执行的项目，切实增强彩票公益金项目支出预算的约束力和时效性。

（二）完善保障性住房、彩票公益金资助项目专项资金预算执行管理

综合考虑各地、县财政困难程度和上年度廉租住房租赁补助、棚户区改造、公共租赁住房等保障性“安居工程”工作开展情况，按照统一的计算公式测算分配专项资金，确保资金分配公平、公正和公开。将原来执行的按半年度返还各地（州、市）彩票公益金的做法改为按季度返还，加快了彩票公益金拨付进度，有效缓解了彩票公益金结余量大的问题，提高了公益金使用效益。

（三）推行重要事项AB角工作制度

对重要事项实行分管处长和工作人员两个层次、主管和协管共同办理、共同负责的AB角工作制度，进一步提高了工作效率，形成了共同研究财政政策、讨论财政业务焦点问题和难点问题的良好氛围。

（四）建立基础资料文件管理制度

制定了基础资料文件管理办法。及时整理、编印了“综合管理工作文件资料”、“保障性住房管理文件资料”、“土地管理文件资料”、“彩票方面文件资料”和“津贴补贴文件资料”等文件汇编并发放给处内工作人员。完整、系统地保存了财政综合部门在日常工作中形成的具有保存价值的文件、资料，实现了信息资源和资料共享。

（五）规范财政综合基础数据统计工作

初步建立了土地出让收入管理会商机制和彩票管理工作会商机制。各类人员津贴补贴水平统计不断完善，住房保障基础数据统计不断加强，土地出让收支统计报表编报质量大幅度提升，彩票销售和彩票公益金收入统计分析不断深化。

（自治区财政厅综合处供稿，刘玉剑执笔）

财政法制建设

一、加强财政管理制度建设，为依法理财提供制度保障

2010年，自治区财政厅共修改自治区人大、自治区人民政府法制办起草的地方性法规、规章草案43件。其中，地方性法规草案13件，政府规章草案30件。

按照自治区人民政府的安排部署，2010年3—8月，自治区财政厅对本厅负责组织实施的地方性财政法规、规章和由本厅制定的规范性文件进行了全面清理。清理地方性财政法规1件，政府财政规章6件。共清理规范性文件566件，清理结果为：确定继续实施的规范性文件411件，确定废止的规范性文件99件，确定失效的规范性文件56件，通过自治区财政厅门户网站向社会进行了公布。

为加强财政规范性文件管理工作，根据《新疆维吾尔自治区行政机关规范性文件制定程序规定》和《新疆维吾尔自治区行政机关规范性文件备案程序规定》的有关要求，制定出台了《自治区财政厅规范性文件管理办法》，对规范性文件制定起草、审查、发布、备案、清理等各个环节的工作程序和要求作出了全面规范。

二、圆满完成了自治区财政系统“五五”普法考核验收工作

为做好自治区财政系统“五五”普法考核验收工作，按照财政部的安排部署，自治区财政厅制定了《新疆维吾尔自治区财政“五五”法制宣传教育考核验收方案》，组织开展了自治区财政系统“五五”普法考核验收工作。

2010年4—6月，全区各级财政部门组织开展了财政“五五”普法自查工作。自治区财政厅选取了伊犁哈萨克自治州、乌昌地区、巴音郭楞蒙古自治州、吐鲁番地区、喀什地区、阿克苏地区、博尔塔拉蒙古自治州、阿勒泰地区等8个地（州、市）级财政部门及其下属8个县（市）级财政部门进行了抽查验收，形成自治区财政“五五”法制宣传教育工作总结上报财政部。

2010年9月，财政部条法司组织检查组对自治区财政“五五”普法和依法行政依法理财工作开展情况进行了考核验收，听取了财政“五五”普法工作汇报，开展了厅机关普法验收考试，查阅了普法档案图片资料。检查验收组赴乌鲁木齐市、昌吉州、阿勒泰地区和吐鲁番地区，对财政“五五”普法工作情况进行了检查验收。检查验收结束后，检查组向自治区财政厅反馈了检查验收结果：新疆财政“五五”普法工作，领导高度重视，组织保障有力，紧密结合财政工作中心任务和财政改革与发展的实际，积极推进财政法制建设和依法行政、依法理财工作，普法内容丰富，普法形式多样，财政“五五”普法和依法行政、依法理财工作富有成效。

三、组织开展了全区财政系统“五五”普法神州行媒体系列宣传活动

根据财政部《关于开展“五五”普法神州行媒体系列宣传活动的通知》的安排部署，自治区财政厅于2010年6—9月，组织开展了财政系统“五五”普法征文和普法图片征集活动，共征集到49篇征文和207幅图片。自治区财政厅成立了征文评审小组，对参选征文进行了综合评审，评选出11篇获奖征文，对获奖征文作者以及获得优秀组织奖的8个地（州、市）财政部门进行了表彰奖励。在《新疆日报》开辟了财政“五五”普法征文选登专栏，组织举办了财政“五五”普法成果图片集中展活动。

（自治区财政厅法制税政处供稿，戎占斌执笔）

税政关税管理

一、发挥税政管理职能，积极争取中央政策支持

（一）认真做好中央新疆工作座谈会有关税收优惠政策贯彻落实工作

1. 积极开展资源税改革调研工作，及时反映政策落实过程中存在的问题和建议。中央新疆工作座谈会决定在新疆率先进行资源税改革试点工作。经国务院批准，2010 年 6 月 2 日，财政部、国家税务总局下发了《关于印发〈新疆原油天然气资源税改革若干问题的规定〉的通知》（财税［2010］54 号），自 2010 年 6 月 1 日起，将新疆原油天然气资源税由从量计征改为从价计征，税率为 5%。自治区财政厅以新财法税［2010］22 号文转发了财税［2010］54 号文件，明确了政策和具体操作办法，以及原油、天然气资源税在涉油地区间的分配问题。

新疆油气资源税改革涉及 12 个地（州、市）的 32 个县（市）。从实际执行情况来看，2010 年原油、天然气资源税改革对地方财政增收效应明显，当年财政实际增收 19 亿元，月平均增收为上年同期的 4 倍左右。由于资源税政策设置简便，便于税务机关和企业操作，自 2010 年 6 月执行以来，此项改革运行态势良好，为在全国推开奠定了基础。

2010 年 8 月，财政部会同国家有关部门就资源税改革运行情况及政策执行中存在的问题赴新疆调研，深入中石油克拉玛依新疆油田分公司，中石化乌鲁木齐西北分公司了解情况。8 月下旬，自治区财政厅、自治区地方税务局组成联合调研组，先后赴巴州库尔勒市、哈密地区、克拉玛依市进行实地调研，听取了各相关部门对资源税改革试点运行中的意见和建议，并形成专题调研报告上报自治区人民政府。

2010 年 12 月，财政部、国家税务总局下发《关于印发西部地区原油天然气资源税改革若干问题的规定的通知》，从 2010 年 12 月 1 日起，将原油、天然气资源税改革由新疆试点推向整个西部地区，税率为 5%，但对综合减征率做了微调，新疆五大油田的税率与 2010 年 6 月在新疆试点时相比，中石油新疆油田分公司、中石油塔里木油田分公司、中石化河南油田分公司保持 5% 税率不变；中石油吐哈油田分公司的税率由 4.75% 变为 4.56%，下降 0.19%；中石化西北分公司的税率由 3.27% 变为 3.20%，下降 0.07%。

2. 认真做好企业所得税“两免三减半”税收优惠政策贯彻落实工作。《中共中央　国务院推进新疆跨越式发展和长治久安的意见》提出：“在 2010 年至 2020 年，对在新疆困难地区（以下统称“新疆困难地区”）新办的属于重点鼓励发展产业目录范围内的企业，给予自取得第一笔生产经营收入所属纳税年度起企业所得税‘两免三减半’优惠”政策。2010 年 7 月 5 日，自治区人民政府召开会议，研究布置了“两免三减半”优惠政策落实工作。会议决定成立由自

治区财政厅牵头，自治区发改委、经信委、国税局、地税局、商务厅等部门共同参加的工作小组，对“两免三减半”税收优惠政策中涉及的“新疆困难地区”范围和“自治区鼓励类产业目录”确定等问题进行研究。2010年8月，自治区人民政府确定了上报中央的具体方案，主要内容：一是困难地区范围，建议按照中央新疆座谈会确定的全国19省（市）对口支援新疆12个地（州）的82个县（市）、新疆建设兵团的12个师作为“新疆困难地区”范围。二是在税收政策上，建议南疆三地（州）新办企业在“两免三减半”政策期满后，再享受5年减半征收企业所得税的优惠政策，同时提出了新老企业衔接的建议。三是在鼓励类产业目录上，采用排除法，提出了“新疆不享受优惠政策产业目录”554项。2010年9月，按照财政部、国家税务总局的要求，自治区财政厅采取列举法重新上报了“新疆享受‘两免三减半’税收优惠政策产业目录”，共列举鼓励类产业目录921项，其中，属于国家鼓励类项目521项，自治区建议新增项目400项。

（二）认真制定纺织、农产品精深加工、旅游、外贸行业等财税扶持政策

自治区财政厅会同自治区国税、地税和相关部门研究拟定了纺织、农产品精深加工、旅游、外贸行业财税支持政策，以自治区人民政府名义下发了《关于加快自治区纺织业发展有关财税政策的通知》、《关于促进农产品加工业发展有关财税政策的通知》、《关于促进我区旅游业发展的财税政策的通知》、《关于促进我区出口生产企业发展的税收政策的通知》，在2011—2015年期间，对自治区境内纺织企业、农产品精深加工企业和六类旅游企业，免征企业所得税地方分享部分、房产税和自用土地的城镇土地使用税；2011—2020年期间，对自治区相关出口生产企业，累计享受不超过5年的免征企业所得税地方分享部分、自用房产税、自用土地城镇土地使用税等税收优惠，促进了自治区纺织业加工基地建设和农产品加工业、旅游业、外贸企业快速发展。

（三）继续向财政部争取扩大资源税改革范围

为合理、有序开采铁矿石资源，实现资源地经济社会全面可持续发展，自治区财政厅、地税局联合向财政部、国家税务总局上报了《关于将新疆主要矿产资源税由从量计征改为从价计征的报告》，提出了将新疆煤炭、铁矿石等矿产品由现在的从量定额计征改为从价定率计征等政策建议。

二、加强税政调查研究，为上级机关提供决策参考

（一）做好全区企业所得税税源和重点企业税源调查工作

根据财政部企业所得税税源调查方案的要求，自治区财政厅重点调查了乌鲁木齐市、巴州、克拉玛依市、阿克苏等地区的农业、工业、建筑业等15个大类的企业。经过全区各级财政部门和各上市公司共同努力，确定了1 000户调查样本单位，实际完成了调查样本单位1 396户，比上年增加259户，超额完成了财政部布置的700户样本单位的任务，实际完成样本量为财政部下达调查样本量的199.43%，盈利样本完成率为100%。

（二）做好“7·5”事件对部分行业企业所得税影响分析

根据财政部要求，自治区财政厅会同自治区国、地税部门就“7·5”事件对部分行业企业所得税的影响情况进行了专题调研。主要是对全区从事旅游服务企业和乌鲁木齐市住宿、餐饮、商贸企业的2009年下半年的企业所得税进行了研究分析。据不完全统计，“7·5”事件发生后，自治区受到影响的企业约2万余户，2009年下半年减少新疆企业所得税收入7亿元左右，其中地方分享部分2.8亿元。全区从事旅游服务行业（旅行社、旅游运输、旅游宾馆）减收2.5

亿元，地方分享部分1亿元；乌鲁木齐市的住宿、餐饮、商贸（包括外贸）企业减收3.7亿元，地方分享部分1.5亿元左右，其他行业减收0.8亿元。

（三）开展税收政策变化对组织财政收入影响的分析

每月根据国家税制改革和出台的各类税收政策，收集自治区相关税收数据，分析对自治区组织财政收入工作的影响，根据自治区实际情况，提出具体的应对措施和政策建议。

（四）开展耕地占用税立法调研

根据财政部税政司、国家税务总局财产和行为税司《关于开展耕地占用税立法有关调研工作的函》的要求，自治区财政厅组织各地（州、市）财政部门开展相关数据、信息材料采集工作，并对自治区2005—2009年耕地占用税数据等资料进行汇总。

三、加强税政业务指导，做好税政基础工作

（一）继续开展再生资源增值税退税工作

为贯彻落实国家对再生资源回收行业增值税先征后退优惠政策，根据财政部文件精神，自治区财政厅对全区再生资源退税企业相关资料进行了认真审核。2010年共审核120户退税企业退税金额1.1亿元。

（二）认真做好法制税政业务培训工作

根据财政部有关会议精神，自治区财政厅2010年5月26—28日召开“2010年自治区企业所得税税源调查工作及关税重点产品国际竞争力工作”布置会议，总结2009年工作，表彰奖励工作成绩突出的先进集体和个人，安排部署2010年企业所得税税源调查、重点企业税源调查快报工作和关税重点产品国际竞争力工作。

四、顺利完成重点产品国际竞争力调查工作

为发挥关税宏观调控作用，科学、准确制定调整关税和进出口环节税收政策，根据《财政部关于印发重点产品国际竞争力调查表的通知》的要求，自治区财政厅对重点企业、重点产品进行了认真、系统的研究，确定了新疆的重点产品和重点企业，并拟订了工作方案。自治区15个地（州、市）全面展开重点产品国际竞争力调查工作，共选择160家企业的103种产品进行调查，其中，选择财政部指定产品40种，增列65种产品。

五、继续向财政部反映自治区重点产品增列税目情况

根据财政部2010年关税重点产品国际竞争力调查工作布置会议的要求，自治区财政厅对伊犁州新源县新疆新姿源生物制药有限责任公司的重点产品结合雌激素增列税目情况（Conjugated Estrogens，CE）进行了分析研究。该公司生产的结合雌激素原料药是创新药物，被列入国家重点攻关的“863计划”和国家发改委的高技术产业化示范工程等多项国家、自治区科技扶持项目，但由于该企业没有单独的海关商品编码，暂时被列入雌激素大类2937230090项下，国家对该项下规定的雌激素类别不予鼓励。为此，自治区财政厅向财政部建议：一是增列税目。对该产品增列单独的税目，以体现其天然的高科技产品与合成品的不同。二是将结合雌激素原料药出口退税率由原先的9%增加到13%。

六、对新疆主要口岸进行调研

按照2010年财政厅调研工作的部署，对新疆阿拉山口、霍尔果斯、红其拉甫口岸进行了调研，形成了《加强完善新疆口岸建设和发展的调研报告》，并上报财政部。该报告主要从口岸地区缴纳的地方税税收收入和中央税税收收入等方面进行比较分析，从口岸对地方财政贡献率以及对中央的财政收入贡献率等方面进行论证，提出具体建议：一是建议国家同意新疆口岸按比例分享边境口岸海关代征进口环节增值税；二是建议国家对进口环节增值税、进口环节消费税开征城建税、教育附加费。这部分资金主要用于口岸

建设，促进口岸地区经济的发展。

（自治区财政厅法制税政处供稿，马东升、宋海波执笔）

财政预算管理

2010年，自治区财政预算管理工作认真贯彻落实中央新疆工作座谈会、自治区党委七届九次全委（扩大）会议精神，大力支持经济发展，强化收入征管，实现财政收入的稳定增长；调整财政支出结构，保障和改善民生，优先保证“三农”、教育、科技、医疗卫生、社会保障和就业、保障性住房、环境保护等方面的支出需要；完善财政管理体制，加大转移支付力度，切实提高各地的财政保障能力；进一步加强财政监督管理，推行绩效评价工作；推进预算管理基础工作和基层建设，提升依法理财、科学理财、民主理财水平，财政预算管理工作取得了新进展。

一、自治区年初预算安排情况

2010年1月，经第十一届人民代表大会第三次会议审议批准的自治区财政收支预算安排情况如下。

（一）自治区财政收支预算

2010年自治区财政一般预算收入436亿元，比2009年预计完成数388.8亿元增加47.2亿元，增长12%。其中：国税部门征收的涉及地方分享的税收计划为90亿元，比2009年完成数75.5亿元增长19.2%；地税部门征收的涉及地方分享的税收收入262亿元，比2009年完成数225.6亿元增长16.1%；非税收入安排84亿元，比2009年完成数87.7亿元下降4.2%。

2010年自治区财政一般预算支出安排1 124.8亿元，比2009年年初预算971.8亿元增加153亿元，增长15.7%。其构成是：一般预算收入436亿元，加中央补助收入625.2亿元，加上年结余65.8亿元，减上解上级支出2.2亿元。收支相抵，当年收支平衡。

2010年自治区财政政府性基金预算收入安排114.5亿元，比2009年完成数104.3亿元增加10.2亿元，增长9.8%。加上年结余31.9亿元，收入合计146.4亿元。政府性基金预算支出安排119.8亿元，比2009年完成数125.7亿元减少5.9亿元，下降4.7%。加调出资金0.2亿元，结转下年支出26.4亿元，支出合计146.4亿元。收支相抵，当年收支平衡。

（二）自治区本级财政收支预算

2010年自治区本级财政一般预算收入安排37.5亿元，比2009年完成数50.2亿元下降25.3%，剔除不可比因素，同比增长5.1%。税收收入安排10.8亿元，比2009年完成数9.4亿元增长14.7%，其中营业税0.9亿元、企业所得税3.2亿元、资源税6.7亿元，非税收入安排26.7亿元，比2009年完成数40.7亿元下降34.5%，剔除不可比因素，增长2%。

2010年自治区本级财政一般预算支出安排406亿元，比2009年年初预算308.3亿元增加97.7亿元，增长31.7%。其构成是：自治区本级财政一般预算收入 37.5 亿元，中央补助收入 625.2 亿元，下级上解收入 30.8 亿元，上年结余 60.1 亿元，减去自治区本级一般预算支出 406 亿元，减去上解上级支出 2.2 亿元，减去自治区补助各地支出 345.4 亿元。收支相抵，当年收支平衡。

2010 年自治区财政政府性基金预算收入安排 37.6 亿元，比 2009 年完成数 19.2 亿元增加 18.4 亿元，增长 96.4%。加上年结余 10.9 亿元，收入合计 48.5 亿元。政府性基金预算支出安排 37.6 亿元，比 2009 年完成数 37.8 亿元减少 0.2 亿元，下降 0.3%。加补助下级支出 2 亿元、结转下年支出 8.9 亿元，支出合计 48.5 亿元。收支相抵，当年收支平衡。

二、自治区财政收支完成情况

（一）全区财政收支完成情况

1. 财政收入。2010 年，自治区财政一般预算收入 500.6 亿元，比 2009 年（下同）增加 111.8 亿元，增长 28.8%，完成预算的 109.3%。其中：税收收入完成 416.2 亿元，为预算的 105.4%，增收 115.1 亿元，增长 38.5%；非税收入完成 84.3 亿元，为预算的 111.5%，减收 3.4 亿元，下降 3.9%。

2010 年，自治区财政基金预算收入 192.7 亿元，增加 88.4 亿元，增长 84.8%，完成预算的 168.2%。

2010 年，自治区上划中央税收收入 497.6 亿元，增收 107 亿元，增长 27.4%。

2010 年，自治区全口径财政收入 1 190.9 亿元，增收 307.2 亿元，增长 34.8%。

2. 财政支出。2010 年自治区财政一般预算支出 1 698.9 亿元，为预算的 94.8%，增支 352 亿元，增长 26.1%。

2010 年，自治区财政政府性基金预算支出 186.6 亿元，为预算的 73.9%，增支 59.4 亿元，增长 46.7%。

2010 年，自治区财政支出 1 885.5 亿元（包括一般预算支出和基金预算支出），为预算的 92.2%，增支 411.4 亿元，增长 27.9%。

3. 财政收支平衡情况。2010 年自治区财政一般预算收入总计 1 810.9 亿元。其中：一般预算收入 500.6 亿元，上级补助收入 1 125.4 亿元，中央财政代理发行地方政府债券收入 60 亿元，上年结余 105 亿元，调入资金 19.9 亿元。一般预算支出合计 1 711.4 亿元。其中：一般预算支出 1 698.9 亿元，上解上级支出 2.5 亿元，安排预算稳定调节基金 10 亿元。收支相抵，年终结余 99.5 亿元，其中：结转下年支出 99.4 亿元，净结余 0.1 亿元。

政府性基金预算收入总计 253.4 亿元。其中：政府性基金预算收入 192.7 亿元，中央补助资金 24.7 亿元，上年结余收入 35.4 亿元。政府性基金预算支出合计 187.6 亿元。其中：政府性基金预算支出 186.6 亿元，调出资金 1 亿元。基金收支相抵，年终滚存结余 65.8 亿元。

（二）自治区本级财政收支完成情况

1. 财政收入。2010 年自治区本级财政一般预算收入完成 51.6 亿元，为预算的 96.5%，比上年增收 1.4 亿元，增长 2.8%。其中：税收收入完成 22 亿元，为预算的 82.1%，比上年增收 12.6 亿元，增长 134.1%；非税收入完成 29.6 亿元，为预算的 110.9%，比上年减收 11.2 亿元，下降 27.5%。

政府性基金预算收入完成 54.2 亿元，为预算的 144.2%，比上年增收 35 亿元，增长 182.3%。

自治区本级地方财政收入完成 105.8 亿元，为预算的 116.2%，比上年增收 36.4 亿元，增长 52.5%。

2. 财政支出。2010 年自治区本级财政一般预算支出完成 474.9 亿元，为预算的 86.5%，比上年增支 68 亿元，增长 16.8%。

政府性基金预算支出完成 49.4 亿元，为预算的 58.2%，比上年增支 11.6 亿元，下降 30.7%。

自治区本级地方财政支出完成524.3亿元，为预算的82.7%，比上年增支79.6亿元，增长17.9%。

3. 财政收支平衡情况。2010年自治区本级财政一般预算收入总计1 374.6亿元。其中：一般预算收入51.6亿元，上级补助收入1 125.4亿元，中央财政代理发行地方政府债券收入60亿元，上年结余收入92.1亿元，下级上解收入34.1亿元，调入资金11.4亿元。一般预算支出合计1 290.3亿元。其中：一般预算支出474.9亿元，转贷中央财政代理发行地方政府债券支出13.1亿元，上解支出2.5亿元，补助各地支出799.8亿元，安排预算稳定调节基金10亿元。一般预算收支相抵，年终滚存结余为74.3亿元。其中：结转下年支出71亿元，净结余3.3亿元。

政府性基金预算收入总计95亿元。其中：政府性基金预算收入54.2亿元，中央补助资金24.7亿元，上年结余收入16亿元。政府性基金预算支出合计59.5亿元。其中：政府性基金预算支出49.4亿元，补助下级支出10.1亿元。基金收支相抵，年终滚存结余35.5亿元。

（三）自治区本级对各地税收返还和转移支付情况

2010年自治区本级对各地税收返还和转移支付799.9亿元，增加178.8亿元，增长28.8%，完成预算的231.6%。包括：税收返还34亿元，增长5.6%；一般性转移支付311.5亿元，增长8.3%；专项转移支付454.4亿元，增长51%，增幅较高的原因是中央财政代理自治区发行了60亿元地方政府债券，其中46.9亿元以专项转移支付拨付各地。此外，落实中央扩大内需各项政策，自治区财政进一步加大对各地专项转移支付补助力度。

（四）各地（州、市）财政收支情况

2010年，各地（州、市）财政收入完成587.4亿元，比上年增长39%，增收163.7亿元。其中：一般预算收入449亿元，比上年增长33%，增收110.4亿元；基金预算收入138.5亿元，比上年增长63%，增收53.3亿元。财政支出完成1 361.3亿元，比上年增长32%，增支331.9亿元。其中：一般预算支出1 224.1亿元，比上年增长30%，增支284.1亿元；基金预算支出137.3亿元，比上年增长53%，增支89.4亿元。

2010年，县级财政一般预算收入完成320亿元，占全区的64%，比上年增长32%，增收76.8亿元；县级财政一般预算支出979亿元，占全区的58%，比上年增长34%，增支248.3亿元。2010年，全区98个县（市、区）中财政一般预算收入超过1亿元的有67个县（市、区），比上年增加8个，平均每个县（市、区）的财政收入规模3.27亿元，较上年增加0.79亿元。当年全区39个县（市、区）发生赤字，比上年减少10个，赤字数额12.5亿元，减少1.73亿元。

三、严格执行，确保预算支出平稳

为进一步增强预算执行的时效性和均衡性，提高财政资金使用效益，自治区财政厅连续通知，对加快预算执行工作提出明确要求。通过明确工作责任、强化工作措施、完善工作机制，进一步严格预算执行，确保财政支出均衡。一是建立财政部门与其他各部门的沟通、协调机制，及时提出资金分配意见和建议，督促各部门加快预算执行进度；二是建立岗位责任制，明确了预算执行中财政厅内部工作职责、其他各部门和各地（州、市）的工作职责，将职责落实到人；三是建立跟踪问效机制、信息反馈机制、动态考核机制，使监督管理贯穿于预算执行的全过程；四是建立消化结余结转资金的长效工作机制，将结余结转资金作为部门预算的资金来源编入年初预算，确保预算的完整性；五是建立定期通报制度，前9个月按月通报，第10、第11月按旬通报预算支出执行进度；六是建立督导工作机制，每位厅领导负责一个地（州），对执行进度慢的部门和地（州）实行约谈，限期整改。经过各方面的共同努力，自治区预算执行进度逐月加快，取得了明显成效。

四、积极推进预算信息公开

重点从进一步做好预算信息公开工作，保障社会各界的知情权、参与权和监督权，促进依法理财、民主理财，加强财政科学化、精细化管理。一是细化预算、决算公开。公开内容包括一般预算收支预（决）算表、政府性基金收支预（决）算表；自治区本级从中央获得转移性收入、对下级的转移性支出；一般预算收支预（决）算表编列到“款”级科目，政府性基金收支预（决）算表按照具体的基金收支项目编列。二是积极推进部门预算公开。凡是应该公开、能够公开的事项，自治区财政都及时、主动公开，并参考中央部门预算公开的格式和内容，研究制定全区部门预算公开的范围、内容和格式。三是大力推进重大民生支出公开。对预算安排的教育、医疗卫生、社会保障和就业、“三农”、保障性住房等涉及民生的重大财政专项支出的管理办法、分配因素等，积极主动公开。同时，按季度统计自治区民生支出情况，及时向自治区党委、人民政府报告，并向社会主动公开。四是建立、健全预算信息披露制度。利用政府门户网站、政府公告、新闻媒体、报刊杂志、财政信息等途径，进行预算信息公开，拓宽公开渠道。同时，加强对各地预算信息公开的指导和监督，强化预算信息公开责任制度，把预算信息公开作为考核各地财政工作的一项重要内容，落实责任，确保自治区预算信息公开工作顺利开展。

五、进一步完善转移支付制度

为发挥均衡性转移支付实现基本公共服务均等化的作用，提高县、乡政府财政保障能力，结合中央关于建立县级基本财力保障机制的要求，自治区财政厅制定下发了《关于印发〈2010年自治区对下均衡性转移支付办法〉的通知》（以下简称《办法》）。在基本框架保持不变的前提下，重点在三个方面作了修订和完善：一是扩大标准支出范围，增加津贴补贴支出项目，从而更加全面地涵盖各地、县的基本支出需求。二是提高公用经费标准，确保各地机构运转水平稳步提高。三是提高了住房公积金测算比例，由原来的5%提高到12%，由自治区全额予以保障。根据《办法》的相关规定，按照“公平公正、规范透明、算账到县”的原则，自治区当年拨付各地、县均衡性转移支付资金74.9亿元，比上年同期增加12.7亿元。

近年来，随着自治区转移支付办法的不断完善，标准财政收支测算体系逐步科学，财力性转移支付规模逐年加大，基层政府提供基本公共服务能力大幅度增强，为全区加快实现跨越式发展和长治久安的战略目标提供有力保障。

六、制定结余资金管理办法

为规范和加强自治区本级部门财政拨款结余资金管理，优化财政资源配置，提高财政资金使用效益，根据预算法规和财政国库管理制度等规定，自治区财政厅出台了《关于印发〈自治区本级部门财政拨款结余资金管理暂行办法〉的通知》。对自治区本级财政拨款结余资金的范围、划分标准、内容进行了界定，明确了各部门的职责分工和部门结余资金确认的流程，制定了具体的管理办法，提出了消化部门结余资金的具体措施：一是对当年执行进度缓慢、项目前期准备不足、不具备执行条件、预计年底可能形成较多结余资金的项目，于每年12月20日前提出意见，调减当年该项目支出预算指标或调整用于该部门新增项目支出。二是对以前年度累计结余规模较大的项目资金（含部门基本账户和专项账户），调减该部门当年预算，或在编制下一年度部门预算时，根据其累计结余资金情况，抵顶该部门财政拨款预算数额。三是实施对各部门当年专项资金预算执行情况与次年预算安排挂钩的管理机制。四是建立对各部门结余资金定期通报制度。部门财政拨款结余资金管理办法有效地减少了结余资金沉淀，缩小了结余资金规模，提高了财政资金使用效益。

七、积极推进自治区本级绩效评价工作

根据财政部下发的绩效评价工作办法，结合自治区绩效评价工作开展情况，2010 年 4 月自治区财政厅重新制订印发了《自治区本级财政专项支出绩效评价管理办法》，对绩效评价工作内容进行了修订与完善。从 2010 年起对自治区本级 100 万元以上专项资金项目实施绩效评价，以此推进绩效评价工作的全面开展与深入。2010 年自治区本级共完成 100 万元以上绩效评价项目 774 个，评价资金总额 286 亿元。

2010 年自治区本级安排的各类财政专项资金既保障了自治区党委、人民政府确定的支持经济发展的重大项目支出，同时也大力支持了农业、教育、科技、文化、医疗卫生、社会保障等公共服务领域各项了生事业的发展，保障了基层组织建设和维护社会安定、团结、稳定等方面的重点支出需求。各类专项资金的使用，达到了年初预算安排时的预期目标与效果。绩效评价工作提高了财政部门和部门单位的“绩效”理念和责任意识，促进了财政预算工作科学化、精细化管理，为今后更加科学的管理和使用资金提供了决策依据。

八、加强对下指导，支持基层建设

2010 年，为进一步加强自治区财政管理基础工作和基层建设工作，自治区财政下发了《关于进一步推进地县财政管理基础和基层建设工作的意见》。一是按月对各地财政“两基”建设工作进展情况在全区范围内予以通报，以反映各地财政“两基”建设进展情况及好的经验和做法。二是实行了厅长分片负责制，由每位厅领导负责联系一个地（州、市），指导各级财政部门做好“两基”建设工作。三是自治区召开了两次财政“两基”建设工作现场会，展示各地财政“两基”建设工作成果。会议全面分析了财政“两基”建设工作面临的形势和任务，展示了各地（州）、县（市）、乡（镇）财政规范流程，制度建设，岗位设置，预算管理，财政监督，内部建设等方面取得的经验和成果，并对今后一段时期财政“两基”建设工作进行了安排和部署，达到了交流经验，树立典型，提升各地财政“两基”建设工作积极性，推进财政“两基”建设工作的目的。

九、做好地方债券发行工作，加强融资平台公司债务管理

为继续实施好积极的财政政策，增强地方安排配套资金和扩大政府投资能力，经国务院批准，财政部代理新疆发行 2010 年地方政府债券 60 亿元，比上年增加 5 亿元，其中 44.9 亿元用于 2009 年、2010 年中央扩大内需项目政府配套；15.1 亿元债券资金用于自治区民生、社会事业发展。严格按照《财政部关于做好发行 2010 年地方政府债券有关工作的通知》要求，认真做好自治区 2010 年地方政府债券资金使用管理工作，充分发挥政府债券资金使用效益。

同时，自治区进一步加强融资平台公司债务管理。2010 年，按照国务院的部署和财政部、国家发改委、银监会、人民银行总行的要求，对自治区政府融资平台公司类别、债务余额、还款来源等情况进行了汇总统计。本着规范为主、清理为辅的原则，对融资平台公司提出了分类处理意见。通过资产注入，进一步提高融资平台公司融资能力，降低融资风险，为新疆实现跨越式发展提供资金支持。

（自治区财政厅预算处供稿，马列、姜波、金星、卢文波、段学军、周毅、高科强执笔）

国　库　管　理

一、财政国库管理制度改革工作

（一）财政国库集中支付改革整体进程

1. 自治区本级进展情况。区本级所有一、二级预算单位已全部纳入改革。2010 年进一步将158家驻地、县的本级预算单位纳入集中支付改革，改革单位达1 680家。区本级单位的改革资金范围包括了预算内、预算外、政府性基金和各类收费性资金。对下级财政转移支付的改革资金包括农村义务教育资金、农业保险补贴资金、新型农村合作医疗资金和化解“普九”债务资金等四类资金。

2. 各地、县进展情况。18 个地（州、市）中有16个地（州、市）本级已全面推行集中支付改革，101个区（县）中已实施财政国库集中支付改革的区（县）达90个，占比89.1%。改革资金范围包括所有财政性资金，乡镇试行国库集中支付的范围继续扩大。85 个实行会计集中核算的地、县财政部门中，有 71 个已完成了财政国库集中支付转轨工作。

3. 国库集中支付系统建设情况。建立了支付系统业务流程表，分业务处室、分岗位人员权限表；对财政和预算单位支付系统进行科学、合理配置；协调代理银行研发财政国库系统软件接口工作，确保自治区本级财政国库集中支付系统平稳运行。

塔城、阿勒泰、博州、巴州及石河子等地所属县（市）全面实现通过财政国库集中支付系统办理网上财政预算资金支付业务，全区使用财政国库支付系统的县（市）增加到48个。

（二）继续深化和完善财政国库集中支付改革工作

1. 继续扩大改革范围。积极与工商、地税和质检等部门沟通协调尚未实现改革的驻地（州）三级单位实施国库集中支付改革工作进行沟通协调，了解实际情况和问题，加强国库改革宣传，做好新增 158 家改革单位的组织实施工作。

2. 稳步开展公务卡改革工作。召开24家公务卡改革试点单位试点工作总结交流会议，要求试点单位在2009年的基础上增加发卡数量、扩大使用量。部署代理银行研发公务卡系统工作和2010年新增公务卡改革试点单位有关工作，将自治区党委、政府等100家一级预算单位机关财务纳入改革范围，分层次对新增公务卡改革单位、5家代理银行以及地（州、市）财政部门工作技术人员进行培训。会同自治区监察厅、区人民银行联合下发《关于全面启动公务卡改革试点工作的通知》，要求各地（州、市）、各有关单位按照自治区的部署，积极贯彻落实公务卡改革政策制度，确保公务卡改革工作积极、稳妥推进。2010 年 12 月 1 日，新增改革单位全部启用公务卡，并通过国库集中支付系统办理公务卡使用财务报销和还款业务。

3. 进一步完善国库集中支付动态监控管理。制发了自治区建立预算执行动态监控机制指导意见，明确了自治区开展动态监控工作的原则要求和推进步骤。同时，向预算单位制定下发了《关于严格执行财政国库集中支付相关规定的紧急通知》，向代理银行制发了《关于严格执行财政国库集中支付相关规定的紧急通知》、《关于切实加强财政国库集中支付业务管理有关问题的通知》、《关于切实解决集中支付存在问题的通知》、《关于进一步加强预算执行动态监控工作有关问题的通知》，为财政动态监控工作的顺利开展提供了制度保障，预算单位和代理银行规范使用和支付资金意识日益增强，充分发挥了财政国库动态监控系统的威慑、警示、纠偏和规范作用。

4. 国库改革综合管理。督促地（州）、县财政部门加强国库支付系统软件建设工作，积极与自治区财政厅信息网络中心（金财办）、有关公司协调联系解决存在问题。做好2011年国库支付系统初始化设置工作，制定工作方案，梳理工作流程，明确工作机制和人员权限，强化系统维护管理。

5. 开展代理银行综合考评工作。根据《关于印发〈自治区本级财政国库集中支付银行代理业务综合考评暂行办法〉的通知》规定，对自治区本级预算单位进行了问卷调查工作。同时，对代理自治区本级国库集中支付业务的工商银行和农业银行等7家代理银行报送的《代理报告》及垫付资金计息明细表进行了审核。根据综合考核、考评结果和“奖优罚劣”的原则，支付7家代理银行代理手续费、垫付资金利息等费用413万元，代理银行代理业务奖励款27万元。

6. 组织开展“国库集中支付制度改革十年回顾”征文活动。2010年3—8月，自治区财政厅按照财政部的工作部署，组织开展了“国库集中支付制度改革十年回顾”征文活动。各地、县财政部门，自治区有关单位60余篇作品参选。自治区财政厅成立评审小组，共选出19篇作品向财政部、《新疆财会》和《新疆审计》作了重点推荐，并对优秀作品，以及组织活动有力、稿件报送及时、质量较好的地区和单位进行了通报表彰。

二、总预算会计工作

（一）会计核算管理工作

科学设置总预算会计岗位，完成预算内收入和支出会计业务整合工作。规范账务处理、票据传递、印鉴管理等业务规程，严格落实责任分工。加强部门单位科目明细核算，提高总预算会计核算精细化水平。按照会计规范化和岗位责任制的要求，努力做好会计核算工作。及时进行财政收入和支出的会计核算工作，按时准确完成自治区本级财政收支旬、月报的编报工作。

（二）资金审核拨付工作

及时、准确办理各项拨款业务，对于实拨资金严格按照拨款凭证要素审核把关，在确保国库资金安全运行同时，做到了急拨资金的特事特办。

（三）加强对账工作

认真开展对账工作，不断提高基础管理水平，严格落实现行对账制度规定，建立、健全多层次、全方位的全面对账工作的长效机制。为落实“两基”建设的要求，在现有对账程序不变的基础上，将提供给业务处的对账数据做了进一步改进：按资金性质（预算内、外）、预算科目（类、款、项到底级）、预算单位（纸质件明细到一级主管部门、电子数据明细到最底级预算单位）、会计科目（一般预算和基金预算支出）等口径，提供财政拨款对账数据，更加方便业务处和预算单位对账。

三、财政收支预算执行分析工作

1. 认真落实财政收支目标管理责任制。根据年初确定的财政收入增长目标要求，细化财政收入组织工作任务，优化财政支出结构，保障涉及民生各项重点项目支出需求，圆满完成全年财政收支目标任务。

2. 及时完成全区财政收支旬、月报的汇总工作，完善财政收支统计数据预警机制，提高基础数据统计的准确性。按时向财政部上报旬、月报数据。深入分析财政收支预算执行基本情况及主要特点，合理测算财政收支规模及增幅，编制相关分析报表，按期完成财政预算执行快报和财政收支预算执行情况简报。

3. 完善预算执行信息系统审核功能，进一步提高财政收支数据的准确性。结合自治区历年预算执行情况，在预算执行信息系统中添加新的审核公式，建立各地（州、市）预算执行预警模型，加大对各地（州、市）上报数据真实性的审核力度。建立自治区本级支出月报接口，总会计账务系统支出数据自动导入预算执行信息系统并生成月报。

4. 结合自治区及各地（州、市）财政收支预算执行情况，按照财政收支目标管理责任制和财政收支督查相关工作要求，定期通报各地（州、市）月度财政预算执行情况，并提出相关工作要求。对财政收入增长偏缓的地区，及时向厅领导提出收入督查建议，督促地区采取一切措施促进财政收入稳定增长。

5. 积极组织全区开展财政预算执行专题调研工作。针对财政工作热点、难点问题和财税政策调整对自治区财政收支预算执行情况的影响，组织各地（州、市）开展专题调研工作。共完成了17篇专题研究报告。

四、预算外资金管理工作

（一）预算外资金财政专户收支情况

2010年自治区本级在预算外财政专户管理的部门有102个，涉及行政、事业单位383户。

自治区本级一般预算外本年收入26.47亿元，比上年下降37.90%。其中：行政、事业性收费23.07亿元，比上年下降42.59%；国有资源（资产）有偿使用收入1.72亿元，比上年增长116.15%；其他收入1.68亿元，比上年增长2.33%。

自治区本级一般预算外本年支出25.3亿元，比上年下降38.34%。其中：一般公共服务支出2.98亿元，比上年下降2.69%；教育支出15.11亿元，比上年增长6.14%；文化体育与传媒支出2.96亿元，比上年增长44.32%。

（二）预算外总会计管理工作情况

科学设置会计核算账簿体系，及时登账、日清月结，及时收集、整理和装订会计资料档案，确保账务数据完整、准确。按照财政资金拨付管理相关规定，认真审核预算外资金拨款和退款业务，落实《加强预算执行基础工作的暂行规定》，按季开展对账工作。2010年装定凭证110本，账簿15本，报表3套。下发了预算外资金纳入预算管理后会计核算办法，重新规定预算外资金会计核算科目及核算内容，增设“财政专户管理结余”、“财政专户管理资金收入”、“财政专户管理资金收入”3个会计科目。

（三）加强预算外资金管理

建立、健全非税收入收缴执行分析制度。及时报送预算外财政专户收支月报；按季向财政部报送非税收入收缴执行情况表；加强对预算外资金财政专户收支月报和非税收入收缴执行情况的分析，加大将预算外资金纳入预算管理工作力度，加强非税收入划库划缴管理工作，将预算外资金管理的行政、事业性收费5.5亿元缴入国库。2010年共计将纳入预算内管理的非税收入71.22亿元从预算外专户划入国库。

五、自治区本级政府采购专户资金收支余情况

2010年自治区本级政府采购专户收到预算单位缴入自筹采购资金3.74亿元，实际支出政府采购资金3.83亿元。

截至2010年12月31日，政府采购（暂存）余额2.06亿元。其中：以前年度国库拨入政府采购专户结余资金857万元，预算外专户拨入政府采购专户结余资金55万元，单位滚存自筹采购结余资金1.96亿元，供应商缴入质量保证金

208万元，中标保证金30万元，控购附加费结余45万元。

2010年，专户利息收入80万元，按规定已全额缴入国库。

六、财政资金调度工作

（一）中央对自治区资金调度情况

2010年，财政部核定新疆财政资金调度比例，由上年的26%调整为97%，全年自治区共抵顶税收返还资金384.54亿元，中央拨付自治区补助资金768.66亿元，其中拨付国库资金746亿元，拨付粮食专户资金22.66亿元。

（二）自治区本级对下资金调度情况

2010年自治区核定石河子市财政资金，固定调度比例为12%，全年共抵顶税收返还资金9 300万元，其他地（州、市）资金调度比例为零。2010年自治区共拨付地（州、市）资金797.90亿元。

七、预算单位银行账户管理工作

（一）预算单位银行账户管理概况

2010年，按照《新疆维吾尔自治区区本级预算单位银行账户管理暂行办法》和《人民币银行结算账户管理办法》等相关规定，自治区本级为365家预算单位办理银行账户审批业务829个，其中新开339个，撤销238个，转行90个，账户信息变更162个。各地、县财政部门加大了对账户管理软件的推广和使用力度，各项制度进一步规范。

（二）加强国库单一账户体系建设

制发《关于转发〈财政部　中国人民银行关于零余额账户管理有关事项的通知〉的通知》，明确零余额账户性质，完善零余额账户操作管理，指导预算单位加强财务管理，逐步减少实有资金账户并将其纳入国库单一账户体系。2010年共为新成立的10个预算单位办理了零余额账户作为基本账户的业务。同时，要求各地加强零余额账户管理。

按照财政部《关于报送财政资金专户管理情况的通知》要求，对全区财政专户进行了统计汇总。从汇总情况看，各级财政在财政专户设立、资金支付、清理归并和档案制度等方面均有严格的制度依据。

（三）继续完善账户管理长效机制建设

1. 继续做好日常审批管理。坚持按制度、按程序办事，严格控制预算单位新设账户。加强与主管部门沟通、协调，督促其清理、归并本系统单位不需用账户。继续加强与人民银行的沟通、协调力度，落实有关账户管理工作程序和工作。开展与代理银行的定期联系制度，及时把预算单位银行账户提交代理银行，督促其按期办结，加强监督。

2. 继续完善账户管理办法。进一步研究拟定了预算单位账户管理补充规定，经国库处内部研究讨论初步定稿，并已送人民银行征求意见。

3. 配合人民银行做好账户年检工作。2010年，按简化程序为预算单位提供法人或单位名称账户信息变更资料162份，提高了预算单位银行账户年检效率。

八、国库集中支付资金年终结转工作

（一）加强国库集中支付年终结余资金结转程序管理

自治区财政厅制定了《自治区区本级部门财政拨款结余资金管理暂行办法》，对自治区本级2010年度之前形成的国库集中支付额度结余数，由业务处审定后按规定下达给预算单位。对2010年当年形成国库集中支付年终额度结余，由国库处、预算处审定下达。

（二）2010年年终财政资金结余、结转工作按期完成

按照《关于进一步规范自治区本级财政国库集中支付年终资金拨付及结余资金额度结转有关工作的通知》的规定，按期完成了2010年财政拨款和额度结余、结转数核对工作。经各业务处审核，国库处审定后，下达2010年国库集中

支付的各项资金年终额度结余70.32亿元资金，其中预算内资金66.97亿元，预算外资金3.35亿元。对2010年以前年度形成的国库集中支付年终额度结余21.55亿元（预算内资金21.10亿元，预算外资金0.45亿元）按有关规定，区分情况，分别处理。

九、财政统发工资管理工作

1. 认真执行财政统发工资管理各项制度规定，确保行政、事业单位干部、职工工资的及时、准确发放。截至2010年12月31日，自治区本级纳入统发工资人数为41 846人，全年累计发放工资10.27亿元。

2. 严把增人、增资关，决不允许超编人员纳入统发工资范围，坚决杜绝“吃空饷”的问题发生。加大对人员出国学习、辞职、死亡等情况的管理力度，2010年自治区本级累计办理工资退库62.26万元，节约了财政资金。

3. 完善各项财政统发工资管理制度，不断推进财政统发工资工作的科学化、精细化管理，加强财政统发工资工作“双基”建设。一是进一步健全岗位责任制，梳理完善各项管理制度和业务流程；二是坚持主任带班制，对增人增资事项实行复核；三是不断加强对基层的指导力度，2010年8月份举办了全区财政统发工资业务培训班，来自地、县的120多名干部接受了培训。

十、自治区财政总决算基本情况

（一）自治区财政收支完成情况

2010年，自治区地方财政收入完成693.27亿元，其中一般预算收入完成500.58亿元，基金预算收入完成192.69亿元。自治区地方财政支出完成1 885.51亿元，其中一般预算支出完成1 698.86亿元，基金预算支出完成186.65亿元。

（二）地（州、市）财政收支完成情况

2010年，地（州、市）地方财政收入完成587.43亿元，其中一般预算收入完成448.97亿元，基金预算收入完成138.46亿元。地（州、市）地方财政支出完成1361.31亿元，其中一般预算支出完成1 224.06亿元，基金预算支出完成137.26亿元。

（三）县级财政收支完成情况

2010年，自治区县级财政一般预算收入完成319.98亿元，占全区的63.92%；县级财政一般预算支出完成979.05亿元，占全的57.63%。全区98个县（市、区）中，2010年财政一般预算收入超过亿元的有67个县（市、区），比上年增加8个；平均每个县的财政收入规模为3.27亿元，比上年增加0.79亿元。2010年，全区有42个县（市）发生赤字，占县（市）总数的42.86%，赤字县（市）个数比上年减少7个，赤字数额为12.48亿元，比上年减少1.73亿元。

十一、部门决算工作

（一）2010年度部门决算收支情况

2010年共完成自治区本级及18个地（州、市）所属的17 458个独立核算行政、事业单位部门决算汇编工作。2010年度全区行政、事业单位资产总额为1 796.48亿元，国有资产总额为1 384.88亿元，负债总额为411.59亿元；全区行政、事业单位收入为1 781.12亿元，包括财政拨款1 425.26亿元、行政单位预算外资金10.86亿元、上级补助收入8.44亿元、事业收入（含预算外资金收入）217.04亿元、事业单位经营收入17.27亿元、附属单位上缴收入0.18亿元、其他收入102.07亿元；全区行政、事业单位支出1 698.28亿元，包括基本支出784.57亿元、项目支出898.05亿元、上缴上级支出0.51亿元、事业单位经营支出14.82亿元、对附属单位补助支出0.32亿元。

（二）做好决算编审组织工作

1. 建立部门决算领导机制，制定工作方案和管理办法。成立了以分管厅领导为组长、各处室主要负责人为成员的部门决算工作领导小组，

召开全区部门决算工作会议，印发了《关于印发2010年度部门决算报表及编制说明的通知》，制定了2010年度部门决算报表工作方案。

2. 强化协调配合，落实工作责任。召开决算领导小组协调会，明确国库、预算和各相关业务处部门决算编审工作责任。

3. 采取措施做好培训工作。根据以往年度报表的编报情况和本年度报表的变化，层层布置部门决算报表培训工作。

（三）优化编审方法和程序

明确自治区本级部门决算报审时间，改进审核程序和方法。组织全区集中汇审，召开全区部门决算汇审会议，把18个地（州、市）分为4个组，采取组内地区决算轮流互审。不定期召开部门决算报表汇审协调会议，针对决算报表工作存在的问题进行专项研究并加以解决。

（四）完善对预算单位决算批复制度

自治区财政厅业务处室完成对分管预算单位的决算批复工作，预算单位按照有关财务会计制度规定及财政对单位的决算批复文件，及时对年度预算收支和各项缴拨款项进行年终结账。确保财政与预算单位之间、预算单位上下年度之间相关数据的准确、一致。

十二、财税库银税收收入电子缴库横向联网工作

根据财政部、国家税务总局、中国人民银行三部门2010年财税库银横向联网工作总体安排部署，在自治区财税库银横向联网工作领导小组统一领导下，自治区财税库银横向联网工作取得阶段性成果。自治区财政厅与人民银行乌鲁木齐中心支行、财政端接口软件开发公司密切协作配合，2010年7月份参加全国第二批联调测试，并于8月份正式上线运行，顺利实现了财政端数据下载落地，圆满完成了工作目标任务。截至2010年底，自治区财政厅共下载预算收入日报表信息共187笔、入库流水信息共170笔、电子税票信息共9 261笔，涉及15个地（州、市）、16个县（市、区）。

为进一步规范和推进自治区税收收入电子缴库业务，建立财税库信息共享机制，根据财政部、国家税务总局、中国人民银行和自治区人民政府有关工作部署和要求，先后出台了《新疆维吾尔自治区财税库银税收收入电子缴库横向联网实施方案》、《新疆维吾尔自治区财税库银税收收入电子缴库横向联网业务管理办法（暂行）》文件，就财税库银税收收入电子缴库横向联网工作在全区范围内进行了总体安排部署，为推进自治区财税库银横向联网工作提供了制度保障。

十三、国债管理工作

（一）2010年电子式储蓄国债发行情况

财政部2010年共发行11期电子式储蓄国债，均为固定利率、固定期限品种。财政部确定的电子式储蓄国债代销试点商业银行新疆地区主要机构包括工商银行自治区分行、建设银行自治区分行、中国银行自治区分行、农业银行自治区分行、农业银行新疆生产建设兵团分行、交通银行自治区分行、中国邮政储蓄银行自治区分行、中兴银行乌鲁木齐分行、华夏银行乌鲁木齐分行、上海浦东发展银行乌鲁木齐分行、兴业银行乌鲁木齐分行、招商银行乌鲁木齐分行、乌鲁木齐商业银行等13家商业银行。

2010年电子式储蓄国债在新疆地区销售情况：第1期储蓄国债累计销售金额1.07亿元，第2期储蓄国债累计销售金额1.12亿元，第3期储蓄国债累计销售金额4 694.44万元，第4期储蓄国债累计销售金额4 196.48万元，第5期储蓄国债累计销售金额8 977.38万元，第6期储蓄国债累计销售金额5 648.97万元，第7期储蓄国债累计销售金额4 302.02万元，第8期储蓄国债累计销售金额4 593.07万元，第9期储蓄国债累计销售金额5 506.77万元，第10期储蓄国债累计销售金额8 460.92万元，第11期储蓄国债累计销售金额1 221.13万元。

（二）已兑付国债债券销毁情况

按照财政部、中国人民银行销毁已兑付国债债券的有关规定，2010年10月、11月在人民银行乌鲁木齐中心支行，抽查清点销毁了1 443张、票面总额为54 755元的已兑付国债债券。

十四、2010年政府债券发行工作

2010年经国务院批准，财政部核定代理自治区发行地方政府债券60亿元。自治区党委、政府高度重视，严格按照财政部要求，精心安排部署相关工作。经各部门共同努力，新疆政府债券60亿元于2010年6月18日发行成功。

1. 债券资金项目的确定和落实。根据《财政部关于做好发行2010年地方政府债券有关工作的通知》要求，自治区制发了2010年政府债券资金安排方案。用于2009年、2010年中央扩大内需项目政府配套资金44.86亿元，其中2009年3.02亿元、2010年41.84亿元；用于自治区民生、社会事业发展15.14亿元，其中学校和医院抗震防灾工程13.14亿元、喀什老城区改造2亿元。发债资金的还本付息采取自治区和有关地区共同承担的办法。各地切实履行《自治区人民政府债券资金转贷协议》债券转贷资金的还款责任。

2. 债券资金预算调整及审批。2010年3月31日，自治区十一届人大常委会第十七次会议审议批准了2010年自治区本级预算调整方案。

3. 发行债券计划的申报。按财政部规定报送了自治区政府债券发行计划建议，申请财政部在2010年4月份一次性发行自治区地方政府债券60亿元，发行期限分为3年期（42亿元）和5年期（18亿元）。

4. 制定管理办法。为确保债券资金高效、安全运行，规范2010年自治区地方政府债券的管理，制定了《2010年新疆维吾尔自治区地方政府债券发行和还本付息管理办法》。

（自治区财政厅国库处、国库支付中心、统发工资管理中心供稿，冯玉萍、宋学庆、赵阳、刘虹、邓光利、王琼、拜冬冬、刘金毅、孙锐、戴文菁执笔）

政府采购管理

一、扩大政府采购规模，提高采购效益

2010年，自治区政府采购规模为103.69亿元，占自治区财政总支出的6.28%。政府采购规模按可比口径计算，比上年增加了8.46亿元，增长了8.2%；节约资金8.07亿元，资金节约率为7.22%。国库集中支付57.48亿元，国库集中支付比率为55.43%，其中集中采购（含部门集中采购）为78.76亿元，占采购规模的75.9%；公开招标为60.02亿元，占采购规模的57.9%。货物类采购54.09亿元，工程类采购40.35亿元，服务类采购9.27亿元，在政府采购总规模中所占的比例分别为52.2%，38.9%，8.9%。

一是开展工程类项目政府采购试点，通过将装饰装修类工程项目委托自治区政府采购中心，建筑类其他工程项目委托社会中介机构等方式，促进工程领域的政府采购规模不断扩大。二是尝试自治区政府采购协议定点项目区域联动工作。印发了《关于自治区政府采购协议供货和定点服务项目推行区域联动有关事宜的通知》，2010年下半年有8个地（州、市）参加了办公自动化产品区域联动。三是对九年义务教育免费教科书、中西部农村初中校舍改造工程等涉及民生的项目实行了政府集中采购。四是通过紧急采购程序为阿勒泰、塔城等地区的受灾群众采购了急需的救灾物资。

二、加强制度建设，完善体制机制

一是重点加强对2009年出台的政府采购制度程序落实情况的监督检查，确保涉及政府采购的每个环节均严格按照有关程序办理。二是为进一步规范政府采购程序，对《自治区区级政府集中采购工作指南》进行了全面修订。三是将国家和自治区有关政府采购的相关制度文件收集整理形成《政府采购工作文件汇编》。为政府采购制度改革的顺利实施和政府采购业务的正常开展奠定了基础。

三、推进政务公开，提高工作效率

一是充分利用新疆政府采购网宣传平台，将涉及政府采购的制度规定均面向社会公开发布。二是在制定政府采购办权利运行流程的基础上，对政府采购监管部门涉及的各工作环节和流程重新进行梳理，制作成“政府采购工作流程图”。三是将廉洁自律管理规定、工作人员行为准则、工作人员职业守则等一并公开上墙。四是采取挂牌服务的方式，明确采购办内工作人员的工作职责，以便政府采购各当事人乃至社会各界对政府采购进行监督。

四、强化监督检查，建立多层次动态监督体系

2010年从建立多层次、立体式的监督模式入手，全面强化监督检查机制。一是强化内部监督机制，实行定期轮岗、全员廉政承诺等制度，从编制政府采购预算和计划，到采购方式、信息发布、专家抽取、招投标过程、合同履约等都进行监督，派人参与采购监标活动，积极推动执行机构分段式采购流程。二是建立外部监督机制，建立纪检监察、财政、审计等部门的联合协调监督机制，组织财政、监察、审计等部门，对政府集中采购机构进行考核，共同受理举报，形成了综合监督和行业专业监督相结合的协作机制。面向社会拓宽了社会监督渠道，对社会公布了政府采购投诉、举报电话，发挥新闻媒体和社会公众的监督作用。三是主动接受监督，以恳谈会、走访、问卷调查等多种形式，征求各方当事人对政府采购工作的意见，推动政府采购工作向纵深发展。

五、加快信息化建设，提升管、采水平

2010年在新疆政府采购网试运行的基础上，加快推进政府采购信息化建设。一是建立以新疆政府采购网为主，15个地（州、市）分网站为辅的政府采购信息发布平台，实现了全疆政府采购信息分级发布、一站式查询。二是重点开展电子化协议采购的相关调研、开发、上线试运行工作。三是选择了3个地（州、市）和30个本级部门单位进行试点、试运行工作，与采购单位、供应商召开座谈会，对电子化协议采购试点工作进行了安排布置，对自治区区本级30家试点单位、100余家供应商和3个试点地（州、市）相关人员进行了集中培训和系统演练。四是建立了新的专家库，增加了培训系统在线考试和专家评价机制；语音通知调试工作已经完成，为专家库在全疆推广使用、实现评审专家资源共享做好准备。

六、加强调查研究，推进政府采购改革

2010年对政府集中采购目录和分散采购限额标准制定、政府采购预算和采购计划的编制、政府采购信息化建设和区域联动工作开展了一系列调查研究和改革。一是与自治区监察厅就落实政府采购“管、采分离”制度赴湖北等5省（市）进行了学习调研。二是广泛征求各地（州、市）财政部门对政府采购协议定点项目区域联动工作的意见和建议。三是组织部分采购单位和供应商就政府集中采购目录和分散采购限额标准制定、开展区级电子化协议采购试点工作进行认真研究。四是对现行政府采购支付程序各环节进行了全面梳理，形成了《取消政府采购资金支付程序中采购办审核环节调研报告》，为简化政府采购支付程序明确了思路。

七、加强政策引导，发挥政策功能

2010年围绕扶持节能环保、自主创新产品的政策目标，开展了一系列相关工作。一是会同自治区发改委、科技厅等部门联合印发了《新疆维吾尔自治区自主创新和节能环保产品政府采购实施意见》和《新疆维吾尔自治区自主创新产品认定管理办法（试行）》，对开展新疆地方性自主创新产品认定工作和采取相应扶持措施提出了整体思路，为开展自治区自主创新产品认定工作和制定新疆自主创新产品目录提供了依据。二是严格按照财政部节能环保、强制采购和进口产品政府采购管理制度有关要求，对进口产品采购实行严格的审核。三是将国家节能环保标志产品列入自治区协议定点供货范围，在公务用车采购方面，坚持购买国产汽车，重点控制高能耗、大排量越野车，通过协议定点程序确保充分发挥政策导向功能，把国家节能、环保措施落到实处。

八、加强执行监督，全面考核执行机构

联合自治区监察厅和审计厅成立了考核小组，对自治区政府采购中心2008—2009年度的政府采购工作情况进行了考核。通过集中采购机构自查，考核小组召集采购人、供应商开展座谈并进行民意测评，进驻采购中心听取汇报，抽查项目档案等多种形式，对集中采购机构在政府采购执行过程中取得的经验和存在的问题进行了全面总结，为下一步在全疆范围内开展考核工作打下了基础。加强对中介代理机构政府采购业务开展情况的全方位监督，为开展代理机构认定工作做好前期准备工作。

九、做好专控审批工作

继续严格执行自治区党委、政府关于小汽车控购管理的有关要求，加强自治区小汽车控购管理工作。严禁超编制、超标准购置小汽车，从严审批购置大排量、高耗能越野车，加强对专用车和特种车辆编制的审核工作。2010年审批自治区购置小汽车4 452辆，总金额为7.2亿元。

（自治区财政厅政府采购管理办公室供稿，洪源执笔）

非税收入管理

一、强化非税收入组织工作，提高收缴分析质量

（一）编制下达2010年非税收入征收任务

按照财政科学化、精细化管理要求，以2010年部门预算非税收入征收计划为依据，结合2009年自治区非税收入收缴实际及新的政策因素影响，向各业务处下达非税收入收缴任务，并以此作为按进度抓征管的依据，确保全年非税收入征收任务完成。

（二）下达2011年非税收入预算目标

为切实落实自治区党委、人民政府关于组织非税收入工作任务，解决非税收入征收计划与部门预算工作脱节问题，进一步推进财政科学化、精细化管理，综合考虑经济政策变化因素及经济发展形势预测情况，编制了《2011年区本级各部门非税收入预算目标》；自治区本级各部门预算单位也按此编制了2011年非税收入预算，提高非税收入预算编制的准确性。

（三）做好2011年部门预算编制衔接工作

根据《财政部关于将按预算外资金管理的收入纳入预算管理的通知》要求，自2011年1月1日起，预算外资金管理的收入（除教育收费）全部纳入预算管理，对相关非税收入管理方式和核算科目进行了重大调整。为衔接好2011年部门预算工作和非税收入管理工作，结合财政管理实际，针对非税收入征收目标管理与部门预算间关系，经营服务性收费纳入非税系统如何编列科目，行政事业单位暂收、代收款项如何管理等问题，专门下发文件予以明确，规范预算单位2011年部门预算编制工作。

（四）建立收入通报机制

每月10日前通报上月非税收入重点部门、项目的收缴进度及收入增减变化情况，与地、县财政、执收单位逐步形成齐抓共管的组织收入工作机制。建立非税收入月报报送机制和收缴分析会制度，对宏观经济政策变化对非税收入的影响，重点部门、项目收缴资金入网情况和增减变化原因进行深刻分析，提高非税收入分析质量，为领导决策提供依据。

二、推行政务公开，健全完善非税收入相关制度

（一）公布基金、收费目录，清理、规范行政事业性收费

1. 制定公布政府性基金项目目录。按照《财政部关于公布2009年全国政府性基金项目目录的通知》规定，为促进依法行政，加强政府性基金的监督和管理，保证政府性基金应收尽收，更好地规范政府收入分配秩序，根据有关法律、行政法规，以及国务院或财政部新增、调整、取消政府性基金的规定，制定公布2009年自治区政府性基金项目目录。

2. 制定公布行政事业性收费项目目录。进一步实行政务公开制度，根据非税收入收费政策调整情况，及时向社会公布2009年自治区行政

事业性收费项目目录，并在自治区人民政府网和自治区财政厅网上予以发布，接受社会监督，便于群众查询，提高收费透明度。

3. 治理教育乱收费，规范教育收费。根据《财政部关于切实做好治理教育乱收费工作的通知》要求，积极协调自治区发改委、教育厅，认真开展自治区治理教育乱收费，规范教育收费工作。对全区教育系统收费项目和收费标准进行全面清查，及时清理、取消不合理、不合规教育收费。积极参与自治区“规范教育收费示范县(市、区)”评审工作。

4. 清理涉企行政事业性收费。根据《财政部　国家发展改革委关于清理规范涉企行政事业性收费的通知》要求，统一部署自治区涉企收费清理规范工作。一是实行收费公示制度，对执收单位收取的收费项目名称、标准文件依据、收费许可证等在收费窗口公示，实行亮证收费，接受收费人和社会监督。二是加强收费政策的社会宣传，对收费目录中涉企收费项目予以标注，并将目录在自治区人民政府网、自治区财政厅网上予以公布，提高涉企收费透明度。三是严格涉企收费审批制度，对项目设立法律、法规依据不明确的，一律不予批准立项。

（二）健全完善相关制度，规范非税收入管理

1. 明确政策，规范水资源费征缴使用管理。为贯彻落实《水资源费征收使用管理办法》，促进水资源的节约与保护，联合自治区发改委、水利厅，经请示自治区人民政府同意，对全区水资源费征缴使用管理工作中的有关问题予以明确。一是将水资源费核入水利工程供水成本，开征供水工程水资源费。二是对地下水超采区直接取用地下水和非地下水超采区农民30年承包土地以外的农业灌溉取用地下水、地表水的，全额征收水资源费。三是对水电厂和火电厂收缴水资源费；四是按财政部文件要求，调整水资源费分成比例。

2. 修订义务植树绿化费征收使用管理办法。为保护和改善环境，促进国土绿化，推动义务植树活动深入开展，根据自治区新颁布的《新疆维吾尔自治区义务植树条例》，自治区财政厅重新修订《新疆维吾尔自治区义务植树绿化费征收使用管理办法》，取消了不符合经济、社会发展形势的条款，提高了自治区义务植树绿化费收缴率。

3. 调整自治区铁路护路联防费收费标准。随着自治区经济的快速发展，铁路建设新线建点速度突飞猛进，铁路护路任务逐年加重，为切实保障自治区铁路运输安全，经自治区人民政府同意，自治区从2010年3月1日起，将铁路护联防费收费标准由按计费重量核收的0.5元/吨提高到0.7元/吨。

4. 制定重大水利工程建设基金征收使用管理办法。为确保自治区重大水利工程建设的顺利实施，进一步落实国家相关政策，由自治区财政厅代拟、自治区人民政府印发《新疆维吾尔自治区重大水利工程建设基金征收使用管理暂行办法》，明确了自治区重大水利工程建设基金的征收范围、征收标准、征收期限、收缴管理等内容。

5. 出台《新疆维吾尔自治区地方教育附加征收使用管理办法》。为推动自治区义务教育和中职教育事业的快速发展，经财政部批准，自治区自2010年8月1日起开征地方教育附加，同时停征人民教育基金，自治区人民政府印发《新疆维吾尔自治区地方教育附加征收使用管理暂行办法》。为更好地落实地方教育附加的征收使用管理，自治区财政厅发文对地方教育附加的缴纳范围、征缴方式、减免方式等内容作了进一步细化。

6. 界定独立社团基金法人募捐收入不属于非税收入。根据非税收入管理有关规定、办法，参考《社团组织登记管理条例》，对独立的社团基金法人募捐收入界定为不属于非税收入范畴，应独立进行公募活动，接受社会监督，独立接受审计。对自治区残疾人福利基金会募捐收入不再纳入非税收入收缴系统管理。

7. 认真办理审计答复意见。按照自治区审计厅反映部分地（州、市）、县对政府性基金征缴政策执行不力情况专报及自治区领导批示精神，自治区财政厅针对非税收入管理改革中存在的问题，进行认真研究，并结合自治区管理实际，对有关情况作了说明，提出加强和改进非税收入管理改革的措施意见。针对《2009 年度预算执行和其他财政收支情况审计报告》反映非税收入管理中存在的问题，制定有针对性的整改措施。

（三）加大政策研究力度，努力挖掘非税收入增收潜力

1. 开征差别电价收入。为实现节能减排工作目标，遏制高耗能产业盲目扩张和低水平建设，促进产业结构调整和技术升级，经自治区人民政府同意，自治区财政厅印发《新疆维吾尔自治区差别电价收入征收办法》。规定自 2010 年 8 月 1 日起，对被确定为实行差别电价的淘汰类、限制类高耗能行业企业，征收差别电价收入。

2. 将车用天然气提价后的价差收入纳入财政管理。自治区财政厅认真研究，召集相关部门和企业进行座谈，并对天然气出厂基准价提价后对自治区财政的影响进行深入全面、动态测算后决定，将车用天然气销售价提价额与购进价提价额之间的价差形成的收入，全额上缴自治区财政，增加了财政收入。

（四）认真落实国家收费政策，积极配合部里工作

落实国家政策，对《财政部、国家发展改革委关于减免出口农产品和纺织服装产品出入境检验检疫费的通知》、《财政部、国家发展改革委关于同意收取经营性道路客货运输驾驶员从业资格考试考务费等有关问题的通知》、《财政部、国家发展改革委关于同意收取助理广告师和广告师职业水平考试考务费等有关问题的通知》、《财政部、国家发展改革委关于同意收取注册测绘师资格考试考务费等有关问题的通知》、《财政部关于免征全国中小学校舍安全工程建设有关政府性基金的通知》、《财政部、国家发展改革委关于免收全国中小学校舍安全工程建设有关收费的通知》及时向各地和相关部门转发，将仲裁收费由行政事业性收费调整为经营服务性收费，重新发布了银监会行政事业性收费项目目录。

积极做好与财政部的对接工作，对《政府非税收入管理办法》、《铁路建设基金征收使用管理办法》等征求意见稿进行认真研究，结合自治区财政管理实际，及时予以答复；向财政部书面汇报了自治区开展工程质量监督工作经费落实情况、价格调节基金征收使用管理情况及自治区涉及交通和车辆收费清理调查意见；对自治区水利建设基金、民航机场建设费、旅游发展基金政策执行有关问题向财政部做了书面汇报。

（五）做好自治区开征道路交通事故社会救助基金相关工作

根据《道路交通事故社会救助基金管理试行办法》的要求，向自治区人民政府报送《关于道路交通事故社会救助基金管理有关事项的请示》，拟定《新疆维吾尔自治区道路交通事故社会救助基金管理实施细则》（征求意见稿）及说明，提出设立自治区救助基金管理机构及救助基金特设专户的建议。

（六）做好车辆通行费政策管理工作

认真落实财政部要求，2010 年 1 月 1 日起，将车辆通行费纳入政府性基金预算管理。根据自治区人民政府主席努尔·白克力“对全区公路通行费标准进行适当调整”的批示，自治区财政厅与自治区发改委、交通厅认真协商，考虑到国家今后对自治区公路建设将进一步加大支持力度，可能减轻公路建设的贷款压力，向自治区人民政府报送逐步提高车辆通行费标准的意见。结合自治区实际，对巴州人民政府《关于撤销 G218 线西尼尔收费站的请示》提出继续保留收费站的意见。

对自治区人民政府转来自治区交通厅关于在库车高速公路、省道312线西岸大渠—黄沟水库公路、省道216线乌鲁木齐—白杨沟公路设站收取车辆通行费的请示，经实地考察后研究，提出同意设站收取车辆通行费和对道路周边群众出行提供优惠措施的意见。

三、规范财政票据管理

健全和完善自治区财政票据管理制度，规范行政、事业单位资金往来结算票据使用管理，防治乱收费、乱罚款和各种摊派行为，根据财政部《行政、事业单位资金往来结算票据使用管理暂行办法》，制定出台《新疆维吾尔自治区行政、事业单位资金往来结算票据使用管理暂行办法》，并配套印发《关于做好自治区行政、事业单位资金往来结算票据启用相关工作的通知》，规范自治区预算单位往来资金的管理。

提高财政票据的权威性、安全性，规范财政票据的使用管理，维护财政经济秩序，经财政部同意，自治区自2010年5月10日起，新启用的财政票据全部套用全国财政票据监制章。

四、加快系统升级，深化收缴管理改革

（一）2010年全区非税收入收缴情况

截至2010年12月31日，全区非税收入收缴入网306.21亿元（不含直接入库数），比2009年增加67.68亿元，增长28.37%。其中：区本级104.43亿元，同比增加10.77亿元，增长11.5%；地（州、市）本级73.88亿元，同比增加14.59亿元，增长24.61%；县级127.9亿元，同比增加42.32亿元，增长49.59%。

（二）做好非税收入管理系统升级基础工作

2010年，新版非税收入管理系统要实现在全疆的营运实施。为做好此项工作，自治区财政厅就新版非税收入管理系统的操作对地、县财政人员进行了分期培训，并印发《关于自治区非税收入收缴管理系统升级有关问题的通知》，从加强领导、基础工作、时间安排等方面提出了要求，为新版非税收入管理系统的平稳运行奠定了基础。

（三）修改、完善新版非税收入管理系统功能

根据新版非税收入管理系统运行中反映出的问题，自治区财政厅及时与代理银行、执收单位沟通解决，对软件中的不足做到及时与开发人员联系，第一时间解决发现的问题，确保新版非税收入管理系统的平稳运行。完善新版非税收入管理系统政策库与项目库。对漏编的收费项目，及时补录入项目库；将收费政策文件依据全部扫描为电子件，逐一对应收费项目录入新版非税收入管理系统政策库，实现收费政策依据在各级财政、执收单位、社会公众中的电子化查阅，提高工作效率。

（四）新版非税收入管理系统应用实施情况

为实现新版非税收入管理系统2010年在全区平稳切换运行，自治区财政提出分地区逐步实施的意见。2010年1月1日，新版非税收入管理系统在石河子开通运行，5月在巴州开通运行，6月在克拉玛依、五家渠市开通运行，7月在喀什地区、伊犁州、阿克苏地区开通运行，8月在阿勒泰、克州、吐鲁番开通运行，9月在哈密、图木舒克开通运行，10月在塔城、博州、阿拉尔开通运行，11月和田非税收入管理系统开通运行。这标志着全区除乌昌以外，所有县（市）全部启用新版非税收入管理系统。2010年，新版非税收入管理系统运行稳定，累计收缴非税收入69.52亿元。2011年1月1日，新版非税收入管理系统将在乌昌地区和区本级开通运行，从而实现全区所有非税收入执收单位全部启用新版非税收入管理系统的目标。

（自治区财政厅非税收入管理处供稿，徐辉执笔）

行政政法财政财务

2010年，自治区行政政法财政财务工作以落实科学发展观为统领，加强基层政权建设和社会稳定经费投入，严格控制一般性支出，进一步完善自治区基层行政政法部门经费保障机制，统筹兼顾，突出重点，全力保障行政政法部门全面协调发展。

一、全面落实财政“两基”工作

根据财政科学化、精细化管理工作要求，加强行政政法财政财务基础管理工作，全面提升预算管理水平。

（一）及时、准确下达部门预算

在自治区人代会批准自治区财政总预算后30天内，将分管部门预算的基本情况和收支预算审定数对照上年预算执行情况进行逐项核对，及时下达分管部门，并要求各主管单位在15天之内将预算下达到基层预算单位。同时，做好部门预算指标系统和国库集中支付系统数据核对工作，确保预算下达工作各环节和全过程准确、及时，为全年预算执行打好基础。

（二）加强与部门沟通和协作，指导部门健全内部预算控制机制

为切实抓好部门预算的编制、下达、执行和监督，做好部门预算的宣传解释工作，在下达年度部门预算的同时，分别向行政政法单位主要领导、分管财务领导通报预算安排情况，赢得了各部门对财政工作的理解、支持，营造了宽松的理财环境。

（三）确保重点支出，全力支持基层政权和维稳工作

按照财政厅专项资金管理相关要求，对2010年年初已经确定的重点工作专项经费，督促相关部门在调研论证的基础上及时提供资金分配方案。及时拨付了政法经费保障体制改革资金、禁毒专项经费、农村“三老”人员生活补助经费、爱国宗教人士生活补助经费、集中整治工作经费、村干报酬、村级组织活动场所建设资金、农村民兵预备役人员训练经费、基层干部队伍建设经费、少数民族工作经费、边境口岸转移支付资金、边防基础设施维护资金、企业军转干部专项解困资金、基层人大建设补助经费、基层政协建设补助经费、援疆干部医疗费补助资金、“双语”培训经费等重点工作经费，实现了重点支出预算早安排、项目早落实、资金早到位。

（四）落实厉行节约八项工作措施

按照《中央纪委、监察部、财政部关于进一步落实党政机关厉行节约要求的通知》规定，下发文件要求各地、各部门做好“落实厉行节约要求工作情况统计表”数据的统计报送工作。在做好控制支出管理制度建设和专项整顿工作的同时，严格执行部门预算，继续严把人、车、会、招待等一般性支出管理关口，坚决制止铺张浪费。严格控制增人增资，超编人员不得纳入工资统发范围。严格落实区本级行政机关车辆购置集中审批制度，控制车辆编制和配置标准。加强会议管理，控制会议规模和次数，鼓励单位召开

电视电话会议和视频会议。严格执行了自治区一般性支出经费开支标准，明显压缩了车辆购置经费、会议费、招待费、培训和出国经费等一般性支出，进一步加强了行政政法机关公用经费开支管理。

（五）加强非税收入监管工作

建立非税收入月报统计制度，采取单位上报和国库统计相结合的办法，将非税收入计划超100万元，特别是垂直管理执收执罚部门作为重点监管对象，纵向对比收入完成进度，对存在的问题，及时与单位沟通，确保了非税收入及时、足额缴入国库。

（六）认真做好决算批复工作，有效利用决算数据，为下年预算编制和支出管理工作服务

统一设计决算批复格式，涵盖部门收、支、余全部信息。按时做好部门决算批复工作。掌握单位预算执行情况、支出结构、结余情况，按照结余资金管理办法对个别结余资金过大单位，在通知单位分析原因、说明情况的同时，在2010年底调减预算支出4 294万元。

二、全力支持维稳和发展重点工作

（一）突出保障重点支出

把自治区党委、人民政府明确的维护社会稳定和基层组织、政权建设相关工作经费和项目支出列为重点支出，在预算编制环节单独列报，优先安排，足额保障。落实了自治区党委、人民政府一系列维护社会稳定、加强基层组织建设的重大决策，及时、有力地支持了基层工作。

（二）巩固党的执政能力建设

支持提高村干部报酬工作。根据自治区决定，全区村干部按本村劳动力平均收入水平确定基本报酬；村党支部书记、村委会主任按本村劳动力平均收入的1.2倍确定基本报酬；村“两委”正职“一肩挑”的按本村劳动力平均收入的1.5倍确定基本报酬。2010年起，自治区财政拨付村干部报酬补助资金1.08亿元。

支持自治区社区办公服务设施建设。根据自治区决定，自治区财政在2009—2011年每年安排5 000万元社区办公服务设施建设资金的基础上，从2010年起，连续两年每年增加5 000万元，用于新建、扩建社区办公服务设施，即2010—2011年，自治区财政每年安排社区办公服务设施建设经费1亿元。

支持集体经济薄弱村补助工作。根据自治区决定，对全区村均集体经济收入不足3万元的村进行补助。自治区财政每年安排专项资金4 815万元。

支持乡镇机关和站所、社区干部业绩考核奖励工作。2010年起，自治区对乡镇机关和站所、社区考核称职（合格）及以上的干部进行奖励，自治区财政每年安排补助资金5 897.16万元，用于补助全区77 281名乡镇机关和站所、社区干部业绩考核奖励经费支出。

支持爱国宗教人士生活补贴政策。为进一步做好爱国宗教人士生活补贴发放工作，自治区决定，南疆三地（州）由自治区财政全额负担，除乌鲁木齐市、克拉玛依市外其他9个地（州）由自治区财政补贴70%，乌鲁木齐市、克拉玛依市自治区财政不予以补贴。2010年自治区财政安排专项资金5 714万元。

支持爱国宗教人士培训工作。为了贯彻自治区依法管理宗教工作座谈会议精神，积极做好引导宗教与社会主义相适应工作，扎实开展爱国宗教人士培训工作，自治区财政每年安排专项资金1 991万元，用于补助自治区及各地爱国宗教人士培训、南疆三地（州）宗教人士短期培训、基层统战民族宗教干部培训、南疆三地（州）及其他地（州）（除乌鲁木齐市、克拉玛依市、石河子市以外）宗教人士培训等。

（三）支持政权建设

1. 做好政法专项转移支付资金项目安排。2010年自治区政法经费保障体制改革资金为19.93亿元，比上年增加1.83亿元，增长10%，包括中央安排15.8亿元、自治区配套4.13亿元。其中：公安部门安排12.95亿元，检察院部门安排2.26亿元，法院部门安排3.95亿元，司法行政部门安排7 700万元（包括中央安排3 700万元，自治区安排4 000万元）。

2. 建立“以奖代补”工作机制，保障政法经费改革责任落实到位。新的保障机制，明确了政法经费的保障责任，促进了政法经费保障体制改革工作不断发展。出台《新疆“以奖代补”政法专项转移资金管理办法》，建立了政法经费保障体制改革“以奖代补”促进工作机制，在不影响资金总体分配效果的情况下，从政法经费保障体制改革专项资金中提取一部分资金作为奖励，2010年公检法司部门“以奖代补”资金共计7 086万元，占总资金额度的3.5%，用于表彰责任落实到位的地区。

3. 禁毒专项经费。由于新疆禁毒形势日益严峻，中央从2006年开始在禁毒专项工作经费项目上逐年增加对新疆的投入，增幅比例也较为明显。2010年中央安排自治区专项禁毒经费达4 270万元。

4. 特警组建专项补助经费。经中央批准同意自治区组建新疆特警总队，中央下达5 000人编制，目前已有3 642人；中央安排组建经费8亿元，2010年已使用3.97亿元，年末结转4.03亿元，此项经费将按照特警总队组建进度，分步安排。2010年中央和自治区共安排新疆特警总队专项经费9.51亿元。其中：中央安排3.97亿元，重点用于交通工具、通讯、防护和侦察装备购置；自治区安排5.54亿元，用于人员经费1.39亿元、公用经费1.84亿元、临时备勤点改造3 600万元、驻训点征地费1.94亿元。

5. 保证农村民兵、预备役补助经费落实。农村民兵、预备役人员训练补助费是国家根据国防后备力量建设的需要，在全面推进农村税费改革后，由中央对地方实施的专项转移支付。2010年，中央财政在农村税费改革中下达自治区农村民兵训练补助资金2 530万元，根据民兵在战备执勤和维护稳定工作中的实际需要，追加安排自治区民兵维稳执勤专项经费3 386万元，合计5 916万元。自治区财政及时、足额地将农村民兵训练补助和维稳专项资金拨付新疆军区并由新疆军区拨付到全疆各地。

6. 推进监狱体制改革。按照“全面保障、监企分开、收支分开”的原则，推进监狱体制改革，提高监狱、劳教部门预算公用经费标准，全额保障监狱、劳教系统干警津贴补贴发放所需资金，对监企上交收入按规定实行专户管理，并全额用于监狱管理的各项工作。

（四）促进经济又快又好发展方面

1. 支持旅游事业发展。2010年，自治区财政在维持机构正常运转的基础上，把旅游作为自治区的优势、特色、环保、支柱产业，作为优势财源建设项目进行扶持，2010年安排旅游专项业务经费4 700万元，主要用于安排国际、国内旅游宣传促销，制作旅游宣传促销品，各类媒体宣传，区域旅游合作，举办大型旅游节和会展活动及旅游入境奖励经费和补助各地召开各种特色旅游节等方面工作。

为提升自治区旅游景区竞争能力和服务水平，在2008—2009年投入5 521万元基础上，2010年自治区财政再次投入1 300万元，用于自治区旅游厕所建设工作。通过2008年、2009年、2010年3年的持续建设，共计新建、改（扩）建旅游厕所317座，其中2008年建设标准化厕所97座、2009年建设标准化厕所154座、2010年建设标准化厕所66座。3年中自治区财政累计投入专项补助经费6 821万元，各地方财政和旅游企业累计投入配套资金7 000万元。

2. 支持工商非税收入改革工作。积极与自治区工商管理部门沟通和协调，妥善安排经费，为自治区工商管理部门开展综合管理和行政执法工作提供了充足的财力保障。主动向财政部相关司（局）反映新疆工商管理部门在停征“两费”后存在的各类问题，通过积极努力，争取中央专项资金2.05亿元，充分保障了自治区工商管理部门在停征“两费”后，能有效履行管理职能。

3. 全国第六次人口普查经费保障工作。2010年为确保自治区第六次全国人口普查经费，自治区财政补助5 000万元，中央财政补助1 800万元。有力地保障了自治区第六次人口普查工作顺利开展。

（五）建设和谐社会

1. 关于农村“四老”人员生活补贴资金。自治区决定，按照人均每月不低于220元的标准提高农村老干部、老党员、老模范、老军人（以下简称“四老”人员）的生活补贴，以解决他们的后顾之忧，从2010年7月1日起执行。2010年，自治区财政安排农村“四老”人员生活补贴9 908万元。

2. 关于自主择业军转干部退役金。按月将核实无误后的自主择业军队转业干部人数、退役金、社保经费支付计划提供给国库支付部门，直接支付到转业干部个人账户中。在中央安排自主择业军队转业干部退役金预算未到位情况下，积极组织本级财力保障退役金发放和支出进度。有力地保障了自主择业军队转业干部各项待遇的及时落实。

3. 法律援助经费。为落实国务院《法律援助条例》，中央每年安排各省专项法律援助经费，2010年中央安排自治区此专项经费300万元，自治区财政安排各类法律援助120万元，共计420万元。

三、积极争取中央政策和资金支持

进一步加大工作力度，加强与国家有关部委的联系和沟通，做好国务院政策文件涉及的重大政策和资金落实工作，及时掌握财政部行政政法财政财务管理和改革的进展、动向及支出保障重点等情况；积极反映符合新疆实际的自治区行政政法财政工作开展情况、存在的困难和问题，争取中央财政对自治区行政政法财政工作在资金和政策方面的支持。2010年，中央对自治区行政政法专项资金补助38.42亿元，比2009年增长45.64%，其中涉及维稳和政法经费的专项转移支付资金26.51亿元，比2009年增长89.76%。

（自治区财政厅行政政法处供稿，卢良执笔）

教科文财政财务

2010年自治区教科文事业单位财政拨款为381.96亿元，比上年增加79.9亿元，增长26.45%。其中：一般公共服务（档案、地震、计划生育、群众团体事务）财政拨款14.01亿元，比上年增加1.57亿元，增长12.72%；教育财政拨款313.84亿元，比上年增加73.69亿元，增长30.69%；科学技术财政拨款20.19亿元，比上年增加4.05亿元，增长25.06%；文化体育与传媒财政拨款33.92亿元，比上年增加0.59亿元，增长1.75%。争取财政部资金50.52亿元，比上年增加15.85亿元，增长45.72%。

一、支持教育事业优先发展

（一）大力支持学前“双语”教育工作

安排下达资金6亿元，对喀什、和田等7地（州）9县（市）的27.57万名学前“双语”幼儿园在校幼儿学生每人每年发放1 000元的伙食补助和90元的免费读本补助，向学前“双语”教师每人每年发放9 600元的生活补助和4 446元的基本养老、医疗和失业保险金。此外，还安排了教学、生活及活动设施配置补助资金和每生300元的公用经费补助等。为加强资金管理，规范资金使用范围、标准，会同教育厅制定了《新疆学前“双语”保障机制资金管理办法》。

（二）进一步完善农村义务教育经费保障机制改革

2010年，国家从秋季学期开始将农村中小学生均公用经费在原标准基础上提高100元，即小学由目前每生每年300元提高到400元，初中由生均500元提高到600元；贫困家庭寄宿生生活费每生每年增加250元，自治区在此基础上再提高250元，至此，自治区农村小学寄宿生每生每年生活补助由原来的500元提高到1 000元，初中生由原来的750元提高到1 250元，特教生由原来的1 000元提高到1 500元。为贯彻落实好以上政策，各级财政共安排农村义务教育经费保障机制改革资金20.81亿元，为全疆240万中小学生安排免费教科书资金2.56亿元，为29.92万农村家庭贫困寄宿制中小学生安排生活补助资金3.34亿元，为农村中小学204万中小学生安排公用经费11.27亿元，安排3.64亿元用于校舍维修改造。

（三）加大对农村中小学附属设施建设支持力度

为改善寄宿学生食宿条件，提高农村初中寄宿率和巩固率，安排下达专项资金5 000万元，专项用于自治区6个地（州）11个县（市）农村中小学校舍附属设施建设更新改造；投入3亿元加快“校安工程”建设；积极做好国家新设立的薄弱学校改造计划前期准备工作。

（四）支持落实中小学教师和特岗教师实行绩效工资政策

一是在绩效工资政策的出台测算过程中，积极配合自治区津贴补贴办公室做好相关工作，提出合理化建议。对上访的中小学教师，特别是高中阶段教师和离退休教师，给予耐心的接待和政策解答，并积极协调自治区津贴补贴办公室、教育厅，进行调研和测算，确保在政策范围内将中小学教师的津补贴补发到位。二是积极保障特岗教师绩效工资发放。按照自治区人民政府办公厅《转发自治区人力资源和社会保障厅、财政厅、教育厅关于自治区义务教育学校绩效工资实施意见的通知》提出的：“‘自治区人才储备编制暨农村义务教育阶段学校教师特设岗位计划’招聘的教师执行义务教育学校绩效工资政策”精神，会同教育厅摸清特岗教师的分布、人数，精心测算，积极落实财政资金1.57亿元，保证了特岗教师绩效工资的发放。为稳定特岗教师队伍，加快支出进度，为特岗教师拨付2010年绩效工资并预拨2011年1—8月的工资合计1.2亿元。全区13个地（州）的15 410名特岗教师享受了此项政策。

（五）支持高等教育事业发展

一是启动新一轮高校生均拨款制度，新增1亿元用于生均经费的提高，生均标准达到4 857元。获得国家生均拨款奖补资金8 000万元，全区高校生均拨款标准增加了560元。二是安排资金继续化解高校债务，全年共安排化债资金8.43亿元，减轻高校债务压力。三是积极争取中央支持地方高校发展专项资金。在获得中央900万元省部共建专项资金的基础上，积极争取财政部中央财政支持地方高校发展专项资金5 500万元，用于重点学科、重点实验室和科研平台建设。四是支持高校班主任和辅导员队伍建设，安排专项资金1 378万元，专项用于发放全区高校6 300名班主任津贴，将班主任津贴提高至每月500元以上，对1 000多名辅导员按每人每月300元标准发放补贴，确保高校辅导员岗位津贴总体上不低于高校一线教师平均水平。五是安排专项资金2 086万元，对自治区本级20.86万名普通高校学生每月发放20元、发放期为5个月的伙食补贴，以保证学生食堂的饭菜质量，稳定饭菜价格。六是设立自治区人民政府助学金，自治区本级财政每年安排1.6亿元。此项政策使全区33所高校可获得资助的家庭经济困难在校生增加8.4万余名，全区高校经济困难学生的资助面由原来的28%提高到72%。七是为不断优化高等教育结构和布局，合理配置教育资源，自治区2010年共投入1.69亿元资金，用于工业高等专科学校新校区建设、伊犁师范学院新校区征地补偿等。

（六）支持职业教育发展

继续设立职业教育专项资金，安排1.61亿元专项资金用于职业教育实训基地建设，提高中职教师素质，高、中职精品课程建设等方面。为提高资金使用效率，制定了《新疆维吾尔自治区职业教育专项资金管理暂行办法》，对专项资金的支出范围、原则等予以明确，提高资会使用效益，推动职业教育发展。

（七）积极争取中央项目资金

经与教育厅共同研究测算，积极向国家反映困难，国家批复自治区启动“双语特设岗位计划”；财政部参照国家对新疆行政事业单位平均工资性支出补助水平，从2011年对自治区补充小学阶段“双语”教师所需工资性支出给予全额保障，按自治区招聘人数与自治区财政据实结算；财政部批复自治区《“双语”现代远程教育建设规划》，从2010—2012年为自治区安排854个乡镇中心小学计算机教师建设和40 715个“班班通”项目所需资金5.78亿元，2010年安排下达资金1.57亿元。

（八）实施免费师范生教育

从2010年秋季学期起，自治区实施免费师范生教育，全额承担免费师范生在校期间的学费、教材费、住宿费等相关费用。参照自治区有关收费标准，根据不同的招生层次类型、学科专业学制，2010年安排免费师范生培养经费2 480.31万元，对5 225名在校免费师范生给予了补助。

（九）实施中等职业学校农村家庭经济困难学生和涉农专业学生免学费政策

对自治区公办中等职业学校全日制正式学籍一、二、三年级在校生中农村家庭经济困难学生和涉农专业学生逐步免除学费（艺术类相关表演专业学生除外）。喀什、和田、克孜勒苏柯尔克孜三地（州）农村户籍的学生全部享受免学费政策；其他地区享受免学费政策的农村家庭经济困难学生按在校生人数的25%确定。涉农专业学生全部享受免学费政策。2010年中职免学费资金共2.16亿元，全区有9.45万学生受益。

（十）实施高中助学金政策

从2010年秋季学期开始，设立普通高中家庭经济困难学生助学金，对南疆三地（州）高中学生按照100%给予补助，其他地（州）按照30%进行补助。高中助学金平均资助标准为每生每年1 500元，2010年全区共安排高中助学金1.16亿元，全区有15.49万学生受益。

二、积极支持自治区科技事业进步

一是安排资金1.35亿元，支持自治区重大科技专项、科技支疆、科技攻关、科技兴新和中小企业创新项目。二是安排资金5 000万元，支持高技术发展与成果产业化，促进技术进步和产业结构调整。三是安排资金3 000万元，支持自治区基础条件平台建设项目、自治区级重点实验室以及自治区属科研院所建设。四是安排2 500万元，支持自治区和中国科学院合作项目乌鲁木齐天文站“新疆80米射电望远镜”项目建设。五是支持“三农”发展。安排资金1 000万元，支持科技特派员下乡为农民提供技术服务，帮助农民脱贫致富。安排资金2 656万元，支持全区8个科技富民强县项目，推动县域经济发展。安排资金3 136万元，专项用于支持现代农业产业技术体系建设。六是支持科学普及和科技培训工作。安排下达科普专项经费1 455万元，支持自治区科学技术普及。安排2 315万元科技馆建设专项资金支持自治区科技馆提高场馆服务功能。安排资金1 332万元，提高农村基层科普组织的科普服务能力。先后对自治区54个农村专业技术协会、30个农村科普示范基地、26名农村科普带头人、2个少数民族科普工作队进行了表彰。积极落实自治区社科院科研经费、重点学科建设、期刊出版、图书购置等经费，支持社会科学事业的发展。

三、积极促进文体、广播事业发展

（一）大力支持文化文物事业发展

安排7 369万元，对自治区相关文化单位基础设施改造和专业设备购置予以支持。安排4 100万元，支持自治区农村文化活动的开展。安排资金2 000万元，支持新疆木卡姆艺术团综合楼建设。安排资金1 884万元，用于全区106个乡镇文化站建设。安排资金2 369万元，用于262个新建乡镇文化站设备购置。安排1 253万元，用于文化艺术人才定向就业培养项目，进一步支持了自治区文化艺术人才队伍的建设。安排2 068万元，用于自治区非物质文化遗产保护项目。安排文物经费1 700万元，积极支持自治区文物保护工作。安排资金1 692万元，对自治区53个博物馆、纪念馆免费开放后的门票减免及运转经费进行补助。安排资金4 000万元，用于支持昌吉州北庭故城国家遗址公园项目建设，促进当地文物事业和旅游产业发展。

（二）大力支持广播、电视事业

安排资金2 000万元，支持新疆电视台影视制作中心前期设备购置项目。安排资金4 442万元，用于自治区本级广播电视无线发射转播台站机房和设备更新改造。安排资金641万元，用于维、哈等少数民族语言节目5套广播和6套电视上星传输，解决了自治区广大少数民族群众收听、收看本民族广播电视节目的问题。安排5 726万元，为自治区856个乡镇和8 688个行政村配备1.91万套大喇叭设备，通过大喇叭广播，及时向基层各民族群众传达了党和国家的政策，普及农业知识和精神文化信息。安排2 340万元，用于支持自治区少数民族电影、电视节目的译制。安排1 500万元，支持自治区广播、电视节目“走出去”工程。安排广播、电视节目上星转发器租金1 253万元，支持上星广播、电视节目在自治区顺利播放。安排资金2 007万元，对全区农村电影公益性场次进行补贴。安排资金1 063万元，对各地（州）聘用的“村村通工程”维护人员进行补助，保障农牧区的广播、电视公共服务长期有效畅通。

（三）大力支持体育事业

2010年对自治区体育事业项目投入资金1.09亿元，主要用于自治区第十二届运动会经费补助和自治区承办的国际赛事，支持自治区体育健儿备战全国运动会及青年篮球训练，补助优秀运动员、教练员和后备人才伙食，表彰全区体育健儿在各项赛事中取得的优异成绩，支持农民体育健身和群众体育活动发展。

（四）大力支持新闻出版事业

安排资金5 158万元，支持新闻出版“东风工程”。安排资金9 982万元，继续实施农家书屋建设，在全区建设4 990家农家书屋，将图书、党报、党刊、音像制品和电子出版物免费配送到自治区各乡镇和行政村。安排2 377万元，用于全区少数民族文字教材亏损补贴。安排政策性补贴5 841万元，大力支持文教企业的发展。

四、积极落实计划生育奖励政策

（一）积极落实各项计划生育奖励政策

一是兑现国家和自治区“少生快富”奖励政策。安排6 768万元，对22 561户农村计划生育家庭兑现一次性3 000元的国家“少生快富”奖励。安排1.04亿元，对37 797户农牧民计划生育家庭兑现一次性3 000元（已兑现奖励金的按3 000元补齐）的自治区“少生快富”奖励。

二是落实计划生育家庭奖励扶助制度。安排4 166万元，对57 859人发放人均720元奖励金。三是落实计划生育家庭特别扶助制度。全区安排1 788万元，对1 218户独生子女伤残家庭和13 926户独生子女死亡家庭发放了特别扶助金。四是继续落实南疆三地（州）计划生育特殊奖励政策。安排1.37亿元，对17 454户计划生育家庭进行了每户一次性3 000元的奖励，向11.62万人兑现了每人每年720元奖励。

（二）努力完善和拓展计划生育奖励服务范围

一是推行城镇计划生育家庭奖励金制度。为解决城镇计划生育领证家庭奖励政策落实难的问题，安排7 147万元，对除企业退休人员外的各类关停破产企业的城镇下岗失业人员、无业居民、个体工商户26 978人，实行女性年满55周岁和男性年满60周岁时给予每人一次性3 000元奖励。为管好、用好该项奖励金，会商自治区人口计生委制定了《自治区兑现城镇计划生育家庭奖励金实施方案》。二是启动了26个贫困县、边境县计划生育特殊奖励制度。根据国务院办公厅对《国家人口计生委、财政部向国务院办公厅提出的有关新疆南疆三地（州）特殊奖励政策扩大至全疆贫困县、边境县的请示》的批复精神，安排7 004万元，对全区26个边境县、贫困县符合农村计划生育家庭特殊奖励制度条件的奖励对象97 276人，发放了每人每年720元的奖励资金补助。三是积极推动国家免费孕前优生健康检查试点工作在全区的顺利实施。2010年国家人口计生委、财政部确定了喀什市、沙雅县、策勒县、阿图什市4个县（市）为免费孕前优生健康检查项目试点县（市）。为积极支持该项试点工作，并考虑到上述4个试点县（市）均在南疆地区，自治区本级财政对需自治区负担的试点经费20%部分全额予以承担，安排335万元，对试点县13 969人，每人按240元进行补助，支持其开展免费孕前优生健康检查。

（三）大力支持开展各项计划生育工作

拨付1 226万用于购置计划生育避孕药具，安排4 910万元计划生育事业费用于开展计划生育目标考核、评估验收、培训宣传等工作，安排2 030万元对全区10.15万名村级计划生育宣传员给予岗位津贴补助，安排1 310万元用于计划生育基层服务站建设。

五、制定管理办法，加强绩效管理

为进一步完善和规范财政资金运行，制定《新疆维吾尔自治区职业教育专项资金管理暂行办法》、《新疆维吾尔自治区城市街道文化中心、社区文化活动室设备购置专项资金管理办法》、《新疆维吾尔自治区中央广播电视节目无线覆盖专项资金管理办法》、《优秀运动队在册运动员等人员伙食补助、试训运动员临时体育津贴专项资金管理办法》、《新疆维吾尔自治区普通本专科高校高等职业学校国家奖学金管理实施办法》、《新疆维吾尔自治区新闻出版东风工程资金管理办法》、《新疆维吾尔自治区学前“双语”教育发展保障经费管理暂行办法》、《自治区本级科技投资收益管理暂行规定》、《新疆维吾尔自治区博物馆 纪念馆免费开放专项资金管理办法》、《新疆维吾尔自治区国家免费孕前优生健康检查项目试点专项资金管理办法（试行）》等十项财政资金管理办法。

为加强财政专项支出管理，强化支出责任，提高财政资金使用效益，对100万元以上202个项目进行了认真的绩效评价和考核工作，涉及金额55.75亿元。2010年开展绩效评价项目总数比2009年增加113项，增幅达56%，涉及金额比2009年增加22.48亿元，增幅为40%。

（自治区财政厅教科文处供稿，戴跃红、李小忠、牙生、营雪莲、艾力、田雨鑫、牛玉明、马磊执笔）

经济建设财政财务

一、完善惠农、惠民补贴政策

（一）研究完善粮食直补和农资综合直补政策

认真研究测算补贴标准和资金需求，为党委、政府制定和完善补贴政策提供可靠依据。粮食直补方面，继续执行按商品量进行补贴的政策，小麦按计划面积每公斤补贴0.20元，大米敞开收购每公斤补贴0.30元。全年拨付粮食直补资金7.3亿元。农资综合直补方面，按照全区1 400万亩小麦指导性计划种植面积进行补贴，每亩补贴标准90元，全年拨付农资综合直补资金13.02亿元。

（二）做好自治区保护价收购油料转临时储备成品油销售处理工作

加快自治区临时储备油销售进度，及时调整自治区临时储备油销售政策，随时了解区内外及国际市场食用油销售形势，适时组织竞价销售。2010年共计销售葵油6.48万吨，保障了自治区临时储备油储存安全，降低了财政补贴支出压力。

（三）研究建立主产区利益补偿制度，加大对产粮大县粮食基础能力建设扶持力度

通过实地调研向自治区党委、人民政府提出“新增农资综合补贴资金集中用于自治区农业节水灌溉项目建设”的建议。对44个粮食主产县和6个自治区确定的重点小麦、玉米育种基地的小麦、玉米高效节水工程建设进行了支持。共建设小麦滴灌节水工程面积30.82万亩，玉米滴灌节水工程面积19.61万亩，渠道衬砌防渗696.64千米，配套渠系桥涵闸建设1 151座，机电井606眼。项目总投资达3.3亿元。

（四）进一步支持粮食企业健康发展

一是改善粮食仓储条件。安排粮食仓储设施维修建设资金3 000万元，对全区36个粮食储备库、站仓储设施建设项目给予补助，新增粮食仓容10.96万吨。争取到中央财政粮食仓储维修资金1 201万元和因灾损失粮食仓储设施维修资金844万元。二是大力支持粮食产业化。安排粮食产业化发展专项资金1 000万元，对14个地（州、市）及2个区级企业的35个面粉加工、油脂加工等粮食产业化龙头企业技术升级改造项目进行了支持，促进自治区粮食产业化经营，支持粮食产业化龙头企业的发展，使农民在粮食产业化经营中得到实惠。三是积极推进农户科学储粮工作。自治区2009年度实施的5万户科学储粮装具配备工作已全部完成。按照国家要求已落实配套资金1 145万元。

（五）加大“下乡”政策落实力度

细化考核指标，将年度考核调整为季度考核，将家电下乡财政补贴月报制度调整为旬报制度，及时、详细掌握补贴兑付情况，全面考核政策实施效果，补贴兑付率显著提高。会同商务部门及时启动并完成了家电下乡补贴资金兑付方式调整前未补贴产品的清理兑付工作。将家电下乡补贴程序由“农户申报，乡级审核，乡级兑付”

调整为“补贴资金由销售网点现场审核并垫资兑付，财政部门与销售网点定期结算”的兑付程序。进一步简化跨兵地销售产品的代垫兑付协议及资金结算申请程序。通过不断完善工作措施，家电、汽车摩托车下乡财政补贴兑付工作进展顺利，补贴兑付率稳步上升。

二、支持优势资源转换战略

（一）继续深化矿权有偿使用制度改革

为进一步研究深化矿权有偿使用制度改革，认真研究相关政策，安排专项资金支持自治区矿产资源勘查开发整合实施方案编制工作、自治区矿业权实地核查工作、自治区煤炭矿区采矿权设置方案编制工作及自治区矿产资源利用现状调查工作；安排部署各地财政部门做好2010年自治区煤炭资源开发特别调节费征收工作。

（二）加强矿山地质环境恢复治理保证金的管理

为确保自治区矿山地质环境治理恢复保证金的缴存使用管理工作顺利进行，会同国土厅及时对采矿企业矿山地质环境治理恢复保证金进行了核定，共核定9批1 254个新立、延续、变更采矿权许可证的矿山地质环境治理恢复保证金19.75亿元。

（三）及时拨付各地（州、市）矿产资源补偿费征收专项经费

根据《新疆维吾尔自治区地（州、市）、县（市）矿产资源补偿费征收奖励暂行办法》的规定，及时拨付矿产资源补偿费征收专项经费1.46亿元。各级财政部门合理安排经费使用，将征收奖励经费用于矿产资源勘查和矿产资源保护项目支出，从严、从紧控制补充矿产资源补偿费征收机构工作经费及财政部门管理经费支出。

（四）支持资源优势转换战略的顺利开展

一是积极争取中央支持。加大矿产资源勘探开发力度，加强重要成矿区带、重要矿床的深部找矿工作，尽快发现大型—超大型矿床，促进自治区优势资源转换战略和国民经济又好又快发展，积极争取“十二五”中央地质勘查项目经费。结合新疆实际，会同有关部门积极向政府汇报“十一五”期间地质勘查成果，建议积极向财政部争取在“十二五”期间继续设立新疆地质勘查中央专项资金，并加大资金投入规模。二是加强自治区地质勘查基金使用管理。从地质勘查基金中安排“358项目”、“西煤东运”东疆地区煤炭资源勘查、伊犁河谷地煤炭资源勘查、新疆深部找矿等重大矿产资源勘查项目经费。积极参与项目论证，预拨调查经费，为“西煤东运”、“西电东送”、伊犁地区煤电煤化工基地等重大项目的实施提供资金支持。

（五）及时拨付重点项目征地拆迁土地补偿费经费预算

支持重点项目建设，加快征地拆迁土地补偿工作，及时审核拨付征地拆迁土地补偿费，确保重大项目顺利实施。

（六）积极做好兰新铁路第二双线征地拆迁补偿工作

制定《兰新铁路第二双线自治区征地拆迁补偿资金支付管理办法》。审核支付兰新铁路第二双线（新疆段）征地拆迁补偿费，确保该线顺利开展征地拆迁工作。

三、加强政府投资管理

（一）落实扩大内需财政政策

第一，加快中央投资补助资金预算执行进度，严格按照发改委下达的投资计划推进。第二，加强财政监督检查，确保资金安全有效。先后参与了工程建设领域突出问题专项治理工作和专项检查、自治区纪检委和发改委等部门组成的联合检查组的检查等，配合中央检查组的工作，对发现的问题认真核实并提出整改建议。第三，在做好预算的下达、资金支付等具体工作的同时，认真统计分析，每月按时向财政部报送扩大内需月报，此项工作受到财政部通报表扬。

（二）全力支持重大项目建设

主动做好资金安排相关工作。根据自治区确

定的全社会固定资产投资规模，合理把握资金投向，在年度预算安排和地方债券资金方案中优先考虑改善民生资金投入，确保中央扩大内需投资项目地方配套需求；重点保障铁路、机场等重大基础设施建设资金需求，年初按计划将所需资金打足；积极支持规划编制，安排大型煤炭基地建设、天山北坡经济区发展规划、自治区“十二五”规划纲要等编制经费；加大前期工作经费安排力度，在年初预算2亿元基础上，又增加安排1亿元用于民生和社会事业发展，并建立了重大项目建设前期工作经费保障机制；加大自治区投资力度，将自治区预算内投资由5.3亿元增加到5.5亿元。

（三）加强地方政府债券资金安排使用管理

按照财政部“2010年地方政府债券资金原则上不得用于新项目建设、必须优先保障中央投资公益性项目地方配套资金”的要求，研究提出60亿元债券资金安排方案。

四、促进节能减排，发展新能源产业

（一）积极争取中央财政政策资金支持

一是组织申报中央财政节能技术改造项目，突出支持重点耗能企业。二是对淘汰落后生产能力进行摸底调查，确定电力、炼钢、炼铁等8个行业47个淘汰落后产能奖励项目。配合完成2007—2010年淘汰落后产能奖励项目核查。三是开展农村环保项目培训，会同环保厅组织项目申报，共上报67个村（镇）农村环境综合整治项目和6个村（镇）生态示范创建项目建设。四是积极申报“金太阳示范工程”项目资金。五是经过争取，将奇台县、乌苏市列为国家农村地区可再生能源示范城市。

（二）健全、完善有利于节能减排和支持新能源发展的政策体系，推进建立支持节能减排的长效机制

重新制定《新疆维吾尔自治区节能减排专项资金管理暂行办法》，研究制定《新疆维吾尔自治区清洁生产和循环经济专项资金管理暂行办法》、《新疆维吾尔自治区新能源产业发展专项资金管理暂行办法》、《新疆维吾尔自治区主要污染物减排专项资金使用管理办法》等，自治区节能减排和新能源发展的政策体系和长效机制正在逐步形成。

（三）创新资金投入方式，支持节能减排关键领域和薄弱环节

注重财政资金引导作用，对新设立的新能源发展资金、清洁生产和循环经济专项资金、节能减排专项资金等，积极推广采用奖励、贴息的财政资金投入方式，以“以奖代补”、“以奖促治”的方式，将财政资金分配与企业的节能量、节水量和主要污染物减排量直接挂钩，通过创新资金投入方式来正确体现政府意图，调动企业投资积极性，有效提高财政资金使用效益。在项目和资金安排方面，努力调整优化各类资金投向，集中支持淘汰落后产能、公共建筑节能、行政机关绿色照明推广、节能监测考核体系建设等重点领域和薄弱环节，推进全社会节能减排工作。

（四）支持新能源发展

一是设立新能源发展专项资金，支持新疆具有独特优势的风电、太阳能光电及煤层气产业发展，力争通过3—5年时间，使自治区新能源产业有较大发展，成为推动自治区产业结构调整、科技创新和财政增收的新亮点。二是加快风电产业规模化发展。积极争取财政部风机设备制造“悬赏制”奖励资金，鼓励以金风科技股份有限公司为龙头的风电设备制造业实现科技创新和产业升级，强化产业集群发展，扩大战略性新兴产业的辐射力和带动作用。三是积极培育光电应用区内市场。充分把握利用国家实施“金太阳示范工程”和“太阳能屋顶计划”相关政策，积极争取让更多企业列入国家示范、试点计划，抓好示范、试点项目的建设进度，提高资金使用效益，发挥示范项目的典型带动作用，培育区内光电消费市场。四是大力推进可再生能源建筑应用。监督指导吐鲁番地区、昌吉市、奇台县、乌苏市制定示范工作实施方案，加快推进项目建设。

五、支持流通和服务业发展

（一）支持服务业发展

设立促进内贸流通服务业发展专项资金，加快自治区内贸流通服务业发展，推进经济发展方式转变，促进和谐社会建设。制定《新疆维吾尔自治区促进内贸流通服务业发展专项资金管理暂行办法》，将专项资金重点用于支持自治区内贸流通服务业的技术升级、设施改造、网点建设、系统平台建设、人员培训、公共服务等方面，促进内贸流通服务业发展，提高就业率；将乌鲁木齐市、喀什市、伊宁市作为农产品现代流通试点城市，争取中央资金1亿元。

（二）做好重要物资储备工作，保障稳定供应，提高市场调控能力

结合各类地方储备粮、油结算价和贷款利率，及时拨付地方储备粮油利息、费用补贴及地方储备粮油轮换费用。安排紧急收储活羊投放市场财政补贴资金，组织区内有条件、资信好的企业采取贷款方式紧急收储活羊，按计划分期、分批投放市场，稳定羊肉市场价格，减轻城乡居民生活支出压力。

（三）认真落实新疆棉花移库补贴政策

按照财政部新疆棉移库财政补贴管理办法，联系专员办做好申请新疆棉移库补贴企业基础信息审查工作，拨付补贴资金1.46亿元，涉及企业199户，推动了新疆棉花产业发展。

（四）做好出疆棉纱运费补贴审核申报工作

会同纺织行办对全区2009年度出疆棉纱运输费用补贴进行审核，按时报送财政部。积极争取扩大棉纱补贴品种，提高补贴标准，财政部已同意将新疆地产棉网和棉粘混纺及粘胶纯纺线产品纳入出疆棉纱运输费用补贴范围。

（自治区财政厅经济建设处供稿，蒋硕执笔）

农业财政财务

一、落实支持农业发展政策，不断增加财政支农投入

（一）落实涉农补贴政策

1. 小麦、棉花、水稻、玉米良种补贴。2010年，中央和自治区共安排农作物良种补贴资金47 740万元。其中：小麦良种补贴资金17 443万元（中央15 443万元，自治区2 000万元），标准为每亩补助10元；棉花良种补贴资金9 954万元，标准为每亩补助15元；水稻良种补贴资金1 168万元，标准为每亩补贴15元；玉米良种补贴资金9 327万元，标准为每亩补助15元。

2. 农机购置补贴。2010年，中央和自治区加大对农机购置补贴的支持力度，共安排资金8.15亿元，其中中央8亿元，自治区1 500万元。补贴覆盖了全疆85个县（市）及47个农牧林场，农机购置补贴资金全部落实到农机户和

农机作业服务组织，提高了农业生产率，也推进自治区农业生产方式变革，增加了农民收入。

3. 绵羊良种补贴。2010年，国家下达绵羊良种补贴资金1 600万元，标准为每只补贴800元，补贴规模2万只。

4. 奶牛、肉牛良种补贴。2010年，中央安排奶牛、肉牛良种补贴资金2 040万元，对荷斯坦牛、褐牛和乳用西门塔尔牛实施冻精剂补贴2剂/头，荷斯坦牛冻精15元/剂，褐牛和乳用西门塔尔牛冻精10元/剂，肉牛冻精5元/剂。

（二）加大对农田水利基础设施建设支持力度

以农田水利重点县建设为载体，以高效节水为重点，将小型农田水利建设资金与现代农业发展资金整合使用，进一步提高农业综合生产能力。

1. 为加强抗旱减灾工作，强化农业高新节水技术的推广，有效降低亩灌定额，提高水资源利用率，增强农业整体持续发展能力，自治区继续在全区范围内推广农业高效节水工作，设立农业高效节水建设资金，按照每亩补助200元标准拨付补助资金6亿元。

2. 按照《新疆维吾尔自治区南疆五地（州）2008—2010年地下水开发利用建设实施方案》，拨付南疆五地（州）地下水开发利用建设资金2.71亿元，新建、改造机电井、监测井7 010眼，解决了南疆农业灌溉供需矛盾，提高了灌溉效率。

3. 支持水产健康养殖，拨付资金1 010万元，做好渔业病虫害防治工作。

4. 支持水管体制改革，拨付南疆三地（州）国家贫困县水管单位公益部分人员基本支出经费1.07亿元。

5. 支持水利防灾减灾，及时拨付特大防汛补助资金2 000万元、应急度汛资金1 850万元、额河过城段防洪治理工程补助资金1 000万元、全疆城市防汛设施补助资金3 000万元、自治区防汛抢险补助资金1 000万元。

（三）大力支持设施农业发展

按照自治区大力发展设施农业的总体安排部署，支持设施农业发展。2010年全区设施农业占地总面积达到114万亩，全区农民通过设施农业实现人均纯收入480元，占农民人均纯收入的10%，比2009年增加60元。

1. 2010年，安排设施农业发展专项资金5 000万元，采取财政补助和贴息相结合的办法，整合资源，引导银行、金融及其他社会资金投入，调动农民发展设施农业的积极性。

2. 安排专项资金2 500万元支持伊犁州、塔城地区、吐鲁番地区农业科技服务体系建设及育苗中心建设。

3. 安排克州发展设施农业银行贷款财政贴息资金，实行按季度全额补贴，有力支持当地设施农业发展。

（四）支持特色林果业发展和生态建设

1. 特色林果业是自治区农业产业结构调整的重点，林果业种植面积已达到1 600万亩。2010年，拨付特色林果业发展专项资金5 600万元、林业科技推广资金2 100万元，支持林果业技能培训、良种繁育、示范基地建设等。塔里木盆地建成了以香梨、红枣、核桃、葡萄、杏、苹果等为主的特色林果主产区。

2. 为保护自治区森林生态环境，保障林果业的健康、快速发展，拨付林（果）业有害生物防治资金2 000万元，主要用于支持林果有害生物防控体系建设、疫情监测、防控、林（果）业有害生物除治等工作。有效抑制了林果有害生物扩散危害的趋势，加强了林果有害生物防控体系建设。

3. 按照天然林保护工程实施方案，拨付中央天然林保护工程专项资金7 633万元，自治区配套资金2 020万元。

4. 新疆重点公益林区划界定面积1.02亿亩。2010年，落实中央森林生态效益补偿基金

4.33亿元，对8 665万亩重点公益林全部实施补偿，落实地方森林生态效益补偿基金6 000万元，改善公益林管护条件，提高管护质量。组织开展对重点公益林的管护工作，公益林区乔木林郁闭度、灌木林覆盖度都有明显提高，生物多样性也逐步显现。

5. 落实中央退耕还林政策补助资金2.86亿元，完善退耕还林1.11亿元，巩固退耕还林政策2.15亿元，安排退耕还林阶段验收工作经费，支持退耕还林阶段验收工作，完成退耕还林工程建设任务975.72万亩，占国家下达自治区工程建设任务面积的93.1%。其中：退耕地造林325.21万亩（含退耕地还草4.57万亩）、宜林荒山造林550.51万亩，封山育林100万亩。工程建设涉及全疆14个地（州、市）的90个县（市、区）795个乡镇5 834村，有34.16万农户150.35万人享受到国家退耕还林政策的直接补助。

6. 落实中央财政造林试点补贴资金3 650万元、中央林木良种补贴1 135万元、森林抚育试点补贴资金7 000万元、中央湿地保护补助资金700万元。

（五）支持现代畜牧业发展

1. 按照《自治区动物防疫体系建设规划》的要求，遵循“避免重复、整合资源、突出重点、分步实施”的原则，开展动物防疫体系建设。自治区财政安排2 000万元实施了172个乡镇畜牧兽医站设施建设及5个公路动物防疫监督检查站、11个国有牧场兽医站项目的建设。动物防疫基础设施明显改善，动物疫病诊断、监测、兽药残留检测和疫情预警预报能力进一步提高。

2. 为加强牲畜品种改良基础设施建设，自治区每年安排1 000万元用于奶牛改良配种站、配种器材等基础设施建设。

3. 落实中央口蹄疫等重大动物疫病疫苗补助经费7 222万元、退牧还草饲料粮补助资金1.72亿元。

（六）积极落实中央现代农业发展政策及项目资金

以现代农业发展资金为平台，集约资金、技术、管理等各种生产要素，整合相关资金，统筹用于现代农业高效节水发展，将中央现代农业发展资金2.05亿元与小型农田水利设施建设1.04亿元捆绑下达，重点支持优势主导产业基地建设、农业规模化标准化生产、先进适用农业技术推广应用、农业产业化经营等农业产业发展的关键环节。

（七）完善促进农业产业化扶持政策，提升农产品加工转化能力

拨付农产品加工企业发展资金5 000万元、乡镇企业贷款贴息资金500万元、乡镇企业工业园区发展资金300万元，加强原料基地建设，加快农产品加工企业技术改造和新产品开发，农产品质量不断提高。

（八）支持完善新型农业公共服务体系建设，提升农产品市场开拓能力

1. 为创造农业健康快速发展条件，安排支持农民专业合作发展组织资金2 000万元，引导农民专业合作组织发展壮大。

2. 为进一步完善农村市场基础设施，自治区继续安排农村市场体系建设专项资金2 000万元、农村信息服务体系建设资金1 000万元，重点支持农村集贸市场及中心乡镇市场改造和建设，以及外向型农业及物流产业的发展，促进了农产品流通，扩大了农村消费，推动了农村经济结构战略性调整，促进了农民增收。

3. 安排农产品品牌建设、市场开拓和农产品展会等专项资金，支持农产品外销。

（九）进一步支持农牧业防灾减灾和人工影响天气工作

1. 拨付中央农业生产救灾资金1.67亿元，用于向牧区调运饲草料和农区设施农业、小麦防病救灾、林果防冻等工作。

2. 拨付自治区救灾资金1 930万元，用于伊犁州和阿勒泰地区调运饲草料、福海县农业救灾贷款贴息及建立畜牧业防灾减灾体系等工作。

3. 加强农牧气象灾害监测、预警、评估工作，增加投入，安排人工增雨（增雪）应急工程建设资金1 640万元，人工增雨、增雪专项资金1 400万元，为农业生产、防雹增雨（雪）提供保障，促进了农业生态环境不断改善。

（十）支持农产品质量安全建设

实施农产品例行检测管理。2010年安排5 000万元专项资金，支持农产品质量安全检测体系建设。建成14个县级检测中心，在企业、批发市场、超市建立检测室（点）。乌鲁木齐市建立了市、区（县）、乡（镇）三级检验检测网络体系。

二、全面开展强农、惠农资金专项清理和检查工作

按照《财政部、监察部、国务院纠风办、审计署关于印发〈关于开展强农、惠农资金专项清理和检查工作的实施意见〉的通知》要求，自治区成立强农、惠农资金专项清理和检查工作领导小组和办公室，制定印发了《新疆维吾尔自治区开展强农、惠农资金专项清理和检查工作实施方案》，与相关部门联合开展了强农、惠农资金专项清理和检查工作。

强农、惠农资金专项清理工作检查了2007—2009年全区地方财政安排强农、惠农资金项目2 300多项、金额292.23亿元（不含中央资金）。其中：自治区本级部门215.57亿元，包括农资综合补贴、良种补贴、农村公路建设、水利工程建设、游牧民定居、农村教育、医疗、文化、社会保障等31类；地（州、市）14.25亿元，包括农业补贴、动物防疫体系、农村沼气、农村公路、农村饮水安全、农业科技、农业产业化发展、农村教育、农村社会保障等43类；各县（市）62.41亿元，包括农村基础设施建设、社会事业发展、农业生产、农业补贴等47类。

专项清理检查出个别地区强农、惠农资金使用管理中存在的问题：对惠农政策宣传不到位，部分群众对惠农补贴发放程序不够了解；惠农资金投入结构不合理，管理分散、交叉重复严重，影响资金使用效率；资金管理不够规范，专项资金未实行专账管理，监管不严；资金拨付不及时，报账手续和资料不全；涉农项目结余资金过大，项目执行较缓慢。

强农、惠农资金专向清理和检查工作的开展，进一步强化了强农、惠农资金监督，提高了资金使用和管理工作水平。

（自治区财政厅农业处供稿，曾涛执笔）

社会保障财政财务

一、财政社会保障支出情况

2010年，全区社会保障支出270亿元，较上年增加41.6亿元，增长18.2%，占全区财政一般预算支出的20%。其中：社会保障和就业支出166.4亿元，较上年增加27.3亿元，增长

19.6%；医疗卫生103.6亿元，较上年增加14.3亿元，增长16.1%。

2010年，中央财政下达自治区社会保障补助资金117.5亿元，较上年增加34.1亿元，增长40.8%；自治区本级财政安排34.4亿元，较上年增加13.5亿元，增长64.5%。自治区共下达各类社会保障专项资金150.6亿元，较上年增加43.6亿元，增长40.7%，结转下年使用的中央补助资金1.46亿元。

二、各项社会保障财务管理情况

（一）劳动保障事业方面

1. 促进就业工作。2010年，自治区积极应对国际金融危机对全区就业的影响，把促进就业摆在更加突出的位置，加大了促进就业工作力度。自治区党委、人民政府制定了《关于进一步促进大中专毕业生就业的意见》、《关于自治区促进零就业家庭就业的意见》、《新疆维吾尔自治区就业工作以奖代补资金管理办法（暂行)》等一系列促进未就业大中专毕业生、零就业家庭等困难就业人员就业新政策，建立了就业资金以奖代补管理办法。

2010年，全区就业资金支出30亿元（其中：中央财政补助15.2亿元，自治区本级财政安排10亿元，地、县财政安排4.8亿元），较上年增加13.38亿元，增长80.6%。全年实现城镇新增就业再就业51.68万人，就业困难人员实现就业6.38万人，其中重点解决了2.19万户零就业家庭中2.44万人就业，实现零就业家庭动态清零目标。农业富余劳动力转移就业231.3万人（次)，新增小额担保贷款9.07亿元，同比增长126.5%。城镇登记失业率为3.3%。全区城乡就业人员共有139.18万人次享受了各项优惠政策，其中享受职业介绍补贴人数12.57万人、享受社会保险人数19.30万人、享受职业培训55万人、享受公益性岗位补贴人数12.10万人、享受职业技能鉴定补贴人数35.33万人、享受小额担保贷款贴息人数2.84万人、享受就业见习补贴人数2.04万人。

2. 新型农村社会养老试点工作。2010年，南疆三地（州）所有县（市)，其他地区边境县、贫困县共43个县（市）纳入试点范围，全区新农保试点县达56个县，覆盖全区60%左右的农业人口。在总结首批13个试点县试点经验的基础上，自治区人民政府印发《新疆维吾尔自治区扩大新型农村社会养老保险试点实施方案》，对原有的实施方案做了必要的补充和完善：一是调整了缴费补贴标准，将自治区对16—59岁参保农牧民的最低补贴标准由原来的每人每年30元提高到50元；二是增加了缴费档次，将原来确定的100—500元5个缴费档次增加到100—1 000元10个缴费档次；三是制定了对选择较高档次缴费的鼓励政策，对选则100元以上档次缴费的，每提高一个缴费档次，增加补助不低于5元；四是增加了长期缴费的鼓励政策，对累计缴费满15年的农牧民，每增加缴费1年，每月增加不低于2元的基础性养老金。

全年自治区共下达新农保补助资金4.43亿元，其中中央财政补助3.11亿元、自治区本级财政安排1.32亿元。全区参保农牧民356.28万人。其中：16—59周岁参保农牧民293.48万人，参保率81.7%；符合养老金领取条件的60周岁以上农牧民62.8万人，发放率100%。累计征缴养老保险费3.61亿元，累计发放基础养老金2.72亿元。

3. 未参保集体企业退休人员基本养老保障工作。2010年4月，自治区人民政府印发《新疆维吾尔自治区关于解决城镇未参保集体企业退休人员基本养老保障等遗留问题的试行办法》，对曾在自治区城镇各类用人单位工作过、具有新疆城镇户口的“五七工”、“家属工”，本人自愿按规定一次性补缴养老保险费后，可纳入城镇企业职工基本养老保险统筹，按自治区城镇企业职工基本养老金计发办法计发养老金。补缴费以1995—2009年（共15年）各年度社会平均工资的60%为基数，费率为28%，55—60岁补费金额为3.35万元，以后每增长一岁，少补缴1 600元，75岁以上人员按9 500元缴纳。全年共有10.3万名“五七工”、“家属工”办理了补缴费手续，补缴费收入22.17亿元，其中有9万名“五七工”、“家属工”领取了养老金待遇，养老金支出6.01亿元。

4. 为企业离退休职工发放冬季采暖费工作。2010年7月，自治区人民政府印发《关于对参加自治区城镇企业职工基本养老保险社会统筹的离退休职工实施冬季采暖费补贴的通知》，对所有纳入自治区城镇企业职工基本养老保险社会统筹的离退休职工，按每人每月120元的标准发放冬季采暖费补贴，所需资金由自治区企业职工基本养老保险基金负担。全年共为64.8万名企业离退人员支付冬季采暖费补贴7.76亿元。

5. 提高企业非因公和因病死亡人员的抚恤待遇标准工作。2010年7月，自治区人民政府印发《关于调整参加自治区城镇职工基本养老保险社会统筹人员死亡后抚恤待遇标准的通知》，提高纳入自治区基本养老保险社会统筹的企业职工非因公或因病死亡的抚恤待遇标准。其中：离退休职工，按其死亡时本人月养老金标准一次性发给20个月的供养亲属抚恤金；在职职工，按其死亡前本人12个月的平均缴费工资基数为标准，按缴费每满1年支付1个月，最多一次性发给20个月的供养亲属抚恤金，所需资金由自治区企业职工基本养老保险基金负担。全年共支出丧葬抚恤费1.96亿元。

6. 为1995年底以前退休的企业退休人员发放生活补贴工作。2010年7月，自治区人民政府印发《关于对参加自治区城镇企业职工基本养老保险社会统筹的有关退休人员实施生活补贴的通知》，从2010年7月1日起，为1995年底以前办理退休（退职）手续的企业退休人员，按每人每月120元的标准发放生活补贴。发放补贴所需资金，生产经营正常的企业由企业负担，关闭、破产、困难企业由各级财政补助，自治区财政对南疆三地（州）和其他地（州）的边境县、贫困县给予重点支持。

7. 城镇居民基本医疗保险工作。2010年自治区城镇居民基本医疗保险工作全面推开，15个地（州、市）实现全覆盖。2010年底，全区城镇居民基本医疗保险参保人数为273.8万人，参保率达到90%，同比增加17.7万人，增长6.89%。全年城镇居民基本医疗保险费征缴收入为4.18亿元，较上年增加8 204万元，增长24.41%。城镇居民基本医疗费支出4.6亿元，其中住院支出4.45亿元、门诊统筹支出1 205万元，较上年增加1.52亿元，增长82.66%，全区平均住院报销率为55%。基金累计结余2.87亿元，较上年减少0.36亿元，减少11.06%。

（二）民政事业方面

1. 城市最低生活保障。2010年，自治区按每人每月50元的标准提高了城市低保补助水平，使城市低保月人均补助水平由135元提高到185元；同时，将城市低保标准提高到不低于138元/月。全区城市最低生活保障支出17.28亿元，其中中央财政补助12.22亿元、自治区本级财政安排3.5亿元，切实解决了83.5万多名城市困难群众的基本生活问题，全年领取城市低保金达896万多人次。

2. 农村最低生活保障。2010年，自治区按每人每月10元的标准提高了农村低保补助水平，使农村低保月人均补助水平由65元提高到75元。全区农村最低生活保障支出金11.9亿元，其中中央财政补助8.95亿元、自治区本级财政安排2.03亿元，切实解决了129.9万多名贫困农牧民的基本生活问题，全年领取农村低保金达1 563万多人次。

3. 优抚安置。2010年，自治区提高了回乡务农抗战老战士等21 346名四类优抚对象的生活补助标准。其中：回乡务农抗战老战士生活补助标准每人每月增加428元，达到800元；在乡复员老军人每人每月增加105元，达到435元；带病回乡退伍军人、参战退役人员和涉核退役人员每人每月增加100元，达到300元；1993—1999年军队复员干部生活困难补助标准每人每月增加200元，达到500元。提高生活补助资金全部由自治区财政负担。自治区财政共安排资金1 818万元。

4. 城市医疗救助。2010年，全区城市医疗救助共救助贫困城镇居民64.1万人次，其中资助参加城镇居民医保40.3万人。全年城市医疗救助支出1.99亿元。其中：中央财政补助1.77亿元，自治区本级财政安排0.11亿元，消化历年结余0.11亿元。全区城市医疗救助基金滚存结余1.24亿元。

5. 农村医疗救助。2010年，全区农村医疗救助共救助贫困城镇居民159.1万人次，其中资助参加新农合122.1万人。全年农村医疗救助支出3.14亿元，其中中央财政补助2.43亿元、自治区本级财政安排0.25亿元、消化历年结余0.46亿元。全区农村医疗救助基金滚存结余1.53亿元。

6. 为城乡困难群众发放临时物价补贴。2010年12月，为积极应对物价上涨对城乡困难群众基本生活的不利影响，自治区决定为全区城乡困难群众发放临时性物价补贴，城市低保对象、优抚对象补贴标准为每人80元，农村低保对象补贴标准为每人40元、五保供养对象补贴标准为每人100元。列入临时物价补贴发放范围的城乡困难群众共计230万人，包括城市低保对象86.1万人，农村低保对象129.9万人、五保供养对象10.9万人、优抚对象3万人。自治区共下达补助资金1.14亿元，其中中央财政补助6 285万元、自治区财政安排5 150万元。

（三）卫生事业方面

1. 新型农牧区合作医疗。2010年，自治区新型农牧区合作医疗筹资标准为人均150元/年，其中中央财政补助每人每年60元，地方各级财政补助每人每年60元，农牧民个人缴费30元（南疆三地（州）个人缴费仍为10元，剩余20元由自治区财政补助）。自治区89个县（市）已全面开展了新型农牧区合作医疗工作，参合农牧民1 019万人，参合率98.6%。全年农民个人缴费1.7亿元，财政补助15.2亿元（其中：中央财政补助6.1亿元，自治区本级财政安排6.1亿元，各地财政安排3亿元）；本年支出14.7亿元，新农合基金年末滚存结余5.9亿元。

2. 基本公共卫生服务。2010年，按每人每年15元的标准，对城乡居民开展基本公共卫生服务予以补助，在城乡基层医疗卫生机构普遍落实了居民健康档案、健康教育、免疫规划、传染病防治、儿童保健、孕产妇保健、老年人保健、慢性病管理、重性精神疾病患者管理等9类国家基本公共卫生服务项目。全区基本公共卫生服务支出3.17亿元，其中中央补助2.25亿元，自治区本级财政安排0.33亿元，地、县财政安排0.59亿元。

3. 实施国家基本药物制度。2010年5月，自治区印发《自治区基层医疗卫生机构运行补偿办法》，建立了财政补助和基本医保基金共同补偿的多渠道补偿机制。对基层医疗卫生机构和愿意执行基本药品目录的社会力量举办的社区卫生服务机构实行药品零差率补偿，基本药物零差率补偿额由财政和各项基本医保基金各负担50%。此外，基层医疗卫生机构提供的基本公共卫生服务，由各级财政通过基本公共卫生服务补助进行补偿，处置突发公共卫生事件由各级财政按服务成本核定补偿。到2010年底，已在全区60个县的基层医疗卫生机构建立了国家基本药物制度。

（四）社会保险事业方面

1. 企业职工基本养老保险。2010年，全区企业职工基本养老保险实际参保人数246万人，较上年增加27万人，增长12%。其中：在职职工181.2万人，增加14.9万人，增长8%；离退休人员64.8万人，增加12.1人，增长22%。基金收入182.73亿元（剔除上下级往来），较上年增加40.84亿元，增长28%，其中基本养老保险费收入142.19亿元，比上年增加36.7亿元，增长34%。基金支出119.03亿元（剔除上下级往来），增加32.8亿元，增长38%，其中基本养老金支出116.99亿元，增加32.12亿元，增长37%。基金滚存结余348.62亿元，比上年增加63.71亿元，增长22%。其中：区本级（含中央行业）累计结余292.93亿元，占全区总数的84%；地（州、市）累计结余55.68亿元，占全区总数的16%。

2. 失业保险。2010年，全区失业保险实际参保人数180.29万人，比上年净增10.69万人，增长率为6.3%。基金收入13.28亿元，较上年增加1 600万元，增长1.2%，其中失业保险费收入12.59亿元，减少205万元，降低1%。基金支出11.08亿元，较上年增加2.47亿元，增幅为28.6%。其中：失业保险金支出1.28亿元，减少490万元，降低3.7%；促进就业支出2.74亿元，增加1.59亿元，增长137%。基金滚存结余41.8亿元，较上年增加2.2亿元，增长5.5%，其中自治区失业保险调剂金结余7.69亿元（不含中央行业单位），较上年增加3 700万元，增长5%。

3. 城镇职工基本医疗保险。2010年，全区城镇职工基本医疗保险实际参保人数274.36万人，较上年增加17.54万人，增长6.83%。其中：在职职工207.98万人，增加14.02万人，增长7.23%；退休人员66.37万人，增加3.52万人，增长5.61%。基金收入63.31亿元，较上年增加11.03亿元，增长21.11%。其中：基本医疗保险统筹保险费收入32.65亿元，增加5.5亿元，增长20.3%；医疗保险个人账户基金保险费收入24.06亿元，增加2.82亿元，增长13%。基金支出54.99亿元，增加10.94亿元，增长24.85%。其中：基本医疗保险统筹基金待遇支出32.62亿元，增加7.42亿元，增长29.4%；基本医疗保险个人账户基金待遇支出20.48亿元，增加2.96亿元，增长16.9%。基金滚存结余55.81亿元，增加8.32亿元，增长17.52%。其中：基本医疗保险统筹基金滚存结余27.67亿元（本级结余3.92亿元，各地结余23.75亿元），增加4.68亿元，增长20.4%；医疗保险个人账户基金滚存结余28.14亿元（本级结余5.83亿元，各地结余22.31亿元），增加3.64亿元，增长14.8%。全区平均住院报销率为70.5%，其中自治区本级住院报销率达到80%，各地住院报销率达到61%。

4. 工伤保险。2010年，全区工伤保险平均缴费率为1%，工伤保险参保人数167万人，比上年增加16.66万人，增长11%。全区共1.11万人次享受工伤津贴，较上年增长2 366人次，年人均待遇支出水平18 642元，较上年增长3 352元。基金收入3.12亿元，较上年增加4 300万元，增长16.1%，其中工伤保险费收入2.95亿元。基金支出2.09亿元，较上年增加6 800万元，增长48.4%，其中待遇支出2.08亿元，较上年增加6 800万元，增长48.6%。年末滚存结余6.56亿元，较上年增加1.03亿元，增长18.7%。

5. 生育保险。2010年，全区生育保险平均缴费率为0.81%，生育保险参保人数171.43万人，较上年增加11.59万人，增长7.26%。全年享受生育津贴4.18万人次，较上年增加4 612人次，人均领取生育津贴8 037元，较上年增加483元。基金收入4.53亿元，增加5 500万元，增长13.7%，其中生育保险费收入3.3亿元，较上年增加4 300万元，增长14.9%。基金支出3.43亿元，增加6 300万元，增长22.4%，其中生育待遇支出2.24亿元，较上年增加5 200万元，增长30.5%。基金滚存结余5.72亿元，较上年增加1.09亿元，增长23.6%。

（自治区财政厅社会保障处、社会保障资金管理中心供稿，卫峄鹏执笔）

企业财政财务

一、做好关闭破产企业财务管理工作

1. 及时收缴破产改制国有企业资产变现收入。督促指导财政已支付破产清算及职工安置费用的关闭破产企业按国家及自治区有关政策及时妥善安置职工，缩短清算期，加快资产变现。2010年度征收新疆建工（集团）有限责任公司、新疆第九汽车运输公司、新疆水利水电建设工程局等6户企业资产变现收入3.89亿元。

2. 推动区属政策性破产企业加快破产清算工作进程。按照自治区国有企业破产改制工作的安排部署，2010年度自治区本级财政安排国有企业改革成本6亿元，保障了新疆昆仑股份有限公司、新疆水利水电建设工程局及建工集团所属部分破产企业的破产清算、人员安置等各项费用。

3. 认真做好中央下划企业关闭破产各项工作。2010年共安排新疆有色集团公司稀有金属矿等3个破产企业集体从业人员最低生活保障费3 069万元及新疆六道湾煤矿退休人员各项费用8 369.06万元，推进了中央下放企业关闭破产工作进程。

二、深化国有企业改革

1. 大力支持区属国有企业改制改组。拨付新疆建工（集团）有限责任公司改革成本1.44亿元，保障了该公司下属三建、六建、新龙公司等单位拖欠农民工劳务费、拖欠职工债权、拖欠职工劳务费等问题。拨付新疆道路桥梁工程总公司改革成本3 475.26万元，妥善解决了拖欠职工“一金五险”、贷款利息和民工工资等债务问题，以及下属第一工程处退休人员移交喀什管理的分年度费用。

2. 落实国有企业办中小学退休教师待遇。自治区本级财政共投入资金6 380.49万元，保障了61户区本级国有企业及4户中央企业共3 076名退休教师的补差工资、医疗保险费、取暖费、活动经费、津补贴等待遇差额问题，为推进国有企业改革，维护社会稳定起到了积极作用。

3. 落实参加城镇企业退休人员生活补贴政策。按照自治区人民政府《关于对参加自治区城镇企业职工基本养老统筹的有关退休人员生活补贴的通知》精神，自治区本级安排专项资金1.13亿元，按每人每月120元的标准，发放国有企业约15万名1995年12月31日前退休（退职）人员的生活补贴。

三、支持自治区企业实现快速、健康发展

1. 支持自治区中小企业发展。组织开展了2010年中小企业发展专项资金的项目申报、审核工作，并拨付自治区中小企业发展专项资金1亿元，支持了243个发展前景广阔，具备一定产业优势的中小企业项目。向中央财政争取中央中小企业发展专项资金6 010万元，支持了45个项目，争取特色中小企业发展专项资金6 742万

元，支持了87个项目。

2. 支持自治区企业提升技术装备水平。组织开展了2010年第一、第二批技术改造专项资金的项目申报、审核工作，并拨付技术改造专项资金1亿元，扶持了涉及15个地（州）的141个技术改造项目，预计可引导社会投资220亿元，拉动银行贷款130亿元。

3. 支持高新技术企业发展。组织开展了新产品、新技术开发推广资金的项目申报工作，并拨付资金2 000万元，支持了涉及石油石化、高新技术、新型材料、环保节能等重点行业的67个项目，表彰了17项自治区优秀新产品，上述项目共实现销售收入6.46亿元，实现利润8 015万元，实现应缴税金5 230万元，新增就业岗位902个，拉动节能减排总投入7 972万元，实现废弃物排放减少3 064吨。争取中央财政第一、第二、第三批科技型中小企业技术创新基金5 627万元，支持了88个项目。

四、推动外经贸事业平稳、快速发展

1. 完善政策措施。为缓解外经贸发展困难，进一步消弭国际金融危机对自治区外经贸企业产生的影响，自治区财政厅会同自治区商务厅积极研究对策，通过采取提高、加工贸易奖励额度、扶优扶强等政策支持全区外贸企业发展，促进自治区对外贸易继续保持健康发展态势。

2. 加大投入力度。按照“外引内联、东联西出、西来东去”的方针政策，2010年，自治区财政共拨付中小企业国际市场开拓资金、外经贸区域协调发展促进资金、地方外经贸发展专项资金等各类涉外发展扶持资金2.75亿元，为自治区外经贸事业实现健康、快速发展提供有力资金保障。

五、加强财政企业管理制度建设

1. 研究出台各项资金管理办法。2010年，自治区财政厅会同自治区商务厅等相关部门先后研究出台了《新疆维吾尔自治区中小外贸企业融资担保专项资金管理暂行办法》、《2010年度新疆维吾尔自治区鼓励地方外贸增长奖励办法》、《新疆维吾尔自治区保持外贸稳定增长有关资金管理暂行办法》、《新疆维吾尔自治区地方特色中小企业发展资金管理实施细则》、《新疆维吾尔自治区外贸公共服务平台建设资金管理办法》和《新疆维吾尔自治区资产评估收费管理办法》等制度办法。

2. 研究修订相应资金管理办法。自治区财政厅会同自治区经信委修改完善了《新疆维吾尔自治区新产品新技术开发推广资金管理办法》，会同自治区商务厅修订了《新疆维吾尔自治区外经贸区域协调发展促进资金管理实施细则》和《新疆维吾尔自治区中小企业国际市场开拓资金管理实施细则》等制度办法。

六、推进企业财务信息管理体系建设

1. 加强对企业经济运行情况分析力度。2010年，纳入自治区国有企业快报编报范围的企业共有866户，着重从国有企业经济效益增减变化情况对财政收入的影响等方面分别撰写了月度国有企业经济运行情况分析。

2. 不断扩大非国有企业财务信息编报范围。加强组织领导，落实各地（州、市）扩大非国有企业财务信息快报编报工作任务，进一步扩大全区非国有企业快报编报范围。截至目前，纳入编报范围的非国有企业已达2 103户，较上年增长357户。

3. 进一步完善自治区财政重点监控企业财务快报体系。2010年，自治区财政从自治区各类企业中挑选出19户富有代表性的纳税大户作为自治区财政重点监控企业，分别涉及石油石化、煤炭、钢铁、有色等重点行业，按月对以上企业的经济运行情况进行了深入、细致的了解和分析，对自治区整体经济运行的宏观决策提供了有效参考。

4. 坚持贯彻企业财务信息快报考评制度。按照《新疆维吾尔自治区企业财务信息快报工作考核奖励办法》的规定，严格按照每月考核、每季通报、每年评比的原则坚持执行考评制度，切实提高了企业财务信息工作质量和效率。

5. 认真做好国有及城镇集体企业财务会计决算报表编制工作。分别召开了2009年度企业财务会计决算报表布置会和汇审会，将责任层层落实到人，顺利完成了2009年度国有及国有控股企业和城镇集体企业财务会计决算报表的编制上报工作。2009年度，自治区国有及国有控股企业汇编户数为1 183户，资产总额1 462亿元，所有者权益总额577亿元，负债总额885亿元，拥有在职职工25.94万名。实现营业总收入370亿元，营业总成本378亿元，营业外收入21亿元，营业外支出4亿元，实现利润总额（盈亏相抵后）17亿元。实现应缴税金总额17亿元，实际上缴税金总额19亿元。

6. 认真做好外商投资企业决算编审工作。依托财政企业财务信息管理系统，会同自治区相关部门完成了2009年度自治区外商投资企业决算报表汇总审核工作。2009年度，纳入外商投资企业决算户数292户。

七、加快推进自治区国有资本经营预算试点工作

2010年6月，召开了自治区国有资本经营预算工作会，安排部署了2010年度自治区国有资本经营预算工作，对国有资本经营预算的政策法规和制度办法进行了培训、学习，区本级及各地（州、市）相关单位的近200名代表参加了会议。经测算，纳入2011年度区级国有资本经营预算实施范围的25户企业可实现国有资本经营预算收入1.22亿元。

八、落实大中型水库移民后期扶持政策

按照国务院、自治区党委关于落实大中型水库移民后期扶持政策的各项要求，2010年共安排资金5 830.8万元，保障了全区9.2万余名水库移民2009年四季度至2010年三季度所需后扶资金，并拨付大中型水库移民后期扶持结余资金及大中型水库移民后期扶持应急补助结余资金1 645万元，加快推进移民安置区基础设施建设。

九、开展财政专项资金绩效评价工作

按照《关于印发〈自治区本级财政专项支出绩效评价管理办法〉的通知》要求及开展财政资金绩效评价工作的安排部署，对2010年自治区本级投入的24项100万元以上，总资金规模为12.03亿元的专项资金使用情况进行了全面、客观的考核、评价，并取得了一定的成效，逐步建立起“事前评审、事中监控、事后评价”的财政性资金监督评价体系。

十、继续做好资产评估行业行政管理工作

1. 认真做好机构设立、撤销的审批工作。严格按照财政部《资产评估机构审批管理办法》要求，批复设立了新疆德合资产评估事务所等4家资产评估机构，撤销了新疆华夏资产评估有限公司的评估资格，并报财政部备案。

2. 推进评估机构收费制度改革。在广泛征求各方意见的基础上，会同自治区发改委草拟了《新疆维吾尔自治区资产评估收费管理办法》。

3. 积极争取优惠政策。积极向财政部反映自治区实际情况，争取到阿勒泰、吐鲁番、和田等五个地（州）继续享受降低资产评估机构设立条件的优惠政策。

十一、做好委托监管企业资产、财务管理工作

1. 支持委管企业快速发展。为支持自治区国有资产投资经营公司、自治区投资信用保证公司等两户委托监管企业不断做大做强，进一步增强发展实力，共拨付两户企业2010年度增加注册资本金、担保风险补偿资金等资金共计9 237万元。

2. 切实做好财政财务管理工作。组织开展

了两户委托监管企业拟定2010年度企业负责人经营业绩考核目标建议值，以及2010年度工资总额、职务消费预算和2009年度工资总额清算工作。会同自治区国资委完成了自治区担保公司设立子公司、控股地（州）担保机构的相关工作。

3. 有效减轻企业负担。为结合自治区国有资产投资经营公司经营现状，盘活存量资产，减轻经营负担，会同相关部门完成经营公司所属天正实业总公司友好集团股份被冻结、新疆兴财科技发展中心国债兑付等相关工作。

（自治区财政厅企业处供稿，代万斌、孙欣执笔）

涉外财政财务

一、召开政府外债管理工作现场会

2010年6月，在伊犁州伊宁市召开了“自治区财政政府外债管理工作现场会”。主要内容：一是全面贯彻自治区财税工作会议、财政工作会议的安排部署，以及自治区人民政府《关于进一步加强政府外债管理工作的通知》文件精神；二是总结政府外债管理的工作经验。以日本协力银行贷款新疆城市基础设施建设与环境保护项目、北欧投资银行贷款伊犁州引进农牧机械设备项目和亚行贷款伊宁城建项目为例进行案例分析和经验交流，并进行实地观摩。

二、加强借款项目调查研究工作

1. 对巴音郭楞蒙古自治州塔里木河流域管理局“塔二”生态子项目还款能力和巴州政府外债项目管理情况进行实地调研。了解塔管局承担“塔二”项目的债务情况及实际还款情况，并督促自治州做好基础财务债务管理工作。

2. 按照财政部有关要求，对全区国际金融组织贷款项目欠款情况进行调研，根据各地（州）上报数据及分析报告，完成并向财政部报送了《新疆国际金融组织贷款项目欠款情况调研报告》和相关调查表。

3. 对“日元贷款新疆人才培养项目”、“日本协力银行贷款新疆节水灌溉项目”、“日本协力银行贷款新疆六城市环境综合治理项目”、“博州农机局北欧投资银行贷款引进农牧业机械项目”和“艾比湖生态保护和芒硝开发项目”的实施情况进行调研，了解项目的进展情况，总结管理经验，剖析项目出现问题的原因，有针对性地提出解决建议。

三、稳步推进绩效评价工作

1. 国际金融组织贷款项目绩效评价工作。根据财政部国际司的有关要求和具体部署，确定2010年绩效评价项目为“世行贷款新疆畜牧业发展项目”，制订了《世行贷款新疆畜牧业发展项目绩效评价任务大纲》、“国际金融组织贷款项目基础信息表”、“绩效评价框架结构”，以及“绩效评价实施方案”，最终完成了项目绩效评价报告，上报财政部。

2. 外国政府贷款项目绩效评价工作。根据财政部金融司2010年绩效评价工作部署，制定绩效评价工作实施方案，开展了为期3个多月的绩效评价工作，完成了《新疆维吾尔自治区电力公司达坂城风力发电一期工程项目》、《中国新疆阿克苏市城市基础设施建设工程使用沙特政府贷款项目》等25个外国政府贷项目的绩效评价报告，并按财政部要求进行汇总上报。其中：等级为优的项目13个；等级为良的项目6个；等级为中的项目3个；等级为差的项目2个；还有1个项目单位（新疆金海皮革有限公司）已破产。

四、建立、健全各项规章制度

1. 制定了《新疆维吾尔自治区国际金融组织和外国政府赠款项目管理暂行办法》。本办法适用于利用国际金融组织和外国政府赠款开展的所有项目活动，包括项目准备、实施、后评估和资产管理等，对今后新疆新上国际金融组织和外国政府赠款项目具有参照和规范作用。

2. 制订了《世界银行贷款新疆坎儿井保护及节水灌溉工程项目财务管理办法》，以做好项目的资金使用及财务管理工作，确保项目顺利实施，实现项目设计目标。

3. 制定了《全球环境基金赠款艾比湖区域可持续管理与生物多样性保护项目提款报账办法》，以做好项目的提款报账工作，加快项目执行进度。

五、科学谋划新项目，做好项目前期准备工作

1. 乌鲁木齐市集中供热节能改造项目。该项目贷款1亿美元，2010年完成了世行鉴定团、准备团、预评估团及评估团来疆工作。

2. 世行贷款吐鲁番地区坎儿井保护及节水灌溉工程项目。组织开展了项目财务评审工作，对项目财务可行性、配套资金方案、还贷方案及有关的财务管理办法等进行评审，完成了“项目评审意见书”报送财政部。组织开展了“世行贷款吐鲁番地区坎儿井保护及节水灌溉工程项目”预谈判及谈判工作。完成了财政部与自治区人民政府签署《转贷协议》、世界银行与自治区人民政府签署《项目协议》、自治区财政厅与吐鲁番地区签署《再转贷协议》的相关工作。

3. 全球环境基金赠款“新疆艾比湖区域可持续管理与生物多样性保护项目”。完成项目前期准备工作评估团、项目社会发展专家检查团及项目的协调工作，拟定《项目准备金再转赠协议》，制定了《关于18万美元赠款的项目提款报账办法》。

六、以资金、财务、债务为主线，进一步强化基础管理工作

1. 日协贷款新疆节水灌溉项目。项目专用账户于2010年3月6日关闭，根据中国进出口银行的通知，该项目累计提款133.47亿日元。自治区财政厅以《关于确认日协贷款新疆节水灌溉项目债务本金的通知》分配、核对了各项目区地（州）债务。

2. “奎屯—赛里木湖”高速公路项目。该项目专用账户于2009年12月31日关闭，提款截止日期为2010年4月30日。截至2010年4月，累计提款1.5亿美元，完成总计划的100%，项目顺利完成所有建设内容。

3. 世行贷款畜牧发展项目。项目关账日期为2010年6月30日，项目提款截止日期为2010年10月30日。该项目累计提款2 739.80万美元，完成全部提款计划的99%，圆满完成所有建设内容。

4. 新疆结核病控制项目。该项目于2010年7月30日正式关账，2010年审核完成项目提款报账104万美元，完成全年计划的100%。截至2010年，该项目总计划439万美元贷款金额的提款报账工作全部完成。

5. 国际农发基金贷款新疆贫困地区农村综合发展项目。2010年累计提款581.61万个

SDR，占贷款总额的39%。参与了对甘肃项目区的考察工作，开展了项目财务管理培训工作，为项目人员讲解项目财务管理、会计核算等有关内容。配合自治区扶贫办完成对该项目的中期评估。

6. 日协贷款六城市环境综合治理项目。2010年完成提款报账42.6亿日元（约3.05亿元人民币），完成年度计划的100%。为加强项目提款报账审核监督工作，对于哈密、阿图什等地提款金额较大的项目区，进行实地检查，以确保资金安全。

7. 日元贷款新疆伊宁城市生态环境综合治理项目。该项目贷款总额为64.62亿日元，其中：资金贷款部分16.22亿日元（通过项目特别账户提款）、设备贷款部分48.4亿日元（不通过特别账户）。截至2010年，项目累计提款35.93亿日元。其中：通过特别账户提款10.04亿日元，完成总计划的61.89%；设备部分25.89亿日元，完成总计划的53%。2010年，提款并拨付项目652万日元，国内配套资金到位2 445万元人民币。

8. 全球环境基金赠款“新疆艾比湖流域可持续管理和生物多样性保护项目”。完成了该项目的14.52万美元前期费提款报账工作。

9. 中德财政合作赠款“新疆太阳能项目”。完成“中德财政太阳能光伏电站项目”的最后一次提款报账工作，项目所有资金拨付完毕。完成“中德财政太阳能光伏电站项目”资产移交工作：一期9个电站资产总额为1 487万元，二期25个电站资产总额为4 178万元，资产总计5 665万元。

10. 中德财政合作赠款“新疆扶贫项目”。该项目贷款总额为800万欧元，2009年6月开始提款，累计提款754万元人民币。2010年重点对项目一期工程加快竣工验收，督促二期工程施工进度，落实三期工程的前期准备工作。同时，加强对农民用水者协会的培训，以发挥其职能，实现项目的最终目标。迎接了KFW银行的现场检查。

11. 中德财政合作赠款“新疆艾滋病预防与控制项目”。根据关于外国政府贷款项目采购公司招标工作的有关规定，新疆维吾尔自治区卫生厅作为项目实施单位对符合资质要求的采购公司进行了招标，并及时上报财政部，已通过审核备案。

12. 其他外国政府贷款项目。2010年6月，为巴州库尔勒市第二人民医院利用奥地利政府贷款引进医疗设备项目，为喀什地区喀什市污水处理厂出具了还款保证书确认函。

七、关于“三统一”外汇管理改革工作

1. 落实国家外汇管理局下发的《国家外汇管理局关于改进中国进出口银行外债转贷款外汇管理方式的通知》，对由进出口银行转贷项目的外汇管理方式实行“统一登记、统一结汇、统一购汇”的改革，与中国进出口银行签订了日元再转贷、节水灌溉等3个一类项目《转贷协议的补充协议》。

2. 贯彻落实《财政部、国家外汇管理局关于改进部分地区国际金融组织转贷款项目外汇管理方式的通知》，与国家外汇管理局新疆分局联合下发了《关于执行〈财政部　国家外汇管理局关于改进部分地区国际金融组织转贷款项目外汇管理方式的通知〉的通知》。

八、预算内非贸易非经营性外汇审批核销工作

财政部核定新疆2010年度非贸易非经营性购汇人民币限额预算1 760万元人民币。2010年，全区各类出国团组180个，人数734人，实际审批外汇1 189.21万元人民币，为财政部核定预算的67.57%。

（自治区财政厅涉外处供稿，肖蕊执笔）

中亚区域经济合作

一、中亚区域经济合作开展情况

（一）积极推动新疆参与中亚区域经济合作

深入考察大湄公河次区域合作工作的经验，结合自治区开展中亚区域经济合作的实际，对财政部门如何在区域合作中发挥作用进行认真研究后，从自治区人民政府及财政部门的角度，分别提出自治区参与中亚区域经济合作工作的建议。

中央新疆工作座谈会确定霍尔果斯为国家级特殊经济开发区。为借助霍尔果斯的发展带动自治区实现跨越式发展，深入霍尔果斯口岸开展实地调研，研究借助特殊经济体制优势推动中亚区域经济合作工作。

全面分析自治区 17 个一类口岸建设发展现状、问题，研究探索通过加强口岸基础设施建设促进经济发展的思路，积极向财政部反应存在的问题，争取中央的支持，为自治区进一步畅通向西开放大通道建设打下一定的基础。

就中亚学院落户新疆，提高新疆财政系统区域合作人员工作水平和联合举办、承办中亚学院框架下的培训等工作，积极与财政部亚太财经与发展中心进行了沟通交流，做了一些基础性工作。

积极参加中亚区域经济合作高官会和分区域会议，参与区域合作战略框架、行动计划的制定，及时了解区域合作工作动向，努力促进合作进程，为中亚区域经济合作的发展献计献策。

（二）成功参与中亚区域经济合作工商发展论坛

自治区财政厅作为新疆维吾尔自治区参与中亚区域经济合作工作的窗口单位，积极做好工商发展论坛的各项筹备工作，负责协调自治区政府与亚行、中央各部委就工商发展论坛的日程、资金、会务安排等事宜进行联络和磋商。在多方努力下，2010 年 7 月 29—30 日，中亚区域经济合作工商发展论坛在乌鲁木齐市成功举办，各成员国工商界之间进一步加强了深入的沟通和交流，为各成员国私营部门的合作提供了良好的机遇和交流平台。

（三）积极搭建行业部门与亚行的双向交流

积极利用到访的亚行区域合作官员与自治区发改委、商务厅、乌鲁木齐海关、新疆物流行业协会等部门单位，就加快单一窗口建设、改善中亚区域经济合作交通走廊沿线主要口岸的基础设施和加强培训合作、提高我国各类企业外贸水平和能力等多次磋商，加强了自治区与亚行之间的双向沟通和交流。

二、亚行贷款项目管理

（一）亚行贷款项目执行情况

1. 新疆区域道路改善项目（库尔勒—库车段）执行情况。根据项目实施计划，国道 G314 库尔勒—库车段 296.5 公里改造的全封闭四车道收费高速公路的道路路基和路面已完成 99%；库车县和且末县约 193 公里的 3 条农村道路，除夏季水毁路段外都已完工；与高速公路相关的收费、通讯和交通监测等系统的安装均在调试和安装阶段，高速公路的整体进度已达75%，计划高速公路将于2011年7月试通车。

2. 新疆城市基础设施和环境改善项目执行情况。

（1）喀纳斯子项目。亚行已授予完成5个合同包；目前已完成投资2 646万元，占计划总投资土建和设备采购金额1.32亿的20.08%；排水、植被恢复、垃圾收集转运和填埋工程进度都已完成80%以上，道路、停车场、设备采购进度较慢。

（2）阿拉山口子项目。亚行已全部完成35个合同包的授予工作；目前已完成投资4.23亿元，占计划总投资5.94亿的71.21%，除生态防护林预计2011年5月底竣工外，其他工程基本完工。

（3）伊宁市子项目。亚行已授予完成27个合同包；目前已完成投资3.35亿元，占计划总投资6.49亿的51.62%；城市4条主干路东梁街、山东路已完工，重庆路和西环北路建设已接近完成；110公里的街巷道路已完成工程量的90%。

3. 新疆城市交通和环境改善项目执行情况。2010年2月份先后与昌吉州、奎屯、哈密地区、吐鲁番地区、阿勒泰地区签署了项目的《再转贷协议》；为加强债务人在资金、财务、债务方面的管理力度，对基层相关部门就如何使用亚行贷款、财务记账、提款报账支付程序等工作进行了培训。

4. 完成“新疆阿勒泰地区边境县及口岸镇基础设施与生态环境改善”技术援助项目。该项目总投资约1.66亿美元，申请亚行贷款1亿美元，涉及阿勒泰地区布尔津、哈巴河、吉木乃、福海、青河5县及塔克什肯口岸的城镇道路、供水、供热、排污处理、垃圾填埋等公共基础设施与环境保护建设。2010年9月1日向亚行提交了技援终期报告草案，2010年11月份亚行终期检查团完成了项目终期报告评估，为下一步工作开展做了基础性准备。

5. 亚洲开发银行贷款和全球环境基金丝绸之路新疆综合生态系统建设项目。向亚洲开发银行贷款申请3 333万美元用于库尔勒市、昌吉市、哈密市、和静县、焉耆县等5个县（市）的技术援助工作已完成，正在做谈判前的准备工作。

6. 发展多领域基础建设，努力推进新疆经济发展。为加快天山北坡经济带的发展，带动全疆经济社会快速发展，进一步加强中亚区域经济合作交通走廊沿线重要城市克拉玛依、奎屯市基础设施建设力度，积极向财政部申报亚行贷款实施“亚洲开发银行贷款新疆部分城市基础设施及再生水综合工程”项目。

三、加强亚行贷款（赠款）“两基”管理

为推进中亚区域间合作实现从重资金引进向资金与智力引进并重转变，提高利用亚洲开发银行贷款资金使用效益、项目质量和管理能力，2010年6月，在伊宁市成功举办了“自治区财政政府外债管理工作现场会”。一是通过邀请财政部、亚行官员、专家对财务管理、采购、移民、环境评估、少数民族、提款报账等的授课，帮助地（州）、县（市）项目管理工作人员掌握财政部和亚行颁布的各项政策、规定和制度，把握项目管理工作的主动权，不断提高管理人员的业务水平。二是讲解自治区财政相关政策制度，严格依照制度，科学管理，狠抓贯彻落实，切实加强亚行贷款项目“资金、财务、债务”的全过程管理，做好资金使用监督检查。三是各地（州）相互交流成功经验，共同提高管理水平和实际操作能力，促进亚行贷款项目实施进度，以项目管理促进自治区经济发展，全面提升自治区利用国际金融组织贷款能力和管理水平。

（自治区财政厅中亚处供稿，洪涛执笔）

金融企业财政财务

2010年，新疆财政金融工作紧紧围绕新疆跨越式发展和长治久安的总体部署，在政策性农业保险财政保费补贴试点、县域金融机构涉农贷款增量奖励试点、支持农村信用社改革发展、地方金融机构资产财务监管、财政金融政策研究以及财政金融基础工作等方面，充分发挥了财政政策和资金的杠杆作用，灵活运用财政补贴、奖励等政策手段，引导金融机构加大对自治区经济建设和社会发展的投入，有效促进了新疆经济社会全面协调可持续发展。

一、积极研究财政金融宏观政策

（一）探索建立金融国有资产产权交易平台

明确了财政部门对金融资产产权交易的各项监管职能，规定了产权交易机构必须遵循市场规律，按照法人机构的准则进行运作，并且明确自治区国资委产权交易中心为全区金融机构产权交易指定办理机构。

（二）研究制定自治区支持股权投资企业发展政策

为进一步拓宽中小企业融资渠道，吸引更多的民间资本支持自治区经济建设，参与制定了《新疆维吾尔自治区促进股权投资类企业发展暂行办法》，并积极筹措安排财政资金1 000万元专项用于支持，此后每年安排2 000万元。

二、完善政策性农业保险财政保费补贴机制

（一）开展新疆特色林果业保险调研，不断扩大新疆政策性农业保险保障范围

开展“新疆特色林果业发展与农业保险政策研究课题”，通过试点积累经验，并结合课题研究的成果，争取中央将新疆特色林果业保险纳入中央财政农业保险补贴范围，从而稳步增加新疆农业保险品种。

（二）农业保险规模有序增长

2010年全区政策性农业保险总保费收入7.02亿元，较上年增加1.36亿元，增长幅度达24%。其中：种植业保费收入6.89亿元，较上年增加1.47亿元，增长幅度达27%，承保面积达2 731万亩，增加585万亩，增长幅度达27%；养殖业保费收入0.14亿元，较上年减少0.12亿元，下降幅度达47%。

财政保费补贴规模不断扩大。2010年4级财政补贴资金共计5.63亿元，较上年增加1.06亿元，增长幅度达23%。其中：中央财政2.8亿元，较上年增加0.54亿元，增长幅度达24%；自治区本级财政1.78亿元，较上年增加0.60亿元，增长幅度达51%；地（州）、县（市）财政1.05亿元，较上年减少0.08亿元，降幅7%。

农民参加农业保险积极性不断提高。2010年农民共缴纳保险保费1.39亿元，较上年增加

0.29 亿元，增长幅度达 27%，由此也充分说明全区农民利用农业保险保障自身利益的意识在不断增强。

（三）政策性农业保险成效显著

截至 2010 年，全区保险经营机构累计承保各类农作物面积约 8 500 万亩，承担保险风险达 350 亿元，累计投保农户达 700 万户次，累计保费收达 20 亿元，保险赔款达到 15 亿元，受益农户达 100 万户次。

三、进一步完善县域金融机构涉农贷款增量奖励机制

（一）严格工作程序，审核确认新疆 2009 年度奖励资金规模

2009 年度自治区符合奖励条件的县域金融机构共 218 户，奖励总额 2.5 亿元，其中中央财政承担 1.75 亿元，自治区财政承担资金 0.75 亿元。

（二）加强监督管理，针对试点工作中存在的问题提出建议

与人民银行、银监局组成检查小组，赴阿克苏、乌昌、哈密 3 地区，对 2009 年涉农贷款增量进行检查，认真分析政策落实、资金到位等情况，并根据检查情况向财政部汇报提出了修改和完善政策机制的 6 条建议。同时，根据新疆实际，制定出台《关于印发新疆维吾尔自治区县域金融机构涉农贷款增量奖励资金管理办法》。

四、继续大力支持农村信用社深化改革

（一）建立农村信用社非经营性亏损财政补贴机制

为支持南疆三地（州）边贫县农村信用社改革发展，改善经营状况，提高其服务“三农”的能力，经自治区人民政府批准同意，2010 年，新疆财政厅积极安排 1 000 万元资金，对南疆三地（州）2008 年未提早拨备和盈利不到百万元的塔什库尔干县等 9 家边贫县农村信用社非经营性亏损进行了财政补贴。通过财政政策的支持，2010 年消除了 2 家边贫县农村信用社的历年损挂账，减轻了 7 家边贫县农村信用社的历年亏损挂账，一定程度上提高了其抗风险能力。

（二）化解原哈密农村信用社金融风险

2010 年，按照自治区人民政府《关于解决原哈密市城郊乡农村信用社紧急再贷款归还问题的决定》，新疆财政厅积极筹措 6 000 万元资金，专项用于偿还原哈密市城郊乡农村信用社紧急再贷款，有效解决了哈密农信社金融风险，维护了当地社会稳定。

五、强化地方金融企业资产和财务监管

（一）继续做好新疆 2009 年度地方金融企业财务决算报表工作

通过年度和季度地方金融企业决算报表工作，充分利用报表考核和决算结果，深入分析、研究金融企业运行中存在的问题，并提出加强监管的意见。此项工作已连续 4 年获得财政部表彰。

（二）继续开展 20 个农村信用社改革试点工作

按照财政部《地方金融企业财务监督管理办法》规定，2010 年，新疆财政厅以农村信用社资产和财务监管为突破口，选取了 20 个农村信用社开展地方金融企业资产和财务管理试点工作，建立信息报送制度，对农村信用社主要指标进行汇总分析，帮助基层财政部门积极开展地方金融企业财务监督管理工作。

六、加强自治区上市企业专项资金管理

按照自治区人民政府《关于加强自治区企业上市工作的意见》，为更好地发挥财政支持地方经济快速发展，促进自治区企业加快上市步伐，推进资本市场更好地为自治区经济社会发展服务，2010 年新疆财政厅安排资金 1 000 万元专项用于支持此项工作，目前已累计安排资金 3 100 万元。

七、扎实做好小额担保贷款财政贴息工作

为加强对小额担保贷款财政贴息资金的管理，进一步做好小额担保贷款财政贴息工作，促进自治区下岗失业人员、复转军人、大中专毕业生等自主创业、再就业。2010 年，新疆财政厅共拨付小额担保贷款财政贴息资金 3 553 万元、担保基金风险补偿资金 415 万元、小额担保奖励资金 182 万元；累计撬动金融机构发放小额担保贷款 15.09 亿元，帮助全疆近 6 万人通过小额担保贷款实现自谋职业、自主创业。

八、其他各项基础工作

（一）继续做好地方金融机构风险处置工作，维护自治区社会稳定大局

按照自治区人民政府与中国人民银行签订的《政府借款协议》，2010 年 5 月，自治区财政拨付资金 1 968 万元，专项用于偿还 2010 年度自治区政府到期债务。截至 2010 年，新疆财政厅已累计筹措资金 1.14 亿元，用于化解新疆地方金融风险，为支持自治区金融机构改革，维护社会稳定大局，切实保障人民群众利益发挥了积极作用。

（二）继续做好财政部乳制品企业原料奶收购贷款中央财政贴息工作

按照《财政部关于印发〈原料奶收购贷款中央财政贴息管理办法〉的通知》、《财政部关于再次延长原料奶收购贷款中央财政贴息政策的通知》规定，2010 年，新疆财政向中央财政申请自治区 2 户乳制品企业、6 笔原料奶贷款中央财政贴息 44.24 万元。累计申请中央财政贴息 70 万元。

（自治区财政厅金融处供稿，王运执笔）

会　计　管　理

一、会计法制宣传进一步加强

为做好自治区《企业内部控制配套指引》宣传、贯彻执行工作，加强企业内部控制规范体系建设，自治区财政厅、新疆证监局、自治区审计厅、自治区国资委、新疆银监局、新疆保监局六部门，在乌鲁木齐市召开新疆《企业内部控制配套指引》宣传实施动员大会，自治区企业主管厅（局）及自治区上市公司、大中型企业集团公司、金融机构，各省级保险公司，各地（州、市）财政局分管会计管理工作领导 260 多人参加了会议。

二、服务会计行业的能力、水平进一步提升

（一）会计信息化平台初步建成，新疆会计信息化改革走在全国前列

一是提出推进新疆会计信息化建设全面构想，即搭建统一的信息服务平台，整合会计从业资格考试，初、中、高级会计考试，注册会计师行业管理，从业人员管理，师资培训，先进会计人员表彰，会计优先资讯等系统模块。二是推进会计信息化平台建设。正式启用新疆会计管理信

息系统一期工程，包括会计管理专版网页、会计从业资格人员管理系统、会计从业资格无纸化考试系统3大模块，实现了考试网上报名、网络考试、视频监控、计算机阅卷、网络查询成绩，以及全疆会计从业资格网络化、实时化管理。系统投入运行后，圆满完成了第三、第四季度会计从业资格考试网上报名和无纸化考试工作，累计4万人次参加会计从业资格考试。三是为保证新疆会计管理信息系统的顺利运行，完整统计全区会计人员相关基础信息，自治区财政厅于2010年8月2日起在全疆范围内实施会计从业资格证换发新证工作，截至2010年底全区换发新证14万人。

（二）强化会计考试人性化服务

实行网上报名，对因各种原因未能如期报名的考生实行补报名，对考试时忘带或丢失准考证的考生继续提供现场打印准考证服务，对考试时忘带或丢失身份证的考生继续采取现场照相、签订责任书的方式进行补救。

（三）积极推进考试改革

一是积极参与全国会计资格考试网上评卷试点工作。自治区会考办经财政部批准纳入2010年度全国会计资格考试网上评卷试点范围。自治区会考办制定网评工作实施方案，精心组织网评工作，通过三评加仲裁的评卷方式，有效控制了评卷过程中的误差，确保了评卷质量。此外，还代评了新疆建设兵团考区的试卷。二是积极开展经验交流。在2010年度全国会计资格考试网上评卷工作经验交流会上，新疆介绍了网评工作经验。三是承办2011年度全国会计资格考试网上报名软件测试暨考务管理研讨会，来自财政部会计资格评价中心的领导和其他省（市）兄弟单位共30余人就全国会计专业技术资格考试有关工作开展了经验交流，对今后考务工作发展方向进行了研讨。

（四）注册会计师行业行政管理进一步规范

制定《会计师事务所行政审批流程》、《注册会计师行业运行工作规程》，从制度上规范注册会计师行业管理。会同财政厅财政监督检查局、注册会计师协会建立财政部门内部和外部的行业管理联系会议制度。为加强行业监管，制定了会计师事务所审批前和审批后股东约谈制度，对行政审批和职业准入制度进行了有益的补充，得到了财政部领导的充分肯定。会同法制税政处、财政监督检查局、注册会计师管理中心继续推进国办发56号文件的贯彻实施，针对影响和制约自治区注册会计师行业发展的突出问题，深入研究，广泛征求意见，采取有效措施规范行业秩序，支持会计师事务所做大做强、规范发展。强化市场退出机制，对不满足设立条件的会计师事务所、分所，对违法违规的事务所依法下达关注函，限期整改。

三、人才培养有序开展

（一）重视加强制度建设，不断规范培训市场秩序

一是修订会计人员继续教育实施办法。从完善继续教育培训制度、建立继续教育年度检查制度、建立继续教育激励机制三个方面对《新疆维吾尔自治区会计人员继续教育实施办法》做出了补充规定。二是加强会计人员继续教育培训机构备案工作，规范培训教育秩序，保证教学质量。经各地（州、市）财政局审核、评估并正式备案，在全疆范围内向社会公告会计人员继续教育培训机构名单，进一步加强和规范对会计人员继续教育市场的管理，杜绝和制止不符合培训条件的培训机构以各种不正当的手段扰乱市场竞争秩序。

（二）加大对初、中级和基层财务人员培训力度

2010年，多渠道、多地域开展初、中级和基层财务人员及会计师资格培训，培训会计人员30万人次。继续抓好自治区、乌鲁木齐市两级的继续教育培训，累计培训会计人员7.6万人次。

（三）圆满完成自治区首期高级会计人才培训阶段性工作

2010年，自治区首期34名高级会计人才培训班学员圆满完成了3年培训周期的学习任务。2010年12月在乌鲁木齐市召开自治区首期高级会计人才结业典礼，自治区人民政府党组成员、财政厅厅长弯海川同志，新疆财经大学党委副书记、校长崔光莲同志，自治区党委组织部部务委员、人才办主任石岗同志，自治区人力资源和社会保障厅党组成员、副厅长文学同志出席结业典礼并为首期高级人才颁发结业证书。经过3年集中培训和在职自学，学员们的业务知识和综合素质得到了全面提高，部分人才还得到了单位的提拔和重用。向全国高级会计领军人才培养工程输送了1名领军会计人才。

（四）继续开展自治区第二期高级会计人才（企业类、行政事业类）培训工作

2010年，启动自治区第二期高级会计人才选拔培训工作。领导小组办公室根据笔试和面试成绩以及综合考核情况，确定32名学员入选自治区第二期高级会计人才培训班。2010年4月、9月，开展了两次为期20天的集中培训。自治区财政厅主管领导亲自抓，会计处领导负责抓落实，自治区会计学会专人负责具体培训工作，新疆财经大学富有教学经验的专家、教授和部分校外专家、实务界专业人士组成强大的师资团队为学员提供全方位的辅导和培训，邀请财政部会计司刘光忠副司长专程来疆，就当前会计改革与发展做了专题讲座。

（五）拓展自治区高级会计人才培养新思路

一是制定《新疆维吾尔自治区高级会计人才考核管理办法（试行）》，对自治区高级会计人才培训、学习、考核实行量化管理，提升高级会计人才培训质量。每年度对学员实行单位、导师、管理部门一起考核，最后综合考核，并将考核结果装入个人档案。二是集中培训，效果显著。2010年，自治区财政厅在厦门国家会计学院成功举办自治区第一、第二期高级会计人才集中培训。两期学员在培训期间主动交流、互相学习，专业技能和整体素质得到了提高。

四、夯实基础、服务财政，积极开展“两基”工作

（一）进一步完善工作规范和工作流程

制定并完善财政厅会计处（会计事务服务中心）内部管理制度，重新修订和梳理了15项工作规范和工作流程。加大公开办事力度，利用新疆财政网、新疆会计专版网页提供在线办事服务，随时解答疑难问题；印制对外服务办事指南流程手册9种，共计2万册，免费向社会发放。进一步落实首问责任制、限时办结制和服务承诺制，为广大财会人员提供高效、便捷的服务。

（二）全面清理各项业务工作基础资料

对20年来会计管理工作形成的各类规章制度重新分类建档，依托会计信息平台，推进业务档案、数据资料电子化，逐步实现会计管理基础工作规范化、标准化、信息化。

（三）夯实会计服务财政工作的基础

一是初步建成新疆会计管理信息系统，实现会计从业资格信息化管理。二是依托北京、上海、厦门3所国家会计学院和新疆财经大学对自治区各类会计人才进行培训，稳步推进自治区高级会计人才培训工程。三是采取多种形式，广泛深入地宣传会计相关法规制度，依法开展《中华人民共和国会计法》执行情况检查。四是开展会计基础工作规范化活动，通过“两基”建设，会计服务财政经济工作的能力和水平明显提高。

（自治区财政厅会计处、会计事务服务中心供稿，段志强执笔）

行政事业单位资产监督管理

2010年，自治区行政事业资产监督管理工作坚持以科学发展观为统领，以“两基”建设为抓手，以确保国有资产安全为重点，继续加强资产制度建设，完善资产监管机制，推进国有资产科学化、精细化管理，提升了资产管理水平。

一、资产管理“两基”建设情况

（一）机构建设取得新进展，管理体制基本理顺

经过全区各级财政部门的共同努力，截至2010年12月31日，全区18个地（州、市）已有16个地（州、市）明确财政部门是负责行政事业资产管理的职能部门。自治区本级各行政事业单位也成立或明确了资产管理机构，“国家统一所有，政府分级监管，单位占有、使用”的资产管理体制基本理顺，财政部门、主管部门、行政事业单位三级管理模式在全区范围内基本建立。

（二）制度建设取得新突破，资产管理行为进一步规范

为强化自治区行政事业单位国有资产制度化、规范化、程序化管理，自治区财政厅研究出台了《新疆维吾尔自治区行政事业单位国有资产处置管理办法》、《自治区本级行政事业单位国有资产管理办法》、《自治区本级行政事业单位国有资产处置收入管理办法》等12项规范性文件，明确了行政事业单位资产管理体制、管理原则和各部门、各单位的管理职责，规范了资产的配置、使用、处置、收入四环节的管理行为。

为加强行政事业单位车辆处置管理，2010年9月，自治区财政厅会同自治区监察厅、审计厅制定下发了《新疆维吾尔自治区本级行政事业单位车辆处置管理暂行办法》、《关于加强自治区本级行政事业单位车辆处置管理的意见》，明确了车辆处置要求、审批程序、出售交易程序及处置责任。

（三）政策宣传取得新成效，资产管理影响力逐步扩大

一是抓住行政事业资产管理的重点、难点、热点问题，通过《财政信息》、《财政简报》、《新疆财会》和《国有资产管理》等杂志，及时宣传中央关于做好行政事业单位资产管理的方针政策和自治区资产管理新思路、新举措、新进展、新成绩，积极向上级部门反映自治区基层资产管理中遇到的各种矛盾和问题。二是加强下基层走访力度。每年派出工作人员深入基层财政和行政事业单位走访，召开座谈会，宣讲资产管理政策，督查资产管理工作。

（四）注重内部制度建设，规范资产管理运行机制

一是狠抓处内人员思想教育工作。要求班子成员讲组织原则，有大局意识、担当精神。要求党员干部从严要求自己，讲政治、讲正气，吃苦有前、享乐在后，工作靠前、名利放后，始终做到慎权、慎独、慎微，秉公用权，公正处事，清白为人。二是狠抓处内人员权力约束机制建设。

制定了《行政事业资产监督管理处党风廉政建设公约》、《行政事业资产监督管理处工作纪律》，要求干部按制度和程序办事，规定重大事项必须坚持集体研究，科学决策，严禁个人专断。三是狠抓处内人员管理建设。制定《行政事业资产监督管理处公文处理制度》、《行政事业资产监督管理处保密制度》、《行政事业资产监督管理处学习制度》、《行政事业资产监督管理处议事制度》，并将制度上墙，每周组织学习，确保按制度办事。

（五）开展资产数据统计工作，创新资产监管手段

按照财政部《关于印发行政事业单位资产管理信息系统统计报表有关问题的通知》的总体部署，自治区财政厅于2010年1月至6月认真开展了数据转换、汇总、整理、编制及上报工作。一是加强领导，落实责任。指定一名副处长专门负责该项工作，并抽调精干人员参加资产统计工作，确保资产统计工作职责明确，重大问题有人管、具体工作有人干、工作任务能落实。二是下发通知，明确政策。召开会议专题研究自治区本级资产统计工作，研究制定了自治区行政事业单位资产统计工作方案，下发通知对行政事业单位资产统计工作进行安排部署。三是设立机构，强化服务。成立了自治区行政事业单位资产统计工作服务办公室，开通自治区资产统计技术的政策服务专线和服务网站，派出工作人员实地服务指导。四是严格要求，确保质量。要求各行政事业单位认真核实资产管理信息系统数据，确保上报信息不重、不漏、账实相符。

二、资产改革情况

（一）努力夯实资产预算管理基础

为推动资产管理与预算管理相结合，实现党政机关办公设备配置科学、使用高效、处置规范的管理目标，研究制定了《自治区本级党政机关办公设备配置、更新、处置控制标准》和《关于测算单位办公设备配置标准的通知》，要求自治区本级各党政机关依据单位资产存量情况，认真测算人均资产占有情况，提出意见和建议。

（二）认真开展地、县两级食品药品监督管理机构资产监管体制调整工作

按照自治区人民政府办公厅《关于调整地、县两级食品药品监督管理体制的通知》和自治区地、县两级食品药品监督管理体制调整工作电视电话会议精神，自2010年1月1日起，自治区地、县两级食品药品监督管理机构及所属事业单位机构的资产划转到同级财政部门管理。为切实做好资产监管部门调整工作，防止国有资产流失，自治区财政厅采取四项措施。一是下发资产移交文件。会同自治区食品药品监督管理局联合下发《关于对地（州、市）食品药品监督管理机构资产进行实地移交的通知》，对地、县两级食品药品监督管理机构体制改革中的资产移交工作进行具体安排。二是成立资产移交工作组。与自治区食品药品监督管理局联合成立了南疆、北疆、东疆三个资产移交组负责地（州、市）食品药品监管机构及所属事业单位资产实地划转移交工作。三是明确资产移交程序。要求地、县食品药品监管机构对占有、使用的资产进行认真清查，当地财政部门确认验收，自治区食品药品监督管理局进行现场监交，自治区财政厅根据资产清查表办理资产划转批复。四是严肃资产移交纪律。要求各地（州、市）财政局和食品药品监督管理局严格执行财务管理制度和国有资产管理规定，严防资产擅自转让、转移、调换或变更用途，保证资产不流失。对违反规定、弄虚作假的严肃查处，并追究有关人员的责任。

（三）积极推动行政事业资产动态监管工作

为优化资产监管手段，及时了解、掌握单位国有资产存量情况及增减变化，委托有关通讯网络公司作为线路接入运营商，提供2M专线的传输服务通道，实现资产信息实时上报。截至2010年12月31日，已完成1 000户区本级行政事业单位单位网线接入工作。

三、资产日常监管情况

（一）开展2009年度自治区行政事业单位资产占用权年审工作

2010年1月至6月，组织开展了全区行政事业单位国有资产占有使用权登记年检工作。印发了《关于开展自治区2009年度行政事业单位国有资产占有使用权年检的通知》，进一步优化了新疆维吾尔自治区行政事业单位国有资产占有使用权登记管理系统，要求各级财政部门必须通过管理系统开展国有资产占用使用权登记年检工作，要求各单位必须通过国有资产占有使用权登记年检工作才能申报处置国有资产，较上年度减少的国有资产必须凭财政部门或主管部门下发的资产处置批复文件才能确认。

1. 全区行政事业单位国有资产占用使用权登记年检情况。截至2009年12月31日，纳入自治区行政事业单位国有资产登记年检的户数为15 106户，其中行政单位5 660户，全额事业单位8 282户，差额事业单位620户，自收自支事业单位409户，企业化管理事业单位37户，社会团体86户，民主党派12户。

自治区行政事业单位资产总额为1 763.32亿元，其中行政单位为541.27亿元，全额事业单位为800.33亿元，差额事业单位为234.33亿元，自收自支事业单位为163.41亿元，企业化管理事业单位为22.13亿元，社会团体为1.80亿元，民主党派为0.06亿元。

自治区行政事业单位经营性资产总额为26.22亿元，其中行政单位为0.82亿元，全额事业单位为8.02亿元，差额事业单位为1.30亿元，自收自支事业单位为13.57亿元，企业化管理事业单位为2.51亿元。

2. 自治区本级行政事业单位国有资产占有使用权登记年检情况。截至2009年12月31日，纳入自治区本级行政事业单位国有资产登记年检的户数为1 457户，其中行政单位570户，全额事业单位729户，差额事业单位88户，自收自支事业单位52户，企业化管理事业单位8户，社会团体6户，民主党派4户。

自治区本级行政事业单位资产总额为765.24亿元，其中行政单位为159.68亿元，全额事业单位为416.06亿元，差额事业单位为95.30亿元，自收自支事业单位为81.10亿元，企业化管理事业单位为12.31亿元，社会团体为0.76亿元，民主党派为0.04亿元。

自治区本级行政事业单位经营性资产总额为11.67亿元，其中行政单位为0.22亿元，全额事业单位为7.32亿元，差额事业单位为0.90亿元，自收自支事业单位为3.10亿元，企业化管理事业单位为0.12亿元。

（二）开展资产处置工作，严格审核资产出口关

为确保国有资产安全，提高国有资产使用效率，自治区采取了五项措施。一是坚持先调拨后报废的原则，对尚有使用价值的资产积极联系有关部门进行再利用，节约了财政资金。二是坚持鉴定原则。要求单位对于申报处置资产，尤其是提前报废、报损资产必须提供法定机构出具的鉴定报告。三是坚持程序原则。对单位申报处置资产，先由自治区财政厅提出处置意见，报经自治区本级行政事业单位国有资产管理领导小组办公室审核批准后，再由自治区财政厅下发处置批复文件。四是坚持实地核实原则。对单位申报处置的大宗固定资产，派出专人实地检查核实。五是坚持会签原则。对单位申报处置的固定资产，行政事业资产监督管理处在提出资产处置意见后，一律会签财政厅内相关业务处。

截至2010年12月31日，行政事业资产监督管理处共对223个自治区本级行政事业单位32 193项资产进行了处置，处置资产账面价值5.05亿元。按处置方式分：报废资产29 646项，账面价值为3.11亿元；出售资产79项，账面价值2 543.16万元；调拨资产2 397项，账面价值6 400.04万元；核销挂账资产68项，账面价值5 480万元；对外投资1 476.82万元。

四、资产专项监管工作

（一）与自治区纪委开展区内公共资产交易情况调研

会同自治区纪委下发《关于开展国有产权交易、国有公共资产场外交易和反腐倡廉制度执行力情况调研的通知》，派专人与自治区纪委政研室的同志赴阿克苏地区、昌吉州、乌鲁木齐市、克拉玛依市实地走访调研，了解、掌握公共资产交易第一手资料，完成专题调研报告。

（二）开展区外行政事业单位国有资产管理工作考察

为学习和借鉴兄弟省（市）的先进做法和经验，加强自治区国有资产处置的监督管理，建立、健全腐败风险防控机制，由自治区纪委常委、监察厅副厅长卡德尔·尼亚孜带队，自治区纪委监察厅、财政厅、国资委三部门有关人员组成联合调研组，对北京、上海、重庆、江苏、湖北等5省（市）进行学习调研，完成了《京沪渝苏鄂五省市行政事业单位国有资产管理考察报告》。

（三）完成了自治区公共资产交易课题

根据自治区纪委办公厅《关于在全区开展公共资产场外交易的现状、问题及其对策专题调研的方案》的要求，会同驻厅纪检组对自治区本级行政事业单位资产交易监管情况进行了深入调研，撰写了课题研究报告，提出了健全行政事业单位资产交易监管制度、机制及措施的意见和建议。

（四）继续参与自治区本级行政事业单位国有资产管理领导小组办公室组织开展的资产管理工作

根据自治区财政厅安排，李平副处长、向蔚江同志继续参加自治区行政事业单位国有资产管理领导小组办公室的工作。一是贯彻落实《自治区党委办公厅、自治区人民政府办公厅、自治区纪委办公厅关于审核自治区本级行政事业单位国有资产自查登记情况的通知》文件精神。二是参与自治区厅（局）房产调配工作。根据自治区主要领导安排，对自治区环保厅、安全生产监督局、信访局、机电行办、民宗委、侨联、老龄委等厅（局）办公用房进行调配。三是参与区本级行政事业单位国有资产处置工作。采取实地、实物核查方式，参与10多个部门单位资产处置。四是组织办理给原自治区党委副书记、常务副主席杨刚“自治区本级行政事业单位国有资产的处置批复”和“自治区厅局调整办公用房”的签报和呈批件。五是到自治区20多个部门单位调研。六是完成对原武警大院自治区联合办公楼部分单位办公用房调整协调工作。七是完成了资产管理办公室领导交办的各项工作任务。

（五）认真做好财政部《深化国有资产管理课题》研究工作

按照《财政部防治“小金库”长效机制实施方案》的要求，李平副处长参与了财政部治理“小金库”领导小组办公室确定的《深化国有资产管理课题》工作课题研究工作。

（六）继续开展党政机关办公楼等楼堂馆所建设项目清理工作

按照中办发［2007］11号文件有关要求，结合自治区实际，继续加大党政机关办公楼等楼堂馆所建设清理工作力度。会同自治区发改委、纪检委、监察厅、国土资源厅、建设厅、审计厅等部门，对自治区高级法院、外宣办等部门单位项目建设审批、标准规模、资金来源、土地审批利用、国有资产是否保值增值、是否存在违规违纪行为等内容进行调研，分别写出专题报告上报自治区人民政府。

五、存量资产盘活情况

将自治区教育厅、监狱管理局、住房和城乡建设厅、国资委、科技厅、机关、事务管理局、广电局、新疆日报社等单位申报处置的尚有利用价值的旧家具、电脑、通讯工具等分别调拨给新疆产权交易中心、乌鲁木齐市西河坝社区、女子监狱、乌鲁木齐市未成年犯管教所、玛纳斯县教育局、岳普湖县教育局，将自治区公安厅、乡镇企业局、劳教局、交通厅、食品药品监督管理局、卫生厅、农机局、政法委、经济和信息化委员会等单位申报处置的车辆分别调拨给乌鲁木齐市公安局、乡镇企业培训中心、女子劳教所、入所教育支队、阿勒泰地区人民医院、阿勒泰地区喀纳纳斯景区管委会、民丰县农机局、阿图什市依克乡中学、和田地区运管总站、阿勒泰地区食品药品监督管理局、新疆中小企业信用担保协会等单位，盘活资产 6 400.04 万元，节约了财政资金，解决了部分单位的具体困难。

六、其他工作

为提高国有资产占有使用权登记年检工作的质量，根据《新疆维吾尔自治区行政事业单位国有资产占有使用权登记工作考核评比办法》的要求，于 2010 年 3 月下发了《关于表彰 2009 年度自治区行政事业单位国有资产占有使用权年检工作先进单位的通知》，对地（州、市）财政部门及自治区本级各行政事业单位组织开展的 2009 年度行政事业单位国有资产占有使用权年检工作进行了逐项打分、量化评比，评选出获奖单位 87 个。

（自治区财政厅行政事业单位资产监督管理处供稿，丁小生执笔）

农村综合改革

一、稳步推进乡村债务清理化解工作

（一）农村“普九”化债工作全面通过国家考核验收

1. 提前完成化债任务。2009 年 5 月 31 日之前将清理出的农村“普九”15.4 亿元债务全部化解完毕。提前 7 个月完成了自治区党委常委、自治区人民政府确定的工作目标和任务，为自治区顺利通过“两基”迎国检做出了积极的贡献。

2. 及早做好验收准备。2010 年 1 月国务院农村综合改革工作小组在广西南宁召开全面推进农村义务教育债务工作会议，要求各省（市、区）做好迎接“普九”化债中央验收的各项准备工作。按照中央有关要求，自治区综改办及时作出了部署，第一时间安排进一步做好“回头看”及整改工作，坚决制止新债，巩固化债成果。各地在 2009 年 13 个地（州）互查整改的基础上，2010 年上半年在全区范围又进行了扎实的“回头看”和整改活动。

3. 实地接受国家考核。2010 年 6 月起，受国务院农村综合改革工作小组、财政部的委托，根据《财政部关于开展部分地区清理化解农村义务教育“普九”债务试点考核验收工作的通知》的要求，财政部驻新疆专员办对自治区本级及伊犁、塔城、乌昌、巴州、阿克苏 5 个地（州）及所属伊宁县、巩留县、塔城市、沙湾县、乌苏县、呼图壁县、阜康县、米泉县（米东区）、和静县、尉犁县、温宿县、阿瓦提县等

12个县（市）农村“普九”化债工作进行了实地考核验收。2010年10月28日，财政部驻新疆专员向国务院综改办上报了《关于对新疆维吾尔自治区清理化解农村“普九”债务试点工作考核验收的工作报告》，确认全区94个单位化解农村义务教育“普九”债务总额15.38亿元，全区农村义务教育“普九”债务涉及3 631所中小学2.18万个债权人、16 629笔债务。

4. 全面通过国家验收。2010年12月7日，国务院农村综合改革工作小组以《国务院农村综合改革工作小组关于新疆维吾尔自治区清理化解农村义务教育“普九”债务工作考核验收情况的函》（国农改［2010］43），对自治区“普九”化债工作给予充分肯定，认为自治区各级政府对清理化解农村“普九”债务工作高度重视，工作机制健全，工作力度较大，偿债资金筹措到位，工作程序基本合规，化债政策总体落实较好，按时完成了化债责任书规定的化债任务。

（二）结合实际开展农村义教其他债务、其他公益性乡村债务的清理工作

1. 积极争取纳入全国试点。根据国务院综改办下发《国务院农村综合改革工作小组关于开展清理化解其他公益性乡村债务工作的意见》要求，自治区以新政函［2010］76号向中央申请将自治区列入全国清理化解其他公益性乡村债务试点。2010年5月20日，国务院综改办正式下发了《国务院农村综合改革工作小组关于扩大清理化解其他公益性乡村债务试点工作的通知》（国农改［2010］20号），正式批准新疆、内蒙古等7个省份为第二批清理化解其他公益性乡村债务试点省份。

2. 专题研究债务清理化解工作。农村“普九”债务的清理化解，为自治区清理化解农村义务教育其他债务、其他公益性乡村债务积累了丰富的经验。确保“普九”债务清理化解工作质量的关键是把好清理核实关，进行全面清理。为制定好清理方案，自治区综改办通过两次调训会专题研讨债务清理问题；同时，又分别深入吐鲁番、伊犁、宁夏、重庆等地调研考察，提出相关政策建议，形成自治区清理化解债务的基本思路：一要全面清理。既清理中央规定的2005年12月31日以前的债务，也要清理2006年1月1日至2009年12月31日之间形成的债务，摸清全区乡村债务的底数。二要清理化解工作分两步走。先完成清理工作，清理之后根据实际再制定切实可行的化解方案。

3. 科学部署债务清理工作。根据中央的要求，从2010年5月起，自治区综改办着手起草“清理农村义务教育其他债务实施方案”和“清理其他公益性乡村债务”实施方案，反复征求中央和基层意见。经过大量艰苦细致的工作，自治区下发了《关于下发〈新疆维吾尔自治区清理农村义务教育其他债务工作方案〉的通知》、《关于下发〈新疆维吾尔自治区清理其他公益性乡村债务工作方案〉的通知》。清理方案从搜集凭证、填表、录入、上报、初审、审计、公示、网上认定、政府签章等9个方面对清理工作的程序作了系统、详细的规定，并要求2010年底全区原则上完成清理工作。

（三）认真开展农村义务教育达标工程欠债摸底工作，实事求是反映各地举借新债情况

2010年2月22日，国务院综改办、财政部教科文司联合下发《关于提供农村义务教育达标工程建设欠债有关情况的函》（国农改办［2010］号），要求各地上报2006年至2009年已经实施和正在实施的农村义务教育达标工程欠债等情况。自治区综改办牵头，会同财政厅教科文处、经建处等有关处室对相关工作及时做了安排布置。经汇总，除克拉玛依市和石河子市没有举债外，全区其他12个地（州、市）实施农村义务教育达标工程均有一定数额的欠债。全区实施义教达标工程欠债合计31.2亿元，其中中央和自治区义教达标工程欠债12.9亿元，地、县义教达标工程欠债18.3亿元。经共同研究并请示自治区领导，自治区如实向中央反映了举借新债情况。

二、村级公益事业建设一事一议财政奖补工作

（一）完成2009年先行10个试点县（市）的查验工作

2008年中央1号文件明确提出，要求开展村级公益事业建设一事一议财政奖补试点。2009年自治区按照中央精神，结合自治区实际情况自加压力先行选择了10个县（市）开展试点工作。2010年5月17日—6月4日，自治区综改办组织抽调地（州）综改干部，采取听汇报、查资料、实地看等方式，对10个县（市）127个村的143个项目进行了抽查，并对存在的问题及时进行指导纠正，在此基础上下达了其余1/3奖补资金。

（二）村级公益事业建设一事一议财政奖补局部试点工作进展顺利

1. 制定下发试点方案。认真组织全区学习胡锦涛总书记对一事一议财政奖补试点工作的重要批示"增加财政投入，扩大试点范围，完善奖补制度，坚持群众自愿"及中央有关政策，会同有关部门研究并报自治区人民政府同意，经国务院农村综合改革工作小组批准，按照"分步实施，逐步达到50%试点县，初步安排33个县，待取得经验后再安排15—20个县"的工作思路，确定自治区第一批试点县（市）。制定下发了《新疆维吾尔自治区2010年村级公益事业建设一事一议财政奖补试点工作方案》。

2. 多渠道落实资金。主动汇报，积极争取中央对自治区试点工作的资金支持，争取中央2010年财政奖补资金1.4亿元；积极沟通，争取财政的支持，2010年自治区本级预算安排财政奖补资金1亿元；做好衔接，落实了2009年结转的370万元预算，并指导各地调整财政支出结构，安排一事一议财政奖补资金。

3. 确定自治区第二批试点县（市）。2010年上半年确定的首批33个试点县（市）试点工作进展顺利，各地纷纷要求进一步扩大试点范围。自治区农综办根据2010年年初工作计划、资金安排情况及各地的积极性，经过研究又提出了增加34个试点县（市）名单，并申报自治区人民政府审批通过。

4. 及早预拨财政奖补资金。为进一步推动和支持各地一事一议财政奖补工作的开展，根据各地申报项目情况，分两次下达各地一事一议财政奖补资金共1.12亿元，其中首批财政奖补资金6 000万元，第二批财政奖补资金5 230万元，极大地支持了各地开展一事一议财政奖补工作的积极性。

5. 引导各类资金积极参与建设。自治区76个试点县一事一议财政奖补项目总投资约10.3亿元，政府投入1.42亿元，农民筹资筹劳5亿元（含筹劳折资），村组集体出资1.3亿元，社会捐赠0.5亿元，其他投入1.2亿元，整合各类支农资金0.9亿元。发挥了奖补资金四两拨千斤的乘数效应，以财政奖补为平台的农村公益事业建设多元化投入的新格局悄然形成。

6. 超额完成全年计划。2010年中央将自治区列入全国村级公益事业建设一事一议财政奖补局部试点省份后，自治区及时总结经验，分步推进，将试点范围逐步扩大到67个县（市），占全区88个应开展一事一议奖补工作县（市）的76%，受益人口约321万人，完成自治区计划任务的152%。

三、完善转移支付资金的分配和管理办法，推进国有农牧场改革与发展

（一）完善国有农牧场基础数据库建设

自治区从进一步核实国有农牧场基本信息入手，把各地上报的国有农牧场的基础资料与自治区相关厅（局）提供的资料进行了逐一比对，将基础情况不实的部分国有农牧场予以剔除，在2009年工作的基础上，2010年分别为每一个农牧场建立了基础档案，进一步完善了国有农牧场转移支付基本数据库，为制定新的资金分配管理办法奠定了基础。

（二）改进财政转移支付资金分配和管理办法

一是按照科学化、精细化管理的要求，调整和完善自治区国有农牧场税费改革转移支付补助资金分配和管理办法。先是在保证国有农牧场税费改革规定的基本支出项目的基础上，又考虑到各农牧场的实际困难，增加了特殊困难补助资金，适当解决了农牧场的实际需要。同时这也起到了推动国有农牧场改革、改制的政策导向作用，进一步提高了资金的实际使用效益。二是进一步加强对转移支付补助资金的监督管理，与财政部驻疆专员办、审计以及各级财政、综改等部门形成齐抓共管的管理体制和机制，确保国有农牧场税费改革财政转移支付资金的有效运行，并发挥其效益。

（三）进一步研究国有农牧场政策边缘化的问题

通过调研，并结合一事一议奖补、清理债务等相关工作，积极研究并实施了有利于国有农牧场的政策安排，对于促进全区国营农牧场的发展、逐步探索克服国营农牧场政策边缘化的新途径起到了有效的作用。

（四）完成国有农牧场办社会职能情况的统计上报工作

按照国务院综改办要求，组织开展了国有农牧场办社会职能情况统计上报工作。在各地、县综改部门和国有农牧场、自治区相关厅（局）的积极配合下，初步摸清了国有农牧场办社会职能的具体内容，为自治区下一步开展剥离国有农牧场办社会试点工作打下了坚实的基础。

四、加强干部队伍建设

针对全区综改系统存在的机构不明、职责不清、人手不足、素质不高等“四难”问题，按照“三级联动，一体化建设”的工作体制要求，采取切实有力的措施和办法，不断加强干部队伍建设，扎实做好“两基”建设工作，确保综改工作的顺利完成。

（一）加强综改干部培训，提高综合素质

一是按照确定的农村综合改革工作任务，2010年3月和4月，组织了两期由区、地、县三级综改干部参加的政策理论集中调训，重点就有关政策在执行过程中遇到的难点问题共同进行研究和讨论，提高了受训干部分析问题和解决问题的能力。二是多次组织人员深入县、乡、村，现场观摩指导一事一议财政奖补工作程序、化债工作程序和基础管理等，促进各地相互学习和借鉴，增强综改干部把政策理论与实践有机结合的能力。三是选派数十名优秀综改干部赴内地省（市）学习先进工作经验和做法，开阔视野，增添本领。同时，还利用财政厅局域网举办政策业务培训，提高人员素质。

（二）主动上门征求意见，改进工作方法

一是自治区综改办组成工作组，分别深入乌鲁木齐、昌吉、喀什、和田、克州、塔城、博州等地（州、市）的部分县（市、区），了解各地工作开展情况，帮助和指导各地解决工作中遇到的困难，认真听取各方面的意见和建议，为下一年度更好地提高工作质量和水平奠定基础。二是根据农综办工作性质和工作范围，分管厅领导带队，多次深入农区、牧区开展调研，听取基层的有关情况汇报，收集第一手资料，为推进自治区农村改革和为民办实事工作献计献策。三是主动与成员部门协调和沟通，加强工作联系，有力推进了工作。

（三）规范工作权利运行，加强廉政建设

一是严格执行《自治区农村综合改革办公室工作权利运行规则》、“自治区农村综合改革权利运行流程图”等规定，在各项综改政策和资金分配中，做到公开办事程序和决策程序，让权力在“阳光”下运行。二是加强对重点工作政策的执行落实情况检查，确保财政资金安全、有效。三是加强了党风廉政建设，确保综改干部的安全。

（四）积极主动对接，争取中央支持

借中央新疆工作座谈会召开的东风，主动与

中央有关部门对接，汇报工作，反映问题。以积极、努力的工作态度，较好的工作成绩赢得中央支持，加大了对新疆帮扶的力度。2010年中央增加农村综合改革专项资金1.6亿元，比上年增加160%。

（五）完善工作考核办法，着力推进工作

一是进一步完善《自治区综改工作考核办法》、《自治区农村综合改革信息工作考核办法》考核内容，细化考核目标和任务，使综改考核工作做到科学化、精细化。二是对2010年全区15个地（州、市）的综改工作和信息工作进行了全面考核，并公开评选方案。各地（州、市）对自治区拿出的初评方案，进行一一对照复审。经各地一致认同，评定出一等奖2名、二等奖3名。通过考核，达到了鼓励先进、鞭策落后的目的，提高三级综改部门整体的工作质量和效率。三是在全区三级综改部门的共同努力下，在国务院2010年综改信息工作评比中，新疆综改办获一等奖，罗曼同志也获得一等奖。

五、开展了村级组织运转经费落实情况的专项督查工作

根据中共中央组织部、财政部、民政部、农业部《关于开展村级运转经费落实情况专项督查工作的通知》（财农改［2010］3号）要求，自治区党委组织部、财政厅、民政厅、农业厅（以下简称“四部门”）对有关工作进行了共同研究，结合新疆实际，组织各地认真开展了县、乡全面自查工作和地（州、市）抽查工作。在此基础上，组成4个由四部门干部参加的联合检查组，由四部门的厅级领导带队，对8个地（州）的8个县（市）27个乡（镇、场）的37个行政村进行了专项督查。通过自查、抽查和专项督查，各地进一步学习了中办发［2010］21号文件精神，结合本地实际，认真落实了中央及自治区有关村级组织经费保障的政策，推动了村级组织运转经费保障水平的提高。四部门形成专题报告分别向中共中央组织部、财政部、民政部、农业部上报了《新疆维吾尔自治区村级组织运转经费保障情况的报告》。

（自治区农村综合改革办公室供稿，王能芳、施卫星、罗曼、王国军执笔）

农业综合开发

一、紧抓“两基”建设，全面推进农业综合开发科学化、精细化管理

2010年，自治区农业综合开发工作从工作细节和具体任务入手，抓基础、抓根本，并结合工作实际狠抓“两基”建设：一是制度建设先行，搭建基础管理工作框架；二是坚持科学管理，建立资金和项目管理质量考评机制；三是规范资金和项目运行，推进管理工作精细化；四是建立、健全项目评审制，加强基层监督管理；五是夯实基础，巩固完善，达成“两基”建设目标。

二、农业综合开发资金投入和项目建设情况

（一）自治区农业综合开发项目资金投入情况

2010年，中央财政投入自治区农业综合开发资金5.16亿元，比上年增加6 534万元，增长了14.5%。其中：土地治理项目资金3.92亿元；产业化经营补助项目资金3 413万元；产业化贷款贴息项目资金3 301万元；部门项目资金5 721万元。

自治区财政配套资金2.01亿元，其中自治区本级财政配套资金1.6亿元，地（州、市）级财政配套资金2 104.8万元，县（市）级财政配套资金2 057.61万元。在自治区本级财政配套资金中，用于土地治理项目财政配套资金1.3亿元，产业化财政补助项目财政配套资金1 117.44万元，部门项目财政配套资金1 873.6万元。

（二）土地治理项目资金投入及建设情况

2010年，在土地治理项目的安排上，继续坚持以中低产田改造为重点，提高亩投资标准20%，全年中低产田改造项目亩投资标准确定为900元，其中中央财政资金500元，地方财政配套200元，自筹资金200元；农业生态综合治理项目（包括草原建设、土地沙化治理）亩投资标准为522元，其中中央财政资金290元，地方财政配套116元，自筹资金116元，突出加强农业基础设施建设。

2010年土地治理项目投资计划6.94亿元，其中中央财政资金3.92亿元，地方财政资金1.57亿元，自筹资金1.41亿元，其他资金381.65万元。用于中低产田改造项目投资计划5.38亿元，高标准农田示范工程项目投资计划8 220万元，生态综合治理项目投资计划5 764万元，中型灌区节水配套改造项目投资计划1 611.65万元（不含部门项目中型灌区节水配套改造项目）。

2010年土地治理项目完成投资4.4亿元，其中中低产田改造项目完成投资3.58亿元，高标准农田示范工程项目完成投资4 102.93万元，生态综合治理项目完成投资2 986.77万元，中型灌区节水配套改造项目完成投资1 191.13万元。

2010年国家农业综合开发办公室批复自治区农业综合开发土地治理项目94个。其中：中低产田改造项目73个，开发面积59.2万亩；草原场建设项目2个，开发面积1.5万亩；土地沙化治理项目10个，开发面积9.5万亩；高标准农田建设项目6个，开发面积6万亩；中型灌区节水配套改造项目2个（新建霍城县萨尔布拉克灌区节水配套改造项目，续建轮台县阳霞灌区节水配套改造项目）；科技示范推广项目1个。项目涉及14个地（州、市）的77个农业综合开发县（市、区），及自治区司法厅的1个监狱农场、1个劳教所农场。

2010年土地治理项目完成中低产田改造39.67万亩，完成高标准农田示范2.91万亩，完成生态综合治理5.65万亩（包括完成草（原）场建设面积0.78万亩，完成沙化治理面积4.87万亩）。完成中型灌区节水配套改造项目1个（续建轮台县阳霞灌区节水配套改造项目）。

（三）产业化经营项目资金投入及建设情况

2010年产业化经营财政补助项目投资计划2.6亿元，其中财政资金4 778.2万元，中央财政资金3 413万元，地方财政配套资金1 365.2万元，自筹资金2.1亿元，银行贷款500万元。计划贷款贴息项目中央财政贴息资金3 349万元。

2010年产业化经营财政补助项目完成投资2.35亿元，其中财政资金3 992.76万元，自筹资金1.9亿元，银行贷款500万元。完成产业化补助项目投资3 413万元，完成贷款贴息项目中央贴息资金3 301万元。

2010年国家农业综合开发办公室共批复产

业化经营项目 88 个。其中：财政补助项目 44 个，包括种植项目 5 个、养殖项目 6 个、加工项目 21 个和流通设施项目 12 个；贷款贴息项目 44 个。

2010 年全区共完成产业化经营项目 77 个。其中：财政补助项目 34 个，包括种植项目 4 个、养殖项目 4 个、加工项目 17 个和流通设施目 9 个；贷款贴息项目 43 个。

（四）部门项目投入建设情况

2010 年，农业综合开发部门项目建设遵循国家农业综合开发的指导思想和方针政策，体现行业特点，充分发挥技术优势，增强项目的示范引导作用，争取部门中央财政资金 5 721 万元，自治区财政配套资金 1 873.6 万元。共争取 42 个项目，其中良种繁育类项目 7 个，优势特色种养类项目 8 个，生态经济林类项目 17 个，流通设施及农产品加工类项目 8 个，中型灌区节水配套改造项目 2 个（不含 2009 年立项、2010 年继续实施的 3 个项目）。

2010 年，组织开展了部门项目专项检查、竣工验收考评和在建项目综合性检查工作。对伊吾县淖毛湖灌区的节水配套改造项目进行了验收，实地督促检查 2009 年立项的阿勒泰地区福海县顶山中型灌渠节水配套改造项目地方配套资金落实情况；完成了对 2008 年立项的农业部专项项目进行了检查验收；对 2006—2009 年立项的秸秆养畜示范项目进行了联合检查验收。

（五）投资参股经营项目实施情况

依据《国家农业综合开发投资参股国有股权收益收缴管理办法》，按时收缴了新疆拓普农产品有限公司、新疆哈密长联肠衣有限责任公司、新疆哈密长河集团长青农牧有限公司 2009 年中央财政和自治区财政国有股权分红收益，并及时将中央财政国有股权分红收益上缴中央财政，同时报告了自治区投资参股企业 2009 年运营情况。

此外，国家农发办分别于 2007 年、2008 年批准实施的投资参股经营项目——新疆拓普农产品有限公司“巴州库尔勒市库尔勒香梨气调保鲜库扩建项目”已建成投产，实现了项目投资的各项预期目标，取得了较好的经济效益。该企业申请国有股权转让，经国家农发办批准，已委托资产运营机构完成了对该公司资产、财务进行评估、审计，通过自治区国有资产监督管理机构认定的产权交易机构进行挂牌转让。

三、项目建设实现的效益情况

（一）土地治理项目的建设效益

1. 农业生产条件及农业生态环境得到改善。2010 年新增和改善灌溉面积 41.47 万亩，新增节水灌溉面积 26.93 万亩，年节约水量达 3 974.49 万立方米；通过林业措施增加农田林网防护面积 12.5 万亩，扩大良种种植面积 8.47 万亩，治理沙化土地面积 4.61 万亩。

2. 提高了农业综合生产能力。2010 年项目区增加优质农产品种植面积 9.61 万亩，其中优质粮食种植面积 2.53 万亩。

3. 增加了主要农产品生产能力。通过项目的实施，项目区年新增粮食生产能力 2 102.39 万公斤、棉花 306.87 万公斤、油料 83.58 万公斤、糖料 563.6 万公斤、干草 550.11 万公斤、饲料作物 202.09 万公斤。

4. 项目区年直接受益农户 6.95 万户，项目区年直接受益农业人口 28.46 万人，项目区直接受益农民年纯收入总额达 5 404.49 万元。

（二）产业化经营项目建设效益

2010 年新增生产能力为：新增干鲜果品 320 万公斤，蔬菜 26 万公斤，水产品 12 万公斤，肉 10 万公斤，蛋 90 万公斤；加工转化农产品 1.84 亿公斤，实现农产品交易额 2 亿元，年新增总产值 7.94 亿元，增加值 2.03 亿元，新增利税 7 499.35 万元。

项目区直接受益农户 6.97 万户，直接受益农业人口 26.54 亿人，新增收入 9 122 万元，新增就业 5 122 人，其中新增农村劳动力 3 216 人。

（三）部门项目建设效益

1. 通过中型灌区节水配套改造项目建设，完成干渠防渗工程30.13公里，建设渠道建筑物53座，改善灌溉面积14.41万亩，大大改善了项目区的农业基础条件，完善了项目区低产田改造灌排体系，增强了项目区抵御自然灾害的能力。

2. 通过实施优质良种繁育建设，新增原原种生产能力2万公斤，新增原种生产能力35万公斤，提高了项目区良种覆盖率。通过实施秸秆养畜示范项目，建设养殖示范（场）户5 050个，建设青贮氨化池1.62万立方米、秸秆61.61万吨。

3. 实施的名优经济林和花卉项目，新增经济林产品371万公斤，总产值751.1万元。通过实施林业生态示范项目，新增有林面积1.21万亩，林草覆盖率不断提高。经济效益和生态效益显著。

4. 通过实施农业综合开发供销合作社示范项目，新增总产值1.32亿元，直接带动农户9 200户，安排农民就业220人，帮助农民实现收入6 467.6万元，优化了产业结构，取得了显著的经济效益。

四、农业综合开发资金、项目管理工作

（一）农业综合开发资金管理工作情况

1. 强化资金管理。按照工作质量考评情况，加强2009年考评得分与2010年增量资金分配的对应关系，进一步体现奖优罚劣。

2. 规范资金管理制度。加强财务管理，严格执行财政资金专人管理、分账核算、专款专用和县级报账制。加快项目实施进度当年完成目标，督促各地加快建设资金支出进度，并确保资金报账。

3. 认真清理有偿资金债务。认真核销国家农发办审核批准的2010年中央财政农业综合开发呆账，并督促各地（州、市）偿还到期财政有偿资金。

4. 加强农业综合开发资金决算工作。为提高农发决算编报质量，召开全区农业综合开发资金决算汇审会议，做好2010年农业综合开发资金决算编制工作。大力推进基层财政专项支出预算公开工作。基层农发管理机构要在收到本地有关农发专项资金并按要求下发后，按照“谁分配、谁公开，分配到哪里、公开到哪里”的原则，及时、准确、完整地公开专项资金项目相关信息。

（二）农业综合开发项目管理工作情况

1. 按照《国家农业综合开发办公室关于印发2010年国家农业综合开发产业化经营项目申报指南的通知》（国农办［2009］178号）要求，认真贯彻落实自治区农村工作会议和自治区财税工作会议精神，按照自治区农业发展总体战略，积极推进农业产业化经营，坚持把增加农民收入和农业增效作为落脚点，配合土地治理项目的实施，紧紧围绕自治区积极发展区域特色农业和设施农业建设的目标，重点扶持规模化、标准化、专业化设施建设，同时促进与农牧民农副产品生产、购销密切相关的加工转化、市场开拓和科技推广相关的项目建设。

2. 认真做好项目评审、专家聘请、综合性检查等相关工作。

（1）加强项目评审工作，提高项目计划（草案）质量。2010年提交专家评估的土地治理项目和产业化经营项目共计144个。公正地采纳评估结果，促使项目“前期工作扎实，报的上去，批的下来”。

（2）按期调整，重新聘请农业综合开发科技专家。依据《自治区农业综合开发科技咨询专家工作制度（试行）的通知》规定，将2010年7月到期的科技咨询专家，调整和扩充为118人。同时函告推荐单位，并给每位专家颁发聘书。

（3）全面组织开展2009年度国家农业综合开发资金和项目综合性检查。自治区农发办下发新农开办评［2010］6号布置检查工作。在各地

（州、市）农发办全面检查的基础上，重点检查，汇总数据、材料，形成并向国家农发办上报了《关于上报2009年度国家农业综合开发资金和项目管理综合性检查情况的报告》。国家农发办委派中兴华富华会计师事务所，自2010年10月19日至2010年11月10日，对自治区区本级，吐鲁番地区及下属托克逊县，哈密地区及下属哈密市、巴里坤县、伊吾县，乌昌地区及下属的米东区、呼图壁县、玛纳斯县、吉木萨尔县2008年立项批复的农业综合开发土地治理项目及产业化经营项目进行综合性检查，从检查结果看，通过抓工作质量考评，基层农发基础和基层建设工作有长足的进步。

3. 加强对开发县管理，不断提升开发县的管理水平。进一步规范工作程序，加强了对各级农业综合开发办公室在项目申报、项目库建设、实施方案编制、工程监理、项目验收、工程维护等方面的工作指导；强化了对各地项目实施进展的监管、工程建设监理实施和重点项目的跟踪问效；进一步规范了对77个开发县的管理，加强了开发县对项目管理的考核和考评工作，创建竞争激励机制。

4. 完成了国家农发办安排的阶段性工作总结和调研工作。一是完成了新疆维吾尔自治区2008—2009年农业综合开发土地治理与产业化经营两类项目有机结合试点总结；二是完成新疆维吾尔自治区国家农业综合开发引导支农资金统筹支持新农村建设试点项目总结；三是完成新疆维吾尔自治区关于完善2011年产业化经营项目相关政策措施调研工作；四是完成开展农业综合开发土地治理项目分区域扶持政策的调研报告；五是根据《国家农业综合开发办公室对产业化经营中央财政贷款贴息项目进行审查的通知》（国农办函［2010］72号）要求，对95个（含2009年）产业化经营中央财政已贴息项目按贷款银行进行分类，及时完成对2009年、2010年农业综合开发产业化经营中央财政已贴息贷款项目审查的确认上报工作。

（自治区农业综合开发办供稿，王铁农、雍曦、王娟供稿）

财政扶贫资金管理

2010年是实施《中国农村扶贫开发纲要（2001—2010年）》的最后一年，自治区财政扶贫工作把解决扶贫对象温饱、实现脱贫致富作为首要任务，按照“划分区域、分类扶持、整村推进、巩固提高、完善机制”的方针，突出“整村推进、产业扶贫和劳动力转移培训”三项重点工作，加大财政扶贫资金整合力度，优化财政扶贫资金投入结构，完善财政扶贫资金使用管理机制，财政扶贫各项工作取得了明显的成效。

一、逐步完善财政扶贫资金投入增长机制

一是针对国家提出的提高扶贫标准，研究国家支持西部地区的有关政策，向财政部汇报财政扶贫资金管理使用情况、贫困地区受灾情况，以

及财政扶贫资金绩效考评工作开展情况，争取中央财政对自治区财政扶贫工作的理解和支持。2010年，中央财政扶贫资金11.55亿元，比上年增加2.03亿元，增长21%。二是加大扶贫资金投入，2010年自治区财政安排扶贫资金2.08亿元，比上年增加6 300万元，增长了43%。扶贫资金的持续稳定增长及确保各项扶贫政策的落实，为实现自治区扶贫目标任务奠定了基础。

二、发展资金和扶贫培训资金管理

一是发展资金和扶贫培训资金等大额专项资金坚持按照财政部有关要求采用“因素分配法”分配，在投入区域上突出南疆三地（州）、高寒山区、边境贫困农村重点区域，在投入资金量上向重点县、贫困村和整村推进村倾斜（80%的中央资金用于国家扶贫开发工作重点县），避免了人为调整资金预算额度和以项目定资金的随意性。二是通过采取网上预审、专家评审等方式，加快项目审核进度。三是规范了扶贫资金支出管理。按照财政部精细化管理有关要求，对自治区本级扶贫培训资金和劳动力转移培训资金实行报账制管理。

三、以工代赈资金管理使用情况

以工代赈资金主要用于27个国家扶贫开发工作重点县和3个自治区扶贫开发工作重点县。2010年中央下达财政预算内以工代赈资金2.12亿元，自治区配套1 300万元。主要用于国家扶贫开发工作重点县，并根据国家有关规定，适当兼顾自治区确定的扶贫开发工作重点县、乡、村。安排下达了以工代赈项目122项，计划当年完成中低产田治理2.3万亩，新增和改善农田灌溉面积50万亩，新建和改扩建乡村公路115.7公里，初步治理水土流失面积9.4平方公里，建设草场1.35万亩。

通过实施小型农田水利、基本农田、畜牧草场、乡村道路、小流域治理、片区综合开发等基础设施建设，加强贫困地区农村的基础设施条件，改善贫困农牧民的生产、生活条件和生态环境，加快贫困地区经济社会的发展。同时通过以工代赈劳务报酬政策的落实，切实增加务工农牧民的现金收入，加快了脱贫致富步伐。

四、少数民族发展资金管理使用情况

2010年安排少数民族发展资金2.08亿元，其中兴边富民资金1.43亿元，人口较少民族资金4 350万元，民族地区特困补助资金250万元，贫困地区民族特色村寨保护试点资金300万元，少数民族发展资金795万元，项目管理费305万元，自治区财政安排资金500万元。少数民族发展资金的投入，改善了自治区少数民族地区生产、生活条件和基础设施，提高了少数民族的收入，为少数民族地区的经济发展奠定了基础。

五、积极筹集抗震安居扶贫专项，保障安居计划

按照自治区2010年农村危房改造试点要求，下达2010年抗震安居工程扶贫专项9 000万元，每户补助5 000元，共扶持4个地（州）25个县（市）1.8万户贫困家庭房屋建设，进一步改善贫困地区贫困农牧民居住条件。

六、科技扶贫资金管理使用情况

为进一步提高科技扶贫在扶贫开发工作中的示范推动作用，2010年专项安排财政科技扶贫资金1 150万元，重点支持具有市场优势的设施农业、良种繁育、特色林果业等领域项目12个。其中：农业项目5个，投入资金520万元；畜牧业项目5个，投入资金475万元；其他类项目2个，投入资金155万元。科技扶贫资金的投入改变了贫困地区生产技术落后、区域经济发展缓慢、农牧民收入偏低等现实状况。

七、财政扶贫贴息资金管理使用情况

根据国家扶贫贴息贷款管理体制改革精神，

按照《新疆维吾尔自治区扶贫贴息贷款管理体制改革实施方案》的规定，2010 年安排扶贫贴息贷款财政贴息资金 6 287 万元，其中到户贷款财政贴息资金 3 877 万元（含康复到户贴息 77 万元）、项目贷款财政贴息资金 2 410 万元（含康复项目贴息 33 万元）。

2010 年，到户贷款管理继续遵循“四定、四不定”（即，定贴息对象、定贴息方向、定贴息期限、定贴息标准，不定金融机构、不定贷款任务、不定统一利率标准、不定贴息方式）的原则，按年利率 5% 的财政补贴政策，对各县（市）到户贷款实际执行情况据实核算下达到户贷款财政贴息资金 3 877 万元，其中 1 000 万元专项用于新疆受灾区贫困农牧民恢复生产贴息贷款方面。

2010 年，项目贷款管理继续按照“年初向金融部门推荐扶贫龙头企业项目贷款、年底自治区统一据实结算”的原则，审核 87 家扶贫龙头企业 11.73 亿元的项目贷款，据实结算 55 家扶贫龙头企业 7.88 亿元的有效项目贷款，下达项目贷款贴息资金 2 410 万元。

八、扩大“互助资金”试点，助推贫困农民可持续发展

为进一步缓解贫困区域贫困农户发展所需资金短缺的突出问题，不断提高贫困村、贫困户自我发展、持续发展的能力，按照国家和自治区“贫困村村级发展互助资金”试点工作部署，2010 年在 8 个地（州）12 个县（市）72 个乡（镇）的 157 个扶贫开发工作重点村开展“互助资金”试点工作，以每村 15 万元的平均标准安排下达“互助资金”2 350 万元。

九、国有贫困林场扶贫资金投入情况

2010 年下达国有贫困林场扶贫资金和国有贫困农牧场扶贫资金 2 020 万元，安排农村基础设施建设 897 万元，生产发展资金 1 123 万元，改善了自治区国有贫困林场和国有贫困农牧场基础设施和生产发展条件。

十、积极做好对口扶贫工作

2010 年自治区财政厅继续帮扶洛浦县的恰尔巴格乡、杭桂乡、多鲁乡的 6 个扶贫工作重点村和一个社区居委会，安排 1 800 万元定点帮扶资金。定点帮扶的 6 个村的项目及英买里社区建设项目已全部启动、实施完毕。

通过 3 年的对口帮扶，定点扶贫的 3 乡 6 村 1 个社区取得了显著成效：一是稳固解决贫困人口温饱 855 户 3 384 人，完成在册贫困人口的 89.3%；二是人均收入逐步提高，预计 2010 年人均收入达到 3 118 元，较帮扶前的 2007 年人均纯收入 1 813.78 元提高了 1 304.22 元；三是帮扶 3 乡 6 村 1 个社区的基础设施得到明显改善，村集体经济不断壮大，村集体经济积累均达到 8 万元以上；四是帮扶乡村产业发展不断壮大，逐步形成了以核桃精品园、手工地毯编织、特色养殖、畜牧等为主导的致富增收产业，定点帮扶乡村的农民通过项目的扶持加快了脱贫致富的步伐。

（自治区财政厅扶贫资金管理办公室供稿，刘芊、黄前奇、陆海燕、阿吉木执笔）

乡镇财政管理

2010年，自治区以加强乡镇财政资金监管为目标，以深化“两项”改革、做好“两基”建设、逐步提高干部素质为重点，全面推开乡镇财政资金监管工作，提高乡镇财政监管能力和管理水平，推动乡镇财政资金规范化管理。

一、加强乡镇财政管理基础工作

（一）开展乡镇基本情况数据资料收集工作

为加强对乡镇基础数据的收集工作，2010年5月对自治区2009年乡镇财政收支情况、债权债务情况、乡镇财政所建设、财政涉农补贴农民资金等内容进行了统计汇总，全面地掌握各地乡镇财政基本情况和涉农补贴资金发放情况。同时，顺利完成了2009年度乡镇财政决算工作。

（二）建立乡镇财政“两基”基础档案

为做好乡镇财政基础工作，自治区乡镇财政管理局建立了区、地、县、乡四级乡镇财政“两基”建设基础资料档案。主要内容包括各级乡镇财政机构建立情况、工作开展情况、乡镇财政干部情况、涉农补贴发放情况、制度建设情况、工作运行流程等。14个地（州、市）、87个县、795个乡镇的乡镇财政部门建立了“两基”档案资料，形成了完整的乡镇财政“两基”基础档案，为自治区各级乡镇财政部门开展工作、了解情况奠定了良好的基础。

（三）完善管理制度，规范乡镇财政工作

根据财政部推进财政科学化、精细化管理，加强乡镇财政资金监管的工作要求，制定并下发了《自治区乡镇财政资金监管实施办法》和《自治区财政厅关于全面推行乡镇财政精细化管理的意见》，进一步推进乡镇财政管理的各项工作精细化、规范化。

（四）摸清乡镇财政阵地建设情况，制定3年建设计划

为加强乡镇财政管理基础工作和对乡镇财政建设的指导，准确掌握乡镇财政办公场所基本情况及建设计划情况，对全区乡镇财政所建设情况进行了摸底调查。制定了基层财政所2011—2013年建设计划，逐步改变基层财政部门办公条件艰苦、信息化建设滞后等现状。

二、建立直接联系点，以点代面开展资金监管工作

自治区确定了15个乡镇为自治区乡镇财政直接联系点，此外额敏县郊区乡、特克斯县喀拉达拉乡、昌吉市三工镇3个乡镇财政所被确定为财政部乡镇财政工作直接联系点。为做好直接联系点工作，制定了《自治区财政厅乡镇财政资金监管工作直接联系点办法》，明确了直接联系乡镇财政所职责、联系人责任，通过直接联系的方式，加强沟通、交流，指导联系点开展财政资金监管的各项工作，加强对直接联系点的指导。深入直接联系点了解、掌握乡镇财政基本情况、各项工作开展情况和财政政策落实情况及效应。每季度定期向财政部报告乡镇财政直接联系点资金监管工作开展情况，客观反映问题，推广先进

做法。通过各种形式组织乡镇财政干部到直接联系点参观、学习和交流工作，推动全区乡镇财政资金规范化管理。

三、大力开展乡镇财政管理干部培训工作

为进一步加强乡镇财政干部队伍的业务能力，提高干部综合素质，制定了《自治区乡镇财政干部2010—2012年培训方案》，指导各地共同做好乡镇财政管理干部培训工作。同时，收集近年来的各类涉农支农补贴资金政策，编印、下发了《自治区乡镇财政干部学习资料汇编》，作为自治区乡镇财政管理干部培训材料之一。2010年5月和8月，举办了两期乡镇财政管理干部培训班。全区17个地（州、市）及79个县（市）的200余名乡镇财政管理干部参加了培训。培训班以财政改革、预算管理、乡镇财政管理、财政资金监管、财政支农惠农政策等为主要内容，辅之以公文写作、办公自动化等涉及工作技巧方面的知识讲座。

四、积极推进乡镇财政管理信息化

根据2010年自治区乡镇财政管理工作计划，为确保自治区第二批19个实施乡镇财政管理信息系统的县（市、区）人员尽快掌握实施要领，积极开展集中辅导培训，通过搭建模拟环境、直接授课、模拟操作和独立完成等过程，培训效果明显提高，保障了各地信息管理系统的顺利实施。2010年上半年，自治区又增加23个县（市）作为“乡财县管乡用”管理信息系统推广应用县（市）。截至2010年底，自治区已有71个县（市）推广应用“乡财县管乡用”管理信息系统，占全区县（市）的82%。

五、召开自治区乡镇财政建设工作现场会

为推进乡镇财政“两基”建设，2010年10月24—25日，自治区财政厅在伊犁州伊宁市召开了自治区乡镇财政建设工作现场会，全区17个地（州、市）、89个县（市、区）财政局局长和18个财政部、财政厅直接联系点的乡镇财政所所长共182名代表参加了会议。自治区农村综合改革领导小组办公室专职副主任薛江主持会议，自治区人民政府党组成员、财政厅厅长弯海川作了重要讲话。会议认真分析了当前自治区乡镇财政工作面临的形势，根据财政部“两基”工作的要求，会议明确当前和今后一个时期，自治区乡镇财政工作要以做好“两基”建设为基础，充分发挥乡镇财政就近就地监管优势，狠抓乡镇财政资金监管，推动形成“预算编制、预算执行、监督检查、绩效评价”四位一体的乡镇财政管理新机制，不断提高乡镇财政科学化、精细化管理水平。这次会议是自治区财政厅乡镇财政管理局成立以来举办的规格最高、规摸最大、内容最丰富、形式创新、效果明显的一次会议。

（自治区财政厅乡镇财政管理局供稿，郑胜利执笔）

财政监督检查

2010年，全区各级财政部门共投入检查力量1 600人次（聘请专业人员56人次），共检查各类单位（项目）3 327户（个）。其中：国有及民营企业178户，会计师事务所等中介机构8户，行政事业单位608户；检查财政收入执收项目372个，财政支出项目1 114个。共发现各类财政违规问题资金1.84亿元，资产不实1.75亿元，纠正违规资金1.36亿元，查补财政收入1 222.75万元，处理处罚企事业单位176户，罚没款58.51万元（以上数据均不含“小金库”治理数据）。

一、服务宏观调控，做好财政监督工作

（一）积极参与配合扩内需促增长政策落实监督检查工作

截至2010年12月底，全区各级财政部门共抽调检查人员833人次，组成检查组131个，检查各类扩内需促增长项目资金542个，涉及中央和自治区投资资金31.14亿元。对检查中反映的涉及财政财务的问题，督促各有关部门落实整改。

（二）组织开展民生资金监督检查

全区各级财政部门重点关注民生资金管理使用情况，加强对农牧民抗震安居、义务教育、社会保障、医疗卫生、“三农”等专项资金的监督检查，查处各类违规资金1 082.63万元，处理处罚单位29户。财政厅对科技富民强县、第二次土地调查、技术改造、森林生态效益补偿基金、农村生活最低保障等5项资金，进行了绩效“再评价”工作。

二、落实中央部署，开展“小金库”治理

根据中央的统一部署，自治区各地、各部门在总结分析2009年“小金库”治理工作成果的基础上，积极采取有效措施，深入推进党政机关和事业单位“小金库”治理“回头看”，开展社会团体和国有企业专项治理工作，着力构建和完善防治“小金库”长效机制。截至2010年底，全区共查处“小金库”问题单位1 237户，“小金库”1 405个，“小金库”问题资金2.36亿元，清理撤销违规银行账户2 254个，上缴财政资金1.6亿元，补缴资产出租、出借收入5 100万元，因设立和使用“小金库”款项受到行政、组织和党纪政纪处理、处罚、处分67人，移交司法机关8人，行政处理处罚单位86户。

（一）深入推进党政机关和事业单位“小金库”治理工作“回头看”

针对部分地（州）工作不够深入，基层工作相对薄弱，自查自纠“零申报”和重点检查“零问题”的部门和单位，自治区治金办及时下发通知，组织各地（州）、各单位采取“五查五看”、“上下联动”等措施开展“回头看”。工作不认真、措施不落实、工作走过场的基层单位全部被纳入治理工作重点范围。2010年4月份会同财政厅、审计厅派出多个巡视督导组，对2009年的重点检查单位的处理、处罚和整改落

实情况进行追踪问效。截至2010年底，全区通过“回头看”重新发现瞒报、漏报“小金库”11个，涉及金额235.5万元。

（二）扎实推进社会团体和国有企业治理工作

自治区各地、各部门按照“统一政策、集中审理、分别处理”的原则，将专项治理工作与规范部门单位银行账户、津贴补贴、非税收入、国有资产、票据使用等日常财务管理工作相结合，有力地推动了治理工作深入开展；各部门、各单位主要领导制定治理工作承诺书，严格签批检查报表，落实治理责任。截至2010年底，全区4 559户社会团体和公募基金会、1 397家国有及国有控股企业，通过自查自纠和重点检查共发现28个单位存在“小金库”40个，涉及金额1 014.83万元。其中：社会团体治理中，发现4个单位存在“小金库”4个，涉及金额79.87万元；国有及国有控股企业治理中，发现24个单位存在“小金库”36个，涉及金额934.96万元。

（三）积极构建防治“小金库”长效机制

在治理工作中，按照“边治理、边教育、边整改、边规范”的工作要求，努力构建党政机关和事业单位防治“小金库”长效机制。一是积极配合中央完成防治“小金库”长效机制课题调研工作。根据中央治理“小金库”工作领导小组办公室的任务分解，新疆财政厅承担了深化国有资产管理课题第二部分“行政事业单位资产管理现状及存在的主要问题”的调研和撰稿工作。财政监督检查局牵头，行政事业资产监督管理处配合，抽调业务骨干组成课题调研组，按时、保质完成课题调研任务，于2010年8月中旬将课题调研材料上报至中央课题组。二是建立自治区本级党政机关和事业单位防治“小金库”长效机制。2010年1月15日，自治区纪委、监察厅、财政厅、审计厅联合印发了《新疆维吾尔自治区治理“小金库”长效机制工作意见》，开发了自治区治理“小金库”举报邮箱和自治区治理“小金库”信息化管理系统。截至2010年底，各单位上报的非税收入情况与自治区非税系统统计的数据基本一致；对区本级678户预算单位上报的4 354个银行账户进行了审核，清理撤销不合规银行账户234个，并对整改落实情况进行了通报。

三、规范财经秩序，开展会计监督工作

2010年，全区各级财政部门以“遏制会计造假，规范会计秩序，服务宏观管理，维护公众利益”为目标，采取上下联动、交叉检查等方式，对378户行政事业单位、99户国有及国有控股企业、5户民营企业和新疆瑞新、天华、天鸿等8家注册类中介机构的会计信息质量和执业质量情况进行了检查，共查处各类违规资金1.2亿元，补缴税款155.31万元，罚没款29.17万元，对5家会计师事务所分别给予警告和没收违法所得的行政处罚。

四、开展内部监督，完善内部制约机制

2010年，全区各级财政部门按照“依法监督、注重预防和规范管理”的要求，不断强化内部监督工作，共检查单位470户，纠正财政违规资金2 613.83万元；依托“金财工程”应用支撑平台，对部门预算运行情况进行适时监督；配合财政部监督局五处积极开展基层财政部门内部监督调研工作。

五、强化基础，加强财政监督能力建设

（一）完善财政监督法制建设

2010年，自治区各级财政部门共制定出台69项财政监督规章制度。伊犁州出台了《关于建立纪检监察、审计、财政部门检查计划及结果互相抄送机制的意见》；石河子、克拉玛依、阿勒泰、吐鲁番等地（市）财政局制定了规范权力运行实施方案和“岗位内审监督自查表”，编制权力运行流程图，进一步明确了监督程序和内容；塔城地区制定了《塔城地区项目绩效考核

评比办法》、《辽宁省对口援助塔城地区专项资金管理办法（试行）》；哈密地区财政局印发了《关于进一步加强财政财务管理规范财经工作秩序的通知》；喀什地区财政局出台了《喀什地区财政局首问负责制度实施细则》、《喀什地区财政局责任追究制度实施细则》。

（二）加强财政监督机构和队伍建设

截至 2010 年 12 月底，全区共有监督干部 262 人，其中本科及硕士以上学历 139 人，专职监督机构 74 个，监督（监察）合署办公机构 48 个。伊犁州财政监督检查局为正县级，博州、巴州财政监督机构为副县级。全区各级财政部门累计举办培训班 52 期，培训人员达 600 人（次），财政监督干部的业务素质不断提高。克拉玛依、塔城、阿勒泰、博尔塔拉、昌吉、哈密等地（州）财政局选调德才兼备的干部，顺利开展了监督机构负责人轮岗工作，进一步充实了监督力量。

（三）做好财政监督理论调研和信息宣传工作

一是加强调查研究。财政厅财政监督检查局为配合财政部监督局五处开展内部监督调研工作，先后到伊犁、吐鲁番、巴音郭楞、喀什等地（州）和县（市）进行实地调研，并提出了进一步做好内部监督工作的指导意见。二是扩大信息宣传。2010 年，全区各级财政部门共编辑财政监督信息 134 条，其中向财政部监督局《财政监督检查简报》、财政厅《财政信息快报》、财政监督杂志社报送信息 40 条，采用 16 条。财政厅财政监督检查局创办的《财政监督情况反映》共编辑简报 8 期，采用各地（州）信息 42 条。2010 年 5 月 13 日，财政厅已连续第二年通过《新疆日报》和财政厅门户网站向社会公告了 7 家被检查单位名称和重点检查内容，引起了社会各界的广泛关注。

六、加强沟通协作，发挥监督合力

（一）加强与内部业务部门的沟通与协作

2010 年，财政厅财政监督检查局在开展财政专项资金绩效“再评价”、会计监督、财政检查报告审理等工作中，采取召开座谈会和函的形式，主动向厅预算处、国库处、法制税政处、经济建设处、会计处及注册会计师管理中心征求意见，确保了检查工作的顺利进行。部分地（州）财政监督机构在会计信息质量和专项资金的检查工作中，主动与有关业务部门联系，业务部门也都能在抽调干部参加检查、提供检查资料和政策法规解释等方面给予配合，形成了齐抓共管的监督格局。

（二）加强与外部监督部门的协作

2010 年 5 月 11 日，财政厅牵头组织召开了新疆专员办、监察厅、审计厅四部门参加的联席会议。会上，各单位分别通报了 2009 年度取得的工作成果和 2010 年的重点工作，对在财政监督和审计监督工作中的方式、方法进行探讨，并就文件交换和信息交流达成了共识。部分地（州）财政部门参照财政厅的联席会议模式，也分别组织召开了纪检、监察、财政、审计、工商、税务等部门的联席会议，为有效整合监督资源、形成监督合力发挥了积极作用。

（自治区财政厅财政监督检查局供稿，丁响执笔）

自治区本级政府采购

2010 年，自治区本级政府采购工作紧扣“扩大规模、健全制度、完善监管、促进规范、发挥功能、夯实基础”六项工作目标和任务，深化政府采购制度改革和创新，全面推进政府采购监督和管理，减少重复采购，降低采购成本，节约资金，提高采购效率，实现采购操作制度化、程序化、规范化。

一、扩大采购规模

一是进一步对保障和改善民生的“三农”、教育、科技、医疗卫生、社会保障等方面的财政投入项目实施集中采购，切实将财政资金落到实处，发挥财政资金的使用效益。二是积极发挥政府采购的政策导向功能，深入贯彻国家关于政府采购扶持自主创新、推行节能环保、落实好调整结构等相关产业政策和经济政策。组织实施自治区九年义务教育免费教科书、“村村通工程”大喇叭设备项目、自治区公安厅牵引车项目、自治区卫生厅医疗救护车项目、自治区广播电影电视局所需的广电专用设备等重大项目的集中采购。三是进一步做好办公自动化及电器设备协议供货、公务车协议供货、公务车定点维修、印刷定点服务、二类会议定点宾馆的服务供应商的协议签定及授牌，明确入围供应商的权力和义务，细化管理措施和处罚原则，加强市场监控和价格管理。2010 年，自治区政府采购中心共实施政府采购 634 次，采购金额 12.83 亿元，采购预算资金为 14.26 亿元，节约采购资金 1.43 亿元，节约率为 10.0%。

二、完善制度执行和建设

一是坚持依法实施采购。严格按照《中华人民共和国政府采购法》等相关法律法规要求，规范采购程序，充分披露采购信息，对技术指标复杂的项目通过公开征求意见、举办专家论证会等方式，避免采购文件中出现倾向性、限制性条款。二是健全规章制度体系。先后完善并制定《政府采购中心工作职责范围》、《政府采购中心内部机构设置及职责分工》、《政府采购中心权力运行规程》等 10 余项制度、办法。编制公开、竞争性谈判、询价、单一来源类招标文件通用范本，建立与各招标方式相对应的采购流程和评标办法，建立涉及政府集中采购业务流程、文明服务规定、廉政建设规定、商业贿赂工作措施等内容的制度体系。

三、完善监管机制

一是强化内部控制机制。科学设置工作流程，合理安排机构设置和人员分工，将招标组织与评审专家抽取工作相分离，将采购经办人员与招标文件审核人员相分离，将前期工作与后期评审组织相分离，实行采购项目多人负责制，明确岗位职责，形成项目组织各环节之间既分工协作又相互制衡的内部工作机制。二是完善监督制约机制。在采购项目执行过程中，自觉接受财政、审计和监察部门的监督管理。对公开招标采购项目，均邀请驻厅纪检监察和政府采购管理部门进行现场监督。推行电子化政府采购，增加公开透明度，设立政府采购中心意见箱，公布政务、办事时限和服务监督电话，建立“政府采购义务监督员”机制。

四、创新采购操作模式，实行分段式管理

为规范政府采购工作，加强对采购活动重要环节的监督和管理，以促进廉政建设，结合政府采购工作实际，从健全制度入手，不断优化采购程序，将原执行的项目负责制优化为分段式管理制，定于2010年7月1日起执行。

五、稳步构建全区政府采购大市场

为在全区政府采购工作中推行产品资源、信息资源、服务资源共享，实现分级式管理框架下的合作成员共享供应商的价格、服务等优惠政策，将公务用车定点保险、公务用车采购作为与部分地（州）联动试点的首推项目，整合后的公务用车协议采购22个品牌80种入围车型价格平均折扣率由上年度的2.4%提高到4.2%，同比增幅75%；公务车定点保险通过提供有关延伸服务每年单车可多优惠500—800元。公务车协议供货、公务车保险定点服务、公务车定点维修、办公自动化及电器设备实现区本级和11个地（州、市）联动，搭建成分级管理框架下的快速供货模式。

六、加强培训，扩大宣传

一是举办政府采购典型案例分析会。研究解决当前形势下政府采购发展中存在的问题，进行典型案例分析和专题讨论，开展政府采购业务交流和理论探讨，进一步创新思路，改进工作方法。二是组织召开全区政府采购中心主任座谈工作会议。加强采购人、供应商与集采机构之间的工作交流，倡导各地（州、市）政府采购中心签约《阳光采购倡议书》。三是参加《中国政府采购》杂志社和《政府采购信息报》报社举办的培训班和研讨会。

七、夯实基础，做好服务工作

一是认真开展权力运行工作，全面配合监督检查。结合自治区财政厅机关开展规范权力运行工作提出的相关要求和《政府采购中心工作运行规程》中的内容逐项进行自查，不断规范操作规程，完善监督机制；通过对制度执行的监督和加大责任追究力度等手段来实现规范权力运行的目的，积极配合权力运行检查小组的监督检查工作。二是全力配合做好政府采购执行情况考核工作。对照考核内容与评分标准进行逐项自查，收集考核资料，形成自查报告，并认真准备相关档案资料、政府采购范围、政府采购程序、内部管理制度、政府采购文件保存、从业人员培训情况、廉洁自律情况、服务质量情况等方面的考核内容，供量化考核。三是加强保密宣传教育及管理工作。根据“谁主管、谁负责”的原则，进一步明确保密工作职责，加大涉密电脑、移动存储介质等新型涉密载体的保密管理规定。四是切实推进“两基”管理工作。进一步规范招标文件的编制水平和质量，扩大区域联动的范围，加强对采购人员的培训。

（自治区财政厅政府采购中心供稿，李喜洲、陈林国执笔）

财政票据管理

一、完善管理制度，落实财政科学化、精细化管理

按照加强财政“两基”建设工作的要求，强化财政票据管理科学化、精细化、规范化管理。进一步完善了内部各项工作制度，加强工作协调。认真梳理了财政票据管理的工作运行规则和权力运行流程，从票据的印制、发放、保管、核验、销毁、稽查等各个环节建立、健全了规章制度，规范了财政票据管理的各个工作环节，做到各项工作有章可循，为加强和规范全区财政票据管理提供了制度保障。

二、强化财政票据监管，落实“以票管收、以票促缴、以票治乱”

（一）强化财政票据防伪功能

鉴于目前社会上出现不法分子伪造财政票据行为猖獗（特别是医疗票据），从2010年7月份起对门诊和住院结算4种票据用纸改用为具有防伪功能的温变线防伪纸；从8月份开始，财政票据监制章按规定程序和要求，使用了财政部统一监制章式样的全国财政票据监制章，提高财政票据的权威性、严肃性和安全性。

（二）强化票据核销和“以票管收”

对已实施政府非税收入管理改革的单位，严格对“非税收入一般缴款书”作废和丢失的核销力度，重点对使用非税收入手工票据、罚没票据资金缴库情况进行认真核验，并责任到人建立了核销台账，确保从票据源头上使财政资金及时、足额入库。2010年中心对区本级48个执收单位使用的4 397本非税手工票据、罚没票据认真进行了核验，合计金额5 082.06万元。同时，注重协调配合，将个别收费项目未纳入非税管理的5个单位及时通报非税处，纳入管理后恢复供票；对3个单位使用资金往来结算票据分别收取的拆迁补偿费、人防补偿费、棉花检验用棉变买款共计561万元，促其缴入非税后给予供票。

（三）积极推进财政票据电子化改革

财政票据管理软件的使用，使财政票据业务的印制、入库、发放、核验、销毁等工作程序从传统的手工操作管理中解放出来，实现了财政票据管理的电子化，降低了差错率，确保能及时、准确、全面掌握财政票据管理的信息，提高了工作效率和服务水平。

（四）完善财政票据管理制度

按照财政部关于印发《行政事业单位资金往来结算票据使用管理暂行办法》的通知，进一步规范单位资金往来结算票据的使用。一是严把单位资金往来结算票据的领购关，对不符合规定的单位坚决不发放资金往来结算票据。二是做好单位资金往来结算票据的审核工作，防止少数单位利用单位资金往来结算票据收取应纳入非税管理的项目或经营服务性收入。三是确保违规行为有错必究，对发现的资金往来结算票据违规，责令其限期整改，暂停核发其资金往来结算票据。

（五）加强财政票据调研工作

根据财政部《关于开展捐赠票据管理调研工作的通知》要求，在全区范围内开展捐赠票据使用管理情况专题调研，为财政部制定全国统一的捐赠票据使用管理办法提供了第一手资料和相关政策建议。

三、加强宣传培训，提高规范管理水平

（一）加大培训力度，提高财政票据管理人员素质

财政票据管理工作政策性强，业务量大，涉及面广。各级票据管理人员只有具备较强的业务水平和创新能力，才能更好地服务于用票单位。2010 年 10 月，在乌鲁木齐市召开了全疆财政票据管理工作会议暨财政票据管理软件培训班，14 个地（州、市）、3 个直辖市分管财政票据的局领导以及财政票据管理部门负责人、票据管理人员参加了会议和培训。会议总结全年财政票据管理的经验、存在的问题和今后工作的思路。乌昌财政局、伊犁地区财政局、巴州财政局在大会上介绍了经验。会议期间，进行了财政票据管理政策的讲解和财政票据规范管理要求的讲解，并对财政票据管理软件操作使用进行了培训。

（二）加强对财政票据的宣传，增强社会监督

创建行风示范窗口和争创国家级巾帼文明岗，公开办票程序、服务承诺和廉政措施，宣传财政票据使用知识及使用范围，方便服务对象，增强财政票据管理工作的透明度，发挥公众监督作用。利用各种舆论工具广泛宣传财政票据管理政策规定，提升社会公众对财政票据管理知识的了解，促进公众对财政票据管理使用情况进行监督。

（自治区财政厅票据管理中心供稿，傅祖城、段卉执笔）

财政投资评审

一、加大财政投资评审力度

2010 年，财政厅投资评审中心完成了对自治区科技馆改扩建、自治区党校综合楼等 255 个工程项目的评审任务，建设单位送审金额 25.57 亿元，审定金额 22.48 亿元，审减不合理支出 3.09 亿元，平均审减率 12.1%。通过对政府投资建设项目的评审，有力地遏制了工程建设中高估冒算、预算超概算、决算超预算等损失浪费现象，节支效果显著，充分发挥了财政投资评审在财政管理中的职能作用。

二、做好财政支出维修改造项目预算评审

根据《新疆维吾尔自治区本级预算单位办公用房维修资金管理暂行办法》和《自治区财政厅投资评审业务运转程序》等有关规定，对厅业务处转来的 48 个部门、单位财政支出维修改造和政府采购工程类项目进行了预算评审，审减不合理预算 835.4 万元。在项目预算评审过程中，对每个项目都进行了实地核查，实测工程

量，对超出评审范围的项目内容全部予以剔除，从源头上控制了预算支出。

三、做好塔里木河流域近期综合治理等水利项目工程竣工结算评审工作

2010年初，自治区财政厅与塔里木河流域管理局进行对接，对投资额在2 000万元以上源流项目和干流项目完工情况逐一进行摸底，制定了评审计划。根据《财政性资金投资水利水电建设项目工程结算审查管理暂行办法》，从2010年4月初开始，会同自治区水利厅工程造价管理总站深入施工现场，对塔里木河流域近期综合治理阿克苏市纳玛特中干渠灌区渠道防渗改建工程、塔城地区哈拉布拉水库工程等11个水利项目竣工结算进行了评审，建设单位送审金额2.92亿元，审减不合理支出1 116万元，确保了项目正常竣工验收。

四、做好小型病险水库除险加固初步设计方案审查和概算评审工作

2010年，参与完成了自治区水利厅组织的43座小型病险水库除险加固初步设计方案审查工作，并对自治区水利厅送审的32座小型病险水库除险加固初步设计概算进行了评审。通过评审，对设计概算中的工程量、取费及材料单价等不合理因素进行扣减，审减不合理概算3352万元。

五、完成财政部安排的专项核查任务

2010年，财政部共向自治区财政厅委托3次专项评审任务。第一次历时19天，对内蒙古自治区2007—2010年淘汰落后产能项目进行了专项核查，核查涉及资金5.98亿元；第二次历时5天，对河北省、天津市2010年科技成果转化资金进行了专项核查，核查涉及资金4 300万元；第三次历时31天，汇同自治区经济和信息化委员会节能技术服务中心对甘肃省、青海省2007—2010年节能技术改造节能量进行了专项核查，核查涉及资金45.5亿元。核查范围涵盖淘汰落后产能、节能技术改造、产业技术成果转化等方面，为财政部掌握项目进展情况、及时拨付资金提供了科学依据。

六、不断充实、健全专家人才库

根据项目的工程类别、专业特点，对专家人才库实施动态管理，适时调整专家人才结构，现已拥有门类齐全的各类专家技术人才69人。2010年，在新疆机场集团博乐机场飞行区场道及附属工程、新疆重点文物保护项目办交河故城抢险加固工程等141个项目评审中抽调各类专家176人次，审减不合理支出1.9亿元，发挥了专家人才在评审工作中的技术专长，提高了财政投资评审工作的效率和质量，缓解了评审中心工作人员不足的矛盾。

七、积极开展基层调研工作

为研究解决实际工作中发现的部分项目超规模、超标准建设，不严格执行基本建设程序等问题，财政厅投资评审中心组成调研组，先后对喀什、克州、伊犁州进行了专题调研，并对政府投资建设项目超概（预）算原因进行了深入分析、研究，提出了一些加强政府建设项目投资控制的措施和建议，为领导决策提供了参考依据。

八、加强财政投资评审业务培训

2010年11月中旬举办了二期全区财政投资评审业务培训班，对全区县以上财政投资评审干部140余人进行了培训，培训内容包括自治区建设厅、发改委联合发布的2010年建筑安装工程消耗量定额、费用定额和与新定额配套的广联达工程计价软件，同时还采取了以评代培的方式，抽调地（州、市）评审机构人员参与财政部委托的专项核查工作。

九、深入开展规范权力运行工作

按照《自治区财政厅投资评审中心工作运

行规程》，规范评审程序，深入开展规范权力运行工作。在项目评审中严格按照国家、自治区有关标准、定额进行评审，对每个项目都一一进行实地核查，实测工程量，积极采取市场询价、专家评审、交叉评审、三级复核、重大问题集体研究等有效措施，确保了评审过程公开、公正、透明，评审结果真实、准确，提高了预算管理精细化水平。

（自治区财政厅财政投资评审中心供稿，刘永强执笔）

财政科研工作

一、开展财经理论研究

（一）完成自治区科技厅重大攻关课题《财力与事权相匹配的民族地区财政体制研究》的验收

该课题为自治区2008年科技攻关和重点课题。2008—2009年，课题组成员汇总整理了大量基础数据，完成了对乌鲁木齐、昌吉、伊犁等地的实地调研。2010年4月底顺利通过了自治区科技厅重大软科学攻关立项验收。自治区科技厅专家验收组对该课题给予了高度评价。

（二）开展深化财政绩效管理改革研究

该课题由财政部科研所综合室组织，广东省财政科研所牵头，新疆、四川、成都、南京、青岛等地参加的2010年全国省区协作课题。财政厅科研所课题组7月中旬分赴喀什、克州、塔城等地进行了实地调研，并加强与财政厅相关业务处室联系，对自治区本级和各地开展绩效管理的基本情况进行摸底调研，形成了《新疆财政绩效管理调研报告》，并将部分省（市）具有参考价值和指导意义的研究成果及具体办法，整理成《新疆深化财政绩效管理改革研究报告附件资料》印发全疆财政系统。8月份在阿勒泰地区成功举办协作课题讨论会。

（三）为制定自治区财政“十二五”规划提供相关数据测算

根据要求，对“十二五”时期自治区财政收入等指标进行了科学预测，通过回归分析、“基数+增长”等方法，分别对“十二五”时期各年度的财政收入等指标进行了预测，为制定自治区财政“十二五”规划提供了必要的数据参考。

（四）完成《当前财税改革需关注的几个重大问题》

向财政厅领导提供了《当前财税改革需关注的十个重大问题》文稿，对当前深化财税改革需关注的十个重大问题进行了认真梳理分析。

（五）开展科技厅重大课题《科技支撑引领新疆跨越发展的战略研究》的协调配合工作

该课题由自治区科技厅牵头，其子课题《支撑新疆跨越发展的财税金融体制与政策研究》由财政部科研所承担，新疆财政厅科研所积极协助完成新疆基本情况的调研并向课题组提供了相关调研报告和体制政策、基础数据资料等。

二、开展财税政策宣传

（一）不断优化《新疆财会》办刊方式

将《新疆财会》约稿范围从财政厅内部处室扩展到地（州、市）财政部门，从财政系统扩展到其他经济工作部门。《新疆财会》维文版赠阅面由 1 000 份扩大到 1 500 份，维文编辑工作在内容选取、送审、排版等环节不断优化，编辑效率和编辑水平进一步提高。2010 年《新疆财会》完成了汉、维文各 6 期的出刊任务。此外，与财政厅乡镇财政管理局合作，编辑刊发了一期乡镇财政专辑。

（二）做好参考服务工作，提高信息摘编能力

2010 年，科研所在信息筛选工作上进一步加大了工作力度，力保《财经视角》在过去的基础上有新的提高。从更多的途径及时搜集当前国际、国内最新的财政经济动态信息，反映摘录当前最前沿的财经研究成果，为财政厅领导及各业务处提供更多的财经信息资料及工作经验参考。2010 年全年编辑印发《财经视角》42 期。

（三）编审《汉英维财经词汇手册》

发挥财政专业编校、维汉文翻译人才优势，历时 2 年，于 2010 年完成《汉英维财经词汇手册》的编审工作。手册将于 2011 年中国财政经济出版社出版发行，涉及财政、税务、审计、证券、国际贸易、企业会计核算等领域内容，共计 1.6 万个词条，填补了新疆财经类语言文字建设方面的空白。

（四）做好报刊资料的交流和整理工作

加强与区内税务、金融、财经院校期刊和区外财经期刊出版单位的杂志互换交流，定期清理过时资料，不定期充实新资料，完成了 2010 年度资料和重要报刊期刊装订保存工作。

三、加强上下沟通联系，开展服务和培训工作

（一）成功承办全国财政科研系统办公室主任会议

由财政部科研所办公室组织，自治区财政厅承办，自治区财政厅财政科研所具体负责组织协调的全国财政科研系统办公室主任会议于 2010 年 8 月 3—6 日在乌鲁木齐市召开。财政部办公厅领导、财政部科研所领导、自治区财政厅领导及 100 多名来自全国财政科研系统办公室主任出席会议。

（二）成功举办《新疆财会》通讯员培训班

为进一步加强《新疆财会》通联队伍建设，不断提高刊物质量，2010 年 12 月 3—4 日，举办了一期面向基层县（市、区）《新疆财会》通联人员培训班，特邀财政部财政科研所副所长、博士生导师王朝才，新疆社会科学院研究员、《新疆社会科学》杂志主编董兆武和新疆日报社高级记者杨继春就财经课题研究、财经论文和新闻报道撰写作了专题报告，150 人参加了培训。培训期间，对 5 个地（州）和 10 个县（市）先进通联单位及优秀个人予以表彰奖励。

（自治区财政厅财政科研所供稿，赵珍执笔）

财政信息化建设

一、加强财政管理基础建设工作

（一）建立自治区财政公共数据授权中心

将各级财政单位人员、机构、资产等信息统一纳入数据库集中管理。2010年，仅自治区本级就收集整理了3 455个单位的基础信息，初步形成较完整的单位基础信息库。

（二）健全基础数据动态收集机制

为确保收集信息的完整性和权威性，拟定了《新疆维吾尔自治区本级单位基础信息维护管理办法》，将动态收集机制纳入日常工作程序，并逐步建立对单位信息的年审制度。

（三）推进财政身份认证系统建设

利用UKEY认证方式，将接入财政专网的用户与设备一对一绑定，提高了金财网络整体安全，实现了各单位利用统一方式使用财政业务应用系统，有效降低了行政成本。

二、加强金财工程基础设施建设

（一）“金财工程”网络安全与管理项目三期建设顺利完成

2010年8月18日，新疆维吾尔自治区“金财工程”网络安全与管理项目通过财政部验收会。至此，覆盖全疆15个地（州、市）和104个区（县）边界的“金财工程”网络安全和管理项目已全部顺利实施完成。

（二）完成财政厅数据机房建设项目

机房总面积356平方米，能容纳368台PC服务器（46组，每组8台）、15个小型机组、4个存储、1个磁带库。机房分为服务器区、小型机区、存储区、电源区、网络区、空调区、监控区和资料存放区等区域，将成为财政业务数据处理和存储的中心。

（三）开展厅外网安全管理项目建设

2010年8月开始对厅财政对外网站进行了现状摸底，制订了一套财政厅外网安全建设需求。经过6次修改，制订了初步建设方案，为财政对外服务网站安全提供了建设的方向。

（四）开展财政部身份认证CA系统的实施工作

根据财政部规划，2010年1月部署了身份认证与授权管理系统有关工作。2010年9月，身份认证系统在巴州和博州正式使用，为财政部身份认证系统的推广奠定了基础。

（五）推进预算单位4A系统建设项目

根据预算单位4A系统建设规划，制订了移动线路开通VPDN宽带线路的网络规划及安全规划。在原有窄带线路不变的情况下，成功部署了移动宽带线路，为预算单位使用移动线路访问财政网提供了保障。

三、积极推进“金财工程”应用支撑平台建设

2009年，正式成立了财政厅“金财工程”应用支撑平台建设领导小组，制定了《新疆“金财工程”应用支撑平台建设规划》。2010年

主要完成的工作：一是完成《自治区试点地（州）平台技术方案》的拟订；二是根据财政部《财政业务基础数据规范》的要求，完成对单位基础信息的梳理工作；三是完成平台门户、授权中心与财政部推广的身份认证系统、预算单位4A安全管理系统的测试联调工作；四是完成对试点地（州）核心业务系统的部署和技术测试工作；五是完成与自主研发的授权中心、非税收入管理、政府采购管理系统的联调测试工作；六是研究确定自治区各级财政与银行信息交换的标准，正式发布信息接口规范。

四、不断加快自主研发、推广应用的步伐

（一）开展新版非税收入收缴系统上线和推广工作

共计培训15个地（州）105个区（市、县）2 100家单位2 600人，除自治区本级与乌昌外，其他地（州、市）均已完成改版上线工作。

（二）完成厅机关人事管理系统研发

人事管理信息系统从功能上划分为七大类，包括人事事务提醒、编制管理、人员信息管理、日常业务管理、政策文件管理、自定义查询、统计报表。2010年6月，系统正式上线使用，所有业务功能贴近人事管理的实际需要，提高了工作效率。

（三）完成厅车辆管理系统研发工作

为加强厅机关车辆管理，提高服务质量和效率，设计开发了一套能准确有效地记录车辆派遣、维修、油料使用及经费使用等相关信息的业务系统。2010年8月30日完成系统设计开发工作，试运行后正式投入使用。

（四）完成预算单位门户项目开发工作

预算单位门户是对财政各主体业务系统、办公、事务处理的高度集中和有效界面集成，是构建财政业务、政务、事务一体化管理大系统的基础，也是实现本级系统集成及上下级系统衔接和联动的保障。经过近3个多月的努力，完成了预算单位门户第一版开发并部署运行。

（五）完成会计管理信息系统一期开发工作

2009年12月，启动新疆会计管理信息系统项目，2010年完成项目一期建设任务。从运行情况看，2010年度自治区会计考试报名考生20 057人，现场审核7 255人，系统未发生一次宕机故障。

五、做好日常运行维护管理工作

作为财政系统信息技术保障部门，以优质、快捷的服务完成了对全疆核心设备，财政厅600多台计算机、打印机、网络、电话以及20多类财政核心业务应用系统的维护工作，为各项财政工作提供技术保障。

六、加大技术培训力度

结合财政重点工作，有针对性地开展各类信息化培训工作。2010年对下级财政部门及预算单位举办各类业务软件培训班96期，培训6 855人次；对厅干部举办各类培训班22期，培训1 235人次。

（自治区财政厅信息网络中心（金财办）供稿，赵恺执笔）

注册会计师行业管理

一、深入开展注册会计师、注册资产评估师行业党建与行业创先争优活动

（一）行业党建工作

2009 年 10 月至 2010 年 2 月，在财政厅党组和中注协、中评协的正确领导和支持下，注册会计师、注册资产评估师行业党建顺利完成了深入学习科学发展观活动学习调研、分析检查、整改落实三个阶段的工作。制定印发了《关于加强行业党员管理的暂行办法（试行）》、《行业委员会党建工作规则（试行）》等 12 项规章制度。加强行业内党员管理，行业党委直接管理乌昌地区行业内党员，各地（州）行业内党员由当地财政局党组商组织部门管理。对行业内党员组织关系分三步进行管理，对行业内组织关系由个人保管或管理不明确的党员（“口袋党员”），先行转入；对其他党组织管理的党员逐步转入；做通行业内原离退休党员的工作，成熟一个转入一个，做到行业内党员组织关系应转尽转。为抓好行业党建工作，行业党委制定了调研方案，开展了自治区注册会计师、资产评估师行业党的基层组织建设课题调研。2010 年 5～6 月，厅党组成员、总会计师、行业党委书记张立德带队，先后到伊犁州、塔城地区的财政局进行实地调研，研究促进行业党建工作措施。

（二）行业创先争优工作

行业党委成立了新疆注册会计师行业创先争优活动领导小组，建立了创先争优活动联系点，召开了动员大会，印发了《新疆注册会计师、注册资产评估师行业创先争优活动指导意见》、《关于在行业创先争优活动中实行公开承诺的通知》和《新疆会计师事务所、资产评估机构基层党组织创先争优活动考核评价办法》，加强行业创先争优活动长效机制建设。坚持把创先争优活动融入日常工作中，着力解决部分基层党组织战斗堡垒作用、党员先锋模范作用不突出，少数党员诚信执业意识不强，执业机构内部治理机制不完善、人才队伍建设与业务领域拓展不相适应等问题。召开了“两师”行业创先争优综合评价工作动员布置培训会。领导小组对开展活动较好的 6 家执业机构党组织进行了表彰，对部分事务所进行了通报批评。圆满完成了全区 118 家会计师事务所、1 939 名人员综合评价信息填报工作。

行业党委办公室层层抓落实，抽调专人负责创先争优工作。为保障党建工作顺利开展，向各地（州）财政局下拨党建经费 83 万元，在《新疆注册会计师》刊发 8 篇文章，制作《简报》10 余期，在全行业形成学习先进、争当先进的风气。向中注协报送行业党建征文 7 篇，1 篇获奖。在青海玉树地震、西南 5 省抗旱救灾期间，行业共捐款 10.39 万元。

二、2010 年度“两师”行业执业质量检查

注册会计师管理中心先后对 18 家会计师事务所、7 家资产评估机构进行了行业自律检查，

抽取审计报告56份，验资报告36份，评估报告28份。主要检查中国注册会计师新职业准则的执行，事务所和注册会计师遵守注册会计师职业道德准则的情况；评估准则的执行、机构内部质量管理和控制、业务收费和评估机构、评估师遵守评估职业道德准则的情况。从检查情况来看，部分机构仍存在内部质量控制制度执行不到位、风险意识薄弱、不按标准收费等情况。行业管委会对存在上述问题的机构已做出限期整改的处理决定。

三、会员管理与培训

（一）会员管理

2010年，共办理新注册会计师48名，办理注册资产评估师注册初审15名，办理非执业会员入会手续117名。办理非执业会员换证165名。完成1 298名注册会计师任职资格检查、484名注册资产评估师年检工作。注销36名注册会计师注册资格。为43名注册会计师拟任股东或合伙人办理了执业经历证明。

（二）会员培训

2010年，通过面授班、参加远程视频培训、机构自行办班、委托国家会计学院培训等4种方式圆满完成了注册会计师、注册资产评估师继续教育工作。举办集中培训班14期。

四、注册会计师考试

组织各地（州、市）报名点负责同志参加了中注协2010年度考试工作布置会和网络报名系统培训班，并在《新疆经济报》和财政厅网站发布报名通告。共有4 405人报考，总科目数为12 007科，发售教材2 256册。聘请武警对试卷库24小时守卫，试卷入库、出库武警全程押送，有效保证了试卷的保密与安全。会同自治区经济和信息化委员会无线电行政执法监督处，对考点开展利用无线电设备防范作弊的专项考务保障工作。2010年9月11日至12日顺利实施2010年注册会计师专业阶段考试。应考10 636人，实考3 337人，参考率31.37%，无违规作弊事件发生。中注协领导王丽然巡考，对自治区考试组织工作给予充分肯定。2010年9月18日，新疆考办组织了综合阶段考试和英语测试。综合阶段应考3人，实考3人，英语测试应考1人，实考1人。

五、注册资产评估师考试

积极协助自治区考试中心完成注册资产评估师考试报名阶段资格审查、考试阶段临场监督等工作，确保2010年度注册资产评估师考试安全、规范、有序进行。

六、行业宣传

全年出版6期《新疆注册会计师》，发表稿件约140篇，发行1.05万册。刊登《迎接行业大发展》、《深入开展创先争优活动》、《一个基层党支部破解“双难”问题的启示》、《新疆正大会计师事务所见闻》等文章，报道了6家会计师事务所开展创先争优活动的事迹。

（新疆注册会计师管理中心供稿，迪丽达尔执笔）

财政信用担保工作

2010年，新疆投资信用保证有限责任公司（以下简称“公司”）各项业务顺利开展，特别是担保业务较2009年同期显著增长，圆满完成“十一五”规划各项任务指标。

一、提升为全疆中小企业提供融资担保的能力

（一）深化与金融机构的合作领域

加大与金融机构的交流合作互信力度，提高担保业务授信规模，放大担保倍数，取消担保业务保证金。2010年，公司在全疆的合作金融机构已达14家，实际担保放大倍数3倍，公司与交通银行、招商银行和兴业银行开展业务合作已无需缴纳保证金。

（二）扩大融资担保业务规模

公司全年累计接受全疆近170家企业的担保申请，申请金额21.88亿元，通过评审的项目95个，最终为全疆87户中小企业提供107笔担保业务，担保金额7.54亿元，同比增长122%。解除担保责任金额3.08亿元，在保项目余额8.33亿元，实现担保费收入1 305万元，年度内未发生代偿。

（三）增强公司担保实力

首先，公司通过严格甄选，对长期担保支持的优质企业——新疆新华能开关有限公司投资入股500万元，旨在实现以投资养担保，降低公司担保风险，增强公司的担保实力；公司全年实现投资收益337万元。其次，公司积极解决历史遗留问题，与新疆泰昌实业有限公司签订《债务承担协议书》，制定还款计划；通过多方努力，公司全年回收周转金340万元，追回历史代偿金额971.98万元，实现追偿收入229.98万元，实现了国有资产的保值增值。公司2010年实现净利润1 623万元，进一步增强了担保实力。

（四）规范内部管理，提升担保从业人员素质

通过加强“两基”建设，建立、健全各类制度，规范员工的各种行为，增强员工的责任意识，特别是制定了《公司岗位职责》和《公司岗位流程》，明确了各员工承担的职责和任务，理清工作环节，分清工作责任，确定工作标准，形成了逐级负责、分层落实的工作格局。同时，公司开始启用管理信息系统，提高担保业务效率，加大对员工的教育培训力度，不断提高员工的风险把控意识和综合素质。

二、推进全疆中小企业信用担保体系建设

（一）为体系内政策性担保机构注资

公司为塔城、阿勒泰、克州等地（州）政策性担保公司注资1 720万元。截至2010年底，除和田地区外，公司已完成对全疆各地（州）政策性担保机构的注资工作，累计带动地方担保机构增加担保资本金超过2.1亿元。

（二）将体系内政策性担保机构纳入公司与金融机构的合作协议框架

公司积极与合作的金融机构沟通协商，最终

与建设银行达成一致，将公司参（控）股担保机构纳入合作框架协议，这为解决地（州）中小企业融资担保困难、促进地（州）担保机构业务发展，奠定了良好的基础。

（三）加大与体系内政策性担保机构的业务合作

公司与体系内担保机构的业务合作取得突破性进展，2010 年与参股公司博州汇业担保公司开展联合担保业务，与控股子公司新疆伊犁财信投资担保公司开展分保业务。已开展担保业务的 9 家体系内担保机构累计为全疆 500 多家中小企业及个人提供贷款担保超过 16 亿元，受保企业新增利润近 3 亿元，新增就业人数 3 000 多人。

（四）开展全疆担保机构业务培训班

公司于 2010 年 8 月成功举办“2010 年新疆担保机构培训班”，来自疆内担保机构的 70 余名从业人员参加培训。通过培训，全疆政策性担保机构之间的联系更加密切，疆内担保机构，特别是新设担保机构从业人员的业务操作水平得到提升。各担保机构对担保业务中遇到的突出问题初步达成统一意见，为今后的交流和合作奠定了良好的基础。

（新疆投资信用保证有限责任公司供稿，李春燕执笔）

国有资产运营

2010 年，新疆国有资产投资经营有限责任公司（以下简称“公司”），按照“坚持一个目标、抓好两项任务、立足三个调整、实现四个有所作为”的工作思路，在公司经营机制、管理体制、平台建设、资产管理、战略创新、队伍建设、党的建设和廉政建设等方面做了大量工作，推进公司加快发展，在自治区经济发展中发挥了重要作用。截至 2010 年底，圆满完成“十一五”规划任务，实现公司“资产总额过百亿、利润总额增两倍”的 3 年发展目标。

一、经营效益稳步增长，综合实力不断提升

2010 年，公司经营效益实现稳步增长，超额完成自治区国资委下达的 2010 年经营绩效考核指标。

到 2010 年底，公司资产总额 138.23 亿元，比上年增长 35.7%，为 2010 年考核目标值 16.9% 的 2.1 倍，资产总额较“十一五”初的 65 亿元翻了 1 倍多。净资产 38 亿元，较“十一五”初的 6.39 亿元增长了 5 倍多。

实现利润总额 1 889.98 万元，完成 2010 年考核目标值 1 500 万元的 126%，从 2007 年扭亏为盈以来到 2010 年底，已累计实现利润 6 860 多万元，年均利润增长率为 37.46%。

从 2008 年开始计提坏账准备金，截至 2010 年底已累计计提了 2 426.28 万元坏账准备金，保持了公司中长期持续稳定发展。

到 2010 年底，公司跨地区、跨部门、跨行业、跨所有制“四跨”的经营业务格局已具形态，拥有全资子公司 3 家、控股公司 2 家，参股

投资上市公司有准油股份、友好集团2家，参股投资的拟上市公司有沈宏矿业、蓝山屯河、信达财险和德力西旅客运输等4家，履行出资人、参股投资和上级行政划入企业（项目）19家，待确权企业5家。投资业务范围涉及铁路公路、水利设施、交通运输、银行保险、小额贷款、生物医药、酒店旅游、矿产资源等11个行业。

二、创新管理机制，完善法人治理结构和管理体系建设

2010年，公司加大管理机制创新的工作力度，重点在制度建设、考核机制建设和内部建设等三个方面取得显著成绩。一是健全完善公司制度体系建设。制定出台了公司《派出权属企业董事、监事工作管理办法》、《全资子公司经营业绩考核和管理办法》等，从制度上、程序上实现和加强对全资子公司、权属企业和公司内部的管理。二是在公司和全资子公司推行绩效目标考核、岗位责任考核的“双考核”试点工作。2010年与国资委、财政厅签订“经营业绩责任书”，加大绩效考核落实工作的力度，制定科学的考核制度，引入先进的考核手段，对全资子公司的经营业绩考核开展试点工作。三是完善公司内部组织架构，完成公司实施内部组织调整的各项准备工作。建立、健全工作责任机制，从公司到部门、再到个人自上而下建立起公司工作责任体系，并通过工作责任体系对工作进行分解细化和抓好落实。

三、创新经营机制，推进公司效益增长和公司科学发展

（一）推进公司效益增长

一是健全和完善“股权投资、股权管理、资本经营”的管理体制和经营机制，突出重点项目，确保重点投资管理，积极拓展新的投资领域，在房地产、矿产资源等高投资回报的领域项目上取得重大突破。二是坚持“有进有退、进而有为、退而有序”的资产管理思路，对公司资产进行优化配置，盘活国有资产，改善资产质量，实现国有资产保值增值。三是解决资产产权历史遗留问题。采取有效措施推动解决对银星酒店、环球酒店、环鹏公司的资产确权问题，完成天正公司、兴财科技的资产划转工作，完成减债脱困工程的收尾工作，完成德恒证券等机构自然人债权兑付的收尾工作。四是加强资金管理，提高资金使用效率，提升公司发展质量，实现公司发展目标。

（二）推进公司科学发展

一是通过年初的分解任务，狠抓责任落实，确保了2010年各项经营业绩目标的完成。二是制定出台《全资子公司、控股企业经营业绩考核和管理办法》，建立对全资子公司、控股企业的母子公司管理和绩效考核制度，以“母子公司管理”模式，加强对全资子公司和控股公司的监管。三是加强对参股企业的监督。制定公司《派出权属企业董事、监事工作管理办法》，以“产权代表管理”模式，加强对参股企业的管理。参加参股企业股东会、董事会、监事会等议事决策会议，维护国有产权权益。培训提高派出董事、监事的业务素质，健全了对派出董事、监事的激励约束机制。

四、认真履行自治区人民政府出资人职责

经自治区人民政府决定，兰新铁路第二双线、奎北线、库俄线、哈罗线等四条自治区重点铁路建设项目由公司履行出资人职责。2010年，公司认真参加铁路合资公司股东会、董事会的议事决策会议，积极与铁路、财政、国土等各部门进行工作协调和沟通。按照铁道部、乌铁局下达的建设计划，及时报告申请建设资金，并按工程进度拨付自治区建设资金。截至2010年底，已经累计完成铁路建设投资资金28亿元，其中2010年完成投资16.67亿。

五、完善公司财务管理和法律风险体系建设

（一）加强公司财务管理控制体系建设

2010年完成公司、全资子公司及控股公司实施新《企业会计准则》工作，顺利完成新老账务转换工作。研究和完善了实施新准则后的有关财务管理制度。健全内部审计工作和财务内控机制，加强资金安全管理和运行。

（二）加强公司法律风险控制体系建设

2010年进一步推进公司法律风险防范体系建设，重点做好了公司法律风险审核的程序化和规范化工作。在外部，聘请了公司长年法律顾问；在内部，对各种对外投资合同、法律文本和协议进行严格审核把关。

六、推进企业文化建设

按照“3年筑基，5年铸魂”的企业文化建设规划，2010年开展了公司企业文化建设工作：编制印刷了《2009年报》；通过《财政信息》、《简报》以及板报、网络等多种形式宣传公司的文化形象和发展形象；坚持把企业文化建设与思想政治教育、精神文明、民族团结教育、廉洁教育相结合，共同营造公司的文化氛围，使全体干部、员工自觉维护民族团结和社会稳定，自觉遵守道德规范和行为准则。

七、加强人才队伍建设

2010年全年共举办各类素质教育培训班6期，受训200多人次，先后选派16人参加内地高级研讨班、培训班，提高了公司人才队伍建设水平。

（新疆国有资产投资经营公司供稿，穆建军执笔）

政府信用平台

一、政府信用贷款合同签订情况

2010年，新疆国有资产投资经营公司（以下简称“公司”）根据自治区党委、自治区人民政府关于通过政府信用平台向国家开发银行新疆分行筹措100亿元资金用于新疆民生领域及基础设施建设等项目的决定和自治区人民政府同国家开发银行签订的《开发性金融合作协议》及《推进新疆跨越式发展战略合作协议》，完成了同国家开发银行贷款20.5亿元的合同签订工作，其中布尔津西水东引项目一期2.5亿元（短期循环贷款）、新疆民生领域和基础设施项目18亿元。

二、政府信用贷款资金发放情况

截至2010年底，公司通过政府信用融资平台为政府累计借贷融资100多亿元，支持了关系自治区长远发展的基础性、全局性的重点工程建设和民生项目。

2010年，发放贷款资金26.27亿元。其中：发放2010年度签订新疆民生领域及基础设施贷款合同项目资金18亿元；发放2010年以前签订的贷款合同项目贷款8.27亿元，包括布尔津西水东引项目贷款1亿元、2007年农村公路项目1.63亿元、2008年通村油路项目2.89亿元、下坂地水利枢纽工程项目1.85亿元、伊犁特克斯山口电站项目0.9亿元。

三、政府信用贷款本息的回收和偿还情况

在申请和管理还贷准备金工作上，按照自治区还贷准备金的管理办法，公司及时、足额向自治区财政厅申请拨付还贷准备金1.7亿元，并严格履行报批程序，确保还贷准备金的安全使用。

在偿还和管理到期贷款本金工作上，政府信用平台偿还到期贷款本金6.25亿元，其中通过中长期贷款转换到期的短期贷款5.52亿元、偿还水利建设项目到期贷款本金0.73亿元。

在偿还和管理全年贷款利息工作上，公司按时、足额地回收并偿还国家开发银行贷款利息。2010年偿还贷款利息4.78亿元，其中自治区本级承担0.99亿元、项目单位利息2.64亿元、农村公路项目各地（州）承担利息1.15亿元。

四、夯实政府信用平台基础，提升管理水平

（一）建立和完善规章制度

制定《财务管理制度》和《财务核算办法》，完成了对政府信用贷款资金的财务独立核算和管理；制定《政府信用平台档案管理办法》，指定专人负责档案管理，确保档案管理安全、规范。

（二）创新平台业务支持自治区经济建设

2010年，在认真贯彻落实自治区人民政府同国家开发银行签订的《开发性金融合作协议》、《推进新疆跨越式发展战略合作协议》和自治区财政厅有关工作要求的基础上，公司加强与国家开发银行的银企合作。特别是中央新疆工作座谈会以来，公司研究提出双方《开发性金融规划合作与战略发展协议》，通过与国家开发银行建立更加紧密的战略伙伴关系，充分利用国家开发银行的援疆优惠金融产品，拓宽政府信用平台融资渠道，更好地利用信贷融资支持自治区经济建设。

（三）加强平台建设的政策调研工作

2010年，积极跟踪和加大对国家政策研究的同时，有针对性地开展了调研工作，在健全和完善政府信用平台多层次、多体系还贷机制建设，规避国发［2010］19号文件监管风险、加快平台建设，创新和深化与国家开发银行开发性金融合作等方面开展了专题调研，为自治区财政厅制定《政府信用融资平台建设方案》提供了决策依据和参考。

五、推进政府信用融资平台建设

根据自治区党委、人民政府对政府信用融资平台做大做强的要求，公司配合自治区财政厅完成了《政府信用融资平台建设方案》，确定了按照“矿产资源政府无偿划拨和自主市场合作同时并举做大做强融资平台”的工作思路，推进了资源配置注入政府信用融资平台建设工作。一方面为尽快落实配置优质、有效的矿产（煤炭）资源给公司，由公司按照市场化运作模式，通过资本运作、资源开发和再抵押借贷为政府融资，主动争取自治区人民政府和有关部门的支持，在资源区（块）落实方面取得重要的进展。另一方面，通过矿产资源的市场化合作支持融资平台建设。2010年下半年，公司与自治区煤田局、地矿局分别联合成立了新疆润泰矿业公司、新疆钰和矿业公司两个合作矿业公司，确定合作矿产资源（区块）12处，公司分别持有上述两家矿业公司49%的股权。

（新疆国有资产投资经营公司供稿，穆建军执笔）

老干部管理

一、认真开展各项学习，不断提高思想认识

一是认真组织离退休干部学习有关文件，提高离退休党员的政治觉悟和政治修养。离退休党支部每月召开支部大会，学习文件，传达有关会议精神，使离退休党员在政治上始终与党中央和自治区党委、厅党组保持一致。二是定期召开例会学习传达贯彻自治区重大决策、重大会议、重要文件精神，安排布置老干部的各项工作，讨论热点问题，表彰优秀党员和老干部活动积极分子，使例会成为离退休老同志获取信息和学习的重要平台。三是在民族团结教育月活动中，组织党员干部学习民族团结的理论和知识，撰写学习心得，特别是组织老同志创办了一期民族团结方面的《书画园地》，用书法、绘画宣传民族团结。四是中央新疆工作座谈会召开后，组织全体老同志，传达学习会议精神，向全体老同志解读中央新疆工作会议精神。老同志们深受感动和鼓舞，撰写文章畅谈认识，畅想新疆美好未来。

二、立足实际，做好基础工作

以自治区开展的“热爱伟大祖国，建设美好家园”、“讲党性、重品行、强素质、作表率、树老干部工作者新形象”和自治区党委老干局“开展创建老干部活动中（室）活动的意见”为载体，深入开展“创先争优”活动，努力创建“星级老干部活动中心”，改善和加强老干部的文化和体育活动阵地建设，建立长效机制，确保争先创优活动重实际、察实情、办实事、求实效。在自治区党委老干局的达标验收中，自治区财政厅老干部活动中心通过“二星级”标准的验收。

三、积极开展各种关爱活动，体现组织对老同志的关心

一是元旦、春节和古尔邦节，慰问部分老同志。向10多位家庭条件较困难的同志送上了困难补助金，走访慰问全体离休干部和部分退休干部及其遗孀。二是探望生病住院的同志，对身体不好、经常不能参加活动的老同志进行登门慰问，了解情况，派车、派人联系医院，接送病人，为老同志排忧解难。三是为贯彻落实自治区党委对离休同志的关怀，为12位离休同志办理了提高护理费补贴标准的相关手续，使离休同志充分享受到党和国家对他们的关怀。

四、组织开展各项文体娱乐活动

一是继续办好老年书画班和舞蹈班、合唱队，丰富老同志的业余文化生活。书画培训班的同志在春节、民族团结教育月活动中，展出书画作品。继续组织老同志进行老年太极拳和八段锦的锻炼。组织10位退休同志精心排练了新疆舞健身操《新疆亚克西》，参加财政厅迎新春文艺演出并荣获二等奖。二是开展室内文体娱乐活动。2010年5月份举办了“迎世博文体运动会”，开展了跳棋、扑克、麻将、夹弹子、投

标、猜谜等十多项活动；11月开展冬季室内文化娱乐活动，活跃老同志文化生活。三是感受世博，感受伟大祖国日新月异的变化。组织60位老同志前往上海，参观世博会，亲身感受伟大祖国改革开放后发生的巨大变化，感受伟大祖国的强大和世界各国的文明。组织部分老同志观看了话剧《大巴扎》，使老同志们通过对比看到新疆改革开放30年来各民族团结和睦相处，共建新疆美好家园的感人画面。四是为欢度10月老人节，组织老同志到人民公园游玩，为8位年过80的老同志集体祝寿，祝他们健康长寿，晚年幸福。

五、做好宣传和信息报送工作

一是办好《财老园地》和《书画园地》，加大对老干部工作的宣传、信息采集和报送的力度。《财老园地》增加了新的内容，由老领导、老同志撰写励志方面的文章，激励后人，薪火传递，传承财政优良传统和作风。二是做好新疆财政厅网站中《老干园地》的稿件发送和信息的报送工作，向党委老干局的新疆党建网积极报送材料。三是向《老年康乐报》投稿，被采用5篇稿件。配合《老年康乐报》和乌鲁木齐人民广播电台记者对自治区财政厅离休干部许连芳和曹怡同志进行专题采访报道，向党委老干局报送有关信息，进一步扩大对外宣传力度。四是组织召开座谈会，参与“薪火传递，开拓创新”主题教育征文活动，30名离退休同志参加了座谈会，11位老同志撰写了13篇稿件，一篇获得一等奖，一篇获得二等奖，老干处获优秀组织奖。

六、认真开展创先争优活动，做好“两基”工作

一是认真学习贯彻落实财政厅党组《关于印发〈关于在区级财政系统基层党组织和党员中深入开展创先争优活动的实施方案〉的通知》要求，努力争创“文明处室”。开展“讲党性、重品行、强素质、作表率，树老干部工作者新形象”活动，使老干部管理水平进一步提高，工作人员的思想观念、素质能力、工作作风和工作方法有新的进步，老干部管理工作达到“双满意”，即领导满意、老干部满意。二是建立和健全各项规章制度。为进一步改善和加强老干部的文化和体育活动阵地建设，建立长效机制，确保争先创优活动重实际、察实情、办实事、求实效。先后制定了《会计人员岗位责任制》、《出纳人员岗位责任制》、《车辆管理暂行办法》、《老干处会议制度》、《老干处阅览室管理制度》、《老干处棋牌室管理制度》、《老干处健身房管理制度》等规章制度，使老干部工作有章可循，用制度管人，用制度管理各项活动场所。

七、不断加强作风建设

一是对党员干部开展宗旨教育。时刻牢记“情为民所系、利为民所谋、权为民所用”全心全意为人民服务的宗旨。爱岗敬业、廉洁从政、依法办事，把国家利益、群众利益放在高于一切的位置上，并针对存在的问题定期邀请离退休同志进行座谈，听取意见，解决问题。二是对党员干部开展廉洁从政教育。教育党员干部要认真学习和遵守《中国共产党党员领导干部廉洁从政若干准则》，开展经常性的示范教育、警示教育、岗位廉政教育，坚决贯彻中央提出的为民、务实、清廉的要求，不断增强党员干部的公仆意识、责任意识和廉政勤政意识。三是对党员干部开展集体主义教育。教育党员干部发扬集体主义精神，团结协作，真诚相待，充分发挥工会小组的作用，倡导和开展丰富多彩、情趣健康、有益身心的业余爱好和文体活动，促进团结协作、家庭和睦，树立公务员的良好形象。

（自治区财政厅老干部管理处供稿，杨虎执笔）

纪检监察工作

2010 年，自治区财政反腐倡廉建设在自治区纪委和财政厅党组的正确领导下，以深入学习实践科学发展观为统领，以完善财政惩治和预防腐败体系为根本，以深化监督工作为重点，认真解决人民群众反映强烈的突出问题，使财政部门党风廉政建设和反腐败斗争取得了新的成效。

一、财政反腐倡廉宣传教育扎实有效

2010 年，全区财政系统反腐倡廉宣传教育工作按照自治区的安排部署，在深入学习贯彻中纪委十七届五次全会、自治区纪委七届六次全会和全国财政反腐倡廉建设会议精神的基础上，认真开展了《中国共产党党员领导干部廉洁从政若干准则》（以下简称《廉政准则》）等一系列的学习教育活动。党员干部通过研读原文、宣讲辅导、专题讨论、经验交流等形式开展了形式多样的学习教育活动。特别是厅机关许多处室在认真学习《廉政准则》的基础上，组织党员干部观看电视剧《远山的红叶》和警示教育片《财苑警钟》，并且组织座谈会、撰写心得体会，使党员干部的宗旨意识、责任意识、大局意识、法规意识和清廉理财意识得到增强。

二、反腐倡廉制度建设得到进一步加强

围绕加强党风廉政建设责任制，全区财政系统逐级签订了党风廉政建设责任书，制定下发了具有本地区、本部门特点的《领导班子成员党风廉政建设责任分解》，明确各级领导班子在党风廉政建设中应负的工作责任，初步在自治区财政系统形成了党组统一领导、主要领导负总责、分管领导分工负责，相关处室各负其责，纪检监察部门组织协调，依靠群众支持和参与的反腐倡廉建设领导体制和工作机制，为促进自治区财政事业健康发展提供了坚强的政治保障。

三、开展有效监督的渠道逐步拓宽

认真落实中央和自治区关于建立、健全惩治和预防腐败体系建设的要求，突出“关口前移，预防为先”。通过建立由纪检监察、人事教育和财政监督检查部门共同参与的财政监督协作机制，增强监督合力和监督实效。如博州财政局落实首问负责制、限时办结制、服务承诺制和责任追究制，严格局机关内部基础管理，加大监督力度。大力推进财政政务公开，制定政府信息公开工作考核制度、社会评议制度和责任追究制度，明确公开事项和公开渠道，使财政工作的透明度进一步提升，如阿克苏地区财政局通过聘请政风、行风评议义务监督员加强财政外部监督。查办案件工作严格、认真，2010 年仅驻厅纪检监察部门就受理各类信访举报和上级转来批件 16 起，已办结 15 起，开展各类廉政谈话 216 人（次）。

四、预算管理改革继续推进

逐步健全部门预算编制体系，继续完善定员定额标准，对财政专项资金项目进行绩效考核评

价，不断提高财政资金的使用效率。自治区本级和各地（州、市）本级全面实施了国库集中支付改革，确保财政资金规范、高效和安全运行。进一步完善非税收入项目审批、收缴管理、票据管理，监督检查管理制度，对土地出让收益和矿产资源有偿使用费加强管理，将国有资产有偿使用收入、国有资本经营收入全部纳入财政预算管理。政府采购管理紧紧围绕采购程序公开、办事程序公开、扩大协议采购和绿色采购等方面先后制定了4个规范性文件，出台了3个管理办法，使政府采购工作效率进一步提高，采购成本明显下降。紧紧围绕提高行政事业资产使用效率，严格执行资产配制管理办法和配置标准，进一步规范行政事业资产处置监管工作，确保国有资产保值增值。

五、财政反腐倡廉调研成果丰硕

2010年，各级财政纪检监察部门，紧紧围绕财政工作大局和反腐倡廉中心任务，积极调查研究。各地（州、市）财政局纪检组长和分管纪检监察工作的领导都带头深入基层开展调研，提交了一批有分量的调研报告。全区15个地（州、市）财政局围绕反腐倡廉制度建设、部门预算改革、国库集中收付管理改革、政府采购管理制度改革、财政反腐倡廉预警机制建设、“小金库”治理等方面共提交调研报告30余篇，经初选18篇参加本次评审，形成了一批质量上乘、对财政工作指导作用明显的调研成果。

（自治区财政厅纪检监察室供稿，王自芳、陈玉玲执笔）

机关党建工作

2010年，机关党委以“坚持科学发展、创新工作机制、落实党建目标、服务第一要务”为目标，以深入学习贯彻党的十七届五中全会、中央新疆工作座谈会和自治区党委七届九次全委（扩大）会议精神为重点，深入开展“创先争优”活动，着力突出改革创新精神，全面加强财政厅机关党的思想、组织、作风、制度和反腐倡廉建设，充分发挥各级机关党组织在推动新疆跨越式发展和长治久安伟大实践中的重要作用，努力建设学习型、效能型、创新型、服务型、廉洁型的新型财政机关，确保了自治区财政事业的平稳、健康发展。

一、加强思想政治理论学习，打牢推进新疆跨越式发展的思想基础

坚持把理论学习作为推进机关思想政治建设的基础性工作，组织党员干部认真学习领会党的十七届五中全会、中央新疆工作座谈会和自治区党委七届九次全委（扩大）会议精神，打牢积极投身推进新疆跨越式发展和长治久安伟大事业的思想基础。制定下发《认真学习贯彻中央新疆工作座谈会和自治区党委七届九次（全委）扩大会议精神，深入开展“狠抓落实谋发展，深化服务促稳定”机关执行力建设活动的实施方案》，在厅机关深入开展学习贯彻中央新疆工作座谈会和自治区党委七届九次全委（扩大）会议精神活动，明确了指导思想、主要任务和有关要求，教育引导区级财政系统各级党组织和广大党员干部以对党和国家、对历史、对人民高度负责的态度和精神，认真传达好、学习好两个会议精神，以务实、高效、科学的态度将中央和自治区党委的决策部署贯彻到实际工作中，努力完成年度各项财政工作任务，为推进自治区跨越式发展和长治久安提供坚强的财力支持。印发了《关于深入学习贯彻党的十七届五中全会精神，全力做好当前各项工作的通知》，要求各基层党委（总支）、支部将学习贯彻党的十七届五中全会精神作为基层思想政治建设的重要内容，采取集中授课、个人自学、开展各类主题实践活动等形式，教育引导广大党员干部紧密团结在以胡锦涛同志为总书记的党中央周围，进一步解放思想、实事求是、与时俱进、开拓创新，扎实推进区级财政系统的全面建设。

二、认真学习贯彻自治区机关党的建设工作会议精神，不断增强基层党组织的凝聚力、战斗力和创造力

围绕“推动发展、服务群众、凝聚人心、促进和谐”的要求，认真学习贯彻“自治区机关党的建设工作会议”精神，紧贴财政厅机关基层组织建设实际，积极转变工作思路、改进方式方法、创新机制载体，使基层党组织的战斗堡垒作用得到充分发挥，凝聚力、战斗力和创造力得到进一步增强。2010 年 1 月份，制定下发《关于认真学习贯彻自治区机关党的建设工作会议精神的通知》，引导基层党组织和广大党员干部深刻领会自治区机关党的建设工作会议的重大意义，明确推进财政厅机关党的建设不断深入发展的奋斗方向。2 月份，印发了《关于表彰 2009 年度“五好党支部”、“优秀共产党员”和“优秀党务工作者”的决定》，对在 2009 年度各项工作中表现突出的 22 个基层党支部、57 名共产党员和 22 名党务工作者进行了通报表彰。结合自治区党委、区直机关工委和厅党组 2010 年度工作安排，制定下发了《机关党委 2010 年度工作计划》，明确了 2010 年机关思想政治工作的指导思想、主要任务和有关要求。定期深入各党委（总支）、支部，指导基层党组织将理论学习与工作实践紧密结合，立足自身实际，广泛采取到基层调研、走访参观和邀请专家学者举办专题讲座、组织观看辅导教学片等形式，进一步拓宽学习渠道，丰富学习内容，增强学习教育的针对性和实效性。3 月份，印发了《关于做好 2010 年度机关党建研究工作的通知》，在全区财政系统广泛开展了党建理论征文活动。8 月份，制定下发了《关于做好 2010 年度党内统计工作的通知》，对厅机关及所属企（事）业单位党员的数量、质量情况进行了认真调查统计。对 13 个机关党支部委员会班子进行了增补和改选，加强了基层党建工作的领导力量，强化了基层组织功能。根据机关党委年度工作计划的安排，2010 年 1 月份，经厅机关党委会议研究批准，为 11 名预备期满的党员办理了转正手续，并吸收 13 名培养考察期满的入党积极分子加入党组织。为认真贯彻自治区党委和区直机关工委有关开展机关社区共建活动的精神，成立财政厅机关与解放北路街道南大街社区共建工作领导小组，由赵炜同志任组长。制定了《财政厅机关与解放北路街道南大街社区开展共建活动的实施方案》，签署了共建协议。5 月份，组织解放北路街道部分干部和南大街社区党支部一班人到巴州的和硕、尉犁、博湖等县开展学习交流活动。7 月份，带领南大街社区干部到沙湾调研，交流社区工作。7 月 30 日，组织部分机关党支部干部到南大街社区开展慰问活动，赠送了慰问品，并以“加强社区组织建设”为题，给社区干部讲党课。

三、推进机关执行力建设，努力转变机关作风

结合学习贯彻中央新疆工作座谈会和自治区党委七届九次全委（扩大）会议精神，在厅机关深入开展“狠抓落实谋发展，深化服务促稳定”机关执行力建设活动。坚持把进一步解放思想作为开展机关执行力建设的重点任务．利用基层组织生活时间广泛开展解放思想专题大讨论，紧紧围绕自治区党委书记张春贤在自治区党委七届九次全委（扩大）会议上所作的重要讲话精神，教育引导广大党员干部面对新的形势和任务、面对全区各族人民的期待，在新的起点上推进思想解放，树立世界眼光，转变思维方式，真正把思想认识进一步从那些不合时宜的观念、做法和体制的束缚中解放出来，激活科学跨越、后发赶超的信心和理念，为开创新疆财政工作新局面奠定坚实的思想基础。

深入开展“五查五看”活动：查一查执行落实，看是否存在有令不行、有禁不止的问题；查一查工作作风，看是否存在作风涣散、纪律松弛的问题；查一查工作效率，看是否存在人浮于事、办事拖拉的问题；查一查大局观念，看是否存在部门利益至上、本位主义严重的问题；查一查服务质量，看是否存在服务意识不强、服务不到位的问题。通过“五查五看”，找准工作中存在的不足，深刻分析原因，制定整改方案，明确整改目标，明确责任主体，明确整改时限，务求在短期内取得明显成效。

坚持把解决实际问题作为推进执行力建设的着眼点和落脚点，针对个别处（室）、单位年度重点工作完成不好、上下班制度坚持不严格、工作纪律落实不到位等具体问题及个别党员干部工作中不作为、慢作为、乱作为等违规违纪行为，进一步严明工作纪律、强化日常管理，切实使机关工作作风得到明显改进。积极推进机关执行力长效机制建设，紧密结合工作实际和党员干部思想实际，努力建立、健全和完善相关制度，强化日常工作的检查督办，完善工作运行机制，提高工作效率，增强执行合力。

四、丰富形式载体，扎实推进创先争优活动

认真贯彻中央、自治区党委和区直机关工委有关指示精神，根据财政厅创先争优活动领导小组的安排，在机关基层党组织和广大党员中深入开展创先争优活动。制定下发了《关于在区级财政系统基层党组织和党员中深入开展创先争优活动的实施方案》（以下简称《实施方案》），明确了开展创先争优活动的指导思想、目标任务、主要内容、主题载体和方法步骤，为提升活动的层次和质量、推动活动深入扎实开展奠定了坚实基础。指导各基层党委（总支）、支部采取主题党日活动，集中理论学习及开展解放思想大讨论等各种形式，组织党员干部对中央、自治区党委和区直机关工委有关指示精神进行深入、全面的再学习、再领会，并依据厅《实施方案》制定开展创先争优活动的具体目标和措施。制定下发《关于在基层党组织和党员中开展创先争优活动公开承诺的通知》，坚持“围绕中心，实事求是，言出必行，行必有果”的原则，明确公开承诺的目标原则、主要内容、方法步骤和有关要求；同时，指导各基层党委（总支）、支部结合自身实际，按照“坚持标准、简明扼要、明确具体、实在管用”的要求，组织党员撰写公开承诺书，采取板报张贴、内网刊载、公开宣读等形式，向群众公布。结合纪念建党89周年，制定下发《关于认真做好“七·一”期间各项工作，扎实推进创先争优活动开展的通知》，指导各基层党委（总支）、支部采取参观毛泽民故居、组织党员重温入党誓词、到基层开展为民服务活动、邀请财政厅老领导谈新疆财政工作的发展历程等多种形式，深入开展党性教育活动。

五、巩固民族团结教育成果，进一步推进和谐机关建设

为教育、引导全厅各族干部、职工牢固树立

“三个离不开”的思想，深刻认识加强民族团结、维护新疆稳定的重大意义，2010年5月份，在区级财政系统广泛开展了自治区第28个民族团结教育月活动。制定下发了《关于深入开展第28个民族团结教育月活动的实施方案》，明确了教育活动的指导思想、主要内容和有关要求。为充分发挥厅机关的资源和信息优势，注重以第28个民族团结教育月活动为载体，推进共筑、共建和谐社区工作。指导各党支部、各处室多次前往对口共建的南大街社区走访慰问，了解社区工作情况，设身处地解决基层困难。5月26日，厅机关举行了“民族团结教育知识竞赛”，厅机关所属19个基层党组织的代表队在比赛中经过个人必答题、小组共答题、抢答题和风险题等4轮角逐，产生了一、二、三等奖。同时，围绕民族团结教育月活动主题，各党支部制作了10多块民族团结宣传板报，供厅干部、职工观看学习，营造了浓厚的民族团结宣传教育氛围。

六、发挥群众组织作用，在服务群众上下工夫

指导机关工会和妇委会充分发挥自身的职能作用，配合党组织做好干部、职工的政治思想工作及精神文明创建工作，继续推进“模范职工之家”的创建工作，积极开展各类深受干部、职工欢迎的文化体育活动。三八妇女节前夕，指导厅妇委会举行“财政厅妇女干部迎三八庆祝酒会”。2010年8月份，组队参加区直机关第八届职工大众体育运动会，并获得优秀组织奖，同时参赛队员获得乒乓球甲级队混合团体第一名等7项团体及个人奖项。9月7日至8日，在新疆农业大学举办“财政厅机关第四届职工体育运动会”。

进一步加强对厅机关团委的组织领导，以加强对团员青年的思想教育为重点，切实掌握团员青年的思想动态，帮助他们坚定理想信念，树立正确的世界观、人生观和价值观。进一步规范共青团工作的制度、机制，建立、健全了团员青年资料统计档案，详细统计了厅机关团员青年的各类数据资料，保证了团员青年教育工作的开展。针对团员青年的特点，开展各具特色的学习实践活动，进一步创新青年教育形式、丰富广大团员青年的文化生活，增强了共青团组织的凝聚力和向心力。2010年1月份，在厅机关团员青年中广泛开展了向沈浩同志学习活动；3月份，结合开展学雷锋活动，组织青年党团员和青年文明号集体到南大街社区慰问了社区干部，并为困难群众做好事。

（自治区财政厅机关党委供稿，马磊执笔）

机关工会联合会工作

一、加强科学化、精细化管理，提升工会工作的质量和水平

2010 年，机关工会联合会（以下简称“工会联合会”）以科学发展观重要思想为指导，以维护职工合法权益为主线，以开展别具特色的文体活动为载体，以广大干部、职工的需求为切入点，以科学化、精细化管理为目标，努力开展各项工作，全面提高工会工作的质量和水平。

1. 以丰富多彩的文体活动为载体，努力推动财政文化建设。一是精心组织自治区财政厅职工的体育锻炼和健身活动。2010 年 4 月，工会举行了“春季踏青”健步活动；5 月下旬，组织了财政厅和审计厅第二届“青年杯”篮球联谊赛；春节前夕，举办了职工迎春联谊会，全厅有 34 个单位自创、自编、自演的 20 个节目参加了演出。二是举办了包括 4 × 100 米接力、4 × 400 米接力、1 500 米、3 000 米、跳高、跳远、铅球、仰卧起坐和双人三足跑 9 个项目的财政厅第四届职工运动会，全厅共有 25 个党支部（党总支）代表队的 474 名干部、职工（含 9 位厅领导）参加了比赛，共有 102 名（人、次）运动员分获金、银、铜牌奖章，204 名（人、次）运动员进入比赛前 6 名，6 个党支部（党总支）组成的代表队获得团体总分前 6 名，19 个支部获得优秀组织奖。三是参加了区直机关工委举办的区直机关第八届职工大众体育运动会。2010 年 4 月，组队参加了自治区直属机关第十一届“公仆杯”乒乓球比赛，取得了男女混合团体比赛冠军的辉煌成绩；5—7 月，在区直机关工委举办的羽毛球比赛、游泳比赛、长跑比赛和趣味运动比赛中，分别获得了团体第三名、团体第二名、团体第五名和优秀组织奖。

2. 以维护职工合法权益为主线，切实履行工会职能。一是严格按照《工会法》和《工会章程》的有关规定积极发展工会会员，及时吸纳自治区财政厅新录用公务员、新招聘工作人员和各处室（单位）聘用人员 11 名为工会会员。二是与人民剧场协调，为全厅干部、职工发放电影票 7 200 张。三是在六一国际儿童节期间，为全厅 136 个职工家庭年龄不满 16 周岁的独生子女发放补助费 1.36 万元。四是认真做好图书管理工作。2010 年为图书室补充新书 2 000 余本（册），图书室共办理图书借阅登记 894 人次，全厅有 140 名干部、职工从工会存书中受益。五是开展了“会员缴纳 1 元特殊会费”活动，并为此次活动捐助爱心经费 1 000 余元。六是给每位会员发放了生日礼物，体现了工会对每位职工生活上的关心和人性化的关怀。

3. 强化激励机制，增强职工的荣誉感和向心力。一是评选表彰了 27 个先进分工会（工会小组）和 86 名优秀工会会员。二是开展了区直机关工委各类荣誉的评选、推荐和上报工作。2010 年 6 月，推荐上报了自治区财政厅教科文处处长戴跃红为各族、各界先进妇女典型代表，并出席了先进妇女典型代表表彰大会；10 月，

推荐上报了自治区财政厅经济建设处处长郑勇为自治区劳动模范。三是不断提高职工之家建设水平。2010年，自治区财政厅工会获得了全国“模范职工之家”荣誉称号。四是狠抓各分工会和工会小组的质量建设。新疆会计干部培训中心分工会被授予自治区“模范职工小家”称号，进一步推动了厅分工会和工会小组的建家热情。

二、贯彻基本国策，认真做好人口与计划生育工作

工会联合会在计划生育工作中始终坚持以人为本、全面协调、可持续的科学发展观，认真贯彻执行国家各项人口与计生政策，坚持计划生育基本国策，保证计划生育工作的稳步提升。

1. 做好登记、统计汇总等基础工作。一是对2011年度的生育指标进行了摸底，计生率和晚婚晚育率都达到了100%。二是对原有的209户和641人次的人口基础信息进行了重新复核、调整和录入。三是对日常人员变动做到了随变、随调、随录、随报，微机管理与账册管理同时进行，全年共调整人口账253户696人次。四是准确无误地开具各类婚育状况证明19人次，上报各类报表110多份。

2. 落实各类奖励、优惠政策。一是给16周岁以下独生子女家庭发放独生子女保健费1.39万余元。二是落实了领取“独生子女父母光荣证”和“计划生育父母光荣证”家庭职工退休后一次性奖励2 000元或加发工资5%奖励政策。三是对自愿申请领取和补办“两证”的74个家庭办理了光荣证。

3. 做好宣传教育、信访等工作。全年共制作计划生育工作宣传板报2期，接待来访和咨询109人次，解答疑问179例。

4. 认真做好药具发放服务工作。

三、积极发挥“半边天”的作用，妇女工作开展得有声有色

一是2010年5月，妇委会组织全厅210名女职工进行了一年一度的身体健康检查。二是为纪念三八国际劳动妇女节100周年，举办了主题为“春姿绽放”的女职工联谊会。三是建立了女职工来信来访来电登记制度。一年来，共接待女职工来电来访30余人次，对她们提出的“五期”保护及计划生育等问题均给予了答复和解决。

（自治区财政厅机关工会联合会供稿，杨志云执笔）

机关精神文明建设

一、加强组织领导，提升创建水平

自治区财政厅党组、厅领导高度重视精神文明建设工作，坚持把财政业务工作和党建工作、精神文明建设工作一起部署、一起落实、一起检查、一起考核。2010年3月，自治区财政厅文明办研究制定了《2010年度财政厅机关精神文明建设工作要点》，明确了年度精神文明创建工

作的指导思想、主要任务和工作要求，找准了精神文明创建工作的努力方向。同时，根据创建工作需要，厅文明办及时调整、增补精神文明建设领导小组和办公室成员。日常工作中，分工明确，各负其责，相互配合。坚持定期召开精神文明建设领导小组会议，对创建工作认真进行分析、梳理，总体安排部署，认真查找问题和不足，及时制定整改措施。各处室在处长负总责的原则下，确定一名负责精神文明工作的兼职干部，确保各项工作的正常、有序开展。同时，根据财政工作科学化、精细化管理的要求和精神文明创建工作的新情况、新问题，机关党委、文明办、综治办及时召开专题会议，研究改进创建、考核、评比机制和措施，不断完善《财政厅“文明处室”评选考核办法》、《“文明处室”量化考核标准》、《财政厅机关安全生产管理办法》、《财政厅社会治安综合治理办公室工作职责分工》等规章制度，不断充实和细化具体考评内容，建立起了一套行之有效的创建活动实施、考核、评比的制度体系，进一步增强了规章制度的可操作性和时效性，逐步形成了创建考评长效机制。

二、开展道德实践，提高思想素质

2010年3月，结合自治区第九个“公民道德建设月”活动的开展，自治区财政厅文明办制定下发了《关于认真开展自治区第九个“公民道德建设月”活动的安排》，指导机关各处室和厅属各单位组织干部、职工对《公民道德建设实施纲要》进行深入、全面的再学习。各处室、各单位结合学习吴大观、沈浩等模范人物的先进事迹，结合本处室、本单位及个人和家庭实际展开讨论，畅谈认识体会，撰写学习心得。为加强道德建设实践活动，创新教育形式和载体，机关各支部、各处室主动走访基层财政部门和厂矿企业，广泛开展以“三贴近”为主要内容的实践活动，就财政管理过程中存在的问题，以及好的经验和做法进行讨论和交流，努力改进工作，提高服务质量。2010年1月25日，厅机关团委在广大青年干部中发起了向沈浩同志学习的倡议，并开展了专题教育活动；4月22日，全厅干部、职工为青海玉树地震灾区踊跃捐款10.19万元；10月18日，机关党委组织党员干部听郭明义同志先进事迹报告会，感受到了先进人物的模范事迹和高尚品德，这次报告会给党员干部上了一堂生动、鲜活的道德教育课。

三、细化工作环节，提高服务水平

按照《财政厅机关“文明处室”评选考核办法》的规定，机关各处室、各单位一把手亲自抓，处以上领导干部以身作则，实行“一岗双责”，把创建文明处室作为工作成绩的重要体现。为深化“文明处室”创建活动，促进财政厅机关精神文明创建工作整体水平的进一步提升，2010年2月，印发了《2009年度财政厅“文明处室”表彰决定》，对在2009年工作中表现突出的29个文明处室进行了表彰奖励。为切实加强对文明处室创建活动的组织领导，充分调动机关各处室、各单位开展文明处室创建活动的自觉性和主动性，3月份，制定下发了《关于签订财政厅机关创建文明处室活动责任书的通知》，组织厅机关各处室和厅属各单位负责人签署了《财政厅机关创建文明处室活动责任书》，明确了处室和单位领导、兼职文明干部在创建活动中的具体职责，完善了创建活动的检查指导和责任追究机制。各处室、各单位自觉把精神文明创建工作作为全年工作的重要组成部分，联系工作实际，认真制定计划安排和落实措施，认真制定年度文明处室创建计划，修定完善诚信服务、文明服务公约和岗位责任制、政务公开制度等规定，并积极组织干部、职工参与厅机关各项精神文明创建活动，极大地提升了文明服务水平，促进了精神文明建设工作的顺利开展。

四、狠抓综合治理，确保安全稳定

2010年，自治区财政厅党组、厅领导多次召集厅维稳办、文明办、综治办等部门研究加强机关安全稳定工作措施。厅领导召集厅综治办各部门负责人，传达学习自治区党委常委、纪委书记、政法委书记符强同志在全区稳定工作电视电话会议上的讲话精神，并对加强机关安全稳定工作提出了明确的措施和要求。厅维稳办、综治办各部门立即采取行动，狠抓综合治理工作。一是严格执行领导带班和干部值班制度。要求带班领导 24 小时在岗，认真履行职责，值班期间必须在岗，不得在家值班。各值班门卫认真履行责任，严格执行来客登记制度，凡是外来办事人员必须出示有效证件并开包检查，方可办理会客登记手续。同时厅综治办组成督查组，每晚在厅内查岗，检查带班、值班人员值班情况。二是启动应急分队加强值班巡逻。从 2010 年 7 月 1 日起，启动应急分队巡逻制度，抽调厅机关 80 多名青年干部组成应急分队，配齐服装和防暴器材，每天 8 人，分成 2 组日夜在厅办公区和各家属楼院巡逻，确保厅机关的安全稳定。三是根据维稳工作实际和人员情况，厅综治办及时调整了财政厅社会治安综合治理领导小组成员，确保了组织机构健全，顺利开展工作。为加强出租屋管理，印发了《关于进一步加强厅机关私人出租房屋管理的通知》，对厅机关人员出租房屋情况进行了摸底、登记，明确了职工出租房屋的有关规定和要求，确保不发生治安问题。四是进一步做好来信、来访工作，完善信访机制，畅通信访渠道。厅机关从建立信访工作机制入手，相继出台了《自治区财政厅信访工作制度》、《财政厅群众来访接待制度》、《财政厅群众来信办理制度》、《关于完善厅机关群众来信来访登记报送制度的通知》等制度措施，建立了信访来人接待、信访办理程序、结果反馈等相关制度，坚持“谁主管、谁负责”的原则，明确了信访工作责任，规范了信访工作程序，有力地推动了信访工作的顺利开展，防止上访事件发生。

五、发挥群团作用，丰富创建内容

在机关党委、文明办的统一部署下，机关工会、共青团、妇委会等群众组织积极配合精神文明建设工作，结合学习教育任务，充分发挥自身特点，推进群众文化建设，努力搭建富有特色的实践平台，发挥群众组织的号召力和凝聚力，利用重大节日和纪念日，组织开展各具特色的文化活动和全民健身活动，营造健康向上的机关文化氛围，丰富干部、职工的业余文化生活。一是创新载体，注重成效，扎实推进自治区“模范职工之家标兵”、“巾帼文明岗”、“青年文明号”的创建工作，并取得了显著进步。二是充分发挥群团组织在精神文明建设中的生力军作用，广泛开展职工体育运动会、徒步健身、乒乓球、羽毛球、歌咏比赛、联谊晚会等群众喜闻乐见的文体活动，激发了内在动力，巩固了学习成果，增强广大干部、职工参与创建工作的积极性，丰富精神文明建设活动内容，提高了士气，激发了热情，凝聚了人心，鼓舞了干劲。

（自治区财政厅机关党委供稿，李骞执笔）

机关后勤服务

2010年，自治区财政厅机关后勤服务工作紧紧围绕服务保障职能，坚持用科学发展观统领全局，努力克服困难，开拓进取，扎实工作，圆满完成了机关后勤服务保障工作任务，为机关各项工作的顺利开展提供了有力支持。

一、扎实开展“两基”建设工作，提高后勤服务水平

为进一步加快“两基”建设的步伐，先后修改和完善了二十几项制度措施，编撰和印刷了《财政厅机关服务中心管理制度细则》、《财政厅印刷厂规章制度》、《玛丽艳宾馆管理制度细则》、《财政厅房管所财务管理制度》等，实行公开承诺，警示干部、职工严守承诺，用心服务，使各项管理工作明显加强，职工队伍素质和后勤服务水平显著提高。

二、事务管理全面加强，工作效能明显提升

（一）膳食服务水平不断提高

财政厅民汉餐食堂承担着厅机关干部、职工的早、午就餐任务，为切实搞好服务，重点做了以下几项工作：一是保证食品安全卫生。坚持采购食品入库前先验货，定时对就餐大厅、包间进行清洁，定期检查食堂人员个人卫生。二是保持菜色可口多样化。通过不同渠道和方式，听取就餐人员的意见，多次派食堂厨师到外单位食堂品尝学习、交流经验，保证每月推出一道新菜。三是根据季节制定菜谱，合理搭配饭菜品种，保持营养。四是自制小菜降低成本。食堂购买大量的冬储蔬菜，自制了酸菜和各种咸菜共12种，使干部、职工在冬季也能吃到品种多样的小菜。五是开展岗位练兵，强化专业技能的培训，使食堂厨师、厨工技能得到提高。

（二）亮化、绿化、美化机关大院

2010年，机关大院环境绿化管理工作秩序良好，全年植树1 500棵，为机关大院种植约合350平方米6 700墩灌木、草坪420平方米，修剪草坪6次约合2 400平方米，拉运羊粪12立方米、花土50立方米，购买室内盆景花卉130盆，新装花坛2个，铺设绿化管道350米，定期给110棵树木刷了石灰、喷洒了药水、修剪了树枝。在大院办公室、会议室、食堂摆放花卉共计5 200盆，定期浇水、施肥、修剪，保证了花草树木生长良好。及时清运垃圾站垃圾，冬季及时清扫冰雪，保证了财政厅大院干净整洁、无垃圾、无污染、无纸片，为干部、职工营造了一个整洁、温馨、自然的办公和生活环境。

（三）加强机关大院安全保卫工作

2010年全年组织了安全消防知识讲座、消防演习和6次安全大检查。在元旦、春节、中秋、国庆等重大节假日期间安排专人24小时轮流值班，合理部署安排车辆的进出和停放，严格执行安全值班登记制度，制止了多起可疑偷盗事件，消除了不安全隐患，为干部和职工营造了一个安定、祥和的工作和生活环境。

（四）会务及重大活动的后勤服务保障工作有新提高

2010年区内外来访人员较多，各业务处组织举办的各种会议和培训班也比较多，接待服务和会议保障任务艰巨。全年共接待区内外财政系统客人共17批次100余人，服务会议活动280多次。

（五）机关水电暖、房屋维修管理工作

2010年，财政厅机关房管部门坚持维修人员全天候服务，圆满完成了配电室、锅炉房、办公楼、综合楼及各住宅小区的水电气暖的供给管理，以及设备设施的养护、维修工作和年度节能减排工作任务。

三、玛丽艳宾馆、印刷厂、农场经营管理水平稳步提高

2010年，机关服务中心对下属的玛丽艳宾馆、印刷厂、农场健全机制，规范管理，努力拓宽业务来源和创收渠道，使这些经营单位效益实现最大化。

（一）玛丽艳宾馆

玛丽艳宾馆在2009年扭亏为盈的基础上，开拓经营管理思路，通过优化管理、强化培训、奖优罚懒、绩效工资等有效措施提升了服务水平；通过加强软件系统维护和硬件设备设施更新提高了服务档次，在实现精细化服务、精细化管理的同时保持了稳定经营，2010年营业额较2009年增长36%，客房平均入住率为85%。

（二）印刷厂

2010年，印刷厂整合人力资源，通过加强岗位技能培训的方式，使全厂22名职工全部掌握3种以上岗位技能，提高了人员利用率和工作效率，全年完成生产产值1 000万元。

（三）机关农场

2010年，机关农场共提供各种蔬菜68吨。

（自治区财政厅机关服务中心供稿，杨娜执笔）

新疆会计干部培训

2010年，自治区财政厅干部教育中心（以下简称“中心”）、新疆中华会计函授学校、自治区会计干部培训中心在财政厅党组的正确领导下，紧紧围绕自治区财政改革发展中心任务，全力开展教育培训工作，努力推进科学化、精细化管理，加强“两基”建设，党建、精神文明、综合治理、绿化卫生、行政管理、后勤保障等各项工作迈上新台阶。

一、明确任务，加强管理，教育培训工作再上新台阶

（一）会计人员培训

自治区会计干部培训中心转变会计人员继续教育培训观念，完善培训运营体系，加大培训宣传力度，提升培训服务水平，培训的规模和质量在全疆的影响力不断扩大。全年共发行自编教材11 138册，合作受训单位80余家。2010年共举办会计继续教育培训班128期，培训学员17 801人。举办其他财经类短训班27期，培训700人次，培训基地各项租金收入共计28.5万元。

（二）农村财会人员财政支农政策培训

1. 进一步加强培训示范点建设，在2009年开展7个地（州）培训的基础上，新增乌昌地区、喀什地区、和田地区为培训点，努力尝试为民族农村财会人员培训。根据《新疆中华会计函授学校农村财政支农政策培训评估暂行办法》和《考核评价标准》对各地（州）财政支农政策培训工作进行考评，以评检训，以评促训，以示范点建设促进培训工作的有效开展。

2. 召开了函校工作会议，安排布置全区的农村财会人员培训工作，来自自治区12个地（州、市）财政部门以及各辅导站的代表参会。会议回顾总结了函校工作，对函校农村财会人员财政支农政策培训工作进行安排部署，表彰了2009年“农村财会人员财政支农政策培训工作”先进单位及先进个人。

3. 围绕农村财会人员培训加强工作调研，自治区会计干部培训中心领导亲自带队赴伊犁、博州、巴州、沙湾、鄯善等地针对农村财会人员财政支农政策培训工作的实施情况进行了实地检查和督导，掌握培训的主动权。

4. 加强师资队伍建设，首次开办了民语师资培训班。组织人员参加财政部总校在山东烟台举办的农培师资培训班，举办了财政支农政策民语师资培训班和全疆农村财政支农政策培训师资研讨班。

2010年共完成8 304人次的培训任务，同比增长165%，其中民语培训3 000人次，超额完成全年培训任务。

（三）函授学历教育

1. 加强函授站管理工作。完善组织机构和评奖机制，加强区校对站点培训工作的指导，及时安排和部署各函授站阶段性工作，按时下发学期教学计划等材料，确保站点工作正常开展。

2. 继续推行中专学历免费教育方案。加强对各地函授站的建设投入。全年中专毕业337人，大专毕业33人，本科毕业43人。继续做好大专、本科的招生工作，全年中专招生325人，大专、本科招生录取152人，基本与上年持平。

3. 加强管理，提高教学质量。加强与东北财经大学、山东财政学院等联办院校函授学历教育合作，强化教学管理，多渠道沟通，组织好集中面授。2010年函授站被东北财经大学授予“先进集体”称号，被山东财政学院评为“招生工作先进单位”。

（四）财政干部培训

以乡镇财政干部培训为重点，积极与财政厅有关处室沟通，做好教学方案、师资配备、后勤保障等基础性工作。协助财政厅乡财局完成了两期211人的全疆乡镇财政干部培训任务。努力拓展地（州）财政干部培训，积极与地（州）及内地省（市）财政部门联系，完成了乌昌地区财政局、伊犁州财政局、博州财政局、塔城地区财政局4期共计145人的财政干部培训任务。配合山东省会计培训学院举办了一期30人的高级财务管理人员研修班。2010年培训量比2009年增加145%。积极推行培训量化考评，完善绩效评估、追踪问效等制度，完成了对乌昌财政局、伊犁州财政局和博州财政局干部培训效果的追踪问效工作，增强培训的实效性和针对性。2010年9月，协助财政部人事教育司和中华会计函授学校在新疆成功举办“全国少数民族地区财政局长培训班”，得到了总校和财政厅领导的肯定和赞赏。

（五）计算机培训

完成了机房改扩建任务，完善机房的管理制度及移动设备的管理制度。配合培训单位技术人员完成计算机软、硬件的安装调试，搭建每一期培训的教学平台。加强与各厅（局）单位的联系和沟通，以优质的服务和硬件优势吸引各大厅（局）公务员来中心参加信息化与电子政务培训，为财政厅6个处（室）、自治区7个厅（局）的企事业单位举办各类培训6 280人次，比2009年增长4倍多。承担自治区“会计从业资格考试考点”工作，共组织114场考试，有1.14万人参考。

（六）教学研究工作

共完成函授大专、本科两个层次748课时的授课任务。开展120期、1.8万多人的会计继续教育培训任务。中心教师首次承担了财政部干部培训课题科研任务。此外，中心还承接了自治区成人高等函授教育质量抽查考试和全国会计职称考试工作。

（七）教育培训宣传

全年刊发《办学通讯》12期、《精神文明简报》12期，刊载各类信息100余条，向财政厅网站报送信息58篇，向《中华会计学习》和《新疆财会》投稿12篇，刊用7篇。制作各种宣传画册65本，刻录培训光碟836张，制作了《和谐奋进的会培》、《创建文明单位　共建和谐校园》短片。

二、进一步加强党的建设和精神文明创建工作

（一）继续加强党的建设

1. 继续加强党支部建设和对党员的管理教育。认真坚持周五党员学习制度和“三会一课”制度，通过学习科学发展观、观看《党课一小时》、组织参加社会实践、参观爱国主义革命传统教育基地、撰写心得等教育活动，提升党员党性修养。加强党委中心组集体学习，提高领导干部运用科学发展观解决实际问题的能力。

2. 开展了“创先争优”、“热爱伟大祖国　建设美好家园”和“创建学习型党组织”等系列活动。制定各项活动实施方案，成立了创先争优活动办公室等组织机构，负责开展学习教育活动。每位党员、每个支部和中心党委向教职工、群众认真做出书面公开承诺。利用网站、板报、简报等方式进行宣传教育，报道活动情况，交流活动信息，营造学习氛围。

3. 继续落实党风廉政建设责任制。组织全体党员认真学习《中国共产党党员领导干部廉洁从政若干准则》，落实每年向财政厅主管领导和纪检组、监察室报告中心党风廉政建设情况的制度，重新制订了《中心领导班子成员党风廉政建设责任分解》。

（二）开展精神文明创建活动，圆满完成自治区级文明单位复验工作

2010年是中心自治区级文明单位届满复验年，中心高度重视，认真准备，深入开展丰富多彩的文明创建活动，全面发挥工青妇等群众组织的作用，积极开展各类文明创建活动，在复验中再次荣获“自治区级文明单位”称号。

1. 开展“加强民族团结、维护社会稳定”宣传教育活动。认真组织学习《自治区民族团结教育条例》，深入开展了第28个民族团结教育月活动，进一步筑牢教职工维护民族团结、维护祖国统一、反对民族分裂的思想基础。组织民族团结知识竞赛，参加社区举办的演讲比赛和“天山放歌行，唱响民族团结歌”歌咏比赛，展现了教职工良好的精神风貌。

2. 进一步做好拥军优属工作。2010年春节和八一建军节前夕慰问了军民共建部队，为战士们送去军事、文学和励志书籍及生活用品，同战士们一起开展趣味运动会，增进了军民友谊。中心还通过召开教职工军属座谈会等形式，关心军属的工作和生活，帮助他们解决实际困难。

3. 积极组织开展各项群众活动。工会积极发挥“模范职工之家”的作用，组成集资建房职工代表小组，制定《集资建房职工代表小组工作职责》，听取民意，反映群众心声。坚持开展送温暖活动，每逢重大节日都会对困难教职工、离退休老干部、军属遗属走访慰问。通过开展各种文体活动，活跃教职工文化生活。积极主动做好离退休老干部工作，定期通报中心的发展情况，每逢元旦、春节、老年节等节日时都要举行茶话会、座谈会，征求意见，听取建议，开展适合老年人的文体活动。加强流动人口和暂住人口计划生育管理，向计生协会捐款1 000余元。

妇委会组织教职工子女开展了六一儿童节联欢活动和女职工体检活动。

（三）认真做好综合治理、普法宣传工作

1. 认真学习《新疆维吾尔自治区社会治安综合治理条例》（以下简称《条例》），组织教职工参加自治区综治委举办的有奖知识竞赛和乌鲁木齐市科协组织的反邪教征文比赛，均获得较好名次。乌鲁木齐市天山区人大常委会工作组对中心综治工作给予了充分的肯定，“五五”普法工作顺利通过碱泉街道办事处司法部门验收。

2. 全年组织普法考试2次，网上答题2次，悬挂宣传横幅4条，制作宣传板报1块，向“见义勇为基金”捐款899元。结合全国第六次人口普查，进一步加强对流动人口和职工住宅的出租管理。

3. 加强安全保卫工作。严查隐患，投入设备，聘请保安，做好物防人防技防工作，每逢节假日和敏感期安排中层干部轮流带班，全年未出现事故和违法案件，通过了市级“平安单位”复查验收。

三、组织人事和行政后勤管理进一步加强

（一）组织人事管理工作

基本完成了事业单位以岗位设置为主要内容的人事制度改革工作。按照自治区财政厅要求，成立领导组织机构，抽调人员组成考核组，制定工作方案，细致、深入做好干部、职工的思想工作，坚持过程公开、公示。山西、浙江等内地函校还就岗位设置工作到中心专门取经学习。

（二）行政管理和外联接待工作

中心行政管理部门加强与上级相关部门和部分地（州）、市（县）财政部门的联系，改善中心发展的外部环境。坚持用制度管人、管事，对建校以来制定的90多个规章制度、办法进行了认真清理。认真做好“两基”建设工作，进一步完善制度，健全工作规范流程，中心“两基”工作在财政厅机关“两基”现场交流会上，得到了财政厅领导的充分肯定和好评。

2010年，接待内地省函校（干教中心）、高校13批客人来疆学习考察，努力做到接待热情、信息沟通、资源共享。

（三）努力做好后勤保障工作

坚持落实中心《日常卫生管理制度》，坚持每月一次的卫生检查评比与通报制度，保障水暖电气供应，加强校园环境建设和绿化、美化工作，强化车辆使用管理。积极办理教职工集资建房的相关审批手续，已经完成房改办认证，土地转换用途、发改委立项、规划局批复等工作。

（四）培训楼经营管理

努力提高服务质量和水平，加强与办会、办班单位的联系和沟通，多方寻找客源。经过努力，培训楼全年共举办各类会议、培训54期，营业收入276.5万元，业绩比上年有较大幅度的提高。

（五）财务状况

2010年，中心开源节流，积极争取上级资金支持；教学培训等部门广辟生源，出租中心闲置资源，增加创收渠道；财务资产管理部门克服困难，合理调度资金，有效地保证了中心各项工作的运转。2010年中心全年总收入2 427.52万元，其中全年办学创收735.1万元，比2009年增长25.1%。随着中心事业的较大发展，教职工个人收入有了较大提高。

（自治区财政厅干部教育中心、新疆中华会计函授学校、自治区会计干部培训中心供稿，王宇新执笔）

新疆财政学会

一、顺利完成新疆财政学会换届工作

按照《新疆维吾尔自治区财政学会章程》每四年进行一次学会换届的规定，2010 年 1 月 22 日，召开了自治区财政学会第八次会员代表大会，自治区财政学会各位理事、自治区财政厅、社科联、民政厅有关领导共约 100 人参加了会议。大会审议通过了自治区财政学会第七届理事会工作报告、《新疆维吾尔自治区财政学会章程》修改意见，选举产生了第八届理事会、常务理事会及其领导机构。会议表彰了获得 2009 年自治区财政学会优秀论文的单位和个人，以及自治区财政学会先进会员单位。本届学会吸纳新疆社科院及有关高校的专家学者进入领导机构，理事人员结构更加科学，为财政科研活动及学术交流搭建了平台。

二、成功举办新形势下新疆财政经济发展问题研讨会

2010 年 11 月 26 日，自治区财政学会召开“新形势下新疆财政经济发展问题研讨会”，自治区财政学会常务理事、部分理事、经济领域专家、学者教授及财政系统工作者参加研讨会。自治区人民政府党组成员、财政厅厅长、自治区财政学会会长弯海川，自治区财政学会副会长、新疆社会科学院院长吴福环等 13 人作重点演讲，特邀自治区党委党史委原主任、新疆专家顾问团顾问汤一溉和新疆社会科学院原院长王栓乾作为点评专家分别点评。自治区财政学会秘书处将筛选部分研讨会交流材料以论文集形式出版发行。

三、按时完成《中国民族地区财政报告》新疆部分

根据中国财政学会民族地区财政研究专业委员会的部署，自治区财政学会积极收集整理基本数据，组织人员撰写分析报告，征集文稿，按时完成《中国民族地区财政报告》供稿工作。主要内容有新疆维吾尔自治区财政经济发展基本数据（2000—2009）和新疆维吾尔自治区 2009—2010 年财政改革与发展基本情况。自治区财政学会向《中国民族地区财政报告》、“厅（局）长论坛”推荐了自治区财政厅厅长弯海川《做好新时期财政工作，推动民族地区跨越式发展》理论文章。

四、积极开展学会间交流

自治区财政学会发挥自身优势，广泛参与学术研讨和各类社团学术活动，借鉴其他社团好的经验与做法，不断提高财政学会的影响力。积极参加自治区社科联主办的“新疆社会科学界 2010 年学术年会”活动，财政厅科研所副所长刘振林代表自治区财政学会做了题为《新时期的新疆经济发展战略构想》的演讲，得到大会好评。学会注重加强与各地（州、市）会员单位的联系，在财政课题研究和学会活动开展等方面给予他们大力支持。

（新疆财政学会秘书处供稿，赵珍执笔）

新疆会计学会

一、开展形式多样的学术交流活动

（一）认真承办第28届北方省（市、自治区）会计学会学术研讨会

2010年7月24—26日第28届北方省（市、自治区）会计学会学术研讨会在新疆乌鲁木齐市召开。原财政部党组成员、纪检组长、中国会计学会会长金淑莲，原自治区党委副书记、常务副主席杨刚，自治区人民政府党组成员、财政厅厅长、自治区会计学会会长弯海川参加了大会并致辞。北方13省（市、自治区）会计学会的领导，自治区各地（州、市）财政局主管会计工作的局长，自治区会计学会各专业分会负责人，自治区会计学会的副会长、副秘书长，自治区第一、第二期高级会计人才班的部分学员以及中国会计报、会计之友杂志社部分人员等140余位代表出席此次会议。

（二）成功召开自治区会计学会成立30周年纪念大会及学会年会

为总结回顾自治区会计学会30年的发展历程，深入推进会计改革，明确新形势下会计学会工作的思路，2010年12月14日，自治区会计学会在乌鲁木齐市召开“自治区会计学会成立30周年纪念大会”。自治区社科联、民政厅领导和自治区会计学会全体领导出席会议，自治区会计学会全体理事，自治区有关厅（局）及企业财务处负责人，自治区第一、第二期高级会计人才培训班全体学员等180人参加了纪念大会。中国会计学会会长金淑莲发来贺信。自治区财政厅党组成员、总会计师，自治区会计学会常务副会长张立德同志作了《自治区会计学会成立30周年回顾与展望》的报告。大会表彰了8个先进分支机构，对优秀论文进行会议交流，并举办了自治区会计学会成立30周年成果板报展。

（三）组织开展纪念自治区会计学会成立30周年及会计学术论文征集活动

共征集论文165篇，经学会秘书处初选，专家评审，最终评选出93篇优秀论文。

（四）组织会计人员参加中国会计学会2009年度会计学优秀论文评选活动

按照中国会计学会安排，自治区会计学会组织开展2009年度会计学优秀论文征集活动，收到论文22篇，推荐5篇论文参加中国会计学会会计学优秀论文评选。

二、开展2010年全国和自治区先进会计工作者评选表彰活动

2010年10月15—30日，组织动员自治区境内广大财会人员、财政系统干部职工参加“2010年全国先进会计工作者评选（会计管理工作者系列）”公众投票活动，共计投票3万余份。借助新疆财政网络平台，广泛宣传“全国先进会计工作者”候选人的先进事迹。经层层推荐、社会公示、公众投票、专家评议和实地考察，自治区财政厅会计处处长郭瑛同志被财政部授予“全国先进会计工作者”荣誉称号。

三、加强会计学会自身建设

召开自治区会计学会第九届理事会第五次秘书长会议，通报2010年论文征集审稿情况，研究讨论自治区会计学会成立30周年纪念大会活动安排。加强对地（州）分会和行业分支机构的指导，督促各分会健全组织机构，开展形式多样的学术交流和科研课题研究活动，组织开展先进学会分支机构评选活动。积极参加纪念中国会计学会成立30周年先进会计学会评选表彰活动，被中国会计学会授予“先进会计学会”荣誉称号。

四、组织开展高级会计人员培训

自治区会计学会与上海国家会计学院、厦门国家会计学院和新疆财经大学联合举办高级会计人员继续教育培训班，累计培训1 800人次。2010年5月份，根据《新疆维吾尔自治区会计人员继续教育实施办法》（新财会［2007］13号）的规定，为了确保自治区会计人员继续教育在全疆范围内相互得到认可，将由自治区财政厅审核、评估并正式备案的64家2010年度会计人员继续教育培训机构在全疆范围内予以公告。

五、做好学会刊物编辑出版工作

编辑出版2期《新疆会计信息》，出版了《新疆维吾尔自治区会计学会2009年会计理论研究优秀论文选》和《北方省（市、自治区）会计学会学术研讨会优秀论文——专辑》。

六、完成会计考试图书的收发工作

2010年，全区共发行会计职称考试用书13 097册，会计从业资格考试用书21 590册，做到了考试用书收发无差错。

（新疆会计学会供稿，祁新济执笔）

新疆预算会计研究会

一、课题研究工作

积极参与相关部门涉及财政管理和改革的专题调研工作。先后与自治区财政厅相关处室赴各地（州、市）开展部门预算管理、财政统发工资、财政资金安全检查、“小金库”专项治理以及国库改革等专项调研工作。积极与各地财政预算及国库部门联合开展调研活动，研究问题，及时提出政策建议，完善相关措施、办法。会同自治区农村综合改革办公室，搜集资料、下地（州）调研，按时完成了《自加压力，大胆实践，全面完成农村义务教育“普九”债务化解工作》的撰稿及上报工作。

二、月刊征订工作

根据各地（州、市）实际情况，扎实做好《预算管理与会计》月刊征订工作，利用财政决算布置会，积极主动向预算单位和各地（州、市）宣传，确保月刊征订数量稳中有升，同时安排部署下一年度的征订工作。

三、交流沟通工作

2010年10月，参加由全国预算与会计研究会（以下简称“全国预研会”）组织召开的纪念全国预算与会计研究会成立20周年暨月刊宣传工作会议。新疆预算会计研究会撰写的《领导重视、部门支持、扎实工作是做好预算会计研究会工作的基础》一文被收录在全国预算与会计研究会编辑的各省（市、区）会议经验交流材料中。新疆预算会计研究会再次被全国预研会评选为“财政宣传优秀单位”。

注重加强与全国预算与会计研究会以及各兄弟省（市、区）的交流与沟通，积极主动向全国预研会汇报工作，加强与自治区社科联以及兄弟省（市、区）业务沟通和联系工作。

（新疆预算会计研究会供稿，冯玉萍执笔）

新疆珠算心算协会

一、加强协会建设

在自治区财政厅的领导下，新疆珠算心算协会（以下或简称“协会”）认真贯彻落实中国珠算协会（以下简称“中珠协”）和新疆科协部署的工作任务，各项工作进展顺利。召开了新疆珠算心算协会第八届会员代表大会，修改并通过新疆维吾尔自治区珠算心算协会章程，选举产生了第八届理事会理事、常务理事、领导机构成员，总结了五年来的工作，并对今后一个时期协会工作进行了安排部署。

加强协会组织建设，扩大珠心算教育面。2010年新增3个珠算心算协会和4个珠心算教育基地，普及珠心算31 511人，新增学习珠心算6 775人，举办2期珠心算培训班，开展了8场科技宣传日活动。

二、参加中珠协珠心算比赛活动

一是组织参加全国第十九届少数民族珠心算比赛。组织自治区珠心算比赛选拔赛，确定了3名选手参加全国第十九届少数民族珠心算比赛。2010年7月26日，中珠协副会长、新疆珠协会会长赵黉亭带队参加了全国第十九届少数民族珠心算比赛，荣获团体第二名，2名队员荣获个人全能二等奖，1名队员荣获个人全能三等奖。二是组织参加第十九届海峡两岸珠心算通信比赛。按照中珠协通知要求，协会下发通知，要求各地（州、市）认真组织训练，落实赛前准备工作。2010年5月16日，在15个地（州、市）组织了32场珠心算比赛，1 471名选手参赛。

三、组织新疆第六届“希望杯”珠心算比赛

为弘扬珠算文化，促进自治区珠心算教育事业繁荣发展，2010 年 7 月，协会在哈密市举办了新疆第六届“希望杯”珠心算比赛。12 个地（州、市）30 支代表队参赛，石河子、克拉玛依等 6 支代表队荣获团体一等奖，乌鲁木齐、昌吉等 12 支代表队荣获二等奖，喀什、巴州等 12 支代表队荣获三等奖。

四、开展理论研究和学术交流

2010 年 3 月 28 日，组织了学术论文研讨会，交流和评选出 13 篇论文。推荐 5 篇论文参加中国珠算协会学术研讨会，3 篇论文被评为优秀论文二等奖。

五、做好珠算、珠心算技术等级鉴定和发证工作

按照中珠协珠算、珠心算鉴定《标准》，认真做好珠算、珠心算技术等级鉴定和发放工作。2010 年，鉴定珠算等级 3 624 人，鉴定珠心算等级 800 人，换发珠算等级鉴定新证书 2 129 人。

（新疆珠算心算协会供稿，吴希欣执笔）

新疆农村财政研究会

新疆农村财政研究会于 2009 年 6 月 25 日在乌鲁木齐市成立，是研究财政理论和政策的群众组织，隶属于自治区财政厅。

2010 年，自治区农村财政研究会在农业财政强农、惠农政策宣传、加强支农资金管理及研究“三农”工作中的热点、难点等方面开展工作。

一、深入开展课题研究工作

围绕“三农”工作中的热点、难点问题，自治区农村财政研究会广泛开展调查研究和学术交流。针对农业政策重大改革变化，结合农业财政工作中心任务，组织有关专家、学者深入基层开展调查研究，完成了《新疆维吾尔自治区“三牧”问题调查及扶持政策研究》、《借鉴宁夏经验发展设施农业政策建议》、《新疆农作物良种补贴政策实施效果与对策》、《新疆森林生态效益补偿政策实施效果与建议》、《推进草原生态保护补助奖励机制政策建议》、《新疆天然林保护工程专项资金投入后续政策研究》、《提升新疆林果业发展水平对策建议与财政政策研究》等课题，研究成果分别发表在《经济研究参考》、《农村财政与财务》等期刊上，或被收进《2010 年农业财政工作调研报告及论文汇编》中，为农业、农村经济发展，全面建设小康社会作出了贡献。

二、办好《新疆农财研究》，强化阵地建设

大力宣传自治区党委和自治区人民政府支农、惠农政策，结合农业财政工作的特点，宣传

报道新形势下“三农”工作的新特点、新方式、新经验、新要求。报道落实强农、惠农政策，农业财政支农资金管理，以及推动农业经济发展方面的事例，为广大农财干部营造一个交流思想、展现成果的平台。大力宣传农林水牧渔事业的发展、农业财政政策的落实、现代农业建设、支农资金整合、农业项目资金使用绩效评价、新农村建设、农业财政资金管理等方面工作，借鉴兄弟省（区）先进经验，提升自治区农业政策落实和资金项目管理水平，为领导决策提供参考。

（新疆农村财政研究会供稿，扬沙执笔）

第三部分

各地、州、市财政工作概况

伊犁哈萨克自治州

2010年，伊犁哈萨克自治州（以下称“伊犁州”）深入贯彻落实科学发展观，牢牢把握发展和稳定两大主题，团结带领全州各族人民，解放思想、抢抓机遇，开拓创新、奋力拼搏，推动各项工作取得了新突破，国民经济和社会事业取得了新成就。初步测算，全州国内生产总值完成891.37亿元，比上年增长14.9%。其中：第一产业246.89亿元，增长7.7%；第二产业335.26亿元，增长22.7%；第三产业309.22亿元，增长12.6%。全州三次产业比重调整为27.7：37.6：34.7；全州人均生产总值1.93万元。全州固定资产投资完成524.08亿元，增长45.56%。对外贸易进出口总额62.21亿美元，比上年增长24.1%。农牧民人均纯收入6 905元，比上年增加1 289元，增长23%。居民消费价格比上年上涨5.2%。实现社会消费品零售总额172.6亿元，增长15.7%。

州直全年国内生产总值完成410.43亿元，比上年增长16%。其中：第一产业97.2亿元，增长8.4%；第二产业150.14亿元，增长25.2%；第三产业163.09亿元，增长12.1%。三次产业比重调整为23.7：36.6：39.7；人均生产总值1.93万元。全社会固定资产投资完成268亿元，增长48%。对外贸易进出口总额完成48.84亿美元，增长31.1%。农牧民人均纯收入6 592元，比上年增加1 251元，增长23.4%。居民消费价格比上年上涨5.3%；实现社会消费品零售总额99.57亿元，比上年增长16.8%。

全年全州地方财政收入完成90.64亿元，增长31.59%，其中一般预算收入完成64.85亿元，增长31.31%。财政支出完成292.05亿元，同比增长32.47%，其中一般预算支出完成264.61亿元，增长32.78%。基金预算收入完成25.79亿元，同比增长32.25%；基金预算支出完成27.44亿元，同比增长29.56%。上划中央“四税”54.94亿元，同比增长27.11%。

全州一般预算收支平衡情况：可用财力270.79亿元，其中当年收入64.85亿元、自治区补助收入196.44亿元、债券转贷收入3.08亿元、调入资金0.65亿元、上年结余5.77亿元。支出264.61亿元，交通专项上解支出0.86亿元。一般预算收支相抵，年终滚存结余5.32亿元，结转下年支出4.06亿元，净结余为1.27亿元，当年结余为赤字0.45亿元。

全年州直地方财政收入完成49.68亿元，增长27.19%，其中一般预算收入完成31.22亿元，增长30.63%。财政支出完成147.24亿元，增长30.01%，其中一般预算支出完成128.2亿元，增长31.35%。基金预算收入完成18.46亿元，增长21.85%；基金预算支出完成19.04亿元，增长21.66%。上划中央“四税”27.84亿元，增长17.04%。

州直一般预算收支平衡情况：可用财力129.69亿元，其中当年收入31.22亿元、自治区补助收入95.67亿元、债券转贷收入1.68亿元、调入资金0.29亿元、上年结余0.83亿元。

支出128.2亿元，上解支出0.44亿元。一般预算收支相抵，年终滚存结余1.05亿元，结转下年支出0.5亿元，净结余为0.55亿元，当年结余0.22亿元。

一、财政收入快速增长，整体实力显著增强

坚持以财政增收为核心，加大财源培植力度，强化组织收入工作，建立和完善收入稳定增长机制，使经济发展成果转化为财政增收优势。“十一五”时期，州直财政一般预算收入由2005年的9.5亿元增加到2010年的31.2亿元，年均增长26.8%。财政一般预算收入超亿元县（市）达到6个，其中：一般预算收入超过7亿元的2个，超过2亿元的3个，超过1亿元的1个。2010年，通过认真分析收入工作面临的新情况、新问题，及时制定针对性措施，从年初开始就把保增收作为工作的重中之重，通过目标考核层层落实工作责任，通过建立奖惩机制调动各方面积极性，通过实时预警分析，以旬促月、以月促年，牢牢掌握工作的主动权，使一般预算收入增幅达到30.6%，超额完成了年初确定的增收目标。

二、支出规模成倍扩大，保障能力明显增强

面对投资需求持续增加、民生投入大幅增长的财政支出压力，州直各级财政部门在加大各项投入的同时，按照“保基本、保重点、保民生、压一般”的支出要求，确保干部、职工工资、津补贴等个人部分足额到位，充分保障各级党政机关正常运转经费，整合各类资源集中扶持新型工业化、设施农业、特色林果业和现代畜牧业发展，为经济和社会事业发展提供了坚实的基础。州直地方财政支出由2005年的36.2亿元增加到2010年的128.2亿元，年均增长28.8%。人均可用财力达到6.2万元，比2005年的2.7万元净增3.5万元；干部、职工工资、津补贴等其他个人部分大幅增长，机关人均经费从2005年的1 500元增加到2010年9 000元；基层运转经费得到充分保障，农村税费改革转移支付资金从2005年的6 648万元增加到2010年的10 459万元；初步建立起了以县为主的教育经费保障机制，教育支出从2005年的9.8亿元增加到2010年的27.1亿元，增长了近3倍，完成了2.51亿元的“两基”教育化债；政法经费从2005年的1.97亿元增加到2010年的6.62亿元，经费保障标准大幅提高，装备水平明显改善；文化体育传媒支出从2005年的1.1亿元增加到2010年的2.6亿元，“村村通”、“农家书屋”等一大批文化建设工程全面实施；财政支农资金从2005年的3.29亿元增加到2010年的5.67亿元，完成农业综合开发投资5.9亿元，共改造中低产田38.2万亩，建设高标准农田示范工程1万亩，建设人工灌溉草场1.6万亩，土地沙化治理2.5万亩。

三、财源基础持续巩固，发展能力显著增强

巩固扩大基础财源，综合运用预算、国债、贴息、担保、政府信用平台等财政政策手段，支持后续财源建设。高度重视财政项目工作，着力改善基础设施，解决经济发展“瓶颈”，5年来，累计投入财政基本建设资金40.18亿元、国债资金13.5亿元和企业扶持资金2.4亿元，利用政府外债4.9亿元。在财政资金的支持下，新型工业化加速推进，优势资源转换战略初显成效，经济发展后劲显著增强，为财政持续增收奠定了坚实的基础。2010年，各级财政部门抓住国家实施积极财政政策和支持新疆跨越式发展的有利契机，深入研究各项政策，协调各主管部门做好项目组织申报工作。全年共争取到位财政专项资金87.6亿元，较上年同期增加23亿元，同比增长35%；争取企业技术改造和中小企业发展等资金7 135万元，惠及企业83家；争取外贸发展资金3 198万元，惠及外贸企业325家；筹集财源建设资金5 000多万元，支持重大项目建设和骨干税源企业发展；为解决中小企业贷款难问题，整合中小企业担保资源，成立伊犁州财信融通投资

担保公司，资本金已达到2.76亿元，累计发放中小企业贷款3.3亿余元。

四、民生投入逐年增加，支出结构显著优化

从推进社会和谐稳定的全局出发，将有限的财力用于改善民生，让各族群众共享改革发展成果。“十一五”时期州直用于支持社会事业发展的民生支出达到290亿元，是“十五”时期的3.8倍，民生支出已成为财政保障的“重头戏”，占到地方财政支出的七成以上。政府医疗保障机制覆盖城乡，初步实现了全民医保；城乡低保补助标准稳步提高，初步实现了应保尽保；先后6次提高企业离退休人员基本养老金，年人均养老金标准已经达到1.77万元；已连续12年对抚恤补助标准进行了调整；就业再就业政策受益人群不断扩大，受益水平不断提高；建立起了支农惠农政策补助体系，累计发放粮食直补、农资综合补贴、退耕还林、退牧还草、农机购置和良种补贴资金18.7亿元，为农牧民增收做出了积极的贡献。

2010年，财政继续加大投入，重点保障了六个方面的支出。一是围绕改善各族群众生活，多渠道筹集资金增加群众收入。筹集资金2.78亿元，使23.66万名城乡低保户每月每人补助标准分别提高30元和10元；筹集资金1 000余万元，提高州直4 249名优抚对象和1 310名在乡抗日老战士生活补助；为低收入群体发放临时物价补贴1 216万元；筹集资金8 152万元，确保州直6.4万名参加养老保险的企业离退休人员享受取暖费补助；筹集资金3.07亿元，提高干部、职工月人均津贴补贴519元；筹集资金1.5亿元，调整提高干部、职工取暖费标准和住房公积金提取基数，其中州本级取暖费人均增加300元，州直住房公积金人均年增加补助1 600元；筹集资金1.68亿元，落实部分县（市）艰苦边远地区补贴调整政策，其中尼勒克县、特克斯县年人均增加1 800元，昭苏县年人均增加3 240元，奎屯市年人均增加1 260元，霍城县、察布查尔县、巩留县、新源县年人均增加4 080元。二是围绕改善各族群众住房问题，多渠道筹集资金加大住房投入。完成4.7万户灾民及农村“五保”户、低保户、贫困残疾人家庭的危房改造；争取中央和自治区住房保障资金3.2亿元，新建廉租住房3 817套、18.97万平方米，棚户区改造8 413套。5.79万户“安居富民”住房实现当年建设当年使用。三是围绕优先发展教育事业，着力改善教育教学条件。落实州、县投入责任，建立起了稳定的教育经费保障机制，全面实施城乡义务教育免费政策。全年共争取教育专项资金5.34亿元，支持了64所中小学危房改造和225个“双语”幼儿园新建工程，发放“两免一补”等各项补助资金1.39亿元。四是围绕解决就业问题，加大就业再就业资金投入。争取就业再就业资金2.04亿元，同比增长84%，使9.7万人次享受了国家就业再就业政策，对零就业家庭实现了24小时动态清零，对4 806名城乡未就业大中专毕业生开展了技能培训和创业培训。搭建小额贷款担保平台，累计投入担保基金1.05亿元，发放贷款3.5亿元，促进1.7万人自主创业，带动3.5万人就业。2010年州直小额担保贷款发放规模占全疆的28%，其中新增规模占全疆的42%。五是围绕解决看病难问题，支持医疗卫生事业发展。不断完善“基本医疗保险+商业补充医疗保险+城乡医疗救助”三重医疗保障体系，筹集资金8.27亿元，使185万人享受了政府基本医疗保险待遇，33.6万人得到了政府医疗救助，救助金额达5 509万元。六是围绕强农、惠农，加大支农投入。争取上级支农专项资金2.98亿元，同比增长36.3%。农业保险保费总额达4 157万元，比上年增长37%。争取县域金融机构奖补资金2 741万元，带动金融机构涉农贷款113亿元。深化农村综合改革，稳步推进村级公益事业建设“一事一议”财政奖补试点工作。

五、科学理财机制初步建立，“两基”建设显著提高

高度重视管理基础和基层建设（以下简称“两基”建设），积极探索和掌握财政管理的客观规律，建立、健全涵盖预算编制、执行、绩效管理全过程的管理制度，提升了财政科学化、精细化管理水平。“十一五”时期，以部门预算改革为龙头的国库集中收付、非税收入、政府采购、“金财工程”等财政改革全面推进，初步建立起了以信息技术为支撑的财政管理新格局。2010年，以提升财政管理水平、提升财政服务效能、提升基层财政监管水平为重点，狠抓财政基础管理和基层建设工作。建立重点税源企业信息库和预算单位基础信息库，全面掌握基层情况，实行动态管理；不断完善分类分档支出定额标准，细化项目支出预算，将项目支出落实到具体项目和预算单位，提高年初预算到位率；出台《州级预算单位结余资金管理办法》，加强对结余资金监管，逐步减少和消化结余资金；完善会计诚信考核评价体系，实行信用评级差别化管理和激励政策。强化基础管理，进一步建立、健全预算管理制度，规范操作规程；完善财政对账办法；制定出台《伊犁州级财政综合监督检查办法》，建立了日常监督检查、重点监督检查和专项监督检查三位一体的综合监督格局，全年共完成会计信息质量检查34户，查处行政事业类单位违法违规资金3 300万元；开展专项资金检查63项，检查金额4.5亿元。扎实开展社会团体、国有及国有控股企业“小金库”治理工作。进一步推进资产管理与预算编制相结合，拟定《行政事业单位国有资产管理办法》，细化明确管理职责，强化资产配置、处置和出租、出借管理。加强基层财政建设，目前已完成48个标准化财政所建设，初步构建起适应新形势的乡镇财政管理体系。

六、财政自身建设不断加强，队伍建设水平显著提高

加大干部教育培训力度，财政干部队伍整体素质明显提高，为财政事业发展提供了人才保证。强化机关效能建设，强化干部政治意识、大局意识，不断完善干部考核评价机制，求真务实、顾全大局、主动服务的作风有了进一步加强。全面落实各项安全保卫措施，全力支持维稳工作。加强机关党的建设，做实机关党建工作；落实党风廉政工作责任，开展规范权力运行工作，完善反腐倡廉机制，促进廉洁理财；积极开展形式多样的财政文化建设活动，丰富机关文化生活，提高精神文明创建水平。州直财政系统被评为“自治州级文明行业”，依法行政工作受到自治区人民政府表彰；会计监督工作受到财政部的表彰。

（伊犁哈萨克自治州财政局供稿，魏疆执笔）

乌鲁木齐市昌吉州

2010 年，乌鲁木齐市实现国内生产总值 1 311 亿元，比上年增长 12.2%。其中，第一产业增加值 19 亿元，增长 6.1%；第二产业增加值 597 亿元，增长 12%；第三产业增加值 695 亿元，增长 12.4%。全市社会固定资产投资 500.11 亿元，比上年增长 21.4%。全年进出口总额 59.85 亿美元，比上年增长 60.2%。商品零售价格指数 103.4，居民消费价格指数 102.7。社会消费品零售总额 563.67 亿元，比上年增长 19.1%。

2010 年，昌吉州实现国内生产总值 557 亿元，比上年增长 16.0%。其中，第一产业增加值 163 亿元，增长 7.2%；第二产业增加值 236.7 亿元，增长 25.4%；第三产业增加值 157.4 亿元，增长 11.8%。社会固定资产投资 235.3 亿元，比上年增长 44%。全年进出口总额 20.76 亿美元，比上年下降 9.1%。商品零售价格指数 104，居民消费价格指数 103.6。社会消费品零售总额 112.8 亿元，比上年增长 18%。

一、财政运行情况

（一）财政收入完成情况

乌昌地区地方财政收入累计完成 242.58 亿元，增长 37.02%，增收 65.56 亿元。其中：一般预算收入完成 180.72 亿元，增长 31.3%，增收 43.08 亿元；基金预算收入完成 61.96 亿元，增长 56.96%，增收 22.48 亿元。

具体为：乌鲁木齐市地方财政收入完成 197.57 亿元，增长 35.82%，增收 52.10 亿元。其中：一般预算收入完成 147.99 亿元，增长 30.38%，增收 34.48 亿元；基金预算收入完成 49.58 亿元，增长 55.13%，增收 17.62 亿元。

昌吉州地方财政收入完成 45.10 亿元，增长 42.55%，增收 13.46 亿元。其中：一般预算收入完成 32.72 亿元，增长 35.63%，增收 8.60 亿元；基金预算收入完成 12.38 亿元，增长 64.75%，增收 4.86 亿元。

（二）财政支出完成情况

乌昌地区财政支出完成 306.86 亿元，增长 32.37%，增支 75.04 亿元。其中：一般预算支出完成 245.74 亿元，增长 26.41%，增支 51.34 亿元；基金预算支出完成 61.11 亿元，增长 63.37%，增支 23.71 亿元。

具体为：乌鲁木齐市完成地方财政支出 208.23 亿元，增长 29.33%，增支 47.23 亿元。其中：一般预算支出完成 159.61 亿元，增长 21.57%，增支 28.32 亿元；基金预算支出完成 48.62 亿元，增长 63.62%，增支 18.90 亿元。

昌吉州财政支出完成 98.63 亿元，增长 39.28%，增支 27.82 亿元。一般预算支出完成 86.13 亿元，增长 36.46%，增支 23.01 亿元；基金预算支出完成 12.50 亿元，增长 62.42%，增支 4.80 亿元。

二、充分发挥财政职能，支持两地经济社会统筹发展

（一）调整和优化支出结构，建立财政对民生工作重点投入、稳定增长机制

按照“保基本、保重点、保民生、压一般”的支出安排，在足额安排基本支出需要的基础上，把更多的财力投向公共服务领域，投向社会事业发展的薄弱环节，投向党委、政府关心，人民群众需要的方面，全力保障了两地确定的重大项目和重大民生政策方面的支出。2010 年，乌昌地区安排涉及民生方面支出 152.86 亿元，占一般预算支出的 62.2%。重点支持了大气污染治理、棚户区改造、廉租房建设等项目，推进新型工业化进程和中小企业发展，支持社会主义新农村建设，促进教育、社会保障和就业、医药卫生体制改革、文化科技体育等事业全面发展，全面落实中央支持新疆发展各项惠民政策。

（二）加大财政投入，全力支持经济发展力度明显加大

一是积极落实中央拉动内需、扩大投资工作部署，保障政府投资项目建设。积极争取和下达国家、自治区各类扩大内需专项基建资金，用于城市基础设施建设、社会主义新农村建设、园区建设等重点工程和“蓝天工程”、棚户区改造、国际会展中心建设等重大项目的建设。地方债券资金全部用于廉租住房建设、教育及卫生系统抗震减灾、农村公路建设等民生项目。二是发挥财政资金引导作用，积极推进新型工业化进程。认真贯彻园区拉动战略，安排企业挖潜改造支出、科技三项费用及各类贴息支出 10.2 亿元，推动企业技术创新、产品创新，培育新的经济增长点；安排旅游发展基金 8 000 万元，支持旅游业发展。通过财政资金的专项扶持和多渠道投入，为进一步壮大税源奠定了稳固的基础。三是积极会同税务部门落实好中央、自治区和两地支持经济发展的各项财税政策，执行好“三废”企业和福利企业退税、出口退税、财政政策性退税等各项退税，增强了企业发展后劲。积极协调有关部门，争取各类资金，促进了地区经济可持续发展。完善中小企业信用担保体系，缓解民营企业贷款难的问题，促进中小企业加快发展。

（三）落实“三农”政策，促进社会主义新农村建设

建立和完善农业投入的增长机制，优化财政支农资金的结构；加快培育优势产业，发展农业龙头企业，开拓农产品市场，促进农业增效、农民增收。2010 年，乌昌地区一般预算支出对“三农”领域的各项投入就高达 21.92 亿元，较上年增长 28.06%。重点支持了水利重点工程项目建设、农业综合开发、农业产业化经营、设施农业等，提高了农业综合效益。二是深化农村税费改革，巩固改革成果。继续实行和落实农业税免征政策，落实对农民粮食生产实行直接补贴政策，增加农民收入。筹措农村转移支付资金 1.54 亿元，确保村级组织正常运转。实施农民最低生活保障制度。筹集资金 1.22 元，完善新型农村合作医疗制度。三是完善县、乡财政管理体制，加大基层保障力度。继续深化乡（镇）机构改革。各县（市、区）进一步推进乡（镇）政府职能转变，切实增强社会管理和公共服务职能，推动乡（镇）体制和机制创新，不断提高经济发展质量和水平，严格控制乡（镇）机构编制和财政供养人数。乡（镇）职能转变和机构改革工作成效明显。深化农村义务教育管理体制改革，进一步完善以县为主的义务教育管理体制，合理配置城乡教育资源，促进城乡教育均衡发展。继续加大对“三农”的投入，促进农村经济和农村基础设施的发展；大力推进涉农民生工程，促进农村社会事业发展。进一步明确县、乡政府支出责任，调整和完善县、乡财政体制。进一步建立、健全基层乡（镇）财力保障机制和村级组织运转经费保障机制，增强乡镇政府提供基本公共服务的能力。四是做好清理化解农村义务教育债务工作。乌昌地区共化解农村义务教育债务 1.93 亿元，占自治区锁定债务额的

100%。其中：乌鲁木齐市锁定债务额736万元，昌吉州（含原米泉市）锁定债务额1.85亿元，已全额偿还兑付完毕。

（四）统筹安排财力，各项社会事业发展取得明显成效

一是加大对教育事业的投入力度。教育支出42.53亿元，增长18.98%，建立义务教育公用经费保障机制；实行对农村义务教育阶段家庭经济困难的学生"两免一补"政策；积极消化义务教育负债；积极筹措资金，支持教育布局调整和危房改造。二是相关文化政策按规定得到基本落实，文化体育与传媒支出3.90亿元，增长36.63%。三是加大社会保障等方面投入，社会保障和就业支出22.78亿元，增长36.19%，支持社会保障制度的建设和促进社会稳定。进一步加强城镇职工基本养老保险、基本医疗和失业保险等社保体系建设。加大了就业再就业资金投入；完善企业养老保险征缴机制，保证了两地退休职工养老金的按时足额发放，进一步提高了抗风险能力；完善了城乡居民最低生活保障制度，实现了动态管理下的应保尽保；2010年，医疗卫生支出12.60亿元，增长6.08%，建立了公共卫生应急准备基金；支持农村卫生院建设，改善了镇（区）卫生院医疗条件；完善了疾病预防控制体系。四是投入计划生育经费1.08亿元，加大了对计划生育工作的投入力度，提高人口素质。

（五）贯彻落实中央新疆工作座谈会精神，全面落实中央、自治区各项惠民政策

一是认真分析测算企业所得税两免三减半等税收政策对财力的影响，积极提交调整财政体制、解决财力困难、促进发展方面的政策意见，加强项目前期经费争取工作。二是落实提高收入水平相关政策。认真做好提高城乡居民最低生活保障水平、发放企业退休（退职）人员生活补贴、改善公安干警待遇、提高农村"四老"人员生活补贴和村干部基本报酬方面的人员摸底和财力测算。三是落实提高机关、事业单位干部、职工工资收入政策，核查和梳理津贴补贴发放政策及存在的问题，安排2010年新增津贴补贴标准和资金，落实津贴补贴发放标准、项目、方式、来源"四统一"政策。

三、扎实推进财政"两基"建设工作

（一）以部门预算改革为核心，加强各项管理基础工作

部门预算编制改革取得初步成效，各部门、各单位普遍树立了部门预算观念，初步规范了预算编制机制，增强了预算的计划性和严肃性，转变预算编制方式，逐步实现了编制综合预算的目标，基本建立了与公共财政相适应的部门预算框架，为加强财政基础管理工作奠定了扎实的基础。一是规范预算编制程序。建立预算编审管理机构和组织，合理确定各职能处室和责任人员在预算执行中应负的责任和应享的权利。对部门预算编制、执行、调整各阶段的时间安排、具体任务做出具体规定。严格执行编审程序，严格审查标准，分解落实预算指标，制定实施预算的各项管理制度和管理办法。制定各种支出控制定额，确定预算执行的考核标准和考核办法，及时、真实、准确反映预算执行情况。二是完善财政基础数据建设。不断充实预算单位财政基础数据库，认真审核人员工资及津贴补贴等标准，以及财政收支、财源财力、财政保障人口等基础信息，初步实现基础信息在各业务平台中的共享。推进行政事业单位资产管理与预算管理相结合试点工作，建立市本级行政事业单位资产信息库，实现本级各行政事业单位资产信息的动态管理，为部门预算审核编制提供扎实的资产配置信息。三是提高部门预算编制的科学化、精细化水平。扩大预算编制内容，实行综合预算编制。坚持统筹预算内、外财力的原则，将预算内、外收入全部纳入部门预算，统筹安排使用；完善基本支出定员定额管理体系，进行分类、分档管理。建立和完善项目支出管理办法，项目支出预算管理采取项目库管理办法，按照项目重要程度，按照轻重缓急排序，使项目经费安排与部门事业发展紧密结合。

（二）强化财政收支管理，提高财政管理和改革绩效

严格落实增收节支各项措施和党政机关厉行节约八项要求，科学安排新增财力，压缩一般性开支。政府非税收入收缴管理改革力度不断加大，逐步实现对非税收入的全面管控。政府采购工作的制度体系不断健全，采购规模持续增长，采、管分离的监管工作机制全面建立，治理商业贿赂工作取得成效。国库制度改革扩面增量工作持续推进，稳步推进资产管理与预算编制有机结合试点工作。监督机制更加健全。开展扩大内需专项资金和地方政府债券资金使用情况监督检查，保证资金按规定用途使用。强化财政资金安全性检查，完善内部制衡和资金监控机制。开展财政投资评审，将综合评价与工程预决算紧密结合。

（三）加大会计基础管理力度

加强对会计工作的管理和指导，提高会计监督水平，规范会计行为，保障会计资料的真实、完整；监督、检查各单位遵守《中华人民共和国会计法》及会计制度的执行情况；组织和管理会计人员的业务培训，做好会计从业资格证书相关工作，做好继续教育培训机构和代理记账机构的联合检查验收工作；加强各类档案管理工作，整理历年“财会人员违反会计法的案件”档案、财务代理记账申报原始档案、继续教育机构验收档案等，更新录入财政基础信息数据库；加大对新会计制度的宣传和贯彻力度，深入开展单位会计基础规范化建设，加强基层财会人员的专业技能及职业水平的培训力度，全面提升会计为经济建设、为财政管理改革服务的水平。

（四）推进财政信息化建设。加快应用支撑平台建设

加快财政应用软件建设，优化信息数据传输，整合业务平台功能，建立起涵盖预算指标、预算执行、决算等核心业务功能的财政业务平台，提高指标管理、工资统发、政府采购、非税收入等系统的兼容性和稳定性，推进财政身份认证和预算单位安全管理系统建设。完成“大平台”推广前期工作，做好两地数据库搭建和评估工作，确保“大平台”建设满足财政各类业务管理需要。

（五）大力推进财政基层建设

一是积极调整财政内部管理方式，合理确定乡镇财政局和财政所职能。将乡镇财政管理相关职能和资金管理、拨付、监督业务统一调整到县（市）的乡镇财政管理局。强化乡镇资金管理，实现乡镇各类财政性资金归口管理、集中向下拨付的目标。二是做好惠农补贴发放工作。全面实行财政涉农补贴资金“一卡通”发放，制定完善各项补贴资金发放流程及账务处理办法。两地各县（市、区）、各乡镇财政所严格执行各项惠农补贴政策，按程序、按标准发放补贴。三是加快两地乡镇财政网络建设。昌吉市、乌鲁木齐县、吉木萨尔县实现网络化管理，启用“乡财县管乡用”管理信息系统。四是加强基础设施建设。多渠道筹措资金，对财政所的基础设施进行维修、建造，改善服务环境。五是积极推进“乡财县管乡用”财政管理体制改革。按照农村综合改革的总体目标，改革乡镇财政管理方式，严格部门预算编制程序，规范资金收支管理，强化政府采购监管，加强票据源头控管，实行集中报账制度，切实巩固和深化农村税费改革成果。

（六）加强内部基层单位建设

一是全面推进深入学习实践科学发展观活动。紧紧围绕“建立体现科学发展的公共财政体系，保障科学发展”这一主题，认真开展学习教育，深入进行调查研究，加强对照检查，认真剖析问题根源，积极探求发展举措，提出可行的整改措施，有力、有序地推进了学习实践活动。二是加强党的建设和思想政治工作，为财政工作提供坚强组织保障。不断加强机关党的思想建设、组织建设、作风建设，认真开展党风廉政建设和反腐败各项工作，较好地发挥了基层党组织的战斗堡垒作用和组织协调作用。三是全面推进机关效能建设。将机关效能建设与促进经济社会发展和财政增收相结合，与推动财政改革和发展相结合，与深入学习实践科学发展观活动成果相结合，充分发挥财政职能，积极推进财政法制建设，加强财政监督检查，提升机关工作质量，提高内部管理水平。四是加强干部队伍建设，圆满完成各项创建工作任务。改进工作作风，提高依法行政水平。健全干部管理机制和考核、选拔、任用机制，加大内部轮岗交流力度，帮助解决干部实际困难，调动工作积极性。精神文明建设、财政文化建设、平安单位创建工作取得明显成效。

四、充分发挥财政职能，落实维护稳定各项措施，维护首府社会大局稳定

（一）加强政法部门经费保障

加大对政法部门的经费保障力度，在核定日常公用支出定额时，充分考虑到政法部门的特殊需要，定额标准均按高于行政Ⅰ类标准执行。严格执行自治区县级政法部门公用经费定额标准，做好政法业务装备规划和年度计划编制工作。认真落实自治区政法经费分类保障办法，做好各级政法机关人员经费、公用经费及业务装备经费的保障工作，用足、用好中央、自治区政法转移支付资金，特别是加大对业务装备经费的补助和保障力度。

（二）积极支持基层政权建设

认真落实《中共乌鲁木齐市委员会关于完善街道社区维护稳定和服务群众工作机制的意见》工作要求，加强社区阵地建设。2010年起，将乌鲁木齐市每个社区的经费标准提高至每年10万元，均由市、区两级财政承担。积极解决阵地面积不足200平方米的社区建设，改革社区经费管理模式，充实街道社区维稳力量。出台《乌鲁木齐市社区阵地建设资金管理办法》，明确资金的筹集与使用、拨付与管理、监督与检查等工作要求，确保社区阵地建设资金规范管理。2010年，乌昌本级先后投入7 645万元用于全市社区经费保障、改善社区办公用房条件、“星光计划”等项目，不断加强基层组织建设工作。

（乌鲁木齐市昌吉州财政局供稿，薄桉执笔）

克拉玛依市

2010年，克拉玛依市完成地区生产总值710.2亿元（现价，下同），按可比价格计算，比上年增长17.4%。其中：第一产业增加值3.5亿元，增长4.6%；第二产业增加值638.7亿元，增长18.4%；第三产业增加值68亿元，增长10%。扣除中央石油、石化企业贡献份额，实现地方生产总值95亿元，增长16.2%。完成固定资产投资173.94亿元，下降4%。实现社会消费品零售总额34.8亿元，增长15.1%。居民消费价格指数上涨4.5%。农牧民年人均纯收入10 296元，增长30.7%。

2010年，克拉玛依全口径财政收入完成

221.4 亿元，增长 35.5%。其中：中央级财政收入 170.9 亿元，增长 34.9%；自治区级财政收入 4.2 亿元，增长 250.0%；地方财政收入 46.4 亿元，增长 30.2%。

全市财政支出总计完成 64.2 亿元，为预算的 104.6%，比上年增支 13.5 亿元，增长 26.6%。其中：地方财政支出 59.2 亿元，上解自治区支出 3.4 亿元，年终滚存结余 1.6 亿元。

一、实施积极的财政政策，促进经济和社会平稳发展

积极促进石油行业加快发展。会同相关部门积极为中央驻克拉玛依市企业健康发展提供财税政策服务，设立石油重大勘探成果和重大投资两项奖励，鼓励中央驻克拉玛依市企业又好又快发展。通过政策研究争取支持，促成财政部和国家税务总局将石油、石化企业办社会支出税前据实扣除政策延长至 2013 年年底，加大了对企业分离办社会职能事业的投入，以及油气储运管输业务由缴纳营业税改为增值税，统一了中石油管输业务内部税制，切实减轻企业负担，助力企业发展。

加大支持经济社会发展力度。针对全市经济社会加快发展、民生建设资金不足，以及国家信贷政策收紧的现状，会同相关部门积极向上争取，进一步拓宽融资渠道，增加多渠道资金投入，有力保障了事关经济社会长远发展、改善民生、维护稳定等民生项目的支出。获得中央预算内基本建设资金、自治区地方政府债券资金 1.6 亿元。会同银监等部门，用活现有信贷相关政策，以城投公司为融资平台，推动由昆仑银行牵头的银团贷款业务，并依托中石油集团公司开展委托贷款，通过各种模式融资 10.9 亿元，切实解决克拉玛依市民生项目建设资金缺口问题。与国家开发银行签署战略合作协议，协议融资 67.2 亿元，为克拉玛依市跨越式发展提供强有力的资金支持。在财力紧张的情况下，向担保中心注资 9 600 万元，支持其不断扩大担保业务，进一步缓解中小企业融资、担保困难，助力地方经济发展。全年完成担保业务 11.3 亿元，较上年增长 8 倍。积极探索中小企业融资新途径，稳步推进中小企业集合票据发行工作，涉及金额 3 亿元。届时，克拉玛依市将成为西北五省区第一个发行中小企业集合票据的地级城市。会同相关部门修订《鼓励投资促进克拉玛依产业结构调整优惠政策》，进一步加大了产业结构调整支持力度。努力协调推进企业上市。安排中小企业发展、产业结构调整、科技、农业产业化、节能减排等各类专项资金 2.2 亿元，同比增长 18.8%，惠及企业 600 户次，支持地方企业产业结构调整升级、发展壮大。

推动城乡协调发展。全年“三农”投入 7 998 万元，进一步支持城乡一体化建设和农业基础设施建设、农业产业化经营，促进农业综合生产能力提高，推动农业和农村经济发展。积极落实粮食直补、农机补贴等强农、惠农政策，增加农民收入，全年发放各类强农、惠农补贴 782 万元。投入 700 万元支持以绿农、三达等公司为代表的农业龙头企业不断发展壮大，积极推进设施农业建设与发展，扶持建设 200 座温室大棚。

二、积极组织财政收入，健全增收长效机制

加大征管力度，确保应收尽收。进一步健全财税库联席会议制度，及时解决收入征管问题，努力形成征管合力。加强税源调查和重点税源监控，及时掌握税收进度和税源变化趋势，强化收入督促检查。及时发现、解决收入组织中存在的问题，确保收入均衡入库。主动与工商、税务、人民银行等部门沟通，完善信息互通平台，准确预测收入波动幅度，通过有效调解，使预算执行均衡有序。通过预算委员会会议、季度经济形势分析会等形式，为市委、市政府决策提供了详实、可靠的依据。

争取政策支持，力争本地利益最大化。财税等相关部门密切协作，认真研究，积极向财政部、国家税务总局、自治区和中石油集团公司汇

报中石油、中石化产品销售体制调整和成品油消费税改革对地方财政收入的影响，得到了上级的认同，取得较好成绩。细致做好资源税开征的前期政策研究工作，为推进资源税改革提供良好的征管环境。积极寻求财政部科研机构的支持，研究消费税政策相关问题，推动相关政策向有利于特殊资源型城市的方向发展。按照党中央和自治区提高新疆干部、职工工资收入待遇相关政策，会同人事部门做好提高机关、事业单位津贴、补贴和艰苦边远地区津贴的相关工作。2010 年，在各部门的共同努力下，累计争取自治区民生项目补助资金 3.4 亿元，比上年增加 1.2 亿元，增长 54.5%。

推进财源建设，为收入增长提供新活力。在市委、市政府的大力支持下，财源建设高位推动工作取得显著成效。支持昆仑银行完成增资扩股，实力进一步增强。促成中油燃料油公司和昆仑燃气公司在克拉玛依市设立分支机构，当年增加地方财政收入近 2 800 万元。

三、科学安排财政支出，切实保障民生建设

认真落实国家、自治区关于厉行节约和加强评比达标活动管理的要求，持续调整、优化支出结构，科学安排财政支出，严格控制一般性资金，集中财力，努力保障民生支出和事关克拉玛依市长远发展的重点项目支出，保持民生支出较高的增长水平。特别是加大了对教育、医疗机构引进特殊人才的投入，落实了机关、事业单位人员的利益，充分体现了市委、市政府关注民生、改善民生的民本政策。

2010 年，全市教育、医疗卫生、文化体育、社会保障和就业、交通运输等十大类民生支出 44.5 亿元，占全市地方财政支出的 75.2%，占比继续提高。交通运输、城乡社区事务、教育、公共安全等民生领域分别增长 118.1%、110.5%、42%、27.4%，保持了较高的增长速度。

加大教育投入力度，推进一流教育建设。全年教育投入 15.2 亿元（含融资 3.4 亿元），较上年增长 42%。通过多种渠道筹措资金，持续实施中小学校抗震加固和节能改造工程，学校硬件环境和设施得到全面提升。投入 2 000 万元继续强化义务教育阶段政府埋单、老百姓得实惠的教育免补民心工程。

加大医疗卫生投入，推进一流医疗建设。全年医疗卫生支出 5.9 亿元，较上年增长 28.3%。加大投入，推进社区卫生服务机构体系和基础设施规范化建设。继续扩大基本公共卫生服务项目投入，继续实施社区卫生基本药品零差价销售。积极支持卫生部门开展各项防控措施建设。投入 1 亿元进行医疗基础设施建设和设备的改善。牵头制定了绩效考评办法，从源头上规范医疗机构绩效工作的标准、范围和额度，全年投入医院绩效奖励 2 000 多万元，有效促进了医疗卫生机构管理水平、服务水平和医技水平的提高。

落实社会保障政策，持续改善民生。全年社会保障支出 3.6 亿元。安排 1 674 万元用于 21 个居家养老服务中心（站）和慈善超市建设，推动居家养老事业和慈善事业发展。足额保证中央驻市企业中小学离退休人员相关费用，安排 1 104 万元用于发放城乡居民最低生活保障金、困难群众一次性生活补贴和市属“五七工”生活补贴，切实保障低收入人群的生活水平逐年提高。投入 4 622 万元保障各项就业政策的补助、培训等，安排 1 000 万元建立了创业性引导资金，进一步促进就业再就业工作。投入 3 500 万元开展了全市人力资源市场配套设施及建设。

支持各项事业发展，提升城市现代化品质。积极落实住房保障政策，安排 3 800 万元开展了 3 511 套经济适用房、80 套廉租住房配套建设，着力解决了低收入家庭、无房户的住房问题。全市投入 1 亿元购置公交车 191 辆及更新 360 辆公交车车载信息系统，方便市民出行。安排 4.4 亿元（含融资 3.5 亿元）支持文化、体育等事业跨越式发展，投入比上年增长 1.3 倍。积极做好有关平抑物价的政策制定和相关补贴工作，累计

安排屠宰、活畜冻肉储备、鲜奶供应、蔬菜供应补贴846.5万元，切实保障了人民群众的生活质量。

持续加大安全投入，不断打造安全城市。全年公共安全支出4.4亿元，比上年增长27.4%。安排基础建设和信息化支出4 930万元，进一步提高公安工作的科技手段。不断完善应急救援体系，投入应急平台建设1 333万元，消防建设1 170万元，进一步提高保障公共安全和处置突发公共事件的能力。

四、强化财政管理和监督，努力提高科学理财水平

深化财政改革。进一步完善财政预算定额体系，探索开展财政项目库建设，基础数据库实现动态更新。在全疆率先启用了新版部门预算软件，实现基础资料库、预算编制库、项目管理库三库合一，全面掌握预算单位人员、工资及津贴补贴、资产等信息，为财政管理决策提供基本依据。通过努力，解决了会计集中核算向国库集中支付并轨的难点问题。市本级112家机关、事业单位国库改革全面推进，并积极开展区级试点。国库集中支付制度在财政、财务管理中的核心基础地位已经确立。全年国库集中支付规模达18.6亿元，较上年增长36%。政府采购机制不断完善，采购规模进一步扩大，全年通过公开招标等方式完成采购金额4.2亿元，在预算基础上节约财政资金3 500万元。

加强预算管理。加强预算编制与预算执行等环节的结合，合理确定部门维持正常运行、完成日常工作任务的基本需求。以公安局、检察院、法院、司法局四家单位的办案经费作为试点，试行项目定额管理，为今后全面推开项目支出标准体系积累了经验。初步探索建立了财政项目库。开展资金安全和预算执行检查，对金额100万元以上和执行率低的项目进行动态监控，保证预算执行高效和资金安全。

严格财政监督。积极探索“大监督”体系建设。初步开展了财政监督介入预算编制、预算执行，使事前审核、事中监控、事后评审相结合，监督管理涵盖资金运行全过程。严肃财经纪律，健全“小金库”治理长效机制。进一步加强对重大财政投资项目结果审核力度，严格审减不合理开支，核减率均在10%以上，提高了财政资金使用效益。根据中央和自治区的有关要求，开展强农、惠农资金专项清理和检查，重点检查工作面达到75%以上，建立、健全了强农、惠农资金使用管理的长效机制。加大政府预算公开程度，建立城市重大建设项目概算向社会公示制度，自觉接受人民代表大会、审计和社会各界监督。

探索绩效评价。对19个事关民生和社会关注度高、资金额度较大的项目开展了评价试点。开展支持经济发展专项资金评价，并将纳入绩效评价范围的企业从2009年的26户增加到2010年的40户。制定了农口专项资金的绩效考评体系，对6个部门的十类资金进行追踪问效。通过绩效评价，有效提高资金管理效能。

五、推进组织机构建设，促进财政管理智力支持和组织保障建设

加强机构建设。为保障财政的履职需要，在克拉玛依市委、市政府的大力支持下，设立了正处级的市金融办并暂交市财政局归口管理，增设部门预算审核中心，分设教科文科和行政政法科等科室，担保中心划归财政管理。在区级设立会计人员管理中心、财政审核投资中心等副科级单位。通过每月一考、中层干部授课、干部竞聘等形式，进一步加强干部队伍建设，有力地促进了财政管理智力支持和组织保障建设。

开展调查研究，发挥参谋助手作用。通过联合相关部门，深入企业、基层实地调研等形式，组织开展多个财政课题研究，增强了工作的预见性和主动性，在及时为党委、政府决策提供前瞻性建议的同时，提高了财政队伍工作水平。其中的《中国石油集团重组改制与管理模式改变对克拉玛依财政收入的影响研究》和《国际油价波动与克拉玛依市财税收入的关系研究》课题研究获克拉玛依市科技进步二等奖。

加大财会队伍建设，提高整体工作水平。克拉玛依市会计人员继续教育市场被自治区列为全疆网上继续教育推行试点地区，为今后实现会计人员继续教育形式的多样化打下了基础。在做好会计人员常规继续教育的基础上，和疆内外知名院校合作，组织了一系列形式多样、不同层次的专题培训，全年有6 000余人次参加了各种形式的业务培训。同时，重视对高端会计人才的培养，克拉玛依市已有11人入选自治区会计领军人才，在全疆名列前茅。市本级财政系统中的73%中层以上干部具备了中高级专业技术资格。

加强廉政建设，促进队伍作风转变。强化党风廉政建设，加强对党员干部特别是领导干部的理想信念、廉洁从政等传统教育，以完善财政惩防体系建设为载体，以强化监督检查为抓手，以制度建设和提高制度执行力为关键，进一步规范权力运行，堵塞以权谋私的漏洞。严格落实政务公开制度，着力打造“阳光”财政。

（克拉玛依市财政局供稿）

石 河 子 市

2010年，石河子市全年完成生产总值138亿元，同比增长16.6%。其中：第一产业增加值10.5亿元，增长15%；第二产业增加值71亿元，增长18.5%；第三产业增加值56.5亿元，增长13%。全社会固定资产投资109.1亿元，增长50.5%。全口径财政收入28.2亿元，增长42.4%；全口径税收收入22.1亿元，增长29.6%；一般预算收入13.7亿元，增长34.2%。城镇居民年人均可支配收入15 043元，增长13.1%；城郊团场农牧工家庭年人均纯收入10 211元，增长14.5%；石河子乡农民年人均纯收入8 519元，增长17.1%。

一、石河子市财政收支情况

（一）财政收支情况

2010年市一般预算收入13.76亿元，比上年增加3.5亿元，增长34.17%，完成预算的112.21%。主要项目：税收收入12.26亿元，增加3.02亿元，增长32.7%，完成预算的112.46%；非税收入1.49亿元，增加4 816万元，增长47.58%，完成预算的110.24%。在一般预算收入中主要税收收入情况：营业税2.25亿元，增长26.76%，完成预算的99.95%；增值税2.25亿元，增长14.45%，完成预算的100.76%；企业所得税1.05亿元，增长69.22%，完成预算的149.61%；个人所得税6 901万元，增长33.15%，完成预算的113.5%；城市维护建设税1.1亿元，增长46.43%，完成预算的120.38%；房产税7 217万元，增长57.82%，完成预算的138.79%；土地使用税3 042万元，增长23.01%，完成预算的117%；土地增值税5 079万元，增长

105.46%，完成预算的181.39%；契税6 208万元，增长40.83%，完成预算的124.16%。政府性基金收入4.67亿元，增加2.95亿元，增长171.66%，完成预算的436.77%。地方财政收入18.43亿元（一般预算收入加政府性基金收入，下同），增加6.45亿元，增长53.91%，完成预算的140.34%。上划中央税收收入9.76亿元，增加1.93亿元，增长24.72%。全口径财政收入28.18亿元，增加8.39亿元，增长42.38%。

一般预算支出17.24亿元，增加3.23亿元，增长23.07%，完成预算的117.11%。主要项目：教育支出2.67亿元，增长68.51%；医疗卫生支出9 727万元，增长20.59%；社会保障和就业支出9 373万元，增长59.43%；环境保护支出2 183万元，增长89.83%；保障性住房支出455万元，增长100%；科学技术支出1 670万元，增长16.13%；公共安全支出2.45亿元，增长51.38%；一般公共服务支出1.63亿元，增长12.92%；其他支出5.29亿元，增长22.99%（主要是开发区、北泉镇税收返还）。政府性基金支出3.86亿元，增加2.32亿元，增长150.17%，完成预算374.77%。地方财政支出21.1亿元（一般预算支出加政府性基金支出，下同），增加5.55亿元，增长35.68%，完成预算的133.96%。

（二）财政收支平衡情况

一般预算收入总计19.19亿元。其中：一般预算收入13.76亿元，上级补助收入4.81亿元，中央财政代理发行地方政府债券收入484万元，上年结余5 808万元。一般预算支出合计18亿元。其中：一般预算支出17.24亿元，上解上级支出7 571万元。收支相抵，年终结余1.19亿元，其中：结转下年支出5 746万元，净结余6 180万元。

政府性基金收入总计5.66亿元。其中：政府性基金收入4.67亿元，上年结余收入9 214万元，上级补助收入698万元。政府性基金支出3.86亿元，收支相抵，年终结余1.8亿元。

二、加强协作，依法聚财，完善征收机制，财政收入创新高

2010年，面对增值税转型改革深入、非税收入政策变化减收的形势，财政部门加强与征管部门工作协调配合，强化责任，建立和完善税收、非税收入征收管理奖励机制，将收入预算分解落实到征管部门和具体税收项目。通过采取有效征管措施，确保了财政收入持续快速增长，为师（市）党委重大决策和经济社会发展提供了财力保障。财政收入增量、增幅再创历史新高，提前1个月完成年初市人大审议通过的财政收入任务。税收收入对财政收入增长的拉动作用明显，占一般预算收入的比重为89.14%。

三、关注民生、促进和谐，推进社会事业全面发展

一年来，根据国家、自治区各种刚性支出政策的要求，石河子市积极落实，通过优化支出结构，做好资金保障，把支出的重点放到“着力改善民生”上，让发展成果更多地惠及人民群众。全市财政支出近六成用于民生，总额达到10亿元，比上年增加1.76亿元，涉及民生领域的教育、环境保护、科学技术、医疗卫生、社会保障和就业等支出增幅分别达到68.51%、89.83%、16.13%、20.59%、59.43%。

（一）落实强农、惠农政策，巩固惠农补贴政策

全年用于强农、惠农支出（含中央、自治区补助及市本级配套）5 082万元。其中家电、汽车、摩托车下乡补贴210万元，补贴率达100%。粮食直补、种植小麦农民农资综合补贴3 117万元，促进农业稳定增长，切实增加了农民收入；少数民族发展和扶贫项目贷款财政贴息61万元，组织开展了农业种植、畜牧养殖培训，提高农民在种植和养殖业方面的技能；涉农贷款奖励资金1 196万元，推动农村各项社会事业加快发展；农业开发和土地治理项目资金166万元，有力地支持、推动了农业基础建设和产业化进程；农业保险保费补贴资金332万元，调动了农民群众发展农业生产的积极性，有力促进了农民增收。

（二）社会保障体系不断完善，就业再就业成效显著

全年社会保障和就业支出9 373万元，比上年增长59.43%，较好地保证了城乡低保、企业改革、就业再就业、救灾抚恤等方面需要。企业退休职工养老金人均月增加210元；为企业退休人员发放冬季采暖费每人每年1 440元；2.1万名城镇未参保集体企业退休人员纳入基本养老保险统筹；发放医疗救助金988万元；为3 045名原“五·七”人员、城市“三无”和农村“五保”人员发放生活补助330万元；安排居家养老专项资金48万元，购买服务的站点48个；为1 061位老年人发放高龄补助80万元；安排老年人享受免费乘车补助250万元；提高城乡居民最低生活保障标准，惠及城乡居民4 284人；安排再就业专项资金2 839万元，实现就业再就业1.6万人次；增加公益性岗位，使得城镇登记失业率保持在1.7%以下，确保零就业家庭按期实现至少有一人就业；为340人办理创业小额担保贷款1 300万元。

（三）推进医药卫生体制改革，支持医疗卫生和计划生育服务体系建设

全年医疗卫生支出达到9 727万元，比上年增长20.59%。包括：提高综合医院财政保障水平，对几大医院缺编人员，按在职人员平均工资70%增加财政拨款507万元；安排资金1 050万元，支持人民医院、妇幼保健院的住院楼、门诊楼建设；建立了基本药物零差率财政补助和基本医疗保险基金共同补偿机制，享有基本医疗保障的人数达29.33万人；将城镇居民医疗保险政府补助标准提高到每人每年120元；安排公共卫生专项资金310万元，加大对艾滋病、结核病、流感、麻疹、脊髓灰质炎等传染病和地方病的防治力度；安排资金199万元，支持免费计划生育技术服务、家庭奖励扶助、优生促进工程、流动人口管理等各项人口计划生育利益导向政策体系建设和计划生育服务体系建设。

（四）保证教育事业优先发展，积极推进义务教育经费保障机制

全年教育投入2.67亿元，比2009年增加1.09亿元，增长68.5%。包括：安排资金157万元，为中小学生提供免杂费、农村家庭贫困寄宿生补助了生活费、农村义务教育阶段学校公用经费等；安排1 169万元支持市中小学校舍安全工程建设，改善了学校的办学条件；安排47万元促进“保安进校园”全面启动；安排100万元继续推进“名师工程”；安排4 513万元，建成石河子第九中学，完成4所公办幼儿园活动场所和配套设施改造。

（五）加大对文化事业的支持力度，支持公共文化事业发展

安排资金135万元，通过政府购买服务的方式解决社区文化活动中心及体育馆运行费，推进和谐社区文化、体育事业建设；安排资金20万元，支持图书馆购置图书；安排资金1 603万元，支持“一大四小”及体育馆室外配套建设；安排资金488万元，支持社区文化生活、文物保护、文化以奖代补、广播电视、农村电影放映工程等，繁荣群众的文化生活；安排资金52万元，支持备战自治区全运会和少数民族运动会，并对获奖运动员、教练员给予表彰奖励。

四、发挥财政职能作用，支持重点项目建设

2010年，安排各类基本建设资金1.2亿元，优先保障校园安全、城市报警监控等工程建设。同时争取政府债券收入484万元，用于教育文化等扩大内需配套项目。争取自治区重大产业发展专项资金3 959万元，用于出疆棉纱运输费用补贴，增强企业活力。争取中西部等地区国家级经济技术开发区基础设施项目贷款财政贴息1 058万元，确保重大基础设施建设项目资金需要。筹

措信贷资金5.2亿元，支持火车站改扩建主体工程、南北大通道一号立交桥建设等重大基础设施项目建设。拨付支持企业技术创新和产业发展资金3 312万元，有力支持了中小企业发展。返还棉纺企业税收2 290万元，缓解了企业发展中资金困难，促进企业扩大投资、加快技术改造。争取中央为纺织企业出疆棉纱运费补贴资金774万元，解决了纺织企业棉纱运销内地成本较高的问题。投入科技“三项”费1 162元，支持重大科技项目研发、成果转化和创新体系建设。投入环境保护专项资金1 778万元，加大节能减排项目实施力度，支持企业节能减排。安排旅游发展专项资金100万元，用于旅游业宣传促销等，支持现代服务业发展和扩大对外开放。发挥政策引导作用，支持信用担保机构和金融机构发展，为中小企业融资创造有利条件。

五、深化财政管理改革，推进财政科学化、精细化管理

坚持深化财政管理改革，推进财政科学化、精细化管理。对照自治区财政厅综合考评的要求，整体推进预算管理、支出管理和资金管理改革，严把财政资金安全运行的关口。

预算编制水平逐步提高。根据自治区的统一部署安排，在全疆开展部门预算系统软件升级工作。积极向财政厅申报试点。升级后的部门预算软件提高了预算编制的科学性、规范性和准确性，使得部门预算更加细化，预算管理更加规范化和科学化，资金使用的有效性和合理性将进一步得到加强。

预算执行管理不断强化。启用国库集中支付系统软件，支付效率明显提高。同时，健全内部控制制度，规范支付流程，细化指标项目，确保了财政资金核算完整、准确。保证财政资金支付及时、准确、安全、高效。2010年实现国库集中支付资金12.78亿元，比上年同期增支5.22亿元，增长69.05%。

政府采购规模和范围不断扩大。2010年，下达政府采购计划358次，完成政府采购1.44亿元，资金节约率为8.5%，节支效果明显。

财政投资评审工作显成效。前移财政评审关口，不断拓展财政投资评审的领域，理顺和规范投资评审程序，强化财政性投资项目的全过程评审，在节约财政资金和提高财政投资效益等方面发挥了重要的作用。2010年共完成概算、预算、结算项目评审270个，送审投资额8.3亿元，审减不合理资金总额7 147万元，平均审减率8%。

全面推进“金财工程”建设。部门预算编审、预算指标管理、国库集中支付、工资统发、非税收缴、会计核算、资产管理、涉农资金“一卡通”等新建和原有的各种业务系统的应用，有力地支持了财政的各项改革，促进了财政科学化、精细化的管理。同时加强“金财工程”基础性和技术服务性工作，保障了“金财工程”应用系统的正常运行。

财政“两基”建设初见成效。高度重视财政“两基”建设工作，切实把财政“两基”建设工作作为一件大事抓紧、抓好。加强制度建设，建立、健全内部管理机制，提出工作目标，明确工作职责，把“两基”建设的重点主攻方向定位在“硬件提档升级，软件标准规范”上。

会计工作取得新成就。进一步加大对会计从业人员的培训，会计队伍的整体素质得到提高。全面开展对会计人员的继续教育，组织高级财务管理者到疆内外培训，开展网络化远程培训考试，积极推动会计从业资格证无纸化考试。

财政监督管理更加规范。扎实开展社会团体、国有及国有控股企业“小金库”专项治理工作。2010年，有99个社会团体和23个国有及国有控股企业开展了自查自纠工作，重点开展了对19个单位的检查。同时对2009年度零申报、零问题的单位实施了专项检查，发现瞒报“小金库”单位4个，涉及违纪金额215.86万元。依法执行经人民代表大会审议通过的预、决算，自觉接受人民代表大会、审计部门的监督。

六、干部综合素质不断提升，财政队伍建设成效显著

以深入开展师市党委提出的“解放思想、抢抓机遇、跨越发展、再创辉煌”大学习、大讨论活动为契机，结合财务工作实际，周密组织，突出重点，深入研讨，扎实推进，注重实效。把深化学习、解放思想、理清思路、解决突出问题、创新体制机制贯穿始终，进一步统一了干部、职工的思想认识，促进了广大党员干部思维方式、工作方式、领导方式的转变，提高了党员干部特别是领导干部的科学发展能力，形成了人人思发展、议发展、谋发展的浓厚氛围，从而进一步增强了贯彻落实政策制度的自觉性。全年选送36名业务优秀人员参加上级业务培训；组织财政业务知识、“五五”普法、保密、档案法等各类考试培训30余次，党员干部注重理论联系实际，撰写学习心得、调研论文300余篇。

（石河子市财政局供稿，张翔宸执笔）

塔 城 地 区

2010年，塔城地区完成地区生产总值341.9亿元，同比增长12.9%。其中，第一产业126.38亿元、第二产业118.3亿元、第三产业97.48亿元，同比分别增长11.5%、17.9%、9.4%。完成全社会固定资产投资额151亿元，同比增长31.5%。完成外贸进出口贸易总额4.76万美元，同比下降48.26%。实现社会消费品零售额40.61亿元，同比增长14.1%。城镇居民年人均可支配收入12 486元，同比增收808元。农牧民年人均纯收入8 862元，同比增收840元。

一、2010年财政预算执行情况

（一）预算收入执行情况

2010年，塔城地区完成全口径财政收入43.13亿元，同比增收13.89亿元，增长47%。完成地方财政收入23.93亿元，完成预算的130%，同比增收6.94亿元，增长41%。其中：一般预算收入完成18.34亿元，完成预算的120%，同比增收4.65亿元，增长34%；政府性基金收入完成5.59亿元，完成预算的184%，同比增收2.29亿元，增长70%。

（二）预算支出完成情况

2010年，塔城地区完成地方财政支出74.76亿元，完成支出预算的95%，同比增支21.83亿元，增长41%。其中：一般预算支出完成68.52亿元，完成支出预算的96%，同比增支19.57亿元，增长40%；基金支出完成6.24亿元，完成支出预算的88%，同比增支2.26亿元，增长57%。

（三）上划中央各税完成情况

2010年，塔城地区上划中央各税共计17.1亿元，完成计划的115%，同比增长48%。其中：增值税完成12.65亿元，完成计划的109%，同比多上划4.03亿元，增长47%；消费税完成4 557万元，完成计划的101%，同比

多上划 1 173 万元，增长 35%；企业所得税完成 1.68 亿元，完成计划的 139%，同比多上划 5 936 万元，增长 55%；个人所得税完成 1.32 亿元，完成计划的 124%，同比多上划 3 701 万元，增长 39%；车辆购置税完成 8 794 万元，完成计划的 183%，同比多上划 3 871 万元，增长 79%。

（四）预算平衡情况

2010 年，塔城地区收入总计为 71.91 亿元，支出合计为 68.64 亿元。收支相抵，当年滚存结余为 3.26 亿元，扣除结转下年支出 2.76 亿元，当年净结余为 5 055 万元。

二、加大组织收入工作力度

认真落实“一岗双责”责任制，加强收入目标考核。切实履行组织收入牵头单位职责，建立完善财税库行联席会议制度，强化联动协调工作机制，形成了多措并举抓收入的工作合力。认真落实石油、天然气资源税改革试点工作，新增地方资源税 4 550 万元。完善非税收入单位开票、银行代收、财政统管的征缴办法，建立代理银行、执收单位与财政部门的信息共享机制。

三、支出结构不断优化

（一）新型工业化进程加快

坚持资金投入与政策引导、财源建设与企业发展相结合，落实优势资源转换战略，大力推进新型工业化进程，全年争取各类支持企业发展专项资金 8 095 万元，促进了经济增长、新增就业和节能减排。加快中小企业融资担保平台建设，做大做强担保业务，地、县（市）担保公司发放各类担保贷款 5 628.2 万元，有效缓解中小企业融资难问题，为财政收入稳步增长涵养了财源。

（二）重点项目建设步伐加快

贯彻落实中央扩内需、促增长政策，加快资金拨付，确保重点项目尽快实施，尽早发挥资金使用效益。全年拨付地方政府债券资金 2.22 亿元，中央预算内资金 5.67 亿元，自治区预算内资金 2.21 亿元。地、县（市）财政积极筹措资金 4.1 亿元，确保了地区重大项目顺利实施，有力地拉动了地区经济增长。

（三）农村改革发展稳步推进

健全财政支农资金投入稳定增长机制，加大对高效节水、大中型灌区节水改造等项目的扶持力度，强化农业综合开发项目和资金管理，支持开展“畜牧业基础设施建设年”活动，加快富民兴牧、动物疫病防控体系建设。2010 年，共投入“三农”资金 37.5 亿元，重点支持了农村危房改造、牧民定居、基层政权建设、农村公路、农村义务教育等项目，推动了新农村建设。进一步完善各类涉农补贴资金兑付工作，加强惠农补贴“一卡通”发放管理和监督检查，提高补贴资金兑付率，全地区共兑付惠农补贴资金 6.63 亿元，促进了农牧民增产增收。继续推进政策性农业保险，逐步扩大农业保险覆盖面，地、县（市）财政补贴保费 676 万元，农业保险参保面积达到 221 万亩。

（四）民生保障措施有力

认真贯彻中央、自治区各项民生政策。加大资金投入，促进大中专毕业生自主创业、自谋职业。进一步落实城乡居民最低生活保障制度，提高保障水平。将边境县（市）全部纳入新型农村社会养老保险试点范围。落实城乡居民公共卫生服务补助政策，提高新型农牧区合作医疗和城镇居民基本医疗保险补助水平。完善城乡九年制义务教育经费保障资金管理办法，不断巩固和扩大“两基”成果，支持加快发展学前教育、中等职业教育、特殊教育和“双语”教育，努力推动城乡教育的均衡发展。健全人口和计划生育事业投入保障机制，确保国家奖励政策顺利实施。加大廉租住房保障资金投入，认真做好住房保障补助资金申报工作。全面落实提高机关、事业单位干部、职工收入政策，同步提高了义务教育学校、公共卫生与基层医疗事业单位绩效工资水平。全地区用于民生保障方面的支出 50.3 亿元，占当年财政一般预算支出的73%，有力地支持了民生事业的发展。

（五）援疆援助试点工作扎实推进

按照“对口支援、民生优先”的原则，积极参与辽宁省援助项目规划和援助资金监管，保证对口援助资金安全规范运行。全年拨付对口援助试点资金1.86亿元，援助试点项目建设进展顺利，四个县（市）灾后重建工作全面完成，受灾群众全部入住重建安居房，群众生产生活和谐稳定。

四、“两基”工作扎实推进

（一）业务流程进一步优化

按照“规范管理、简化流程、方便服务”的要求，进一步梳理财政业务流程，通过召开两基现场经验交流会、赴县（市）督导、建立“两基”工作考核奖惩制度等方式，总结“两基”建设经验，完善基础管理制度，全力推进财政管理改革。

（二）预算编制进一步细化

完善部门预算管理，健全部门预算绩效评价体系，健全涵盖机构、编制、人员、资产、经费等内容的财政基础信息数据库。将预算执行纳入“一岗双责”考核体系，强化地区本级预算单位和县乡财政预算执行情况的督促检查。加强支出标准体系建设，合理确定部门单位维持正常运转的基本需求。逐步完善财政资金绩效评价机制，制定下发了《塔城地区专项资金绩效评价管理办法》，积极开展保障性住房、扶贫、涉农等资金绩效评价工作。

（三）国库管理改革深入推进

按照“横向到边、纵向到底”的改革要求，扎实推进国库集中支付改革，实现了地、县、乡三级联网，并向国有农牧企业和村级延伸。资金支付范围扩大到预算外资金、统发工资和农业综合开发、义务教育、基本建设等其他财政专户。进一步完善国库单一账户体系，全地区已撤销479个预算单位实体性账户，清理、撤并财政专户101个，归并到国库管理的财政专户111个。积极开展公务卡改革试点，现代财政国库管理制度初步形成。

（四）行政事业单位资产管理不断规范

积极探索跨领域、跨部门的资源整合方式，充分利用存量资产，逐步建立行政事业资产共享新机制。全面启用了行政事业单位资产管理系统，实现了资产管理信息化和资源分配科学化。

（五）政府采购机制高效透明

建立采购办、采购中心、财监局和采购单位“四位一体”的采购业务流程，将采购范围从办公设备向工程建设领域延伸。建立供应商和专家评委信息资源共享体系，实现了区域一体、资源共享。2010年地区政府采购金额6.5亿元，节约资金562.5万元，节约率8%。

（六）乡镇财政管理不断完善

全地区66个乡镇的784个行政村全部实施了乡财县管乡用、村财乡管村用改革，实现国库集中支付系统与乡财县管乡用系统有机结合，将农村公益事业一事一议财政奖补资金、部分村级集体资金纳入了直接支付范围，资金监管更加规范。乡镇财政保障能力明显提升，所有乡镇人均公用经费标准全部达到或超过5 000元。全面推行了“一卡通”漏斗式发放财政涉农补贴资金，实现了所有乡镇涉农补贴资金、基础资料在地区本级进行网上监控、网上查询。推行乡镇财政干部到地区财政跟班学习机制，乡镇财政干部整体素质得到提高。

（七）财政监督职能有效发挥

牢固树立“大监督”工作理念，完善以预算下达、科室审批、国库支付、部门执行、政府采购、绩效评价相互配合、共同监督的工作机制。按照“扩内需、促增长、调结构、重民生”的要求，把涉及群众切身利益和社会关注的项目全部纳入了重点检查范围。认真开展社会团体和国有及国有控股企业“小金库”专项治理工作，共发现“小金库”3个，并对存在的问题及时进行了整改。

（八）信息化服务水平不断提升

健全基础数据库应用体系，实现了财政供养人员信息、非税收入信息、国库预算执行、国有资产管理以及政府采购管理数据共享，提高了工作效率。完善地、县、乡三级应用系统建设，实现了地区财政系统数据本地备份。

（九）投资评审工作扎实开展

对重大项目立项、图纸审查、工程预算、工程进度监理、工程决算审核实施全过程监督，严把业务受理、审核批复、集中会审等各个关口，充分发挥了项目资金效益。全年共审核工程预、决算 201 项，审定金额 1.4 亿元，审减资金 4 188 万元，审减率为 22.7%。

（塔城地区财政局供稿，闫刚执笔）

阿 勒 泰 地 区

2010 年，阿勒泰地区完成生产总值 134.86 亿元，同比增长 10.10%（按 2005 年可比价）。其中：第一产业完成 29.58 亿元，增长 3.9%；第二产业完成 58.58 亿元，增长 12.00%；第三产业完成 47.70 亿元，增长 11.80%。三次产业占地区生产总值的比重分别为 21.93%、43.44%和 34.63%。第一产业所占比重比 2009 年下降 1.69 个百分点，第二产业所占比重比 2009 年提高 2.94 个百分点，第三产业所占比重比 2009 年下降 1.26 个百分点。人均国内生产总值达到 2.24 万元，按可比价计算同比增长 7.90%。全年完成固定资产投资 105 亿元，同比增长 40%。农牧民年人均纯收入 5 318 元，同比增长 7.67%。完成外贸进出口总值 6.86 亿美元，比上年增长 45.51%。实现社会消费品零售总额 32.40 亿元，同比增长 14.30%。居民消费价格比上年上涨 4.58%，商品零售价格上涨 6.14%。

全地区财政收支稳定增长，完成全口径财政收入 27.28 亿元，同比增长 34.15%，其中地方财政收入完成 17.03 亿元，同比增长 32.6%。一般预算收入完成 15.29 亿元，同比增长 29.64%。上划中央“四税”（增值税、消费税、企业所得税、个人所得税）10.3 亿元，同比增长 35.5%。全年完成财政支出 70 亿元，同比增长 29%，增加 15.7 亿元。

一、组织收入措施进一步健全

2010 年，阿勒泰地区各级财政部门层层落实目标责任制，及时测算并分解下达财政收入任务，继续推行财、税、库、行联席会议制度，定期召开财政经济运行分析会议，深入分析财政增收的重点和难点，把税收征管落实到月和旬。全力支持收入征管部门加强税收征管，完善收入执行动态监控与预警机制，跟踪不稳定税源，查缴漏税、欠税，建立收入进度日常跟踪分析机制。完善非税收入月报分析制度，加大土地出让金、国有资源和资产有偿使用收入、排污费等非税收入的收缴管理。财政收入质量明显提升，可用财力达到 33.9 亿元，人均可用财力提高到 7 万元。

地方财政收入占 GDP 的比重达到 12.7%。全地区地方财政收入达到 2 亿元以上的县（市）有 3 个，分别是富蕴县 6.5 亿元、哈巴河县 3 亿元、阿勒泰市 2 亿元；布尔津县和地区本级超过 1 亿元。

二、支持经济发展更重实效

积极运用财政体制、政策和资金等手段，筹集 13 亿元资金用于新区、工业园区建设，支持地区实施大企业、大集团战略。投入地勘资金 6.07 亿元，实施勘查项目 995 个，取得显著成果。加大重点景区基础设施建设投入力度，全年投入资金 7.7 亿元，完善了景区的经营设施和服务设施。投入资金 5.6 亿元，加快推进控制性水利工程建设。认真落实促进企业自主创新能力的财税激励约束政策，争取中小企业发展等各类资金 3 705 万元。落实项目前期费 1.42 亿元，丰富和完善了经济建设、农业、基础设施等项目库建设。全年落实到位各项基本建设资金 18.2 亿元。

三、民生型财政建设步伐加快

全地区用于民生支出达 42.8 亿元，同比增长 30.3%。建立、健全涉农资金整合长效工作机制，大力支持“三农”发展，全年投入新农村建设资金 23 亿元，同比增长 16.7%，创历史新高。筹集资金 5.53 亿元，支持建设饲草料地 11.6 万亩，完成牧民标准化定居 3 320 户。筹集资金 3.04 亿元，完成农村安居房建设 8 063 户。认真落实各项惠农政策，累计发放各类涉农补贴 2 亿余元。扎实做好政策性农业保险工作，积极向上级反映受灾情况并争取支持。加大教育投入和保障力度，累计投入资金 11.7 亿元，同比增长 36.83%，增加 3.2 亿元，大力支持学前“双语”教育、职业教育发展，教育基础设施建设进一步加强。全面落实新型农牧区合作医疗政策，提高新型农牧区合作医疗筹资标准和报销比例，支持医疗卫生体制改革工作，全年医疗卫生支出 3.9 亿元，同比增长 8.7%、增加 0.3 亿元，医疗条件和医疗环境得到改善，城乡医疗卫生建设进一步完善，农牧民看病难、看病贵问题得到缓解。投入社会保障资金 7.6 亿元，同比增长 13.9%，增加 0.9 亿元，积极落实社会保障政策，推行新型农村养老保险试点工作，促进大中专毕业生自主创业、自谋职业，着力解决农村劳动力转移和困难群体就业问题。

四、科学化、精细化管理水平明显提高

建立事前、事中、事后全过程监督机制，加大对专项资金使用情况监督检查力度，对 38 个行政企事业单位 2009 年度会计信息质量进行检查。加大财政性投资基本建设项目评审工作力度，重点做好项目预算评审，全年评审项目资金额 10.8 亿元，审减资金 1.28 亿元。对地区本级财政拨款 100 万元以上（含 100 万元）的项目实施绩效评价，并将绩效考评结果与预算安排有机结合，提高财政资金的使用效益。研究制定了《关于建立地直行政事业单位债权债务管理长效机制的实施意见》，从锁定债权债务、消化历史债务、控制新增债务等七个方面建立债权债务管理长效机制。加强行政事业单位国有资产管理，细化行政事业单位办公设备配置标准，与新疆产权交易所签订合作协议书，设立新疆产权交易所阿勒泰办事处，严格管理产权交易和股权转让工作。

五、财政管理改革全面深化

部门预算更加精细化，定员、定额标准更加切合实际，社会保险基金收支预算编制工作取得实效，财政预算体系得到逐步完善。资产预算与部门预算相结合的管理体系建设全面推进。地、县（市）国库集中支付系统建设全面完成，全地区通过国库集中支付的资金占财政总支出的比重达到 95.12%，国库集中支付逐步向乡镇延伸。政府采购规模和范围不断扩大，财政性投资工程类项目、医疗器械、救灾物资等公益性采购

项目全部被纳入政府采购，全年共执行政府采购预算6.2亿元，实际采购5.78亿元，同比增长43.87%，节约资金5 461.21万元，节约率为8.64%。“乡财县管乡用”改革全面深化，农村综合改革各项工作稳步推进。财政信息化建设进一步加强，网络安全及管理系统建设稳步推进，信息技术支撑平台作用得到全面发挥。

六、财政“两基”建设稳步推进

按照财政科学化、精细化管理的要求，全面加强财政部门基础管理和基层建设工作。印发了《阿勒泰地区乡镇财政所工作规范》、《阿勒泰地区乡镇财政干部2010—2012年实施培训的具体意见》和《关于进一步改进和加强乡镇财政管理的指导意见》，研究制定地区“两基”建设工作规划和考核验收办法，有效推进了财政“两基”建设。

七、机关建设进一步加强

始终坚持两手抓、两手都要硬，把推进工作与开展“创先争优”活动和“热爱伟大祖国，建设美好家园”主题实践活动紧密结合起来，认真抓好领导班子建设、干部队伍建设和党风廉政建设，深入开展机关效能建设、文明创建、财政调研等活动，加强财政自身建设，机关风貌和干部素质显著提高。

（阿勒泰地区财政局供稿，闫晓飞执笔）

博尔塔拉蒙古自治州

2010年，博尔塔拉蒙古自治州（以下简称“博州”）实现生产总值126亿元，同比增长11.9%。地方生产总值99亿元，增长11.5%。其中，第一产业31亿元，增长11.7%；第二产业19亿元，增长29%；第三产业49亿元，增长5%。全州人均生产总值2.66万元，增长11.1%。地方全社会固定资产投资完成52.3亿元，增长46.2%。农民人均纯收入7 130元，增加1 167元。地方社会消费品零售总额18.3亿元，增长13.1%。居民消费价格指数上涨5.7%。地方工业增加值达10.9亿元，增长39.7%。阿拉山口口岸全年过货2 524万吨，增长8.6%。进出口贸易总额118.7亿美元，增长39.8%。上缴进口环节增值税及关税103.7亿元，增长49.8%。全口径财政收入完成11.03亿元，增长30.9%。其中：上划中央税收收入完成2.95亿元，增长21.3%；地方财政收入完成8.08亿元，增长34.8%。一般预算收入完成6.3亿元，增长29.8%。基金预算收入完成1.77亿元，增长56.5%。地方财政支出完成33.52亿元，增长27%，其中：一般预算支出完成31.44亿元，增长26.2%；基金预算支出完成2.09亿元，增长40%。

一、增收入，压一般，确保财政收支稳步增长

一是完善收入组织工作机制。认真分析经济、政策、征管等因素对收入的影响，调动一切积极因素，促进财政收入平稳较快增长。二是强化收入征管。坚持依法征税，严格非税收入收缴管理，加大对土地出让金、国有资源和资产有偿使用收入等重点非税收入的征管力度。三是争取上级补助。积极向上反映所面临的困难，通过努力，2010 年共争取到各类补助资金 25.54 亿元，同比增长 24.4%。四是大力压缩一般性支出。2010 年，自治州各级党政机关公款出国（境）经费支出、车辆购置及运行费用支出在近 3 年平均数的基础上分别降低 18.2%、5.8%，公务接待费用支出比上年降低 6.6%，电、油、水累计支出比上年降低 5.7%。

二、重民利，保民生，确保全民共享发展改革成果

一是认真落实强农、惠农政策。2010 年，“三农”投入达 11.5 亿元，增长 11.7%。加大对农村道路、抗震安居、农牧业发展项目的投入，改善农村基础设施条件。落实各项强农、惠农政策，共向农牧民兑付粮食直补、农业保险、农机具购置、退耕还林还草、家电汽车下乡等各项补贴 2.2 亿元。大力推进支农资金整合工作，提高了支农资金的使用效益。二是大力支持社会保障和就业。2010 年，社会保障支出 2.18 亿元，增长 33.1%。提高了城镇居民医疗保险、新型农牧区合作医疗补助、新型农村社会养老保险缴费补贴标准，提高城乡居民最低生活补助和城镇企业职工基本养老保险社会统筹人员抚恤标准，对参加城镇企业职工基本养老保险社会统筹的离（退）休人员发放冬季取暖费补贴，对 1995 年底前退休的企业人员发放了生活补贴，提高了农村“四老”人员生活补贴。全年筹措并拨付就业再就业补助资金 8 202 万元，有效支持了创业就业工作。三是加大教育投入力度。2010 年，博州教育支出 5.95 亿元，占地方生产总值的 6%，超过国家法定教育支出比重 2 个百分点。认真落实义务教育保障政策，积极筹措资金为 12 904 名城市中小学生免除了学杂费，为 43 891 名学生提供了免费教科书，为 7 840 名贫困寄宿学生补助了生活费，对 19 所农村中小学校舍进行维修改造，提高了农村中小学的公用经费保障水平。四是加大保障性住房建设投入力度。2010 年，保障性安居工程建设投入 1.96 亿元，增长 1.4 倍。将保障性住房建设资金纳入年度预算，新建廉租房 1 646 套，公共租赁住房 275 套，完成棚户区改造 489 户。五是提高行政事业单位职工津贴补贴。按照自治区关于津贴补贴发放标准、项目、方式、来源“四统一”的要求，积极筹措资金，继续提高机关、事业单位干部、职工津贴补贴发放水平，自治州本级和博乐市实现了同城同职级同标准、两县实现了同职级同标准。

三、抓调控，促发展，财政保障能力不断增强

一是加大政府投资力度。统筹各类基本建设资金 2.12 亿元，支持交通运输、公共安全、广播电视、城乡基础设施等项目建设，确保中央扩大内需投资项目和自治州确定的重大基础设施建设项目资金需求。积极争取地方政府债券 2.06 亿元，用于机场、水利等重大基础设施项目以及学校、医院和保障性住房等民生项目建设。继续实施阿拉山口口岸城市基础设施和环境保护建设，进一步改善口岸设施条件。二是支持重大项目前期工作。安排 1 000 万元项目前期工作经费，支持做深、做细、做实项目前期工作。安排 461 万元支持口岸综合保税区项目前期建设。三是扶持企业加快发展。认真执行自治州金融机构支持企业发展评价办法，充分调动金融机构支持企业发展的积极性。继续向自治州中小企业担保公司注资 1 000 万元，各级担保公司为企业担保贷款 3 343 万元，缓解了中小企业贷款难的矛盾。积极争取上级各类企业发展专项资金 8 181 万元，进一步促进了工业增产、外贸发展和财政增收。

四、促改革，强监督，努力完善公共财政体制

一是预算编制水平逐步提高。建立收入分析预测工作机制，收入预算编制的科学性和准确性进一步提升。积极开展绩效评价工作，将州本级50万元以上的项目纳入绩效考评。继续推进“收支两条线”管理，将行政性收费收入、专项收入、罚没收入、政府性基金等各项非税收入全部纳入部门预算管理。二是预算执行管理不断强化。加强预算执行分析和动态监控，完善预算支出执行通报机制。深入推进国库集中支付改革，实现了财政资金支付、清算、会计核算和信息反馈等各项业务科学管理和安全、高效运行。“金财工程”一体化系统正式上线运行，财政信息化管理水平大幅提升。三是基层财政建设成效显著。深化“乡财县管乡用”管理方式改革，规范乡镇财政收支行为。明确和细化乡镇财政职能，加强乡镇财政队伍建设，建立完善工作制度，改善办公条件。农村综合改革工作不断深化，两县一市全部被纳入自治区一事一议财政奖补试点。四是财政监督管理更加规范。加强政府债务管理。制定印发了《自治州政府债务管理办法》，规范各级政府及相关部门举借和偿还政府债务行为。设立了还贷准备金专户，有效增强防御财政风险能力。全面开展对社会团体和国有及国有控股企业“小金库”治理工作，建立了防治“小金库”长效机制。组织开展强农、惠农资金专项清理工作，促进强农、惠农政策的有效落实。继续加大了财政信息公开力度。

五、筑堡垒，重实效，党建工作得到加强

一是加强政治理论学习。坚持“三会一课”制度，把周三和周五下午的学习制度化。广泛开展了“一周一人一专题”读书推讲活动，提升财政局干部、职工的综合素质。二是扎实开展主题教育活动。把主题教育活动作为加强党建的有力抓手，结合财政工作实际，深入开展讲党性、重品行、做表率、创先争优等活动，通过集中学习、座谈讨论、制作板报等形式，不断丰富主题教育活动内容。三是联系共建活动取得实效。投入49万元资金帮助共建村解决生产、生活中的困难，投入6万余元积极支持和配合社区开展各项工作。四是组织建设进一步加强。积极开展非公有制经济和新社会组织百日集中组建活动，博州3个会计师事务所党员全部明确了组织关系。完成了党总支公推直选换届选举工作。认真做好党员发展工作。通过努力，2010年州财政局党组织被自治州党委命名为城乡党的基层组织联系共建工作先进单位，党总支在州直机关党建工作年度考核中获得第二名。

六、抓源头，筑防线，党风廉政建设不断强化

一是狠抓源头治腐工作。不断完善惩治和预防腐败体系为重点的反腐倡廉建设，各项源头治腐工作全面推进。二是完善财政管理制度。制定了《关于进一步加强博州财政局预算执行基础工作的暂行规定》、《博州本级财政专户资金会计核算暂行办法》等一系列规章制度。认真落实AB岗零缺位制、服务承诺制等，提高行政效能。认真开展规范权力运行工作，制定了工作运行规程和廉政风险防范措施。三是认真开展规范权力运行工作。对财政权力事项、制度依据、权力运行状况进行了全面梳理，重点对思想道德、岗位职责、业务流程、制度机制和外部环境等5个方面可能发生腐败行为的风险点进行排查，努力形成规范权力运行的长效监督制约机制，实现从源头上预防和减少履职及监管风险。

七、转作风，提效能，干部队伍综合素质进一步提高

一是狠抓精神文明建设。巩固自治区级文明单位成果，进一步加强精神文明软、硬件设施的建设。认真开展第28个民族团结教育月活动，使民族团结教育更加深入人心。抓好社会治安综

合治理，保证干部、职工有一个安定的工作和生活秩序。二是大力加强财政干部队伍综合能力建设。坚持理论培训与实践锻炼相结合，“请进来”与“走出去”相结合等方式，多渠道、多层次加强干部教育培训。2010 年在湖北省举办了两期财政系统基层干部培训班。州财政局参加各类培训人员 73 人次，有效提升了财政干部综合素养。严格按照组织程序选拔任用干部，2010 年共提拔了 6 名干部，对 3 名干部进行了轮岗。

八、强基础，抓管理，机关政务、事务管理工作有序开展

一是加强政务督查工作。不断强化决策督查工作，确保了自治州党委、人民政府及局党组重大决策、重要部署及重点工作的顺利完成。二是加大对外宣传力度。2010 年共编发财政信息及投稿 280 篇，财政厅、州党委、州政府以及各级宣传部门采用稿件 160 条。三是机关、事务管理工作得到加强。规范了机关财务、资产管理和车辆管理，加强了办公和家属区水电暖管理、卫生绿化等方面的工作。同时，在文书档案、老干、工青妇等方面也做了大量的工作，取得了明显的成效。

（博尔塔拉蒙古自治州财政局供稿，伏江龙、陈俊执笔）

吐鲁番地区

2010 年，吐鲁番地区实现生产总值 185.3 亿元（初步预测），比上年增长 5.77%，其中地方属生产总值 125.19 亿元，比上年增长 7.55%。分产业看：第一产业增加值 24.31 亿元，增长 6.3%；第二产业增加值 119.49 亿元，增长 4.98%；第三产业增加值 41.46 亿元，增长 7.76%。农牧民人均收入 5 529 元，增加 454 元，实际比上年增长 4.2%（扣除价格上涨因素）。全社会固定资产投资额 97.1 亿元，比上年增长 11.8%；居民消费价格比上年上涨 4.6%；商品零售价格上涨 5.5%；全地区外贸进出口总额 930.8 万美元，较上年下降 13.2%。

一、财政收支预算执行情况

2010 年，吐鲁番地区全口径财政收入（地方财政收入加上划中央及自治区税收收入）完成 91.6 亿元，同比增长 27.28%，增收 6.77 亿元。

2010 年，吐鲁番地区地方财政收入（财政一般预算收入加基金预算收入）完成 17.05 亿元，同比增长 24.54%，增收 3.36 亿元。全地区财政一般预算收入 14.6 亿元，超额完成自治区下达增长 12% 的收入任务，较上年同比增长 19.24%，增收 2.36 亿元。其中：增值税 2.92 亿元，较上年同期增长 19.27%；营业税 3.81 亿元，较上年同期增长 13.38%；企业所得税 5 113 万元，较上年同期增长 69.23%；个人所得税 8 365 万元，较上年同期增长 27%。基金收入 2.46 亿元，较上年同期增长 69.20%。上划中央两税收入 10.26 亿元，较上年同期增长

18%。其中：增值税 8.86 亿元，较上年同期增长 18.56%；消费税 1.40 亿元，较上年同期增长 17.37%。全地区财政一般预算支出累计完成 33.21 亿元，较上年同期增长 28.45%。

二、依法聚财增收入

一是逐步完善收入稳定增长的管理机制。健全、完善收入组织工作机制。为提高收入组织工作针对性，充分调动各级财税部门的积极性，明确目标，分解任务，细化措施，狠抓财政收入目标责任制落实工作，主动采取有效对策，调动一切积极因素、凝聚各方力量抓收入组织工作，查找收入征管薄弱环节和新的增长点，堵塞税收征管漏洞，做到应收尽收。二是建立了财税库联席机制。为提高财税宏观预测能力，完善财税库收支月通报制度，每月或每季度召开财税收支运行分析会，强化税收分析和预测工作，分析、查找收入征管薄弱环节和新的增长点，向地委、行署提出了对策和建议，得到了地委、行署主要领导的支持，牢牢把握了工作主动权。三是完善了重点税源综合监控机制。按照地委、行署的要求，健全、完善了全地区前 50 名纳税大户企业基础资料数据库，选取有代表性的 25 户骨干企业（吸纳当地就业大户），对其产供销、实现利税及相关经济指标进行动态跟踪和服务。四是建立了财政收入督察工作机制。加强对县（市）年初预算的审查工作，加强收入预算执行监控，制定《财政收入进度月报制度》，要求各县（市）财政部门狠抓财政收入进度，按月上报“财政收入进度表”，确保财政收入按进度入库。五是加强财税政策研究，争取上级转移支付补助。加大预算收支执行中存在的矛盾和问题调研，有针对性地向地委、行署主要领导提出对策和建议，增强工作主动权。经过深层次剖析和梳理，查清了长期制约和影响吐鲁番地区财政运行困难的主、客观原因，如财政转移支付补助长期偏低、基数小、高温费补助、津补贴补助等，并多次向自治区党委、政府和财政厅反映，得到了自治区政策和资金上的倾斜支持。2010 年，自治区下拨吐鲁番地区专项和补助资金 18.49 亿元，同比增长 36%，增加 4.85 亿元，缓解了地区财政支出压力。

三、合理用财保民生

一是加大对县（市）财政支出的动态监管机制，确保工资、津补贴等个人“刚性”支出需求，制发了县（市）确保行政事业单位工资、津补贴按时足额发放的通知。二是完善支出动态反映机制，制发了财政专项资金直接支付管理办法（试行），封闭运行民生专项资金。三是强化各项节支措施和目标任务，较好地保证了各方面支出需要，保障工资、津补贴等个人“刚性”支出需求。2010 年，全地区津补贴支出达 3.67 亿元，工资和住房公积金支出达 5.50 亿元；拨付农村义务教育公用经费、社保基金、救灾资金、就业资金、农村新型合作医疗资金、城乡最低生活保障补助金等民生支出 3.86 亿元。自治区下拨吐鲁番地区家电下乡中央补贴资金 1 460 万元，全地区共兑付家电下乡补贴资金 1 319 万元，销售家电下乡商品 29 336 台（个）。确保了 2010 年农业高效节水项目的顺利实施，全地区共拨付自治区专项资金 6 421 万元，共争取自治区各项支农资金 2.14 亿元。全地区争取到农业综合开发中低产田改造项目 4 个、产业化经营项目 3 个，以及贷款贴息项目 1 个，部门项目 1 个。

四、深化改革促发展

一是剖析根源，科学决策，调整地区财政管理体制。受吐哈油田原油资源衰竭匮乏、价格以及原油产销量逐年递减趋势等因素的影响，石油税收降幅加剧，财政收入增速缓慢，县（市）财政困难造成体制上的矛盾凸显，地区本级财政支出压力增大。围绕地委、行署关于“谋划和推进财政工作要有新思路、改革创新要有新突破，加快推进跨越式发展要敢于改革创新”的要求，地区财政局对历年来积累的财政体制深层次矛盾进行剖析，在实地调研摸底、测算核查和走访征求意见的基础上，按照地委、行署的要求，对现行财政体制进行调整，实行地区与县（市）分税制。2010 年，地区本级税收收入完成 1.74 亿元。二是各项财政改革稳步推进。深入推进部门预算改革，完善了基本支出和项目支出管理办法，合理确定定员定额标准；国库集中支付改革面进一步扩大，国库集中支付改革范围得到扩大。2010 年地区本级 117 个单位中实行国库集中支付改革的达 107 户，占 92%；政府采购规模和范围进一步扩大，政府采购已将货物、服务类采购纳入政府采购范围，并将建设工程设备逐步纳入到政府采购范围内，为扩大政府采购规模打下基础。稳步推行财政试点改革工作，共有 26 个乡镇开展“乡财县管乡用”改革，“一事一议”试点工作顺利通过财政厅检查验收。

五、规范国有资产管理

严格执行资产配置管理办法和配置标准，规范资产处置。对吐鲁番地区行政事业单位的国有资产建立资产信息统计体系，开展产权登记工作，全地区共办理行政事业单位国有资产产权年检 603 户，全地区产权年检单位比上年增加 14 户，地区本级国有资产总额为 8.07 亿元，较上年增加 1.49 亿元。

六、加强会计基础管理

认真组织会计从业资格和专业技术资格考试，做好考前的培训，加强监考。同时，做好 2010 年农村财会人员财政支农政策培训，开展民语师资培训班，为今后的培训工作打下坚实的基础。

七、加强财政监督检查

一是开展了权力“搜索”。对各项权力进行梳理登记，排查制度漏洞，进行风险评估，建章立制，有效堵塞腐败发生的根源。二是积极推进政务公开。认真贯彻《政府信息公开条例》，完善政务公开的领导办事机构和相关制度，进一步明确政务公开事项和公开渠道，统筹规划，分步骤、分层次、分内容，积极稳妥地公开财政预算。加强政务公开的信息平台建设，自觉接受地区人民代表大会、审计部门的监督，进一步推进财政权力公开、透明运行。三是开展了“小金库”专项治理工作，对国有及国有控股企业和社会团体开展了“小金库”治理。四是稳步推进财政监督机制建设，重点关注涉及民生工程、基础设施及生态环境等专项资金的管理使用情况，开展了对地方政府债券资金、农村义务教育资金、强农、惠农资金等专项检查清理。

（吐鲁番地区财政局供稿，张杰执笔）

哈 密 地 区

2010 年，哈密地区实现地区生产总值 167.38 亿元，比上年增长 20.6%。其中：第一产业增加值 24.03 亿元，增长 9.8%；第二产业增加值 75.00 亿元，增长 30.0%；第三产业增加值 68.35 亿元，增长 14.3%。第一、第二、第三产业增加值分别占地区生产总值的比重为 14.4%、44.8%、40.8%。固定资产投资完成 218.6 亿元，比上年增长 50.6%。农牧民人均纯收入达到 5 934 元，比上年增长 15.8%。

2010 年，哈密地区全口径财政收入累计完成 27.83 亿元，同比增长 40.26%。地方财政收入完成 16.17 亿元，同比增长 38.33%，增收 4.48 亿元，在地方财政收入中，一般预算收入完成 15.04 亿元，同比增长 44.01%，增收 4.6 亿元。全地区财政支出累计完成 40.15 亿元，为调整预算的 98.6%，同比增长 30.9%，增支 9.49 亿元。哈密地区财政收入的快速增长和支出力度的不断加大，为推动发展、改善民生、维护稳定做出了重要贡献。

一、注重增强财力，落实增收措施

2010 年，哈密地区各级财政部门始终坚持把促发展、抓收入作为财政工作的首要任务，积极采取有效措施，把组织收入作为财政工作的第一要务，坚持“保总量”与“优结构”两手抓，克服在收入组织中诸多不利因素，认真分析、预测收入形势，加强征管部门协调，查找薄弱环节，明确主攻措施，加大征收力度，挖掘增收潜力，促进了财政收入高幅增长。

二、注重保障民生，优化支出结构

2010 年，哈密地区财政工作紧紧围绕“保增长、促改革、惠民生、压一般”的总体思路，严把预算编制关，在保工资、保运转的基础上，重点实现三个倾斜，即重点向公共领域倾斜、向社会主义新农村建设倾斜、向民生倾斜，财政支出运行稳健，坚决保障以改善民生为重点的支出需要。

三、注重内部管理，提升财政效能

以强化管理、提升效能为抓手，出办法，强措施，坚持一抓到底，内部管理更加规范、有序。一是履职实行问责制。制定了《哈密地区财政履职问责管理办法》，为切实转变作风、提高效能提供了制度保障。二是开展“一杯水、一把椅子”服务活动，优化财政服务软环境，促进干部履职尽责、转变作风和提高效能。三是落实措施，保障权力在“阳光”下运行。以单位财务支出 5 人小组把关审批为切入点，确立了财务开支及其审批的新制度，改变了由行政一把手审批的旧模式，保障了权力在“阳光”下运行。

四、注重工作基础，推进“两基”建设

按照自治区的总体安排部署，全力推进财政管理基础工作和乡镇财政基层建设工作。结合地

区财政工作实际，制定出台了《关于进一步加强财政“两基”建设，推进“两化”进程的实施方案》和《财政基础数据规范性归集与应用工作规程》。从完善各项管理制度、明确岗位职责、规范业务操作规程入手，对各科室的工作职责、岗位职责、内部管理制度、业务工作流程进行规范和细化。

五、注重改革创新，提升“两化”水平

2010年，继续深化财政管理各项改革，扎实提升财政科学化、精细化管理水平。一是部门预算改革，从提高编制质量、规范编制程序、细化编制内容、完善定额标准等方面进行了完善和深化。二是国库集中收付制度改革，实行了网络化国库支付管理。通过运用现代化技术的支付方式，减少资金拨付环节，防止截留、挤占和挪用资金，确保财政资金高效、安全运行。三是推行了政府采购项目必须先编制政府采购预算并与预算指标挂钩的制度，约束采购行为，提高政府采购的透明度。四是非税收入改革，提升了软件系统建设和应用水平。对非税收入软件系统进行升级，提高收缴效率，防止政府性资金流失，做到应收尽收。五是注重资金效益，强化监督管理。出台了《哈密地区农村小城镇建设专项资金管理暂行办法》等制度办法，拟定了《关于加强地方政府性债务管理的若干意见》等管理意见，提高了财政监督管理的制度化水平。

六、注重队伍质量，加强廉政建设

以党建为核心，把财政工作与党风廉政建设工作同部署、同落实，确保党风廉政建设和反腐败工作深入开展。一是研究制定了《哈密地区财政局廉政风险防范管理工作实施方案》，深化从源头上预防腐败工作，推进廉政风险防范管理。二是紧密结合财政工作实际，对党风廉政建设进一步细化、量化，党组书记、局长负总责，分管领导具体抓，班子成员共同抓，形成了齐抓共管、相互制衡的党建管理体制。三是继续开展党员个人承诺活动，向社会公开承诺服务项目和服务标准，接受监督。

（哈密地区财政局供稿，王新平执笔）

巴音郭楞蒙古自治州

2010年，巴音郭楞蒙古自治州（以下简称“巴州”）实现生产总值638亿元，比上年增长7.2%。其中：第一产业实现增加值108亿元，增长7.6%；第二产业实现增加值416亿元，增长6.9%；第三产业实现增加值114亿元，增长8%。居民消费价格指数104.5，同比上涨4.5%；商品零售价格指数104.5，同比上涨4.5%。2010年全州实现工业增加值366亿元，比上年增长7.5%。其中：石油工业完成增加值290亿元，比上年增长1.8%；非石油工业实现增加值76亿元，比上年增长27%。2010年全社会固定资产投资总额360.42亿元，比上年增长17.3%。其中：城镇固定资产投资311.36亿元，比上年增长16.4%；农村固定资产投资16.18

亿元，比上年增长0.2%。全州农牧民人均纯收入8 890元，比上年增加1 768元。城镇居民人均可支配收入13 809元，比上年增长10.5%；在岗职工年平均货币工资31 437元，比上年增加3 707元，增长13.4%。全州实现进出口总值9 224.5万美元，同比下降11.1%。

一、财政收支完成情况

（一）收入完成情况

地方财政收入（含一般预算和基金）完成43.57亿元，比上年增加9.88亿元，增长29.3%，完成预算的114.1%。其中：州本级（含库尔勒经济技术开发区，下同）完成4.3亿元，各县（市）完成39.27亿元。

财政一般预算收入完成35.18亿元，比上年增加8.58亿元，增长32.3%，完成预算的115.8%。其中：州本级完成3.16亿元，各县（市）完成32.02亿元。

政府性基金收入完成8.39亿元，比上年增加1.3亿元，增长18.4%。

上划中央“四税”完成50.5亿元，比上年增收19.55亿元，增长63.1%。其中：增值税完成17.06亿元，比上年增收4.47亿元，增长35.5%；企业所得税完成29.17亿元，比上年增收14.05亿元，增长92.9%；个人所得税完成3.12亿元，比上年增收9 688万元，增长45%；消费税完成1.15亿元，比上年增收559万元，增长5.1%。

（二）支出完成情况

地方财政支出完成96.78亿元，增加22.55亿元，增长30.4%，完成预算的99.3%。

财政一般预算支出完成88.01亿元，增加21.43亿元，增长32.2%，完成预算的99.4%。其中：州本级完成15.23亿元，各县（市）完成72.77亿元。

政府性基金支出完成8.78亿元，增加1.12亿元，增长14.6%。

二、积极组织收入，做到应收尽收

完善收入组织工作机制，加强财税部门协调配合，认真分析经济、政策、征管等因素对收入的影响，调动一切积极因素，促进财政收入平稳、较快增长。一是强化税收征管。坚持依法征税，严厉打击偷逃骗漏税行为，严格减免税收政策管理，防止越权减免税。继续清理税收优惠政策，防止税收流失。支持税务征管部门采取措施完善税收征管机制，改进税收征管手段。二是严格非税收入收缴管理。科学编制非税收入预算，加大非税收入收缴督促检查，完善非税收入征缴激励办法，调动部门单位的征缴积极性。加大对土地出让金、国有资源和资产有偿使用收入等重点非税收入的征管力度，挖掘非税收入增收潜力。三是加强财税政策研究。完成对国投新疆罗布泊钾盐有限责任公司、塔里木大化肥、塔里木油田原油天然气增值税两个附加、且末县原油天然气税收、非原油天然气资源税改革等涉税事项的调研分析，积极提出建议，促进财政增收。

三、坚持为民理财，保障和改善民生

2010年，全州财政用于民生方面的支出达到68.7亿元，占地方财政一般预算支出的78.1%。“三农”、医疗卫生、社会保障等民生支出分别增长60.2%、44.3%、37.9%。

加大财政支农投入。落实各项强农、惠农政策，支持农村基础设施建设和社会事业发展。共争取自治区支农项目资金3.4亿元，推动农村产业结构调整，促进农业产业化、产品市场化、农业产业设施投入，以及农牧业基本生产条件的改善。加强农业综合开发工作，完成2010年农业综合开发项目申报和计划编制工作。2010年共争取各类农业综合开发项目34个，其中土地治理项目11个（中低产田改造8万亩，高标准农田建设1万亩），产业化经营财政补助项目5个，产业化经营贷款贴息项目9个，农业综合开发部门项目9个。项目总投资1.47亿元，项目规模和资金总量位居全疆各地（州）之首。完善学生饮用奶工程，共拨付补贴资金 34.6 万元。做好粮食直补、家电下乡等各类涉农补贴资金兑付工作，全年兑付粮食收购直补资金 1 707.32 万元、粮食种植直补资金 592.2 万元。拨付 2010 年度种植小麦农民农资综合直补资金 5 265 万元。

支持教科文事业发展。落实农村义务教育经费保障新机制，共拨付 2010 年农村中小学公用经费补助资金 3 778 万元，免除城市义务教育阶段学生学杂费资金 754 万元，拨付农村中小学校舍维修改造专项资金 1 950 万元。实施中等职业学校农村家庭经济困难学生和涉农专业学生免学费政策，拨付中等职业学校农村家庭困难学生和涉农专业学生免学费补助资金 329.27 万元。加大科技投入，保证财政对科技投入的增长高于财政经常性收入的增长。加大对公益性文化事业和文化产业的支持力度，优先保障农村群众享受基本文化的权利。支持抓好农家书屋工程、文化信息资源共享、农村电影放映工程等公益性文化设施建设，推进“村村通工程”、“走出去工程”、“西新工程”及少数民族广播、电影、电视的译制工作，扩大广播、电视有效覆盖面。支持实施“东风工程”，满足广大农牧民文化需要。支持人口与计划生育工作，继续开展农村计划生育奖励和免费技术服务工作，实施农村独生子女死亡伤残家庭扶助工作。

促进社会保障体系建设。落实自治区就业再就业资金管理办法、社会保险补贴办法、职业培训补贴办法、职业介绍补贴办法、公益性岗位补贴等各项补贴办法，切实促进就业困难人员实现就业。累计拨付就业补助资金 9 570.12 万元，享受就业补贴人员 55 801 人。做好新农保试点工作，进一步完善养老保障体系。新农保参保人数 43 820 人，参保率为 94%，为 6 162 人发放基础养老金 533.86 万元。做好城镇居民医疗保险的扩面工作，实现城镇居民医疗保险全覆盖。完善新农合基金运行机制，加强基金监管，保证基金安全，2010 年共筹集新型农牧区合作医疗资金 4 725.08 万元。为全州 3.2 万名企业离退休人员拨付冬季取暖费补贴经费 2 988.66 万元。做好城乡社会救助和优抚安置工作，确保困难群众基本生活。加强彩票公益金管理，建立彩票公益金项目库。稳步推进廉租住房保障工作，2010 年，全州新建廉租住房 5 558 套，完成棚户区改造 10 675 户、91 万平方米，解决 5 000 户低保和低收入居民的住房困难问题。

四、发挥财政职能，支持经济发展

充分发挥财政职能作用，落实扩内需、调结构政策措施，推动自治州经济又好又快发展。

支持新型工业化建设。坚持扶优扶强，重点做好石油石化、矿产、特色农产品加工、棉花系列加工、绿色能源等五大优势产业重点企业项目资金和中小企业担保业务补助资金的争取工作。共申请各类企业项目专项资金 1 938.4 万元。

支持企业发展和对外开放。做好县域金融机构涉农贷款增量奖励资金的申请工作，审核上报 25 家金融机构 2009 年度县域金融机构涉农贷款增量奖励资金申请资料，拨付奖励资金 2 866.22 万元。继续执行阶段性降低社会保险费率政策，减轻企业负担。支持政府信用担保体系建设，全年新增担保额 2.58 亿元，为 27 户企业办理 27 笔担保业务，未发生一笔代偿。拨付产品出口资金及加工贸易进出口奖励资金 49 万元，外贸企业出口奖励资金 26.9 万元，国际市场开拓资金 18.41 万元。

加强对各类项目资金的管理。发挥财政部门资金管理职能，对工程项目批准文件和工程进度进行严格审核并实地察看工程进展，规范和加强对基建项目资金的审核和拨付工作。做好基建项目的追踪问效工作，提高财政资金的使用效益。全年共完成 38 个项目的评审，送审投资额 4 327.29 万元，审定投资额 3 257.79 万元，审减投资额 1 069.5 万元，审减率 24.72%。加强对扩大内需中央新增投资项目资金和自治区地方政府发行债券融资安排的项目资金的监管，保证各项目建设顺利进行和资金安全规范使用。

五、加强“两基”建设，提高管理水平

落实《自治区关于推进财政科学化、精细化管理的实施意见》，加强财政基础管理和基层建设（以下简称“两基”）工作，大力推进财政科学化、精细化管理。

加强基层财政建设。推进乡镇机构改革、农村义务教育管理体制改革，探索清理化解乡村债务的有效途径和办法，组织开展村级公益事业建设一事一议财政奖补试点，深化国有农牧场内部管理体制改革。推进“乡财县管乡用”乡镇财政管理方式改革，扩大改革的覆盖范围，继续开展“五项清理”（清理财政供养人员、清理行政事业性收费票据、清理银行账户、清理政府债权债务、清理财产物资）工作。积极探索“村账乡代管”改革试点工作。开展“村级资金、村级账务委托乡镇代管”试点。落实村级公益事业建设一事一议财政奖补试点，完成第一批一事一议项目申报实施工作，保证项目的顺利进行。开展涉农补贴资金整合，推行各项财政涉农补贴资金“一个漏斗向下”的发放方式，转变财政涉农补贴资金多头管理、多渠道发放的局面。

加强内部基础建设。一是加强行政事业资产管理。推进行政事业单位资产统一管理，进一步规范行政事业资产处置。完善《巴音郭楞蒙古自治州州本级行政事业单位国有资产管理暂行实施办法》和《巴音郭楞蒙古自治州州直行政事业单位国有资产处置管理实施细则》。切实做好州本级行政事业单位资产处置审批工作，确保资产安全，防止资产流失。二是加大政府外债管理力度。做好日协贷款巴州节水灌溉项目关账前的有关工作，加快亚行贷款建设林业生态项目的启动工作，继续做好利用国际金融组织和外国政府贷款工作。加强政府外债动态表监测工作，有效化解债务风险。三是做好政策性农业保险工作。完成2010年度政策性农业保险保费补贴资金的申报工作，加强农业保险保费补贴资金监管。2010年，全州种植业农业保险完成保费签单124.9亿元，参保农户6.6万户，投保面积315万亩。四是做好会计从业人员继续教育培训和会计从业资格考试报名及考务工作，严格审批、核准会计代理记账机构，发挥珠算协会功能，普及珠心算技能教育。做好预算单位基本信息资料库、企业财务信息快报、财政决算、报表、信息统计以及对账、台账、会计核算等基础工作，为科学决策提供及时、准确的财政财务信息。

加大财政监督力度。开展财政监督调研，建立“小金库”防治长效机制。一是对库尔勒市、焉耆县、和静县、尉犁县、轮台县的财政监督、专项资金监管及会计信息质量检查、“小金库”重点检查等工作进行专项检查和督导；在部分财政基础工作较弱的县（市）进行业务指导。二是建立自治州治理“小金库”长效机制工作档案。三是对州本级168个预算单位的银行账户进行了审核批复工作。四是加大行政事业单位的资产管理、非税收入的监管工作。在单位资产清查的基础上，对州直各行政事业单位的不动产资产实行集中管理，对经营性资产实行统一经营管理，对流动性资产实行动态监管。对州直行政事业单位商业门面实行统一经营，所有出租行为均采用市场化方式运作。五是做好“小金库”治理自查自纠阶段“零申报”和重点检查阶段“零问题”“回头看”检查工作。同时，积极安排部署对全州社会团体和国有及国有控股企业“小金库”治理工作。

六、加强效能建设，转变工作作风

加大党风廉政建设和政风行风建设工作力度，大力推进和谐机关建设，切实转变和改进机关作风建设。一是召开全州财政系统反腐倡廉建设工作视频会议，对抓好财政系统党风廉政建设、机关作风建设、制度建设和政务公开等问题进行全面安排部署。二是召开政风行风监督评议员座谈会，针对评议意见，制定整改措施，明确

整改部门、牵头领导和责任人。三是抓好效能考核工作，制定机关效能考核暂行办法，对各科室（中心）、所属单位及工作人员进行季度考核，加强对理论学习、业务工作、纪律规范和工作制度落实的督促检查，促进机关各项工作制度化、规范化、经常化。四是做好局机关风险点防范管理试点工作。制定《巴州财政局风险点防范管理实施方案》，保证财政干部平安、正确、高效履职，保证财政资金的安全有效使用。五是认真开展“讲党性、重品行、作表率”活动、创先争优活动和“热爱伟大祖国，建设美好家园”活动，增强党员干部服务基层的能力和水平。

（巴音郭楞蒙古自治州财政局供稿，李涛执笔）

阿克苏地区

2010 年，阿克苏实现地区生产总值达到 606.3 亿元（含一师和石油开采作业区），同比增长 9.2%。实现地方生产总值 282.1 亿元，增长 13.1%。其中：第一产业增加值 82.5 亿元，增长 8.6%；第二产业增加值 90.5 亿元，增长 17.8%；第三产业增加值 109.2 亿元，增长 14%。地方生产总值三次产业结构比为 29.2：32.1：38.7。完成固定资产投资 170.3 亿元，增长 27.8%。农牧民人均纯收入 5 931 元，增加 1 098 元；城镇居民人均可支配收入 13 676.25 元，增长 12.6%。城镇登记失业率 3.25%。万元 GDP 能耗降低 1.83%。

2010 年，阿克苏地区全口径财政收入完成 127 亿元，同比增长 51%。地方财政收入完成 52.21 亿元，同比增长 50.96%。其中：一般预算收入完成 42.73 亿元，同比增长 44.33%；基金预算收入完成 9.48 亿元，同比增长 90.36%。全年完成地方财政支出 123.61 亿元，同比增长 34.11%。其中：一般预算支出完成 113.15 亿元，同比增长 31.27%；基金预算支出完成 10.45 亿元。

一、建立科学征管机制，完善收入组织措施

根据经济发展新形势，企业、商户经营新特点，制定和采取了一系列新措施、新办法。完善财税库联席会议制度，互通信息，强化协调。加强与石油税务局的沟通联系，发现问题及时解决。抓好高速公路、铁路、机场等拉动内需项目重大工程的建筑营业税和附加税的征收。制定税收执法质量考核方案，与工商部门建立数据信息交换制度，推行“先完税后审验”的管理方式。推行纳税申报提醒服务，制定个体工商户定期定额征收管理办法。健全委托代征代扣工作制度。开展财税库银联网试点，提高缴税效率。加强税收稽查，对长期零负申报、长亏不倒、税负明显偏低及近 5 年未检查的企业开展了税收检查。开展房地产、煤炭行业专项检查。清理到期税收优惠政策，做到应收尽收。贯彻执行“收支两条线”规定，确保各项非税收入及时足额上缴财政。抓好国有资产经营收益收缴工作。通过以上

努力，超额完成了全年收入目标任务。

二、发挥财政职能作用，支持六大产业发展

综合运用财政贴息、项目前期费、融资担保、国有资本金入股以及建立产业专项资金项目库等形式对六大产业予以支持。一是支持招商引资。利用国家对新疆特殊税收优惠政策和财政支持企业发展的专项资金，吸引区内外企业来阿克苏地区投资。二是支持阿克苏纺织工业城建设，注资组建相关公司，本级安排资金6 400万元。三是安排资金2 900万元，支持园区发展，增强和拓展园区的聚集与辐射效应。四是支持资源勘探开发，争取矿产资源补偿费返还，提高补偿费征收率。五是推进节能减排，为企业发展循环经济提供财力支持。六是支持八大项目组工作。提供办公场地、办公设施以及充足的工作经费，安排资金673万元。七是完善重大建设项目库，做好项目申报，到位资金1.66亿元。八是支持重点企业发展，推动产业升级，争取专项资金2 990万元。同时，地区本级安排重点企业发展资金2 072万元，为鑫源担保公司增资扩股4 700万元，为7家企业融资贷款4 900万元。九是支持专业技术工人培训，为新型工业化和经济大发展大规模培养职业人才。十是支持水利工程建设，保障六大产业发展对水源的需求。

三、以人为本，注重保障和改善民生

坚持民生优先，集中更多财力，用于改善民生，集中更多力量把各族群众看得见、摸得着的民生大事、实事办好，真正让发展成果惠及于民。

支持住房建设。完成住房投资8.4亿元，其中地区本级安排廉租房建设及租金补助1 500万元、富民安居工程建设资金4 000万元。

推进扶贫开发。争取财政扶贫资金7 532.1万元。申请扶贫贴息贷款规模7 100万元，带动贫困户子女就业1 507人。

促进就业再就业。起草《阿克苏地区关于进一步促进就业工作实施办法》、《阿克苏地区推动小额担保贷款工作实施办法》。推行社保资金社会化发放模式。支持技工学校开展纺织工人培训，并足额安排其他各类职业技能培训资金。落实大中专毕业生见习和就业各项补助政策。配合有关部门购买公益性岗位，着力解决零就业家庭就业问题。全年拨付就业再就业资金1.6亿元。

实施社会保障。支持地区城镇医疗、新型农村合作医疗、新型农村养老保险、城乡低保、城乡医疗救助以及优抚、救灾等工作。解决地区破产改制企业遗留问题。配合卫生部门制定地区新一轮医疗卫生体制改革实施方案，落实基本药品零差价政策，并调整相关医保政策。全年拨付各类社会保障资金9.1亿元。

发展教育事业。认真落实在校学生各项减免费用政策。大力支持“双语”教育及区内初中班工作，推动少数民族人才培养。加大对职业教育投入力度，落实好家庭经济困难学生资助政策。全年拨付教育资金4.19亿元。

推动科技进步。加大科技“三项”经费投入力度，增加中小企业创新基金，支持科技专利申请及成果转化，推动科学知识普及。阿克苏地区本级全年投入资金380万元。

加强“三农”事业。支持做大做强“四大基地”。推进“一卡通”和中国农民补贴网建设。做好棉花、棉纱出疆移库费用补贴审核工作，拨付补贴资金6 663.66万元。推动农业综合开发，到位资金5 798.72万元。安排畜牧发展专项资金1 050万元。开展支农资金整合和强农、惠农专项资金检查。推进农村水电路、卫生改厕以及沼气、设施农业建设。支持农牧民致富技能培训和劳动力转移。支持“千村万乡”和广播电视“村村通”工程。清理化解乡村债务，防止农民负担反弹。开展农村公益事业一事一议财政奖补试点，争取资金1 050万元。推进国有农牧场改革，支持资金2 466万元。及时发放各项涉农补贴，下拨粮食直补资金7 050万元，农

资综合直补资金1.44亿元。开展政策性农业保险，降低农户经营风险，争取中央和自治区财政补贴资金9 941.2万元，地区本级和各县（市）财政补贴1 956.3万元。实施涉农贷款增量奖励，引导金融机构向农业贷款，发放奖励资金4 349万元。落实好家电、汽车摩托车下乡、汽车以旧换新补贴兑付工作，兑付补贴资金2 577万元。争取自治区专项支农资金4.74亿元。

落实提高津贴补贴水平政策。按照向基层倾斜以及同城同待遇的原则，多方筹措财力，并争取自治区补助2.85亿元，提高了县（市）特别是财政困难县干部、职工的津贴补贴标准，从2010年7月1日起全部兑现。同时，将津贴补贴全部纳入财政预算。

四、强化基层政权，全力以赴保稳定

全面落实政法经费保障机制，切实保证维稳经费足额到位。及时拨付政法干部加班费、各种补贴以及其他待遇等。建立政法装备档案项目库，提高政法装备水平，全年拨付中央政法专项资金1.11亿元。推进110指挥中心、公安后勤服务中心以及中级法院审判大楼建设，支持政法部门改善履职条件。强化村级阵地和社区建设，投入资金1 497万元。下拨村干部报酬、“四老”人员生活补助、爱国宗教人士生活费1 847.36万元。

五、加强“两基”建设，全面规范促管理

成立财政“两基”建设领导小组，确定领导联系点。制定实施方案，明确工作目标。召开地、县、乡三级财政“两基”建设现场会，交流推广乌什经验。同时，财政干部、职工人人参与，整理基础资料，规范工作流程，完善制度措施，明确岗位职责，并上墙公示；抓好归集基础数据应用，加强支出标准体系建设，强化项目库建设管理，加大会计基础管理力度，推进财政信息化建设；改善办公条件，提高队伍素质，强化财政监督，着力加强以乡镇为重点的基层财政建设。新建财政所22个、改扩建11个、修缮19个。聘请涉农补贴兑付监督员，全程监督各项涉农补贴发放工作。

（阿克苏地区财政局供稿，陈明执笔）

喀 什 地 区

2010年，喀什地区生产总值375.26亿元，年均增长22.5%。其中：第一产业、第二产业、第三产业分别达129.2亿元、113亿元、133.1亿元，年均增长16.5%、32.2%、22.6%。农牧民人均纯收入3 670元，年均增长15%。工业增值65亿元，年均增长42.4%。全社会固定资产投资额270.59亿元，年均增长35%。进出口额91 286万美元，年均增长69%。商品零售价格指数105.1%，居民消费价格指数104.8%。

2010年，各级财政部门以学习贯彻中央新疆工作座谈会和自治区党委七届九次、十次全委（扩大）会议精神为主线，统一思想，凝聚力量，迎难而上，围绕地委、行署决策部署，财政各项工作取得显著成效。

一、财政收支完成情况

2010 年，全口径财政收入完成 43.35 亿元，比上年增收 12.87 亿元，增长 42.24%。

地方财政收入完成 34.45 亿元，完成年初预算任务的 171.21%，较上年增收 15.33 亿元，增长 80.14%。

一般预算收入完成 19.64 亿元，完成预算的 119.01%，比上年增收 4.91 亿元，增长 33.3%。其中：税收收入 15.40 亿元，完成预算任务的 120.69%，比上年增收 4.26 亿元，增长 38.26%；非税收入完成 4.24 亿元，完成预算任务的 113.29%，较上年增收 6 459 万元，增长 17.95%。

政府性基金收入完成 14.81 亿元，完成预算的 409.22%，比上年增收 10.42 亿元，增长 237.38%。

上划中央"四税" 88 972 万元，比上年减少 2.45 亿元，降幅为 21.62%。

2010 年财政支出完成 198.95 亿元，完成调整预算数的 92.82%，增长 34.65%。其中：一般预算支出完成 188.04 亿元，完成调整预算数的 98.43%，增长 31.69%；基金支出完成 10.91 亿元，较上年增长 119.97%。

二、抓好预算执行，增强保障能力

面对复杂财政经济形势，各级财政部门积极应对，落实增收节支措施，促进财政收支平稳运行。密切关注经济形势，加强收入分析监控，严格目标责任管理。依法加强税收征管，做到应收尽收。严格税收减免政策，防止税收流失。积极推进中央在新疆率先实施的石油、天然气资源税改革工作。

优化财政支出结构。强化责任落实，严格工作要求，切实做到按照"保基本、保重点、保民生、压一般"的原则安排支出。从严控制会议、购车、出国（境）、楼堂馆所建设等一般性支出，集中更多财力保障基本支出，支持重点项目建设，保障和改善民生。认真分析研究，完善工作机制，加快预算执行进度。

三、抓好政策落实，推动跨越式发展

围绕推进喀什跨越式发展和长治久安的任务措施，强化积极财政政策手段，放大财政资金调控作用，努力形成科学发展的新局面。筹集资金建立重大项目前期经费保障机制，支持重要产业、重点领域的重大项目前期和储备工作。大力促进企业技术改造和自主创新。

四、抓好民生大事，促进和谐稳定

坚持群众第一、民生优先理念，筹措资金解决群众最直接、最现实、最紧迫的民生问题。落实提高城乡居民最低生活保障水平、提高企业非因公和因病死亡人员抚恤待遇标准、提高农村"四老"人员补助标准等政策，对企业离退休人员发放冬季采暖费补贴，对 1995 年年底前退休的企业人员发放生活补贴。提高机关、事业单位干部、职工收入水平，同步提高义务教育学校、公共卫生与基层医疗卫生事业单位绩效工资水平。企业退休人员基本养老金连续 6 年提标，人均退休养老金每月达 1 545 元。将 6 900 名未参保集体企业退休人员纳入基本养老保障。扩大新型农村社会养老保险覆盖面，参保率达到 87%。城镇居民医疗和新型农牧区合作医疗补助进一步提高。落实农村义务教育阶段经费保障政策。免除城市义务教育阶段学生学杂费。建立学前"双语"教育发展经费保障机制。实施中等职业学校家庭经济困难学生和涉农专业学生免学费政策。认真落实相关税费优惠政策。完善资金投入机制，保障"安居富民"和"定居兴牧"工程顺利实施。

五、抓好强农、惠农工作，统筹城乡发展

保持强农、惠农政策的连续性、稳定性，加

大财政支农投入，推进新农村建设。提高农村综合补贴、粮食直补、良种补贴、农机具补贴和家电下乡、汽车摩托车下乡、汽车以旧换新补贴兑付率。推进小型农田水利重点县建设。加快改造中低产田和建设高标准农田。支持发展高效节水灌溉。加大设施农业发展、农业产业化经营和农业技术推广支持力度。落实农业保险财政保费补贴机制。落实县域金融机构涉农贷款增量奖励政策。重点支持整村推进、产业扶贫和劳动力转移培训，资金投入向重点县、贫困村倾斜。稳步推进村级公益事业建设一事一议财政奖补试点工作。清理、化解农村义务教育其他债务和其他乡村公益性债务。

六、抓好监督管理，提高资金使用效益

以预算管理为重点，创新工作举措，健全和完善预算编制、执行、绩效和监督相结合的财政管理运行机制。健全预算体系。进一步深化财政改革。加强结余资金管理，减少资金沉淀，提高资金使用效益。加大对行政事业单位资产管理力度，优化资产配置。完善财政专项资金绩效评价办法，推进资金绩效评价工作。不断完善监督机制，强化监督检查，开展资金绩效监督，提高监督效果。健全党政机关防治“小金库”长效机制，扎实推进社会团体、国有及国有控股企业“小金库”专项治理。组织实施强农、惠农资金专项清理和检查，促进管理机制的创新和完善。

七、抓好“两基”建设，打牢工作基础

逐步深化对财政管理基础工作和基层建设工作的认识，落实工作责任，召开现场交流会，全面加强区本级、地、县和乡镇财政“两基”建设。基础信息数据库实现动态更新，项目库滚动管理机制继续完善，财政业务信息系统推广应用力度不断加大，会计行业人才和会计队伍建设取得成效。乡镇财政管理不断规范，就近实施监管的优势逐步显现。“乡财县管乡用”管理改革稳步推进，“村账乡代管”改革试点逐步推开。强化财政内部基层单位建设的理念进一步增强，岗、责体系和内部管理制度建设工作在各级财政全面推开。

八、全面强素质、转作风、树形象，努力打造过硬的财政干部队伍

一是加强能力建设。深入开展学习型机关建设活动，推进学习制度化、工作化和常态化。加强思想理论教育，干部政治素养不断提高。强化财经理论、财政业务等知识学习，干部政策理论水平不断提高。完善教育培训机制，干部分析问题、研究问题和解决问题的能力不断提高。加强公文写作和公文处理等文字能力培养，干部工作质量不断提高。二是改进工作作风。重点建立、健全“抓落实”的工作机制，切实提高工作执行力，对关键环节和重点工作一抓到底，讲求实效。增强服务意识，改善服务态度，心系基层，大兴调查研究之风，推进科学决策，切实增强财政工作的针对性和前瞻性。强化责任意识，恪尽职守，埋头苦干，提高效率，抓好各项工作的落实。三是增强廉政意识。加强反腐倡廉教育，增强党性修养和法制意识。严格落实党风廉政建设责任制，切实履行党员领导干部党风廉政建设职责。健全财政惩防体系各项制度，加强权力制约和监督，完善廉政风险防控机制，逐步形成有效、管用的反腐倡廉制度体系。自觉加强思想道德修养，倡导形成高尚的生活情趣和健康的生活作风，主动接受组织和群众的监督。

（喀什地区财政局供稿，刘英杰执笔）

克孜勒苏柯尔克孜自治州

2010年，克孜勒苏柯尔克孜自治州（以下简称“克州”）实现生产总值38亿元，比上年增长12.4%；完成全社会固定资产投资30亿元，比上年增长23.3%；完成地方财政收入3.79亿元，比上年增长44%；社会消费品零售总额8亿元，比上年增长14.8%；招商引资到位资金27亿元，比上年增长75.8%；城镇居民人均可支配收入8 800元，比上年增长14.3%；农牧民人均纯收入达到1 902元，比上年增长5.6%。

2010年，克州各级财政部门主动作为，创新举措，全力应对各种挑战，圆满完成了收支任务。

一、财政收支完成情况

全口径财政收入完成5.13亿元，比上年增收1.65亿元，增长47%。

地方财政收入完成3.79亿元，比上年增收1.15亿元，增长44%。其中：一般预算收入完成3.26亿元，比上年增收1亿元，增长44%；基金收入完成5 300元，增长41.2%。

上划中央“四税”1.34亿元，比上年增长55%。

地方财政支出完成42.65亿元，比上年增支8.21亿元，增长24%。其中：一般预算支出完成42亿元，比上年增长24%；基金支出完成6 500元，增长23%。

二、地方财政收入迈上新台阶

科学分析全州经济运行走向，进一步完善组织收入目标责任制，做到任务、责任、人员、时限“四落实”；主动配合税务部门工作，及时协调解决税收征管中存在的问题；对重点企业、重点行业、重点领域、重大工程项目实施税源动态跟踪，坚持政府性投资基本建设项目全部实行财政报账制管理以及矿山企业税源监控制度，促进主体税收与经济协调增长。对非税收入征缴系统进行全面升级，依托科技手段进一步规范了非税收入收缴行为；加大对土地出让金收入、国有资源有偿使用收入的稽查力度，确保了重点非税收入应收尽收。

三、促进经济发展进入新阶段

全面贯彻积极财政政策各项措施，更加注重发挥财政政策资金引导作用，以支持公共基础设施项目建设为重点，落实中央预算内基本建设专项资金、地方政府债券资金6.25亿元，地方财力安排基本建设资金9 138万元，同比增幅达到了25%。落实安排资金4 320万元支持口岸建设和工业园区建设。地方财力安排资金1 600万元用于支持项目库建设和招商引资等工作。争取中小企业发展资金、企业技术改造资金、外贸企业发展资金等共计1 903万元。成立克州财政信用担保有限责任公司，注资人民币1 000万元，启动了中小企业贷款担保业务，有力扶持了克州中小企业发展。

四、支持“三农”发展有新举措

2010年，全州“三农”方面支出11.81亿元，同比增长71%，其中预算内“三农”支出为6.62亿元。围绕州委、州人民政府确定的农村经济发展战略，采用财政投资、贴息、担保等手段全力支持推进了“戈壁产业”发展。通过财政担保、利用政府融资平台向克州农业发展银行贷款3.5亿元，县（市）自筹项目资本金1.06亿元，总计4.56亿元项目建设资金全部到位，由财政厅落实贷款贴息资金；安排1 896万元支持特色林果业、现代畜牧业发展；筹集360万元用于农村劳动力转移就业、技能培训和劳务中介组织建设；落实1.02亿元用于小型农田水利设施、农村道路、农村防病改水等；争取4 186万元用于农业综合开发和农业产业化经营项目建设；组织发放粮食直补、农资综合直补、良种补贴、农机具购置补贴、退耕还林还草粮食补助等惠农补贴9 255万元，兑现家电、汽车、摩托车下乡补贴资金1 120万元，积极采取“一卡通”方式确保补贴资金及时、足额入户。

五、保障和改善民生达到新水平

按照“群众第一、民生优先”的要求，科学、合理调配资金，努力增加民生投入，有效推动了“学有所教、劳有所得、病有所医、老有所养、住有所居”民生目标的不断实现，全年涉及民生的各类支出达到32亿元，同比增长20%，占全州财政总支出的75%。一是全州教育支出9.39亿元，同比增长27%。其中：地方财政安排资金3 026万元支持了教育扶贫工程，进一步改善了集中办学条件；落实资金5 533万元，对全州7万多名城乡义务教育阶段学生实施了“两免一补”政策；本级财政安排资金1 012万元给予了高中阶段学生免杂费、免课本费、补助寄宿生生活费等政策；落实安排资金1 489万元将义务教育阶段及高中阶段农村家庭经济困难寄宿生生活费从1 000元提高到了1 500元；落实资金265万元在阿图什市继续实施学生饮用奶计划。二是全州社会保障和就业支出5.58亿元，与2009年基本持平（2009年支出中包括了一部分2010年预拨资金，口径不同比）。在完善“五项”社会保险、城乡居民最低生活保障制度及落实各类促进再就业政策的基础上，2010年重点提高了低保人员补助标准、企业非因公和因病死亡人员抚恤待遇标准、农村“四老”人员补助标准等，对企业离退休人员发放冬季采暖费补贴，对1995年年底前退休的企业人员发放生活补贴。将三县一市全部纳入了新型农村社会养老保险试点范围。三是全州医疗卫生支出2.99亿元，同比增长12%。安排落实1.52亿元资金用于支持完善城乡医疗保障体系，降低了住院报销起付线，提高了住院报销比例；争取筹集资金2 224万元继续支持州人民医院门诊急诊医技综合楼建设。四是全州住房保障支出2.63亿元，同比增长179%，用于廉租住房、棚户区改造、公共租赁住房、危房改造等保障性住房安居工程及农村抗震安居工程。五是全州科学文化广电等事业支出1.06亿元，同比增长4%。本级安排资金650万元对广播电视、新闻出版等设备更新、设施改善给予了重点支持。六是积极筹措相关配套资金，全力做好普遍提高各类人员收入水平工作。落实资金2.93亿元及时兑现了全州行政事业单位人员提高津贴补贴、艰苦边远地区津贴及3个县艰苦类别调整、人民警察特勤津贴等工资政策；筹措资金4 841万元发放了精神文明单位奖励工资和社会治安综合治理优良单位奖励工资，并将发放范围扩大到了离退休人员；安排资金1 638万元适当提高了机关、事业单位干部、职工以及离退休人员个人取暖费标准。

六、财政管理改革取得新成效

主动适应公共财政体制的要求，不断深化财政改革，积极创新体制机制，为规范财政管理、提高服务水平提供了体制保障。继续深入推进部门预算改革，将预算外管理的收入全部纳入预算内管理，实现了公共财政预算编制的全覆盖；认真贯彻落实人民代表大会及其常委会各项预算审查决议，促使预算管理不断规范。进一步完善国库集中支付、政府采购和综合招投标、财政投资评审、国有资产管理等工作，2010 年累计完成政府采购和招投标总额 4.6 亿元，资金节约率为 7.7%。严格财政监督，会同纪检监察、审计等部门加大对重大基础设施建设项目、民生工程的监督检查，切实提高监督效果；健全党政机关防治“小金库”长效机制，扎实推进社会团体、国有及国有控股企业“小金库”专项治理。狠抓了财政“两基”建设工作，有力促进了财政管理水平的提升。

七、财政部门自身建设有了新提高

围绕州委、州人民政府和自治区财政厅的决策、部署来开展工作，及时调整了思想上、工作上和政策制度上与当前形势发展不相适应的方面，不断转变职能，改进方式，提高效能；探索建立了财政权利规范运行监督机制和风险点防范管理制度，切实做到“用制度管人、用制度管事”，确保了干部安全、资金安全；进一步加强了干部队伍建设，做到从严要求、从严教育、从严管理、从严监督，努力形成促进干部想干事、能干事、会干事、干成事的良好机制，以人的全面发展促进了财政工作的大发展。

（克孜勒苏柯尔克孜自治州财政局供稿，王君平执笔）

和　田　地　区

2010 年，和田地区生产总值 100.59 亿元，增长 12.2%。其中：第一产业增加值 33.76 亿元，增长 4.9%；第二产业增加值 19.2 亿元，增长 17.2%；第三产业增加值 47.64 亿元，增长 15.5%。第一、第二、第三产业增加值占地区生产总值的比重分别为 33.6%、19.1%、47.3%。居民消费品价格（CPI）上涨 5.7%。地区实现社会消费品零售总额 20.34 亿元，增长 11.1%。地区全社会固定资产投资全年完成 100.69 亿元（地方 79.01 亿元、兵团 2.68 亿元、铁路国道 19 亿元），增长 31.3%。全年外贸进出口总额达 715.7 万美元，增长 10.1 倍。全地区农牧民人均纯收入3 150 元，增长 18.1%。

一、财政收入及重点支出完成情况

2010 年，和田地区财政部门贯彻落实中央新疆工作座谈会、自治区党委七届九次全委（扩大）会议、自治区财政工作会议精神，围绕“两个加速、一个突破”的战略目标，从“保发展、保民生、保稳定”和改革、发展、稳定大局出发，完成了各项目标任务。2010 年财政收入实现了较快增长，一般预算收入完成 6.31 亿元，比上年增长 40.35%。财政总支出完成 100.26 亿元，增支 30.19%。一般预算支出完成 97.6 亿元，增长 29.82%。

增加政府公共投资，大力支持经济发展。2010 年，下达中央预算内农村沼气项目资金 5 116 万元，农村医疗卫生服务体系建设项目 208 万元，52 个村级卫生室、乡镇文化站建设 80 万元，保护性耕作示范基地建设项目 340 万元，退耕还林工程配套荒山荒地造林项目建设 1 211 万元；下达自治区预算内抗震安居工程资金 1.69 亿元，农资综合农业项目 900 万元。

促进农民增收，扎实推进社会主义新农村建设。把建设社会主义新农村作为重要任务，争取专项资金 1.86 亿元，建立农业专项资金项目库。争取中央现代农业生产发展项目资金 1 600 万元，农产品加工专项资金 445 万元。2010 年累计下拨农业专项资金 3.58 亿元，其中农业资金 9 669.08 万元、畜牧资金 1 810.56 万元、水利资金 1.27 亿元、林业资金 1.16 亿元。下拨财政扶贫资金 3.34 亿元。积极落实各项惠农政策，促进农民增收，推进全地区农民“一卡通”工作，确保了各项涉农补贴及时、足额、安全发放。认真执行粮食直补和农资综合直补政策，下达粮食直补资金 1 850 万元，下达农资综合直补资金 1.08 亿元。2009—2010 年共下达家电、汽车摩托车下乡资金 4 100 万元，已销售家电下乡电器 24 294（台/个），补贴金额 586.3 万元；销售汽车、摩托车 8 035 辆，补贴金额 418.2 万元。积极开展 2007—2009 年强农、惠农资金专项清理检查工作，全地区清理资金 48.12 亿元。

着力改善民生，加强社会保障资金管理。优化财政支出结构，不断加大民生投入，着力解决事关人民群众切身利益的问题。公共卫生医疗方面，不断加大对公共卫生的投入力度，着重向传染病控制、妇幼保健和农村卫生等公共卫生服务领域倾斜，保障了计划免疫、强化免疫、疾病防治、妇幼保健等公共卫生工作，支持卫生事业的发展，提高各族群众的健康水平，2010 年医疗卫生支出共计 6.5 亿元。住房保障方面，按照政府债券的计划要求已下达预算指标 3.91 亿元，用于廉租住房，抗震安居、城镇供水设施、农村饮水工程、县级医院、乡级卫生室建设等。社会保障方面，2010 年上级补助再就业资金 2.15 亿元，全地区享受职业培训人数 8.43 万人，下拨城市居民最低保障生活补助资金 2.1 亿元，保障人数 10.11 万人；下拨农村低保障生活补助资金 2.76 亿元，保障人数 30.39 万人；新农保 2010 年共参保人数 66.51 万人，参保率为 75%，领取待遇人数 11.72 万人，发放率为 100%；对城市及农村救助对象实施医疗救助 43.02 万人次，财政补助资金 5 454 万元；新型农牧区合作医疗参合农牧民达 162 万人，参合率为 98%，已到位的新型农村合作医疗补助资金为 2.53 亿元。

支持教育优先发展，促进教育公平均衡。继续实施农村义务教育经费保障机制，2010 年春秋两季共拨付农村中小学公用经费 1.59 亿元；拨付农村义务教育学校特岗教师工资及经费 2 932.78 万元；拨付各类免费教材资金、助学金、教育费附加资金、保障经费及专项资金累计达 1.68 亿元，受益学生累计达 39.65 名；拨付学校建设及维修资金 8 858 万元；拨付新聘学前“双语”教师岗前培训 55.76 万元。

加强公共文化建设，促进文化发展。广播电视“村村通工程”基层运行维护聘用人员 86 人，经费 170 万元；广播电视村村通工程维护和译制经费 184 万元；中央广播电视节目无线覆盖专项资金 134.7 万元；安排专项资金 72.15 万元，支持免费开放 3 个博物馆；农村文化以奖代补专项资金 294 万元；中央补助地方文化体育与传媒事业发展专项资金 420 万元；农村电影公益性放映 1.67 万场次，补贴专项资金 333.52 万元。

全力支持计划生育工作。继续推动农村计划生育奖励和免费技术工作，拨付农村计划生育免费服务配套经费 829 万元，预算安排农村计划生育递增经费 65 万元。计划生育各项奖励制度配套资金 2 492.85 万元，村级计划生育宣传员岗位津贴专项资金362万元，国家免费孕前优生健康检查项目试点经费65.54万元，计划生育奖励政策工作经费55.69万元，中央补助地方计划生育事业专项经费259万元。

二、以科学发展观为统领，不断深化财政改革

部门预算改革在地、县两级全面推开，定员定额标准逐步完善，编制水平进一步提高，编制体系逐步健全，支出预算结构逐步优化，基本支出、民生支出保障力度持续加大，经费保障水平不断提高。国库集中支付扩面增量，继续按照“横向到边、纵向到底”的目标要求，从深度和广度上推进国库集中支付改革。政府收支分类改革顺利实施，全面实现“体系完整、反映全面、分类明细、口径可比、便于操作”的改革目标，推进依法理财、科学理财和民主理财。政府采购管理制度逐步健全，初步建立了一个操作规范、执行有序、公平公正的政府采购运行机制。全地区政府采购预算金额为3.4亿元，实际采购金额为3.05亿元，资金节约率为10.34%。政府非税收入管理改革工作到位，非税收入改革单位和入网资金规模持续扩大。全地区政府非税收入累计收缴4.49亿元，完成全年预算的145.11%，为拉动地方财政收入增长起到促进作用。农村综合改革稳步推进，拨付农村税费改革转移支付资金1.39亿元。乡镇财政管理改革全面实施，全地区89个乡镇均实行了“乡财县管乡用”管理方式，改革面达100%。“金财工程”建设步伐加快，为进一步推进财政管理信息化、促进财政资金高效安全运行提供了平台。

三、推进财政科学化、精细化管理，各项财政工作取得新进展

（一）加大预算管理力度，提高预算管理水平

预算管理进一步完善，转移支付管理办法逐步规范。完善县级财力保障机制，财力分配进一步向民生、向基层倾斜，逐步提高公共服务均等化水平。预算编制继续坚持实施综合预算、平衡预算的原则，经费保障水平不断提高，在保障基本支出、民生支出的基础上，统筹财力，全力支持各项社会事业发展及重大决策支出。财政收支规模大幅增加，预算管理水平逐步提高。

（二）努力培植财源，支持经济和社会各项事业发展

一是积极实施《和田地区2008—2010年财源建设规划》。二是积极做好争取企业发展的各类专项资金工作。2010年共争取企业技术改造等项目69个、项目资金达2 145万元，争取水库移民补助78万元，争取关闭破产企业职工安置专项资金2 500万元。地区中小企业的发展能力、技术改造能力、科技创新能力得到了一定程度的改善，有力地支持了地区经济发展及财源建设工作。三是全力支持农业产业化发展。贯彻落实地委、行署提出的“两个加速、一个突破”农牧民增收发展战略。2010年地区中低产田改造项目6.6万亩，农业生态综合治理项目0.5万亩，产业化经营财政补助项目3个，中央财政贷款贴息项目4个，部门项目4个。项目总投资为1.04亿元。四是继续实施综合预算，调整优化支出结构。统筹财力，努力支持教育、卫生、社会保障、城乡基础设施各项事业的健康发展。五是对制约和影响和田地区经济发展的主要因素深入分析，积极支持道路交通、电力设施、水利工程等大型建设项目。

（三）进一步关注民生，着力解决事关人民群众切身利益的问题

对职工工资、津贴补贴、城乡医疗、城乡教育、城乡住房、各项城乡事业发展等涉及民生的个人部分支出优先、足额保障，逐步提高财政保障水平和范围，着力解决事关人民群众切身利益的问题，不断提高公共财政保障能力。2010年在职人员津贴补贴人均增加额为8 684元，离休人员津贴补贴人均增加额为7 816元，退休人员津贴补贴人均增加额为6 947元。

（四）加强会计管理工作，提高会计从业人员素质

2010年会计从业资格无纸化考试顺利开考2批次，报考人数总计612人，全地区持有会计从业资格证人数共计4 327人。报考初级职称的298人，中级职称的264人，通过考试获取职称人数共12人。2010年对地区本级及县（市）的会计从业人员开展了继续教育培训工作，培训人数达5 346人次；对农村财会人员财政支农政策培训11场次，培训村级财会人员共计3 621人次。

（五）强化国有资产监督管理

开展国有企业产权登记年检、产权界定工作，完成行政事业单位产权登记工作，做好行政事业单位资产处置工作。2010年办理地区本级行政事业单位处置资产42件，涉及金额2 648.67万元，其中报废387万元、出售284.4万元、调拨1 977.27万元，保证了国有资产的保值增值。2010年行政事业单位资产总额为54.79亿元，增加21.69%。国有资产总额为46.19亿元，增长16.96%。做好地区药检系统下放地方移交工作。划转和田地区食品药品监督管理局资产769.3万元，药检所资产374.1万元。

（六）组建地区中小企业担保中心

为积极推进和田地区中小企业信用担保体系建设，解决和田地区中小企业贷款难、融资难问题，促进地区中小企业的发展，2010年7月正式成立和田地区中小企业信用担保中心，各县（市）也相应成立了专门办事机构。以解决中小企业融资难问题为目标，围绕地区“两个加速，一个突破”战略，与银行、企业进行沟通，推动和田地区中小企业融资担保业务开展：与中国银行和田地区支行签订两笔贷款担保协议，分别为和田县鲁新建材有限公司、新疆天泽钢铁有限责任公司贷款担保100万元和50万元，有效解决了和田地区中小企业贷款难、融资难问题。同时，加快和田地区中小企业信用担保体系建设进程，推进和田地区中小企业快速发展和高新技术成果的转化，促进全地区产业政策和企业政策的实现。

四、重视对口扶贫工作

把对口扶贫工作作为一项长期制度，列入领导工作的议事日程。8次深入对口扶贫点了解情况，为村委会办公经费投入2万元；投入村委会会议室、办公室家具2.2万元；为提高贫困村蔬菜大棚生产能力，投入资金2万元；栽培核桃补助1万元。2010年对口帮扶投入资金总计达7.2万元。结合“六进村”工作，丰富广大群众的娱乐文化生活，帮助群众普及科技知识，捐赠了《科学种田技术》、《科学管理各种蔬菜》、《瓜果栽培》等书籍。

（和田地区财政局供稿，曾广琦执笔）

阿　拉　尔　市

2010 年，阿拉尔市实现生产总值 57.83 亿元，其中第一产业增加值 36.31 亿元、第二产业增加值 12.26 亿元、第三产业增加值 9.25 亿元。全社会固定资产投资完成 30.05 亿元。阿拉尔市城市居民人均可支配收入 14 722 元，增长 12.4%。

2010 年，阿拉尔市财政收入完成 1.96 亿元。一般预算收入完成 1.31 亿元，其中税收收入完成 1.23 亿元、非税收入完成 796 万元、上划中央四税收入 8 039 万元。政府性基金预算收入完成 1 亿元。阿拉尔市财政一般预算支出完成 2.09 亿元。政府性基金预算支出完成 5 527 万元。阿拉尔市财政从基金预算结余中调入资金 1 580 万元，实现年度一般预算收支平衡，累计结余为超支 1.07 亿元。2010 年基金预算收支结余为 5 935 万元。

阿拉尔市财税部门深入学习实践科学发展观，认真贯彻落实自治区党委七届九次全委（扩大）会议、自治区财政工作会议精神以及师市党委九届八次全委（扩大）会议精神，支持经济发展，努力培植财源，狠抓财政收入组织工作。加大财政支出结构的调整力度，分析研究经济运行中存在的问题，研究对策，合理调度资金，积极稳妥地推行各项财政改革。加大对重点税源的征管力度，强化零星税源征管，将应纳入预算管理的各项收入全部纳入预算管理，确保了全年收支任务的完成。

一、强化税收征管力度，努力拓展收入来源

把组织收入作为工作重点，加强财税横向联系，强化税收与非税征管，整顿和规范税收秩序，完善各项税收征管措施，依法强化税收征管；定期分析财政收入完成情况，认真研究影响财政收入的各种因素，及时协调处理有关问题，确保各项税收收入和非税收入及时、足额征收入库；2010 年阿拉尔市财政收入增长幅度为 29.7%，超额完成全年预算收入任务。税收收入与经济发展保持了协调稳定增长的良好态势。

二、科学安排支出，积极支持经济发展

加强市辖行政事业单位经费管理，财政支出确保工资津贴及时、足额发放，保证机构正常运转，积极筹措资金完善市政基础设施，大力支持园区新型工业化发展，增强经济发展后劲。2010 年投入市政建设资金 5 295 万元，确保两个工业园区道路、供排水、供电等基础设施建设；加大对重点企业的扶持力度，支持企业技术创新和项目建设；落实招商引资企业的优惠电价政策，财政专项补助 5 596 万元。

三、严格预算管理，切实改善民生

按照公共财政的要求，积极调整优化财政支出结构。在强化部门预算管理的基础上，加大财政保障力度，保证市属机构的正常运转。积极支持科研与技术开发、高新技术发展、科技成果产

业化等工作。加大对教育、文体广播事业、医疗卫生的投入，促进文化建设的发展，提高城乡居民的医疗保障水平。继续推进义务教育经费保障机制改革，确保农村中小学校舍安全改造工程专项资金按时、足额到位。支持维护社会稳定，确保了公检法司部门专项经费、农村“三老人员”生活补助费、爱国宗教人士生活补贴及培训费、基层政权建设等专项经费，初步建立了清理拖欠工程款和农民工工资的工作机制。继续推行“乡财县管”财政管理方式改革，加强对农民的农资综合直补、粮食直补、家电下乡等涉农补贴的工作力度，保证各项惠农补贴及时、足额到位。

四、立足实际，规范操作，努力做好财政“两基”建设工作

按照自治区财政厅关于“两基”建设工作的总体部署，阿拉尔市财政局结合业务二作实际，以职能定位更加准确、内部制度更加健全、工作流程更加规范、工作机制更加顺畅、岗位职责更加清晰、机关效能明显提升、理财能力明显增强的工作思路，围绕一个“重点”，突出一个“核心”，不断创新工作方式，认真做好预算管理各项工作。为了规范财政基础管理，顺利推进财政各项改革，坚持“因地制宜，规范运作”的原则，从完善各项管理制度、明确岗位职责、规范业务操作规程入手，积极稳妥、循序渐进地推进财政管理与改革工作。

五、坚持监管防范，规范财政收支行为

把保证财政资金安全作为财政工作的重中之重来抓，按照各司其职，各负其责，职责分离，相互制约，程序规范，相互监督的要求不断完善日常管理、监督、制约机制，通过建立完善、有效的规章制度，规范操作规程，用制度约束行为，在工作中将监督和管理进一步融合，不断加大财政内部监督。积极开展“小金库”专项治理工作，加强政府采购管理，继续加大对国有资产的监管。同时加强财政干部思想教育，做好会计从业人员职业资格培训和管理，牢固树立勤俭理财意识，严格落实党风廉政建设各项规定，继续做好从源头上治理腐败的各项工作。

（阿拉尔市财政局供稿）

图木舒克市

2010 年，图木舒克市实现生产总值 20.68 亿元，比上年增长 24.6%。其中：第一产业增加值 11.89 亿元，增长 20.9%；第二产业增加值 4.41 亿元，增长 60.8%；第三产业增加值 4.38 亿元，增长 9%。全社会完成固定资产投资 12.53 亿元，增长 23.5%。人均生产总值 1.55 亿元，增长 22.5%。农牧民人均纯收入 8 219 元，增长 15.5%。全年社会消费品零售总额 3.98 亿元，增长 19.2%。

2010 年，财政全口径收入完成 1.02 亿元，增加 5 278 万元，增长 106.9%。地方财政收入完成 8 157 万元，增加 4 514 万元，增长

123.9%。其中：一般预算收入完成5 500万元，增收2 484万元，增长82.4%；基金预算收入完成2 657万元，增收2 030万元，增长415%。上划中央“四税”完成2 059万元，增加764万元，增长59%。2010年图木舒克市财政支出完成1.78亿元，增加7 227万元，增长68.7%。

一、狠抓财政增收措施，财政收入保持快速增长

2010年，图木舒克市各财税部门加强收入分析预测，严密关注收入动态，进一步深化和落实财政收支目标责任制，强化市政府抓收入责任和财政增收措施，狠抓落实和进度监控，确保全年财政收入任务的圆满完成。

依法加强税收收入征管。图木舒克市国税、地税部门继续坚持依法治税，狠抓税收征缴工作，严肃查处偷税、漏税行为；强化重点税源监控，加大零散税收收缴，努力做到应收尽收，深入挖掘增收潜力；对个人所得税、营业税、企业所得税征缴情况排查摸底，强化个人所得税等税种的征缴。市财政部门积极配合税务部门，加强税政管理，清理规范各项税收优惠政策，保持税收收入的稳步增长。2010年全市完成税收收入4 925万元，为预算的153.91%，增长85.01%。其中：增值税256万元，完成预算的23.1%，增收48万元；营业税3 417万元，完成预算的62%，增收1 645万元；企业所得税299万元，增长88.1%，增收140万元；个人所得税580万元，增长104%，增收296万元。

积极推行非税收入管理。进一步规范非税收入管理，深化非税收入收缴管理改革，确保各项非税收入依法足额收缴。重点加强对土地出让金、矿产资源补偿费、交通规费等非税收入的管理。2010年图木舒克市共有16个部门被纳入非税系统网上征收单位，全年实现非税收入3 232.98万元，其中网上征收2 851.63万元，直接入库381.35万元。

二、紧抓援疆机遇，大力支持招商引资

对口援疆试点项目开局良好，成效明显。2010年接受援建资金3 700万元，支持50团小城镇基础设施建设、49团温室大棚项目、41团安居工程项目共3个援建试点项目。试点项目建设为新一轮援疆工作全面推开树立了样板、积累了经验，推动了图木舒克市的经济、社会发展。

2010年，全市财政高度重视支持经济发展工作，着力推进重大项目建设年活动；大力支持招商引资工作，研究和创新财政支持招商引资工作的政策和方式，做好项目的可行性研究等前期工作。完善了项目库，将重大项目全部纳入项目库管理。积极吸引区内外企业投资。

三、保障重点支出，资金向民生和基层倾斜

全市财政支出继续贯彻执行“保工资、保改革、保稳定、保机构正常运转、保低保医保”的原则，紧紧围绕解决人民群众最关心、最直接、最现实的利益问题，加快发展各项社会事业。一是全力保障党政机关事业单位的正常运转经费。二是支持教育事业发展，投入资金2 648万元，增长50%。特别是加大对教育“两免一补”和职业教育的扶持力度。2010年继续对农村中小学实行全部免除学杂费政策，在确保2009年减免范围的基础上，将少数民族学校以及城市困难家庭的学生均纳入免除学杂费的范围。三是支持医疗卫生事业，拨付资金674万元，增长64%。四是支持群众住房保障事业。重点抓廉租房建设，努力解决弱势群体和城市低收入家庭的住房难问题，安排资金2 900万元，新建廉租住房520套。五是支持公共安全和维护稳定工作，拨付资金1 207万元，增长10.2%。六是支持城乡社区事务发展，投入资金2 930万元，增长55.3%。

加大各项财税优惠政策实施力度。自治区出疆棉纱运费补贴、兵团工业企业税收返还、兵团教育费附加返还等政策落实到位。全年发放出疆

棉纱运费补贴79.35万元，兵团工业企业税收返还66.13万元，兵团教育费附加返还8.12万元。

四、继续深化财政改革，健全公共财政制度体系

深化部门预算改革。全面推进预算管理的民主化和公开化建设，加快预算纳入人大监督审察制度建设，完善追加预算审批制度建设。以深入推进部门预算为基础，以项目评审为支撑，以监督检查为制度，以绩效考评为依据，以国库集中支付为保障，构建全市公共预算管理新模式，确保财政预算执行的严肃性。

进一步健全和完善财政国库管理制度建设。建立国库单一账户体系、国库集中支付的财政国库管理制度，进一步规范项目资金拨付审核程序和账务处理；规范日常公用经费、项目经费、预算外资金等财政性资金的拨付，严格按照国库预算拨款程序办理支付手续。

规范行政事业单位国有资产管理。完成行政事业单位资产清理工作；组织行政事业单位资产管理信息系统培训，2010年底对市本级各行政事业单位全面启用了资产管理信息系统。

逐步推进财政资金管理信息化建设。完成2010年“金财”网络软件的升级和日常维护工作，保证非税收入集中收缴系统、预算执行分析系统、邮件传递系统、预算执行分析系统等财政应用软件的正常运行，以及与财政厅的网络信息交换和沟通。

五、依法规范支出管理，提高财政资金使用效益

细化预算，统筹管理。进一步健全预算编制体系，研究采取措施，规范结余资金管理，提高预算编制的完整性和准确性。加强预算编制与预算执行等环节的有机结合，推进预算科学化、精细化管理。明确责任，狠抓落实，加大预算执行力度，增强预算执行的时效性和均衡性。

加强对财政专项资金监管。为确保援疆援建项目按时、保质完工，严格按照自治区援疆资金管理办法和农三师援疆项目资金拨付办法，切实加强对援疆项目资金监督管理，积极做好图木舒克市和东莞市两地财政部门的各项援建链接工作，确保对口援疆项目援助资金安全。

（图木舒克市财政局供稿，邓国华执笔）

五 家 渠 市

2010年，五家渠市完成生产总值51.02亿元，同比增长21.8%。其中：第一、第二、第三产业的增加值分别为5.51亿元、25.92亿元、19.59亿元，分别增长8%、30.6%、16.1%；三次产业结构比为11∶51∶38。2010年，五家渠市人均生产总值5.12万元，比上年增加8 711元，按可比价计算增长20%。全年实现社会消费品零售总额15.6亿元，比上年增长16.2%。全年进出口总额3.14亿美元，比上年增长22%。商品零售价格指数为1.04，居民消费价

格指数为1.036。全社会固定资产投资完成66.5亿元，比上年增长106.4%。

一、财政收支完成情况

2010年，五家渠市实现地方财政收入2.36亿元，同比增长55.5%。其中：一般预算收入完成2.29亿元，完成预算的119.4%，比上年增收7 907万元，增长52.8%；基金预算收入完成756万元，完成预算的619.7%，比上年增长231.6%。财政支出完成3.05亿元，为预算的102.4%，同比增加9 862万元，增长47.7%。其中：一般预算支出完成2.94亿元，为预算的101.5%，同比增加8 940万元，增长43.6%；上解支出完成783万元，同比增加584万元。

2010年，财政收支平衡情况是：本年收入总计3.06亿元，支出3.02亿元。收支相抵，当年预算结余378万元，累计结余为超支1 824万元。基金收支平衡情况是：本年收入758万元，支出338，当年结余420万元，累计结余656万元。

二、抓好增收节支，硬化预算执行，顺利完成全年目标任务

依法加强财税征管，大力组织财政收入。一是加强综合治税管理。召开五家渠市综合治税工作座谈会，印发了《五家渠市综合治税工作实施方案》，为全市依法治税，确保完成全年收入任务奠定了基础。二是坚持财税联系会议制度。召开财税库银联系会议，研究分析经济、征管、政策等因素对收入的影响，并采取应对措施，全年完成财政一般预算收入2.3亿元，财政可用财力超过3亿元。三是加强非税收入征管。研究建立市本级非税收入增收激励机制，充分调动各执收单位的征管积极性，保证本级非税收入依法征收、应收尽收。21个预算单位被纳入自治区非税收缴系统，全年收缴非税资金2 570万元。

进一步调整和优化支出结构，科学统筹安排好有限的财政资金。一是着力保障和改善民生。支持教科文卫事业发展，重点安排教育、科技、医疗卫生、社会保障等民生事业重点投入。做好调整企业退休职工基本养老金的资金筹措工作，加大促进就业工作力度，管理、用好就业补助资金。做好政法及维稳经费保障工作。2010年全年教育支出6 017万元，同比增长64%，高于一般预算收入的增长速度。主要用于兑现教师的绩效工资，增加党校主体班经费、中小学校舍抗震加固项目支出861万元；东区幼儿园基本建设300万元；安排参保“五七工”等人员2010年至2011年生活费205万元；安排劳动就业小额担保贷款贴息500万元。二是保障重点支出需求。安排新购置10辆市内公交车专项资金180万元，食品药品安全监管专项59.2万元，药监局、军垦路社区卫生中心办公楼175万元；安排工业企业扶持专项资金500万元及农业产业化专项资金342.6万元；安排开行贷款贴息1 878万元，2009年新型农村金融定向补贴559万元（自治区补助），2009年金融机构涉农贷款增量奖励1 202万元（自治区补助）。三是严格控制一般性支出增长。认真贯彻落实中央厉行节约八项要求，把有限的财力重点集中到保增长、保民生、保稳定上来。严格执行自治区有关压缩行政性开支的规定要求，除政策性增支因素外，全市各行政事业单位经费增长得到有效控制。

三、加强财政基础工作和基层财政建设，努力推进财政管理科学化、精细化

1. 科学收集基础信息，努力做到数据管理精细化。掌握预算单位人员、资产和收支情况等方面数据，出台《五家渠市市属行政事业单位资产管理办法》，组织实施了资产管理信息建设工作。根据经济社会发展的实际情况及时修订、完善人员经费和公用经费分类定额标准体系，逐步建立和完善人员、资产等动态数据库，为预算编制提供统一标准和准确依据，实现财政资源的公平配置。

2. 科学制定规章制度，努力做到制度管理

精细化。出台《五家渠市行政事业单位国有资产配置、处置管理实施细则》、《五家渠市资金往来结算票据使用管理办法》、《关于规范财政局内部预算指标、执行流程的规定》，印发了《五家渠市综合治税工作实施方案》，建立预算申请财政局内部联审制度。财政管理制度的健全和完善，为推进财政管理的科学化、精细化提供了制度保障。

3. 科学推进财政改革，努力做到业务管理精细化。一是继续深化部门预算改革。制定了师市本级2011年部门预算编制方案，对市本级预算标准体系进行调整和完善，定员定额标准更加趋于合理，试行编制了政府采购预算，“两上两下”的编审程序进一步完善，部门预算编制水平不断提高。二是稳步推进国库制度改革。完善国库集中支付的管理办法，规范和完善支付流程，确保财政资金安全、可靠运行。预算管理的基本建设资金、政府采购资金、本级预算单位的工资等全部实行了国库集中支付。三是加快“金财工程”建设步伐。制定了《五家渠市“金财工程”建设实施方案》，加快市本级预算编制、指标管理、集中支付、会计核算等公共财政业务一体化管理系统的应用。

4. 科学实施监督检查，努力做到监督管理精细化。一是进一步加强基本建设财务管理。研究制定了《五家渠市基本建设财务管理办法》，积极开展财政投资评审。完成项目评审27个，审减资金达848万元，有效地节约了财政资金。二是充分发挥会计集中核算的服务监督职能，加强对重点支出、涉税支出、政府采购支出的审核监督。三是充分发挥政府采购的节约和“阳光”作用，扩大采购规模，提高采购质量。全年组织采购188次，下达采购预算5 129万元，比上年增加1 418万元，增长38.2%，实际支付采购资金4 441万元，比上年增加1 223万元，增长38%，资金节约率达13.41%。四是加大监督检查力度。认真开展强农、惠农资金专项清查和国有及国有控股企业小金库治理工作，对农业产业化资金、农业保险资金、农业综合开发项目资金进行专项检查。

5. 科学提升干部素质，努力做到队伍管理精细化。一是健全干部管理机制。印发《五家渠市财政局各科室、中心设置方案》和《五家渠市财政局各科室、中心职责范围》，局机关内设八个职能科室，分工协作、职责明确的财政工作格局逐步建立起来。二是深化干部教育学习。选派20多名财政干部到上海国家会计学院、厦门国家会计学院进行培训，强化干部理论功底，提高业务水平。三是加强财会人员培训。全年举办会计人员继续教育培训15期，有1 630人参加培训，提高了财务人员的会计从业能力和遵守财经纪律的意识。四是加强机构建设。国库支付中心人员全部到位，明确了岗位职责，规范了运行程序。财政投资评审中心的机构和人员编制得到落实。五是转变工作作风。对年度财务管理工作成绩突出的预算单位和年度工作成绩突出的科室、中心分别进行表彰，有力地促进了财政干部工作作风的转变。

6. 科学建设廉政财政，努力做到惩防管理精细化。一是推进财政部门领导班子建设，严格落实党风廉政责任制，认真贯彻廉政准则。二是进行干部轮岗，采购中心主任和会计核算中心副主任首先进行轮岗，既促进了工作，又保护了干部。

四、围绕对口支援，积极主动做好援助资金管理和财政“十二五”规划编制工作

山西省对口援助资金已到位1 850万元。按照对口援助资金管理办法，五家渠市对资金实行了专人管理、专账核算、专户存储。

（五家渠市财政局供稿，张宏波执笔）

第四部分

财政统计资料

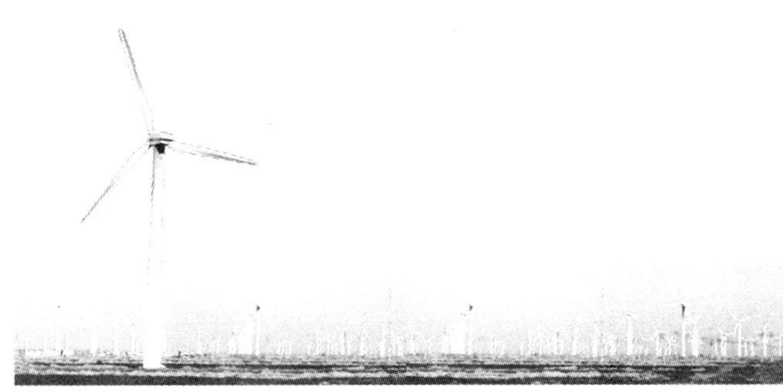

2010 年新疆维吾尔自治区国民经济和社会发展统计公报

2010 年，自治区党委、人民政府带领全区各族人民，以科学发展观为统领，认真贯彻落实中央新疆工作座谈会和自治区党委七届九次、十次全委（扩大）会议精神，解放思想，凝聚力量，抢抓机遇，扎实工作，综合经济实力迈上新台阶，发展质量进一步提升，民生得到持续改善，各项社会事业全面进步。

一、综合

初步核算，全年实现地区生产总值（GDP）5 418.81 亿元，比上年增加 1 141.76 亿元，首次突破 5 000 亿元大关。按可比价格计算，比上年增长 10.6%。其中：第一产业增加值1 078.61 亿元，增长 4.5%；第二产业增加值 2 533.69 亿元，增长 12.6%；第三产业增加值 1 806.51 亿元，增长 10.9%。三次产业比例为 19.9：46.8：33.3。

人均生产总值 24 978 元，按可比价格计算，增长 9.4%，以当年平均汇率折算，人均 3 690 美元，首次突破人均 3 000 美元大关。

居民消费价格比上年上涨 4.3%，其中食品价格上涨 10.7%、居住价格上涨 2.7%。服务项目价格上涨 1.5%。

表 1　2010 年居民消费价格比上年涨跌幅度

指　　标	涨跌幅度（%）
居民消费价格	4.3
城　市	3.6
农　村	5.8
食　品	10.7
#粮　食	8.9
肉禽及其制品	13.0
油　脂	7.6
蛋　类	12.3
水产品	7.4
烟酒及用品	2.0
衣　着	-0.8
家庭设备用品及服务	1.2
医疗保健和个人用品	2.0
交通和通信	持平
娱乐教育文化用品及服务	1.2
居　住	2.7
水、电、燃料	2.5
租　房	3.3
建房及装饰材料	3.5

工业品出厂价格上涨 25.3%，其中轻工业上涨 8.9%、重工业上涨 28.7%。原材料、燃料、动力购进价格上涨 23.9%。农产品生产价格上涨 31.5%。农业生产资料价格上涨 3.1%。固定资产投资价格上涨 4.6%。

算，比上年增长13.5%。

二、农业

农林牧渔业总产值1 846.18亿元，按可比价格计算，比上年增长4.9%。其中：农业产值1 376.89亿元，增长4.7%；林业产值35.27亿元，增长6.4%；畜牧业产值375.79亿元，增长5.1%；渔业产值12.66亿元，增长5.5%；农林牧渔服务业产值45.57亿元，增长6.1%。

农作物播种面积7 137.96万亩，增长1.0%。其中：粮食播种面积3 042.91万亩，增长1.8%；棉花播种面积2 190.90万亩，增长3.6%；油料播种面积410.06万亩，增长1.2%；甜菜播种面积112.91万亩，增长18.1%；蔬菜播种面积455.39万亩，增长15.8%。

全年粮食产量1 170.70万吨，增长1.6%。棉花产量247.90万吨，下降1.8%。油料产量66.62万吨，增长4.2%。甜菜产量486.97万吨，增长16.4%。蔬菜产量1 734.40万吨，增长25.4%。水果（含果用瓜）产量1 028.85万吨，下降2.6%，其中园林水果593.85万吨，增长5.1%。

年末牲畜存栏3 722.12万头（只），下降3.2%；全年牲畜出栏3 498.52万头（只），增长6.6%。肉类总产量122.05万吨，增长5.8%，其中羊肉产量46.95万吨，增长7.2%；牛肉产量35.47万吨，增长4.7%；猪肉产量23.05万吨，增长4.6%。牛奶产量128.60万吨，增长6.4%。绵羊毛产量6.85万吨，下降4.3%。水产品产量10万吨，增长3.1%。

年末农业机械总动力1 642.93万千瓦，增长9.3%。拥有大中型拖拉机25.38万台，增长16.5%。小型拖拉机36.12万台，下降2.7%。化肥施用量（折纯）167.57万吨，增长7.2%。农村用电量64.29亿千瓦时，增长9.0%。

三、工业和建筑业

全部工业增加值2 105亿元，按可比价格计

规模以上工业增加值增长13.6%。其中：轻工业增长14.9%，重工业增长13.0%。在自治区重点监测的十大产业中，煤炭工业增长11.1%，石油工业增长6.7%，钢铁工业增长30.7%，有色工业增长10.4%，纺织工业增长6.5%，化学工业增长43.4%，电力工业增长18.8%，汽车工业增长38.3%，装备制造工业增长31.0%，农副食品加工工业增长16.2%。

表2　2010年主要工业产品产量及增速

产品名称	单　位	产　量	比上年增长（%）
原　煤	万吨	9 926.73	12.6
原　油	万吨	2 558.16	1.8
天然气	亿立方米	249.91	1.8
原油加工量	万吨	2 190.37	17.5
乙　烯	万吨	119.33	1.4倍
发电量	亿千瓦时	679.32	18.9
成品糖	万吨	45.10	10.6
卷　烟	亿支	150.00	11.1
罐　头	万吨	110.63	-8.1
纱	万吨	41.58	7.7
布	亿米	1.51	-0.5
机制纸及纸板	万吨	37.10	4.3
化肥（折100%）	万吨	159.10	持平
粗　钢	万吨	825.54	26.4
钢　材	万吨	891.70	29.1
生　铁	万吨	941.12	23.1
水　泥	万吨	2 400.96	17.1
变压器	万千伏安	3 582.94	37.2

规模以上工业产品销售率97.9%，比上年提高2.3个百分点。其中：轻工业94.3%，比上年提高1.4个百分点；重工业98.4%，比上年提高2.5个百分点。出口交货值55.98亿元，增长25.6%。实现利润总额788.33亿元，增长74.7%。亏损企业亏损额60.44亿元，下降4.3%。

全社会建筑业增加值428.69亿元，按可比

价格计算，比上年增长 8.3%。具有资质等级的总承包和专业承包建筑企业总产值 938.48 亿元，增长 12.7%。

四、固定资产投资

全社会固定资产投资 3 539 亿元，比上年增长 25.2%。按城乡划分，城镇投资 3 175.24 亿元，增长 25.2%；农村投资 363.76 亿元，增长 24.8%。

按三次产业划分，第一产业投资 211.96 亿元，增长 23.0%；第二产业投资 1 648.25 亿元，增长 27.3%；第三产业投资 1 678.79 亿元，增长 23.5%。在第二产业中，工业投资 1 606.92 亿元，增长 26.9%，其中制造业投资 618.13 亿元，增长 37.0%。在全社会固定资产投资中，地方项目投资 2 436.05 亿元，增长 32.2%；民间投资 1 207.86 亿元，增长 58.8%。

房地产开发投资 344.93 亿元，增长 46.2%。房屋施工面积 3 997.24 万平方米，增长 30.4%；竣工面积 896.76 万平方米，下降 13.2%。商品房销售面积 1 504.96 万平方米，增长 7.0%；销售额 466.02 亿元，增长 27.2%。

五、国内贸易

社会消费品零售总额 1 324.47 亿元，比上年增长 17.1%，扣除物价上涨因素，实际增长 12.0%。

按城乡划分，城镇零售额 1 181.26 亿元，增长 17.4%；乡村零售额 143.21 亿元，增长 14.9%。按行业划分，批发和零售业零售额 1 156.62亿元，增长 16.7%；住宿和餐饮业零售额 167.85 亿元，增长 20.5%。

六、对外经济

全年货物进出口总额 171.28 亿美元，比上年增长 22.8%，其中：出口 129.70 亿美元，增长 18.6%；进口 41.58 亿美元，增长 38.0%。

新批准设立外商直接投资企业 51 个，比上年增长 18.6%。合同使用外商直接投资项目 59 个，增长 7.3%；实际利用外商直接投资 2.37 亿美元，增长 10.1%。

表 3　2010 年货物进出口总额及增速

单位：亿美元

指　　标	绝对数	比上年增长（%）
货物进出口总额	171.28	22.8
出口	129.70	18.6
其中：一般贸易	20.89	23.5
加工贸易	3.04	-5.7
边境小额贸易	76.75	0.7
其中：机电产品	22.20	24.9
高新技术产品	1.07	21.1
进口	41.58	38.0
其中：一般贸易	15.46	19.6
加工贸易	0.23	-10.3
边境小额贸易	23.67	49.9
其中：机电产品	7.00	-3.3
高新技术产品	2.95	8.9

七、交通、邮电和旅游

铁路完成货运量 6 857.10 万吨，比上年增长 6.9%；公路（不含非营运性车辆、下同）41 682万吨，增长 7.8%；民航 3.73 万吨，下降 1.6%。铁路完成客运量 1 554.70 万人，增长 13.4%；公路 30 413 万人，增长 6.6%；民航 490.31 万人，增长 20.3%。

年末铁路营业里程 4 393.30 公里，增长 14.5%；民航通航里程 17.70 万公里，增长 16.6%；公路里程 15.29 万公里，增长 1.5%。

年末民用汽车保有量 135.85 万辆（包括三轮车和低速货车），增长 22.8%，其中私人汽车 85.76 万辆，增长 31.6%。

邮电业务总量 582.32 亿元，比上年增长 21.4%。其中：邮政业务总量 16.82 亿元，增长 26.2%；电信业务总量 565.50 亿元，增长 21.3%。固定电话用户 547.50 万户，下降

4.5%，固定电话普及率每百人25.4部；移动电话用户1 359.80万户，增长21.5%，移动电话普及率每百人62.2部；互联网用户161.10万户，增长30.1%。

全年接待国际旅游人数106.53万人次，比上年增长43.5%；国际旅游外汇收入3.68亿美元，增长40.8%。接待国内旅游人数3 037.84万人次，增长44.8%；国内旅游收入281.13亿元，增长59.1%。

八、财政和金融

全口径财政收入1 190.80亿元，比上年增长34.8%。地方财政收入693.27亿元，增长40.6%。地方财政一般预算收入500.58亿元，增长28.8%，其中各项税收收入416.23亿元，增长38.2%。在税收收入中，国内增值税75.31亿元，增长30.7%；营业税151.27亿元，增长34.6%；资源税32.47亿元，增长1.6倍。

地方财政支出1 885.56亿元，增长27.9%。地方财政一般预算支出1 698.91亿元，增长26.1%。其中：住房保障支出90.02亿元，增长63.1%；社会保障和就业支出166.40亿元，增长19.7%；教育支出313.84亿元，增长30.8%；医疗卫生支出103.56亿元，增长22.1%。

年末金融机构（含外资）人民币各项存款余额8 870.02亿元，比年初增加2 019亿元，比上年增长29.5%。其中：企业存款余额2 791.72亿元，增长36.3%；储蓄存款余额3 713.47亿元，增长21.7%。

金融机构（含外资）人民币各项贷款余额4 973.16亿元，比年初增加1 183.76亿元，增长31.3%。其中：短期贷款1 845.60亿元，增长20.9%；中长期贷款2 924.31亿元，增长43.5%。个人消费贷款457.76亿元，增长46.7%。

年末共有上市公司37家，比上年增加3家。股票总股本205.40亿股，比上年增长20.9%；股票总市值3 703.07亿元，增长22.6%。全年通过IPO（首发融资上市）、增发、配股、公司债等方式共筹集资金213.52亿元人民币，增长3.9倍。其中，A股筹集资金143.13亿元，增长2.3倍。

全年保险公司各项保费收入190.92亿元，比上年增长21.9%。其中：寿险108.60亿元，增长22.7%；财产险63亿元，增长21.6%；健康险14.39亿元，增长17.6%；意外险4.93亿元，增长20.2%。各类保险赔款及给付支出49.34亿元，增长2.5%。其中：财产险赔款29.21亿元，增长9.8%；寿险赔付13.13亿元，下降14.3%；健康险赔付5.84亿元，增长10.7%；意外险赔付1.16亿元，增长25.9%。

九、教育和科学技术

年末共有普通高等学校32所。全年研究生教育招生4 595人，比上年增长9.7%；在校研究生12 675人，增长8.9%；毕业生3 360人，增长11.2%。本专科招生7.46万人，增长7.0%；在校生25.12万人，增长3.9%；毕业生6.35万人，增长11.3%。

各类中等职业教育招生9.89万人，增长11.8%；在校生23.33万人，增长7.2%；毕业生6.64万人，增长11.7%。普通高中招生15.32万人，增长2.9%；在校生41.91万人，增长0.5%；毕业生13.57万人，下降1.2%。初中招生33.61万人，下降1.4%；在校生100.33万人，下降2.4%；毕业生33.75万人，下降4.9%。小学招生31.19万人，下降2.1%；在校生193.58万人，下降1.9%；毕业生33.44万人，下降1.6%；幼儿园在园幼儿57.90万人，增长18.0%。

小学学龄儿童入学率99.8%，其中农村99.7%。初中阶段适龄少年入学率97.2%，其中农村96.3%。初中毕业升入普通高中（含技工）升学率83.0%。

全年安排自治区级科技计划项目1 106项，承担国家级科技计划项目（课题）484项。获得省部级以上科技成果229项。拥有县以上部门属研究与技术开发机构 118 个。重点实验室 23 个，工程技术研究中心 20 个，其中国家级 4 个。自治区级科技成果转化基地 45 个。截至 2010 年底，按新办法认定的高新技术企业 113 个，国家级高新技术产业开发区 2 个，自治区级高新技术工业园区 5 个，国家大学科技园 1 个。生产力促进中心 24 家，其中国家级示范中心 9 家。国家级创新型企业 4 个，国家级创新型试点企业 6 个。

受理专利申请 3 560 项，其中受理发明专利申请 914 项，占 25.7%；获得专利授权 2 562 项，其中获得发明专利授权 189 项，占 7.4%。签订技术合同 1 701 项，技术合同成交金额 4.64 亿元，其中技术交易额 4.31 亿元。

十、文化、卫生和体育

年末拥有群众艺术馆 15 个，文化馆 94 个，公共图书馆 94 个，博物馆 64 个。拥有广播电台 6 座，广播综合人口覆盖率 94.9%。电视台 8 座，电视人口综合覆盖率 95.3%。有线电视用户 192.45 万户，增长 6.3%，其中有线数字电视用户 131.35 万户，增长 27.7%。拍摄故事片 2 部，译制少数民族语故事片 161 部，增长 37.6%。出版各类期刊 0.10 亿册，各类图书 1.12 亿册（张）。

全区共有卫生机构（不含兵团）6 393 个，拥有床位 10.48 万张，卫生技术人员 10.23 万人。其中：医院、卫生院 1 502 个，床位 9.89 万张；疾病预防控制中心 122 个；妇幼保健机构 89 个。乡镇卫生院 900 个，床位 2.24 万张，卫生技术人员 1.66 万人。成功举办 2010 年跆拳道世界杯比赛。新疆运动健儿参加国际、国内比赛共获得 21 枚金牌、17 枚银牌、15 枚铜牌。在第十六届亚运会上，新疆运动员参加团体和个人比赛获得 1 枚金牌、1 枚银牌、1 枚铜牌。

十一、人民生活

城镇居民人均可支配收入 13 644 元，比上年增长 11.3%。其中工资性收入 11 328 元，增长 10.7%。人均消费性支出 10 197 元，比上年增长 9.3%，其中人均食品支出 3 695 元，增长 9.1%。城镇居民家庭恩格尔系数 36.2，比上年降低 0.1 个百分点。

农村居民人均纯收入 4 643 元，增长 19.6%。其中工资性收入 556 元，增长 20.5%；家庭经营纯收入 3 650 元，增长 18.9%；转移性纯收入 310 元，增长 34.3%；财产性纯收入 127 元，增长 4.3%。人均生活消费支出 3 458 元，增长 17.2%。农村居民家庭恩格尔系数 40.3，比上年降低 1.2 个百分点。

十二、劳动就业和社会保障

年末就业人员 889.35 万人，比上年净增 21.99 万人，增长 2.7%。通过各种途径实现城镇就业再就业 51.68 万人，其中下岗职工再就业 9.70 万人。21 902 户“零就业”家庭中 24 414 人实现就业。城镇登记失业率 3.2%，比上年降低 0.6 个百分点。

年末全区参加失业保险 169.60 万人，领取失业保险金 6.34 万人。参加基本养老保险 259.67 万人，增加 27.59 万人，其中参保职工 193.07 万人，增加 15.49 万人；参保离退休人员 66.60 万人，增加 12.10 万人。企业参加基本养老保险离退休人员 64.83 万人，增加 12.10 万人。城镇职工参加基本医疗保险 296.72 万人，增加 17.61 万人，其中参保职工 224.78 万人，增加 13.93 万人；参保退休人员 71.94 万人，增加 3.7 万人。参加工伤保险 184.13 万人，增加 16.43 万人。参加生育保险 188.23 万人，增加 12.16 万人。

城镇居民中有 85.10 万人得到政府最低生活保障救济，比上年增加 20.60 万人。年末各类收养性社会福利单位拥有床位 3 万张；收养各类人员 2.50 万人。城镇各种社区服务设施 1 236 个。销售社会福利彩票 19.30 亿元，增长 21.9%；筹集社会福利资金 5.66 亿元，增长 14.8%。直接接受社会捐赠1 794.70万元。

开展新型农村合作医疗工作的县（市）89个，覆盖农牧业人口1 033.70万人，比上年增加12.06万人。实际参加新型农牧区合作医疗的农牧民1 019.03万人，增加25.45万人，参合率98.6%。

新型农村养老保险试点扩大到56个县（市），参保人员357.93万人，已领取养老保险待遇58.03万人。

十三、资源、环境和安全生产

新发现大中型非油气矿产地22处。其中：能源矿产地19处，均为煤矿；金属矿产地3处，即铁矿1处、菱镁矿1处、铅锌矿1处。

全年共完成废气污染物二氧化硫减排项目57个，新增二氧化硫削减量2.10万吨；完成废水污染物化学需氧量减排项目37个，新增化学需氧量削减量1.62万吨。

在监测的19个城市中，有12个城市空气质量达到国家Ⅱ级以上标准，比上年增加2个；城市空气质量好于Ⅱ级的优良天数占84.0%。首府乌鲁木齐市空气质量好于Ⅱ级的优良天数占72.9%，比上年提高1.1个百分点。

在监测的64条河流160个断面中，Ⅰ～Ⅲ类优良水质断面比例为91.2%，提高2.9个百分点；Ⅳ～Ⅴ类轻中度污染水质断面比例为5.0%，下降1.5个百分点；劣Ⅴ类重度污染水质断面比例为3.8%，下降1.4个百分点。

在监测的30座湖库中，Ⅰ～Ⅲ类优良水质湖库占50.0%，比上年提高6.7个百分点；Ⅳ～Ⅴ类轻中度污染水质湖库占20%，下降3.4个百分点；劣Ⅴ类重度污染水质湖库占30.0%，下降3.3个百分点。

各类国家和自治区级自然保护区28个，保护区总面积21.49万平方公里，占全区国土面积的13.0%，其中国家级自然保护区9个。

全年共发生各类生产安全事故10 602起，比上年上升0.4%。死亡2 507人，下降3.2%。亿元GDP安全生产事故死亡率0.5，下降16.7%；道路交通万车死亡率7.58，下降2.9%；煤矿百万吨死亡率1.02，下降19.7%；工矿商贸十万从业人员事故死亡率8.1，上升6.4%。

备注：

1. 规模以上工业指年销售收入500万元以上的工业企业。

2. 自2010年起，社会消费品零售总额口径及统计分组有所调整，社会消费品零售总额中不包括除批发和零售业、住宿和餐饮业以外的其他行业零售额；统计分组由城市、农村分组改为城镇和乡村分组。基期数做同口径调整。

3. 国际旅游人数增加了口岸旅游购物人数，基期数做同口径调整。

4. 按照国家统计局的统一规定，人口数据与人口普查数据一并发布。

5. 地区生产总值（GDP）、三次产业增加值及各行业增加值指标绝对数按现价计算，增长速度按可比价格计算。

2010 年新疆维吾尔自治区财政一般预算收支决算总表

单位：万元

预算科目	调整预算数	决算数	预算科目	调整预算数	决算数
一、税收收入	3 951 700	4 162 343	一、一般公共服务	1 967 222	1 955 676
增值税	746 043	753 113	二、外交	3 879	3 879
营业税	1 403 158	1 512 668	三、国防	40 822	40 332
企业所得税	371 012	400 152	四、公共安全	1 358 763	1 285 559
企业所得税退税			五、教育	3 223 526	3 138 356
个人所得税	248 799	273 834	六、科学技术	202 304	201 869
资源税	325 638	324 678	七、文化体育与传媒	350 932	339 222
固定资产投资方向调节税			八、社会保障和就业	1 678 599	1 664 041
城市维护建设税	300 860	318 406	九、医疗卫生	1 080 144	1 035 599
房产税	121 160	123 506	十、环境保护	555 827	510 155
印花税	53 652	55 487	十一、城乡社区事务	960 108	952 755
城镇土地使用税	104 362	97 316	十二、农林水事务	2 296 531	2 204 962
土地增值税	67 279	79 934	十三、交通运输	915 649	915 385
车船税	28 580	31 144	十四、资源勘探电力信息等事务	393 068	385 301
耕地占用税	36 456	39 307	十五、商业服务业等事务	240 630	216 365
契税	144 581	152 583	十六、金融监管等事务支出	40 028	40 028
烟叶税	120	215	十七、地震灾后恢复重建支出	110 689	108 611
其他税收收入			十八、国土资源气象等事务	350 867	336 460
二、非税收入	756 081	843 416	十九、住房保障支出	918 088	900 177
专项收入	302 505	324 350	二十、粮油物资储备管理事务	122 032	122 032
行政事业性收费收入	185 060	196 106	二十一、预备费		
罚没收入	118 937	123 790	二十二、国债还本付息支出	56 143	56 143
国有资本经营收入	70 060	85 855	二十三、其他支出	1 118 005	576 219
国有资源（资产）有偿使用收入	66 963	85 032			
其他收入	12 556	28 283			
本年收入合计	4 707 781	5 005 759	本年支出合计	17 983 856	16 989 126

2010 年新疆维吾尔自治区财政一般预算收支决算总表（续）

单位：万元

预算科目	决算数	预算科目	决算数
本年收入合计	5 005 759	本年支出合计	16 989 126
上级补助收入	11 254 195	上解上级支出	24 530
返还性收入	762 038	一般性转移支付	12 644
增值税和消费税税收返还收入	371 466	体制上解支出	
所得税基数返还收入	72 672	出口退税专项上解支出	12 644
成品油价格和税费改革税收返还收入	317 900	成品油价格和税费改革专项上解支出	
其他税收返还收入		专项转移支付	11 886
一般性转移支付收入	5 955 442	专项上解支出	11 886
体制补助收入	193 723	计划单列市上解省支出	
均衡性转移支付补助收入	2 538 800		
民族地区转移支付补助收入	491 662		
调整工资转移支付补助收入	1 162 475		
农村税费改革补助收入	145 282		
县级基本财力保障机制奖补资金收入	194 520		
结算补助收入	106 786		
化解债务补助收入			
资源枯竭型城市转移支付补助收入			
企业事业单位划转补助收入	90 248		
成品油价格和税费改革转移支付补助收入	94 400		
工商部门停征两费转移支付收入	20 544		
一般公共服务转移支付收入	4 958		
公共安全转移支付收入	169 176		
教育转移支付收入	253 146		
社会保障和就业转移支付收入	270 005		
医疗卫生转移支付收入			
农林水转移支付收入	13 975		
其他一般性转移支付收入	205 742		
专项转移支付收入	4 536 715		
地震灾后恢复重建补助收入			
省补助计划单列市收入			

续表

预算科目	决算数	预算科目	决算数
财政部代理发行地方政府债券收入	600 000	财政部代理发行地方政府债券还本	
转贷财政部代理发行地方政府债券收入		转贷财政部代理发行地方政府债券支出	
		增设预算周转金	
国债转贷收入		拨付国债转贷资金数	
国债转贷资金上年结余		国债转贷资金结余	
国债转贷转补助			
上年结余	1 049 592		
调入预算稳定调节基金		安排预算稳定调节基金	100 000
调入资金	198 840	调出资金	
1. 政府性基金调入	9 061	年终结余	994 730
2. 国有资本经营预算调入		其中：本级	743 367
3. 预算外调入	24 541	减：结转下年的支出	993 883
4. 其他调入	165 238	其中：本级	709 769
地震灾后恢复重建调入资金		净结余	847
预算稳定调节基金调入		其中：本级	33 598
预算外资金调入			
收 入 总 计	18 108 386	支 出 总 计	18 108 386

2010 年新疆维吾尔自治区财政一般预算收入决算明细表

单位：万元

预算科目	决算数	预算科目	决算数
税收收入	4 162 343	国有航天工业所得税	
增值税	753 113	国有电子工业所得税	
国内增值税	753 113	国有兵器工业所得税	
国有企业增值税	64 380	国有船舶工业所得税	
集体企业增值税	3 327	国有建筑材料工业所得税	89
股份制企业增值税	598 493	国有烟草企业所得税	9 098
联营企业增值税	424	国有纺织企业所得税	119
港澳台和外商投资企业增值税	22 736	国有铁道企业所得税	18
私营企业增值税	76 034	其他国有铁道企业所得税	18
其他增值税	30 298	国有交通企业所得税	204
增值税税款滞纳金、罚款收入	1 434	国有民航企业所得税	
福利企业增值税退税	－3 352	国有外贸企业所得税	29
软件集成电路增值税退税	－43	国有银行所得税	12
三线搬迁增值税退税		其他国有银行所得税	12
民贸企业增值税退税		国有非银行金融企业所得税	
宣传文化单位增值税退税	－1 593	其他国有非银行金融企业所得税	
森工综合利用增值税退税	－21	国有保险企业所得税	
其他增值税退税	－9 281	国有文教企业所得税	33
免抵调增增值税	6 951	国有电影企业所得税	21
成品油价格和税费改革增值税划出	－36 674	国有出版企业所得税	1
营业税	1 512 668	其他国有文教企业所得税	11
金融保险业营业税（地方）	162 376	国有水产企业所得税	
交强险营业税	2 488	国有森林工业企业所得税	2
其他金融保险业营业税	159 888	国有电信企业所得税	10
一般营业税	1 348 944	国有农垦企业所得税	2 074
营业税税款滞纳金、罚款收入	1 348	其他国有企业所得税	12 651
营业税退税		集体企业所得税	9 936
企业所得税	400 152	股份制企业所得税	224 691
国有冶金工业所得税	1	其他股份制企业所得税	224 691
国有有色金属工业所得税		联营企业所得税	19
国有煤炭工业所得税	209	港澳台和外商投资企业所得税	30 993
国有电力工业所得税	744	其他港澳台和外商投资企业所得税	30 993
其他国有电力工业所得税	744	私营企业所得税	44 122
国有石油和化学工业所得税	440	其他企业所得税	8 525
国有机械工业所得税	23	分支机构预缴所得税	20 525
国有汽车工业所得税		国有企业分支机构预缴所得税	907
国有核工业所得税		股份制企业分支机构预缴所得税	16 834
国有航空工业所得税		港澳台和外商投资企业分支机构预缴所得税	2 645

续表

预算科目	决算数	预算科目	决算数
其他企业分支机构预缴所得税	139	国有航天工业所得税退税	
总机构预缴所得税	17 222	国有电子工业所得税退税	
国有企业总机构预缴所得税	504	国有兵器工业所得税退税	
股份制企业总机构预缴所得税	12 708	国有船舶工业所得税退税	
港澳台和外商投资企业总机构预缴所得税	3 709	国有建筑材料工业所得税退税	
其他企业总机构预缴所得税	301	国有烟草企业所得税退税	
跨市县分支机构预缴所得税	5 099	国有纺织企业所得税退税	
国有企业分支机构预缴所得税	388	国有铁道企业所得税退税	
股份制企业分支机构预缴所得税	2 558	国有交通企业所得税退税	
港澳台和外商投资企业分支机构预缴所得税	1 835	国有民航企业所得税退税	
其他企业分支机构预缴所得税	318	国有外贸企业所得税退税	
跨市县总机构预缴所得税	6 894	国有银行所得税退税	
国有企业总机构预缴所得税	2 008	其他国有银行所得税退税	
股份制企业总机构预缴所得税	2 518	国有非银行金融企业所得税退税	
港澳台和外商投资企业总机构预缴所得税	1 887	其他国有非银行金融企业所得税退税	
其他企业总机构预缴所得税	481	国有保险企业所得税退税	
跨市县总机构汇算清缴所得税	4 632	国有文教企业所得税退税	
国有企业总机构汇算清缴所得税	1 344	国有电影企业所得税退税	
股份制企业总机构汇算清缴所得税	222	国有出版企业所得税退税	
港澳台和外商投资企业总机构汇算清缴所得税	2 870	其他国有文教企业所得税退税	
		国有水产企业所得税退税	
其他企业总机构汇算清缴所得税	196	国有森林工业企业所得税退税	
企业所得税税款滞纳金、罚款、加收利息收入	1 738	国有电信企业所得税退税	
内资企业所得税税款滞纳金、罚款、加收利息收入	1 707	其他国有企业所得税退税	
		集体企业所得税退税	
港澳台和外商投资企业所得税税款滞纳金、罚款、加收利息收入	31	股份制企业所得税退税	
		其他股份制企业所得税退税	
企业所得税退税		联营企业所得税退税	
国有冶金工业所得税退税		私营企业所得税退税	
国有有色金属工业所得税退税		跨省市总分机构企业所得税退税	
国有煤炭工业所得税退税		国有跨省市总分机构企业所得税退税	
国有电力工业所得税退税		股份制跨省市总分机构企业所得税退税	
国有石油和化学工业所得税退税		港澳台和外商投资跨省市总分机构企业所得税退税	
国有机械工业所得税退税			
国有汽车工业所得税退税		其他跨省市总分机构企业所得税退税	
国有核工业所得税退税		跨市县总分机构企业所得税退税	
国有航空工业所得税退税		国有跨市县总分机构企业所得税退税	

续表

预算科目	决算数	预算科目	决算数
股份制跨市县总分机构企业所得税退税		股份制企业房产税	74 274
港澳台和外商投资跨市县总分机构企业所得税退税		联营企业房产税	7
		港澳台和外商投资企业房产税	4 473
其他跨市县总分机构企业所得税退税		私营企业房产税	8 664
其他企业所得税退税		其他房产税	15 568
个人所得税（款）	273 834	房产税税款滞纳金、罚款收入	609
个人所得税（项）	273 590	印花税	55 487
利息所得税	1 175	证券交易印花税（项）	
其他个人所得税	272 415	证券交易印花税（目）	
个人所得税税款滞纳金、罚款收入	244	证券交易印花税退库	
资源税	324 678	其他印花税	55 103
其他资源税	324 270	印花税税款滞纳金、罚款收入	384
资源税税款滞纳金、罚款收入	408	城镇土地使用税	97 316
固定资产投资方向调节税		国有企业城镇土地使用税	17 928
国有企业固定资产投资方向调节税		集体企业城镇土地使用税	1 097
集体企业固定资产投资方向调节税		股份制企业城镇土地使用税	64 382
股份制企业固定资产投资方向调节税		联营企业城镇土地使用税	4
联营企业固定资产投资方向调节税		私营企业城镇土地使用税	7 403
港澳台和外商投资企业固定资产投资方向调节税		港澳台和外商投资企业城镇土地使用税	3 143
		其他城镇土地使用税	2 742
私营企业固定资产投资方向调节税		城镇土地使用税税款滞纳金、罚款收入	617
其他固定资产投资方向调节税		土地增值税	79 934
固定资产投资方向调节税税款滞纳金、罚款收入		国有企业土地增值税	3 083
		集体企业土地增值税	139
城市维护建设税	318 406	股份制企业土地增值税	54 408
国有企业城市维护建设税	50 679	联营企业土地增值税	-8
集体企业城市维护建设税	2 538	港澳台和外商投资企业土地增值税	6 640
股份制企业城市维护建设税	315 832	私营企业土地增值税	12 091
联营企业城市维护建设税	33	其他土地增值税	3 356
港澳台和外商投资企业城市维护建设税	74	土地增值税税款滞纳金、罚款收入	225
私营企业城市维护建设税	15 616	车船税（款）	31 144
其他企业城市维护建设税	23 468	车船税（项）	31 097
城市维护建设税税款滞纳金、罚款收入	141	车船税税款滞纳金、罚款收入	47
成品油价格和税费改革城市维护建设税划出	-89 975	耕地占用税（款）	39 307
房产税	123 506	耕地占用税（项）	39 292
国有企业房产税	17 332	耕地占用税退税	
集体企业房产税	2 579	耕地占用税税款滞纳金、罚款收入	15

续表

预算科目	决算数	预算科目	决算数
契税（款）	152 583	机动车抵押登记费	
契税（项）	152 262	机动车安全技术检验费	2 485
契税税款滞纳金、罚款收入	321	驾驶证工本费	1
烟叶税（款）	215	驾驶许可考试费	277
烟叶税（项）	215	临时入境机动车号牌和行驶工本费	
烟叶税税款滞纳金、罚款收入		临时机动车驾驶证工本费	
其他税收收入		其他缴入国库的公安行政事业性收费	34 702
非税收入	843 416	法院行政事业性收费收入	15 577
专项收入	324 350	诉讼费	15 178
排污费收入（项）	32 394	其他缴入国库的法院行政事业性收费	399
排污费收入（目）	32 394	司法行政事业性收费收入	2 084
海洋工程排污费收入		外国律师事务所办事处申请手续费	
水资源费收入	9 561	外国律师事务所办事处年检费	
教育费附加收入（项）	145 809	公证费	1 668
教育费附加收入（目）	185 625	司法考试考务费	291
成品油价格和税费改革教育费附加收入划出	－39 855	其他缴入国库的司法行政事业性收费	125
教育费附加滞纳金、罚款收入	39	外交行政事业性收费收入	81
矿产资源补偿费收入	71 042	护照费	27
探矿权、采矿权使用费及价款收入	62 514	认证费	
探矿权、采矿权使用费收入	3 115	签证费	19
探矿权、采矿权价款收入	59 399	驻外使领馆公证翻译费	
场外核应急准备收入		代发电报收费	19
草原植被恢复费收入		其他缴入国库的外交行政事业性收费	16
其他专项收入	3 030	工商行政事业性收费收入	4 546
行政事业性收费收入	196 106	企业注册登记费	2 137
公安行政事业性收费收入	40 726	个体工商户注册登记费	122
外国人签证费	228	商标注册收费	
外国人证件费		其他缴入国库的工商行政事业性收费	2 287
公民出入境证件费	1 396	商贸行政事业性收费收入	95
中国国籍申请手续费		证书工本费	95
口岸以外边防检查监护费		其他缴入国库的商贸行政事业性收费	
往来港澳小型船舶查验簿收费		财政行政事业性收费收入	1 862
户籍管理证件工本费	309	证书工本费	1 157
居民身份证工本费	1 301	考试考务费	390
机动车号牌工本费	2	其他缴入国库的财政行政事业性收费	315
机动车行驶证工本费	8	税务行政事业性收费收入	2 875
机动车登记证书工本费	17	税务发票工本费	2 874

续表

预算科目	决算数
税务登记证工本费	1
其他缴入国库的税务行政事业性收费	
审计行政事业性收费收入	6
考试考务费	2
其他缴入国库的审计行政事业性收费	4
人口和计划生育行政事业性收费收入	1 341
社会抚养费	1 299
其他缴入国库的人口和计划生育行政事业性收费	42
外专局行政事业性收费收入	
出国培训备选人员外语考务费、考试费	
其他缴入国库的外专局行政事业性收费	
保密行政事业性收费收入	2
保密证表包装材料费	
其他缴入国库的保密行政事业性收费	2
质量监督检验检疫行政事业性收费收入	16 785
客运索道运营审查检验和定期检验费	7
压力管道安装审查检验和定期检验费	178
压力管道元件制造审查检验费	
特种劳动防护用品检验费	
一般劳动防护用品检验费	
棉花监督检验费	207
锅炉、压力容器检验费	1 206
考试考务费	
工业产品生产许可证收费	
计量收费	2 662
统一代码标识证书收费	667
产品质量监督检验费	2 471
其他缴入国库的质检行政事业性收费	9 387
出版行政事业性收费收入	
计算机软件著作权登记费	
其他缴入国库的出版行政事业性收费	
安全生产行政事业性收费收入	
其他缴入国库的安全生产行政事业性收费	
档案行政事业性收费收入	25
档案收费	11
科学技术档案信息资源收费	
其他缴入国库的档案行政事业性收费	14
贸促会行政事业性收费收入	17
ATA 单证册收费	
其他缴入国库的贸促会行政事业性收费	17
宗教行政事业性收费收入	37
其他缴入国库的宗教行政事业性收费	37
人防办行政事业性收费收入	16 481
防空地下室易地建设费	16 477
其他缴入国库的人防办行政事业性收费	4
文化行政事业性收费收入	8
摄影师预备资格考试费	
其他缴入国库的文化行政事业性收费	8
教育行政事业性收费收入	404
中小学阅读图书评审费	
教师资格考试费	184
普通话水平测试费	62
其他缴入国库的教育行政事业性收费	158
科技行政事业性收费收入	
其他缴入国库的科技行政事业性收费	
体育行政事业性收费收入	
运动员或运动团体注册费	
俱乐部运动员转会手续费	
段位考评认定费	
比赛报名费	
兴奋剂检测费	
体育特殊专业招生考务费	
其他缴入国库的体育行政事业性收费	
发展与改革（物价）行政事业性收费收入	142
非刑事案件财物价格鉴定费	89
其他缴入国库的发展与改革（物价）行政事业性收费	53
统计行政事业性收费收入	37
统计专业技术资格考试考务费	29
统计人员岗位培训费	1
其他缴入国库的统计行政事业性收费	7
国土资源行政事业性收费收入	28 368
石油（天然气）勘查、开采登记费	

续表

预 算 科 目	决 算 数	预 算 科 目	决 算 数
矿产资源勘查登记费	49	其他缴入国库的海洋行政事业性收费	
采矿登记收费	29	测绘行政事业性收费收入	537
土地复垦费	174	测绘成果成图资料收费	280
土地闲置费	142	测绘产品质量监督检验费	176
土地登记费	2 347	测绘仪器检测收费	81
征（土）地管理费	11 462	其他缴入国库的测绘行政事业性收费	
耕地开垦费	6 948	铁路行政事业性收费收入	
地质成果资料费	45	其他缴入国库的铁路行政事业性收费	
土地评估师考试考务费		交通运输行政事业性收费收入	430
其他缴入国库的国土资源行政事业性收费	7 172	证书工本费	341
建设行政事业性收费收入	15 150	考试考务费	30
房屋所有权登记费	6 268	船舶电信业务岸台费	
城市房屋安全鉴定费	65	船舶登记费	
城市排水设施有偿使用费	31	船舶证明签证费	
城市道路占用挖掘费	3 857	船舶申请安全检查复查费	
白蚁防治费		油污水化验费	
考试考务费	32	海事调解费	
城市污水处理费	1 632	浮油回收费	
其他缴入国库的建设行政事业性收费	3 265	海岸电台无线电电报电话费	
知识产权行政事业性收费收入		特种船舶和水上水下工程护航费	
专利收费		船舶及船用产品设施检验费	
专利代理人资格考试报名考务费		其他缴入国库的交通运输行政事业性收费	59
集成电路布图设计保护收费		工业和信息产业行政事业性收费收入	1 275
其他缴入国库的知识产权行政事业性收费		无线电频率占用费	1 275
环保行政事业性收费收入	2 967	无线电设备检测费	
核安全技术审评费		考试考务费	
化学品进口登记费		烟草制品及原辅材料检验费	
城市放射性废物送贮费		其他缴入国库的工业和信息产业行政事业性收费	
环境监测服务费	2 738		
其他缴入国库的环保行政事业性收费	229	农业行政事业性收费收入	6 164
旅游行政事业性收费收入	136	国内植物检疫费	532
入境签证费	69	畜禽及畜禽产品检疫费	3 598
星级标牌工本费		水生野生动物资源保护费	8
导游人员资格考试费和等级考核费	67	农药登记费	
其他缴入国库的旅游行政事业性收费		新兽药审批费	
海洋行政事业性收费收入		生产审批费	
海洋废弃物收费		已生产兽药品种注册登记费	

续表

预算科目	决算数	预算科目	决算数
农机监理费	1 373	卫生行政事业性收费收入	6 925
渔业资源增殖保护费	3	卫生监测费	3 304
渔业船舶登记或变更登记费		卫生质量检验费	74
海洋渔业船舶船员考试费		预防性体检费	919
农机产品测试检验费	32	预防接种劳务费	63
新饲料添加剂质量复核检验费		委托性卫生防疫服务费	8
进口饲料添加剂质量复核检验费		疫情处理费	59
饲料及饲料添加剂委托检验费	43	医疗事故鉴定费	32
进口兽药质量标准复核检验费		考试考务费	422
进口兽药检验费	4	预防接种异常反应鉴定费	
出口兽药检验费		GMP 认证费	29
新兽药质量复核检验费		GSP 认证费	107
兽药委托检验费	18	已生产药品登记费	1
农作物委托检验费	7	生产药典、标准品种审批费	
海事调解费		新药审批费	1
渔业船舶和船用产品检验费		中药品种保护费	
档案保管费		药品检验费	103
工人技术等级考核或职业技能鉴定费	1	医疗器械、制药机械检验费	
农药实验费	34	其他缴入国库的卫生行政事业性收费	1 803
执业兽医资格考试考务费		民政行政事业性收费收入	15 925
其他缴入国库的农业行政事业性收费	511	婚姻登记证书工本费	762
林业行政事业性收费收入	1 171	收养登记费	7
森林植物检疫费	124	学费	
绿化费	902	委托培养费	
陆生野生动物资源保护管理费	16	住宿费	
林权勘测费	3	殡葬收费	14 848
林权证收费	12	其他缴入国库的民政行政事业性收费	308
其他缴入国库的林业行政事业性收费收入	114	人力资源和社会保障行政事业性收费收入	3 290
水利行政事业性收费收入	5 537	职业技能鉴定费	1 508
河道采砂管理费	299	人才流动中心收费	571
河道工程修建维护管理费		考试考务费	789
水土流失防治费	10	其他缴入国库的人力资源和社会保障行政事业性收费	422
水土保持设施补偿费	2 162		
长江河道砂石资源费		仲裁委行政事业性收费收入	273
考试考务费		仲裁收费	22
灌溉水源灌排工程补偿费收入	35	其他缴入国库的仲裁委行政事业性收费	251
其他缴入国库的水利行政事业性收费	3 031	编办行政事业性收费收入	14

续表

预算科目	决算数	预算科目	决算数
其他缴入国库的编办行政事业性收费	14	利润收入	9 868
党校行政事业性收费收入	45	金融企业利润收入	
其他缴入国库的党校行政事业性收费	45	其他企业利润收入	9 868
监察行政事业性收费收入		股利、股息收入	1 030
其他缴入国库的监察行政事业性收费		金融业公司股利、股息收入	
外文局行政事业性收费收入		其他股利、股息收入	1 030
翻译专业资格（水平）考试考务费		产权转让收入	55 721
其他缴入国库的外文局行政事业性收费		其他产权转让收入	55 721
国资委行政事业性收费收入	12	国有资本经营收入退库	
考试考务费		国有企业计划亏损补贴	
其他缴入国库的国资委行政事业性收费	12	工业企业计划亏损补贴	
其他行政事业性收费收入	4 756	农业企业计划亏损补贴	
其他缴入国库的行政事业性收费	4 756	外贸企业计划亏损补贴	
罚没收入	123 790	其他国有企业计划亏损补贴	
一般罚没收入	123 590	其他国有资本经营收入	19 236
公安罚没收入	61 491	国有资源（资产）有偿使用收入	85 032
检察院罚没收入	4 982	海域使用金收入	
法院罚没收入	2 279	地方海域使用金收入	
工商罚没收入	6 331	场地和矿区使用费收入	
新闻出版罚没收入	9	陆上石油矿区使用费	
技术监督罚没收入	4 112	中央和地方合资合作企业场地使用费收入	
税务部门罚没收入	2 261	地方合资合作企业场地使用费收入	
海关罚没收入	393	港澳台和外商独资企业场地使用费收入	
食品药品监督罚没收入	417	专项储备物资销售收入	
卫生罚没收入	359	利息收入	21 231
检验检疫罚没收入	36	国库存款利息收入	13 879
证监会罚没收入		财政专户存款利息收入	3 287
保监会罚没收入		有价证券利息收入	
交通罚没收入	11 134	其他利息收入	4 065
铁道罚没收入		非经营性国有资产收入	33 675
审计罚没收入	1 245	行政单位国有资产出租收入	3 904
渔政罚没收入	20	行政单位国有资产处置收入	16 872
交强险罚没收入		事业单位国有资产处置收入	10 102
其他一般罚没收入	28 521	其他非经营性国有资产收入	2 797
缉毒罚没收入	231	出租车经营权有偿出让和转让收入	10 358
罚没收入退库	-31	无居民海岛使用金收入	
国有资本经营收入	85 855	地方无居民海岛使用金收入	

续表

预算科目	决算数	预算科目	决算数
其他国有资源（资产）有偿使用收入	19 768		
其他收入（款）	28 283		
捐赠收入	8 564		
国外捐赠收入			
国内捐赠收入	8 564		
汶川地震捐赠收入			
基本建设收入	1 901		
差别电价收入			
成品油价格和税费改革清退补缴收入	23		
其他收入（项）	17 795		
		本年收入合计	5 005 759

2010年新疆维吾尔自治区财政一般预算支出决算功能分类明细表

单位：万元

预算科目	决算数	预算科目	决算数
一般公共服务	[illegible] 955 676	战略规划与实施	3 454
人大事务	43 373	日常经济运行调节	
行政运行	30 872	社会事业发展规划	8 550
一般行政管理事务	2 951	经济体制改革研究	80
机关服务	406	物价管理	2 842
人大会议	1 934	事业运行	1 496
人大立法	149	其他发展与改革事务支出	8 699
人大监督	318	统计信息事务	26 392
代表培训	189	行政运行	11 010
代表工作	851	一般行政管理事务	1 064
人大信访工作	29	机关服务	83
事业运行	515	信息事务	1 356
其他人大事务支出	5 159	专项统计业务	463
政协事务	30 491	统计管理	124
行政运行	23 703	专项普查活动	9 748
一般行政管理事务	1 745	统计抽样调查	444
机关服务	267	事业运行	1 500
政协会议	1 321	其他统计信息事务支出	600
委员视察	282	财政事务	102 277
参政议政	125	行政运行	55 703
事业运行	18	一般行政管理事务	11 627
其他政协事务支出	3 030	机关服务	1 030
政府办公厅（室）及相关机构事务	645 459	预算编制业务	201
行政运行	380 688	财政国库业务	1 692
一般行政管理事务	97 932	财政监察	119
机关服务	35 410	信息化建设	5 959
专项服务	60	财政委托业务支出	1 065
专项业务活动	3 697	事业运行	6 739
政务公开审批	67	其他财政事务支出	18 142
法制建设	334	税收事务	148 379
信访事务	5 572	行政运行	53 770
参事事务	357	一般行政管理事务	10 708
事业运行	30 005	机关服务	1 779
其他政府办公厅（室）及相关机构事务支出	91 337	税务办案	1 239
发展与改革事务	60 676	税务登记证及发票管理	1 500
行政运行	28 359	代扣代收代征税款手续费	13 796
一般行政管理事务	6 883	税务宣传	1 499
机关服务	313	协税护税	4 323

续表

预算科目	决算数	预算科目	决算数
信息化建设	2 263	行政运行	21 803
事业运行		一般行政管理事务	2 878
其他税收事务支出	57 502	机关服务	142
审计事务	23 919	大案要案查处	105
行政运行	14 753	派驻派出机构	1
一般行政管理事务	798	中央巡视	
机关服务	102	事业运行	133
审计业务	3 620	其他纪检监察事务支出	4 283
审计管理	38	人口与计划生育事务	122 166
信息化建设	541	行政运行	18 925
事业运行	546	一般行政管理事务	1 718
其他审计事务支出	3 521	机关服务	914
海关事务	146	人口规划与发展战略研究	18
行政运行	7	计划生育家庭奖励	47 458
一般行政管理事务	99	人口和计划生育统计及抽样调查	39
机关服务		人口和计划生育信息系统建设	234
收费业务		计划生育、生殖健康促进工程	708
缉私办案		计划生育免费基本技术服务	5 720
口岸电子执法系统建设与维护		人口出生性别比综合治理	37
信息化建设		人口和计划生育服务网络建设	4 780
事业运行		计划生育避孕药具经费	1 405
其他海关事务支出	40	人口和计划生育宣传教育经费	7 607
人力资源事务	110 195	流动人口计划生育管理和服务	407
行政运行	23 723	人口和计划生育目标责任制考核	516
一般行政管理事务	4 068	其他人口与计划生育事务支出	31 680
机关服务	45	商贸事务	65 307
政府特殊津贴	7	行政运行	28 189
资助留学回国人员		一般行政管理事务	4 750
军队转业干部安置	71 710	机关服务	438
博士后日常经费	94	对外贸易管理	405
引进人才费用	8	国际经济合作	
公务员考核	123	外资管理	
公务员培训	308	国内贸易管理	29
公务员招考	15	招商引资	14 965
事业运行	2 635	事业运行	1 350
其他人事事务支出	7 459	其他商贸事务支出	15 181
纪检监察事务	29 345	知识产权事务	1 868

续表

预算科目	决算数	预算科目	决算数
行政运行	570	机关服务	79
一般行政管理事务	86	民族工作专项	466
机关服务		事业运行	429
专利审批	11	其他民族事务支出	1 469
国家知识产权战略	2	宗教事务	6 130
专利试点和产业化推进	920	行政运行	3 251
专利执法	30	一般行政管理事务	426
国际组织专项活动		机关服务	
知识产权宏观管理	225	宗教工作专项	673
事业运行	2	事业运行	518
其他知识产权事务支出	22	其他宗教事务支出	1 262
工商行政管理事务	74 209	港澳台侨事务	1 239
行政运行	58 712	行政运行	649
一般行政管理事务	8 188	一般行政管理事务	128
机关服务		机关服务	
工商行政管理专项	1 506	港澳事务	
执法办案专项	3 080	台湾事务	
消费者权益保护	818	华侨事务	186
信息化建设	373	事业运行	
事业运行	31	其他港澳台侨事务支出	276
其他工商行政管理事务支出	1 501	档案事务	14 752
质量技术监督与检验检疫事务	55 069	行政运行	7 151
行政运行	17 130	一般行政管理事务	625
一般行政管理事务	93	机关服务	
机关服务	463	档案馆	6 517
出入境检验检疫行政执法和业务管理	94	其他档案事务支出	459
出入境检验检疫技术支持		共产党事务	342 688
质量技术监督行政执法及业务管理	23 989	行政运行	174 413
质量技术监督技术支持	13	一般行政管理事务	33 186
认证认可监督管理		机关服务	1 783
标准化管理	41	专项服务	26
信息化建设		专项业务	23 212
事业运行	11 176	事业运行	2 782
其他质量技术监督与检验检疫事务支出	2 070	其他共产党事务支出	107 286
民族事务	8 308	民主党派及工商联事务	5 983
行政运行	5 115	行政运行	4 662
一般行政管理事务	750	一般行政管理事务	528

续表

预 算 科 目	决 算 数	预 算 科 目	决 算 数
机关服务	76	边界勘界	
参政议政	239	边界联检	
事业运行	27	边界界桩维护	
其他民主党派及工商联事务支出	451	其他支出	2 626
群众团体事务	31 486	其他外交支出	47
行政运行	17 517	国防	40 332
一般行政管理事务	3 734	现役部队	
机关服务		预备役部队	2 568
厂务公开	20	民兵	15 961
工会疗养休养	595	国防科研事业	
事业运行	2 910	专项工程	
其他群众团体事务支出	6 710	国防动员	7 009
其他一般公共服务支出（款）	5 819	兵役征集	185
国家赔偿费用支出	57	经济动员	132
其他一般公共服务支出（项）	5 762	人民防空	5 669
外交	3 879	交通战备	
外交管理事务	972	国防教育	601
行政运行	214	其他国防动员支出	422
一般行政管理事务		其他国防支出	14 794
机关服务		公共安全	1 285 559
专项业务	751	武装警察	77 968
事业运行	7	内卫	15 645
其他外交管理事务支出		边防	21 117
对外援助		消防	31 434
对外成套项目援助		警卫	1 857
对外一般物资援助		黄金	36
对外科技合作援助		森林	3 746
对外优惠贷款援助及贴息		水电	
对外医疗援助		交通	
其他对外援助支出		其他武装警察支出	4 133
对外合作与交流	234	公安	733 772
出国活动	49	行政运行	286 483
招待活动		一般行政管理事务	48 503
在华国际会议		机关服务	282
其他对外合作与交流支出	185	治安管理	126 125
对外宣传		国内安全保卫	4 050
边界勘界联检	2 626	刑事侦查	5 171

续表

预算科目	决算数	预算科目	决算数
经济犯罪侦查	865	机关服务	240
出入境管理	1 075	案件审判	6 699
行动技术管理	296	案件执行	1 408
防范和处理邪教犯罪	102	“两庭”建设	17 195
禁毒管理	10 025	事业运行	196
道路交通管理	25 316	其他法院支出	46 427
网络侦控管理	1 175	司法	49 099
反恐怖	2 843	行政运行	25 495
居民身份证管理	937	一般行政管理事务	8 066
网络运行及维护	2 027	机关服务	17
拘押收教场所管理	37 612	基层司法业务	1 599
警犬繁育及训养	249	普法宣传	1 249
信息化建设	1 988	律师公证管理	151
事业运行	3 934	法律援助	1 054
其他公安支出	174 714	司法统一考试	39
国家安全	26 299	仲裁	413
行政运行	23 720	事业运行	456
一般行政管理事务	248	其他司法支出	10 560
机关服务		监狱	98 629
安全业务	972	行政运行	42 809
事业运行		一般行政管理事务	
其他国家安全支出	1 359	机关服务	
检察	88 587	犯人生活	8 809
行政运行	42 614	犯人改造	3 277
一般行政管理事务	2 974	狱政设施建设	34 560
机关服务		事业运行	
查办和预防职务犯罪	1 388	其他监狱支出	9 174
公诉和审判监督	1 055	劳教	43 128
侦查监督	538	行政运行	13 737
执行监督	484	一般行政管理事务	202
控告申诉	312	机关服务	
“两房”建设	9 422	劳教人员生活	2 771
事业运行	23	劳教人员教育	854
其他检察支出	29 777	所政设施建设	17 209
法院	144 310	事业运行	
行政运行	65 795	其他劳教支出	8 355
一般行政管理事务	6 350	国家保密	359

续表

预算科目	决算数	预算科目	决算数
行政运行	269	其他职业教育支出	2 063
一般行政管理事务	54	成人教育	5 646
机关服务		成人初等教育	179
保密技术		成人中等教育	348
保密管理	36	成人高等教育	2 548
事业运行		成人广播电视教育	1 822
其他国家保密支出		其他成人教育支出	749
缉私警察		广播电视教育	3 662
行政运行		广播电视学校	3 662
一般行政管理事务		教育电视台	
专项缉私活动支出		其他广播电视教育支出	
缉私情报		留学教育	
禁毒及缉毒		出国留学教育	
网络运行及维护		来华留学教育	
警服购置		其他留学教育支出	
其他缉私警察支出		特殊教育	16 123
其他公共安全支出	23 408	特殊学校教育	16 110
教育	3 138 356	工读学校教育	
教育管理事务	55 780	其他特殊教育支出	13
行政运行	28 574	教师进修及干部继续教育	51 045
一般行政管理事务	5 874	教师进修	11 585
机关服务	842	干部教育	36 366
其他教育管理事务支出	20 490	其他教师进修及干部继续教育支出	3 094
普通教育	2 689 454	教育费附加支出	124 255
学前教育	258 866	农村中小学校舍建设	21 115
小学教育	967 124	农村中小学教学设施	4 371
初中教育	852 996	城市中小学校舍建设	27 853
高中教育	197 011	城市中小学教学设施	3 900
高等教育	299 737	中等职业学校教学设施	9 002
化解农村义务教育债务支出	50	其他教育费附加支出	58 014
其他普通教育支出	113 670	其他教育支出	24 293
职业教育	168 098	科学技术	201 869
初等职业教育	1 189	科学技术管理事务	12 877
中专教育	92 919	行政运行	10 445
技校教育	21 494	一般行政管理事务	779
职业高中教育	13 768	机关服务	402
高等职业教育	36 665	其他科学技术管理事务支出	1 251

续表

预算科目	决算数	预算科目	决算数
基础研究	5 601	其他科学技术普及支出	1 939
机构运行	496	科技交流与合作	437
重点基础研究规划		国际交流与合作	
自然科学基金	530	重大科技合作项目	
重点实验室及相关设施	1 005	其他科技交流与合作支出	437
重大科学工程		科技重大专项	
专项基础科研	30	其他科学技术支出（款）	14 493
专项技术基础		科技奖励	916
其他基础研究支出	3 540	核应急	
应用研究	24 191	转制科研机构	
机构运行	10 648	其他科学技术支出（项）	13 577
社会公益研究	12 233	文化体育与传媒	339 222
高技术研究	1 000	文化	130 789
专项科研试制		行政运行	13 229
其他应用研究支出	310	一般行政管理事务	2 936
技术研究与开发	119 429	机关服务	358
机构运行	3 731	图书馆	7 331
应用技术研究与开发	58 069	文化展示及纪念机构	568
产业技术研究与开发	20 534	艺术表演场所	1 586
科技成果转化与扩散	19 266	艺术表演团体	27 329
其他技术研究与开发支出	17 829	文化活动	3 795
科技条件与服务	7 847	群众文化	45 317
机构运行	1 617	文化交流与合作	98
技术创新服务体系	1 028	文化创作与保护	2 070
科技条件专项	1 690	文化市场管理	1 375
其他科技条件与服务支出	3 512	其他文化支出	24 797
社会科学	6 670	文物	23 622
社会科学研究机构	1 664	行政运行	1 420
社会科学研究	2 799	一般行政管理事务	156
社科基金支出		机关服务	32
其他社会科学支出	2 207	文物保护	9 016
科学技术普及	10 324	博物馆	8 042
机构运行	1 795	历史名城与古迹	3 240
科普活动	2 674	其他文物支出	1 716
青少年科技活动	232	体育	35 007
学术交流活动	357	行政运行	2 509
科技馆站	3 327	一般行政管理事务	1 561

续表

预 算 科 目	决 算 数	预 算 科 目	决 算 数
机关服务	210	社会保险业务管理事务	571
运动项目管理	540	金保工程	1 622
体育竞赛	5 248	社会保险经办机构	12 806
体育训练	5 531	劳动关系和维权	254
体育场馆	13 461	公共就业服务和职业技能鉴定机构	1 548
群众体育	3 281	其他人力资源和社会保障管理事务支出	4 973
体育交流与合作	30	民政管理事务	74 375
其他体育支出	2 636	行政运行	20 757
广播影视	102 486	一般行政管理事务	2 390
行政运行	11 647	机关服务	143
一般行政管理事务	1 579	拥军优属	4 666
机关服务	621	老龄事务	6 894
广播	30 189	民间组织管理	30
电视	22 861	行政区划和地名管理	1 996
电影	9 118	基层政权和社区建设	30 092
广播电视监控	235	部队供应	756
其他广播影视支出	26 236	其他民政管理事务支出	6 651
新闻出版	34 501	财政对社会保险基金的补助	427 009
行政运行	1 124	财政对基本养老保险基金的补助	353 336
一般行政管理事务	10	财政对失业保险基金的补助	841
机关服务	73	财政对基本医疗保险基金的补助	9 390
新闻通讯	2 032	财政对工伤保险基金的补助	182
出版发行	13 952	财政对生育保险基金的补助	268
版权管理		财政对新型农村社会养老保险基金的补助	53 050
出版市场管理	1 451	财政对其他社会保险基金的补助	9 942
其他新闻出版支出	15 859	行政事业单位离退休	257 287
其他文化体育与传媒支出（款）	12 817	行政单位离退休	129 763
宣传文化发展专项支出	1 124	事业单位离退休	114 155
其他文化体育与传媒支出（项）	11 693	离退休人员管理机构	11 313
社会保障和就业	1 664 041	其他行政事业单位离退休支出	2 056
人力资源和社会保障管理事务	47 367	企业改革补助	84 239
行政运行	18 676	企业关闭破产补助	9 852
一般行政管理事务	3 617	厂办大集体改革补助	
机关服务	328	其他企业改革发展补助	74 387
综合业务管理	268	就业补助	222 887
劳动保障监察	706	扶持公共就业服务	3 051
就业管理事务	1 998	职业培训补贴	8 969

续表

预算科目	决算数	预算科目	决算数
职业介绍补贴	6 251	流浪乞讨人员救助	3 457
社会保险补贴	10 120	其他城镇社会救济支出	16 601
公益性岗位补贴	38 592	自然灾害生活救助	74 704
小额担保贷款贴息	4 779	中央自然灾害生活补助	62 372
补充小额贷款担保基金	3 613	地方自然灾害生活补助	10 432
职业技能鉴定补贴	2 261	自然灾害灾后重建补助	1 604
特定就业政策支出	213	其他自然灾害生活救助支出	296
其他就业补助支出	145 038	红十字事业	2 626
抚恤	27 609	行政运行	2 154
死亡抚恤	4 804	一般行政管理事务	257
伤残抚恤	4 252	机关服务	
在乡复员、退伍军人生活补助	7 318	其他红十字事业支出	215
优抚事业单位	2 897	农村最低生活保障	117 882
义务兵优待	1 033	其他农村社会救济	16 008
其他优抚支出	7 305	五保供养	7 146
退役安置	45 293	其他农村社会救济支出	8 862
退伍军人安置	2 787	补充道路交通事故社会救助基金	
军队移交政府的离退休人员安置	36 786	交强险营业税补助基金支出	
军队移交政府离退休干部管理机构	4 080	交强险罚款收入补助基金支出	
其他退役安置支出	1 640	其他社会保障和就业支出	23 547
社会福利	44 288	医疗卫生	1 035 599
儿童福利	10 653	医疗卫生管理事务	29 022
老年福利	3 703	行政运行	18 665
假肢矫形	15	一般行政管理事务	2 664
殡葬	13 937	机关服务	143
社会福利事业单位	15 296	其他医疗卫生管理事务支出	7 550
其他社会福利支出	684	公立医院	310 070
残疾人事业	11 955	综合医院	256 964
行政运行	5 638	中医（民族）医院	40 945
一般行政管理事务	207	传染病医院	2 896
机关服务	294	职业病防治医院	153
残疾人康复	1 836	精神病医院	3 253
残疾人就业和扶贫	1 302	妇产医院	350
残疾人体育	654	儿童医院	
其他残疾人事业支出	2 024	其他专科医院	3 819
城市居民最低生活保障	166 907	福利医院	
其他城镇社会救济	20 058	行业医院	

续表

预算科目	决算数	预算科目	决算数
处理医疗欠费	8	标准事务	512
其他公立医院支出	1 682	认证事务	
基层医疗卫生机构	164 215	食品药品评价	979
城市社区卫生机构	31 401	药品保护	
乡镇卫生院	102 892	执法办案	
其他基层医疗卫生机构支出	29 922	食品药品安全	2 528
公共卫生	173 145	事业运行	1 443
疾病预防控制机构	37 402	其他食品和药品监督管理事务支出	983
卫生监督机构	10 125	其他医疗卫生支出	2 887
妇幼保健机构	16 952	环境保护	510 155
精神卫生机构	1 694	环境保护管理事务	19 226
应急救治机构	924	行政运行	12 174
采供血机构	1 816	一般行政管理事务	1 789
其他专业公共卫生机构	76	机关服务	1 960
基本公共卫生服务	31 743	环境保护宣传	139
重大公共卫生专项	56 388	环境保护法规、规划及标准	83
突发公共卫生事件应急处理	8 211	环境国际合作及履约	
其他公共卫生支出	7 814	环境保护行政许可	54
医疗保障	327 423	其他环境保护管理事务支出	3 027
行政单位医疗	21 674	环境监测与监察	5 868
事业单位医疗	14 065	建设项目环评审查与监督	139
公务员医疗补助	7 302	核与辐射安全监督	140
优抚对象医疗补助	1 660	其他环境监测与监察支出	5 589
城市医疗救助	15 911	污染防治	155 767
新型农村合作医疗	155 455	大气	29
农村医疗救助	23 248	水体	87 628
城镇居民基本医疗保险	30 100	噪声	
其他医疗保障支出	58 008	固体废弃物与化学品	33 650
中医药	12 012	放射源和放射性废物监管	96
中医（民族医）药专项	8 343	辐射	
其他中医药支出	3 669	排污费支出	34 323
食品和药品监督管理事务	16 825	其他污染防治支出	41
行政运行	6 570	自然生态保护	26 488
一般行政管理事务	356	生态保护	11 123
机关服务		农村环境保护	8 827
食品、药品及医疗器械检验	3 454	自然保护区	2 951
注册审评事务		生物及物种资源保护	

续表

预算科目	决算数	预算科目	决算数
其他自然生态保护支出	3 587	资源综合利用	12 487
天然林保护	10 165	能源管理事务	
森林管护	5 842	行政运行	
社会保险补助	1 679	一般行政管理事务	
政策性社会性支出补助	1 132	机关服务	
职工分流安置		能源预测预警	
职工培训	200	能源战略规划与实施	
天然林保护工程建设		能源科技装备	
其他天然林保护支出	1 312	能源行业管理	
退耕还林	76 609	能源管理	
粮食折现挂账贴息		石油储备发展管理	
退耕现金	14 716	能源调查	
退耕还林粮食折现补贴	25 057	信息化建设	
退耕还林粮食费用补贴		事业运行	
退耕还林工程建设	6 061	其他能源管理事务支出	
其他退耕还林支出	30 775	其他环境保护支出	2 175
风沙荒漠治理	400	城乡社区事务	952 755
京津风沙源禁牧舍饲粮食折现补助		城乡社区管理事务	184 413
京津风沙源治理禁牧舍饲粮食折现挂账贴息		行政运行	78 991
京津风沙源治理禁牧舍饲粮食费用补贴		一般行政管理事务	26 612
京津风沙源治理工程建设		机关服务	3 823
其他风沙荒漠治理支出	400	城管执法	11 565
退牧还草	64 595	工程建设标准规范编制与监管	632
退牧还草粮食折现补贴	27 263	工程建设管理	1 810
退牧还草粮食费用补贴		市政公用行业市场监管	4 890
退牧还草粮食折现挂账贴息		国家重点风景区规划与保护	1 222
退牧还草工程建设	36 953	住宅建设与房地产市场监管	2 032
其他退牧还草支出	379	执业资格注册、资质审查	
已垦草原退耕还草		其他城乡社区管理事务支出	52 836
能源节约利用	69 574	城乡社区规划与管理	28 805
污染减排	51 475	城乡社区公共设施	575 121
环境监测与信息	6 737	小城镇基础设施建设	77 475
环境执法监察	1 079	其他城乡社区公共设施支出	497 646
减排专项支出	39 026	城乡社区环境卫生	100 732
清洁生产专项支出	2 350	建设市场管理与监督	1 702
其他污染减排支出	2 283	其他城乡社区事务支出	61 982
可再生能源	15 326	农林水事务	2 204 962

续表

预算科目	决算数	预算科目	决算数
农业	1 103 961	农村人畜饮水	74 886
行政运行	60 001	农村道路建设	85 235
一般行政管理事务	7 766	对村集体经济组织的补助	5 591
机关服务	535	农资综合直补	150 337
农业事业机构	169 636	石油价格改革对渔业的补贴	114
农垦	200	棉花专项补贴	
技术推广	78 500	农业生产资料专项补贴	20
技能培训	5 122	对高校毕业生到村任职补助	1 308
病虫害控制	39 419	草原植被恢复费支出	
农产品质量安全	12 608	其他农业支出	107 113
执法监管	4 091	林业	219 410
信息服务	2 397	行政运行	18 623
农村及农业宣传	134	一般行政管理事务	2 559
农业资金审计	42	机关服务	297
对外交流与合作	27	林业事业机构	50 098
耕地地力保护	4 395	森林培育	47 122
草原草场保护	2 651	林业技术推广	4 427
渔业及水域保护	1 180	森林资源管理	425
农业资源调查和区划	38	森林资源监测	5
灾害救助	25 368	森林生态效益补偿	49 772
稳定农民收入补贴	657	林业自然保护区	2 746
农业结构调整补贴	1 501	动植物保护	534
农业生产资料补贴	140 945	湿地保护	3 625
农业生产保险补贴	53 913	林业执法与监督	2 081
农民合作经济组织	4 115	森林防火	5 140
农产品加工与促销	10 293	林业有害生物防治	3 542
农村公益事业	18 821	林业检疫检测	640
垦区公共支出		防沙治沙	2 607
垦区公益事业		林业质量安全	3
农业国有资产维护	5	林业工程与项目管理	531
农业前期工作与政策研究	35	林业对外合作与交流	9
农民收入统计与负担监测	83	林业产业化	1 273
农业产业化	7 835	技能培训	65
农业资源保护	61	信息管理	
草原资源监测	107	林业政策制定与宣传	15
外来物种管理		林业资金审计稽查	
农村能源综合建设	26 876	林区公共支出	568

续表

预算科目	决算数	预算科目	决算数
林业贷款贴息	1 181	前期工作	
林业救灾	325	南水北调技术推广和培训	
石油价格改革对林业的补贴	731	环境、移民及水资源管理与保护	
其他林业支出	20 466	其他南水北调支出	
水利	576 956	扶贫	189 257
行政运行	21 840	行政运行	1 862
一般行政管理事务	4 477	一般行政管理事务	1 185
机关服务	3 589	机关服务	
水利行业业务管理	6 738	农村基础设施建设	70 277
水利工程建设	278 304	生产发展	95 537
水利工程运行与维护	6 616	社会发展	
长江黄河等流域管理		扶贫贷款奖补和贴息	2 961
水利前期工作	25 635	“三西”农业建设专项补助	
水利执法监督	1 622	扶贫事业机构	52
水土保持	5 638	其他扶贫支出	17 383
水资源管理与保护	6 894	农业综合开发	75 304
水质监测	753	机构运行	2 348
水文测报	9 032	土地治理	46 607
防汛	13 912	产业化经营	5 936
抗旱	825	科技示范	78
农田水利	120 159	贷款贴息	3 349
水利技术推广和培训	2 285	其他农业综合开发支出	16 986
国际河流治理与管理		农村综合改革	34 039
三峡建设管理事务		对村级一事一议的补助	15 290
大中型水库移民后期扶持专项支出	1 087	乡村债务化解	85
水资源费支出	5 940	实施减轻农业用水负担综合改革补助	
砂石资源费支出	30	国有农场分离办社会职能改革补助	561
信息管理	211	对村民委员会和村党支部的补助	17 192
水利建设移民支出	98	其他农村综合改革支出	911
其他水利支出	61 271	其他农林水事务支出	6 035
南水北调		交通运输	915 385
行政运行		公路水路运输	772 562
一般行政管理事务		行政运行	22 748
机关服务		一般行政管理事务	6 937
南水北调工程建设		机关服务	2 727
政策研究与信息管理		公路新建	137 502
工程稽查		公路改建	97 616

续表

预算科目	决算数	预算科目	决算数
公路养护	233 172	一般行政管理事务	15
特大型桥梁建设	5 068	机关服务	
公路路政管理	247	机场建设	30 341
公路和运输信息化建设	577	空管系统建设	
公路和运输安全	55	民航还贷专项支出	
公路还贷专项	103 866	民用航空安全	
公路运输管理	20 026	民航专项运输	
公路客货运站（场）建设	6 872	民航政策性购机专项支出	
公路和运输技术标准化建设		其他民用航空运输支出	3 087
车辆购置税支出	102 849	石油价格改革对交通运输的补贴	29 708
港口设施		对城市公交的补贴	1 602
航道维护		对农村道路客运的补贴	12 057
安全通信		对出租车的补贴	15 765
三峡库区通航管理		石油价格改革补贴其他支出	284
航务管理		邮政业支出	2
船舶检验		行政运行	
救助打捞		一般行政管理事务	2
内河运输		机关服务	
远洋运输		行业监管	
海事管理		邮政普遍服务与特殊服务	
航标事业发展支出		其他邮政业支出	
水路运输管理支出		其他交通运输支出（款）	15 902
口岸建设	1 490	公共交通运营补助	8 329
取消政府还贷二级公路收费专项支出		其他交通运输支出（项）	7 573
车辆购置税用于地震灾后恢复重建的支出		资源勘探电力信息等事务	385 301
其他公路水路运输支出	30 810	资源勘探开发和服务支出	32 336
铁路运输	63 768	行政运行	2 085
行政运行		一般行政管理事务	952
一般行政管理事务		机关服务	91
机关服务		煤炭勘探开采和洗选	14 546
铁路路网建设	61 786	石油和天然气勘探开采	
铁路还贷专项		黑色金属矿勘探和采选	
铁路安全		有色金属矿勘探和采选	10 308
铁路专项运输		非金属矿勘探和采选	
其他铁路运输支出	1 982	其他资源勘探业支出	4 354
民用航空运输	33 443	制造业	19 103
行政运行		行政运行	4 805

续表

预算科目	决算数	预算科目	决算数
一般行政管理事务	4	一般行政管理事务	
机关服务	293	机关服务	
纺织业	4 660	战备应急	
医药制造业	41	信息安全建设	1 390
非金属矿物制品业	13	专用通信	2
通信设备、计算机及其他电子设备制造业		无线电监管	5 747
交通运输设备制造业		工业和信息产业战略研究与标准制定	
电气机械及器材制造业		工业和信息产业支持	190
工艺品及其他制造业	71	电子专项工程	200
石油加工、炼焦及核燃料加工业		行业监管	
化学原料及化学制品制造业	320	军工电子	
黑色金属冶炼及压延加工业		技术基础研究	
有色金属冶炼及压延加工业		其他工业和信息产业监管支出	2 113
其他制造业支出	8 896	安全生产监管	18 210
建筑业	304	行政运行	8 277
行政运行	32	一般行政管理事务	1 443
一般行政管理事务		机关服务	273
机关服务		国务院安委会专项	
其他建筑业支出	272	安全监管监察专项	1 096
电力监管支出	20 137	应急救援支出	1 163
行政运行		煤炭安全	3 025
一般行政管理事务		其他安全生产监管支出	2 933
机关服务		国有资产监管	6 170
电力监管		行政运行	2 824
电力稽查		一般行政管理事务	778
争议调节		机关服务	97
安全事故调查		国有企业监事会专项	136
电力市场建设	18	中央企业专项管理	
电力输送改革试点		其他国有资产监管支出	2 335
信息系统建设		支持中小企业发展和管理支出	173 190
三峡库区移民专项支出		行政运行	500
电力改革专项支出		一般行政管理事务	12
农村电网建设	20 100	机关服务	219
事业运行		科技型中小企业技术创新基金	4 199
其他电力监管支出	19	中小企业发展专项	43 180
工业和信息产业监管支出	10 890	其他支持中小企业发展和管理支出	125 080
行政运行	1 248	其他资源勘探电力信息等事务支出（款）	104 961

续表

预 算 科 目	决 算 数	预 算 科 目	决 算 数
黄金事务	787	涉外发展服务支出	43 552
建设项目贷款贴息	3 939	行政运行	91
技术改造支出	34 502	一般行政管理事务	
中药材扶持资金支出		机关服务	
重点产业振兴和技术改造项目贷款贴息	852	外商投资环境建设补助资金	
其他资源勘探电力信息等事务支出（项）	64 881	其他涉外发展服务支出	43 461
商业服务业等事务	216 365	其他商业服务业等事务支出（款）	2 154
商业流通事务	126 209	服务业基础设施建设	1 972
行政运行	3 854	其他商业服务业等事务支出（项）	182
一般行政管理事务	709	金融监管等事务支出	40 028
机关服务		金融部门行政支出	535
棉花储备		行政运行	18
食糖储备		一般行政管理事务	509
肉类储备	1 127	机关服务	
化肥储备	4 981	安全防卫	
农药储备	200	事业运行	
边销茶储备	50	金融部门其他行政支出	8
羊毛储备	486	金融部门监管支出	159
处理商业物资挂账补贴		货币发行	
处理供销社挂账利息补贴		金融服务	
消化供销社挂账本金补贴		反洗钱及反假币	
食品流通安全补贴	4	重点金融机构监管	
市场监测及信息管理		金融稽查与案件处理	2
民贸网点贷款贴息	165	金融行业电子化建设	5
医药储备		从业人员资格考试	
石油储备		金融部门其他监管支出	152
国家留成油串换国家储备油支出		金融发展支出	4 606
食盐储备	4	政策性银行亏损补贴	
事业运行	3 636	商业银行贷款贴息	30
其他商业流通事务支出	110 993	补充资本金	3 376
旅游业管理与服务支出	44 450	风险基金补助	1 200
行政运行	7 061	其他金融发展支出	
一般行政管理事务	2 258	金融调控支出	
机关服务	57	中央银行亏损补贴	
旅游宣传	3 559	其他金融调控支出	
旅游行业业务管理	1 090	农村金融发展支出	26 534
其他旅游业管理与服务支出	30 425	金融机构涉农贷款增量奖励支出	24 839

续表

预算科目	决算数	预算科目	决算数
农村金融机构定向费用补贴支出	644	农业林业恢复生产和重建	
其他农村金融发展支出	1 051	农业生产资料补助	
其他金融监管等事务支出	8 194	损毁土地整理	
地震灾后恢复重建支出	108 611	农田水利设施恢复重建	
倒塌毁损民房恢复重建	9 615	规模化种养殖棚舍池恢复重建	
农村居民住宅恢复重建	9 615	良种繁育设施恢复重建	
城镇居民住宅恢复重建		农林推广和服务设施恢复重建	
基础设施恢复重建		森林防火设施恢复重建	
公路		受损林木恢复	
桥梁		其他农业林业恢复生产和重建支出	
铁路路网		工商企业恢复生产和重建	
机场		项目投资补助	
水运港口设施		注入资本金	
运政设施		贷款贴息	
邮政设施		其他工商企业恢复生产和重建支出	
水利工程		党政机关恢复重建	
供水		一般公共服务机关恢复重建支出	
供气		公共安全机构恢复重建支出	
市政道路、桥梁		教育管理机构恢复重建支出	
排水管道		科学技术管理机构恢复重建支出	
污水处理设施		文化体育与传媒管理机构恢复重建支出	
公交设施		社会保障和就业管理机构恢复重建支出	
其他基础设施恢复重建支出		医疗卫生及食品药品监督管理机构恢复重建支出	
公益服务设施恢复重建			
学校和其他教育设施		环境保护管理机构恢复重建支出	
医院及其他医疗卫生食品药品监管设施		农林水管理机构恢复重建支出	
科研院所科普场馆及其他科研科普设施		其他党政机关恢复重建支出	
文化馆图书馆及其他文化设施		军队武警恢复重建支出	
文物事业单位博物馆及其附属设施		军队恢复重建支出	
广播电视台（站）及其他广播影视设施		武警恢复重建支出	
体育场馆及其他体育设施		其他恢复重建支出（款）	98 996
儿童福利院及其他社会保障和社会福利设施		震后地质灾害治理支出	
环境保护事业单位及环保设施		其他恢复重建支出（项）	98 996
人口和计划生育事业单位及设施		国土资源气象等事务	336 460
档案事业单位及设施		国土资源事务	317 903
地震事业单位及设施		行政运行	31 960
其他公益服务事业单位及设施		一般行政管理事务	5 540

续表

预 算 科 目	决 算 数	预 算 科 目	决 算 数
机关服务	736	事业运行	
国土资源规划及管理	3 193	其他海洋管理事务支出	
土地资源调查	873	测绘事务	6 508
土地资源利用与保护	969	行政运行	565
国土资源社会公益服务		一般行政管理事务	
国土资源行业业务管理	141	机关服务	36
国土资源大调查	430	基础测绘	1 844
国土整治	277	航空摄影	
地质灾害防治	52	测绘工程建设	210
土地资源储备支出	2 525	事业运行	3 729
地质及矿产资源调查	4 205	其他测绘事务支出	124
地质矿产资源利用与保护	120	地震事务	3 290
地质转产项目财政贴息	50	行政运行	1 350
国外风险勘查		一般行政管理事务	193
矿产资源补偿费支出	121 439	机关服务	
探矿权采矿权使用费和价款支出	79 827	地震台站、台网	391
地质勘查基金（周转金）支出		地震流动观测	16
事业运行	54 874	地震信息传输及管理	8
其他国土资源事务支出	10 692	震情跟踪	
海洋管理事务		地震预报预测	215
行政运行		地震灾害预防	80
一般行政管理事务		地震应急救援	79
机关服务		地震技术应用与培训	4
海域使用管理		地震事业机构	843
海洋环境保护与监测		其他地震事务支出	111
海洋调查评价		气象事务	8 759
海洋权益维护		行政运行	425
海洋执法监察		一般行政管理事务	633
海洋防灾减灾		机关服务	
海洋卫星		气象事业机构	2 591
极地考察		气象技术研究应用与培训	1
海洋矿产资源勘探研究		气象探测	8
海港航标维护		气象信息传输及管理	16
海域使用金支出		气象预报预测	61
海水淡化		气象服务	4 134
海洋工程排污费支出		气象装备保障维护	75
无居民海岛使用金支出		气象台站建设与维护	226

续表

预 算 科 目	决 算 数	预 算 科 目	决 算 数
气象卫星		其他粮油事务支出	18 093
气象法规与标准		物资储备	156
其他气象事务支出	589	行政运行	
住房保障支出	900 177	一般行政管理事务	106
保障性住房支出	733 728	机关服务	
廉租住房支出	394 139	铁路专用线	
沉陷区治理	150	护库武警和民兵支出	
棚户区改造	61 696	物资保管与保养	
少数民族地区游牧民定居工程	66 656	专项贷款利息	
农村危房改造	60 942	物资收储	
其他保障性住房支出	150 145	物资转移	
住房改革支出	67 793	物资轮换	
住房公积金	62 308	仓库建设	50
提租补贴		仓库安防	
购房补贴	5 485	事业运行	
城乡社区住宅	98 656	其他物资储备支出	
公有住房建设和维修改造支出	63	国债还本付息支出	56 143
其他城乡社区住宅支出	98 593	国内债务付息	5 825
粮油物资储备管理事务	122 032	国外债务付息	3 560
粮油事务	121 876	国内外债务发行	300
行政运行	7 059	补充还贷准备金	36 361
一般行政管理事务	287	财政部代理发行地方政府债券付息	10 097
机关服务	364	其他支出（类）	576 219
粮食财务与审计支出		汶川地震捐赠支出	510
粮食信息统计	7	地震灾后恢复重建捐赠支出	
粮食专项业务活动	668	其他捐赠支出	510
国家粮油差价补贴	500	其他支出（款）	575 709
储备粮油利息费用补贴	2 338		
储备粮油差价补贴			
储备粮食移库费用补贴			
储备粮（油）库建设	11 384		
粮食财务挂账利息补贴	9 790		
粮食财务挂账消化款			
处理陈化粮补贴			
粮食风险基金	70 975		
最低收购价政策支出			
事业运行	411	本 年 支 出 合 计	16 989 126

2010年新疆维吾尔自治区财政一般预算收支决算分级表

单位：万元

预算科目	决算数合计	省级	地级	其中：地级直属乡镇	县级	乡镇级
一、税收收入	4 162 343	220 047	1 076 710		2 865 586	
增值税	753 113		281 848		471 265	
营业税	1 512 668	7 857	390 448		1 114 363	
企业所得税	400 152	21 314	98 566		280 272	
企业所得税退税						
个人所得税	273 834		33 697		240 137	
资源税	324 678	190 876	17 790		116 012	
固定资产投资方向调节税						
城市维护建设税	318 406		122 438		195 968	
房产税	123 506		20 757		102 749	
印花税	55 487		9 580		45 907	
城镇土地使用税	97 316		9 415		87 901	
土地增值税	79 934		13 959		65 975	
车船税	31 144		831		30 313	
耕地占用税	39 307		705		38 602	
契税	152 583		76 676		75 907	
烟叶税	215				215	
其他税收收入						
二、非税收入	843 416	296 011	213 215		334 190	
专项收入	324 350	143 079	84 670		96 601	
行政事业性收费收入	196 106	69 789	60 688		65 629	
罚没收入	123 790	19 704	27 789		76 297	
国有资本经营收入	85 855	44 929	6 830		34 096	
国有资源（资产）有偿使用收入	85 032	17 463	24 563		43 006	
其他收入	28 283	1 047	8 675		18 561	
本年收入合计	5 005 759	516 058	1 289 925		3 199 776	

续表

预 算 科 目	决算数合计	省级	地级	其中：地级直属乡镇	县级	乡镇级
一、一般公共服务	1 955 676	523 027	275 875		1 156 774	
二、外交	3 879	3 665	213		1	
三、国防	40 332	20 718	8 710		10 904	
四、公共安全	1 285 559	482 695	236 347		566 517	
五、教育	3 138 356	479 811	325 095		2 333 450	
六、科学技术	201 869	73 501	26 919		101 449	
七、文化体育与传媒	339 222	109 298	69 877		160 047	
八、社会保障和就业	1 664 041	462 439	255 571		946 031	
九、医疗卫生	1 035 599	161 316	189 695		684 588	
十、环境保护	510 155	76 949	94 001		339 205	
十一、城乡社区事务	952 755	3 560	207 219		741 976	
十二、农林水事务	2 204 962	763 892	219 435		1 221 635	
十三、交通运输	915 385	831 142	31 394		52 849	
十四、资源勘探电力信息等事务	385 301	77 609	169 242		138 450	
十五、商业服务业等事务	216 365	62 131	60 587		93 647	
十六、金融监管等事务支出	40 028	11 975	851		27 202	
十七、地震灾后恢复重建支出	108 611	44 203	180		64 228	
十八、国土资源气象等事务	336 460	244 631	29 478		62 351	
十九、住房保障支出	900 177	3 228	32 939		864 010	
二十、粮油物资储备管理事务	122 032	96 107	9 219		16 706	
二十一、国债还本付息支出	56 143	35 334	5 972		14 837	
二十二、其他支出	576 219	181 344	201 245		193 630	
本 年 支 出 合 计	16 989 126	4 748 575	2 450 064		9 790 487	

2010年新疆维吾尔自治区政府性基金收支决算总表

单位：万元

预算科目	调整预算数	决算数	预算科目	调整预算数	决算数
政府性基金收入	1 506 447	1 926 924	一般公共服务	54	
			教育	24 128	19 253
			文化体育与传媒	27 473	8 176
			社会保障和就业	46 676	27 389
			城乡社区事务	1 799 653	1 321 853
			农林水事务	43 303	14 837
			交通运输	413 118	366 398
			资源勘探电力信息等事务	28 653	4 480
			商业服务业等事务	2 355	2 180
			其他支出	139 491	101 930
本年收入合计	1 506 447	1 926 924	本年支出合计	2 524 904	1 866 496
上级补助收入		247 327	上解上级支出		
其中：地震灾后恢复重建补助收入					
省补助计划单列市收入			计划单列市上解省支出		
上年结余		353 754	调出资金		9 061
调入资金		5 960	年终结余		658 408
1. 一般预算调入			其中：本级		355 417
2. 预算外调入		102			
3. 其他调入		5 858			
收入总计		2 533 965	支出总计		2 533 965

2010年新疆维吾尔自治区政府性基金收支决算分级表

单位：万元

项　目	决算数合计	省级	地级	其中：地级直属乡镇	县级	乡镇级	项　目	决算数合计	省级	地级	其中：地级直属乡镇	县级	乡镇级
地方教育附加收入	21 797		4 479		17 318		地方教育附加支出	19 253		2 849		16 404	
新增建设用地土地有偿使用费收入	78 427	75 500			2 927		新增建设用地土地有偿使用费支出	71 474	37 457	29 629		4 388	
地方水利建设基金收入	19		19				地方水利建设基金支出						
残疾人就业保障金收入	22 633	10 831	5 104		6 698		残疾人就业保障金支出	23 168	11 007	3 293		8 868	
政府住房基金收入	26 518		24 989		1 529		政府住房基金支出	20 194		15 442		4 752	
城市公用事业附加收入	9 940		4 881		5 059		城市公用事业附加支出	8 413		4 881		3 532	
国有土地使用权出让金收入	1 219 658	83 809	328 975		806 874		国有土地使用权出让金支出	1 124 524	73 253	298 288		752 983	
国有土地收益基金收入	4 156				4 156		国有土地收益基金支出	3 148				3 148	
农业土地开发资金收入	28 115	7 565	9 844		10 706		农业土地开发资金支出	20 283	4 877	6 694		8 712	
彩票公益金收入	43 089	43 089					彩票事务	66 349	19 956	15 719		30 674	
城市基础设施配套费收入	70 266		27 463		42 803		城市基础设施配套费支出	73 817		36 064		37 753	
车辆通行费收入	319 331	284 493	34 228		610		车辆通行费支出	278 633	247 953	30 071		609	
其他各项政府性基金收入	82 975	36 990	22 868		23 117		其他各项政府性基金支出	157 240	99 436	23 313		34 491	
本年收入合计	1 926 924	542 277	462 850		921 797		本年支出合计	1 866 496	493 939	466 243		906 314	

第四部分　财政统计资料

2010年新疆维吾尔自治区预算外财政专户资金收支决算总表

单位：万元

科目名称	决算数	科目名称	决算数
一、行政事业性收费收入	468 523	一、一般公共服务	66 839
二、国有资源（资产）有偿使用收入	50 110	二、外交	19
三、其他收入	169 301	三、国防	461
其中：主管部门集中收入	4 481	四、公共安全	14 976
乡镇自筹和统筹收入	38	五、教育	282 175
彩票发行机构和彩票销售机构的业务费用	13 216	六、科学技术	1 366
		七、文化体育与传媒	44 504
		八、社会保障和就业	15 310
		九、医疗卫生	28 947
		十、环境保护	6 315
		十一、城乡社区事务	62 182
		十二、农林水事务	53 040
		十三、交通运输	14 417
		十四、资源勘探电力信息等事务	5 113
		十五、商业服务业等事务	3 056
		十六、金融监管等事务支出	2
		十七、地震灾后恢复重建支出	
		十八、国土资源气象等事务	15 205
		十九、住房保障支出	4 323
		二十、粮油物资储备管理事务	1 397
		二十一、国债还本付息支出	
		二十二、其他支出	28 584
本年收入合计	687 934	本年支出合计	648 231
上级补助收入		上解上级支出	
省补助计划单列市收入		计划单列市上解省支出	
上年结余	257 783	政府调剂资金	24 643
		1. 调入一般预算	24 541
		2. 调入政府性基金	102
		3. 调入地震灾后恢复重建	
		年终结余	272 843
		其中：本级	66 600
收入总计	945 717	支出总计	945 717

2010年新疆维吾尔自治区预算外财政专户资金收入决算明细表

单位：万元

预算科目	决算数	预算科目	决算数
行政事业性收费收入	468 523	水利行政事业性收费收入	21 163
公安行政事业性收费收入	7 975	卫生行政事业性收费收入	19 953
法院行政事业性收费收入	32	民政行政事业性收费收入	2 592
司法行政事业性收费收入	676	人力资源和社会保障行政事业性收费收入	6 465
外交行政事业性收费收入	92	证监会行政事业性收费收入	
工商行政事业性收费收入	84	银监会行政事业性收费收入	
商贸行政事业性收费收入	1 757	保监会行政事业性收费收入	
财政行政事业性收费收入	4 401	电力市场监管行政事业性收费收入	
税务行政事业性收费收入		仲裁委行政事业性收费收入	10
海关行政事业性收费收入		编办行政事业性收费收入	115
审计行政事业性收费收入	16	党校行政事业性收费收入	1 709
人口和计划生育行政事业性收费收入	758	监察行政事业性收费收入	
国管局行政事业性收费收入		外文局行政事业性收费收入	
外专局行政事业性收费收入		南水北调办行政事业性收费收入	
保密行政事业性收费收入		国资委行政事业性收费收入	61
质量监督检验检疫行政事业性收费收入	14 847	其他行政事业性收费收入	43 871
出版行政事业性收费收入	1 435	国有资源（资产）有偿使用收入	50 110
安全生产行政事业性收费收入	1 622	利息收入	1 730
档案行政事业性收费收入	383	财政专户存款利息收入	1 707
港澳办行政事业性收费收入		有价证券利息收入	
贸促会行政事业性收费收入	34	其他利息收入	23
宗教行政事业性收费收入	7 845	非经营性国有资产收入	43 761
人防办行政事业性收费收入	1 068	行政单位国有资产出租收入	16 725
中直管理局行政事业性收费收入		行政单位国有资产处置收入	113
文化行政事业性收费收入	3 485	事业单位国有资产处置收入	314
教育行政事业性收费收入	263 298	其他非经营性国有资产收入	26 609
科技行政事业性收费收入	520	出租车经营权有偿出让和转让收入	282
体育行政事业性收费收入	43	其他国有资源（资产）有偿使用收入	4 337
发展与改革（物价）行政事业性收费收入	5 304	其他收入（款）	169 301
统计行政事业性收费收入	96	捐赠收入	25 048
国土资源行政事业性收费收入	6 200	国外捐赠收入	175
建设行政事业性收费收入	15 563	国内捐赠收入	24 873
知识产权行政事业性收费收入		汶川地震捐赠收入	
环保行政事业性收费收入	370	主管部门集中收入	4 481
旅游行政事业性收费收入	1 284	乡镇自筹和统筹收入	38
海洋行政事业性收费收入		彩票发行机构和彩票销售机构的业务费用	13 216
测绘行政事业性收费收入	427	福利彩票销售机构的业务费用	9 556
铁路行政事业性收费收入	4 356	体育彩票销售机构的业务费用	3 660
交通运输行政事业性收费收入	9 577	其他收入（项）	126 518
工业和信息产业行政事业性收费收入	164		
农业行政事业性收费收入	14 378		
林业行政事业性收费收入	4 494	本年收入合计	687 934

2010年新疆维吾尔自治区预算外财政专户资金支出决算功能分类明细表

单位：万元

预算科目	决算数	预算科目	决算数
一般公共服务	66 839	缉私警察	
人大事务	153	其他公共安全支出	90
政协事务	622	教育	282 175
政府办公厅（室）及相关机构事务	19 898	教育管理事务	12 059
发展与改革事务	4 774	普通教育	183 307
统计信息事务	491	职业教育	61 395
财政事务	1 471	成人教育	4 417
税收事务	1 279	广播电视教育	5 507
审计事务	233	留学教育	
海关事务		特殊教育	550
人力资源事务	3 976	教师进修及干部继续教育	8 193
纪检监察事务	41	教育费附加支出	
人口与计划生育事务	1 527	其他教育支出	6 747
商贸事务	1 498	科学技术	1 366
知识产权事务	39	科学技术管理事务	138
工商行政管理事务	413	基础研究	6
质量技术监督与检验检疫事务	14 547	应用研究	848
民族事务	43	技术研究与开发	125
宗教事务	7 575	科技条件与服务	
港澳台侨事务	8	社会科学	41
档案事务	398	科学技术普及	207
共产党事务	5 415	科技交流与合作	
民主党派及工商联事务	135	科技重大专项	
群众团体事务	1 155	其他科学技术支出	1
其他一般公共服务支出	1 148	文化体育与传媒	44 504
外交	19	文化	2 041
国防	461	文物	2 166
公共安全	14 976	体育	962
武装警察	5 499	广播影视	37 058
公安	8 218	新闻出版	2 244
国家安全	23	其他文化体育与传媒支出	33
检察	190	社会保障和就业	15 310
法院	309	人力资源和社会保障管理事务	3 796
司法	619	民政管理事务	2 968
监狱		财政对社会保险基金的补助	
劳教		行政事业单位离退休	947
国家保密	28	企业改革补助	290

续表

预算科目	决算数
就业补助	644
抚恤	24
退役安置	58
社会福利	3 290
残疾人事业	1 145
城市居民最低生活保障	
其他城镇社会救济	201
自然灾害生活救助	919
红十字事业	390
农村最低生活保障	202
其他农村社会救济	357
补充道路交通事故社会救助基金	
其他社会保障和就业支出	79
医疗卫生	28 947
医疗卫生管理事务	1 680
公立医院	2 824
基层医疗卫生机构	9 062
公共卫生	14 308
医疗保障	304
中医药	2
食品和药品监督管理事务	536
其他医疗卫生支出	231
环境保护	6 315
环境保护管理事务	1 123
环境监测与监察	110
污染防治	4 866
自然生态保护	20
天然林保护	
退耕还林	
风沙荒漠治理	
退牧还草	
已垦草原退耕还草	
能源节约利用	7
污染减排	189
可再生能源	
资源综合利用	
能源管理事务	
其他环境保护支出	
城乡社区事务	62 182
城乡社区管理事务	14 477
城乡社区规划与管理	845
城乡社区公共设施	8 908
城乡社区环境卫生	18 134
建设市场管理与监督	626
其他城乡社区事务支出	19 192
农林水事务	53 040
农业	17 381
林业	4 074
水利	29 276
南水北调	
扶贫	2 143
农业综合开发	63
农村综合改革	
其他农林水事务支出	103
交通运输	14 417
公路水路运输	8 894
铁路运输	4 303
民用航空运输	
石油价格改革对交通运输的补贴	
邮政业支出	5
其他交通运输支出	1 215
资源勘探电力信息等事务	5 113
资源勘探开发和服务支出	1 210
制造业	685
建筑业	
电力监管支出	
工业和信息产业监管支出	92
安全生产监管	2 618
国有资产监管	203
支持中小企业发展和管理支出	305
其他资源勘探电力信息等事务支出	
商业服务业等事务	3 056
商业流通事务	147
旅游业管理与服务支出	2 896

续表

预算科目	决算数	预算科目	决算数
涉外发展服务支出	10	其他支出（类）	28 584
其他商业服务业等事务支出	3	汶川地震捐赠支出	
金融监管等事务支出	2	彩票事务	16 598
金融部门行政支出		福利彩票发行机构的业务费支出	
金融部门监管支出		体育彩票发行机构的业务费支出	
金融发展支出		福利彩票销售机构的业务费支出	1 746
金融调控支出		体育彩票销售机构的业务费支出	
农村金融发展支出		其他彩票事务支出	14 852
其他金融监管等事务支出	2	其他支出（款）	11 986
地震灾后恢复重建支出			
倒塌毁损民房恢复重建			
基础设施恢复重建			
公益服务设施恢复重建			
农业林业恢复生产和重建			
工商企业恢复生产和重建			
党政机关恢复重建			
军队武警恢复重建支出			
其他恢复重建支出			
国土资源气象等事务	15 205		
国土资源事务	14 646		
海洋管理事务			
测绘事务	390		
地震事务	17		
气象事务	152		
住房保障支出	4 323		
保障性住房支出	2 733		
住房改革支出	239		
城乡社区住宅	1 351		
粮油物资储备管理事务	1 397		
粮油事务	1 397		
物资储备			
国债还本付息支出			
国内债务付息			
国外债务付息			
国内外债务发行			
补充还贷准备金			
财政部代理发行地方政府债券付息		本年支出合计	648 231

2010年新疆维吾尔自治区预算外财政专户资金收支决算分级表

单位：万元

预算科目	决算数合计	省级	地级	其中：地级直属乡镇	县级	乡镇级	预算科目	决算数合计	省级	地级	其中：地级直属乡镇	县级	乡镇级
一、行政事业性收费收入	468 523	230 516	112 634		125 373		一、一般公共服务	66 839	29 838	12 128		24 873	
二、国有资源（资产）有偿使用收入	50 110	17 198	13 936		18 976		二、外交	19		19			
三、其他收入	169 301	16 843	81 281		71 177		三、国防	461	351	42		68	
其中：主管部门集中收入	4 481	4 359	122				四、公共安全	14 976	2 819	10 121		2 036	
乡镇自筹和统筹收入	38				38		五、教育	282 175	151 084	67 981		63 110	
彩票发行机构和彩票销售机构的业务费用	13 216	12 484	625		107		六、科学技术	1 366	1 053	253		60	
							七、文化体育与传媒	44 504	29 632	9 549		5 323	
							八、社会保障和就业	15 310	2 804	4 653		7 853	
							九、医疗卫生	28 947	1 101	11 161		16 685	
							十、环境保护	6 315	436	5 231		648	
							十一、城乡社区事务	62 182	1 754	33 799		26 629	
							十二、农林水事务	53 040	1 005	19 275		32 760	
							十三、交通运输	14 417	10 280	3 251		886	
							十四、资源勘探电力信息等事务	5 113	3 091	1 491		531	
							十五、商业服务业等事务	3 056	128	2 487		441	
							十六、金融监管等事务支出	2		2			
							十七、地震灾后恢复重建支出						

续表

预算科目	决算数合计	省级	地级	其中：地级直属乡镇	县级	乡镇级	预算科目	决算数合计	省级	地级	其中：地级直属乡镇	县级	乡镇级
							十八、国土资源气象等事务	15 205	2 595	3 220		9 390	
							十九、住房保障支出	4 323		1 310		3 013	
							二十、粮油物资储备管理事务	1 397	416	693		288	
							二十一、国债还本付息支出						
							二十二、其他支出	28 584	14 639	9 316		4 629	
本年收入合计	687 934	264 557	207 851		215 526		本年支出合计	648 231	253 026	195 982		199 223	

2010年新疆维吾尔自治区预算资金年终资产负债表

单位：万元

资产部类					负债部类				
会计科目	期初数		期末数		会计科目	期初数		期末数	
	合计	其中：本级	合计	其中：本级		合计	其中：本级	合计	其中：本级
资产	2 783 229	1 888 814	3 598 439	2 239 428	负债	1 262 391	715 968	1 785 364	1 006 375
国库存款	2 100 987	1 568 921	2 811 550	1 976 348	暂存款	1 170 368	623 945	1 662 246	883 257
其他财政存款	365 819	261 235	330 094	179 749	其中：国债转贷还本付息资金				
有价证券	12		12		国库集中支付年终结余	840 945	611 392	1 316 821	880 706
在途款			34	34	代收地方政府债券还本				
暂付款	289 307	17 136	433 919	17 136	代收地方政府债券付息			5	
其中：代付国债转贷资金利息					与上级往来	92 023	92 023	123 118	123 118
代付地方政府债券还本					其中：上级拨付国债转贷资金	176 910	176 910	152 980	152 980
代付地方政府债券付息			5		省与计划单列市往来				
与下级往来		38 833		63 472	净资产	1 520 838	1 172 846	1 813 075	1 233 053
其中：省与计划单列市往来					预算结余	1 049 592	920 549	994 730	743 367
预拨经费	24 003		19 730		基金预算结余	353 754	160 473	658 408	355 417
基建拨款	3 101	2 689	3 100	2 689	国有资本经营预算结余				
					专用基金结余	84 813	84 324	27 258	26 769
					预算稳定调节基金			100 000	100 000
					预算周转金	32 679	7 500	32 679	7 500
总计	2 783 229	1 888 814	3 598 439	2 239 428	总计	2 783 229	1 888 814	3 598 439	2 239 428

2010年新疆维吾尔自治区预算外财政专户资金年终资产负债表

单位：万元

资产部类					负债部类				
会计科目	期初数		期末数		会计科目	期初数		期末数	
	合计	其中：本级	合计	其中：本级		合计	其中：本级	合计	其中：本级
资产	604 906	109 448	892 627	129 265	负债	347 123	54 346	619 784	62 665
财政专户存款	515 052	108 235	771 430	128 052	应缴代收上级财政专户款	7 067		8 190	
有价证券	500		500		暂存款	340 056	54 346	611 594	62 665
应收款	89 354	1 213	120 697	1 213					
					净资产	257 783	55 102	272 843	66 600
					预算外结余	257 783	55 102	272 843	66 600
总计	604 906	109 448	892 627	129 265	总计	604 906	109 448	892 627	129 265

2010年新疆维吾尔自治区财政总决算收支完成情况表

单位：万元

预算科目	2009年决算数	2010年预算数	2010年决算情况			预算科目	2009年决算数	2010年预算数	2010年决算情况		
			决算数	为预算%	比上年±%				决算数	为预算%	比上年±%
一、税收收入	3 011 283	3 738 000	4 162 343	111.35	38.22	一、一般公共服务	1 956 383	1 967 222	1 955 676	99.41	-0.04
增值税	576 267	700 000	753 113	107.59	30.69	二、外交	4 283	3 879	3 879	100.00	-9.43
营业税	1 123 708	1 300 000	1 512 668	116.36	34.61	三、国防	26 121	40 822	40 332	98.80	54.40
企业所得税（含退税）	280 564	326 000	400 152	122.75	42.62	四、公共安全	872 925	1 358 763	1 285 559	94.61	47.27
个人所得税	202 029	230 000	273 834	119.06	35.54	五、教育	2 401 460	3 223 526	3 138 356	97.36	30.69
资源税	122 793	353 000	324 678	91.98	164.41	六、科学技术	161 414	202 304	201 869	99.78	25.06
城市维护建设税	230 415	270 000	318 406	117.93	38.19	七、文化体育与传媒	333 355	350 932	339 222	96.66	1.76
房产税	102 494	120 000	123 506	102.92	20.50	八、社会保障和就业	1 774 879	1 678 599	1 664 041	99.13	-6.24
契税	111 762	120 000	152 583	127.15	36.52	九、医疗卫生	849 380	1 080 144	1 035 599	95.88	21.92
其他税收收入	261 251	319 000	303 403	95.11	16.13	十、环境保护	364 226	555 827	510 155	91.78	40.07
二、非税收入	876 565	840 000	843 416	100.41	-3.78	十一、城乡社区事务	790 336	960 108	952 755	99.23	20.55
专项收入	287 021	300 000	324 350	108.12	13.01	十二、农林水事务	1 967 828	2 296 531	2 204 962	96.01	12.05
行政事业性收费收入	151 994	170 000	196 106	115.36	29.02	十三、交通运输	659 074	915 649	915 385	99.97	38.89
罚没收入	121 243	130 000	123 790	95.22	2.10	十四、资源勘探电力信息等事务	283 035	393 068	385 301	98.02	36.13
其他收入	316 307	240 000	199 170	82.99	-37.03	十五、其他支出	1 024 426	2 956 481	2 356 035	79.69	129.99
一般预算收入小计	3 887 848	4 578 000	5 005 759	109.34	28.75	一般预算支出小计	13 469 125	17 983 855	16 989 126	94.47	26.13
基金预算收入小计	1 042 837	1 506 447	1 926 924	127.91	84.78	基金预算支出小计	1 271 939	2 524 904	1 866 496	73.92	46.74
收入合计	4 930 685	6 084 447	6 932 683	113.94	40.60	支出合计	14 741 064	20 508 759	18 855 622	91.94	27.91

2010年新疆维吾尔自治区分地区财政一般预算收支完成情况表

单位：万元

地区	一般预算收入				一般预算支出			
	2010年决算数	2009年决算数	比上年±%	增减额	2010年决算数	2009年决算数	比上年±%	增减额
合计	4 489 701	3 386 089	32.59	1 103 612	12 240 551	9 399 887	30.22	2 840 664
1. 乌鲁木齐市昌吉州	1 807 175	1 376 383	31.30	430 792	2 474 779	1 943 053	27.37	531 726
2. 克拉玛依市	424 303	332 763	27.51	91 540	547 711	427 153	28.22	120 558
3. 石河子市	137 555	102 524	34.17	35 031	172 440	140 114	23.07	32 326
4. 伊犁州	648 482	493 855	31.31	154 627	2 646 054	1 992 916	32.77	653 138
伊犁州直	312 194	239 022	30.61	73 172	1 282 002	976 021	31.35	305 981
塔城地区	183 366	136 875	33.97	46 491	685 169	489 470	39.98	195 699
阿勒泰地区	152 922	117 958	29.64	34 964	678 883	527 425	28.72	151 458
5. 博尔塔拉州	63 038	48 570	29.79	14 468	315 170	249 022	26.56	66 148
6. 巴音郭楞州	351 807	265 996	32.26	85 811	880 084	665 735	32.20	214 349
7. 阿克苏地区	427 314	296 064	44.33	131 250	1 143 958	864 291	32.36	279 667
8. 克孜勒苏州	32 581	22 619	44.04	9 962	419 683	338 557	23.96	81 126
9. 喀什地区	196 421	147 358	33.30	49 063	1 880 404	1 427 919	31.69	452 485
10. 和田地区	63 142	44 990	40.35	18 152	976 442	752 167	29.82	224 275
11. 吐鲁番地区	145 963	122 410	19.24	23 553	332 106	259 159	28.15	72 947
12. 哈密地区	150 435	104 464	44.01	45 971	386 270	293 562	31.58	92 708
13. 五家渠市	22 882	14 975	52.80	7 907	29 424	20 484	43.64	8 940
14. 阿拉尔市	13 103	10 102	29.71	3 001	20 915	15 359	36.17	5 556
15. 图木舒克市	5 500	3 016	82.36	2 484	15 111	10 396	45.35	4 715

2010年新疆维吾尔自治区财政收入分征收部门完成情况表

单位：万元

项目	地方收入				上划中央“四税”收入				全口径财政收入			
	2010年	2009年	增减额	比上年±%	2010年	2009年	增减额	比上年±%	2010年	2009年	增减额	比上年±%
一般预算收入小计	5 005 759	3 887 848	1 117 911	28.75	4 975 337	3 906 622	1 068 716	27.36	9 981 096	7 794 470	2 186 627	28.05
一、国税部门征收	984 746	742 915	241 831	32.55	4 311 808	3 432 704	879 104	25.61	5 296 554	4 175 619	1 120 935	26.84
国内增值税	753 113	576 267	176 846	30.69	2 406 047	1 843 338	562 709	30.53	3 159 160	2 419 605	739 555	30.57
国内消费税					1 558 311	1 339 394	218 917	16.34	1 558 311	1 339 394	218 917	16.34
企业所得税	230 458	160 968	69 490	43.17	345 687	241 452	104 235	43.17	576 145	402 420	173 725	43.17
个人所得税	1 175	5 680	-4 505	-79.31	1 763	8 520	-6 758	-79.31	2 938	14 200	-11 263	-79.31
二、地税部门征收（含国税代征）	3 167 202	2 256 749	910 453	40.34	647 937	456 489	191 448	41.94	3 815 139	2 713 238	1 101 901	40.61
营业税	1 512 668	1 123 708	388 960	34.61					1 512 668	1 123 708	388 960	34.61
企业所得税	159 299	107 977	51 322	47.53	238 949	161 966	76 983	47.53	398 248	269 943	128 305	47.53
个人所得税	272 659	196 349	76 310	38.86	408 989	294 524	114 465	38.86	681 648	490 873	190 775	38.86
资源税	324 678	122 793	201 885	164.41					324 678	122 793	201 885	164.41
城市维护建设税	318 406	230 415	87 991	38.19					318 406	230 415	87 991	38.19
房产税	123 506	102 494	21 012	20.50					123 506	102 494	21 012	20.50
印花税	55 487	46 851	8 636	18.43					55 487	46 851	8 636	18.43
城镇土地使用税	97 316	123 006	-25 690	-20.89					97 316	123 006	-25 690	-20.89
土地增值税	79 934	43 624	36 310	83.23					79 934	43 624	36 310	83.23
车船税	31 144	25 533	5 611	21.98					31 144	25 533	5 611	21.98
契税	152 583	111 762	40 821	36.52					152 583	111 762	40 821	36.52
其他税收	39 522	22 237	17 285	77.73					39 522	22 237	17 285	77.73
三、非税收入	843 416	876 565	-33 149	-3.78					843 416	876 565	-33 149	-3.78
四、中央返还跨地区所得税	10 395	11 619	-1 224	-10.53	15 593	17 429	-1 836	-10.53	25 988	29 048	-3 060	-10.53
基金预算收入小计	1 926 924	1 042 837	884 087	84.78					1 926 924	1 042 837	884 087	84.78
财政收入合计	6 932 683	4 930 685	2 001 998	40.60	4 975 337	3 906 622	1 068 716	27.36	11 908 020	8 837 307	3 070 714	34.75

2010年新疆维吾尔自治区县级财政一般预算收入排序表

单位：万元

序号	县（市）名称	数额	序号	县（市）名称	数额	序号	县（市）名称	数额
1	库车县	166 020	35	新和县	28 560	69	布尔津县	9 319
2	库尔勒市	156 342	36	托克逊县	27 950	70	麦盖提县	9 216
3	石河子市	137 555	37	和静县	27 759	71	和硕县	8 806
4	天山区	125 379	38	哈巴河县	27 647	72	巩留县	8 516
5	哈密市	122 381	39	若羌县	26 285	73	乌恰县	8478
6	昌吉市	119 565	40	和田市	25 575	74	阿克陶县	8 284
7	米东区	114 758	41	五家渠市	22 882	75	墨玉县	8 166
8	伊宁市	95 181	42	乌鲁木齐县	22 802	76	阿瓦提县	7 170
9	克拉玛依区	94 585	43	伊宁县	21 183	77	皮山县	6 803
10	沙依巴克区	91 136	44	阿勒泰市	18 683	78	青河县	6 648
11	水磨沟区	90 101	45	尼勒克县	18 678	79	特克斯县	6 354
12	新市区	87 403	46	温宿县	17 678	80	英吉沙县	6 269
13	阿克苏市	81 544	47	莎车县	17 579	81	昭苏县	5 965
14	奎屯市	78 216	48	且末县	17 524	82	和田县	5 540
15	喀什市	77 326	49	霍城县	17 498	83	图木舒克市	5 500
16	鄯善县	61 942	50	塔城市	17 122	84	疏附县	5 426
17	富蕴县	57 685	51	叶城县	16 095	85	博湖县	5 103
18	和布克赛尔蒙古自治县	57 286	52	白碱滩区	15 933	86	洛浦县	4 685
19	拜城县	57 164	53	托里县	15 385	87	塔什库尔干塔吉克自治县	4 547
20	阜康市	56 756	54	泽普县	14 519	88	岳普湖县	4 515
21	轮台县	53 532	55	焉耆回族自治县	14 233	89	于田县	4 423
22	独山子区	52 046	56	额敏县	13 139	90	乌什县	4 106
23	沙雅县	47 606	57	察布查尔锡伯自治县	13 106	91	乌尔禾区	4 028
24	头屯河区	47 169	58	阿拉尔市	13 103	92	温泉县	3 422
25	乌苏市	40 854	59	福海县	13 048	93	策勒县	2 980
26	吐鲁番市	34 905	60	疏勒县	13 016	94	阿合奇县	2 844
27	达坂城区	34 480	61	巴楚县	12 009	95	裕民县	2 606
28	沙湾县	33 358	62	伽师县	11 971	96	吉木乃县	2 235
29	奇台县	30 277	63	巴里坤哈萨克自治县	11 866	97	民丰县	2 121
30	博乐市	30 211	64	伊吾县	11 597	98	柯坪县	964
31	玛纳斯县	29 851	65	尉犁县	10 593			
32	新源县	29 165	66	木垒哈萨克自治县	10 420			
33	吉木萨尔县	28 911	67	精河县	10 003			
34	呼图壁县	28 644	68	阿图什市	9 962		合　计	3 199 776

2010年新疆维吾尔自治区县级财政一般预算支出排序表

单位：万元

序号	县（市）名称	数额	序号	县（市）名称	数额	序号	县（市）名称	数额
1	喀什市	315 308	35	鄯善县	104 712	69	精河县	73 404
2	莎车县	277 992	36	麦盖提县	104 506	70	托里县	73 090
3	库车县	224 018	37	沙雅县	104 270	71	巴里坤哈萨克自治县	71 274
4	库尔勒市	208 617	38	沙依巴克区	103 690	72	福海县	69 488
5	伊宁市	200 553	39	沙湾县	102 529	73	木垒哈萨克自治县	66 287
6	叶城县	194 680	40	和静县	101 482	74	焉耆回族自治县	64 700
7	昌吉市	187 024	41	洛浦县	101 440	75	乌恰县	63 988
8	墨玉县	182 215	42	和布克赛尔蒙古自治县	100 142	76	布尔津县	63 856
9	哈密市	172 566	43	水磨沟区	99 355	77	且末县	63 122
10	石河子市	172 440	44	温宿县	99 331	78	若羌县	62 308
11	阿克苏市	151 980	45	阜康市	99 047	79	青河县	59 180
12	伽师县	146 318	46	博乐市	97 287	80	头屯河区	59 047
13	伊宁县	145 098	47	吐鲁番市	97 225	81	温泉县	58 764
14	米东区	144 513	48	新市区	95 713	82	塔什库尔干塔吉克自治县	58 688
15	疏附县	127 999	49	新和县	95 334	83	裕民县	57 368
16	天山区	127 304	50	察布查尔锡伯自治县	94 153	84	尉犁县	57 109
17	巴楚县	127 286	51	尼勒克县	94 134	85	阿合奇县	56 546
18	和田市	126 110	52	阿瓦提县	92 885	86	和硕县	52 134
19	乌苏市	121 871	53	昭苏县	92 268	87	吉木乃县	49 513
20	奎屯市	121 445	54	岳普湖县	91 196	88	乌鲁木齐县	46 948
21	于田县	119 964	55	哈巴河县	91 090	89	民丰县	45 103
22	奇台县	119 837	56	额敏县	89 753	90	柯坪县	44 028
23	拜城县	119 456	57	策勒县	89 704	91	博湖县	42 820
24	阿勒泰市	118 944	58	玛纳斯县	89 531	92	伊吾县	42 274
25	疏勒县	116 085	59	泽普县	88 963	93	白碱滩区	36 963
26	富蕴县	114 954	60	塔城市	88 479	94	达坂城区	36 531
27	克拉玛依区	114 228	61	呼图壁县	86 153	95	五家渠市	29 424
28	新源县	112 793	62	特克斯县	85 157	96	阿拉尔市	20 915
29	和田县	112 745	63	吉木萨尔县	84 347	97	图木舒克市	15 111
30	英吉沙县	112 251	64	乌什县	84 216	98	乌尔禾区	9 387
31	阿克陶县	112 015	65	独山子区	83 565			
32	霍城县	109 073	66	巩留县	83 323			
33	皮山县	106 289	67	托克逊县	80 427			
34	阿图什市	106 286	68	轮台县	75 453		合　计	9 790 487

2010年新疆维吾尔自治区县级财政一般预算赤字排序表

单位：万元

序号	县（市）	数额	序号	县（市）	数额
1	图木舒克市	-12 821	35	昭苏县	-194
2	阿拉尔市	-10 688	36	巴里坤哈萨克自治县	-133
3	拜城县	-10 341	37	疏附县	-96
4	轮台县	-10 073	38	阿合奇县	-22
5	阿瓦提县	-8 730	39	精河县	-15
6	木垒哈萨克自治县	-7 055			
7	尉犁县	-5 969			
8	库尔勒市	-5 742			
9	沙雅县	-5 546			
10	焉耆回族自治县	-4 352			
11	和田市	-3 833			
12	温宿县	-3 459			
13	吐鲁番市	-3 219			
14	和硕县	-3 182			
15	察布查尔锡伯自治县	-3 022			
16	且末县	-2 849			
17	博湖县	-2 813			
18	托克逊县	-2 775			
19	巴楚县	-2 512			
20	沙湾县	-2 143			
21	五家渠市	-1 824			
22	奇台县	-1 789			
23	乌什县	-1 486			
24	伊吾县	-1 117			
25	和静县	-1 080			
26	洛浦县	-1 008			
27	和田县	-869			
28	新和县	-832			
29	皮山县	-819			
30	若羌县	-717			
31	博乐市	-564			
32	麦盖提县	-555			
33	阿图什市	-335			
34	泽普县	-232		合　计	-124 811

2010 年乌鲁木齐市昌吉州财政一般预算收支决算总表

单位：万元

预算科目	调整预算数	决算数	预算科目	调整预算数	决算数
一、税收收入	1 604 784	1 645 296	一、一般公共服务	305 640	299 208
增值税	217 214	212 472	二、外交	0	0
营业税	678 319	703 252	三、国防	5 500	5 493
企业所得税	190 273	194 159	四、公共安全	202 233	198 496
企业所得税退税	0	0	五、教育	440 752	425 319
个人所得税	111 888	117 657	六、科学技术	33 855	33 713
资源税	14 289	17 100	七、文化体育与传媒	39 369	38 971
固定资产投资方向调节税	0	0	八、社会保障和就业	233 258	227 792
城市维护建设税	102 143	104 072	九、医疗卫生	138 178	125 966
房产税	68 897	70 125	十、环境保护	136 265	112 900
印花税	28 090	29 926	十一、城乡社区事务	329 720	322 381
城镇土地使用税	45 430	44 232	十二、农林水事务	245 466	219 201
土地增值税	44 926	47 111	十三、交通运输	10 997	10 997
车船税	9 613	9 354	十四、资源勘探电力信息等事务	161 525	158 527
耕地占用税	2 557	3 923	十五、商业服务业等事务	46 060	41 403
契税	91 145	91 874	十六、金融监管等事务支出	2 688	2 688
烟叶税	0	39	十七、地震灾后恢复重建支出	22 030	21 398
其他税收收入	0	0	十八、国土资源气象等事务	17 734	14 693
二、非税收入	150 662	161 879	十九、住房保障支出	68 420	53 390
专项收入	55 301	56 936	二十、粮油物资储备管理事务	4 135	4 135
行政事业性收费收入	45 290	49 236	二十一、预备费	0	
罚没收入	30 306	32 510	二十二、国债还本付息支出	742	742
国有资本经营收入	954	1 174	二十三、其他支出	220 252	157 366
国有资源（资产）有偿使用收入	17 560	20 178			
其他收入	1 251	1 845			
本年收入合计	1 755 446	1 807 175	本年支出合计	2 664 819	2 474 779
上级补助收入		959 732	上解上级支出		269 208
转贷财政部代理发行地方政府债券收入		52 792	增设预算周转金		0
上年结余		86 968	年终结余		164 991
调入资金		2 311	减：结转下年的支出		185 375
			净结余		－20 384
收入总计		2 908 978	支出总计		2 908 978

2010年克拉玛依市财政一般预算收支决算总表

单位：万元

预算科目	调整预算数	决算数	预算科目	调整预算数	决算数
一、税收收入	382 750	381 292	一、一般公共服务	67 612	67 580
增值税	138 100	138 007	二、外交	0	0
营业税	85 600	85 501	三、国防	874	874
企业所得税	26 100	26 092	四、公共安全	44 187	44 173
企业所得税退税	0	0	五、教育	115 378	115 341
个人所得税	28 900	28 822	六、科学技术	9 949	9 943
资源税	13 500	13 413	七、文化体育与传媒	19 093	19 093
固定资产投资方向调节税	0	0	八、社会保障和就业	27 565	27 553
城市维护建设税	61 000	60 722	九、医疗卫生	56 439	56 426
房产税	8 000	7 899	十、环境保护	25 278	25 277
印花税	4 000	3 516	十一、城乡社区事务	79 152	79 150
城镇土地使用税	6 400	6 350	十二、农林水事务	8 077	8 068
土地增值税	2 400	2 345	十三、交通运输	25 178	25 178
车船税	2 000	2 095	十四、资源勘探电力信息等事务	21 483	21 482
耕地占用税	1 450	1 421	十五、商业服务业等事务	2 261	2 261
契税	5 300	5 109	十六、金融监管等事务支出	2 016	2 016
烟叶税	0	0	十七、地震灾后恢复重建支出	0	0
其他税收收入	0	0	十八、国土资源气象等事务	4 336	4 334
二、非税收入	43 870	43 011	十九、住房保障支出	3 012	3 005
专项收入	28 000	27 513	二十、粮油物资储备管理事务	867	865
行政事业性收费收入	8 100	7 900	二十一、预备费	0	
罚没收入	3 040	3 031	二十二、国债还本付息支出	539	537
国有资本经营收入	1 000	928	二十三、其他支出	34 555	34 555
国有资源（资产）有偿使用收入	1 930	1 922			
其他收入	1 800	1 717			
本年收入合计	426 620	424 303	本年支出合计	547 851	547 711
上级补助收入		98 690	上解上级支出		34 241
转贷财政部代理发行地方政府债券收入		8 421	增设预算周转金		
上年结余		1 220	年终结余		1 229
调入资金		50 547	减：结转下年的支出		
			净结余		1 229
收入总计		583 181	支出总计		583 181

2010年石河子市财政一般预算收支决算总表

单位：万元

预算科目	调整预算数	决算数	预算科目	调整预算数	决算数
一、税收收入	122 618	122 618	一、一般公共服务	16 793	16 275
增值税	22 526	22 526	二、外交	0	0
营业税	45 477	45 477	三、国防	307	307
企业所得税	10 473	10 473	四、公共安全	26 360	24 541
企业所得税退税	0	0	五、教育	27 628	26 722
个人所得税	6 901	6 901	六、科学技术	1 963	1 670
资源税	394	394	七、文化体育与传媒	3 927	3 753
固定资产投资方向调节税	0	0	八、社会保障和就业	9 821	9 373
城市维护建设税	10 991	10 991	九、医疗卫生	10 396	9 727
房产税	7 217	7 217	十、环境保护	3 670	2 183
印花税	1 995	1 995	十一、城乡社区事务	9 930	9 884
城镇土地使用税	3 042	3 042	十二、农林水事务	3 237	3 154
土地增值税	5 079	5 079	十三、交通运输	536	287
车船税	1 111	1 111	十四、资源勘探电力信息等事务	5 612	3 611
耕地占用税	1 204	1 204	十五、商业服务业等事务	5 397	4 395
契税	6 208	6 208	十六、金融监管等事务支出	1 244	1 244
烟叶税	0	0	十七、地震灾后恢复重建支出	0	0
其他税收收入	0	0	十八、国土资源气象等事务	1 676	1 607
二、非税收入	14 937	14 937	十九、住房保障支出	455	455
专项收入	5 167	5 167	二十、粮油物资储备管理事务	339	339
行政事业性收费收入	5 288	5 288	二十一、预备费	0	
罚没收入	3 103	3 103	二十二、国债还本付息支出	20	20
国有资本经营收入	519	519	二十三、其他支出	55 255	52 893
国有资源（资产）有偿使用收入	682	682			
其他收入	178	178			
本年收入合计	137 555	137 555	本年支出合计	184 566	172 440
上级补助收入		48 290	上解上级支出		7 571
转贷财政部代理发行地方政府债券收入		484	调出资金		0
上年结余		5 808	年终结余		12 126
调入资金		0	减：结转下年的支出		5 746
			净结余		6 380
收入总计		192 137	支出总计		192 137

2010年伊犁哈萨克自治州（全州）财政一般预算收支决算总表

单位：万元

预算科目	调整预算数	决算数	预算科目	调整预算数	决算数
一、税收收入	488 756	526 892	一、一般公共服务	324 923	323 469
增值税	91 995	100 382	二、外交		
营业税	183 588	193 220	三、国防	4 597	4 509
企业所得税	47 307	53 638	四、公共安全	149 793	146 074
企业所得税退税			五、教育	583 004	576 988
个人所得税	31 010	33 398	六、科学技术	28 008	27 985
资源税	18 355	26 923	七、文化体育与传媒	51 936	51 449
固定资产投资方向调节税			八、社会保障和就业	308 816	305 675
城市维护建设税	36 718	39 912	九、医疗卫生	193 493	188 566
房产税	11 702	11 575	十、环境保护	109 336	101 607
印花税	5 321	5 360	十一、城乡社区事务	138 114	137 239
城镇土地使用税	11 566	9 904	十二、农林水事务	390 776	382 856
土地增值税	5 158	6 254	十三、交通运输	12 623	12 604
车船税	4 665	5 136	十四、资源勘探电力信息等事务	41 115	40 727
耕地占用税	22 222	20 855	十五、商业服务业等事务	41 571	39 904
契税	19 029	20 159	十六、金融监管等事务支出	5 703	5 703
烟叶税	120	176	十七、地震灾后恢复重建支出	44 420	43 010
其他税收收入			十八、国土资源气象等事务	29 643	28 670
二、非税收入	107 556	121 590	十九、住房保障支出	152 748	151 270
专项收入	25 120	27 127	二十、粮油物资储备管理事务	7 219	7 213
行政事业性收费收入	27 456	30 873	二十一、预备费	0	0
罚没收入	16 676	16 863	二十二、国债还本付息支出	8 154	8 154
国有资本经营收入	14 188	16 177	二十三、其他支出	63 050	62 382
国有资源（资产）有偿使用收入	19 180	17 326			
其他收入	4 936	13 224			
本年收入合计	596 312	648 482	本年支出合计	2 689 042	2 646 054
上级补助收入		1 967 062	上解上级支出		8 650
转贷财政部代理发行地方政府债券收入		30 842	调出资金		
上年结余		57 687	年终结余		55 887
调入资金		6 518	减：结转下年的支出		40 589
			净结余		15 298
收入总计		2 710 591	支出总计		2 710 591

第四部分　财政统计资料

2010 年伊犁州直财政一般预算收支决算总表

单位：万元

预算科目	调整预算数	决算数	预算科目	调整预算数	决算数
一、税收收入	250 993	254 881	一、一般公共服务	123 340	123 113
增值税	36 013	35 146	二、外交	0	0
营业税	107 188	110 490	三、国防	1 968	1 959
企业所得税	22 532	23 287	四、公共安全	79 058	79 000
企业所得税退税	0	0	五、教育	323 416	321 087
个人所得税	17 427	17 896	六、科学技术	11 839	11 837
资源税	4 066	3 624	七、文化体育与传媒	27 986	27 966
固定资产投资方向调节税	0	0	八、社会保障和就业	179 032	178 644
城市维护建设税	22 106	22 324	九、医疗卫生	103 616	101 467
房产税	6 504	6 475	十、环境保护	41 415	41 368
印花税	2 754	2 771	十一、城乡社区事务	54 019	53 617
城镇土地使用税	6 353	6 298	十二、农林水事务	141 010	140 971
土地增值税	3 066	3 148	十三、交通运输	4 868	4 865
车船税	2 939	3 083	十四、资源勘探电力信息等事务	30 722	30 720
耕地占用税	5 127	5 563	十五、商业服务业等事务	16 659	16 432
契税	14 798	14 600	十六、金融监管等事务支出	2 725	2 725
烟叶税	120	176	十七、地震灾后恢复重建支出	27 771	27 771
其他税收收入	0	0	十八、国土资源气象等事务	11 668	11 640
二、非税收入	55 698	57 313	十九、住房保障支出	83 438	83 438
专项收入	14 665	14 761	二十、粮油物资储备管理事务	3 421	3 416
行政事业性收费收入	17 026	18 676	二十一、预备费	0	
罚没收入	9 835	9 915	二十二、国债还本付息支出	6 422	6 422
国有资本经营收入	988	198	二十三、其他支出	13 544	13 544
国有资源（资产）有偿使用收入	8 573	8 599			
其他收入	4 611	5 164			
本年收入合计	306 691	312 194	本年支出合计	1 287 937	1 282 002
上级补助收入		956 991	上解上级支出		4 421
转贷财政部代理发行地方政府债券收入		16 757	调出资金		0
上年结余		8 318	年终结余		10 731
调入资金		2 894	减：结转下年的支出		4 973
			净结余		5 758
收入总计		1 297 154	支出总计		1 297 154

2010年塔城地区财政一般预算收支决算总表

单位：万元

预算科目	调整预算数	决算数	预算科目	调整预算数	决算数
一、税收收入	124 817	150 056	一、一般公共服务	115 884	115 176
增值税	37 593	45 102	二、外交	0	0
营业税	39 528	44 061	三、国防	1 079	1 028
企业所得税	8 021	11 146	四、公共安全	39 985	36 617
企业所得税退税	0	0	五、教育	141 010	138 402
个人所得税	7 143	8 815	六、科学技术	8 983	8 962
资源税	6 292	11 487	七、文化体育与传媒	13 176	12 878
固定资产投资方向调节税	0	0	八、社会保障和就业	53 032	50 674
城市维护建设税	9 834	11 716	九、医疗卫生	49 880	48 089
房产税	2 989	2 925	十、环境保护	35 079	30 365
印花税	1 714	1 706	十一、城乡社区事务	43 636	43 364
城镇土地使用税	3 372	2 558	十二、农林水事务	125 268	118 323
土地增值税	1 017	1 322	十三、交通运输	2 504	2 504
车船税	1 186	1 251	十四、资源勘探电力信息等事务	5 446	5 075
耕地占用税	3 204	4 051	十五、商业服务业等事务	7 819	6 958
契税	2 924	3 916	十六、金融监管等事务支出	1 400	1 400
烟叶税	0	0	十七、地震灾后恢复重建支出	16 649	15 239
其他税收收入	0	0	十八、国土资源气象等事务	8 092	7 189
二、非税收入	28 483	33 310	十九、住房保障支出	38 468	37 371
专项收入	6 429	6 708	二十、粮油物资储备管理事务	1 401	1 401
行政事业性收费收入	7 253	9 280	二十一、预备费	0	
罚没收入	3 740	5 244	二十二、国债还本付息支出	69	69
国有资本经营收入	5 315	6 540	二十三、其他支出	4 697	4 085
国有资源（资产）有偿使用收入	5 746	5 538			
其他收入	0	0			
本年收入合计	153 300	183 366	本年支出合计	713 557	685 169
上级补助收入		491 360	上解上级支出		1 244
转贷财政部代理发行地方政府债券收入		6 346	调出资金		0
上年结余		35 121	年终结余		32 640
调入资金		2 860	减：结转下年的支出		27 585
			净结余		5 055
收入总计		719 053	支出总计		719 053

2010 年阿勒泰地区财政一般预算收支决算总表

单位：万元

预算科目	调整预算数	决 算 数	预算科目	调整预算数	决 算 数
一、税收收入	112 946	121 955	一、一般公共服务	85 699	85 180
增值税	18 389	20 134	二、外交	0	0
营业税	36 872	38 669	三、国防	1 550	1 522
企业所得税	16 754	19 205	四、公共安全	30 750	30 457
企业所得税退税	0	0	五、教育	118 578	117 499
个人所得税	6 440	6 687	六、科学技术	7 186	7 186
资源税	7 997	11 812	七、文化体育与传媒	10 774	10 605
固定资产投资方向调节税	0	0	八、社会保障和就业	76 752	76 357
城市维护建设税	4 778	5 872	九、医疗卫生	39 997	39 010
房产税	2 209	2 175	十、环境保护	32 842	29 874
印花税	853	883	十一、城乡社区事务	40 459	40 258
城镇土地使用税	1 841	1 048	十二、农林水事务	124 498	123 562
土地增值税	1 075	1 784	十三、交通运输	5 251	5 235
车船税	540	802	十四、资源勘探电力信息等事务	4 947	4 932
耕地占用税	13 891	11 241	十五、商业服务业等事务	17 093	16 514
契税	1 307	1 643	十六、金融监管等事务支出	1 578	1 578
烟叶税	0	0	十七、地震灾后恢复重建支出	0	0
其他税收收入	0	0	十八、国土资源气象等事务	9 883	9 841
二、非税收入	23 375	30 967	十九、住房保障支出	30 842	30 461
专项收入	4 026	5 658	二十、粮油物资储备管理事务	2 397	2 396
行政事业性收费收入	3 177	2 917	二十一、预备费	0	
罚没收入	3 101	1 704	二十二、国债还本付息支出	1 663	1 663
国有资本经营收入	7 885	9 439	二十三、其他支出	44 809	44 753
国有资源（资产）有偿使用收入	4 861	3 189			
其他收入	325	8 060			
本 年 收 入 合 计	136 321	152 922	本 年 支 出 合 计	687 548	678 883
上级补助收入		518 711	上解上级支出		2 985
转贷财政部代理发行地方政府债券收入		7 739	调出资金		0
上年结余		14 248	年终结余		12 516
调入资金		764	减：结转下年的支出		8 031
			净结余		4 485
收入总计		694 384	支出总计		694 384

2010年博尔塔拉蒙古自治州财政一般预算收支决算总表

单位：万元

预算科目	调整预算数	决算数	预算科目	调整预算数	决算数
一、税收收入	45 998	50 194	一、一般公共服务	37 760	37 475
增值税	5 898	5 044	二、外交	0	0
营业税	25 420	26 836	三、国防	1 214	1 214
企业所得税	2 571	4 273	四、公共安全	19 625	19 541
企业所得税退税	0	0	五、教育	59 824	59 689
个人所得税	3 688	4 257	六、科学技术	3 926	3 926
资源税	315	289	七、文化体育与传媒	11 464	11 441
固定资产投资方向调节税	0	0	八、社会保障和就业	21 818	21 798
城市维护建设税	2 139	2 321	九、医疗卫生	22 557	22 557
房产税	1 190	1 030	十、环境保护	17 067	17 059
印花税	1 459	1 447	十一、城乡社区事务	21 265	21 235
城镇土地使用税	850	1 264	十二、农林水事务	52 898	52 804
土地增值税	664	912	十三、交通运输	2 470	2 470
车船税	613	792	十四、资源勘探电力信息等事务	5 411	5 411
耕地占用税	65	79	十五、商业服务业等事务	6 321	6 271
契税	1 126	1 650	十六、金融监管等事务支出	430	430
烟叶税	0	0	十七、地震灾后恢复重建支出	0	0
其他税收收入	0	0	十八、国土资源气象等事务	2 445	2 445
二、非税收入	8 401	12 844	十九、住房保障支出	19 986	19 945
专项收入	2 186	2 029	二十、粮油物资储备管理事务	461	461
行政事业性收费收入	1 282	1 947	二十一、预备费	0	
罚没收入	2 703	3 709	二十二、国债还本付息支出	2 356	2 356
国有资本经营收入	2 008	2 778	二十三、其他支出	8 332	6 642
国有资源（资产）有偿使用收入	222	2 367			
其他收入	0	14			
本年收入合计	54 399	63 038	本年支出合计	317 630	315 170
上级补助收入		249 607	上解上级支出		1 137
转贷财政部代理发行地方政府债券收入		3 009	调出资金		0
上年结余		1 362	年终结余		1 945
调入资金		1 236	减：结转下年的支出		770
			净结余		1 175
收入总计		318 252	支出总计		318 252

2010年巴音郭楞蒙古自治州财政一般预算收支决算总表

单位：万元

预算科目	调整预算数	决算数	预算科目	调整预算数	决算数
一、税收收入	269 101	308 744	一、一般公共服务	89 292	88 631
增值税	55 597	59 034	二、外交	0	0
营业税	104 020	114 496	三、国防	711	711
企业所得税	14 516	25 787	四、公共安全	52 711	52 711
企业所得税退税	0	0	五、教育	221 823	221 738
个人所得税	15 708	20 803	六、科学技术	11 952	11 952
资源税	16 642	19 642	七、文化体育与传媒	13 794	13 794
固定资产投资方向调节税	0	0	八、社会保障和就业	81 489	81 489
城市维护建设税	21 183	23 150	九、医疗卫生	63 178	60 165
房产税	7 730	9 581	十、环境保护	39 593	39 284
印花税	3 191	2 870	十一、城乡社区事务	85 625	85 611
城镇土地使用税	16 648	12 658	十二、农林水事务	117 718	117 557
土地增值税	2 806	5 540	十三、交通运输	5 571	5 548
车船税	2 226	3 145	十四、资源勘探电力信息等事务	16 696	16 553
耕地占用税	2 113	2 505	十五、商业服务业等事务	15 111	14 016
契税	6 721	9 533	十六、金融监管等事务支出	2 867	2 867
烟叶税	0	0	十七、地震灾后恢复重建支出	0	0
其他税收收入	0	0	十八、国土资源气象等事务	7 127	7 127
二、非税收入	34 822	43 063	十九、住房保障支出	55 371	55 371
专项收入	11 091	14 573	二十、粮油物资储备管理事务	2 158	2 158
行政事业性收费收入	7 585	6 757	二十一、预备费	0	
罚没收入	10 323	11 349	二十二、国债还本付息支出	343	343
国有资本经营收入	2 264	4 351	二十三、其他支出	5 968	2 458
国有资源（资产）有偿使用收入	3 365	5 507			
其他收入	194	526			
本年收入合计	303 923	351 807	本年支出合计	889 098	880 084
上级补助收入		513 474	上解上级支出		4 624
转贷财政部代理发行地方政府债券收入		12 117	调出资金		0
上年结余		-34 334	年终结余		-28 691
调入资金		12 953	减：结转下年的支出		4 583
			净结余		-33 274
收入总计		856 017	支出总计		856 017

2010 年克孜勒苏柯尔克孜自治州财政一般预算收支决算总表

单位：万元

预算科目	调整预算数	决算数	预算科目	调整预算数	决算数
一、税收收入	25 760	25 760	一、一般公共服务	54 649	54 649
增值税	2 830	2 830	二、外交	214	214
营业税	15 355	15 355	三、国防	423	423
企业所得税	530	530	四、公共安全	28 857	28 857
企业所得税退税	0	0	五、教育	99 562	99 562
个人所得税	2 706	2 706	六、科学技术	2 300	2 300
资源税	1 335	1 335	七、文化体育与传媒	8 342	8 342
固定资产投资方向调节税	0	0	八、社会保障和就业	50 603	50 603
城市维护建设税	1 500	1 500	九、医疗卫生	29 921	29 921
房产税	288	288	十、环境保护	9 323	9 323
印花税	388	388	十一、城乡社区事务	15 730	15 730
城镇土地使用税	157	157	十二、农林水事务	66 205	66 205
土地增值税	71	71	十三、交通运输	1 368	1 368
车船税	414	414	十四、资源勘探电力信息等事务	1 900	1 900
耕地占用税	0	0	十五、商业服务业等事务	2 639	2 639
契税	186	186	十六、金融监管等事务支出	316	316
烟叶税	0	0	十七、地震灾后恢复重建支出	0	0
其他税收收入	0	0	十八、国土资源气象等事务	3 601	3 601
二、非税收入	6 821	6 821	十九、住房保障支出	28 722	28 722
专项收入	1 472	1 472	二十、粮油物资储备管理事务	1 532	1 532
行政事业性收费收入	2 355	2 355	二十一、预备费	0	
罚没收入	967	967	二十二、国债还本付息支出	0	0
国有资本经营收入	0	0	二十三、其他支出	13 476	13 476
国有资源（资产）有偿使用收入	1 578	1 578			
其他收入	449	449			
本年收入合计	32 581	32 581	本年支出合计	419 683	419 683
上级补助收入		389 321	上解上级支出		613
转贷财政部代理发行地方政府债券收入		0	调出资金		0
上年结余		-3 822	年终结余		-2 216
调入资金		0	减：结转下年的支出		0
			净结余		-2 216
收入总计		418 080	支出总计		418 080

2010年阿克苏地区财政一般预算收支决算总表

单位：万元

预算科目	调整预算数	决算数	预算科目	调整预算数	决算数
一、税收收入	302 032	378 841	一、一般公共服务	153 073	152 605
增值税	129 960	138 770	二、外交	0	0
营业税	70 415	91 410	三、国防	2 338	2 338
企业所得税	13 975	22 650	四、公共安全	78 782	76 501
企业所得税退税	0	0	五、教育	282 624	280 274
个人所得税	12 685	20 907	六、科学技术	13 452	13 452
资源税	12 710	33 220	七、文化体育与传媒	19 075	18 850
固定资产投资方向调节税	0	0	八、社会保障和就业	108 744	107 752
城市维护建设税	39 550	44 811	九、医疗卫生	89 080	85 290
房产税	4 500	4 584	十、环境保护	42 405	40 386
印花税	2 890	3 371	十一、城乡社区事务	79 456	79 421
城镇土地使用税	5 522	6 440	十二、农林水事务	146 498	144 899
土地增值税	1 870	3 984	十三、交通运输	13 664	13 664
车船税	2 235	2 651	十四、资源勘探电力信息等事务	21 847	21 736
耕地占用税	170	648	十五、商业服务业等事务	13 029	10 139
契税	5 550	5 395	十六、金融监管等事务支出	4 395	4 395
烟叶税	0	0	十七、地震灾后恢复重建支出	0	0
其他税收收入	0	0	十八、国土资源气象等事务	11 900	11 659
二、非税收入	35 480	48 473	十九、住房保障支出	73 287	72 370
专项收入	15 450	23 357	二十、粮油物资储备管理事务	2 833	2 833
行政事业性收费收入	4 410	4 782	二十一、预备费	0	
罚没收入	6 150	8 612	二十二、国债还本付息支出	3 897	3 897
国有资本经营收入	6 100	6 561	二十三、其他支出	5 359	1 497
国有资源（资产）有偿使用收入	3 370	4 809			
其他收入	0	352			
本年收入合计	337 512	427 314	本年支出合计	1 165 738	1 143 958
上级补助收入		709 489	上解上级支出		5 174
转贷财政部代理发行地方政府债券收入		17 828	调出资金		0
上年结余		4 597	年终结余		14 958
调入资金		4 862	减：结转下年的支出		15 785
			净结余		−827
收入总计		1 164 090	支出总计		1 164 090

2010年喀什地区财政一般预算收支决算总表

单位：万元

预算科目	调整预算数	决算数	预算科目	调整预算数	决算数
一、税收收入	127 572	153 972	一、一般公共服务	184 506	183 537
增值税	15 681	14 186	二、外交	0	0
营业税	62 382	77 072	三、国防	1 868	1 594
企业所得税	8 532	11 262	四、公共安全	101 115	100 998
企业所得税退税	0	0	五、教育	473 834	466 302
个人所得税	13 114	14 312	六、科学技术	11 398	11 379
资源税	1 200	1 616	七、文化体育与传媒	29 539	29 046
固定资产投资方向调节税	0	0	八、社会保障和就业	179 376	173 709
城市维护建设税	7 624	9 439	九、医疗卫生	159 385	153 539
房产税	4 242	4 427	十、环境保护	35 042	34 196
印花税	2 191	2 258	十一、城乡社区事务	91 086	90 931
城镇土地使用税	5 707	6 057	十二、农林水事务	200 531	197 762
土地增值税	1 701	4 732	十三、交通运输	6 082	6 042
车船税	2 039	2 327	十四、资源勘探电力信息等事务	24 385	24 264
耕地占用税	494	1 575	十五、商业服务业等事务	17 962	17 369
契税	2 665	4 709	十六、金融监管等事务支出	2 205	2 205
烟叶税	0	0	十七、地震灾后恢复重建支出	0	0
其他税收收入	0	0	十八、国土资源气象等事务	5 833	4 827
二、非税收入	37 469	42 449	十九、住房保障支出	363 772	363 763
专项收入	6 066	6 437	二十、粮油物资储备管理事务	2 352	2 352
行政事业性收费收入	10 117	6 680	二十一、预备费	0	
罚没收入	8 899	8 470	二十二、国债还本付息支出	0	0
国有资本经营收入	4 550	5 361	二十三、其他支出	19 996	16 589
国有资源（资产）有偿使用收入	5 785	9 762			
其他收入	2 052	5 739			
本年收入合计	165 041	196 421	本年支出合计	1 910 267	1 880 404
上级补助收入		1 702 760	上解上级支出		3 905
转贷财政部代理发行地方政府债券收入		0	调出资金		0
上年结余		22 547	年终结余		38 508
调入资金		1 089	减：结转下年的支出		12 218
			净结余		26 290
收入总计		1 922 817	支出总计		1 922 817

2010年和田地区财政一般预算收支决算总表

单位：万元

预算科目	调整预算数	决算数	预算科目	调整预算数	决算数
一、税收收入	38 148	50 555	一、一般公共服务	109 242	108 065
增值税	3 786	3 964	二、外交	0	0
营业税	21 804	29 914	三、国防	705	705
企业所得税	1 311	1 928	四、公共安全	56 594	56 377
企业所得税退税	0	0	五、教育	236 374	232 009
个人所得税	3 768	5 076	六、科学技术	4 380	4 380
资源税	291	559	七、文化体育与传媒	16 367	16 367
固定资产投资方向调节税	0	0	八、社会保障和就业	139 428	138 518
城市维护建设税	1 896	2 776	九、医疗卫生	92 596	85 994
房产税	1 089	1 246	十、环境保护	23 737	23 694
印花税	388	478	十一、城乡社区事务	28 802	28 802
城镇土地使用税	1 043	795	十二、农林水事务	138 203	137 503
土地增值税	364	960	十三、交通运输	2 136	2 136
车船税	1 130	1 458	十四、资源勘探电力信息等事务	4 406	4 406
耕地占用税	263	226	十五、商业服务业等事务	3 770	3 560
契税	1 015	1 175	十六、金融监管等事务支出	873	873
烟叶税	0	0	十七、地震灾后恢复重建支出	0	0
其他税收收入	0	0	十八、国土资源气象等事务	4 281	4 281
二、非税收入	11 862	12 587	十九、住房保障支出	116 671	113 922
专项收入	1 728	2 668	二十、粮油物资储备管理事务	3 383	3 383
行政事业性收费收入	4 270	4 923	二十一、预备费	0	
罚没收入	4 261	3 457	二十二、国债还本付息支出	1 026	1 026
国有资本经营收入	248	142	二十三、其他支出	15 473	10 441
国有资源（资产）有偿使用收入	1 113	1 397			
其他收入	242	0			
本年收入合计	50 010	63 142	本年支出合计	998 447	976 442
上级补助收入		908 842	上解上级支出		1 158
上年结余		4 001	年终结余		－1 496
调入资金		119	减：结转下年的支出		6 385
			净结余		－7 881
收入总计		976 104	支出总计		976 104

2010年吐鲁番地区财政一般预算收支决算总表

单位：万元

预算科目	调整预算数	决算数	预算科目	调整预算数	决算数
一、税收收入	134 544	122 948	一、一般公共服务	44 492	43 712
增值税	38 313	29 189	二、外交	0	0
营业税	38 898	38 121	三、国防	90	90
企业所得税	12 304	12 498	四、公共安全	27 038	23 497
企业所得税退税	0	0	五、教育	75 081	74 524
个人所得税	8 660	8 365	六、科学技术	2 993	2 993
资源税	12 628	10 769	七、文化体育与传媒	8 070	7 974
固定资产投资方向调节税	0	0	八、社会保障和就业	24 860	24 028
城市维护建设税	7 960	7 662	九、医疗卫生	27 509	25 500
房产税	2 125	2 233	十、环境保护	13 413	13 183
印花税	1 327	1 399	十一、城乡社区事务	24 721	24 721
城镇土地使用税	4 575	4 445	十二、农林水事务	50 869	45 864
土地增值税	735	669	十三、交通运输	2 425	2 425
车船税	1 146	1 184	十四、资源勘探电力信息等事务	3 798	3 705
耕地占用税	4 827	5 099	十五、商业服务业等事务	4 285	4 145
契税	1 046	1 315	十六、金融监管等事务支出	1 421	1 421
烟叶税	0	0	十七、地震灾后恢复重建支出	0	0
其他税收收入	0	0	十八、国土资源气象等事务	4 742	3 995
二、非税收入	20 324	23 015	十九、住房保障支出	11 300	10 942
专项收入	7 994	6 326	二十、粮油物资储备管理事务	415	415
行政事业性收费收入	3 527	2 506	二十一、预备费	0	
罚没收入	5 752	7 291	二十二、国债还本付息支出	1 695	1 695
国有资本经营收入	1 729	2 908	二十三、其他支出	17 287	17 277
国有资源（资产）有偿使用收入	800	1 042			
其他收入	522	2 942			
本年收入合计	154 868	145 963	本年支出合计	346 504	332 106
上级补助收入		192 860	上解上级支出		1 445
转贷财政部代理发行地方政府债券收入		2 249	调出资金		0
上年结余		3 592	年终结余		11 268
调入资金		155	减：结转下年的支出		9 672
			净结余		1 596
收入总计		344 819	支出总计		344 819

2010 年哈密地区财政一般预算收支决算总表

单位：万元

预算科目	调整预算数	决算数	预算科目	调整预算数	决算数
一、税收收入	102 819	136 366	一、一般公共服务	48 644	48 213
增值税	20 746	23 312	二、外交	0	0
营业税	40 515	61 792	三、国防	1 239	1 239
企业所得税	8 678	13 106	四、公共安全	25 503	24 811
企业所得税退税	0	0	五、教育	69 955	69 857
个人所得税	6 583	7 442	六、科学技术	4 172	4 147
资源税	6 972	8 535	七、文化体育与传媒	9 378	9 134
固定资产投资方向调节税	0	0	八、社会保障和就业	32 194	31 474
城市维护建设税	6 198	9 092	九、医疗卫生	27 633	27 221
房产税	3 640	2 761	十、环境保护	13 591	13 386
印花税	1 631	1 698	十一、城乡社区事务	32 613	32 315
城镇土地使用税	2 974	1 524	十二、农林水事务	64 109	63 601
土地增值税	560	1 332	十三、交通运输	1 200	1 200
车船税	1 123	1 212	十四、资源勘探电力信息等事务	4 809	4 775
耕地占用税	804	1 485	十五、商业服务业等事务	6 999	6 902
契税	2 395	3 075	十六、金融监管等事务支出	2 075	2 075
烟叶税	0	0	十七、地震灾后恢复重建支出	0	0
其他税收收入	0	0	十八、国土资源气象等事务	4 199	4 107
二、非税收入	14 210	14 069	十九、住房保障支出	21 383	20 746
专项收入	4 199	6 585	二十、粮油物资储备管理事务	239	239
行政事业性收费收入	1 628	1 962	二十一、预备费	0	
罚没收入	6 068	4 319	二十二、国债还本付息支出	2 039	2 039
国有资本经营收入	500	27	二十三、其他支出	19 770	18 789
国有资源（资产）有偿使用收入	1 305	926			
其他收入	510	250			
本年收入合计	117 029	150 435	本年支出合计	391 744	386 270
上级补助收入		234 627	上解上级支出		2 337
转贷财政部代理发行地方政府债券收入		3 485	调出资金		0
上年结余		5 185	年终结余		8 187
调入资金		3 062	减：结转下年的支出		2 991
			净结余		5 196
收入总计		396 794	支出总计		396 794

2010年阿拉尔市财政一般预算收支决算总表

单位：万元

预算科目	调整预算数	决算数	预算科目	调整预算数	决算数
一、税收收入	12 307	12 307	一、一般公共服务	2 543	2 543
增值税	2 048	2 048	二、外交	0	0
营业税	6 674	6 674	三、国防	25	25
企业所得税	729	729	四、公共安全	1 909	1 909
企业所得税退税	0	0	五、教育	1 555	1 555
个人所得税	863	863	六、科学技术	248	248
资源税	0	0	七、文化体育与传媒	338	338
固定资产投资方向调节税	0	0	八、社会保障和就业	60	60
城市维护建设税	846	846	九、医疗卫生	847	847
房产税	151	151	十、环境保护	15	15
印花税	242	242	十一、城乡社区事务	11 844	11 844
城镇土地使用税	148	148	十二、农林水事务	189	189
土地增值税	98	98	十三、交通运输	51	51
车船税	84	84	十四、资源勘探电力信息等事务	0	0
耕地占用税	182	182	十五、商业服务业等事务	891	891
契税	242	242	十六、金融监管等事务支出	14	14
烟叶税	0	0	十七、地震灾后恢复重建支出	0	0
其他税收收入	0	0	十八、国土资源气象等事务	30	30
二、非税收入	796	796	十九、住房保障支出	0	0
专项收入	399	399	二十、粮油物资储备管理事务	0	0
行政事业性收费收入	117	117	二十一、预备费	0	
罚没收入	242	242	二十二、国债还本付息支出	0	0
国有资本经营收入	0	0	二十三、其他支出	356	356
国有资源（资产）有偿使用收入	38	38			
其他收入	0	0			
本年收入合计	13 103	13 103	本年支出合计	20 915	20 915
上级补助收入		6 516	上解上级支出		284
转贷财政部代理发行地方政府债券收入		0	调出资金		0
上年结余		-10 688	年终结余		-10 688
调入资金		1 580	减：结转下年的支出		0
			净结余		-10 688
收入总计		10 511	支出总计		10 511

2010年图木舒克市财政一般预算收支决算总表

单位：万元

预算科目	调整预算数	决 算 数	预算科目	调整预算数	决 算 数
一、税收收入	4 925	4 925	一、一般公共服务	3 376	3 376
增值税	256	256	二、外交	0	0
营业税	3 417	3 417	三、国防	47	47
企业所得税	299	299	四、公共安全	1 207	1 207
企业所得税退税	0	0	五、教育	2 648	2 648
个人所得税	580	580	六、科学技术	28	28
资源税	7	7	七、文化体育与传媒	164	164
固定资产投资方向调节税	0	0	八、社会保障和就业	408	408
城市维护建设税	140	140	九、医疗卫生	674	674
房产税	0	0	十、环境保护	16	16
印花税	142	142	十一、城乡社区事务	2 930	2 930
城镇土地使用税	0	0	十二、农林水事务	242	242
土地增值税	0	0	十三、交通运输	63	63
车船税	22	22	十四、资源勘探电力信息等事务	0	0
耕地占用税	1	1	十五、商业服务业等事务	0	0
契税	61	61	十六、金融监管等事务支出	0	0
烟叶税	0	0	十七、地震灾后恢复重建支出	0	0
其他税收收入	0	0	十八、国土资源气象等事务	200	200
二、非税收入	575	575	十九、住房保障支出	2 954	2 954
专项收入	177	177	二十、粮油物资储备管理事务	0	0
行政事业性收费收入	243	243	二十一、预备费	0	
罚没收入	142	142	二十二、国债还本付息支出	0	0
国有资本经营收入	0	0	二十三、其他支出	154	154
国有资源（资产）有偿使用收入	13	13			
其他收入	0	0			
本年收入合计	5 500	5 500	本年支出合计	15 111	15 111
上级补助收入		9 731	上解上级支出		70
转贷财政部代理发行地方政府债券收入		0	调出资金		0
上年结余		－12 878	年终结余		－12 821
调入资金		7	减：结转下年的支出		0
			净结余		－12 821
收入总计		2 360	支出总计		2 360

2010 年五家渠市财政一般预算收支决算总表

单位：万元

预算科目	调整预算数	决算数	预算科目	调整预算数	决算数
一、税收收入	21 586	21 586	一、一般公共服务	3 494	3 311
增值税	1 093	1 093	二、外交	0	0
营业税	12 274	12 274	三、国防	45	45
企业所得税	1 414	1 414	四、公共安全	3 171	3 171
企业所得税退税	0	0	五、教育	6 017	6 017
个人所得税	1 745	1 745	六、科学技术	286	252
资源税	0	0	七、文化体育与传媒	1 208	1 208
固定资产投资方向调节税	0	0	八、社会保障和就业	1 377	1 370
城市维护建设税	972	972	九、医疗卫生	1 890	1 890
房产税	389	389	十、环境保护	697	697
印花税	397	397	十一、城乡社区事务	7 135	7 001
城镇土地使用税	300	300	十二、农林水事务	1 165	1 165
土地增值税	847	847	十三、交通运输	210	210
车船税	159	159	十四、资源勘探电力信息等事务	595	595
耕地占用税	104	104	十五、商业服务业等事务	339	339
契税	1 892	1 892	十六、金融监管等事务支出	1 806	1 806
烟叶税	0	0	十七、地震灾后恢复重建支出	0	0
其他税收收入	0	0	十八、国土资源气象等事务	253	253
二、非税收入	1 296	1 296	十九、住房保障支出	94	94
专项收入	505	505	二十、粮油物资储备管理事务	0	0
行政事业性收费收入	748	748	二十一、预备费	0	
罚没收入	21	21	二十二、国债还本付息支出	0	0
国有资本经营收入	0	0	二十三、其他支出	0	0
国有资源（资产）有偿使用收入	22	22			
其他收入	0	0			
本年收入合计	22 882	22 882	本年支出合计	29 782	29 424
上级补助收入		7 703	上解上级支出		783
转贷财政部代理发行地方政府债券收入		0	调出资金		0
上年结余		－2 202	年终结余		－1 824
调入资金		0	减：结转下年的支出		0
			净结余		－1 824
收入总计		28 383	支出总计		28 383

2010年新疆维吾尔自治区各地、州、市人均财政收支表

序号	地、州、市	财政收入				财政支出			
		财政收入数额（万元）	按财政收入排序	每人平均（元/人）	按人平均排序	财政支出数额（万元）	按财政支出排序	每人平均（元/人）	按人平均排序
1	乌鲁木齐市昌吉州	1 807 175	1	4 743	2	2 474 779	1	6 495	8
2	克拉玛依市	424 303	3	15 154	1	547 711	9	19 561	1
3	石河子市	137 555	11	3 930	3	172 440	14	4 927	11
4	伊犁州	312 194	5	1 107	12	1 282 002	3	4 546	14
5	塔城地区	183 366	7	1 890	9	685 169	7	7 064	4
6	阿勒泰地区	152 922	8	2 249	8	678 883	8	9 984	2
7	博尔塔拉州	63 038	13	1 313	11	315 170	13	6 566	7
8	巴音郭楞州	351 807	4	2 706	4	880 084	6	6 770	6
9	阿克苏地区	427 314	2	1 850	10	1 143 958	4	4 952	10
10	克孜勒苏州	32 581	14	603	14	419 683	10	7 772	3
11	喀什地区	196 421	6	489	15	1 880 404	2	4 678	13
12	和田地区	63 142	12	311	17	976 442	5	4 810	12
13	吐鲁番地区	145 963	10	2 433	6	332 106	12	5 535	9
14	哈密地区	150 435	9	2 639	5	386 270	11	6 777	5
15	五家渠市	22 882	15	2 288	7	29 424	15	2 942	15
16	阿拉尔市	13 103	16	771	13	20 915	16	1 230	16
17	图木舒克市	5 500	17	367	16	15 111	17	1 007	17

注：本表财政收支为一般预算收支，人均数按总人口计算。

2010年新疆维吾尔自治区各地、州、市财政收入完成预算表

单位：万元

序号	地、州、市	预算数	决算数	超（+）短（-）收数	决算数为预算数的百分比
1	乌鲁木齐市昌吉州	1 755 446	1 807 175	51 729	102.9
2	克拉玛依市	426 620	424 303	-2 317	99.5
3	石河子市	137 555	137 555		100
4	伊犁州	306 691	312 194	5 503	101.8
5	塔城地区	153 300	183 366	30 066	119.6
6	阿勒泰地区	136 321	152 922	16 601	112.2
7	博尔塔拉州	54 399	63 038	8 639	115.9
8	巴音郭楞州	303 923	351 807	47 884	115.8
9	阿克苏地区	337 512	427 314	89 802	126.6
10	克孜勒苏州	32 581	32 581		100
11	喀什地区	165 041	196 421	31 380	119
12	和田地区	50 010	63 142	13 132	126.3
13	吐鲁番地区	154 868	145 963	-8 905	94.2
14	哈密地区	117 029	150 435	33 406	128.5
15	五家渠市	22 882	22 882		100
16	阿拉尔市	13 103	13 103		100
17	图木舒克市	5 500	5 500		100

注：本表财政收入为一般预算收入。

2010年新疆维吾尔自治区各地、州、市财政支出完成预算表

单位：万元

序号	地、州、市	预算数	决算数	决算数为预算数的百分比
1	乌鲁木齐市昌吉州	2 664 819	2 474 779	92.9
2	克拉玛依市	547 851	547 711	100
3	石河子市	184 566	172 440	93.4
4	伊犁州	1 287 937	1 282 002	99.5
5	塔城地区	713 557	685 169	96.0
6	阿勒泰地区	687 548	678 883	98.7
7	博尔塔拉州	317 630	315 170	99.2
8	巴音郭楞州	889 098	880 084	99
9	阿克苏地区	1 165 738	1 143 958	98.1
10	克孜勒苏州	419 683	419 683	100
11	喀什地区	1 910 267	1 880 404	98.4
12	和田地区	998 447	976 442	97.8
13	吐鲁番地区	346 504	332 106	95.8
14	哈密地区	391 744	386 270	98.6
15	五家渠市	29 782	29 424	98.8
16	阿拉尔市	20 915	20 915	100
17	图木舒克市	15 111	15 111	100

注：本表财政支出为一般预算支出。

2010年新疆维吾尔自治区各地、州、市全口径财政收入和一般预算收入占该地区生产总值比重表

单位：万元

序号	地、州、市	全口径财政收入数	一般预算收入	地区生产总值（GDP）	全口径财政收入占地区生产总值比重	一般预算收入占地区生产总值比重
1	乌鲁木齐市昌吉州	3 561 470	1 807 175	18 680 000	19.1	9.7
2	克拉玛依市	1 047 125	424 303	7 102 000	14.7	6.0
3	石河子市	281 734	137 555	1 380 000	20.4	10.0
4	伊犁州	775 134	312 194	4 048 869	19.1	7.7
5	塔城地区	409 152	183 366	2 932 503	14.0	6.3
6	阿勒泰地区	271 359	152 922	1 419 251	19.1	10.8
7	博尔塔拉州	110 295	63 038	1 256 651	8.8	5.0
8	巴音郭楞州	688 975	351 807	6 380 000	10.8	5.5
9	阿克苏地区	1 022 041	427 314	2 822 399	36.2	15.1
10	克孜勒苏州	51 298	32 581	359 874	14.3	9.1
11	喀什地区	433 503	196 421	3 752 567	11.6	5.2
12	和田地区	108 228	63 142	1 005 900	10.8	6.3
13	吐鲁番地区	292 710	145 963	1 852 600	15.8	7.9
14	哈密地区	264 873	150 435	1 659 600	16.0	9.1
15	五家渠市	31 707	22 882	510 000	6.2	4.5
16	阿拉尔市	31 725	13 103	572 039	5.5	2.3
17	图木舒克市	10 241	5 500	191 893	5.3	2.9

注：本表全口径财政收入为地方财政收入加上划中央“四税”。

2007—2010 年新疆维吾尔自治区各地、州、市地方财政收入完成表

单位：万元

序号	地、州、市	2007 年			2008 年			2009 年			2010 年		
		地方财政收入	一般预算收入	基金预算收入	地方财政收入	一般预算收入	基金预算收入	地方财政收入	一般预算收入	基金预算收入	地方财政收入	一般预算收入	基金预算收入
1	乌鲁木齐市昌吉州	1 135 950	872 297	263 653	1 555 710	1 200 414	355 296	1 772 018	1 376 383	395 635.0	2 426 752	1 807 175	619 577.0
2	克拉玛依市	389 758	364 826	24 932	413 489	391 457	22 032	356 582	332 763	23 819.0	464 239	424 303	39 936.0
3	石河子市	75 639	66 656	8 983	96 837	85 943	10 894	119 714	102 524	17 190.0	184 254	137 555	46 699.0
4	伊犁州	217 526	146 961	70 565	301 949	199 491	102 458	390 556	239 022	151 534.0	496 759	312 194	184 565.0
5	塔城地区	144 236	125 913	18 323	172 852	149 341	23 511	169 926	136 875	33 051.0	239 309	183 366	55 943.0
6	阿勒泰地区	65 959	62 343	3 616	100 008	92 260	7 748	128 366	117 958	10 408.0	170 267	152 922	17 345.0
7	博尔塔拉州	54 468	48 082	6 386	66 658	56 920	9 738	59 897	48 570	11 327.0	80 759	63 038	17 721.0
8	巴音郭楞州	229 198	196 444	32 754	314 977	256 314	58 663	336 851	265 996	70 855.0	435 699	351 807	83 892.0
9	阿克苏地区	292 249	255 818	36 431	390 105	347 971	42 134	345 839	296 064	49 775.0	522 065	427 314	94 751.0
10	克孜勒苏州	13 550	12 294	1 256	20 967	18 401	2 566	26 416	22 619	3 797.0	37 943	32 581	5 362.0
11	喀什地区	107 613	81 220	26 393	148 519	107 903	40 616	191 258	147 358	43 900.0	344 531	196 421	148 110.0
12	和田地区	38 830	31 843	6 987	47 897	38 166	9 731	53 253	44 990	8 263.0	84 651	63 142	21 509.0
13	吐鲁番地区	97 346	93 214	4 132	130 351	119 069	11 282	136 937	122 410	14 527.0	170 542	145 963	24 579.0
14	哈密地区	68 109	60 955	7 154	95 270	80 909	14 361	116 865	104 464	12 401.0	161 665	150 435	11 230.0
15	五家渠市	6 112	6 051	61	9 324	9 312	12	15 203	14 975	228.0	23 638	22 882	756.0
16	阿拉尔市	5 506	4 112	1 394	10 964	7 088	3 876	14 023	10 102	3 921.0	23 118	13 103	10 015.0
17	图木舒克市	1 809	1 606	203	2 137	1 950	187	3 643	3 016	627.0	8 157	5 500	2 657.0

注：地方财政收入为一般预算收入加基金预算收入。

2007—2010 年新疆维吾尔自治区各地、州、市地方财政支出完成表

单位：万元

序号	地、州、市	2007 年			2008 年			2009 年			2010 年		
		地方财政支出	一般预算支出	基金预算支出	地方财政支出	一般预算支出	基金预算支出	地方财政支出	一般预算支出	基金预算支出	地方财政支出	一般预算支出	基金预算支出
1	乌鲁木齐市昌吉州	1 254 621	1 027 299	227 322	1 850 559	1 491 350	359 209	2 327 789	1 943 053	384 736.0	3 081 556	2 474 779	606 777.0
2	克拉玛依市	451 075	428 248	22 827	484 949	465 476	19 473	453 555	427 153	26 402.0	592 257	547 711	44 546.0
3	石河子市	92 492	84 440	8 052	117 085	109 640	7 445	155 547	140 114	15 433.0	211 049	172 440	38 609.0
4	伊犁州	633 978	555 788	78 190	880 134	746 830	133 304	1 132 502	976 021	156 481.0	1 472 418	1 282 002	190 416.0
5	塔城地区	340 089	323 630	16 459	453 072	429 826	23 246	529 286	489 470	39 816.0	747 565	685 169	62 396.0
6	阿勒泰地区	258 095	254 934	3 161	376 367	367 277	9 090	542 945	527 425	15 520.0	700 441	678 883	21 558.0
7	博尔塔拉州	160 166	153 008	7 158	212 472	201 823	10 649	263 923	249 022	14 901.0	336 096	315 170	20 926.0
8	巴音郭楞州	429 899	396 809	33 090	615 048	553 026	62 022	742 329	665 735	76 594.0	967 861	880 084	87 777.0
9	阿克苏地区	575 859	538 450	37 409	794 887	746 619	48 268	924 118	864 291	59 827.0	1 248 956	1 143 958	104 998.0
10	克孜勒苏州	181 090	178 392	2 698	253 287	248 689	4 598	344 367	338 557	5 810.0	426 557	419 683	6 874.0
11	喀什地区	630 066	607 616	22 450	989 344	951 401	37 943	1 477 505	1 427 919	49 586.0	1 989 477	1 880 404	109 073.0
12	和田地区	358 778	351 057	7 721	524 673	512 069	12 604	770 130	752 167	17 963.0	1 002 623	976 442	26 181.0
13	吐鲁番地区	171 453	165 740	5 713	240 984	229 677	11 307	275 630	259 159	16 471.0	360 788	332 106	28 682.0
14	哈密地区	172 778	163 823	8 955	246 013	234 935	11 078	306 637	293 562	13 075.0	401 507	386 270	15 237.0
15	五家渠市	7 813	7 784	29	13 082	13 009	73	20 484	20 484		29 762	29 424	338.0
16	阿拉尔市	9 568	6 738	2 830	14 384	11 564	2 820	16 998	15 359	1 639.0	26 442	20 915	5 527.0
17	图木舒克市	7 269	7 083	186	7 223	7 217	6	10 526	10 396	130.0	17 753	15 111	2 642.0

注：地方财政支出为一般预算支出加基金预算支出。

2010年新疆维吾尔自治区各地、州、市财政赤字（或结余）增减变化表

单位：万元

序号	地、州、市	2009年赤字（或结余）数	2010年赤字（或结余）数	变动数
1	乌鲁木齐市昌吉州	-28 006	-20 384	7 622
2	克拉玛依市	1 220	1 229	9
3	石河子市	817	6 380	5 563
4	伊犁州	5 622	5 758	136
5	塔城地区	11 817	5 055	-6 762
6	阿勒泰地区	4 118	4 485	367
7	博尔塔拉州	513	1 175	662
8	巴音郭楞州	-35 465	-33 274	2 191
9	阿克苏地区	-9 258	-827	8 431
10	克孜勒苏州	-3 822	-2 216	1 606
11	喀什地区	7 839	26 290	18 451
12	和田地区	-7 088	-7 881	-793
13	吐鲁番地区	224	1 596	1 372
14	哈密地区	-134	5 196	5 330
15	五家渠市	-2 202	-1 824	378
16	阿拉尔市	-11 194	-10 688	506
17	图木舒克市	-12 878	-12 821	57

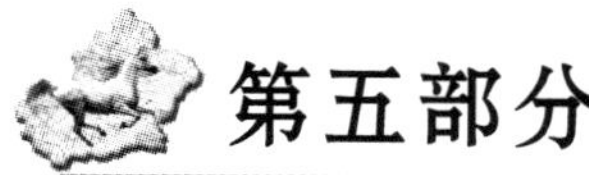

第五部分

财政法规选编

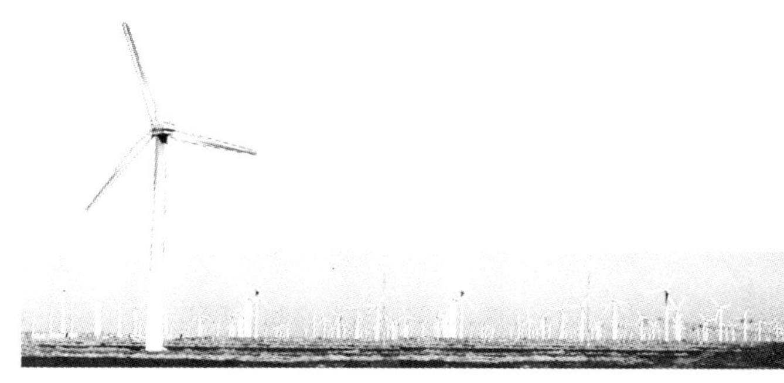

财政厅、国土资源厅、中国人民银行乌鲁木齐中心支行关于印发《自治区国有土地收支统计报表编报工作考核暂行办法》的通知

（2010 年 3 月 31 日　新财综［2010］20 号）

伊犁哈萨克自治州财政局、国土资源局，乌昌财政局及各地（州、市）财政局、国土资源局，中国人民银行各地（州、市）中心支行：

为进一步提高我区国有土地收支统计报表编制质量，加强土地出让收支管理，我们制定了《国有土地收支统计报表编制工作考核暂行办法》，现印发给你们请遵照执行。

附件：自治区国有土地收支统计报表编报工作考核暂行办法

附件

自治区国有土地收支统计报表编报工作考核暂行办法

第一条　为提高国有土地收支统计报表（以下简称“统计报表”）编制质量，根据财政部、国土资源部、中国人民银行编报统计报表工作的要求，制定本办法。

第二条　各地（州、市）编报的统计报表纳入本办法考核范围。

第三条　统计报表编报工作考核内容，包括统计数据报表、编制说明以及相应电子介质数据报送的及时性、完整性、准确性和编制说明的系统性。

第四条　统计报表编报工作考核实行百分制，根据考核重点设置相应的指标及分值。考核指标分值为：报送的及时性（20 分）；编制的完整性（20 分）；数据的准确性（20 分）；编制说明的系统性（40 分）。

第五条　统计报表的及时性（20 分）。

各地要认真按照《关于转发财政部、国土资源部、中国人民银行关于建立国有土地收支统

计报表体系的通知》（新财综［2007］53 号）的规定，及时报送统计报表，季度报表的报送是时间为每年 4 月 10 日、7 月 10 日、10 月 15 日和次年的 1 月 30 日，年度报表随第四季度报表一并报送。季报应对当期土地收支运行情况做出简要分析和说明，年报应对全年收支运行及变化情况进行系统、全面的分析。未按规定时间报送的，每迟报一天扣 1 分，扣完为止。

第六条 统计报表编制的完整性（20 分）。

各地不得随意增减、更改报表；报表装订规范，不得缺页少页；报表封面内容应填列完整，必须加盖经办部门行政公章。统计报表数据填列齐全，无漏报、重报、错报现象。上述内容缺少一项扣 1 分，扣完为止。

第七条 统计报表数据的准确性（20 分）。

统计报表数据应真实可靠、准确无误。统计报表表内、表间数据勾稽关系正确无误，报表上下季、年度相关数据衔接一致（如有变动，应提供相关文件依据），统计报表纸质数据与电子介质数据一致。上述内容如有错误，每错一处扣 1 分，扣完为止。

第八条 统计报表编制说明的系统性（40 分）。

统计报表编制说明应包括以下内容：

（一）编报地区的基本情况。包括本地区基本情况，报送统计报表的市、县、区或师、团场个数等。

（二）统计报表的基本情况。包括新增建设用地审批及土地征收、国有土地使用权配置、土地出让收支、新增建设用土地有偿使用费收支、土地储备等各季、年度执行情况，与上季、年相比增减变动情况，发生变动的主要原因。土地出让收入完成年初预算情况分析，出让收入入网数与实际入库数情况分析。加强国有土地收支管理和统计报表编制工作的主要措施，以及取得的主要经验等。

（三）统计报表编制中存在的问题及原因分析。

（四）改进和完善统计报表编制工作的建议以及其他政策建议等。

上述内容每缺少一项扣 10 分，扣完为止。

第九条 统计报表每年考核一次，由财政厅、国土资源厅、中国人民银行乌鲁木齐中心支行分别对各系统报表填报工作进行考核。统计报表每季权重占 20%，第四季度与年报共占 40%。根据考核得分，每年年初自治区财政厅、国土资源厅、中国人民银行乌鲁木齐中心支行将联合对各地（州、市）上一年度报表编报情况的考核结果进行通报。

第十条 各地、州、市可参照本办法对各县、市、区统计报表进行考核。

第十一条 本办法由财政厅、国土资源厅、中国人民银行乌鲁木齐中心支行负责解释。

第十二条 本办法自印发之日起施行。自治区财政厅于 2009 年制定的《关于印发自治区国有土地出让收支统计报表先进单位评比办法》（财办综［2009］5 号）同时废止。

关于批复新疆区"泳坛夺金"体育彩票游戏玩法退市方案的通知

（2010年7月27日　自治区财政厅　新财综［2010］51号）

新疆体育彩票管理中心：

你中心上报的《关于新疆区停止高频开奖游戏体育彩票"泳坛夺金"游戏玩法退市方案的请示》（新体彩字［2010］38号）收悉。根据财政部《关于调整天津市等部分地区体育彩票快速开奖游戏有关事项的通知》（财办综［2010］58号）规定，经研究，提出以下意见：

一、为了完善新疆维吾尔自治区体育彩票游戏结构，根据国家有关规定，同意体彩中心从2010年8月14日起停止销售"泳坛夺金"游戏玩法及退市方案。

二、体彩中心应严格按照财政部规定，停止销售后的奖池资金和调节基金按照《关于彩票停止销售后奖池资金和调节基金余额处理办法的通知》（财办综［2003］238号）文件精神执行。

三、体彩中心必须做好彩票销售系统的技术准备、培训和对外公告工作。公告中，必须注明财政部、自治区财政厅的批准文件、核准文件名称及文号。

四、体彩中心严格按照各项管理制度规定，加强彩票销售的安全管理，做好"泳坛夺金"游戏退市工作。

关于新疆体育彩票管理中心快速开奖游戏"11选5"上市通知

（2010年7月27日　自治区财政厅　新财综［2010］52号）

新疆体育彩票管理中心：

你中心上报的《关于新疆区销售高频开奖游戏体育彩票"11选5"游戏玩法销售方案的请示》（新体彩字［2010］39号）收悉。根据财政部《关于调整天津市等部分地区体育彩票快速开奖游戏有关事项的通知》（财办综［2010］58号）规定，经研究，现就快速开奖游戏“11选5”上市有关事宜通知如下：

一、为了扩大彩票销售规模，同意从2010年8月13日起，组织销售“11选5”游戏玩法及你中心提出的销售方案。

二、体育彩票“11选5”按照销售总额的59%、13%和28%，分别计提彩票奖金、彩票发行费和彩票公益金。

三、体彩中心必须做好彩票销售系统的技术准备、培训工作，并做好“11选5”游戏上市对外公告和宣传工作。公告和宣传中，必须注明财政部、自治区财政厅的批准文件、核准文件名称及文号。

四、体彩中心严格按照各项管理制度规定，加强彩票销售的安全管理，做好“11选5”游戏上市工作。

关于批复新疆区“31选7”体育彩票游戏玩法退市方案的通知

（2010年9月26日　自治区财政厅　新财综［2010］64号）

新疆体育彩票管理中心：

你中心上报的《关于新疆区停止销售全国联网体育彩票“31选7”游戏玩法退市方案的请示》（新体彩字［2010］57号）收悉。根据财政部《关于停止销售全国联网电脑体育彩票“31选7”的通知》（财办综［2010］70号）规定，经研究，提出以下意见：

一、为了整合体育彩票游戏资源，优化体育彩票品种结构，根据国家有关规定，同意你中心从2010年10月9日20:00（第10118期销售截至后）起停止销售全国联网电脑体育彩票“31选7”游戏玩法及退市方案。

二、你中心应严格按照财政部规定，停止销售后的奖池资金和调节基金按照《关于彩票停止销售后奖池资金和调节基金余额处理办法的通知》（财办综［2003］238号）文件精神执行。

三、你中心必须做好“31选7”游戏退市和对外公告、宣传工作。公告和宣传中，必须注明财政部、自治区财政厅的批准文件、核准文件名称及文号。

关于印发《2010年自治区对下均衡性转移支付办法》的通知

（2010年2月2日　自治区财政厅　新财预［2010］9号）

伊犁哈萨克自治州财政局，乌鲁木齐市昌吉州财政局，各地（州、市）财政局：

根据自治区人民政府《关于进一步完善分税制财政管理体制的通知》（新政发［2C04］76号）要求及自治区财税工作会议的精神，现将《2010年自治区对下均衡性转移支付办法》印发给你们，请遵照执行。

附件：2010年自治区对下均衡性转移支付办法

附件

2010年自治区对下均衡性转移支付办法

一、目标和基本原则

根据党的十七大、十七届三中、四中全会精神，按照落实科学发展观和构建社会主义和谐社会的要求，不断推进财政科学化精细化管理，均衡性转移支付的总体目标是缩小地区间财力差距，增强地县财政保障能力，逐步实现基本公共服务均等化，加快形成统一规范透明的均衡性转移支付制度。

均衡性转移支付资金分配原则：一是公平公正、规范透明的原则。选取影响财政收支的客观因素，采用统一规范的方式操作，测算办法和过程公开透明。二是保证地县既得利益的原则。充分调动地县发展经济、培植财源、组织收入的积极性，自治区转移支付补助不因地县财政收入增长而减少。三是合理调整地县财力布局的原则。通过加大对困难地县转移支付力度，缩小地县间横向财力差异，逐步实现县级基本财力保障机制。四是算账到县的原则。按照国家“省直管县”的总体要求，联系我区实际，以地（州）本级和县（市）为单位分别算账。

二、转移支付额的确定

均衡性转移支付资金分配选取影响财政收支的客观因素，适当考虑行政管辖、运输距离、冬季取暖、维护稳定等成本差异，结合各地县实际财政收支情况，采用规范的公式方法进行分配。

均衡性转移支付按照各地县标准财政收入和标准财政支出差额计算确定。凡标准财政收入小于标准财政支出的地县，统一纳入均衡性转移支付范围。用公式表示为：

某地县均衡性转移支付额 = 该地县标准财政支出 − 该地县标准财政收入

三、标准财政收入的确定

（一）项目及内容。

各地县标准财政收入由税收收入、非税收入、转移性收入等构成。

税收收入包括：增值税（地方分享25%部分）、营业税、企业所得税（地方分享40%部分）、个人所得税（地方分享40%部分）、资源税（石油、天然气地方分享25%部分，其他品目资源税100%）、城市维护建设税、房产税、印花税、城镇土地使用税、土地增值税、车船税、耕地占用税、契税、烟叶税、其他税收收入。

非税收入包括：行政事业性收费收入（50%部分）、罚没收入（30%部分）、国有资源（资产）有偿使用收入。

转移性收入包括：增值税和消费税税收返还收入、所得税基数返还收入、体制补助收入、调整工资转移支付补助收入、取消农牧业税及农业特产税补助收入、缓解县乡困难奖励和补助收入、县级基本财力保障机制奖补资金收入、津贴补贴转移支付补助收入、农村义务教育学校绩效工资转移支付补助收入、生态功能区转移支付补助收入（60%部分）、体制上解收入、专项上解收入。

（二）计算办法。

标准财政收入 = Σ［（税收收入 + 非税收入）×平均增长率 + 转移性收入］

四、标准财政供养人数的确定

（一）项目及内容。

各地县标准财政供养人数由行政在职人员、全额事业在职人员、差额事业在职人员、离休人员、退休人员构成。

（二）计算办法。

2010年标准财政供养人员，以2009年标准财政供养人数，加2009年当年批复的政策性增人确定。

五、标准财政支出的确定

（一）工资支出的确定。

1. 项目及内容。

工资支出包括在职人员国标工资、在职人员年终奖、艰苦边远地区津贴、离休费、退休费等。

2. 计算办法。

工资支出 = Σ［（行政在职人员 + 离休人员 + 退休人员）×行政人均年工资 +（全额事业在职人员 + 差额事业在职人员 ×0.9）×事业人均年工资］

（二）津贴补贴支出的确定。

1. 项目及内容。

津贴补贴支出按自治区人民政府批复的津贴补贴发放范围和标准来确定。

2. 计算办法。

津贴补贴支出 = Σ［（行政在职人员 + 全额事业在职人员 + 差额事业在职人员 ×0.9）×在职人员人均年标准 + 离休人员 ×在职人员人均年标准 ×0.9 + 退休人员 ×在职人员人均年标准 ×0.7］

（三）工资性附加支出的确定。

1. 项目及内容：住房公积金、基本医疗保险金、失业保险金、工伤保险金、生育保险金、工会经费、福利费、个人取暖费、离退休活动费、聘用教师基本养老保险金、其他财政供养人员生活费，差额事业在职工资性附加支出。

2. 计算办法。

住房公积金 =（行政在职人员 ×行政在职人均年工资 + 全额事业在职人员 ×事业在职人均年工资）×12%

基本医疗保险金 =（行政在职人员 + 退休人员）×行政在职人均年工资 ×11.5% + 全额事业在职人员 ×事业在职人均年工资 ×7.5%

失业保险金 = 全额事业在职人员 ×事业在职人均年工资 ×2%

工伤保险金 =（行政在职人员 ×行政在职

人均年工资＋全额事业在职人员×事业在职人均年工资）×1%

生育保险金＝（行政在职人员×行政在职人均年工资＋全额事业在职人员×事业在职人均年工资）×0.8%

工会经费＝（行政在职人员×行改在职人均年工资＋全额事业在职人员×事业在职人均年工资）×2%

福利费＝［（行政在职人员＋离休人员＋退休人员）×行政在职人均年工资＋全额事业在职人员×事业在职人均年工资］×1.8%

个人取暖费＝（行政在职人员＋全额事业在职人员＋离休人员＋退休人员）×年标准（比照公用取暖费标准）

离退休活动费＝离休人员×900元/年＋退休人员×300元/年

其他财政供养人员生活费＝其他财政供养人员×2 160元/年

聘用教师基本养老保险金＝聘用教师人数×事业在职人均年工资×20%

差额事业在职工资性附加支出＝差额事业在职人员×事业在职人均年工资×0.9×10%

工资性附加支出＝Σ（住房公积金＋基本医疗保险金＋失业保险金＋工伤保险金＋生育保险金＋工会经费＋福利费＋个人取暖费＋离退休活动费＋其他财政供养人员生活费＋聘用教师基本养老保险金＋差额事业在职工资性附加支出）

（四）公用经费支出的确定。

1. 项目及内容。

公用经费支出由办公费、水费、电费、邮电费、取暖费、交通费、差旅费、会议费、培训费等项目构成。

2. 计算办法。

（1）基准公用经费。

地（州）级基准公用经费：行政在职12 000元/人·年、公检法司在职24 000元/人·年、事业在职9 600元/人·年。

县市级基准公用经费：行政在职9 000元/人·年、公检法司在职18 000元/人·年、事业在职7 200元/人·年。

（2）支出成本差异因素。

［地（州）级支出成本差异因素］

①行政管辖。按地（州）管辖县数量，划分三个档次：管辖3—5个县的增加5%、6—9个县的增加10%、10个县以上的增加15%。

②运输距离。按地（州）所在市与乌鲁木齐市的运输距离，划分了四个档次：相距在300公里以下的增加5%、300—500公里的增加10%、500—1 100公里的增加15%、1 100公里以上的增加20%。

③伊犁州副省级因素增加10%。

④公用取暖费。按地（州）所在市的平均取暖期，划分三个档次：全年平均取暖天数少于100天的县按1 050元/人·年、100—130天的县按1 150元/人·年、130天以上的县按1 250元/人·年。

［县市级支出成本差异因素］

①行政管辖。按县市管辖乡镇数量，划分三个档次：管辖10个乡以下的增加5%、10—20个乡的增加10%、20个乡以上的增加15%。

②运输距离。按县市与地（州）所在市的运输距离，划分五个档次：相距在50公里以下的增加5%、50—100公里的增加10%、100—200公里的增加15%、200—300公里的增加20%、300公里以上的增加25%。

③维护稳定。按县市少数民族人口占总人口比例，划分四个档次：少数民族人口占50%以下的县增加5%、50%—70%的县增加10%、70%—90%的县增加15%、90%以上的县增加20%。

④公用取暖费。按地（州）所在市的平均取暖期，划分三个档次：全年平均取暖天数少于100天的县按1 050元/人·年、100—130天的县按1150元/人·年、130天以上的县按1 250元/人·年。

公用经费支出＝Σ［行政在职人员×（行

政在职基准公用经费+支出成本差异因素)+公检法司在职人员×(公检法司在职基准公用经费+支出成本差异因素)+全额事业在职人员×(全额事业在职基准公用经费+支出成本差异因素)]

六、转移支付资金的管理与监督

(一)均衡性转移支付资金要用于工资、津贴补贴、对个人和家庭补助、机构正常运转等基本支出。

(二)各地(州、市)本级不得截留自治区下达到县(市)的转移支付资金,必须按自治区核定的补助数全额拨付所属县(市);各地(州、市)要进一步完善对下财政管理体制,加大对所属县(市)的转移支付补助,增强县(市)政府提供基本公共服务能力。

(三)各县(市)要加强对转移支付资金的管理,要积极筹措资金,加大对所属乡(镇)的转移支付补助,保障乡(镇)级政府履行职能的基本支出需求。

(四)各级财政部门要会同有关部门,加大对均衡性转移支付资金的监督、检查,确保转移支付资金的安全性和有效性。对未按规定使用转移支付资金的县(市),自治区将扣减下一年度补助资金。

关于自治区“人民教育基金”收支科目调整的通知

(2010年2月9日　自治区财政厅、自治区地方税务局、中国人民银行乌鲁木齐中心支行　新财预[2010]11号)

伊犁哈萨克自治州财政局、乌鲁木齐市昌吉州财政局,各地(州、市)财政局,各地(州、市)地方税务局,人民银行各地(州、市)中心支行:

为确保我区“人民教育基金”征收工作正常开展,经自治区人民政府同意,从2010年1月1日起,自治区征收的“人民教育基金”纳入《2010年政府收支分类科目》的“其他政府性基金收入(1030199)”科目核算,其支出纳入“其他政府性基金支出(22904)”科目核算。

特此通知,请遵照执行。

关于印发《自治区本级财政专项支出绩效评价管理办法》的通知

（2010年4月12日　自治区财政厅　新财预［2010］30号）

自治区各委、办、厅、局，自治区高级法院，自治区人民检察院：

为推进自治区本级财政资金绩效评价工作的深入开展，根据财政部有关绩效评价工作的指导意见及我区近两年来绩效评价工作的实践，经自治区人民政府批准，现将《自治区本级财政专项支出绩效评价管理办法》印发给你们，请遵照执行。

附件：自治区本级财政专项支出绩效评价管理办法

附件

自治区本级财政专项支出绩效评价管理办法

第一章　总　　则

第一条　为了推进财政管理科学化精细化，加强自治区本级财政专项支出管理，强化支出责任，提高财政资金使用效益，建立科学、规范的财政专项支出绩效评价体系，根据国家、自治区有关规章制度，制定本办法。

第二条　财政专项支出绩效评价是自治区财政厅和部门（单位）根据设定的绩效目标，运用科学、合理的评价方法、指标体系和评价标准，对专项支出使用和效果进行客观、公正的评价。

第三条　自治区财政厅和各部门（单位）是财政专项支出绩效评价的主体。部门（单位）是指与自治区财政厅有预算缴款、拨款关系的自治区本级党政机关、事业单位、社会团体和其他单位。

第四条　财政专项支出绩效评价的范围是财政部门安排的各类专项支出。

第五条　绩效评价的基本内容：

（一）财政资金的分配原则、使用情况、财务管理状况、资金监管情况和资产配置、使用、处置及其收益管理情况。

（二）为加强管理所制定的相关制度和采取的措施等情况。

（三）绩效目标的实现程度。

（四）需要评价的其他内容。

第二章　绩效评价的原则和依据

第六条　绩效评价应当遵循以下基本原则：

（一）统一部署、分别实施。绩效评价工作由自治区财政厅统一部署，绩效评价具体工作由部门（单位）分别组织实施。

（二）客观公正、科学规范。绩效评价以国家法律、行政法规及自治区相关规章制度等为基本依据，采用规范的程序和科学的评价方法，准确、合理地评价财政专项资金的使用情况。

（三）把握重点、注重绩效。绩效评价工作的重点是对财政专项支出的使用效益和效果进行评估，评价结果应清晰反映支出和产出绩效之间的紧密对应关系。

（四）目标明确、全面评价。各部门（单位）申请财政专项资金时，要认真组织事前评估论证，明确资金的绩效目标。资金下达后，要及时对使用情况进行监督管理。项目实施完毕后，要结合事前确定的绩效目标，对专项支出进行全面评价。

第七条　绩效评价的主要依据：

（一）国家、自治区相关法律、行政法规和规章制度。

（二）国家、自治区确定的各项方针、政策。

（三）自治区国民经济和社会事业发展规划。

（四）财政部门制定的绩效评价管理制度。

（五）部门（单位）职能职责、中长期规划和年度工作计划。

（六）部门（单位）年度预算申报材料和决算报告。

（七）审计部门对预算执行情况的年度审计报告。

（八）项目立项时审批、可行性报告等相关文件。

（九）其他相关材料。

第三章　绩效目标

第八条　绩效目标是部门（单位）使用财政专项资金预计在一段时间内达到的产出和效果，由财政部门和各部门（单位）共同研究确定。

第九条　绩效目标要符合国民经济和社会发展规划、部门（单位）职能及事业发展规划，并与相应的财政支出范围、方向、效果紧密相关。要从数量、质量、成本和时效等方面进行细化，尽可能使用定量的方式来表述。制定绩效目标要经过科学预算和调查研究，目标要符合客观实际。

第十条　各部门（单位）要将绩效目标编入部门年度预算。

第十一条　绩效目标应当包括以下内容：

（一）预期提供的公共产品和服务，包括产品和服务的数量目标、质量目标、时效目标、成本目标以及服务对象满意度目标。

（二）达到预期提供的公共产品和服务所必需的资源。

（三）预期效果，包括经济效益、社会效益、环境效益和可持续影响等。

（四）衡量或评估每一项目活动的相关产出、服务水平和结果的考核指标。

第四章　绩效评价指标、评价标准和方法

第十二条　绩效评价指标是指衡量绩效目标实现程度的考核工具，由自治区财政厅和各部门（单位）共同制定。确定绩效评价指标应遵循的原则：

（一）关联紧密。绩效评价指标应与绩效目标直接相关，切合实际，具有可比性，能正确反映绩效目标的实现程度。

（二）因地制宜。绩效评价指标应根据各部门（单位）或行业代表性，分类制定最能反映评价要求的核心指标。

（三）效益优先。绩效评价指标应将定量指

标与定性指标相结合，且通俗易懂、简便易行，符合成本效益原则。

第十三条 绩效评价指标分为共性指标和个性指标。

（一）共性指标。是适用于所有部门的绩效考核指标，主要包括设定目标完成程度、预算执行情况、财务管理状况、经济效益、社会效益等。共性指标由财政厅结合绩效评价工作开展情况，逐步调整和完善。

（二）个性指标。是针对专项资金及管理部门的特点确定的适用于不同部门、不同类专项资金的绩效评价指标。个性指标由自治区财政厅和部门（单位）结合专项支出分类特点共同制定。

第十四条 绩效评价标准是指衡量财政专项支出绩效目标完成情况的尺度。绩效标准具体包括：

（一）计划标准。是指预先制定的目标、计划、预算、定额等数据作为评价的标准。

（二）行业标准。是指参照国家公布的行业指数数据制定的评价标准。

（三）历史标准。是指参照同类指标的历史数据制定的评价标准。

（四）其他标准。

第十五条 绩效评价方法主要采用成本效益分析法、比较法、因素分析法、最低成本法、公众评判法等。

（一）成本效益分析法。是指将一定时期内的支出与效益进行对比分析，来评价绩效目标完成情况的方法。适用于成本、效益都能准确计量的专项支出绩效评价。

（二）比较法。是指通过对绩效目标与绩效结果、历史情况和评价期情况、不同部门和地区同类支出的比较，综合分析评价绩效目标完成情况的方法。

（三）因素分析法。是指通过综合分析影响绩效目标实现、实施效果的内外因素，评价绩效目标实现程度。

（四）最低成本法。是指对效益确定却不易计量的多个同类对象的实施成本进行比较，评价绩效目标实现程度。适用于公共管理与服务、社会保障、文化、教育等领域支出的绩效评价。

（五）公众评价法。是指通过专家评估、公众问卷及抽样调查等对专项支出效果进行评判，评价绩效目标实现程度。

（六）其他评价方法。

第十六条 绩效评价方法的选用应坚持定量优先、简便有效的原则，可根据财政专项资金的特点，采用一种或几种方法进行绩效评价。具体方法由自治区财政厅和部门（单位）共同确定。

第五章 绩效评价报告

第十七条 绩效评价报告应依据充分、内容完整、数据准确、分析透彻、逻辑清晰。

第十八条 绩效评价报告包括以下内容：

（一）基本情况：包括部门（单位）的职能、事业发展规划、预决算情况、项目立项依据等。

（二）绩效目标及其设立的依据和调整情况。

（三）预算年度内目标完成情况总结，包括资金、资产的使用和管理情况及取得的效益情况。

（四）对照绩效目标，评价绩效目标的实现程度，未完成目标的原因分析、改进意见。

（五）评价结论及建议。

第六章 绩效评价的组织管理和工作程序

第十九条 自治区财政厅负责制定绩效评价制度，确定评价项目，部署年度绩效评价工作，指导、监督、检查各部门绩效评价工作；各部门（单位）负责具体组织实施绩效评价工作。

第二十条 绩效评价工作的基本程序：

（一）设定绩效目标。部门（单位）编制专项支出预算时，应当设立绩效目标。

（二）确定财政专项支出绩效评价项目。

（三）安排部署绩效评价工作。每年自治区

财政厅会同部门（单位），按照资金性质，结合设定的绩效目标，制定绩效评价指标，确定考核方法，布置绩效评价工作。

（三）撰写绩效评价报告。各部门（单位）具体组织实施专项资金绩效评价工作，按照确定的绩效评价指标和考核方法对财政专项支出进行评价，按规定向财政部门报送绩效评价报告。

（四）自治区财政厅对部门（单位）报送的绩效评价报告进行整理汇总，并对绩效评价报告的真实性进行抽查。

（五）向自治区人民政府报告绩效评价工作开展情况。

（六）对绩效评价报告进行公布，主动接受社会监督。

第七章　绩效评价结果及应用

第二十一条　绩效评价结果应当采取评分和评级相结合的形式，具体分值和等级可根据不同评价内容确定。

第二十二条　自治区财政厅将评价结果及时反馈被评价部门、单位，作为改进预算管理和安排以后年度预算的重要依据之一。

第二十三条　有下列情形之一的，自治区将暂缓或不予安排专项支出预算：

（一）绩效评价结果非因不可抗拒力未完成绩效目标或实现程度较差的。

（二）未按时报送绩效评价报告的。

（三）未按要求报送绩效评价报告的，重新报送的绩效评价报告仍然不符合要求的。

第八章　附　　则

第二十四条　年初预算安排各部门（单位）的专项支出必须于当年10月15日前提交绩效评价报告，执行中追加的专项支出必须于当年12月15日前提交绩效评价报告。

第二十五条　进行绩效评价专项支出的范围和资金额度，根据自治区本级财政工作年度计划另行通知。

第二十六条　各部门（单位）可据此制定具体管理办法和实施细则，并报我厅备案。

第二十七条　本办法自印发之日起施行，本办法由自治区财政厅负责解释。

关于印发《新疆维吾尔自治区重点生态功能区转移支付暂行办法》的通知

（2010年5月4日　自治区财政厅　新财预［2010］33号）

伊犁哈萨克自治州财政局、乌昌财政局及各地（州、市）财政局：

为维护国家生态安全，引导各级政府加强生态环境保护，提高重点生态功能区所在地政府基本公共服务保障能力，促进经济社会可持续发展，现将《新疆维吾尔自治区重点生态功能区转移支付暂行办法》印发给你们，请遵照执行。

附件：新疆维吾尔自治区重点生态功能区转移支付暂行办法

附件

新疆维吾尔自治区重点生态功能区转移支付暂行办法

为维护国家生态安全，引导各地政府加强生态环境保护，提高重点生态功能区所在地政府基本公共服务保障能力，促进经济社会可持续发展，根据《财政部关于印发〈国家重点生态功能区转移支付（试点）办法〉的通知》（财预［2009］433号）精神，制定本办法。

一、基本原则

（一）公平公正

资金分配选取生态环境和基本公共服务相关指标，按照统一公式进行测算。

（二）公开透明

贯彻民主理财理念，补助范围的确定、转移支付分配、资金使用与绩效考评等具体办法，在广泛征求各地意见后研究制定。转移支付办法和分配结果公开。

（三）循序渐进

自治区根据财力状况和相关部门制定的生态环境保护等规划，并在继续完善转移支付办法的基础上，不断加大转移支付力度。

（四）激励约束

实施绩效考评机制，对生态环境保护较好和重点民生领域保障力度较大的地区给予适当奖励；对因非不可抗拒因素而生态环境状况恶化以及公共服务水平相对下降的地区，采取扣减转移支付等措施。

二、资金分配

（一）范围确定

1. 关系国家区域生态安全，并由中央主管部门制定保护规划确定的生态功能区。

2. 生态外溢性较强、生态环境保护较好的地区。

3. 经国家和自治区批准，纳入转移支付范围的其他生态功能区域。

重点生态功能区转移支付补助对象为上述区域县（市）级政府（含乡镇级政府，下同）。乌鲁木齐市、克拉玛依市、石河子市不纳入重点生态功能区补助范围。

（二）分配办法

1. 测算级次。重点生态功能区转移支付按县（市）测算，下达到各地（州、市），各地（州、市）按照自治区分配数额下达所辖县（市）。

2. 测算办法。为充分发挥重点生态功能区转移支付的政策导向功能，体现公平公正，自治区选取以下指标并按照与转移支付的关联性大小确定权重进行分配。

（1）综合指标：选取人口规模和辖区面积两项指标。

（2）自然生态指标：选取水资源总量和有林地面积两项指标。

（3）财政指标：选取人均财力水平、人均一般预算支出水平两项指标。

指标权重按照三类指标与转移支付的关联性大小初步确定为3∶4∶3。用公式表示为：

某县重点生态功能区转移支付应补助数＝［该县人口规模/总人口规模×权重（15%）×补助总额＋该县土地面积/总土地面积×权重（15%）×补助总额＋该县水资源总量/总水资源量×权重（20%）×补助总额＋该县有林地面积/总林地面积×权重（20%）×补助总额＋

（Max 人均财力水平 - 该县人均财力水平）/总人均财力水平 ×权重（15%）×补助总额 +（Max 人均一般预算支出水平 - 该县人均一般预算支出水平）/总人均一般预算支出水平 ×权重（15%）×补助总额〕×调整系数

三、监督考评

各地（州、市）财政部门要做好资金分配和监管工作。享受转移支付的县（市）政府要将资金重点用于环境保护以及改善民生的基本公共服务领域等方面，严禁用于一般性支出。为提高转移支付资金使用效益，自治区将对重点生态功能区转移支付分配情况和使用效果进行监督和检查。

（一）资金分配

主要考核各地（州、市）是否将该项转移支付资金以一般性转移支付方式及时足额分配给确定的重点生态功能区县（市）。

各地（州、市）在分配对下专项转移支付时，对重点生态功能区县（市）的补助比例不得低于财政状况相同县（市）的水平。

（二）考核评估

1. 环境保护。享受此项转移支付的县（市），生态环境质量不得低于 2009 年的水平。县域生态环境指标（EI）根据不同类型的生态功能区特点设置，主要包括自然生态指标和环境状况指标两部分（详见下表），采用综合指数法，对每个县（市）生态环境年际变化量进行评价。

生态环境指标（EI）体系

指标类型	一级指标		二级指标
共同指标	自然生态指标		包括：林地覆盖率、草地覆盖率、水域湿地覆盖率、耕地和建设用地比例
	环境状况指标		包括：二氧化硫排放强度、化学需氧量排放强度、固废排放强度、工业污染源排放达标率、Ⅲ类或优于Ⅲ类水质达标率、优良以上空气质量达标率
特征指标	自然生态指标	水源涵养类型	水源涵养指数
		生物多样性维护类型	生物丰度指数
		防风固沙类型	植被覆盖指数
			未利用地比例
		水土保持类型	坡度大于 15 度耕地面积比
			未利用地比例

2. 公共服务。享受此项转移支付的县（市），公共服务状况不得低于 2009 年的水平。具体指标包括：学龄儿童净入学率、每万人口医院（卫生院）床位数、参加新型农村合作医疗保险人口比例、参加城镇居民基本医疗保险人口比例等。

自治区财政厅将对生态环境指标和公共服务指标进行监控，对相关指标出现明显下降的县（市）及时发出预警信息。

四、激励约束

（一）对生态环境较上年有明显改善的县（市），自治区将根据中央补助资金增量情况给予适当奖励。

（二）对地（州、市）财政部门减少对重点生态功能区所属县（市）转移支付力度，自治区按照对该地重点生态功能区转移支付资金总额的 10% 进行扣减。出现明显“挤出效应”的地（州、市），酌情加大扣减力度。

（三）对因非不可抗因素而导致生态环境状况恶化的县（市），自治区按转移支付总额的 20% 进行扣减。享受补助的县（市），如果生态环境质量状况恶化并达不到上年水平时，已经享受的奖励性补助予以扣回。连续 3 年生态恶化的县（市），下一年度将取消其享受重点生态功能区转移支付资格。

（四）学龄儿童净入学率、每万人口医院（卫生院）床位数、参加新型农村合作医疗保险人口比例、参加城镇居民基本医疗保险人口比例等指标中任何一项出现下降的，自治区将按照其应享受转移支付的20%予以扣除。多项指标均出现下降的，不重复扣除。

五、附则

（一）各地（州、市）要将当年重点生态功能区转移支付资金分配情况报自治区财政厅备案。

（二）本办法自2010年起执行。

（三）本办法由自治区财政厅负责解释。

关于进一步做好财政预算管理相关工作的通知

（2010年4月26日　自治区财政厅　新财预［2010］34号）

伊犁哈萨克自治州财政局，乌鲁木齐市昌吉州财政局，各地（州、市）财政局：

近年来，在自治区党委、人民政府的正确领导下，各级政府大力发展地方经济，财政收支规模不断扩大，财政保障能力进一步增强，财政各项改革不断深化，财政管理水平进一步提高。但在2010年审计检查中，仍然暴露出部分地（州）存在预算编制不合理、财政供养人员管理不规范、财政监督不到位等突出问题。为进一步推进财政科学化精细化管理，严肃财经纪律，根据《关于加强各级政府预算管理的意见》（新政发［2004］88号）精神，现就进一步做好当前财政预算管理相关工作通知如下：

一、细化部门预算编制，加强结余资金管理

各地要进一步深化部门预算改革，按照自治区要求及年初预告知数科学合理地编制部门预算，提高预算编报的完整性和准确性；要进一步完善部门预算编制方法，不断细化项目支出预算编制，减少代编预算规模，提高年初预算到位率。各地要按照《关于自治区推进财政科学化精细化管理工作实施意见》（新财办［2009］38号）的具体要求，加快预算支出进度，减少财政资金的结余和结转；加强结转和结余资金的统筹使用，项目执行完毕仍有结余的要编入下年预算或抵顶下年预算安排，对当年无法执行的项目预算，可采取收回预算，需要时再安排的方法，提高资金使用效益。各地要按照国家及自治区的相关要求，尽快研究制定财政资金结余和结转管理办法，确保财政资金安全有效运行。

二、强化非税收入的组织和监管力度

各地要进一步规范非税收入征管，完善非税收入征缴工作机制，加大对各类财政资金（基金）专户产生的利息收入清理力度（国家对存款利息有明确规定用途的账户除外），每年集中一次性划缴国库，作为当年收入（其他利息收入），纳入财政预算综合管理，合理安排支出；加强对矿产资源补偿费等专项收入的监管力度，建立监控机制，从源头上杜绝截留挪用现象，如发现混库、截留、挪用等情况，一经查实，自治区要相应扣减转移支付。

三、加强财政供养人员信息管理

各地要建立控制编制和人员增长的刚性约束机制，规范行政事业单位用人制度，根据事业单位改革方案，科学合理地核定地县事业单位人员编制和经费供给方式，进一步规范“编、人、财”的协调管理；各地财政部门要做好对财政供养人员信息系统的更新和管理工作，认真审核部门单位上报的人员信息，采取有效措施，严格控制财政供养人员的非正常增长。

各地财政部门要不断总结完善现行的预算管理制度，规范预算编制、执行、调整等事项，强化财政收支的监督，从体制机制上防止违规行为的发生。同时，要自觉接受人大、审计和上级财政部门的监督检查，及时解决存在的问题，不断夯实预算管理基础工作，加强财政管理的科学化精细化。

关于加强援疆资金管理工作的通知

（2010年6月18日　自治区财政厅　新财预［2010］61号）

伊犁哈萨克自治州财政局、乌昌财政局及各地（州、市）财政局：

为贯彻落实中央新疆工作座谈会的决策部署，推动新疆跨越式发展和长治久安，保证全国对口援疆资金安全规范有效运行，促进新形势下新疆经济社会加快发展，现就做好全国对口支援新疆资金管理工作提出如下意见，请各级财政部门认真贯彻执行。

一、统一思想，提高认识

各级财政部门要认真学习中央新疆工作座谈会精神，尽快把思想统一到中央的决策部署上来，深刻认识对口支援新疆工作的重大战略意义。以强烈的政治责任感、历史使命感，切实做好思想准备、组织准备和工作准备，为全国顺利开展对口支援新疆工作创造良好环境，齐心协力、扎实推进新一轮对口支援新疆工作，迎接新疆跨越式发展。

二、编制规划，注重民生

各级财政部门要积极配合有关部门和对口支援省市，按照全国对口支援新疆工作会议的安排部署，立足当前、着眼长远，编制好对口支援规划，为各省援疆工作全面展开、项目建设全面启动打下基础。规划编制要根据自治区国民经济和社会发展“十二五”规划，紧密结合各地经济社会发展实际，把保障和改善民生放在优先位置。区分轻重缓急，确保科学、协调、可行的同时，把各地迫切需要、群众热切期盼、条件基本具备的事情启动起来，让全区各族群众尽快得到实惠。

三、确保安全，专户管理

为确保对口支援新疆建设资金专款专用、安全运行，切实提高援建资金的使用效益，对口支援新疆建设资金实行专户管理。受援地县要设立对口支援新疆建设资金专户，专门用于核算对口援建资金。各地财政部门要做好对口支援新疆建设资金专户账务核算、资金拨付等工作。

四、加强沟通，统筹安排

各地财政部门要积极主动与对口支援省市沟

通，及时掌握援建规划、工程进展及项目变动情况。要将援建资金安排的项目同本地预算安排项目结合起来，从全局的角度统筹考虑。对于对口援建省市已支持项目，要及时调整预算，避免重复安排。对于中央和自治区财政安排的各类专项补助，如与支援省市计划安排项目重复，应及时与对口支援省市进行协调，改变援建计划，避免重复立项、重复建设。

五、严格管理，抓好实施

各级财政要会同对口支援省份，制定严格的资金支付程序，财政部门要按照投资预算、国库管理制度、项目建设进度、供货合同等，加强对资金申请、拨付的审核把关，重点审核是否符合预算、用款计划、工程进度和规定程序等。指导项目建设单位严格执行基本建设财务制度，按规定核算工程建设成本，确保对口支援资金使用规范、安全和有效。

六、健全制度，公开信息

建立对口支援项目信息报送制度，受援县（市）定期向自治区、地（州、市）报送援建项目执行情况。充分利用网络、报刊等途径，向社会公布对口援疆资金支持的方向、重点，公开建设项目招投标的条件、程序、时限，主动接受社会监督。健全专家评审制度，实行“阳光操作”。

七、注重绩效，加强监管

各级财政部门要与对口支援省市共同建立支援资金的绩效评价评价制度，充分发挥资金使用效益。同时，加强对口支援新疆建设资金管理，严格项目资金使用用途，确保专款专用，严禁挤占、截留和挪用援建资金，提高资金管理的科学化、精细化水平。

关于印发《2011年自治区本级部门预算编制方案》的通知

（2010年7月27日　自治区财政厅　新财预［2010］77号）

自治区各委、办、厅、局，自治区高级法院、自治区人民检察院：

为做好2011年自治区本级部门预算编制工作，现将《2011年自治区本级部门预算编制方案》印发给你们，请按照方案要求，认真组织，按期完成2011年自治区本级部门预算编制各项工作。

附件：2011年自治区本级部门预算编制方案

附件

2011 年自治区本级部门预算编制方案

为做好自治区本级部门预算编制工作，根据《预算法》和《关于全面推进财政科学化、精细化管理工作的通知》（新财办［2009］29 号）精神，现提出 2011 年自治区本级部门预算编制工作方案。

一、编制原则

（一）收支平衡的原则

各预算单位要按照量入为出、量力而行的要求编制收支预算，确保当年收支平衡。

（二）综合预算的原则

各预算单位要将本单位所有收入、支出全部编入部门预算，统筹安排，对各项收入、支出预算的编制做到不重不漏，保证部门预算的完整性。

（三）公平公正的原则

基本支出预算编制严格执行自治区定员定额标准和分类分档体系，完善项目库管理，结合各部门履行职能和事业发展需要，按轻重缓急排序，优先安排急需、可行的项目。

（四）突出重点的原则

在保证各单位基本支出的前提下，重点确保自治区党委、人民政府决定的重大支出和民生支出，同时严格控制和压缩会议、接待、购车、出国等一般性支出。

（五）绩效管理的原则

完善绩效评价制度，将绩效评价结果作为预算编制的重要依据，不断提高财政资金的使用效益。

二、编制程序

2011 年自治区本级部门预算编制采取“二上二下”的编制程序。财政厅向预算单位具体部署部门预算编制的事项，提出相关要求。

（一）预算单位上报预算建议计划

各预算单位依据工作职能和事业发展需要，按照部门预算编制要求，测算并合理制定收支建议计划，汇总编制 2011 年度部门预算，上报财政厅，同时上报与部门预算编制相关的基础数据和有关资料。预算单位完成部门预算编制的“一上”。

（二）财政厅下达预算控制数

根据预算单位上报的基础资料，结合单位分类分档定额情况，财政厅对预算单位上报的预算建议数进行逐项审核，再根据自治区本级财力情况，经过综合平衡后，向预算单位下达预算控制指标。财政厅完成部门预算编制的“一下”。

（三）预算单位提出修订预算的意见

各预算单位根据财政厅下达的控制指标，书面提出修订预算的意见，并提供相关依据报送财政厅。预算单位完成部门预算编制的“二上”。

（四）批复预算

按照工作程序，财政厅将汇总的部门预算草案逐级报批，在自治区人代会批准 2011 年区本级预算后 30 日内，财政厅部门预算批复到一级预算单位。一级预算单位在收到财政厅批复预算 15 日内，批复到所属二、三级预算单位，财政厅完成部门预算编制的“二下”。

三、编制口径

（一）部门收入征收计划的编制

部门收入征收计划包括非税收入征收计划和预算单位自行管理的收入征收计划两部分。

1. 非税收入征收计划。

非税收入征收计划包括政府性基金收入、专

项收入、行政事业性收费收入、罚没收入、国有资本经营收入、国有资源（资产）有偿使用收入和其他收入等。

各预算单位要结合上年非税收入征收情况和本年增减变动因素，按自治区财政厅下达的2011年非税收入征收任务指导性计划数，测算出本年度各项非税收入征收计划数，如实编制本单位非税收入征收计划。

非税收入征收计划要编制到具体收入项目，按纳入预算内管理和缴入财政专户管理分别编制。垂直管理部门的非税收入征收计划，应分项目编列到基层征收单位。

2. 预算单位自行管理的收入征收计划。

预算单位自行管理的收入包括事业单位经营收入及未缴入财政专户管理的其他收入等。各预算单位应结合上年收入完成情况和本年增减变动因素，合理编制2011年征收计划。

各项收入征收计划的编制必须做到真实、准确，不得虚报、漏报和瞒报。凡是瞒报和漏报收入的单位，财政部门一经核实，全额上缴国库。

（二）部门收入预算的编制

自治区本级部门收入预算按资金来源分为：财政拨款收入（一般预算拨款、基金预算拨款）、预算外收入（纳入财政专户管理的非税收入）、预算单位自行管理的收入（事业单位经营收入、其他收入）、预算单位结余资金等。

1. 财政拨款收入。

财政拨款收入是指由自治区财政拨款形成的部门收入，包括一般预算拨款和基金预算拨款两部分。

依据自治区财政厅《转发财政部〈关于将按预算外资金管理的收入纳入预算管理的通知〉的通知》（新财预［2010］60号）要求，自治区财政2011年起将按预算外资金管理的收入（不含教育收费）全部纳入预算管理，纳入预算内管理的各项行政事业性收费收入、罚没收入、专项收入全部实行收支脱钩管理；对政府性基金收入实行专款专用。

2. 预算外收入。

预算外收入包括各预算单位缴入财政专户管理的教育收费和其他收入。各预算单位的预算外收入，在安排必要的成本支出后，应按照综合预算的原则，首先安排津贴补贴、住房公积金、医疗保险及公用经费等基本支出，其次再安排项目支出。

3. 预算单位自行管理的事业单位经营收入、其他收入等，由预算单位按照综合预算的原则安排收支预算。

4. 预算单位的结余资金，是指单位上年净结余资金。预算单位动用上年结余应列入部门预算，作为单位收入预算的资金来源。

（三）部门支出预算的编制

部门支出预算包括基本支出和专项支出两部分。

1. 基本支出预算的编制。基本支出预算由工资福利支出、商品和服务支出、对个人和家庭的补助支出三部分组成。

（1）工资福利支出。工资福利支出包括基本工资、津贴补贴（国家规定津贴补贴、保留地区津贴、地方津贴补贴）、奖金、社会保障缴费、绩效工资、其他工资福利支出等项目，依据国家和自治区政策规定，按照单位实有人数测算。

（2）商品和服务支出。商品和服务支出包括办公费、水电费、邮电费、取暖费（办公用房、职工住宅）、差旅费、会议费、工会经费、福利费、公务接待费、公务用车运行维护费、其他商品和服务支出等。

商品和服务支出根据分类分档定额，按照单位编制内实有人数、编制内实有车辆、取暖面积，分别核定计算。超编人员、超编车辆不予核定商品和服务支出。2011年各项定额标准仍维持2010年水平不变。

会议费标准：综合经济部门25万元、政府组成部门22万元、政府直属部门20万元、一般部门15万元（自治区党委、人民政府组织召开的各类会议另行安排，垂管单位自行安排)，各部门按此标准包干使用，2011 年度执行中不再追加安排。

(3) 对个人和家庭的补助支出。对个人和家庭的补助支出包括离休费、退休费、助学金、住房公积金、离退休人员地方津贴补贴、其他对个人和家庭的补助支出等，依据国家和自治区政策规定，按照单位实有离退休人数和在职人数测算。

2. 项目支出预算的编制。

2011 年自治区本级项目支出预算实行《项目申报书》制度，各预算单位要根据国家和自治区的政策规定，结合本部门事业发展的需要据实申报，切实加强对项目支出预算的管理，减少代编预算项目，所有项目支出都要细化到具体的明细项目，落实到具体的单位。

各部门用于本级单位的项目支出，必须全部列入部门预算。

(四) 预算编制的相关规定

1. 总体要求。

自治区本级行政单位、全额预算事业单位，基本支出全部按照 2011 年分类分档、定员定额标准编制部门预算。

纳入预算内管理的非税收入，财政部门将结合各部门收入征收情况，参照 2010 年部门预算水平，统筹安排 2011 年支出预算。对未完成非税收入征收计划的部门，将按减收额的 50% 相应调减预算单位的非税收入执收成本性支出预算；对实现超收的部门，按照《自治区本级非税收入增收奖励暂行办法》(新财预［2009］142 号) 执行。

对未完成预算外非税收入征收计划的部门，财政将相应扣减预算单位支出预算；对实现超收的部门，按照《自治区本级非税收入增收奖励暂行办法》(新财预［2009］142 号) 执行。

对预算外非税收入中的“教育收费”项目，在安排项目支出时，应优先安排各项贷款、借款的项目，然后再考虑安排其他项目。凡有贷款、借款的预算单位，必须提供本单位贷款和借款情况报告，随部门预算一同上报。报告中要详细说明本单位贷款和借款原因，并制定还款计划，明确还款资金来源，每年安排归还贷款和借款的数额。

各部门支出预算编制必须严格执行 2011 年政府收支预算科目。

2. 对特殊单位的要求。

对于经费实行定额或定项补助管理的事业单位 (含差额单位)，财政部门只核定定额或定项补助数，单位的基本支出不实行分类分档定额管理 (涉及个人的住房公积金、医疗保险及各项缴费预算，预算单位必须按照自治区统一规定安排)，单位结合自身收入具体细化支出预算。

(1) 实行差额预算管理的医院：财政核定定额补助数，单位应将补助数列入基本支出预算，并细化到具体科目。

(2) 科研院所：未转制的科研院所按照一般事业单位模式编制预算；已转制的科研院所，按照财政核定的定额补助数，实行专项预算管理。

(3) 有色地勘局、煤田地质局、地质矿产勘查开发局：按上年财政经费拨款水平，实行定额包干使用，各项支出按要求细化编制。

(4) 监狱系统：公用经费仍然按照财政部、司法部文件规定安排，劳教系统参照监狱系统执行。

(5) 自收自支事业单位：采取以收定支、自求平衡、细化支出的原则编制部门预算，涉及个人的支出必须符合自治区统一规定。收入未缴入国库或财政专户管理的自收自支事业单位，不纳入部门预算编制范围。

3. 政府采购预算的编制。列入部门预算的各项支出预算，需实施货物类、工程类和服务类采购的，应严格执行《关于印发〈新疆维吾尔自治区区级 2011 年度政府集中采购目录和分散采购限额标准〉的通知》(新财购［2010］22 号) 和《关于进一步加强政府采购预算管理工作的通知》（新财购［2009］26号）的要求编制政府采购预算。政府采购预算一经批准下达，必须严格执行，采购项目和用途及采购组织形式不得进行调整。

切实加强小汽车控购管理。自治区本级行政事业单位购置、更新公务用车的申请，经自治区财政厅审核并报经自治区人民政府批准后，将购置、更新公务用车经费分别列入各单位部门预算。凡没有列入当年购置、更新公务用车经费预算的一律不予审批。严禁超编制、超标准购置小汽车；严禁购置进口小汽车；从严审核购置大排量、高耗能越野车。

4. 项目支出预算编制的要求。

（1）项目申报条件。单位申报项目支出应符合以下条件：符合国家有关方针、政策；符合财政资金支持的方向和财政资金供给范围；符合本部门行政工作和事业发展的需要。

（2）项目支出申报的原则。各单位申报项目应按据实申报、滚动管理、一事一报的原则进行。

（3）项目支出申报的工作要求。

预算单位：清理上年专项、进行项目排序、汇总上报。预算单位要对上年度年初预算安排的专项进行全面清理，剔除一次性和到期的项目，保留需继续安排的项目，确定新增项目。预算单位申报的项目必须按照先预算外后预算内、先重点后一般的原则排序，所有项目必须落实具体的执行时间。各主管部门应认真审核所属预算单位的项目申报书。

财政厅业务分管部门：负责审核、整理分管部门申报的项目，并按轻重缓急进行排序，提出预算安排的建议。

（4）项目支出申报的具体要求。预算单位申请安排2011年项目支出预算，应按项目分别编制《新疆维吾尔自治区财政厅项目申报书》（格式详见附件），随部门预算“一上”一并报送财政部门。同时还须按照《自治区本级财政专项资金绩效评价办法》（新财预［2010］30号）的有关要求，组织开展绩效评价工作，提交2010年财政专项资金绩效评价的报告。不符合要求的绩效评价报告将退回部门重新评价。新增专项资金，必须提供绩效评价的预期目标等相关资料，对于不提供绩效评价报告和预期目标等相关资料的，自治区财政不安排专项经费预算。

四、职责分工

自治区本级部门预算编制，由本级各预算单位和财政厅各有关处室，按照各自的职责分工相互协作，共同完成。

（一）预算单位的职责分工

各预算单位是部门预算编制的主体。负责布置和指导本部门及所属单位部门预算编制工作；审核、汇总和编制上报本部门预算建议计划，根据财政部门下达的预算控制指标，对本部门预算建议计划进行修订，完成部门预算建议草案；根据财政部门批复、下达的部门预算，批复部门所属单位预算，组织本部门、单位预算的执行；按照财政部门的部署，组织各相关单位，对本部门各项财政专项资金进行绩效评价工作，并及时报送绩效评价报告；提出本部门预算调整和变更申请。

（二）财政部门职责分工

1. 财政预算管理部门（预算处、部门预算审核中心）。负责对自治区本级部门预算工作进行总体协调部署；研究提出部门预算编制工作的编制原则；负责部门预算编制的基础性工作；负责管理部门预算基础信息采集及数据库维护工作；制定部门预算报表体系，对预算编审软件的使用进行指导；统一负责具体编制本级部门的预算建议草案，根据财力和平衡情况提出部门及单位预算控制指标；负责审核确定自治区本级部门、单位人员支出、基本公用支出标准和定额；负责建立和管理自治区本级项目库，监督专项预算的执行；会同财政业务分管部门制定财政专项资金绩效评价办法，汇总评价结果，结合绩效评价结果提出财政专项资金安排、调整意见；汇总、审核和编制自治区本级部门预算草案，按规定程序逐级报批；会同财政业务分管部门批复部门预算；按规定程序办理预算调整和变更手续管理部门预算总指标。

2. 财政国库管理部门（国库处、国库支付中心）。负责自治区本级部门预算执行的协调和各项财政性资金的审核、拨付与核算；负责总预算会计账务处理；汇总分析部门预算执行情况。

3. 财政业务分管部门（行政政法处、教科文处、经济建设处、社会保障处、农业处、企业处等）。各处室按工作职责，对分管部门预算实行对口管理。负责审核预算单位各项收入征收计划；负责审核部门预算人员经费支出、公用经费支出及专项支出建议计划，并对专项支出计划的合理性、合规性、科学性进行审核，按照轻重缓急对申报专项资金进行排序；对分管预算单位事业发展专项进行可行性研究和效益分析，研究提出专项事业发展专项规划；管理分管预算单位预算内、外预算指标，研究、制定分管预算单位的财务管理规章制度；对财政专项资金的分配、实施及其结果进行绩效考评；对预算单位的预算调整和变更申请，进行初审并提出审核意见。审核部门用款计划，监督部门预算执行。

4. 财政非税收入管理部门。负责制定非税收入管理制度办法，对单位上报的非税收入征收计划进行审核并提出修改意见，会同财政业务分管部门对审核数据进行调整；负责政府非税收入的征缴入库（专户）的监督和收缴分离管理工作。

5. 财政行政事业资产管理部门。负责制定行政事业单位资产管理办法，拟订资产配置标准，对预算单位上报的资产情况及新增资产预算内容进行审核，提出具体审核意见，会同财政业务分管部门对审核数据进行调整。

6. 财政政府采购管理部门。负责拟订有关政府采购政策，发布年度政府采购目录；对预算单位上报政府采购预算进行审核，提出修改意见，并会同财政业务分管部门对审核数据进行调整；负责政府采购预算的执行和监督；其他与政府采购相关的工作。

7. 财政监督部门。负责财政监督的组织协调工作，对自治区本级部门预算编制及执行情况进行监督。

五、预算审核程序

财政厅各业务分管部门、非税收入管理部门、政府采购管理部门、行政事业资产管理部门要各司其职，按照各自的职责分工，结合财政厅制定的《自治区本级部门预算审核规程的通知》（新财预［2008］73号），分别对预算单位的收支预算、非税收入征收计划、政府采购项目、资产配置、使用等进行审核。以上审核工作结束后，统一由财政厅各业务分管部门提出审核意见，提交财政厅预算管理部门。

财政厅预算管理部门根据各业务分管部门的审核情况，结合自治区的财力情况，对各预算单位的年度部门预算进行审核、整理、汇总，提出预算管理部门的调整意见，反馈给财政业务分管部门进行调整，业务分管部门按照规定程序调整后，再提交预算管理部门汇总，形成自治区本级预算单位的部门收支预算草案。

六、编报、批复时间

1. 7月28日前，财政厅拟定相关报表，进行软件设置，布置2011年预算编制工作，下发部门预算参数。下发数据由各主管部门到财政厅分管业务部门统一领取。

2. 8月25日前，自治区本级各部门将编制的部门预算建议计划报财政厅（一上）。

3. 9月15日前，财政厅各业务分管部门、非税收入管理部门、政府采购管理部门、行政事业资产管理部门根据有关政策规范进行逐项审核后送财政厅预算管理部门。

4. 9月30日前财政厅预算管理部门审核后，根据自治区本级财力情况经过综合平衡，向自治区本级各部门下达预算控制数（一下）。

5. 10月20日前，自治区本级各部门根据财政厅下达的预算控制数编制本部门预算草案上报财政厅（二上）。

6. 12月10日前，财政厅调整修订部门预算草案，准备上报自治区人代会的部门预算草案。

7. 财政厅根据自治区人代会批准的2011年自治区本级财政收支预算，在30日内批复自治区本级部门预算。自治区本级各部门自财政厅批复本部门预算之日起15日内，批复所属各单位预算（二下）。

预算单位要严格按照财政厅统一规定时间编制、报送预算及相关资料，确保部门预算编制工作按期完成。

七、报表报送要求

（一）“一上”报送要求

1. 经单位负责人、经办人签字和单位盖章后的2011年部门预算建议报表（输出报表）与编报说明各2份、与报表一致的电子数据1份。

2. 实行工资统发单位2010年7月份统发工资明细表及单位7月份统发工资汇总表1份；未实行工资统发单位2010年7月份工资发放明细表及单位7月份工资汇总表1份。

3. 人员编制批复文件1份。

4. 公有房屋的房产证和供暖合同1份。

5. 车辆编制批复文件和购置公务用车相关手续1份。

2—5项资料均只需提供复印件，单独装订。2—3项装订为一册，4—5项装订为一册。

6. 《新疆维吾尔自治区财政厅项目申报书》（分项目）1份、项目依据等相关资料（复印件）1份，按项目分别独立装订。

（二）“二上”报送要求

1. 部门预算“一上”上报以后形成的各项新增支出变动因素及相关资料，包括人员变动、资产变动、单位信息变动等，经单位负责人签字同意报财政部门。

2. 对财政部门下达的单位各项预算控制数，单位的调整建议及相关依据、资料等，经单位负责人签字同意报财政部门。

八、编报工作要求

（一）各预算单位应按照本方案的要求，高度重视部门预算编制工作，精心组织，确保部门预算编制工作及时、准确完成。

（二）各预算单位在编制2011年部门预算过程中，要对各项数据进行认真核实，确保数据的真实性、完整性。预算单位上报的2011年部门预算必须经单位主管领导审查、签字、盖章后，报送财政部门。

（三）各预算单位必须按照自治区统一规定的标准计提和缴纳各项费用，不得违反规定超标准提取和补助各项缴费。

（四）认真编写收支预算建议编制说明。单位收支预算建议计划编制说明是部门预算的重要组成部分，主要内容包括：部门单位的工作职责；机构人员、机构编制设置及增减变动情况；2010年部门预算安排及执行情况分析；2011年本部门、单位承担的任务和工作目标，2011年各项收支计划的测算情况，专项支出的使用方向和管理办法等。

（五）部门预算一经批复，各单位必须严格遵照执行，按部门预算详细编制资金支出用款计划，如实反映财务收支活动。如遇国家出台重大政策引起单位基本支出增加或收入减少的，在报经人大批准后按有关规定程序调整单位预算。

各部门单位在预算执行中，要继续贯彻党政机关厉行节约制止奢侈浪费行为的有关规定和要求，严格控制会议费、公务接待费、车辆购置及运行费、出国（境）费等费用的实际支出水平，切实抓好增收节支各项工作。

附：新疆维吾尔自治区财政厅项目申报书

附

新疆维吾尔自治区财政厅项目申报书

项 目 编 码：
项 目 名 称：
项 目 单 位：
单 位 代 码：
主 管 部 门：
归 口 处 室：

新疆维吾尔自治区财政厅制

填报日期： 年 月 日

<table>
<tr><td>项目编码</td><td colspan="3"></td><td>项目名称</td><td colspan="4"></td></tr>
<tr><td>项目类别</td><td colspan="8"></td></tr>
<tr><td>项目属性</td><td colspan="4"></td><td>起止时间</td><td colspan="3"></td></tr>
<tr><td>项目口径</td><td colspan="8"></td></tr>
<tr><td>项目特征</td><td colspan="2"></td><td>项目排序</td><td colspan="2"></td><td>项目范围</td><td colspan="2"></td></tr>
<tr><td>行政成本</td><td colspan="8"></td></tr>
<tr><td>民生项目</td><td colspan="8"></td></tr>
<tr><td rowspan="3">功能科目</td><td>类名称</td><td colspan="4"></td><td>类编码</td><td colspan="2"></td></tr>
<tr><td>款名称</td><td colspan="4"></td><td>款编码</td><td colspan="2"></td></tr>
<tr><td>项名称</td><td colspan="4"></td><td>项编码</td><td colspan="2"></td></tr>
<tr><td>项目申请主要
原因和政策依据</td><td colspan="8"></td></tr>
<tr><td>项目背景及内容</td><td colspan="8"></td></tr>
<tr><td>项目资金测算
依据</td><td colspan="8"></td></tr>
<tr><td>实施条件</td><td colspan="8"></td></tr>
<tr><td>预期目标</td><td colspan="8"></td></tr>
<tr><td rowspan="3">项目采购方式</td><td>采购方式</td><td colspan="7"></td></tr>
<tr><td colspan="4">采购品名</td><td colspan="2">数量</td><td colspan="2">金额</td></tr>
<tr><td colspan="4"></td><td colspan="2"></td><td colspan="2"></td></tr>
<tr><td rowspan="3">资金安排</td><td rowspan="2">总计</td><td colspan="3">财政拨款（补助）</td><td rowspan="2">预算外
收入</td><td rowspan="2">事业单位
经营收入</td><td rowspan="2">其他收入</td><td rowspan="2">单位上年
结余</td></tr>
<tr><td>财政拨款
（补助）
小计</td><td>一般预算
拨款</td><td>基金预算
拨款</td></tr>
<tr><td></td><td></td><td></td><td></td><td></td><td></td><td></td><td></td></tr>
<tr><td>项目负责人</td><td colspan="4"></td><td>联系电话</td><td colspan="3"></td></tr>
</table>

关于进一步做好自治区本级预算执行工作的通知

（2010 年 8 月 10 日　自治区财政厅　新财预［2010］84 号）

自治区各委、办、厅、局，自治区高级人民法院、自治区人民检察院：

为增强自治区本级预算执行的时效性和均衡性，加快财政支出进度，充分发挥财政资金的使用效益，确保自治区各项政策落实，根据《财政部关于进一步做好预算执行工作的指导意见》（财预［2010］11 号）精神，结合自治区本级实际，现就进一步做好自治区本级预算执行工作通知如下：

一、加强协调配合，强化部门责任

财政部门要主动与各部门加强沟通协调，及时提出资金分配的意见和建议，督促各部门加快预算执行进度。

各部门要强化预算执行的责任，一定要通过建立预算支出责任制度，明确考核目标，将支出责任分解落实到人。要加强预算执行分析，及时掌握本部门和所属单位的预算执行进度，要加大对重点单位、重点项目的监控力度，督促重点单位、重点项目切实加快执行进度，提高财政资金使用效益。

二、严格预算执行

各部门要严格按照《关于加强自治区本级支出预算管理的通知》（新财预［2007］11 号）的要求，对基本支出预算按照均衡性的原则执行。对年初预算已明确到具体项目的专项经费预算在 6 月 30 日前拨付下达；未明确到具体项目的专项经费预算要在 9 月 30 日前拨付下达，超过期限未下达的各类专项资金，一律全部收回总预算；追加预算及时拨付下达；对中央下达的专项资金，各部门要尽快提出分配意见，在一个月内下达执行。

三、积极消化结余结转资金

各部门一定要高度重视消化结余结转资金工作，必须建立消化结余结转资金的长效工作机制。要将结余结转资金作为部门预算的资金来源编入年初预算，确保预算的完整性。在预算执行中，尽早提出消化结余结转资金的意见。自治区财政将加大对预算单位结余资金的统筹力度，对当年预算执行进度缓慢、预计年度可能出现较大结余的，调减当年预算或用于该部门新增重要支出项目。对累计结余结转资金较大的部门，财政部门将压缩经费拨款总额。

四、加强预算资金支付管理

各部门要根据工作和事业发展计划，认真做好专项预算执行的各项前期准备工作，要进一步细化项目预算编制，切实将项目预算编制到具体实施单位，每一个专项资金都必须确定预算执行的时间表，否则不予安排。各部门（单位）根据年度预算安排情况，认真编制分月用款计划，及时提出支付申请。财政部门要及时审核、下达用款计划，尽可能将项目预算下达至具体实施单位，减少中间环节，加快支付资金。同时，要加强资金支付管理，防止超进度、超预算拨款。

五、建立激励约束机制

为调动各部门工作积极性，加快财政支出进度，自治区本级建立各部门预算执行情况通报制度，按季度统计分析各部门预算执行情况，特别是专项资金支出执行进度情况，并对各部门预算执行情况进行通报，同时抄送自治区人大财经委、自治区审计厅等部门。对预算执行进度缓慢的部门和部分专项资金，自治区财政会同相关部门进行督查，责成有关部门限期整改，加快预算执行进度。

实施对各部门当年专项资金预算执行情况与次年预算安排挂钩的管理机制。对预算执行进度快、使用效果好的专项资金，次年预算安排时优先考虑；对预算执行进度慢、使用效果差的专项资金，次年暂缓或取消预算。

各部门要进一步统一思想认识，高度重视加强预算执行管理工作，加强组织领导，健全工作管理机制，推进财政科学化精细化管理，切实把预算执行工作抓紧抓好。

关于进一步做好地县预算执行工作的通知

（2010年8月16日　自治区财政厅　新财预［2010］90号）

伊犁哈萨克自治州财政局，乌鲁木齐市昌吉州财政局，各地（州、市）财政局：

为深入推进财政科学化精细化管理，加快支出进度，充分发挥资金使用效益，落实好中央和自治区有关政策，现就进一步做好预算执行工作通知如下：

一、统一思想，提高认识

预算执行关系党和国家政策的贯彻落实，关系到财政职能发挥和财政资金使用效益。各地要从服务经济社会发展的大局出发，进一步统一思想，充分认识加快财政支出进度的重要意义，增强工作责任感，按照依法理财、科学管理的要求，采取更加有力的措施，切实把加强预算支出管理放在更加突出的位置抓紧抓实抓好。

二、切实加强预算支出执行管理

（一）科学合理编制部门预算

一是增强预算的科学性和准确性。要规范部门预算编制程序，提前编制预算，细化预算内容，减少代编预算规模，提高年初预算到位率，严格部门预算管理。二是要推进基础管理工作。要不断完善部门基础信息数据库，加强项目支出定额标准体系建设，健全预算执行与预算编制互动机制，加强分析和动态监控，夯实预算执行基础。

（二）加强财政预算执行分析工作

各地财政部门要密切关注影响财政预算执行的各种因素，加强动态监控，深入分析财政预算执行管理特别是财政支出进度管理中存在的问题，认真查找原因，及时反映通报，有针对性地提出切实可行的改进措施。

（三）加强结转和结余资金的统筹使用

对财政预算安排形成的结转项目，经清理确认属于无法支出或无需支出的，要通过调减项目预算等方式，将资金收回总预算统筹管理；对上级专项转移支付安排形成的结转项目，除国家和自治区明确规定执行年限的项目外，超过预算规定期限一年以上的可在使用范围内调整到其他级次或同类项目，并报上级财政部门备案。对确需继续保留的要尽快分解下达本级相关单位和县（市）财政部门，并按照规定用途安排支出，加快支出进度，提高资金使用效益。

（四）建立预算稳定调节基金

各地要建立预算稳定调节基金，除按照法律法规和财政体制规定增加的当年支出，以及用于削减财政赤字、特殊一次性支出等必要支出外，原则上不再安排当年支出，用于补充预算稳定调节基金，在以后年度经过预算再安排使用，以提高预算执行的规范性，也有利于减少当年结转支出。

（五）加快转移支付执行进度

各地（州、市）财政部门接到自治区转移支付资金后，对于明确具体项目或用途的，要在7个工作日内下达到本级相关单位和县（市）财政部门；对于未明确具体项目或用途的，要在15个工作日内下达到本级相关单位和县（市）财政部门。县（市）财政部门接到上级转移支付资金后要按照文件的要求合理安排支出，及时拨付用款单位。对于上级财政已经设立但尚未下达的转移支付，各地县财政部门应按照上级财政部门提供的预告知数，提前做好资金分配方案和项目遴选工作，待上级补助资金下达后，尽快拨付下级财政部门和有关单位。

（六）建立健全预算支出进度通报考评制度

自治区将建立预算支出进度通报考评制度，按一般预算支出当月实际完成数占全年预计完成数的比重测算各地（州、市）一般预算支出进度，凡低于平均支出进度的地区，自治区将在全疆范围内通报批评。1—9月采取“按月统计、按季通报”的办法，10—11月将每月进行通报，对当年连续三次被自治区通报批评的地区，自治区将减少对其转移支付补助。各地要确保今年1—11月份支出进度比去年同期再提高5个百分点。各地（州、市）财政部门应比照自治区的做法建立支出进度动态监控机制及通报制度，督促所属县（市）加快支出进度。

三、完善工作制度，加强内部协调

各地要高度重视财政支出管理工作，加强组织领导，对影响财政支出全局性的相关事务，由主要领导负总责，分管领导和科室领导参与，及时进行沟通协调，消除由于内部工作影响支出进度的问题。建立部门重大支出督办制度，加快支出进度。各科室之间要加强协作、密切配合，加强资金支付相关环节协调配合和动态监控，促进预算指标下达、用款计划批复和资金审核支付等各环节顺畅运行。

各级财政部门要充分认识加强预算执行管理的重要性，及时掌握预算执行动态，配合并督促预算单位制定合理的财政资金拨付计划，加快预算下达和资金拨付进度，确保预算资金及时落实到位，提高财政资金使用效益。

关于进一步推进地县财政管理基础和基层建设工作的意见

（2010年9月15日　自治区财政厅　新财预［2010］109号）

伊犁哈萨克自治州财政局、乌昌财政局及各地（州、市）财政局：

近两年，根据财政部和自治区关于财政科学化精细化管理的部署，各级财政部门更新理财观念，强化基础管理，创新体制机制，加强基层建设，增强服务意识，财政管理水平不断提升。为贯彻落实2010年全国财政厅局长会议精神，进一步提高财政管理水平，更好服务于自治区经济社会发展大局，现就加强财政管理基础工作和加强基层建设工作（简称“两基”工作），提出如下意见：

一、认真总结财政科学化精细化管理的经验

近年来，各级财政部门高度重视财政管理工作，转变观念，务实创新，保障了财政职能的有效发挥。清理规范财政规章制度，广泛开展财政法制宣传；在完善公共预算编制的基础上，细化政府基金预算编制，试编社会保障预算等，建立较为完整的预算体系；统筹结余结转资金，并与预算编制紧密结合；加强行政事业单位国有资产处置收入、出租出借收入管理，纳入公共财政预算；加强收支执行监测分析，积极开展绩效评价；扩大预算公开范围，细化预算公开内容；加强财政监督检查，成效显著；信息化建设稳步推进，财政供养人员数据库建设、定员定额体系不断完善；乡镇财政管理不断规范，管理基础和基层工作有所加快。各级财政部门要认真总结财政管理工作，特别是“两基”建设中取得的经验，认真查找管理工作中的不足，明确“两基”建设目标，完善体制机制，全面推进财政科学化精细化管理。

二、当前加强财政“两基”建设工作着力点

管理基础工作涉及财政管理各个环节，覆盖财政管理的方方面面，是财政管理的基石。县乡财政和财政部门内部管理是财政管理责任主体和载体，是财政管理中最活跃的因素。财政“两基”工作重点在基础，关键在基层，推进“两基”工作既要统筹兼顾，又要突出重点。

（一）加强基础管理工作的侧重点

基础管理主要是为财政管理目标提供基础资料、基础标准、基本手段等相关工作，包括基本数据信息、支出标准、项目库、收支科目体系、基础制度等内容，贯穿于财政工作的全过程。

完善部门基础信息数据库。建立健全基础数据资料动态采集机制，全面掌握预算单位人员、编制、经费、工资及津贴补贴、资产负债、收费项目和标准，以及财政收支、财源财力、财政保障人口等基础信息，实现基础数据动态管理。

加强支出标准体系建设。深化部门预算改革，合理确定部门单位维持正常运行的基本需求，促进财政资金的有效配置；进一步完善定员定额与实物费用定额相结合的基本支出标准体系；探索事业单位基本支出保障模式；加强项目支出标准体系建设，研究制定科学的项目支出分类办法。

健全项目库建设。逐步将所有项目预算纳入项目库管理；充分利用信息化手段，加强年度之间、部门和财政之间项目库的衔接，建立财政与预算单位相互协调的动态项目库，督促部门和预算单位项目论证、排序和项目文本填报工作，完善项目论证评审、遴选排序机制，推动项目支出预算滚动管理。

加大会计基础管理力度。深入开展单位会计基础规范化建设，加强基层财会人员的专业技能和职业水平的培训；全面提升会计为经济建设、为财政管理改革服务水平，逐步实现会计工作法制化、会计监督制度化、会计信息标准化、行政审批程序化、日常管理网络化。

加强预算管理。细化预算编制，建立由公共财政预算、国有资本经营预算、政府性基金预算和社会保障预算组成的有机衔接的政府预算体系，全面反映财政收支总量、结构和管理活动。完善收入监控、预算追加、超收、补助、结余结转资金管理办法，建立预算编制与预算执行的有效衔接机制。完善绩效考评办法，扩大绩效考评范围，促使绩效评价结果与资金拨付有机结合。

（二）加强基层建设的侧重点

财政基层建设是各级财政组织体系建设的重要组成部分，既包括县乡两级财政建设，也包括各级财政的处、科、股的建设和内部工作协调机制，是推进财政科学化精细化管理的重要力量和组织保障。

财政内部基层单位建设：按照简化程序、清理环节、分清责任、明确目标的要求，健全和优化财政管理工作流程，并上墙公示，使预算编制、预算执行、预算监督、绩效评价等工作均依照流程规范化运行。科学设置工作岗位，明确界定岗位职责，确定工作衔接的节点和流程，做到财政部门内部既分工明确、各司其责，又协调配合、运转流畅。财政部门要与预算单位建立沟通顺畅的工作机制，及时掌握单位预算执行进度和项目绩效情况，对部门预算执行定期考评通报，督促部门加强预算管理。财政国库部门要加强审核，及时向预算部门反馈预算执行的相关信息。财政部门预算管理机构要与监督部门密切协作，加强日常业务的监督管理。

乡镇财政基层建设：全面规范乡镇财政组织机构、队伍建设、业务工作、基础设施和内部管理，加强对乡镇财政干部和农村财会人员的培训，提高其能力素质。加快乡镇财政信息化建设，改善乡镇财政用房、交通、设备等办公条件。加强乡镇财政预算管理，着力构建“预算编制、预算执行、监督检查、绩效评价”四位一体的乡镇财政管理新机制。健全乡镇预算管理各项制度，规范预算编制程序，细化预算内容，强化预算执行，稳步推进国库集中支付和政府采购；建立乡镇财政绩效评价体系，提高乡镇财政资金使用效益。合理界定乡镇财政职能，发挥乡镇财政就近、就地服务、管理监督作用，强化乡镇财政监管职责，建立全面系统的监管体系，通过建档备案，对乡镇财政各项资金进行全面监管，保证资金安全运行。建立完善乡镇财政管理指导机制，大力支持乡镇财政工作，及时下达信息，定期交流经验，提高乡镇财政管理水平。

三、加强财政“两基”建设工作的相关措施

财政“两基”建设工作是当前各级财政部门的一项重要工作。各级财政部门要从大局出发，增强对“两基”建设重要性的认识，将开展财政“两基”建设工作与推进财政科学化精细化管理有机结合，紧紧围绕自治区财政工作座谈会的安排部署，加强领导，明确职责分工，落实工作责任。

（一）精心组织、周密安排

各地财政部门要认真总结经验，针对自身管理现状，提出具体工作目标，制定实施方案。规章制度上墙公示，经验总结、工作流程、实施方案要汇集成册，精细装订，做到每个地（州、市）、县（市）、乡（镇）都有一套完整的财政“两基”工作档案。

（二）总结经验，定期上报

各级财政部门要结合“两基”工作阶段性进展情况，从2010年9月份开始，每月月底前向自治区财政厅预算处报送“两基”工作进展情况，认真总结经验，对照检查工作中的不足并提出解决办法和措施。其中，乡镇财政建设情况上报自治区财政厅乡镇财政管理局。年底自治区将根据各地工作开展情况，进行总结表彰。

（三）召开“两基”工作现场会

2010年10—11月，自治区将根据各地财政“两基”建设工作开展情况，召开“两基”工作现场会，展示地（州）、县（市）、乡（镇）财政规范流程、制度建设、岗位设置、预算管理、财政监督、内部建设等方面取得的成果，总结交流经验，研究解决问题的办法，推动各级财政“两基”建设工作深入开展。

为确保财政“两基”建设工作稳步推进并切实取得实效，按照自治区财政厅党组工作安排，每位厅领导负责联系一个地（州、市），指导各级财政部门做好“两基”建设工作。

附件：自治区财政“两基”建设工作指导组名单（略）

关于进一步加强预算支出执行工作的通知

（2010年10月27日　自治区财政厅　新财预［2010］142号）

伊犁哈萨克自治州财政局、乌昌财政局及各地（州、市）财政局，自治区各委、办、厅、局，自治区高级人民法院，自治区人民检察院：

按照财政部的工作部署，为进一步提高财政资金使用效益，推进科学化精细化管理，加快预算支出执行进度，现提出如下意见，请各地、各部门认真贯彻落实。

一、充分认识加快预算执行的重要性

预算执行事关国家和自治区各项方针政策的贯彻落实，加快预算支出进度，关系到各级财政职能的有效发挥和资金使用效益的提高。各地、各部门是预算执行的主体，承担着自治区各级财政预算支出的重要职责。各地、各部门必须按照科学化精细化管理的要求，牢固树立“预算编制与执行并重，资金分配与管理并重、财政支出与绩效并重”的理财思路，从服务自治区经济社会发展的大局出发，进一步解放思想、提高认识、创新观念，明确工作责任，完善工作机制，简化工作流程，加大工作力度，加快支出进度，确保国家和自治区制定的各项方针政策落到实处。

二、明确工作责任

预算执行工作是一项综合系统工程，涉及预算管理的方方面面。做好预算执行工作，既是各级财政部门义不容辞的责任和义务，同时也需要各部门的协调配合。因此，健全岗责体系，明确工作责任，是做好当前及今后预算执行工作的前提。

（一）财政厅内部工作职责

各处处长是预算执行的第一责任人，分管副处长协助处长工作，具体经办人员负直接责任。各处负责对口部门和地方的预算执行管理工作，及时督促协调相关工作。预算支出办理工作时限按《自治区本级专项资金督办暂行办法》（新财预［2008］100号）文件规定执行。

预算处：负责汇总分析自治区财政预算支出进度工作。具体负责及时下达自治区本级各类预算指标的工作；负责按旬汇总分析各处、各部门预算支出进度情况，督促各处加快部门预算支出进度；负责制定加快预算支出进度的有关措施；负责考核各地预算支出进度完成情况，督促各地加强对县（市）预算支出进度的管理，提出工作要求。

国库处：负责自治区预算内外资金的收支、核算、拨付事项；根据各处、各部门申请报告，按规程及时办理资金支付手续；及时将有关预算执行情况信息反馈各处、各部门；负责按旬向各处提供分部门实际支出执行情况和国库的结余数（具体到项目）；根据各类预算指标下达情况，负责及时向各地本级调度资金。

业务处：负责自治区本级对口部门和各地对口专项支出预算执行工作。具体负责按旬向预算处上报各部门预算执行情况，分析执行进度缓慢的原因，提出改进措施和建议；负责督办部门和各地抓好预算执行工作，并将有关信息反馈预算处；负责及时通报部门和各地专项资金执行情况；负责制定加快本级对口部门和各地支出进度的措施；负责拟定各地科室按旬上报预算执行情况报表，督促各地抓紧安排资金；负责及时办理本处相关部门和各地财政对口科室指标下达、用款计划审批等事项。

（二）各部门工作职责

各部门（含所属二、三级预算单位）是各级财政预算支出的执行主体，是本级财政支出的重要组成部分。各部门要严格执行财政规章制度，进一步细化预算编制，积极协调所属单位做实做细专项预算，细化到“项”级和具体项目，明确提出各项支出的执行时间。充分重视并扎实做好预算执行工作，及时编制用款计划，基本支出序时均衡拨付，专项资金按计划及时拨付。年初预算要按计划申请拨付下达，调整预算及时申请办理拨付手续，中央专项要及时会同财政部门研究提出意见，按程序审批后下达执行。各部门要按旬将预算执行情况及时报告同级财政部门备查。

（三）各地（州、市）工作职责

各地（州、市）财政支出是构成自治区财政总支出的重要组成部分，承担着本区域内经济发展和保障民生等重要职责。各地（州、市）要按照科学化精细化管理要求，建立完善的内控工作机制，明确岗位责任，加大协调力度，加强对本级各部门预算编制和执行的监管，督促部门加快支出拨付进度；进一步加大对县（市）预算编制、执行的指导，督促县（市）抓好预算执行，确保自治区各项政策的及时落实；按时向自治区上报预算执行情况分析报告，提出改进意见和措施；及时向自治区上报已下达专项资金的执行情况。

三、强化工作措施

一是按旬上报支出情况。从10月中旬起，各处、各地（州、市）每旬向预算处上报支出执行情况，认真分析支出缓慢的原因，提出并落实加快预算支出进度的措施等。二是收回无法执行的支出预算。各处要认真分析各地、各部门预算支出情况，对部分执行缓慢的专项资金，给予15天宽限期整改，到期限仍未执行的，由预算处会同业务处提出调减并收回预算指标的建议，按程序报批后执行。三是定期报告制度。预算处要及时向自治区党委、人民政府和财政部汇报自治区预算支出执行情况，通报有关各地、各部门支出进度，以及采取的措施和取得的成效等。四是实行预算执行与预算安排挂钩机制。将当年专项预算执行情况作为次年安排预算的依据，对预算执行进度快、绩效评价好的专项资金，次年预算安排时优先考虑；对预算执行进度慢、绩效评价差的专项资金，次年暂缓安排预算。五是建立厅领导联系工作制度。每位厅领导负责联系一个地（州、市），会同相关地县进行认真研究分析，提出改进的意见。同时，每位厅领导要及时了解对口部门预算执行情况，督促部门加快支出进度。六是召开支出进度分析会议。根据工作开展情况，适时召开各地、各部门预算支出进度分析工作会议，研究各项措施落实情况，分析成效和不足，提出下一步的工作建议。

四、完善工作机制

一是建立预算支出跟踪问效工作机制。预算处按旬统计分析各地、各部门预算支出情况；国库处及时拨付和调度资金；各处要及时追踪已办理专项资金执行情况。二是建立预算支出信息反馈工作机制。各处对未及时办理拨付手续的支出项目，应及时向预算处反馈信息；国库处及时将有关预算执行情况反馈各处；预算处负责汇总各地、各部门执行情况，按时向厅领导报告。三是建立预算执行动态考核工作机制。预算处进一步完善对各地（州、市）预算管理考核制度，细化考核指标体系，将预算支出执行情况纳入考核范围；各处室也要建立对部门和地县预算执行情况考核机制。四是完善通报工作机制。预算处要进一步完善通报工作机制，各处室要建立对各地、各部门的通报制度。五是建立财政与部门互通工作机制。各级财政部门要及时通知部门申请资金办理情况，提出该项资金拨付具体时间；有关部门收到财政补助资金文件后，要及时办理拨付手续，并将有关预算执行情况及时告知同级财政部门备案。

综上所述，各地、各部门一定要高度重视财政预算执行工作，按照各自工作职责，加强组织领导，创新工作思路，强化工作措施，完善工作机制，加强沟通协调，狠抓贯彻落实，确保预算执行的均衡性和有效性。

关于明确乌昌财政对南航新疆分公司缴纳营业税超基数返还事项的通知

（2010 年 11 月 24 日　自治区财政厅　新财预［2010］161 号）

乌鲁木齐市昌吉州财政局：

2010 年 5 月，自治区人民政府与中国南方航空集团签订战略合作框架协议。确定以 2009 年为基数，自 2010 年起自治区对南航新疆分公司缴纳的营业税超过基数部分按比例返还。因考虑 2010 年乌昌财政保民生等方面的支出压力较大的实际，经我厅研究确定，2010 年对南航新疆分公司缴纳营业税超基数部分按 30% 给予返还，具体事项待 2010 年税收汇算清缴工作完成后，由你局与南航新疆分公司具体办理有关手续。

关于2010年进一步加大财政性教育经费投入有关问题的通知

（2010年12月13日　自治区财政厅　新财预［2010］185号）

伊犁哈萨克自治州财政局，各地（州、市）财政局：

为贯彻落实《国家中长期教育改革和发展规划纲要（2010—2020年）》（中发［2010］12号，以下简称《规划纲要》）精神，保证"2012年国家财政性教育经费支出占国内生产总值（GDP）比重达到4%"的目标如期实现，根据财政部财预［2010］496号的通知要求，现就自治区2010年财政性教育经费预算安排工作，提出以下要求，请认真贯彻落实。

一、2010年是实施《规划纲要》的开局之年，为确保2010年全国财政性教育经费占GDP的比重明显提高，各地必须保障年初预算安排的各项教育经费及时、足额到位。同时，各地在安排2010年超收收入时，要按照法律规定教育经费增长的要求，主要用于教育方面支出。

二、各地要按照国家和自治区有关规定，保证2010年财政教育经费的增长幅度高于地方财政一般预算收入的增长幅度，对于教育支出增长低于一般预算收入增长的地区，要积极拓宽教育经费渠道，加大对教育的投入，加快教育经费支出进度，确保2010年教育支出占财政支出的比重进一步提高。

三、对于自治区新增教育投入，各地要根据本地区实际情况，按照自治区有关工作要求，统筹安排，优先保障落实各级财政应承担的提高农村义务教育阶段学校公用经费保障水平、家庭经济困难寄宿生生活费补助水平等项目资金。

四、各级财政部门要会同教育等相关部门，抓紧部署以上项目的实施工作，制定可行的实施方案，建立完善相关管理制度，切实加强资金管理，提高资金使用效益。

关于印发《自治区本级部门财政拨款结余资金管理暂行办法》的通知

（2010年12月17日　自治区财政厅　新财预［2010］198号）

自治区各委、办、厅、局，自治区高级人民法院、自治区人民检察院：

为进一步规范和加强自治区本级部门财政拨款结余资金管理，现制定《自治区本级部门财政拨款结余资金管理暂行办法》印发给你们，请遵照执行。

附件：自治区本级部门财政拨款结余资金管理暂行办法

附件

自治区本级部门财政拨款结余资金管理暂行办法

第一章　总　　则

第一条　为规范和加强自治区本级部门财政拨款结余资金管理，优化财政资源配置，提高财政资金使用效益，根据预算法规和财政国库管理制度等规定，制定本办法。

第二条　自治区本级部门财政拨款结余资金，是指自治区本级预算部门按照自治区财政厅批复的部门预算，在预算年度内尚未支出的财政拨款资金，包括年终基本支出结余资金、项目支出结余资金、国库集中支付年终额度结余资金、预算单位基本账户结余和专项账户结余资金等（简称“部门结余资金”）。

第三条　部门结余资金按照支出性质划分为基本支出结余和项目支出结余资金，部门基本支出结余包括人员经费结余和公用经费结余；项目支出结余包括当年项目支出结余和以前年度累计项目支出结余。

第四条　自治区本级部门应当对基本支出结余和项目支出结余分别进行明细核算，并与单位会计账表及部门决算报表相关数字核对一致。

第二章　部门结余资金的确认

第五条　预算年度终了后，自治区本级部门与财政厅对基本支出结余资金和项目支出结余资金进行逐笔核对并审核确认，基本支出结余资金经审核确认后办理结转手续。项目支出结余资金经审核属于项目已完成而形成的净结余资金，统一收回预算；经审核确需结转次年继续使用的项目支出结余，在财政厅确认后办理结转手续。

第六条 2010年对自治区本级部门当年形成的国库集中支付年终额度结余结转确认工作仍按原办法执行。对以前年度形成的国库集中支付年终额度结余由财政厅业务分管部门审核后重新下达指标。

第三章 部门结余资金的管理

第七条 基本支出结余经财政厅审核批准后用于次年部门基本运转支出，但不得用于提高人员经费开支标准。

第八条 对自治区本级部门项目支出结余资金，根据不同的资金来源办理有关手续。

年初预算安排的项目支出，直至年终尚未执行或未执行完而形成的结余资金，无特殊原因的，不办理结转手续，全部收回预算。

当年预算执行中追加的项目支出，项目已实施完毕而形成的净结余资金，一律收回预算；到年底仍未执行完成的，经审核确实需要结转下年使用，办理结转手续。但在办理结转手续时，部门要提出次年项目的执行期限，在次年执行中必须按照资金使用的时间要求尽快使用完毕，逾期未使用的，收回预算。

对一些跨年度执行的基建工程类项目、政府采购项目，经审核确认后办理结转手续，但必须在项目规划期限内使用完毕，逾期未使用完的，收回预算。

第九条 对2010年以前形成的国库集中支付额度结余，在预算执行中应首先抵顶2011年度部门新增项目支出预算拨款，抵顶拨款后仍有结余的，统一编入2012年部门预算。

第十条 对部门基本账户和专项账户的结余，部门要采取有效措施，主动消化账户结余资金。财政厅各相关部门要积极配合有关部门，提出消化结余资金的意见和建议。

第十一条 基本建设项目支出结余资金的管理，按《新疆维吾尔自治区财政性资金投资基本建设项目竣工财务决算管理暂行办法》（新财建［2008］2号）有关规定执行。

第四章 消化部门结余资金的措施

第十二条 对当年执行进度缓慢、项目前期准备不足、不具备执行条件、预计年底可能形成较多结余资金的项目，财政厅要及时提出审核意见，按规定程序报批后，于每年12月20日前调减当年该项目支出预算指标或调整用于该部门新增项目支出。

第十三条 对以前年度累计结余规模较大的项目资金（含部门基本账户和专项账户），财政厅各相关部门要及时提出消化结余资金的措施，调减该部门当年预算，或在编制下一年度部门预算时，根据其累计结余资金情况，抵顶该部门财政拨款预算数额。

第十四条 实施对各部门当年专项资金预算执行情况与次年预算安排挂钩的管理机制。对预算执行进度快、使用效果好的专项资金，财政厅在安排次年预算时优先予以考虑；对预算执行进度慢、使用效果差的专项资金，次年暂缓安排或取消预算。

第十五条 建立对各部门结余资金定期通报制度。年度预算执行中，财政厅按季度通报各部门结余资金情况，督促部门加快资金拨付，及时消化结余，提高预算执行的均衡性和有效性。

第五章 职责分工

第十六条 各部门的职责。各部门负责本部门及所属单位结余资金的审核、对账、汇总和上报工作；按照财政部门的要求提出本部门结余资金的预算安排、调整使用和申请支付工作；负责提出消化本部门及所属单位结余资金的建议；监督和管理所属单位结余资金的安排使用。

第十七条 财政厅各相关部门职责。

财政预算管理部门负责制定自治区本级部门结余资金管理的制度、办法；负责部门结余资金的安排使用和变更的预算调整工作；负责部门预算编制中结余资金使用的审核下达工作；负责按期通报各部门结余资金有关情况。

财政国库管理部门负责自治区本级部门当年形成的国库集中支付年终额度结余结转确认工作；负责结余资金的拨付与核算；负责结余资金会计账务处理。

财政业务分管部门负责对部门的结余资金（含以前年度形成的国库集中支付年终额度结余）的年终审核、对账和确认工作；负责部门结余资金的汇总整理工作；负责将确认后的结余资金正式下达给分管部门（其中：以前年度形成的国库集中支付年终额度结余需在国库支付系统中按调整后的项目重新录入指标）；负责对部门结余资金的安排使用、调整变更申请和抵顶预算提出审核意见；审核结余资金拨付和使用管理，提出消化部门结余资金的意见、建议；监督检查分管部门结余资金的安排使用。

财政政府采购管理部门负责提供自治区本级部门政府采购相关信息。对已执行完毕的采购合同，及时提供相关信息，以便各处室提出调减部门政府采购结余指标的申请。对未执行完政府采购的项目，加快进行采购。

第六章　附　　则

第十八条　各地（州、市）、自治区本级部门可以依据本办法规定，结合地方和部门实际，制定本地区、本部门结余资金的具体管理办法。

第十九条　本办法自2010年起执行。

第二十条　本办法由自治区财政厅负责解释。

对《关于恢复乌昌两地财政管理运行有关问题的请示》的回复意见

（2010年12月28日　自治区财政厅　新财预［2010］211号）

乌鲁木齐市昌吉州财政局：

你局《关于恢复乌昌两地财政管理运行有关问题的请示》（乌昌财办［2010］33号）收悉，经认真研究，现回复如下：

一、2010年财政管理相关工作

2010年，乌、昌两地财政涉及到预算管理、资金调度、决算及相关统计报表报送、非税收入收缴管理、金财网络管理、恢复两地农业综合开发办公室和农村综合改革办公室、公文运转等工作，仍按现行管理办法运行。

2010年国有企业财务会计决算报表和基本建设项目决算报表，由两地财政分别安排汇审上报；同时，从2010年12月起两地分别编制上报企业财务信息快报。

二、2011年起恢复乌、昌两地财政管理运行相关工作

（一）关于财政体制问题

1. 关于乌鲁木齐市的体制上解。根据2010年第十二次自治区党委常委会议纪要（二）（新党常［2010］12号）精神，自治区给予乌昌财政的定额上解优惠政策延续6年，即从2011年1月1日至2016年12月31日，自治区对乌鲁木齐市执行定额上解政策，暂不执行8%环比递增上解体制。

2. 自治区对昌吉州的财力补助。从2011年起，自治区仍然维持对昌吉州原有的财力补助基数。2010年前自治区给予乌昌的优惠财力中对昌吉州已经形成的补助基数（剔除一次性补助），由乌鲁木齐市专项上解自治区，自治区相应拨付昌吉州。对2011年以后暂缓执行环比递增8%形成的增量资金，由乌昌党委研究提出具体分配意见，其中涉及对昌吉州的补助，仍然通过乌鲁木齐市专项上解的形式，由自治区相应补助昌吉州。为理顺上下级财政分配关系，对2010年以前和以后乌昌财政优惠财力中形成的对昌吉州的财力补助基数，自治区将统一纳入均衡性转移支付算账体系。

3. 关于乌昌两地收入征缴问题。乌鲁木齐市本级和昌吉州本级国库分设后，乌鲁木齐市本级和昌吉州本级属地征收的税收收入和非税收入应由当地执收部门相应缴入同级国库。

（二）关于预算管理工作事宜

1. 财政收支预算的上报。从2011年起，乌鲁木齐市和昌吉州分别上报自治区年度财政收支预算，乌昌不再汇总上报财政收支预算。

2. 财政预算指标的下达。从2011年起，自治区将分别下达乌鲁木齐市和昌吉州的预算指标，乌鲁木齐市和昌吉州要相应做好记账和对账工作。

3. 财政结算事项的办理。从2011年起，自治区将分别办理对乌鲁木齐市和昌吉州的财政结算事项，并分别下达批复单。

（三）关于国库运行工作事宜

1. 同意2011年起恢复人民银行国家金库乌鲁木齐市、昌吉州两地中心支库，分别进行核算。现有乌昌中心支库财政资金于2011年1月31日前按照恢复后的财政体制分别退回两地金库，账户清零。请两地财政局抓紧与人民银行方面沟通协商，确保2011年1月1日起收支业务正常运转。从2011年起自治区财政分别对两地财政调拨资金。

2. 做好年终上下级财政往来资金账务核对和2011年总预算会计账务分设、记账工作，及时向财政厅国库处报备账务分设信息资料，保证上下年度顺利衔接。

3. 自2011年起，财政收支旬报、月报、财政总决算和部门决算由乌鲁木齐市财政局和昌吉州财政局分别编报。两地财政局于2010年11月30日前，将预算执行信息系统变更参数信息报备财政厅国库处，由财政厅将调整情况上报财政部国库司予以确认。在自治区财政厅信息网络中心协助下，于年底前完成预算执行信息系统2011年初始化设置工作，将乌鲁木齐市财政局和昌吉州财政局设置为并列的单位树形结构，2011年1月1日起正式启用。同时，相应做好预算执行信息系统老口径基础数据库与变更后新基础数据库2011年并行工作，保证2010年财政总决算汇编按老口径进行和顺利过渡。

4. 农业综合开发决算、农村综合改革资金年终决算等各类专项决算、统计报表信息资料，2011年起均由乌鲁木齐市财政局和昌吉州财政局分别报送。

5. 2011年起，自治区各类财政专项资金（基金）账户资金分别拨付乌鲁木齐市财政局和昌吉州财政局有关财政专户。乌鲁木齐市财政局和昌吉州财政局在2010年12月10日前，将新设财政专户信息一式两份报备自治区财政厅国库处和相关业务处室。

农村义务教育经费保障机制等专项转移支付资金，两地需要按现有制度规定分别设立有关特设账户。请于2010年12月10日前，将新账户信息一式两份报备自治区财政厅国库处和教科文处。

（四）关于两地非税收入收缴问题

2011年1月1日新版非税收入管理系统启动运行，根据《关于自治区非税收入收缴管理系统升级有关问题的通知》（新财非税［2010］9号）要求，新版非税系统中涉及单位行政区划、单位级次的变更，目前已完成两地单位树形结构的调整工作，需两地财政负责完成单位树形结构的确认工作；两地财政已编制的执收码由金财办协助完成执收码的年度结转工作，需两地财政负责完成执收码的审核上报工作。两地财政局分别将银行账户详细信息于2010年12月10日前报备非税收入管理处。

（五）关于调整恢复金财网络架构问题

财政厅信息网络中心安排专业技术人员尽快恢复昌吉州财政局金财网络；2010年12月，完成包括FOA、财政门户、平台及一体化业务系统实施工作，确保昌吉州财政局2011年度能正常利用信息系统办理政务、业务工作；配合财政厅办公室、非税收入收缴管理处、国库处等处室做好技术服务工作，确保相关业务的正常开展。

（六）关于恢复两地农业综合开发办公室和农村综合改革办公室问题

两地财政局及农发管理机构、农村综合改革办公室需分别就机构重新分设一事，上报自治区农业综合开发办公室和自治区农村综合改革办公室，自治区将据体制调整情况上报国家农发办和国务院综改办予以确认。涉及2011年的相关工作，分别向两地农发办、农综办安排，由两地分别执行，包括2011年项目计划等内容。

（七）关于公文运转问题

自2011年起，自治区财政厅恢复对两地财政局按行政区划管理，各类公文分别下发至两地财政局。

关于印发《2010年新疆维吾尔自治区地方政府债券发行和还本付息管理办法》的通知

（2010年4月22日　自治区财政厅　新财库［2010］13号）

伊犁哈萨克自治州财政局、乌昌财政局及各地（州、市）财政局：

为做好2010年新疆维吾尔自治区地方政府债券发行工作，按照《财政部关于印发〈财政部代理发行2010年地方政府债券发行兑付办法〉的通知》（财库［2010］33号）和自治区财政厅《关于印发〈新疆维吾尔自治区地方政府债券发行和还本付息管理办法〉的通知》（新财库［2009］15号）规定，研究制定了《2010年新疆维吾尔自治区地方政府债券发行和还本付息管理办法》，现印发给你们，请遵照执行。

附件：2010年新疆维吾尔自治区地方政府债券发行和还本付息管理办法

附件

2001 年新疆维吾尔自治区地方政府债券发行和还本付息管理办法

第一条 为规范 2010 年自治区地方政府债券的管理，根据《财政部关于印发〈财政部代理发行 2010 年地方政府债券发行兑付办法〉的通知》和自治区财政厅《关于印发〈新疆维吾尔自治区地方政府债券发行和还本付息管理办法〉的通知》有关办法，制定本办法。

第二条 本办法所称地方政府债券，是指以自治区人民政府为债务人，承担按期支付利息和归还本金责任的可流通记账式债券。债券期限为 3 年、5 年，利息按年计付，名称为“2010 年新疆维吾尔自治区政府债券”。

第三条 自治区地方政府债券转贷给各地（州、市）的部分，由各地（州、市）人民政府负责还本付息、统借统还。

债券转贷资金期限分为 3 年和 5 年，利息按年计付。还本付息期限从各地（州、市）收到转贷资金之日起计算，转贷资金利率，按 2010 年新疆维吾尔自治区地方政府债券的发行利率计算。

第四条 其余涉及 2010 年新疆维吾尔自治区地方政府债券发行和还本付息管理的有关规定仍按自治区财政厅《关于印发〈新疆维吾尔自治区地方政府债券发行和还本付息管理办法〉的通知》有关规定执行。

第五条 本办法由自治区财政厅负责解释。

第六条 自公布之日起执行。

自治区财政厅、国家税务局、地方税务局、中国人民银行乌鲁木齐中心支行关于印发《新疆维吾尔自治区财税库银税收收入电子缴库横向联网业务管理办法（暂行）》的通知

（2010 年 1 月 4 日　自治区财政厅　新财库［2010］51 号）

伊犁哈萨克自治州财政局、乌昌财政局及各地（州、市）财政局；伊犁哈萨克自治州国家税务

局、地方税务局，各地（州、市）国家税务局、地方税务局；人民银行各地（州、市）中心支行，各商业银行（信用社）：

为了规范和推进自治区税收收入电子缴库业务，建立财税库信息共享机制，根据《财政部、国家税务总局、中国人民银行关于印发〈财税库银税收收入电子缴库横向联网管理暂行办法〉的通知》（财库［2007］50号）、自治区人民政府《关于开展财税库银税收收入电子缴库横向联网工作的通知》（新政办发［2010］34号）、《自治区财政厅、自治区国税局、自治区地税局、中国人民银行乌鲁木齐中心支行关于印发〈新疆维吾尔自治区财税库银税收收入电子缴库横向联网实施方案〉的通知》（新财库［2010］31号）工作部署和要求，自治区财政厅、自治区国家税务局、自治区地方税务局、中国人民银行乌鲁木齐中心支行制定了《新疆维吾尔自治区财税库银税收收入电子缴库横向联网业务管理办法（暂行）》，现印发给你们，请遵照执行。

财税库银税收收入电子缴库横向联网工作涉及面广，情况复杂，实施的地区和部门，要加强领导，精心组织，周密部署，及时向自治区财政厅、国家税务局、地方税务局、中国人民银行乌鲁木齐中心支行反馈有关情况和问题，保证财税库银税收收入电子缴库横向联网工作的顺利实施。

附件：新疆维吾尔自治区财税库银税收收入电子缴库横向联网业务管理办法（暂行）

附件

新疆维吾尔自治区财税库银税收收入电子缴库横向联网业务管理办法（暂行）

第一章 总 则

第一条 为规范税收收入电子缴库横向联网（以下简称“横向联网”）行为，提高税收收入征缴入库效率，加快税款资金入库速度，实现信息共享，根据《自治区财政厅、自治区国税局、自治区地税局、中国人民银行乌鲁木齐中心支行关于印发〈新疆维吾尔自治区财税库银税收收入电子缴库横向联网实施方案〉的通知》（新财库［2010］31号），制定本管理办法。

第二条 本办法所称横向联网，是指利用信息技术和网络技术，通过人民银行的国库信息处理系统（以下简称“TIPS系统”），在财政、税务（含国家税务局和地方税务局，下同）、中国人民银行（以下简称“国库”）、商业银行（含信用社，下同）之间实现电子缴税、退库、更正、免（抵）税调库、电子对账等业务操作，并对电子缴库信息集中存储，共享管理的过程。

第三条 本办法所称电子缴库信息，是指联网单位通过横向联网系统收发的各种信息，包括税收收入缴库、退库、更正、免抵调、对账等业务处理过程的信息，以及为实现业务处理和信息共享所需的公共数据代码等其他信息。

第四条 各联网单位对发出的电子信息的真实性、准确性、完整性负责。

第五条 本管理办法适用于各级国库（含代理国库）、接入TIPS系统的财政部门、税务部门、商业银行等单位。

第二章　基本规定

第六条　电子缴库以横向联网系统为依托，横向联网系统应当具备以下条件：

（一）符合国家相关规定，运行安全、可靠、稳定。

（二）能够实现电子缴库信息在联网单位之间的收发处理。

（三）能够满足联网单位独立处理业务的要求。

（四）电子缴库信息的传输实行全过程加密及身份确认，能够保证信息的安全性、完整性、不可篡改性和不可否认性。

（五）电子缴库信息的校验工作由信息接收方负责。

第七条　横向联网系统加密设备，必须符合国家关于计算机系统和网络安全保密的有关规定。

第八条　联网单位应当满足以下条件：

（一）严格执行国家及本办法有关业务信息的安全和保密规定。

（二）按照本办法有关规定收发电子缴库信息，并进行相关业务处理。

（三）对电子缴库信息及时备份和存档，并可按规定调取和查用业务信息。

（四）及时进行电子对账，并保存详细的对账结果。

（五）按照规定提供电子缴库信息，实现信息共享。

第九条　各联网单位由最高管辖机构通过人民银行总行或乌鲁木齐中心支行网络一点接入TIPS系统。各联网单位接入TIPS系统，必须遵循统一的业务标准和编码规则。

第十条　实时或批量扣税业务开通前，相关税务机关、纳税人、付款人开户银行须签订具有法律效力的授权委托划缴税款协议书，明确各方税款扣缴的权利和义务。

第十一条　各联网单位间应当建立联系协调和应急处理机制，制定有关制度办法和操作规程，及时解决工作中出现的问题，保证税收收入电子缴库业务正常运行。

第三章　联网单位基本职责

第十二条　财政的基本职责：

（一）加强对税收收入电子缴库业务的监督和管理，确保税款征缴入库的安全性、规范性和有效性。

（二）保障设备、网络、软件的正常运行。

（三）及时接收当期国库报表文件及当期全部电子税票信息。

（四）依据国库部门发送的预算收入日报表，做好账务核对和相关业务处理工作。

第十三条　税务机关的基本职责：

（一）保障设备、网络、软件的正常运行。

（二）负责组织委托缴税协议书的签订和相关验证工作。

（三）负责税务端扣税信息的生成与发起工作。

（四）对发起的电子缴款书、电子退库书、电子更正通知书、电子免抵调通知书等发起信息的真实性、完整性和有效性负责。

（五）按照纳税人的需要及有关规定，依据税收收入征收管理系统中已入库电子缴款书信息，开具完税凭证。

（六）及时核对国库部门发送的对账信息，经核对有误的，应查明原因，并按照有关规定及时办理更正或退库。

第十四条　国库的基本职责。

TIPS系统按联网业务管理权限将各级国库分为管理国库和普通国库，并将负责与商业银行进行资金清算的管理国库作为清算国库。

管理国库是指TIPS系统中负责维护业务运行参数，并对业务进行管理的中心支库及以上国库。

普通国库是指TIPS系统中具有业务处理功能但无管理权限的国库。

（一）管理国库负责组织、协调所在地各联网单位接入TIPS系统，并进行相关的系统参数维护。

（二）清算国库负责为所辖国库与商业银行清算资金，并及时划转收款国库。

（三）各级国库要认真履行国库职责，保证通过电子缴库方式收纳的税款及时、足额入库。

（四）各级国库每日业务终了后要及时上传入库流水和库报表文件，做好与财政部门、税务部门的对账工作。

第十五条 商业银行的基本职责。

（一）配备专职人员进行业务操作，保障设备、网络、软件的正常运行。

（二）对收到的交易信息及时进行处理，对实时业务和银行端缴税业务要实时反馈信息，对批量业务要按时反馈信息。

（三）对扣款成功的交易及时进行账务处理并打印电子缴税付款凭证，对个人存款账户缴税应在其存折交易摘要栏打印税种名称。

（四）及时接收、转发电子缴税信息，保证应缴税款及时、足额划缴国库，对其开具的电子缴税付款凭证的真实性、完整性和有效性负责。

第四章 接入、开通、撤销和变更

第十六条 各联网单位在横向联网系统开始运行前，应相互提供基础信息（含公共代码数据等）以便于管理相互发送的业务处理信息和共享信息。

第十七条 财政部门申请接入TIPS系统的程序。

（一）地（州、市）财政部门向自治区财政部门提出书面申请，并附“财政部门联网登记表”（附1）。

（二）自治区财政部门对“财政部门联网登记表”进行审核，向人行国库部门报备，并依据中央横联推广计划安排，与人行共同协商确定地（州、市）财政部门联调测试和上线运行时间，统一组织实施。

（三）地（州、市）财政部门向同级人民银行国库部门提出接入TIPS系统的书面申请，同级人民银行国库部门负责将地（州、市）财政部门代码、所属上级财政部门代码、所属节点、同级国库代码相关信息维护到TIPS系统中。

（四）地（州、市）财政部门做好设备配置、网络联接等准备工作。

第十八条 征收机关和商业银行申请接入TIPS系统的程序。

（一）向同级人民银行国库部门提出书面申请，附“征收机关联网登记表”（附2）或“银行（信用社）联网申请表”（附3）。

（二）国库收到征收机关的书面材料、登记表或者商业银行的书面申请、申请表后，对登记表、申请表作补充填制。审核无误后逐级报分库，经分库审核批准后报TIPS中心。

第十九条 国库申请接入TIPS系统的程序。

（一）向上级国库提出书面申请，填写“国库联网申请表”（附4），逐级报分库，由分库审核后报TIPS中心。

（二）分库收到TIPS中心的批复后，予以转发。其中，将普通国库提交的申请转发其管理国库。

第二十条 分库业务的开通程序。

（一）分库依据TIPS中心批复，通过TIPS系统再次提交申请。根据需要维护国库与征收机关、清算国库与清算银行对应关系。

（二）TIPS中心收到申请信息，审核批准开通。

第二十一条 中心支库业务的开通程序。

（一）中心支库依据TIPS中心批复，通过TIPS系统再次提交申请。根据需要维护国库与征收机关、清算国库与清算银行对应关系。

（二）TIPS中心收到申请信息，审核批准开通。

第二十二条 支库、乡镇金库的机构接入和业务开通。

支库、乡镇金库的机构接入和业务开通由其

管辖国库办理。

第二十三条 征收机关业务的开通程序。

管理国库收到征收机关申请接入的批复后，在TIPS系统中维护国库与收支管理机关对应关系。

第二十四条 商业银行业务的开通程序。

管理国库收到商业银行申请接入的批复后，在TIPS系统中维护清算国库与清算银行对应关系。

第二十五条 机构撤销。

征收机关、商业银行撤销机构应书面通知同级国库，填制“撤销（变更）登记表”（附5），由国库逐级报TIPS中心。管理国库维护相关信息，TIPS中心审核无误后注销该单位。国库撤销机构应填写“国库联网撤销申请表”（附6），逐级报送至TIPS中心。TIPS中心审核无误后注销该单位。

第二十六条 机构变更。

征收机关、商业银行需变更征管范围、机构代码、国库与征收机关对应关系、清算方式、支付行号、国库与清算银行对应关系等数据信息时，需书面通知同级国库，填制“撤销（变更）登记表”（附5），由国库逐级报TIPS中心。TIPS中心审核无误后更新数据。

第二十七条 业务种类变更。

征收机关、商业银行变更业务种类时，需在新业务发生前书面通知同级国库，填制“撤销（变更）登记表”（附5），由国库逐级报TIPS中心，TIPS中心审核无误后更新数据。

第五章 电子凭证

第二十八条 税收收入电子缴库业务的电子凭证包括电子缴款书、电子缴税付款凭证、电子退库书、电子更正通知书和电子免抵调通知书。

第二十九条 电子缴款书是纸质缴款书的电子形式，由税务机关生成。税收收入电子缴库，实行划缴入库和自缴入库两种方式。划缴入库方式采用电子缴款书取代纸质缴款书办理税款缴库相关业务。自缴入库方式以纸质缴款书为依据，以电子缴款书为辅进行比对核销办理税款缴库相关业务。

电子缴款书基本要素包括：征收机关名称及代码、缴款书编号、生成日期；纳税人名称、纳税人识别号、缴款人账户名称、开户银行、账号；收款国库、预算级次、分成比例、预算科目；税种、税目、金额、所属时期、限缴日期等。电子缴款书必须含有以上基本要素信息，可结合管理需要，逐步增加其他相关要素信息。

第三十条 电子缴税付款凭证是由纳税人开户银行根据接收的电子缴款书相关要素信息生成，从纳税人账户划缴税款资金的专用凭证。

电子缴税付款凭证基本要素包括：凭证字号、转账日期、缴款书交易流水号、税票号码；纳税人全称及纳税人识别号、付款人全称、付款人账号、付款人开户银行；征收机关名称、收款国库（银行）名称、税（费）种名称、所属时期、实缴金额、小写（合计）金额、大写（合计）金额；第几次打印、打印时间、复核、记账等。

电子缴税付款凭证一式二联，第一联作付款银行记账凭证，第二联交纳税人作付款回单，纳税人以此作为缴纳税款的会计核算凭证。电子缴税付款凭证必须加盖银行转（收）讫章方为有效。电子缴税付款凭证样式参见附7。

第三十一条 电子退库书是纸质收入退还书的电子形式。经财政部门授权税务机关办理的税收收入退库，由税务机关负责生成电子退库书。税收收入退库业务中，以纸质收入退还书为依据，电子退库书为辅进行比对核销。

电子退库书基本要素包括：电子退库书编号、收款人名称、收款人开户银行、账号、纳税人识别号；退库金额、预算级次、预算科目、退款国库、生成日期；审批机关、批准文号、原缴款书编号、退库原因等。

第三十二条 电子更正通知书是纸质更正通知书的电子形式。按规定需由税务机关填制更正通知书的，由税务机关负责生成电子更正通知书。税收收入国库更正业务中，以纸质更正通知书为依据，以电子更正通知书为辅进行比对核销。

电子更正通知书基本要素包括：电子更正通知书编号、生成日期、征收机关；原缴款书编号、原预算级次、原预算科目、原收款国库、原列金额；现预算级次、现预算科目、现收款国库、现交易金额；更正原因、备注等。

第三十三条 电子免抵调通知书是纸质免抵调通知书的电子形式。经财政部门援权税务机关办理的税收收入免抵调业务，由税务机关负责生成电子免抵调通知书。税收收入免抵调业务中，以纸质免抵调通知书为依据，电子免抵调通知书为辅进行比对核销。

电子免抵调通知书基本要素包括：电子免抵调通知书编号、生成日期、征收机关；免抵调增预算级次、免抵调增预算科目；免抵调减预算级次、免抵调减预算科目；调库国库、免抵税款调库金额等。

第六章 联机交易业务的处理

第三十四条 税收收入电子缴库，主要采取划缴入库方式。农村集贸市场、个体工商业户和城镇居民等缴纳小额现金税款以及纳税人持纸质缴款书自行到商业银行缴税的情况，可采取自缴入库方式。

财政部门、税务机关、国库应当积极采取措施，引导纳税人采取划缴入库方式。

第三十五条 实时扣税业务。

实时扣税业务是指签订委托缴税协议书后，由税务机关发起逐笔扣税信息，TIPS 系统实时转发付款银行，付款银行收到后予以扣款，并将扣款结果回执通过 TIPS 系统实时返回税务机关的整个业务处理过程。

实时扣税业务的基本流程：

（一）税务机关根据纳税人的纳税申报，向 TIPS 系统发送实时扣税报文。

（二）TIPS 系统收到后对其进行校验，并将校验结果返回给税务机关。校验无误的，转发付款银行。

（三）付款银行接收到实时扣税信息，校验无误后从纳税人账户扣款，转入“待结算财政款项”账户，将扣款结果回执返回 TIPS 系统，TIPS 系统实时转发税务机关。扣款不成功的，应注明原因。

第三十六条 实时冲正业务。

实时冲正业务是指税务机关发出实时扣税信息后，在规定的时间内未收到该笔业务的交易回执，向 TIPS 系统发送对该笔业务的冲正，取消该业务的过程。对于冲正不成功的业务，税务机关可以重复发送冲正，但重复次数不能超过三次。

实时冲正业务的基本流程：

（一）向 TIPS 系统发送对该笔业务的实时冲正报文。

（二）TIPS 系统收到后对其进行校验，并将校验结果返回给税务机关。校验无误的，分别处理。原交易不存在的，直接将冲正成功回执返回税务机关。已转发但尚未收到付款银行扣税回执的，予以冲正。同时，将实时冲正、冲正成功回执分别转发付款银行、税务机关。已收到付款银行扣款失败回执的，予以冲正。同时，将冲正成功回执返回税务机关。已收到付款银行扣款成功回执的，不予冲正。同时，将冲正失败回执返回税务机关。

第三十七条 批量扣税业务。

批量扣税业务是指签订委托缴税协议后，税务机关将批量扣税报文通过 TIPS 系统转发付款银行，付款银行收到后予以扣款，并将扣款结果回执通过 TIPS 系统返回税务机关的整个业务处理过程。

批量扣税业务的基本流程：

（一）税务机关向 TIPS 系统发送批量扣税报文。

（二）TIPS 系统收到后对其进行校验，并将校验结果返回给税务机关。校验无误的，定时转发付款银行。

（三）付款银行收到批量扣税报文，校验无误后从纳税人账户扣款，转入“待结算财政款项”账户。同时，将扣款结果回执返回TIPS系统，TIPS系统定时转发税务机关。扣款不成功的，应注明原因。

第三十八条 止付业务。

止付业务是指税务机关对已发出的批量扣税信息，在TIPS系统返回批量扣税回执前，通过发送止付报文对原批量扣税信息进行整包止付或单笔止付的过程。

止付业务的基本流程：

（一）税务机关向TIPS系统发送止付报文。

（二）TIPS系统收到报文后对其进行校验，并将校验结果返回给税务机关。校验无误的按整包止付或单笔止付处理。

1. 对整包止付的处理：原交易批量包不存在或已被拒绝的，不予止付，返回税务机关止付失败回执。回执附言须注明失败原因。已接收但尚未转发付款银行的，予以止付，返回税务机关止付成功回执。已转发但付款银行拒绝接收的，予以止付，返回税务机关止付成功回执。已止付成功的，予以止付，返回税务机关止付成功回执。已收到付款银行返回批量扣税回执的，不予止付，返回税务机关止付失败回执。回执附言须注明失败原因。

2. 对单笔止付的处理：原单笔交易不存在的不予止付，返回税务机关止付失败回执。回执附言须注明失败原因。已接收但尚未转发付款银行的，予以止付，返回税务机关止付成功回执。已转发但付款银行拒绝接收的，予以止付，返回税务机关止付成功回执。已止付成功的，予以止付，返回税务机关止付成功回执。已扣款成功的，不予止付，返回税务机关止付失败回执。回执附言须注明失败原因。

（三）付款银行收到止付请求，尚未扣款或扣款失败的，予以止付。已扣款的，不予止付。同时，将止付应答报文发送TIPS系统，TIPS系统转发税务机关。

第七章 信息核对和资金对账

第三十九条 信息核对是指TIPS系统分别与商业银行、税务机关进行信息核对的过程。资金对账是指TIPS系统分别与商业银行进行资金核对的过程。商业银行根据核对结果划缴税款。

第四十条 与商业银行信息核对。

TIPS系统与商业银行信息核对只针对银行端缴税业务，系统在日间定时将银行端缴税信息核对报文发送商业银行，商业银行收到核对报文后，对核对不符且商业银行有明确状态（扣款成功或失败）的交易信息及时补发回执。

第四十一条 与商业银行资金对账。

与商业银行资金对账分为日间对账和日切对账。

（一）日间对账。日间对账是指清算国库在系统日间状态下与清算银行的对账。日间对账不得少于一次，具体时间由各清算国库根据业务需要自行决定。商业银行依据对账结果，通过支付系统向清算国库划缴资金，附言内容应包括：对账日期（8位）、对账批次（4位）、笔数、金额。

（二）日切对账。日切对账是在日切窗口关闭后，TIPS系统自动进行的所有清算国库与清算银行之间的对账。对当日状态不明的实时扣税业务、超期的批量扣税业务做作废处理。

商业银行收到日切对账报文后，依据对账结果，向清算国库划缴资金，并在附言中注明对账日期和对账批次。

第四十二条 TIPS系统与商业银行日间对账成功后的款项须在对账完成后一个小时内划缴国库，日切对账成功后的款项须在下一工作日上班后一小时内划缴国库。对于未按规定时间划缴国库造成税款延压的，按照《商业银行、信用社代理国库业务管理办法》（中国人民银行令［2001］第1号）、《违反银行结算制度处罚规定》（银发［1994］254号）等法律法规进行处理。

第四十三条 与税务机关信息核对。

在日切窗口关闭后，TIPS系统自动进行与税务机关的明细信息核对。核对内容包括税票明细等。

第四十四条 财政信息的下发。

在日切窗口关闭后，TIPS系统于次日9：00将上个工作日预算收入日报表、入库流水、电子税票信息发送给财政部门；于当日24：C0将当日电子免抵调通知书、电子更正通知书、电子退库书发送给财政部门。

第八章 入库信息的传递与共享

第四十五条 国库依据相关资金凭证进行勾对。勾对成功后下载税票明细信息，导入国库会计核算系统（以下简称“TBS系统”）。

第四十六条 TBS系统日终后，将已入库的税票、预算收入报表和库存日报等信息导出，上传TIPS系统。经授权，财政、税务机关可通过TIPS系统查询指定日期的入库明细信息和报表。

第九章 业务异常处理

第四十七条 实时扣税业务的异常处理。

税务机关发出实时扣税请求后，如果规定时间内未收到回执，应人工或由系统自动发送冲正请求；如果在规定时间内也未收到冲正请求的回执，应对原交易重发冲正请求，最多重复三次；如果系统一直无回应，则停止处理该笔交易，视同交易不成功。为防止重复扣税，对同一张电子缴款书不得重复发送扣款信息。对于扣款失败的交易，如果是由于账户余额不足等原因造成的扣款失败，待纳税人账户余额充足后，可重新发起扣税；当由网络超时等原因造成扣款情况不明时，应向TIPS系统发送交易状态查询请求，对税票处理状态进行确认之后，确实扣款失敗的才可以重复发送扣款信息。

对于系统无法实现的交易，其手工方式处理如下：

（一）确因系统故障，造成长时间通讯中断的，税务机关前台操作人员先可接受纳税人的申报，待系统恢复正常时由前台操作人员再清缴税款入库。此种情况下产生的超期税款对纳税人不加计滞纳金。

（二）税务机关前台操作人员也可打印税收通用缴款书，交由纳税人自行到其开户银行缴款。其开户银行受理该笔业务时应先发起查询该笔交易的税票状态，如已成功则应告知纳税人该笔税款已交纳，不予受理；如不成功则受理该笔业务。

第四十八条 批量扣税业务的异常处理。

税务机关在规定时间内，未收到TIPS系统返回的批量扣税收妥应答时，应重新发起原交易。为避免TIPS系统重复接收，必须使用原交易的同一个交易流水号。

税务机关在收到TIPS系统返回的明细校验错误通知时，经修改明细信息后，使用不同交易流水号发送。税务机关在收到TIPS系统返回的转发失败、作废通知时，可参照“实时扣款交易的异常处理”中的手工处理方式处理。

第四十九条 与征收机关信息核对的异常处理对于税票明细对账，如果TIPS系统已扣款入库，税务机关未收到扣款回执，即税务机关信息少，TIPS系统信息多，则税务机关对原交易作补充销号；如果由于网络故障等原因，TIPS系统未成功扣款，而税务机关显示交易成功，即税务机关信息多，TIPS系统信息少，则税务机关对原交易做反销号，重新发起扣款请求，此种情况下产生的超期税款对纳税人不加计滞纳金。

税票状态不明确时，税务机关可向TIPS系统发送交易状态查询请求报文，对税票处理状态进行确认。

第十章 系统故障处理

第五十条 发生故障时，国库部门、财政部门、税务机关、商业银行应当相互配合排除故障。故障排除后，应做好故障现象、处理结果的记录，并提交故障处理报告；故障现象和处理结果，任何人未经批准不得擅自披露。

第五十一条 因设备、通讯线路故障，不能正常传输信息时，相关单位须及时报告国库部门，并尽快排除故障。确认故障无法立即排除的，经同级国库部门同意后，转手工处理或以其他方式传递信息。

第五十二条 因不可抗力造成系统无法正常运行的，相关单位须及时报告国库部门，经同意后采取补救措施。

第五十三条 联网单位系统改造升级时，须提前通知国库部门和相关单位。

第十一章 管理与监督

第五十四条 各联网单位在横向联网工作中，应当各司其职，各负其责，加强管理，防范风险，确保横向联网系统的正常运行。

第五十五条 各联网单位在税收收入电子缴库业务中违反本办法规定的，由上一级主管部门或有关行政主管机关要求其限期纠正；单位或个人违反《财政违法行为处罚处分条例》（国务院令第427号）、《金融违法行为处罚办法》（国务院令第260号）等法律法规的，依照相关规定进行处理。

第五十六条 因泄密、篡改、数据丢失、凭证要素错误、凭证遗失等原因造成的损失，由相关单位或个人承担；有关责任人构成犯罪的，依法移交司法机关处理。

第十二章 附 则

第五十七条 财政部门、税务机关、国库应本着方便纳税人、提高税收征缴效率的原则，充分利用社会已有资源和信息化成果，积极完善横向联网电子缴库方式。

第五十八条 随着横向联网工作的深化，财政部门、税务机关、国库应当积极创造条件，尽快实现相互之间的直接联网，完善税收收入电子缴库和信息共享方式，扩大信息共享内容。

第五十九条 税务机关通过横向联网系统征收或代征的教育费附加、文化事业建设费、税务登记证工本费、发票工本费、社会保险基金及矿区使用费等收入，适用本办法。

第六十条 各地（州、市）财政部门、税务机关、国库可依据本办法，结合当地实际情况，制定具体的操作规程。

第六十一条 本管理办法由自治区财政厅、自治区国家税务局、自治区地方税务局、中国人民银行乌鲁木齐中心支行负责解释和修订。

附1：财政部门联网登记表

2：征收机关联网登记表

3：银行（信用社）联网申请表

4：国库联网申请表

5：撤销（变更）登记表

6：国库联网撤销申请表

7：银行（信用社）电子缴税付款凭证

附 1

财政部门联网登记表

<table>
<tr><td colspan="4">国库部门填写</td></tr>
<tr><td>财政部门名称</td><td colspan="3"></td></tr>
<tr><td>财政部门代码（10 位）</td><td colspan="3"></td></tr>
<tr><td>地址（邮编）</td><td colspan="3"></td></tr>
<tr><td>联系人</td><td></td><td>电话</td><td></td></tr>
<tr><td>财政内网邮箱地址</td><td></td><td>手机</td><td></td></tr>
<tr><td>接入方式</td><td colspan="3">□上级一点接入</td></tr>
<tr><td>业务种类</td><td colspan="3">□收入日报　□入库流水　□电子税票</td></tr>
<tr><td>公章：

日 期：　　年　月　日</td><td colspan="3">负责人：

填表人：</td></tr>
<tr><td colspan="4">信息网络中心填写</td></tr>
<tr><td>MAC 代码（12 位）</td><td colspan="3"></td></tr>
<tr><td>IP 地址</td><td colspan="3"></td></tr>
<tr><td>服务器 CPU 配置</td><td></td><td>服务器硬盘（G）</td><td></td></tr>
<tr><td>公章：

日期：　　年　月　日</td><td colspan="3">负责人：

填表人：</td></tr>
</table>

填表要求：1. 本表一式两份，分别报送财政厅国库处、信息网络中心。

2. 需计算机填制，A4 纸打印。

附 2

征收机关联网登记表

<table>
<tr><td colspan="4">征收机关填写</td></tr>
<tr><td>征收机关名称</td><td colspan="3"></td></tr>
<tr><td>征收机关代码（11 位）</td><td colspan="3"></td></tr>
<tr><td>地址（邮编）</td><td colspan="3"></td></tr>
<tr><td>联系人</td><td></td><td>电话</td><td></td></tr>
<tr><td>E－mail</td><td></td><td>手机</td><td></td></tr>
<tr><td>上级征收机关名称</td><td colspan="3"></td></tr>
<tr><td>上级征收机关代码</td><td colspan="3"></td></tr>
<tr><td>接入方式</td><td colspan="3">□上级一点接入 □本级直联</td></tr>
<tr><td>业务种类</td><td colspan="3">□实时划缴税款 □批量划缴税款 □银行端缴税
□自缴核销 □退库 □更正 □免（抵）税调库 □其他</td></tr>
<tr><td>登记日期</td><td colspan="3">年 月 日</td></tr>
<tr><td>开通日期</td><td colspan="3">年 月 日</td></tr>
<tr><td>填表人：</td><td colspan="3">单位盖章：
日期： 年 月 日</td></tr>
<tr><td colspan="4">国库填写</td></tr>
<tr><td>征收机关操作员名称</td><td colspan="3"></td></tr>
<tr><td>征收机关操作员代码</td><td colspan="3"></td></tr>
<tr><td>本级国库名称</td><td colspan="3"></td></tr>
<tr><td>上级国库名称</td><td colspan="3"></td></tr>
<tr><td>填表人：</td><td colspan="3">单位盖章：
日期： 年 月 日</td></tr>
<tr><td colspan="4">运行中心填写</td></tr>
<tr><td>节点代码（12 位）</td><td colspan="3"></td></tr>
<tr><td>机构添加日期</td><td>年 月 日</td><td colspan="2">系统操作员签名：</td></tr>
<tr><td>机构开通日期</td><td>年 月 日</td><td colspan="2">业务主管签名：</td></tr>
</table>

填表要求：需计算机填制，A4 纸打印。

附 3

银行（信用社）联网申请表

银行（信用社）填写			
银行（信用社）名称			
银行（信用社）代码（12 位）			
地址（邮编）			
联系人姓名		电话	
E - mail		手机	
申请日期	年 月 日		
开通日期	年 月 日		
清算银行名称			
清算银行行号			
接入方式	□上级一点接入 □本级直联		
一点接入行名			
一点接入行号			
业务种类	□实时划缴税款 □批量划缴税款 □银行端缴税		
填表人：	单位盖章： 日期： 年 月 日		
国库填写			
本级国库			
管理国库			
填表人：	单位盖章： 日期： 年 月 日		
运行中心填写			
节点代码			
添加日期	年 月 日	系统维护员签名：	
开通日期	年 月 日	业务主管签名：	

填表要求：需计算机填制，A4 纸打印。

附 4

国库联网申请表

<table>
<tr><td colspan="4">国库信息</td></tr>
<tr><td rowspan="3">国库</td><td colspan="3">名称：</td></tr>
<tr><td colspan="3">是否为管理国库：□是 □否</td></tr>
<tr><td colspan="3">是否为代理国库：□是 □否</td></tr>
<tr><td>国库代码（10 位）</td><td colspan="3"></td></tr>
<tr><td>地址（邮编）</td><td colspan="3"></td></tr>
<tr><td>联系人</td><td></td><td>电话</td><td></td></tr>
<tr><td>E－mail</td><td></td><td>手机</td><td></td></tr>
<tr><td>申请日期</td><td colspan="3">年 月 日</td></tr>
<tr><td>开通日期</td><td colspan="3">年 月 日</td></tr>
<tr><td>管理国库名称</td><td></td><td>管理国库代码</td><td></td></tr>
<tr><td rowspan="2">清算国库名称</td><td rowspan="2"></td><td>清算国库代码</td><td></td></tr>
<tr><td>支付系统行号</td><td></td></tr>
<tr><td colspan="4">代理国库填写</td></tr>
<tr><td colspan="4">所属清算银行：</td></tr>
<tr><td>接入方式</td><td colspan="3">□上级一点接入 □本级直联</td></tr>
<tr><td>一点接入行名：</td><td colspan="3"></td></tr>
<tr><td>一点接入行号：</td><td colspan="3"></td></tr>
<tr><td colspan="4">创建用户</td></tr>
<tr><td>申请的用户名称</td><td></td><td>用户级别</td><td></td></tr>
<tr><td>申请的用户名称</td><td></td><td>用户级别</td><td></td></tr>
<tr><td>申请的用户名称</td><td></td><td>用户级别</td><td></td></tr>
<tr><td>申请的用户名称</td><td></td><td>用户级别</td><td></td></tr>
<tr><td>填表人：</td><td colspan="3">单位盖章：
日期： 年 月 日</td></tr>
</table>

填表要求：需计算机填制，A4 纸打印。

附 5

撤销（变更）登记表

撤销（变更）机构填写			
机构名称			
机构代码			
地址（邮编）			
联系人		电话	
E - mail		手机	
上级机构名称			
上级机构代码			
业务撤销			
撤销业务种类	□实时划缴税款 □批量划缴税款 □银行端缴税 □退库 □更正 □免（抵）税调库		
撤销登记日期	年 月 日		
撤销生效日期	年 月 日		
机构撤销联网			
机构撤销联网登记日期	年 月 日		
机构撤销联网生效日期	年 月 日		
业务变更			
业务种类	□实时划缴税款 □批量划缴税款 □银行端缴税 □退库 □更正 □免（抵）税调库		
登记开通日期	年 月 日		
生效开通日期	年 月 日		
机构变更			
机构联网登记日期	年 月 日		
机构联网生效日期	年 月 日		
填表人：	单位盖章： 日 期： 年 月 日		
国库填写			
本级国库名称			
上级国库名称			

填表要求：需计算机填制，A4 纸打印。

附 6

国库联网撤销申请表

<table>
<tr><td colspan="4">联网撤销国库信息</td></tr>
<tr><td>国库名称</td><td colspan="3"></td></tr>
<tr><td>国库代码（10 位）</td><td colspan="3"></td></tr>
<tr><td>地址（邮编）</td><td colspan="3"></td></tr>
<tr><td>联系人</td><td></td><td>电话</td><td></td></tr>
<tr><td>E - mail</td><td></td><td>手机</td><td></td></tr>
<tr><td>联网撤销申请日期</td><td colspan="3">年　月　日</td></tr>
<tr><td>联网撤销生效日期</td><td colspan="3">年　月　日</td></tr>
<tr><td>管理国库名称</td><td></td><td>管理国库代码</td><td></td></tr>
<tr><td>清算国库名称</td><td></td><td>清算国库代码</td><td></td></tr>
<tr><td>填表人：</td><td colspan="3">单位盖章：
日 期：　年　月　日</td></tr>
</table>

填表要求：需计算机填制，A4 纸打印。

附 7

××××银行（信用社）电子缴税付款凭证（样式）

转账日期：2006 年 06 月 30 日

凭证字号：0123456789

纳税人全称及纳税人识别号：012345678901234

付款人全称：

付款人账号：0123456789012345

征收机关名称：北京市西城区国家税务局

付款人开户银行：工商银行北京市西城区支行

收款国库（银行）名称：国家金库西城区支库

小写（合计）金额：￥123.45

缴款书交易流水号：0123456789

大写（合计）金额：人民币壹佰贰拾叁元肆角伍分

税票号码：0123456789

税（费）种名称	所属时期	实缴金额
增值税	20060530－20060630	￥1.00
营业税	20060530－20060630	￥1.00
增值税	20060530－20060630	￥1.00
营业税	20060530－20060630	￥1.00
增值税	20060530－20060630	￥1.00
营业税	20060530－20060630	￥1.00
增值税	20060530－20060630	￥1.00
营业税	20060530－20060630	￥1.00
增值税	20060530－20060630	￥1.00
营业税	20060530－20060630	￥1.00
增值税	20060530－20060630	￥1.00
营业税	20060530－20060630	￥1.00
增值税	20060530－20060630	￥1.00
营业税	20060530－20060630	￥1.00
营业税	20060530－20060630	￥1.00

第　　次打印

打印时间：

（14.85 厘米×21 厘米）

复核　　　　记账

第一联　作付款银行记账凭证

第二联　作付款回单（无银行收讫章无效）

关于印发《新疆维吾尔自治区以奖代补政法专项转移支付资金管理办法（试行）》的通知

（2010 年 9 月 16 日　自治区财政厅、高级人民法院、人民检察院、公安厅、司法厅　新财行［2010］408 号）

自治区高级人民法院伊犁哈萨克自治州分院，伊犁哈萨克自治州人民检察院，伊犁哈萨克自治州财政局、公安局、司法局，乌昌财政局，各地（州、市）中级人民法院、人民检察院、财政局、公安局、司法局：

为落实各地保障政法机关经费的责任，加强中央和自治区政法专项转移支付资金的使用和管理，提高专项资金使用效益，全面推进政法经费保障体制改革工作，自治区财政厅、自治区高级人民法院、自治区人民检察院、自治区公安厅、自治区司法厅联合研究决定，从每年中央和自治区政法专项转移支付资金中提取一部分资金，按照“以奖代补”的方式分配，现将《新疆维吾尔自治区“以奖代补”政法专项转移支付资金管理办法（试行）》印发给你们，特此通知。

附件：新疆维吾尔自治区“以奖代补”政法专项转移支付资金管理办法（试行）

附件

新疆维吾尔自治区“以奖代补”政法专项转移支付资金管理办法（试行）

（讨论稿）

第一章　总　　则

第一条　根据中共中央办公厅、国务院办公厅《关于加强政法经费保障工作的意见》（厅字［2009］32 号）精神，按照《新疆维吾尔自治区政法经费分类保障暂行办法》（新财行［2009］425 号），为保证各地落实政法经费保障责任，加强政法专项资金管理，促进政法经费保障体制改革工作全面开展，建立公平、公正、规范、透明的激励约束机制，进一步做好政法经费保障工作，结合自治区实际，特制定本办法。

第二条 “以奖代补”的原则。

（一）激励与约束相结合。“以奖代补”资金由安排各地（州、市）、县（市）各部门的中央和自治区政法专项转移支付资金中提取，各级地方政府落实《新疆基层公检法司公用经费保障标准》中日常运行公用经费保障标准到位越高、政法部门工作实际越突出、专款管理水平越高，获得“以奖代补”专款越多，相反将不予以安排“以奖代补”中央和自治区政法专项转移支付资金。

（二）规范、公开、公平。专款的分配采用规范的“因素计算法”，选择体现激励机制的因素，根据各因素对激励作用的影响，确定各因素的权重和差异系数，通过公式计算分配各地所得“以奖代补”专款数额。

（三）简便易行、规范操作。“以奖代补”资金分部门考核，其分配因素少而精、注重实用，分配因素数据来源于《政法机关经费保障情况统计报表》，考核办法力求规范、便于操作。

第二章 “以奖代补”的内容

第三条 “以奖代补”专款分配因素。

（一）“以奖代补”专款的分配因素有“经费保障责任到位因素”、“经费投入增长因素”、“政法部门工作实际”、“专款管理水平”、“政策性因素”五项因素。其中：

1.“经费保障责任到位因素”，权重45%，主要考核一个地区在落实《新疆基层公检法司公用经费保障标准》工作中，应由当地政府承担的日常运行公用经费保障标准落实到位情况。一个地区对一个政法部门公用经费的投入，完成日常运行公用经费保障标准的比率高于全区平均水平的予以奖励，比例越高，获得的奖励越多。以公安部门为例，其差异系数计算公式如下：

$$\text{公安机关经费保障责任到位因素差异系数}=\frac{\text{某一高于全区公安机关日常运行公用经费保障标准地区，其日常运行公用经费保障标准完成比例}-\text{全区公安日常运行公用经费保障标准完成平均水平}}{\Sigma\text{（高于全区日常运行公用经费保障标准的各地公安完成比例}-\text{全区日常运行公用经费保障标准完成平均水平）}}$$

2.“经费投入增长”因素，权重20%，主要是以人均支出增长情况为基础，考核一个地区对政法机关经费投入增长程度，高于全区平均水平的予以奖励，增幅越大，获得的专款越多。以公安部门为例，其差异系数计算公式如下：

$$\text{公安部门经费投入增长因素差异系数}=\frac{\text{某一高于全区公安支出人均增长的地区，其增长水平}-\text{全区公安支出人均增长水平}}{\Sigma\text{（高于全区公安人均支出的各地公安机关人均增长}-\text{全区公安支出人均增长水平）}}$$

3.“政法部门工作实际”因素，权重20%，该因素通过一个地区政法部门实际工作业绩与全区政法部门的平均工作业绩相比较，反映政法部门的工作成效。比全区平均水平高的地区予以奖励，比例越高，获得的奖励越多。该项因素下设2个小项因素：

（1）“政法部门人均破（结）案率”因素（不同部门采用不同指标，分别为：“公安人均破案率”、“检察院人均结案率”、“法院人均结案率”、“司法人均调解成功率”），权重为10%，是指按政法部门实有人员计算每人完成的案件数量。人均案件数量越多，获得的专款也越多。以公安部门为例，其差异系数计算公式如下：

$$\text{公安人均破（结）案件数因素差异系数}=\frac{\text{某一高于全区公安人均破案数的地区，其破案数}-\text{全区公安人均破案数}}{\sum（\text{高于全区公安人均破案数的各地公安机关破案数}-\text{全区公安人均破案数}）}$$

（2）“社会治安综合治理工作情况”因素，权重10%，是指对根据社会治安治理工作考评比标准考核确定的一个地区社会治安综合治理成绩，以反映该地区社会治安的总体情况及公检法司部门工作的努力程度和效果。社会治安综合治理工作考核成绩越好，得到的专款越多。其差异系数计算公式如下：

$$\text{社会治安综合治理工作情况因素差异系数}=\frac{\text{某地（州、市）、县（市）社会治安综合治理工作考核成绩}}{\text{全区社会治安综合治理工作情况平均成绩}}$$

4. “专款管理水平”因素，权重10%，为保证各地财政部门及时拨付政法专项转移支付资金设立此项因素。自治区已出台有关办法，要求各地（州）级财政部门在收到上级下达政法专项资金10日内下达到县，各县级财政部门要在5日内下达到政法机关。完成此项工作的地区平均分配“专款管理水平”因素专款。以公安部门为例，其差异系数计算公式如下：

$$\text{专款管理水平因素差异系数}=\frac{1}{\text{按要求完成政法资金下达地县个数}}$$

5. “政策性因素”，权重5%，是为了体现财政管理政策及政法工作政策要求而设立的因素。每年根据具体情况确定。落实自治区相关政策要求越好的地区，得到的奖励越多。

（二）“以奖代补”专款各地区、各部门分配总额计算公式（以公安部门为例进行说明）。

某地（州、市）、县（市）公安机关差异系数总和＝∑（各项因素差异系数×各项因素所占权重）

某地（州、市）、县（市）公安机关分配数额＝公安部门“以奖代补”总额×某地区差异系数总和

第三章　“以奖代补”资金的管理

第四条　“以奖代补”资金的下达。

“以奖代补”资金是中央和自治区政法专项转移支付资金的组成部分，由自治区财政厅按照上述“以奖代补”方式计算出各地（州、市）、县（市）的分配数额，以办案（业务）经费和业务装备经费下达到各地（州、市）、县（市）。各地（州）级财政部门要在收到上级下达政法专项资金10日内下达到县，各县级财政部门要在5日内下达到政法机关。

第五条　“以奖代补”资金的使用。

1. “以奖代补”资金要按照政法专项转移支付资金的使用范围和要求使用，各地要切实加强对中央和自治区政法转移支付资金的管理和监督，要严格按照分配方案执行，并保证资金及时、足额到位，专款专用，任何地区和部门不得截留或挪作他用，严禁出现地（州、市）、县（市）级财政部门用中央和自治区政法转移支付资金抵顶本级预算的情况。

2. “以奖代补”奖励资金安排的办案（业务）经费不得用于固定资产、弥补人员经费、日常运行公用经费、办公用房维修或基础设施建设经费；业务装备经费应优先保障政法机关基本业务装备需求，不得用于购买应由日常运行公用经费解决的办公用品，更不得用于机关非业务用高档装备、设施改造等。

3. “以奖代补”奖励资金，要按照自治区绩效考核的有关办法，与政法专项转移支付资金一并报送相关执行情况，并要在政法经费统计信息系统中如实反映。

第六条 “以奖代补”分配办法中各项因素以政法经费保障统计信息系统为基础，各地在报送政法经费统计信息时，要确保数据真实、准确、及时。对存在数据失实、弄虚作假、虚报漏报或不及时报送数据的地（州、市）、县（市），我们将扣减政法专项转移支付资金及“以奖代补”专项资金分配数额。

第四章　其　　他

第七条 本办法由自治区财政厅、自治区高级人民法院、自治区人民检察院、自治区公安厅、自治区司法厅负责解释。

第八条 本办法于2010年10月1日起执行。

关于印发《新疆维吾尔自治区城市街道文化中心、社区文化活动室设备购置专项资金管理办法》的通知

（2010年3月5日　自治区财政厅、文化厅
新财教［2010］19号）

伊犁哈萨克自治州财政局、文体局，乌昌财政局，各地（州、市）财政局、文化（体）局：

为规范和加强城市街道文化中心、社区文化活动室设备购置专项资金管理，我们制定了《新疆维吾尔自治区城市街道文化中心、社区文化活动室设备购置专项资金管理办法》。现印发给你们，请遵照执行。

附件：新疆维吾尔自治区城市街道文化中心、社区文化活动室设备购置专项资金管理办法

附件

新疆维吾尔自治区城市街道文化中心、社区文化活动室设备购置专项资金管理办法

第一条 为加强城市街道文化中心、社区文化活动室设备购置专项资金（以下简称“专项资金”）的管理，切实发挥资金使用效益，根据财政部、文化部《城市社区文化中心（文化活动室）设备购置专项资金管理办法》（财教［2009］447号），结合我区城市街道文化中心、社区文化活动室建设的实际情况，制定本办法。

第二条 专项资金由中央财政设立，从中央专项彩票公益金中安排。

第三条 专项资金主要对全疆已建成且具有一定规模、配有专人管理、常年开展文化活动的城市街道文化中心、社区文化活动室开展业务活动所需设备购置经费予以定额补助。

第四条 专项资金开支范围：

（一）结合全国文化信息资源共享工程建设要求，用于接入互联网和购置服务器、电脑和投影仪等共享工程设备。

（二）用于购置桌椅、书架、电视机、音响和乐器等开展业务活动的基本设备。

第五条 专项资金定额补助标准：

（一）街道文化中心12万元，其中：文化信息资源共享工程设备购置5万元，基本业务购置7万元。

（二）社区文化活动室5万元，其中：文化信息资源共享工程设备购置2.5万元，基本业务设备购置2.5万元。

第六条 各地（州、市）财政部门、文化部门负责审核汇总本地区已建成城市街道文化中心、社区文化活动室情况，按照专项资金补助标准确定当年申请中央财政专项资金预算额度，撰写申请文件并填写《城市街道文化中心、社区文化活动室设备购置专项资金申报表》，于每年3月30日前联合向自治区财政厅和文化厅申报。凡越级上报或单方面上报的申请均不予受理。

第七条 自治区文化厅负责审核汇总全区年度资金申请文件，提出专项资金分配建议，汇总后将分配方案报自治区财政厅。自治区财政厅对自治区文化厅报来的方案进行审核后会同文化厅上报财政部、文化部。

第八条 中央资金下达后，自治区财政厅会同文化厅下达城市街道文化中心、社区文化活动室设备购置专项资金。

第九条 文化信息资源共享工程相关设备购置由自治区文化厅根据文化部全国文化信息资源建设管理中心确定的备选设备参数及详细目录，选择适合本地区的方案统一组织实施。基本业务设备购置由自治区文化厅统一招标，并组织实施。

第十条 各地应加强对已购设备的维护和管理，提高使用效益，切实发挥已购设备的功能和作用。

第十一条 对专项资金购置设备形成的固定资产，应按照国家资产管理有关规定切实加强管理，防止国有资产流失。自治区财政厅、文化厅将适时对专项资金使用、设备购置和使用情况进行督查。

第十二条 各地（州、市）要切实做好资金使用的监督检查工作，凡有下列行为之一的，自治区财政厅将暂停核批补助项目，并根据有关规定追究相关人员的责任：

（一）虚报项目规划数量，骗取补助设备；

（二）截留、挤占、挪用专项资金购置的设备；

（三）因管理不善，造成国家财产浪费和损失。

第十三条 本办法由自治区财政厅、文化厅负责解释。

第十四条 本办法自印发之日起实施。

附表：城市街道文化中心、社区文化活动室设备购置专项资金申报表

附表

城市街道文化中心、社区文化活动室设备购置专项资金申报表

填报单位：

	名称	面积（平方米）
城市街道文化中心		
社区文化活动室		

关于印发《新疆维吾尔自治区中央广播电视节目无线覆盖专项资金管理办法》的通知

（2010 年 3 月 19 日　自治区财政厅、广播电影电视局
新财教［2010］34 号）

伊犁哈萨克自治州财政局、广电局，乌昌财政局，各地（州、市）、县财政局、广电局：

为加强我区各地县对中央广播电视节目无线覆盖专项资金的使用管理，提高资金使用效益，根据《财政部广电总局关于印发〈中央广播电视节目无线覆盖专项资金管理办法〉的通知》（财教［2009］36 号），特制定了《新疆维吾尔自治区中央广播电视节目无线覆盖专项资金管理办法》，现印发给你们，请遵照执行。

附件：新疆维吾尔自治区中央广播电视节目无线覆盖专项资金管理办法

附件

新疆维吾尔自治区中央广播电视节目无线覆盖专项资金管理办法

第一章　总　　则

第一条　为加强全疆各地对中央广播电视节目无线覆盖专项资金（以下简称“专项资金”）的管理，提高财政资金使用效益，根据财政部和国家广电总局印发的《中央广播电视节目无线覆盖专项资金管理办法》和现行财政财务制度，结合我区实际情况，制定本办法。

第二条　专项资金是中央财政为支持构建以地面无线覆盖为基础的广播电视公共服务体系，确保人民群众免费收听、收看中央广播电视节目，促进广播电视事业可持续发展而建立的专项补助资金。

第三条　专项资金的使用和管理坚持统筹安排、分级管理、专款专用的原则。

第四条　专项资金的使用和管理接受财政、

审计、广电部门的监督检查。

第二章 支出范围和内容

第五条 专项资金的使用范围：

专项资金用于对纳入中央广播电视节目无线覆盖范围内的发射转播台（站）中转播中央第一套调频广播和第一套、第七套电视节目的发射系统、附属系统及相关监控设备的更新改造、维修、运行维护进行补助。

发射系统包括：发射机、天线、馈线、多工器等。

附属系统包括：节目传输及控制系统（主要包括卫星天线、卫星接收机、模拟音视频切换矩阵、监视器、测试仪器等）、供配电系统（主要包括变压器、稳压电源、配电箱和电缆等）、地网、接地和防雷系统（主要包括高频接地和防雷接地）等。

第六条 专项资金的支出内容包括：

（一）更新改造经费：包括上述发射系统、附属系统及监控设备的更新改造费用以及相关工程设计、验收等间接费用。

（二）维修经费：包括上述发射系统、附属系统等设施、设备的大型维修费用。

（三）运行维护经费：包括电费、发射机维护材料、备品备件和通风设备、信号源、天馈线、多工器等的日常维护费用。

（四）经财政部、广电总局批准的其他有关经费事项。

第七条 专项资金不得用于以下项目的开支：

（一）相关台站人员经费、机房及周边环境整治等基本建设支出。

（二）中央广播电视节目无线覆盖范围以外的发射系统及其附属系统设备更新改造、维修和运行维护。

（三）本办法使用范围以外的其他支出。

第三章 申请和审批

第八条 更新改造资金由自治区广电局根据国家广电总局下达的更新改造建设任务，结合各地、县实际情况统一进行工程初步设计和资金预算方案，并与自治区财政厅共同向财政部和国家广电总局申请的项目资金。自治区财政厅收到财政部下达的更新改造资金后，根据自治区广电局制定的更新改造项目实施方案，将更新改造建设资金下达给自治区广电局。更新改造工程由自治区广电局统一负责实施。其中：

发射机主体设备由国家广电总局实施政府采购统一招标后配发各建设地点。

天馈系统、节目传输系统及供配电系统等附属系统设备由自治区广电局统一进行政府采购，并将设备直接配发各建设地点，同时各地广电部门承担的高频接地、供配电安装、铁塔基础施工等工程费用由自治区广电局直接拨付工程建设点。各建设点在各地（州、市）广电局和财政局的指导和监督下按规定按期完成项目建设任务。建设任务完成后由自治区广电局负责工程的整体验收。

第九条 维修资金是中央广播电视节目无线覆盖工程更新改造项目实施完成后，用于发射系统、附属系统等相关设施、设备遭受不同程度损坏而安排的专项资金。中央财政对我区上报的有关申报资料审核后安排补助资金，专项用于纳入中央广播电视节目无线覆盖工程范围内的台站的相关设施、设备修缮和修复。

第十条 运行维护资金是为了保证对转播中央第一套调频广播和第一套、第七套电视节目的发射机包括电费、发射机维护材料、备品备件和通风设备、信号源、天馈线、多工器等的日常维护所需经费开支。各地（州、市）、县广电局应于每年3月底之前将上一年中央广播电视节目无线覆盖工程运行维护经费使用和结余情况逐级上报至自治区财政厅和自治区广电局，由自治区财政厅和自治区广电局对全疆各地、县上报的情况汇总后，将当年运行维护所需资金申请方案一并上报财政部和国家广电总局，经财政部和国家广电总局审核认可后由财政部下达专项资金预算。

自治区财政厅根据自治区广电局编制的资金分配方案对各地财政局、广电局逐级下达资金，各地、县广电局应在收到下达预算的文件通知后及时向当地财政局申请专项资金并按有关规定使用运行维护资金。

第十一条 各级财政部门按国库管理的有关规定及时核算和拨付专项资金。

第四章 管理和监督

第十二条 各级财政部门要及时足额拨付专项资金，不得挤占、截留和挪用；要及时了解专项资金的作用和效益情况，确保专项资金使用合理、安全。

第十三条 各级广电部门要严格按照本办法规定的开支范围申请和安排使用专项资金，不得以任何借口挪作他用，确保专款专用。

第十四条 专项资金使用单位应建立健全内部使用管理和监督约束机制，做到专款专用、手续完备、账目清楚、结算准确。

第十五条 专项资金中属于政府采购范围的项目，应按政府采购相关规定组织实施。在满足工程质量和服务的前提下，优先采用国产设备。

第十六条 在更新改造项目实施过程中，由国家广电总局和自治区广电局通过政府采购统一招标采购配发各建设点的专业设备，待工程整体验收完成后由自治区广电局报自治区财政厅办理资产交付手续。各地广电部门应依据有关调拨资产的文件和资产交付清单做好固定资产登记入账工作。给各地下达的运行维护经费形成的固定资产也应按规定做好资产的登记入账工作，并建立健全资产验收、保管、使用等内部管理制度。

第十七条 对于未按规定使用或将专项资金截留和挪作他用的，一经查实，将予以通报批评并追回违规资金，根据情节依法追究主管人员和直接责任人员的责任。

第五章 附　　则

第十八条 本办法由自治区财政厅和自治区广电局负责解释。

第十九条 本办法自2010年1月1日起执行。

关于印发《优秀运动队在册运动员等人员伙食补助、试训运动员临时体育津贴专项资金管理办法》（试行）的通知

（2010年4月2日　自治区财政厅
新财教［2010］50号）

自治区体育局：

为加强财政资金管理和提高财政资金的使用效益，进一步规范优秀运动队在册运动员和教练员等人员的伙食补助、试训运动员临时体育津贴

的使用，根据财政预算管理改革的要求，现特制定《优秀运动队在册运动员等人员伙食补助、试训运动员临时体育津贴专项资金管理办法》（试行），请遵照执行。

附件：优秀运动队在册运动员等人员伙食补助、试训运动员临时体育津贴专项资金管理办法（试行）

附件

优秀运动队在册运动员等人员伙食补助、试训运动员临时体育津贴专项资金管理办法（试行）

第一章　总　　则

第一条　为了规范优秀运动队在册运动员、教练员、试训运动员、集训运动员，竞技体育运动学校运动班学生和教练员的伙食补助、试训运动员临时体育津贴专项资金的管理，提高伙食补助、临时体育津贴专项资金的使用效益，根据财政部下达体育总局《关于印发〈备战2008年奥运会训练经费财务管理办法〉的通知》（财教［2007］3号）和自治区财政厅《关于调整运动员、教练员伙食补助标准的通知》精神，结合我区优秀运动队在册运动员等人员工作的实际情况，特制定本办法。

第二条　伙食补助是自治区财政为提高区本级优秀运动队在册运动员、教练员、试训运动员、集训运动员，竞技体育运动学校运动班学生和教练员的体能，保障训练比赛而设立的专项资金。

第三条　试训运动员临时体育津贴是自治区财政按照自治区人民政府办公厅《转发自治区人事厅、财政厅关于调整机关事业单位工作人员标准和增加离退休人员离退休费三个实施方案的通知》规定的标准而设立的专项资金。

第四条　伙食补助、临时体育津贴专项资金的使用坚持统筹安排、专款专用的原则。

第二章　伙食补助、临时体育津贴专项资金的使用和发放范围

第五条　伙食补助专项资金使用范围。

（一）优秀运动队在册运动员；

（二）优秀运动队在册教练员；

（三）优秀运动队在册的试训运动员、集训运动员；

（四）自治区竞技体育运动学校运动班学生和教练员；

伙食补助专项资金由各优秀运动队统筹安排使用，不发放给个人。

第六条　临时体育津贴专项资金发放范围是优秀运动队在册试训运动员。此资金按标准发放到个人手中。

第三章　伙食补助、临时体育津贴专项资金的申请和审批程序

第七条　各优秀运动队、自治区竞技体育学校等预算单位，每年编制下一年度部门预算时，必须按照在自治区体育局备案的花名册人数填列并申请资金。

第八条　自治区财政厅根据《关于调整运动员、教练员伙食补助标准的通知》（新财教

[2010] 71号）的补助标准，对自治区体育局花名册人数和经费予以审核，并列入自治区体育局次年部门预算。

第四章 伙食补助、临时体育津贴专项资金的管理和监督检查

第九条 自治区财政厅按照自治区人大批复的部门预算和国库集中支付程序，及时足额的将伙食补助、临时体育津贴专项资金拨付自治区体育局相关单位。

第十条 自治区体育局相关单位要严格按照本办法规定的使用和发放范围申请和安排伙食补助、临时体育津贴专项资金，不得以任何借口抵顶单位经费、挤占和挪作他用，确保专款专用。

第十一条 试训运动员采取动态管理，当年转为正式运动员的，应经自治区体育局人事和业务主管部门审核核实后，次月给予调整伙食补助费标准，同时停止发放临时体育津贴。

第十二条 伙食补助、临时体育津贴专项资金使用和发放的预算单位应建立健全内部使用管理和监督约束机制，做到专款专用、手续完备、账目清楚、结算准确。

第十三条 伙食补助、临时体育津贴专项资金没有按规定使用和发放或截留和挪作他用的，一经查实，将予以通报批评并追回违规资金，根据情节依法追究主管人员和直接责任人员的责任。

第十四条 伙食补助、临时体育津贴专项资金的使用和发放应接受财政、审计和纪检监察部门的监督和检查。

第五章 附 则

第十五条 本办法由自治区财政厅负责解释。

第十六条 本办法自下发之日起执行。

关于印发《新疆维吾尔自治区区内初中班、区内高中班专项资金管理暂行办法》的通知

（2010年5月4日 自治区财政厅 新财教［2010］107号）

自治区教育厅：

根据自治区人民政府办公厅《关于在乌鲁木齐市等八个城市开办新疆区内初中班的通知》（新政办发［2003］155号）、自治区党委《关于新疆区内初中班有关问题的会议纪要》（新党纪字［2005］13号）、自治区党委《第八次书记会议纪要——座谈研究区内初中班和内地新疆高中班工作有关问题》（新党书［2006］8号）、自治区党委办公厅自治区人民政府办公厅《印发〈自治区教育厅关于开办区内高中班的实施意见〉的通知》（新党办发［2007］24号）等文件精神，结合自治区区内初中班、区内高中班的实际情况，我们制定了《新疆维吾尔自治区区内初中班、区内高中班专项资金管理暂行办

法》，现印发给你们，请遵照执行。

附件：新疆维吾尔自治区区内初中班、区内高中班专项资金管理暂行办法

附件

新疆维吾尔自治区区内初中班、区内高中班专项资金管理暂行办法

第一条 为加强我区区内初中班、区内高中班财务管理工作，规范财务行为，提高资金使用效益，根据自治区人民政府办公厅《关于在乌鲁木齐市等八个城市开办新疆区内初中班的通知》（新政办发［2003］155号）、自治区党委《关于新疆区内初中班有关问题的会议纪要》（新党纪字［2005］13号）、自治区党委《第八次书记会议纪要——座谈研究区内初中班和内地新疆高中班工作有关问题》（新党书［2006］8号）、自治区党委办公厅自治区人民政府办公厅《印发〈自治区教育厅关于开办区内高中班的实施意见〉的通知》（新党办发［2007］24号）等文件精神，结合自治区区内初中班、区内高中班的实际情况，制定本暂行办法。

第二条 专项资金的来源。

区内初中班、区内高中班专项资金是指由自治区财政安排的区内初中班、区内高中班经常性经费、教职工补助经费、基本建设补助经费、区内初中班工作经费及其他经费。

第三条 专项资金的开支范围。

（一）学生在校期间发生的学习、生活、保险等费用以及按规定探亲的交通费。

（二）办班学校负责区内初中班管理工作的教职工的补助经费，负责区内初中班、区内高中班管理工作的教师的培训费用，与区内初中班、区内高中班业务相关的公用经费支出。

（三）自治区内地新疆学生工作办公室（以下简称“自治区内学办”）在区内初中班、区内高中班在招生及管理等工作中发生的费用。主要包括：命题、测试、评阅卷、录取过程中的相关费用，试卷、教材等相关资料的编译、印刷等费用，以及日常办公经费等公用经费支出，家长及教师考察、宣传，教师及相关人员培训等与区内初中班和区内高中班业务相关的费用。

（四）各办班学校与区内初中班和区内高中班相关的办学设施（教学楼、宿舍楼、食堂等）的维修、改造、新建的费用。

第四条 专项资金的管理。

（一）区内初中班、区内高中班专项资金的使用要严格遵守财政、财务方面的制度和管理办法，实行“专人专管、单独设账、专项核算、专款专用”的原则，不得用于与区内初中班、区内高中班工作无关的开支。

（二）每年应根据下年度的招生计划数，遵循“勤俭节约、量入为出”的原则，编制下一年度的部门预算，由自治区财政厅审核后列入下一年度预算并在预算下达后及时拨付资金。

（三）区内初中班、区内高中班专项资金要严格按照本办法规定的范围开支，首先必须确保学生、教师的正常生活、教学所需支出，不得擅自扩大开支范围。

（四）区内初中班、区内高中班的所有资金必须接受财政、审计、纪检监察等部门的监督检查。在资金使用过程中，如出现违反财经纪律、挪用或擅自变更资金用途的情况，将视其情节，追究有关人员的责任。

第五条 自治区内学办每年应根据自治区财政厅的有关要求做好区内初中班、区内高中班专项资金绩效考评工作，经自治区教育厅审核后，报自治区财政厅。

第六条 本办法由自治区财政厅负责解释。

第七条 本办法自发布之日起执行。

关于印发《新疆维吾尔自治区内地新疆高中班专项资金管理暂行办法》的通知

（2010 年 5 月 4 日　自治区财政厅　新财教［2010］108 号）

自治区教育厅：

根据国务院办公厅《转发教育部等部门关于进一步加强少数民族地区人才培养工作意见的通知》（国办发［1999］85 号）、教育部办公厅《关于转发新疆教委〈关于报送内地新疆高中班有关经费标准的报告〉的通知》（教民厅［2000］8 号）、教育部国家发展改革委财政部《关于扩大内地新疆高中班招生规模的意见》（教民［2005］10 号）、自治区党委《第十二次书记办公会纪要——研究进一步办好内地新疆高中班和区内初中班有关问题》（新党书［2004］12 号）、自治区党委办公厅人民政府办公厅《关于进一步加强内地新疆高中班管理工作的意见》（新党厅字［2004］10 号）、自治区教育厅财政厅人事厅《关于新疆维吾尔自治区选派内地新疆高中班管理教师有关待遇规定的通知》（新教基［2001］9 号）等文件精神，结合自治区内地新疆高中班的实际情况，我们制定了《新疆维吾尔自治区内地新疆高中班专项资金管理暂行办法》，现印发给你们，请遵照执行。

附件：新疆维吾尔自治区内地新疆高中班专项资金管理暂行办法

附件

新疆维吾尔自治区内地新疆高中班专项资金管理暂行办法

第一条 为加强我区内地新疆高中班财务管理工作，规范财务行为，提高资金使用效益，根据国务院办公厅《转发教育部等部门关于进一步加强少数民族地区人才培养工作意见的通知》（国办发［1999］85号）、教育部办公厅《关于转发新疆教委〈关于报送内地新疆高中班有关经费标准的报告〉的通知》（教民厅［2000］8号）、教育部国家发展改革委财政部《关于扩大内地新疆高中班招生规模的意见》（教民［2005］10号）、自治区党委《第十二次书记办公会纪要——研究进一步办好内地新疆高中班和区内初中班有关问题》（新党书［2004］12号）、自治区党委办公厅人民政府办公厅《关于进一步加强内地新疆高中班管理工作的意见》（新党厅字［2004］10号）、自治区教育厅财政厅人事厅《关于新疆维吾尔自治区选派内地新疆高中班管理教师有关待遇规定的通知》（新教基［2001］9号）等文件精神，结合自治区内地新疆高中班的实际情况，制定本暂行办法。

第二条 内地新疆高中班专项资金指自治区财政安排的内地新疆高中班经常性费用、教职工补助经费及其他经费。

第三条 资金管理。

（一）内地新疆高中班的资金使用严格遵守财政、财务方面的制度和管理办法，实行“专人专管、单独设账、专项核算、专款专用”的原则，不得用于与内地新疆高中班工作无关的开支。

（二）每年自治区内地新疆学生工作办公室（以下简称“自治区内学办”）应根据下年度的招生计划数，遵循“勤俭节约、量入为出”的开支原则，编制下一年度的部门预算，由自治区教育厅审核后报自治区财政厅。自治区财政厅对预算审核后，在下一年度安排内地新疆高中班专项资金。

（三）内地新疆高中班的经费首先必须确保学生、教师的正常生活、教学所需支出。要严格按照本办法规定的要求开支，不得擅自扩大开支范围。

（四）自治区内学办应根据教育部办公厅《关于转发新疆教委〈关于报送内地新疆高中班有关经费标准的报告〉的通知》（教民厅［2000］8号）规定，从自治区财政安排的内地新疆高中班经常性经费中，按每生年均1 400元标准足额拨付办班学校补贴，并将收取的学生交纳的每年900元学习生活费和医疗费足额拨付办班学校。对因免收、减半收取特困生、贫困生学习生活费和医疗费产生的缺额部分，自治区内学办应从自治区财政安排的内地新疆高中班经常性经费中予以补足并拨付办班学校。

（五）内地新疆高中班经常性经费在足额拨付办班学校补贴，补足学生生活费、医疗费缺额之后，剩余部分可统筹用于内地新疆高中班招生及管理有关支出。

（六）内地新疆高中班的所有经费接受财政、审计、纪检监察等部门的监督检查。在经费使用过程中，如出现违反财经纪律、挪用或擅自变更资金用途的情况，将视其情节，追究有关人员的责任。

第四条 资金开支项目。

（一）学生往返交通费（办班城市至乌鲁木齐）和在校期间发生的学习、生活、医疗、保险等费用。

（二）负责内地新疆高中班管理工作的内派教师生活费、交通费等补助经费。

（三）自治区内学办在招生及管理等工作中发生的费用。主要包括：命题、考试、评阅卷、录取过程中的相关费用，试卷、教材等相关资料的编译、印刷的等费用，自治区内学办日常办公、接待等公用经费支出，家长及相关人员的考察、宣传，教师及相关人员的培训，新生入学的培训和送站以及向办班学校赠送图书等与内地新疆高中班业务相关的费用。

第五条 自治区内学办每年应根据自治区财政厅的有关要求做好内地新疆高中班专项资金绩效考评工作，经自治区教育厅审核后，报自治区财政厅。

第六条 本办法由自治区财政厅负责解释。

第七条 本办法自发布之日起执行。

关于印发《新疆维吾尔自治区内地新疆高中班等在校学生大病医疗救助资金管理暂行办法》的通知

（2010 年 5 月 4 日　自治区财政厅　新财教［2010］109 号）

自治区教育厅：

为加强和规范内地新疆高中班、区内初中班、区内高中班（含分流到中职院校的区内初中班毕业生）等在校学生（统称内地新疆高中班等在校生）大病医疗救助专项资金的管理工作，切实提高资金使用效率，按照《会计法》、《事业单位财务规则》等相关法规，结合自治区内地新疆高中班、区内高中班、区内初中班以及分流到中职院校的区内初中班毕业生的实际情况，经征求自治区卫生厅意见，特制定《新疆维吾尔自治区内地新疆高中班等在校学生大病医疗救助资金管理暂行办法》，现印发给你们，请遵照执行。

附件：新疆维吾尔自治区内地新疆高中班等在校学生大病医疗救助资金管理暂行办法

附件

新疆维吾尔自治区内地新疆高中班等在校学生大病医疗救助资金管理暂行办法

第一条　为加强和规范内地新疆高中班、区内初中班、区内高中班（含分流到中职院校的区内初中班毕业生）等在校学生（统称内地新疆高中班等在校生）大病医疗救助专项资金的管理工作，根据《会计法》、《事业单位财务规则》等相关法规，结合自治区内地新疆高中班、区内高中班、区内初中班以及分流到中职院校的区内初中班毕业生的实际情况，经征求自治区卫生厅意见，特制定本暂行办法。

第二条　大病医疗救助资金按照“公开、公平、公正、专款专用”的原则进行管理和使用。

第三条　大病医疗救助资金来源。

（一）自治区财政按年度拨付的大病医疗救

助资金；

（二）社会捐赠、捐助；

（三）可用于医疗救助的其他资金。

第四条 大病医疗救助资金的救助对象。

内地新疆高中班等在校生在校期间（内地新疆高中班、区内初中班学生不包括暑假，区内高中班和分流到中职学校的区内初中班毕业生不包括暑假和寒假）患本办法第六条所列重大疾病的，经学生的直系亲属或法定监护人申请，可以依本办法规定程序申请获得大病医疗资金救助。

学生因故转回生源地的，从办理离校手续之日起不列入本办法救助范围。

第五条 大病医疗救助资金的使用原则。

（一）救急助困的原则，重点用于经济困难农牧民家庭子女重大疾病的医疗救助。

（二）救助水平与能力相适应的原则。

（三）患病学生家庭或监护人承担部分医疗费用的原则。

（四）对各类保险可赔付数额与实际支付医疗费数额之间差额部分实施救助的原则。

第六条 重大疾病的范围。

经自治区卫生厅认定的重大疾病包括：

（一）急性心肌炎、急性重症肝炎、各种恶性肿瘤、尿毒症、各种神经系统疾病（脑血管畸形破裂等）、代谢性疾病、意外伤害、血液病、各种急慢性肾炎及肾病。

（二）急性发作的重症精神障碍疾病，包括心理障碍（双向情感障碍、抑郁症）、精神分裂症、神经症（社交恐怖症、惊恐发作、强迫症等）。

（三）经自治区卫生厅组织的医疗专家会诊确认的其他重大疾病。

身患重大疾病的内地新疆高中班在校生应在学校所在地二级乙等以上医院进行治疗；区内初中班、区内高中班和区内初中班毕业生分流到中职学校学习的学生及需转回新疆治疗的患病学生，必须在疆内二级甲等以上医院进行治疗。

第七条 大病医疗救助资金的救助标准。

根据患病学生实际医疗费支出数额（以票据为准）扣除学生各项保险可赔付数额后，按以下比例确定救助标准。

（一）扣除各类保险赔付后，医疗费支付在10000元以下的，被认定为特困生的学生按100%的比例标准提供救助金；被认定为贫困生的学生按80%的比例标准提供救助金；被认定为非贫困生的学生按60%的比例标准提供救助金。

（二）扣除各类保险赔付后，医疗费支付在10000元（含10000元）至50000元之间的，被认定为特困生的学生按100%的比例标准提供救助金；被认定为贫困生的学生按90%的比例标准提供救助金；被认定为非贫困生的学生按70%的比例标准提供救助金。

（三）扣除各类保险赔付后，医疗费支付超过50000元（含50000元）的，被认定为特困生的学生按100%的比例标准提供救助金额；被认定为贫困生的学生按95%的比例标准提供救助金额；被认定为非贫困生的学生按80%的比例标准提供救助金额。

（四）扣除各类保险赔付后，最高救助金额不超过20万元。

学生治疗期间的医药费按国家有关自费规定标准核算，学校为患重大疾病学生实施治疗前救助所垫付的押金、治疗费等金额，在对患病学生的救助资金进行结算后，从救助金额中扣除退还学校。

第八条 大病医疗救助资金的申请。

（一）大病救助申请主体为患病学生直系亲属或法定监护人；

（二）申请大病医疗救助应提供的材料：

1.《在校内地新疆高中班、区内初中班、区内高中班（含就读中职的区内初中班毕业生）学生大病救助申请审批表》；

2.患病学生及申请人身份证复印件（加盖学校公章）；

3. 申请人《户口本》及复印件（加盖学校公章）；

4. 特困生、贫困生需提供居住地民政局、居委会或街道办事处证实家庭收入状况的相关证明或意见；

5. 提供患病学生在学校所在地医院（内地二级乙及上、疆内二级甲等以上）就医的医疗诊断书、学校建议书、转院治疗建议书、住院证明、正式医疗收费票据和必要的病史资料（医疗诊断书、住院证明、票据等可用复印件代替，但需加盖学校公章证明）；

6. 根据实际审查需要，自治区内地新疆学生工作办公室（以下简称“自治区内学办”）可以要求提供其他材料。

（三）申请程序。

1. 申请人向自治区内学办提交书面救助申请（救助对象应签字确认），并附本条第（二）项申请救助应提供的相关资料。

2. 自治区内学办收到申请资料后，应及时进行调查及审核，并可以根据具体情况要求申请人提供其他补充资料。对符合本办法规定的救助条件的，按标准确定救助金额，建立救助档案并报自治区教育厅备案。

3. 确定救助对象及救助金额后，由自治区内学办通知救助对象所在地教育局在申请人居住地公示相关救助情况，公示期为七个工作日，公示期满无异议的，由自治区内学办通知申请人办理有关手续，并提供救助。公示期间有异议的，自治区内学办应会同生源地教育、民政部门开展相关调查。

第九条 大病医疗救助资金的管理。

（一）坚持“专人专管、单独设账、专项核算、专款专用”的原则，专项资金不得用于与内地新疆高中班等在校生大病医疗救助工作无关的开支。

（二）自治区拨付的大病医疗救助资金由自治区财政厅监管，自治区教育厅财务部门审核发放；社会捐助、捐赠等形成的医疗救助资金由自治区内学办与有关社会人士组成监管小组，统一进行管理、核发。

（三）大病医疗救助资金的日常管理工作由自治区内学办安排专人具体负责。

（四）自治区内学办每年对大病医疗救助资金的发放使用情况通过“新疆教育信息网”、“新疆班”等网站进行公示，并向自治区教育厅、财政厅等相关部门做出报告。

（五）大病医疗救助资金的使用情况，接受自治区审计、监察部门的审计和新闻媒体、社会各界的监督。

第十条 患病学生或申请人故意隐瞒事实、提供虚假资料或在申报中弄虚作假的，一经查实，自治区内学办会同相关部门查实立即终止救助；已提供救助的，自治区内学办应依法追缴救助金，并有权要求赔偿。

第十一条 自治区内学办每年应根据自治区财政厅的有关要求做好区大病医疗救助资金绩效考评工作，经自治区教育厅审核后，报自治区财政厅。

第十二条 本暂行办法由自治区财政厅责解释。

第十三条 本办法自发布之日起执行。

附：学生大病医疗救助资金申请表

附

学生大病医疗救助申请审批表

<table>
<tr><td rowspan="2">申请人</td><td>姓名</td><td></td><td>性别</td><td></td><td>族别</td><td></td><td>年龄</td><td></td><td>身份证号</td><td></td></tr>
<tr><td>家庭住址</td><td colspan="9"></td></tr>
<tr><td rowspan="2">受助学生</td><td>姓名</td><td></td><td>性别</td><td></td><td>族别</td><td></td><td>年龄</td><td></td><td>身份证号</td><td></td></tr>
<tr><td>就读学校</td><td colspan="4"></td><td colspan="2">与申请人的关系</td><td colspan="3"></td></tr>
<tr><td>申请理由</td><td colspan="10">申请人签名：　　受助学生签名：</td></tr>
<tr><td>申请人所在地教育部门审核意见</td><td colspan="10">签名：　　公章：</td></tr>
<tr><td>自治区内学办审核意见</td><td colspan="10">签名：　　公章：</td></tr>
<tr><td>自治区教育厅审核意见</td><td colspan="10">签名：　　公章：</td></tr>
</table>

关于印发《新疆维吾尔自治区学前“双语”教育发展保障经费管理暂行办法》的通知

（2010年4月28日　自治区财政厅、教育厅、
新财教［2010］118号）

伊犁哈萨克自治州财政局、教育局，乌昌财政局，各地（州、市）财政局、教育局：

为规范学前“双语”幼儿园的财务行为，加强财务管理，提高学前“双语”教育保障经费的管理，推进我区少数民族学前“双语”教育事业发展，根据《预算法》、《会计法》、《事业单位财务规则》等相关法律法规，结合少数民族学前“双语”幼儿园特点，我们制定了《新疆学前“双语”教育发展保障经费管理暂行办法》，现印发给你们，请遵照执行。

附件：新疆学前“双语”教育发展保障经费管理暂行办法

附件

新疆学前“双语”教育发展保障经费管理暂行办法

第一章　总　　则

第一条　为规范学前“双语”幼儿园的财务行为，加强财务管理，提高学前“双语”教育保障经费的管理，推进我区少数民族学前“双语”教育事业发展，根据《预算法》、《会计法》、《事业单位财务规则》等相关法律法规，结合少数民族学前“双语”幼儿园特点，制定本办法。

第二条　本办法适用于享受财政补助的农村“双语”幼儿园。主要范围包括：喀什地区、和田地区、克孜勒苏柯尔克孜自治州、阿克苏地区、伊犁哈萨克自治州、塔城地区、阿勒泰地区等七地（州）所属县市以及托克逊县、吐鲁番市、伊吾县、巴里坤哈萨克自治县、木垒哈萨克自治县、温泉县、若羌县、尉犁县、和静县等九

县市（即“七地（州）及九县市”）。

第三条 学前“双语”教育发展保障经费由中央财政、自治区本级财政和地（州、市）、县（市、区）财政分项目、按比例分级负担。

第二章 资金使用范围和原则

第四条 学前“双语”保障经费包括“双语”幼儿园公用经费、幼儿伙食补助经费、幼儿免费读本经费、教学资源库建设经费、幼儿园教学、生活辅助及活动设施经费、幼儿园聘用教师生活补助。

第五条 “双语”幼儿园公用经费由中央财政按每生每年300元标准全额负担。公用经费开支范围包括：水电暖费、交通差旅费、邮电费、图书资料费、园舍仪器设备的日常维护费、炊具更新、购买低值易耗品、教师培训费等。不得用于基本建设投资和偿还债务，不得用于人员经费和接待费支出。

教师培训费按照不低于学校年度公用经费预算总额的5%安排，用于教师按照学校年度培训计划参加培训所需的差旅费、伙食补助费、资料费和住宿费等补助。

第六条 学前“双语”幼儿伙食补助经费按每位幼儿每年1000元（每年按10个月补助，每生每月补助100元，每生每天约4.5元）的标准安排。其中：喀什地区、和田地区、克州三地（州）所需资金由中央财政全额承担，其余四地（州）及九县市由中央财政与自治区本级财政按6∶4比例分担。

伙食补助资金不直接拨付个人，由学前“双语”幼儿园统一管理使用。伙食补助经费开支范围包括：购买蔬菜、清油、面粉、大米、肉、水果、牛奶等伙食材料。购买伙食材料必须确保卫生条件达到国家食品安全卫生标准。

第七条 学前“双语”幼儿免费读本经费按每生每年90元标准安排，其中：中央财政每生每年补助70元，自治区本级财政每生每年补助20元。免费教科书范围包括：幼儿读本、教学挂图、教学图片，教师参考书，教学光盘的配发与更新等。免费读本由自治区本级采购后，向各地配发，资金不拨付各地。

第八条 学前“双语”教育资源库建设经费用于重点制作汉、维、哈、柯、蒙五个语种的幼儿教育资源，引进汉语优质教育资源，开支范围包括：远程同步直播课堂建设，多媒体教学资源开发与制作。远程同步直播课堂由自治区统一制作并通过远程教育网直接播放到每个教学班，多媒体教学资源由自治区统一制作后配发到每所幼儿园。此项资金不拨付各地。

第九条 少数民族“双语”幼儿园教学、生活辅助及活动设施经费按照每所幼儿园15.6万元补助，主要用于七地（州）及九县市新建的“双语”幼儿园设施购置。开支范围包括：按每所幼儿园配备教学及活动器材，图书资料及影像制品，生活设施等（含床、桌、椅、厨房用具），为每班配备一台电视机和一台DVD播放机。“双语”幼儿园教学、生活辅助及活动设施设备主要由自治区本级采购，并向各地配发。

第十条 学前“双语”幼儿园聘用教师生活补助按每人每月1028元、每年12个月补助，其中：双语教师生活费每人每月800元，“三金”补助每人每月228元。“三金”包括：基本养老保险160元/月，基本医疗保险52元/月，失业保险16元/月。克州、喀什地区、和田地区和阿克苏地区柯坪县、乌什县学前“双语”教师的生活补助资金全部由自治区本级财政解决；伊犁州、阿勒泰地区、塔城地区和阿克苏地区的其他县市学前“双语”教师生活补助资金由自治区本级财政和地县财政按1∶1的比例共同承担。

第三章 资金的拨付与管理

第十一条 自治区财政根据财政部批复的规划，将每年需要自治区本级财政承担的资金列入年初预算，中央资金到位后，按照分项目、分比例的原则，确定分配、使用方案并及时下达。

第十二条 地（州、市）、县（市、区）要将需要各地承担的资金列入预算，并连同中央和自治区本级财政资金及时、足额拨付到各学前“双语”幼儿园。

第十三条 农村“双语”幼儿园经费实行单独设账、独立核算。各地财政、教育部门应兼顾不同规模学前“双语”教育机构运转的实际情况，适当向办学条件薄弱的“双语”幼儿园倾斜，保证较小规模学前“双语”教育机构的基本需求。凡属于政府采购目录和采购限额标准以上的货物、工程和服务，要编制政府采购预算，按规定实行政府采购。

第十四条 农村“双语”幼儿园应当按照规定，制定本园公用经费、伙食费补助资金的内部使用管理办法，细化支出范围与标准，加强实物消耗核算，建立规范的经费、实物等管理程序，建立物品采购登记台账，建立健全物品验收、进出库、保管、领用制度，明确责任，严格管理，厉行节约，提高经费使用效益。

农村“双语”幼儿园应当加强资产的日常管理。要定期或不定期对固定资产进行清查盘点，根据幼儿园实际情况制定各类固定资产的明细目录，做到账、卡、物相符。

第四章 监督与检查

第十五条 各地财政、教育行政部门要严格管理，加强监督，定期组织检查，对不按规定使用经费的，要依法严肃查处，并追究相关单位和人员的责任。

第十六条 农村“双语”幼儿园要将经费使用情况定期在园内外公布，接受审计、纪检监察等相关部门和广大群众的监督检查。

第十七条 各地（州、市）、县（市、区）可根据本办法，结合当地实际情况制定实施细则。

第五章 附 则

第十八条 本办法自发布之日起执行。

第十九条 本办法由自治区财政厅、教育厅负责解释。

关于印发《新疆维吾尔自治区职业教育专项资金管理暂行办法》的通知

（2010 年 7 月 1 日 自治区财政厅
新财教［2010］175 号）

自治区职业教育领导小组办公室：

为加强自治区职业教育专项资金的管理，规范财务行为，充分发挥专项资金的导向作用，提高资金使用效益，切实促进自治区职业教育各项工作的开展，推动职业教育不断发展，根据《预算法》、《事业单位财务规则》等相关法律法规，我们制定了《新疆维吾尔自治区职业教育专项资金管理暂行办法》，现印发给你们，请遵照执行。

附件：新疆维吾尔自治区职业教育专项资金管理暂行办法

附件

新疆维吾尔自治区职业教育专项资金管理暂行办法

第一章 总 则

第一条 为加强自治区职业教育专项资金的（以下简称“专项资金”）管理，规范财务行为，充分发挥专项资金的导向作用，提高资金使用效益，切实促进自治区职业教育各项工作的开展，推动职业教育不断发展，根据《预算法》、《事业单位财务规则》等相关法律法规，结合自治区实际，制定本办法。

第二条 本办法所称的专项资金是指由自治区本级财政统筹安排的用于促进职业教育发展的专项资金。

第三条 专项资金的使用和管理接受财政、审计、教育部门的监督检查。

第二章 专项资金使用范围

第四条 专项资金的使用和管理坚持统筹安排、专款专用的原则，专项用于支持自治区职业教育工作。

第五条 专项资金用于以下项目：

1. 自治区分担的国家职业学校家庭经济困难学生资助体系及学生励志奖学金的支出；

2. 自治区分担的国家示范性职业学校建设项目；

3. 自治区分担的中央财政支持的职业教育实训基地建设项目；

4. 自治区分担的国家其他职业教育项目；

5. 列入自治区职业教育基础能力建设规划的职业学校；

6. 支持列入自治区示范性职业院校（高职、中职、县级职教中心）建设项目的学校；

7. 支持自治区职业院校特色（精品）专业和精品课程建设；

8. 自治区职业院校教师素质提高工程；

9. 自治区职业教育能力提高工程；

10. 自治区职业教育工作领导小组研究确定的项目。

第六条 专项资金的支出项目属于政府采购目录范围的，必须严格按照政府采购有关规定组织实施。

第七条 专项资金必须在本办法规定的支出范围内严格按照下达资金时所定的项目使用，不得挪作他用，不得用于与职业教育无关的项目。

第三章 专项资金的预算编制及资金拨付

第八条 每年自治区职业教育工作领导小组办公室应根据自治区职业教育发展规划和我区职业教育的实际情况，按照本办法规定的使用范围，提出专项资金预算，经自治区职业教育领导小组研究确定并由自治区财政厅审核后，列入下一年度自治区本级财政预算。

第九条 专项资金的预算编制应坚持科学、规范、公开、公正的原则。要综合考虑各地（州、市）和职业学校职业教育工作的基本情况、工作实绩、机制建设、绩效考评等因素。

第十条 每年自治区职业教育工作领导小组办公室应根据专项资金预算和我区职业教育年度工作计划提出资金拨付申请，由自治区财政厅审核后及时拨付。

第十一条 当年预算执行结束后，专项资金的结余部分结转至下一年度继续按照本办法规定的支出范围使用。

第四章　专项资金的监督与检查

第十二条　自治区财政厅会同教育厅、审计厅不定期对专项资金安排的项目实施情况进行抽查，对存在问题的地区、学校，责令限时予以纠正，并核减下一年度专项资金。

第十三条　专项资金在使用过程中，如出现违反财经纪律、挪用或擅自变更资金用途的情况，将视其情节，依据有关规定，追究相关人员的责任。

第十四条　自治区职业教育领导小组办公室每年应根据自治区财政厅的有关要求做好专项资金绩效考评工作，并作为下一年度安排专项资金的依据。

第五章　附　　则

第十五条　本办法发布之日起执行。

第十六条　本办法由自治区财政厅负责解释。

关于印发《新疆维吾尔自治区国家计划生育“少生快富”工程专项资金管理暂行办法》的通知

（2010 年 12 月 6 日　自治区财政厅、人口和计划生育委员会
新财教［2010］392 号）

伊犁哈萨克自治州财政局、人口计生委，各地（州、市）财政局、人口计生委：

为规范国家计划生育“少生快富”专项资金管理，确保财政资金安全运行，根据《财政部、人口计生委关于印发〈西部地区计划生育“少生快富”工程专项资金管理暂行办法〉的通知》（财教［2010］242 号），结合自治区实际，制定《新疆维吾尔自治区国家计划生育“少生快富”工程专项资金管理暂行办法》。现印发给你们，请遵照执行。

附件：新疆维吾尔自治区国家计划生育“少生快富”工程专项资金管理暂行办法

附件

新疆维吾尔自治区国家计划生育“少生快富”工程专项资金管理暂行办法

第一章 总 则

第一条 为了规范国家计划生育“少生快富”工程专项资金（以下简称“专项资金”）管理，确保专项资金安全运行，根据《财政部、人口计生委关于印发〈西部地区计划生育“少生快富”工程专项资金管理暂行办法〉的通知》（财教［2010］242号）、《人口计生委、财政部关于印发西部地区计划生育“少生快富”工程实施方案的通知》（国人口发［2006］117号）、《国家人口计生委、财政部关于实施“三项制度”工作的通知》（国人口发［2008］83号）、《自治区人口计生委、财政厅关于印发新疆维吾尔自治区计划生育“少生快富”工程实施方案的通知》（新人口发［2007］2号）和自治区财政厅、人口计生委《关于落实人口计划生育“三项制度”配套资金的通知》（新财教［2008］385号）精神，按照国家有关法律法规和财政规章制度，结合自治区实际，特制定本办法。

第二条 专项资金是中央和地方财政共同设立的对符合条件的计划生育家庭给予一次性经济奖励的资金。

第三条 专项资金实行“国库统管、分账核算、直接补助、到户到人”的原则。任何部门、单位不得截留、挤占和挪用。

第四条 专项资金建立“资格确认、资金管理、资金发放、社会监督”四个环节相互衔接、相互制约的制度运行机制。专项资金的管理和发放必须接受财政、人口计生、监察、审计等部门的监督和检查。

第五条 人口计生部门负责确认“少生快富”工程奖励对象，编制资金需求计划，管理“少生快富”工程信息管理系统，对相关数据信息进行综合分析，掌握并监督代理发放机构建立奖励对象个人储蓄账户和资金发放情况。

财政部门负责专项资金的预算、决算、及时足额支付资金并加强监督管理。督促代理发放机构将专项资金及时划转到个人账户。各级财政部门按规定通过财政年报向上一级财政部门反馈专项资金到位、发放和结存情况。

代理发放机构负责制定资金发放办法和操作规程，按照代理服务协议的要求和人口计生部门提供的“少生快富”工程奖励对象建立个人储蓄账户，将专项资金及时足额划转到个人账户，并将资金发放情况及时反馈给财政和人口计生部门。

社会监督由监察或审计部门牵头，推行社会公示制度，鼓励广大群众参与对工程运行的全过程监督。

第二章 专项资金的奖励范围和标准

第六条 专项资金奖励对象应同时符合以下条件：

（一）按照《新疆维吾尔自治区人口与计划生育条例》（以下简称《条例》）规定，符合允许生育三个孩子政策的夫妻，即夫妻双方均为农业户口或界定为农村居民的少数民族夫妻。

成建制转为非农业户口，但计划生育政策仍然允许生育三个孩子的夫妻，可以纳入工程实施范围。

（二）按照政策规定可以生育三个孩子而自愿少生一个或两个孩子，并采取长效节育措施（结扎、上环、皮埋）。

（三）女方年龄在49周岁以内（含49岁）。离婚、丧偶现无配偶的，不纳入工程实施范围。

（四）夫妻双方再婚前后生育的子女数合并计算；依法收养子女，且未解除收养关系的，计入现存子女数。

第七条 奖励标准：对自愿申请参加“少生快富”工程、符合条件的对象，每对夫妻一次性奖励不少于3000元。

第八条 奖励对象所需资金中央财政按每对夫妇奖励3000元的基本标准负担80%，自治区各级财政负担20%。

为了更好地体现“一级政府、一级财政”的财政管理体制，明确各级政府执行计划生育国策的责任，结合各地（州、市）财力状况，自治区财政负担的20%配套资金由自治区本级财政和各地（州、市）财政分级负担，具体比例如下：

乌鲁木齐市、克拉玛依市、石河子市所需分担资金由当地财政承担；南疆三地（州）所需分担资金由自治区财政承担；巴州、阿克苏地区所需分担资金的20%部分由自治区财政承担，80%部分由当地财政承担；其他地（州）所需分担资金的70%部分由自治区财政承担，30%部分由当地财政承担。

第三章 专项资金的申报、拨付和发放

第九条 自治区人口计生部门每年1月31日前向同级财政部门反馈上年度专项资金发放情况，6月30日之前报送下年度奖励对象信息和资金需求计划。上述情况和资金需求计划同时报国家人口计生委。

第十条 自治区财政厅、人口计生委每年4月30日前联合提出当年中央专项资金预算申请报告，报财政部、国家人口计生委。各级财政负担的专项资金，应于每年7月31日前到位。

第十一条 专项资金由自治区财政厅商自治区人口计生委按照财政国库管理制度等有关规定确定有资质的金融机构作为代理发放机构，并签订代理服务协议。代理发放机构要为奖励对象开设个人储蓄账户，并对专项资金的发放实行信息化管理。

第十二条 县（市）人口计生部门应及时将“少生快富”工程对象个案信息提供给代理发放机构；代理发放机构应在收到专项资金后5个工作日内将专项资金一次性划拨到“少生快富”工程对象个人储蓄账户，并将建立个人账户和专项资金拨付情况，及时反馈给县（市）财政和人口计生部门。

第十三条 代理发放机构应于每年12月31日前将奖励专项资金发放情况等相关信息资料报送自治区人口计生委，并会同人口计生委输入管理信息系统。

第十四条 发放给奖励对象的奖励资金以年为单位计算，奖励对象按规定持有效证件到代理发放机构认定的发放网点支取奖励资金。

第十五条 上年专项资金有结余，区分中央、自治区、地（州）和县（市）部分，分别用于抵扣下一年度相应资金额度。

第四章 专项资金的管理和监督

第十六条 自治区财政厅和人口计生委不定期对各地（州、市）和县（市）资金管理情况进行监督检查。

第十七条 加强代理发放机构资金运行情况监督管理。代理发放机构不按照协议履行资金发放责任，出现截留、拖欠、抵扣专项资金行为的，应当取消其代理发放资格，并承担相应法律责任。

第十八条 从事“少生快富”工程的相关工作人员有下列行为之一的，由其所在部门、单位或者上级机关给予行政处分；情节严重构成犯罪的，应当依法追究刑事责任：

（一）滥用职权，徇私舞弊，擅自改变工程实施范围和奖励标准的；

（二）贪污、挪用、扣压、拖欠奖励资金的；

（三）玩忽职守，专项资金管理混乱的；

（四）弄虚作假，虚报瞒报，出具不实证明的。

第十九条 对骗取、冒领奖励资金的，由财政和人口计生部门追回已经领取的资金；构成犯罪的，依法追究刑事责任。

第五章 附 则

第二十条 本办法由自治区财政厅和人口计生委负责解释。

第二十一条 本办法自发布之日起施行。

关于印发《新疆维吾尔自治区计划生育家庭特别扶助专项资金管理暂行办法》的通知

（2010年12月6日 自治区财政厅、人口和计划生育委员会 新财教［2010］393号）

伊犁哈萨克自治州财政局、人口计生委，各地（州、市）财政局、人口计生委：

为规范计划生育家庭特别扶助专项资金管理，确保财政资金安全运行，根据《财政部、人口计生委关于印发〈全国计划生育家庭特别扶助专项资金管理暂行办法〉的通知》（财教［2010］244号），结合自治区实际，特制定《新疆自治区国家计划生育家庭特别扶助专项资金管理暂行办法》。现印发给你们，请遵照执行。

附件：新疆维吾尔自治区计划生育家庭特别扶助专项资金管理暂行办法

附件

新疆维吾尔自治区计划生育家庭特别扶助专项资金管理暂行办法

第一章 总 则

第一条 为规范计划生育家庭特别扶助专项资金（以下简称“特别扶助金”）管理，确保特别扶助金安全运行，根据《国务院办公厅转发〈人口计生委、财政部关于印发全国独生子女伤残死亡家庭扶助制度试点方案〉的通知》（国人口发［2007］78号）、《财政部、人口计生委关于印发〈全国计划生育家庭特别扶助专项资金管理暂行办法〉的通知》（财教［2010］244号）、《自治区人口计生委、财政厅关于印发〈新疆维吾尔自治区独生子女伤残死亡家庭扶助制度实施方案〉的通知》（新人口发［2008］109号）和自治区财政厅、人口计生委《关于落实人口计划生育“三项制度”配套资金的通知》（新财教［2008］385号）精神，按照国家有关法律法规和财政规章制度，特制定本办法。

第二条 特别扶助金是中央和自治区财政设立的对符合条件的城乡计划生育家庭实行特别扶助的专项资金。

第三条 特别扶助金实行“国库统管、分账核算、直接补助、到户到人”的原则，任何部门、单位不得截留、挤占和挪用。

第四条 特别扶助金建立“资格确认、资金管理、资金发放、社会监督”四个环节相互衔接、相互制约的制度运行机制。特别扶助金的管理和发放必须接受财政、人口计生、监察、审计等部门的监督和检查。

第五条 人口计生部门负责核实特别扶助对象人数，编制资金需求计划，管理特别扶助制度信息管理系统，对相关数据信息进行综合分析，掌握并监督代理发放机构建立特别扶助对象个人储蓄账户和资金管理情况。

财政部门负责特别扶助资金的预算、决算、及时足额支付资金并加强监督管理。督促代理发放机构将特别扶助金及时划转到个人账户。各地（州、市）和县（市）级财政部门通过财政年报向上级财政部门反映专项资金到位、发放和结存情况。

代理发放机构负责制定资金发放办法和操作规程，按照代理服务协议的要求和人口计生部门提供的特别扶助对象名单建立个人储蓄账户，将特别扶助资金及时足额划转到个人账户，并将资金发放情况反馈给财政和人口计生部门。

社会监督由监察或审计部门牵头，推行社会公示制度，鼓励广大群众参与对制度运行的全过程监督。

第二章 特别扶助范围和标准

第六条 特别扶助对象是持有自治区居民户口的城镇和农村独生子女死亡或伤、病残后未再生育或收养子女的夫妻。扶助对象应同时具备以下条件：

（一）1933年1月1日以后出生。

（二）农村居民女方年满45周岁，城镇居民女方年满49周岁。

（三）只生育一个子女或合法收养一个子女。

（四）现无存活子女或独生子女被依法鉴定为残疾（伤、病残达到三级以上）。

因丧偶或离婚的单亲家庭，男方或女方须年满49周岁。

独生子女伤残死亡扶助对象以家庭为单位审核（再婚夫妻以个人为单位审核）。

女方年龄已超过49周岁的，以其扶助资格被确认时起发放扶助金。

第七条 扶助金标准：特别扶助金以个人为单位发放。

独生子女死亡后，未再生育或合法收养子女的夫妻，由政府给予每人每月不低于100元的扶助金，直至亡故为止；独生子女伤、病残后，未再生育或收养子女的夫妻，由政府给予每人每月不低于80元的扶助金，直至亡故或子女康复为止（以时间先到为准）。

农村独生子女伤残死亡扶助对象年满60周岁后，不再重复纳入农村部分计划生育家庭奖励扶助制度实施范围。

第八条 特别扶助金由中央财政和自治区各级财政分担。

农村居民女方年满45周岁至48周岁的独生子女伤残或死亡扶助金由自治区各级财政分担，女方年满49周岁以上的独生子女伤残死亡扶助金由中央财政负担80%，自治区各级财政负担20%。自治区各级财政分担方式具体为：乌鲁木齐市、克拉玛依市、石河子市所需分担资金由当地财政承担；南疆三地（州）所需分担资金由自治区财政全部承担；巴州、阿克苏地区所需分担资金的20%部分由自治区财政承担，80%部分由当地财政承担；其他地（州）所需分担资金的70%部分由自治区财政承担，30%部分由当地财政承担。

第三章　特别扶助金申报、拨付和发放

第九条　自治区人口计生委每年1月31日前向自治区财政厅反馈上年度特别扶助金发放情况，6月30日前报送下年度特别扶助对象预测信息和资金需求计划。上述情况和资金需求计划同时报国家人口计生委。

第十条　自治区财政厅、人口计生委每年4月30日前联合提出当年中央专项资金预算申请报告，报财政部、国家人口计生委。

各级财政负担的专项资金，应于每年7月31日前到位。

第十一条　地（州、市）和县（市）级财政预算会计设立专账，分别核算中央财政、自治区财政和地（州、市）财政拨付的特别扶助金。

第十二条　自治区财政厅和人口计生委按照财政国库管理制度等有关规定确定有资质的金融机构作为特别扶助金的统一代理发放机构。代理发放机构要为特别扶助对象开设个人储蓄账户，并对扶助金的发放实行信息化管理。

第十三条　县（市）级人口计生部门应及时将特别扶助对象个案信息提供给代理发放机构；代理发放机构应在收到专项资金后5个工作日内将专项资金一次性划拨到特别扶助对象个人储蓄账户，并将建立个人账户和专项资金拨付情况及时反馈给县（市）级财政和人口计生部门。

第十四条　自治区级代理发放机构应于每年12月31日前将特别扶助金发放情况等相关信息资料报送自治区人口计生委，并会同自治区人口计生委输入管理信息系统。

第十五条　发放给扶助对象的特别扶助金以年为单位计算，特别扶助对象持有效证件到代理发放机构认定的发放网点支取扶助金。

第十六条　上年专项资金有结余的，区分中央、自治区、地（州）和县（市）分别用于抵扣下一年度相应资金额度。

第四章　特别扶助金的管理和监督

第十七条　自治区财政厅和人口计生委不定期对各地资金管理情况进行监督检查。

第十八条　加强代理发放机构资金运行情况监督管理。代理发放机构不按照协议履行资金发放责任，出现截留、拖欠、抵扣专项资金行为的，应当取消其代理发放资格，并承担相应法律责任。

第十九条　从事计划生育家庭特别扶助工作的人员有下列行为之一的，由其所在部门、单位或者上级机关给予行政处分；情节严重构成犯罪的，依法追究刑事责任：

（一）滥用职权，徇私舞弊，擅自改变特别扶助范围和特别扶助标准的；

（二）贪污、挪用、扣压、拖欠特别扶助金的；

（三）玩忽职守，专项资金管理混乱的；

（四）弄虚作假，虚报瞒报，出具不实证明的。

第二十条　对骗取、冒领特别扶助金的，由财政和人口计生部门追回已经领取的特别扶助金；构成犯罪的，依法追究刑事责任。

第五章　附　　则

第二十一条　本办法由自治区财政厅和人口计生委负责解释。

第二十二条　本办法自发布之日起施行。

关于印发《新疆维吾尔自治区国家免费孕前优生健康检查项目试点专项资金管理办法（试行）》的通知

（2010 年 12 月 6 日　自治区财政厅、人口和计划生育委员会
新财教［2010］394 号）

伊犁哈萨克自治州财政局、人口计生委，各地（州、市）财政局、人口计生委：

为规范国家免费孕前优生健康检查项目试点专项资金的管理，确保财政资金安全运行，根据《财政部、人口计生委关于印发〈国家免费孕前优生健康检查项目试点专项资金管理办法（试行）〉的通知》（财教［2010］333 号），结合我区实际，特制定《新疆维吾尔自治区国家免费孕前优生健康检查项目试点专项资金管理办法（试行）》。现印发给你们，请遵照执行。

附件：新疆维吾尔自治区国家免费孕前优生健康检查项目试点专项资金管理办法（试行）

附件

新疆维吾尔自治区国家免费孕前优生健康检查项目试点专项资金管理办法（试行）

第一章　总　　则

第一条　为了规范和加强国家免费孕前优生健康检查项目试点专项资金（以下简称“试点专项资金”）管理，确保专项资金安全运行，根据《国家人口计生委、财政部关于开展国家免费孕前优生健康检查项目试点工作的通知》（国人口发［2010］29 号）和《财政部、人口计生委关于印发〈国家免费孕前优生健康检查项目试点专项资金管理办法（试行）〉的通知》（财教［2010］333 号）精神，按照国家有关法律法规和财政规章制度，现结合我区实际，特制定本办法。

第二条　试点专项资金由中央和自治区财政

共同设立，资金使用坚持“统筹安排、专款专用、加强管理、保证效益”的原则。

第三条 人口计生部门负责核实确认国家免费孕前优生健康检查服务对象资格和人数，管理技术服务工作，编制资金需求计划，对相关数据进行综合分析。

财政部门负责国家免费孕前检查专项资金的预算、决算，及时足额支付资金并加强监督管理。

第四条 试点专项资金的使用必须接受财政、人口和计划生育、监察和审计等有关部门的监督和检查。

第二章 试点专项资金补助对象、支出范围和标准

第五条 享受国家免费孕前优生健康检查的目标人群应同时具备下列条件：

（一）符合生育政策并准备怀孕的夫妇。

（二）夫妇至少一方为农业人口或界定为农村居民户口。

（三）夫妇至少一方具有本地户籍或夫妇双方非本地户籍但在本地居住半年以上。

（四）在定点服务机构接受国家免费孕前优生健康检查。

第六条 符合条件的目标人群，每孩次享受一次国家免费孕前优生健康检查。需要再次接受检查的，可在医生指导下自费接受孕前优生健康检查。

第七条 试点地区应将符合条件的流动人口纳入国家免费孕前优生健康检查服务范围，享受与户籍人口同等服务。

第八条 试点专项资金用于提供健康教育、体格检查、临床实验室检查、风险评估、咨询指导等孕前优生健康检查服务。

第九条 国家免费孕前优生健康检查基本服务项目国家结算标准为每对夫妇每孩次 240 元。

第三章 试点专项资金来源、拨付和结算

第十条 试点专项资金由中央和自治区财政纳入财政预算予以安排，其中，中央财政负担 80%，自治区本级财政负担 20%。

第十一条 自治区财政总预算会计设立专账，分别核算中央财政拨付和自治区财政安排的试点专项资金。

第十二条 中央财政和自治区财政专项资金预算按照“当年全额预拨、次年考核结算、差额多抵少补”原则下达。

年初按各试点县（市）上年度农业户口或农村居民户口（含流动人口）出生人口总数预拨当年专项资金，次年按各试点县（市）上年末实际检查人数和检查项目结算上年度专项资金。上年差额资金区分中央和自治区部分，多拨资金分别用于抵顶当年中央和自治区预拨资金；少拨资金分别由中央和自治区财政予以补足。

第十三条 试点专项资金结算流程：

（一）符合条件的目标人群，自愿申请参加国家免费孕前优生健康检查，村、乡计划生育专职干部进行资格初审，县级人口计生部门核实确认。经核实后，由县级人口计生部门发放国家免费孕前优生健康检查服务卡，同时建立相关档案信息。

（二）定点服务机构依据国家免费孕前优生健康检查服务卡核实服务对象身份，按规定提供国家免费孕前优生健康检查服务项目。

（三）定点服务机构每月向县级人口计生部门报送检查人数和检查项目等情况，并提供国家免费孕前优生健康检查经费单，经县级人口计生部门复核、财政部门审核批准后，由县级财政部门 5 个工作日内将专项资金拨至定点服务机构。县级人口计生部门留存所有原始材料和单据，以备核查。

第四章 试点专项资金监督与检查

第十四条 县级财政和人口计生部门建立试点专项资金监督检查机制。自治区财政厅和人口计生委每年采取直接或委托方式对各地资金拨付和管理等情况进行检查。

第十五条 加强对定点服务机构的监督。定点服务机构不按协议履行检查项目、骗取专项资金的，取消定点服务资格，并承担相应法律责任。

第十六条 国家免费孕前优生健康检查项目的国家工作人员有下列行为之一的，由其所在部门、单位或者上级机关给予行政处分；情节严重构成犯罪的，依法追究刑事责任。

（一）滥用职权，徇私舞弊，擅自改变或减少免费优生健康检查基本服务项目内容和降低服务标准的；

（二）贪污、挪用、扣压、拖欠试点专项资金的；

（三）玩忽职守，专项资金管理混乱的；

（四）弄虚作假，虚报瞒报，出具证明不实的。

第五章 附 则

第十七条 本办法适用于试点期间试点地区试点专项资金管理。

第十八条 本办法由自治区财政厅和人口计生委负责解释。

第十九条 本办法自发布之日起施行。

关于印发《新疆维吾尔自治区博物馆、纪念馆免费开放专项资金管理办法（试行）》的通知

（2010年12月14日 自治区财政厅、文物局
新财教［2010］407号）

伊犁哈萨克自治州财政局、文物局，各地（州、市）财政局、文物局（文物管理所），自治区博物馆：

为贯彻落实中共中央宣传部、财政部、文化部、国家文物局《关于全国博物馆、纪念馆免费开放的通知》（中宣发［2008］2号）精神，加强博物馆、纪念馆免费开放专项资金管理，提高专项资金使用效益，确保我区博物馆、纪念馆免费开放工作的有序开展，特制定了《新疆维吾尔自治区博物馆、纪念馆免费开放专项资金管理办法》，现印发给你们，请遵照执行。

附件：新疆维吾尔自治区博物馆、纪念馆免费开放专项资金管理办法

附件

新疆维吾尔自治区博物馆、纪念馆免费开放专项资金管理办法

第一章 总 则

第一条 为提升政府公共文化服务水平，发挥博物馆、纪念馆的宣传、教育和展示功能，规范博物馆、纪念馆免费开放专项资金（以下简称“免费开放专项资金”）管理，根据中共中央宣传部、财政部、文化部、国家文物局《关于全国博物馆、纪念馆免费开放的通知》（中宣发［2008］2号）和自治区党委宣传部、财政厅、文化厅、文物局《关于全区博物馆、纪念馆免费开放的通知》（新党宣字［2008］6号）精神，按照国家有关法律法规和财政规章制度，结合我区实际特制定本办法。

第二条 本办法适用于全区各级文化文物部门归口管理向社会免费开放的国有博物馆、纪念馆，全国爱国主义教育示范基地。

第三条 免费开放专项资金是指中央财政和自治区各级财政为支持博物馆、纪念馆向社会免费开放而设立的专项资金。

第四条 免费开放专项资金实行“统筹安排、分级管理、分级负责、专款专用”的原则。各级财政部门保障免费开放的博物馆、纪念馆正常运转。中央财政和自治区财政对地（州、市）、县（市）博物馆、纪念馆给予补助。

第五条 免费开放专项资金的管理和使用，必须接受财政、文物监察、审计等部门的监督和检查。

第二章 免费开放专项资金的补助标准和使用范围

第六条 免费开放专项资金的补助标准。

（一）为了更好地体现“一级政府、一级财政”的财政管理体制，明确各级政府执行文物保护法的责任，结合各地（州、市）财力状况，自治区财政负担的20%配套资金由自治区本级财政和各地（州、市）财政分级负担，具体比例如下：

自治区博物馆和南疆三地（州）所需资金由自治区财政承担；其他地（州、市）所需资金由当地财政承担。

（二）自治区财政在预算中安排的免费开放专项资金。

（三）各地（州、市）和县（市）级财政部门在预算中安排的免费开放专项资金。

第七条 免费开放专项资金使用范围：

（一）全区各级文化文物部门归口管理的博物馆、纪念馆向社会实行免费开放后门票收入减少的补助。

（二）全区各级文化文物部门归口管理的博物馆、纪念馆向社会实行免费开放后新增运转经费的补助。

第八条 免费开放专项资金支出内容：

（一）人员支出经费。是指为各博物馆、纪念馆编外长期聘用人员开支的劳动报酬等支出。

（二）日常公用经费。是指各博物馆、纪念馆日常运转和增加业务量等发生的支出。包括邮电费、差旅费、零星维修费、培训费等支出。

（三）项目支出。是指各博物馆、纪念馆开展专项业务活动和提升服务能力及服务质量等活动发生的支出。包括：设备购置（不含办公设备、交通工具）、宣传品、印刷费、大型修缮、陈列布展费等支出。

第九条 免费开放专项资金不得用于场馆建设等基本建设项目或偿还债务。

第三章 免费开放专项资金管理和监督

第十条 各地（州、市）、县（市）财政部门应将博物馆、纪念馆免费开放后所需经费纳入本级财政预算予以保障。在中央和自治区财政对免费开放的博物馆、纪念馆给予专项补助后，不得降低同级财政用于博物馆、纪念馆的正常经费供给水平，原有的基本支出和项目支出经费不能减少。

第十一条 免费开放专项资金实行动态管理。由自治区财政厅、文物局参照上一年度补助标准、各地财政投入情况、免费开放运行情况、接待参观人次、服务质量等因素调整。

第十二条 免费开放专项资金纳入单位预算管理，专项资金年终有结余的，可结转下年度继续使用。

第十三条 免费开放专项资金实行国库集中支付。自治区级文博单位按照自治区级财政国库集中支付的有关规定执行。对尚未实行国库集中支付的文博单位按照文物专项资金拨付的有关规定执行。

第十四条 免费开放专项资金核批程序：

（一）免费开放专项资金由自治区财政厅会同自治区文物局审核指定资金分配方案并及时下达补助资金。

（二）各级财政在收到补助资金后，应在20个工作日内下达到各相关单位。

第十五条 自治区财政厅会同自治区文物局对各单位免费开放专项资金使用情况进行不定期监督检查，检查结果作为今后确定项目、安排免费开放专项资金的依据。

第十六条 对免费开放专项资金建立责任追究制度。凡有下列行为之一的，自治区财政厅会同自治区文物局将责令其限期整改，逾期不改正的，将核减、停拨直至收回免费开放专项资金，并根据有关财经制度追究相关人员的责任，对触犯法律的要追究相应的法律责任。

（一）提供虚假情况，骗取专项资金的。

（二）转移、截留、侵占或挪用专项资金的。

（三）擅自变更项目内容、改变资金用途的。

（四）抵制检查和审计工作，提供虚假资料的。

（五）违反规定向观众出售门票的。

（六）因管理不善，造成专项资金流失、浪费的。

（七）其他违反国家法律法规和本办法规定行为的。

第四章 附 则

第十七条 本办法由自治区财政厅和文物局负责解释。

第十八条 本办法自颁布之日起施行。

关于印发《新疆维吾尔自治区农村电影公益放映场次补贴专项资金管理暂行办法》的通知

（2010年12月22日　自治区财政厅、广播电影电视局
新财教［2010］425号）

伊犁哈萨克自治州财政局、广电局，乌昌财政局及各地（州、市）财政局、广电局：

为加强“农村电影公益放映场次补贴专项资金”的管理，规范农村电影公益放映场次补贴专项资金发放行为，提高财政资金使用效益，根据《国务院办公厅转发广电总局等部门关于做好农村电影工作意见的通知》（国办发［2007］38号）和《财政部、广电总局关于印发〈农村电影公益放映场次补贴专项资金管理办法〉的通知》（财教［2008］135号）精神，结合我区农村电影公益放映实际情况，特制定《新疆维吾尔自治区农村电影公益放映场次补贴专项资金管理暂行办法》。现印发给你们，请遵照执行。

附件：新疆维吾尔自治区农村电影公益放映场次补贴专项资金管理暂行办法

附件

新疆维吾尔自治区农村电影公益放映场次补贴专项资金管理暂行办法

第一章　总　　则

第一条　为加强“农村电影公益性放映场次补贴专项资金”的管理，规范农村电影公益性放映场次补贴专项资金发放行为，提高财政资金使用效益，根据《国务院办公厅转发广电总局等部门关于做好农村电影工作意见的通知》（国办发［2007］38号）和财政部、广电总局《关于印发农村电影公益性放映场次补贴专项资金管理办法》（财教［2008］135号）精神，按照国家有关法律法规和财政规章制度，特制定本办法。

第二条　农村电影公益性放映场次补贴专项资金是中央财政和自治区各级财政为确保农民群众观看公益性电影，对放映活动进行直接补助而设立的专项资金。

第三条　场次补贴专项资金建立“场次确认、资金管理、社会监管”三个环节相互衔接、相互制约的运行机制。专项资金的管理和发放必须接受财政、广电、监察、审计等部门的监督检查。

第四条　财政部门负责专项资金预算、决算管理，及时足额拨付资金并加强监督，各地（州、市）财政部门应按规定及时足额地落实配套资金。

自治区广电局负责全面协调、指导全区农村电影公益性放映工程的实施，确认放映单位当年公益性放映场次，组织发放场次补贴，编制下一年度资金需求计划，并对相应数据信息进行综合分析。各地（州、市）广电部门负责具体实施农村电影放映工作，并及时向自治区农影办上报当年公益性放映场次。

第五条　场次补贴专项资金的发放实行社会公示制度，鼓励广大群众参与公益性电影放映及资金发放的监督。

第二章　申请和拨付

第六条　各地（州、市）广电部门应于每年2月底之前将上一年度场次补贴专项资金发放、结余情况及当年资金需求上报自治区广电局。自治区财政厅、广电局每年3月20日前联合提出当年中央专项资金预算申请报告，报财政部、国家广电总局。

第七条　放映队每放映一场公益性电影，应填写一份放映回执单，回执单要经当地村委会负责人签字并加盖公章。各县（市）广电部门应于每月27日前，将本月的放映回执单和农村电影放映情况统计数据上报地（州、市）广电部门。

第八条　各地（州、市）广电部门对县（市）上报的材料要进行严格的审查，核准后于当月30日前向自治区广电局上报公益性放映场次数据。自治区广电局审核公益性放映场次数据后，于次月5日前报国家广电总局电影局备案。

第九条　场次补贴专项资金实行先放后补，计划放映场次任务应于当年完成。对于在12月31日前未完成当年放映计划的地区，原则上在安排公益性放映场次补贴专项资金时，将被扣除未完成场次部分的专项资金。

第十条　自治区财政厅按照国库管理和改革的要求，及时核算和拨付专项资金。各地（州、市）财政部门应确保需配套的资金及时足额到位。

第三章　支出范围和标准

第十一条　场次补贴专项资金用于直接补贴农村电影的放映活动，包括数字电影放映和胶片电影放映。不得用于提取管理费、维护费、折旧费等。凡通过公开招标确定的国有、集体、民营、个体等各种形式的农村电影放映主体，在行政村开展公益性电影放映活动，均可享受农村电影公益性场次补贴。

第十二条　国家财政根据一村一月放映一场公益性电影的目标，按照不低于每场200元的标准对农村电影公益性放映给予场次补贴。

第十三条　农村电影公益性放映场次补贴专项资金由中央财政和自治区各级财政共同分担，其中：中央财政负担80%，自治区各级财政负担20%。自治区各级财政分担方式具体为：南疆三地（州）和国贫县、区贫县、边境县所需分担的场次补贴专项资金由自治区本级财政全部承担，其他地（州、市）所需分担的场次补贴专项资金由当地财政自行承担。

第四章　发放方式

第十四条　农村电影公益性放映场次补贴专项资金原则上当年补助当年使用，每年发放一次。

第十五条 各地（州、市）广电部门要认真制定资金发放细则和操作规程，并建立公益性放映公示制度、放映回执审核制度、放映单位奖励制度、社会监督及举报制度。

第五章 监督与管理

第十六条 自治区财政厅和广电局不定期对各地（州、市）农村公益性放映场次的相关情况进行监督和检查，对于不规范的地区，将予以通报批评。

第十七条 各地（州、市）财政、广电部门要加强场次补贴专项资金使用的监督管理，确保场次补贴先放后补，公开透明、及时到位、足额发放。

第十八条 为确保场次补贴专项资金专款专用，对有以下行为之一者，给予处罚：

（一）对场次补贴专项资金发放不及时、未按使用范围和发放程序发放场次补贴的部门和单位，给予通报批评；

（二）对虚报冒领、截留挪用、克扣场次补贴专项资金的单位或个人，除追回冒领款项外，取消相关单位和个人从事农村电影公益性放映的资格，情节严重的将依法追究有关责任人的法律责任。

第六章 附　　则

第十九条 各地（州、市）财政、广电部门应根据当地实际情况制定本地区农村电影公益性放映场次补贴专项资金拨付、发放等工作的具体实施方案。

第二十条 本办法由自治区财政厅、广电局负责解释。

第二十一条 本办法自公布之日起施行。

关于印发《新疆维吾尔自治区城乡重要建（构）筑物抗震防灾工程资金管理办法》的通知

（2010年3月17日 自治区财政厅、发展和改革委员会、住房和城乡建设厅、城乡重要建（构）筑物抗震防灾工程领导小组办公室 新财建［2010］27号）

各地（州、市）财政局、发展改革委、建设局、城乡重要建（构）筑物抗震防灾工程领导小组办公室，自治区各有关部门：

根据《关于印发自治区城乡重要建（构）筑物抗震防灾工程实施方案的通知》（新政办发［2008］84号），以及《自治区住房保障和城乡重要建（构）筑物抗震防灾工程领导小组会议纪要》（新政阅［2010］8号）。为了按期完成自治区城乡重要建（构）筑物抗震防灾工程总体目标，进一步规范资金和项目管理，我们制定了《新疆维吾尔自治区城乡重要建（构）筑物抗震防灾工程资金管理办法》，请遵照执行。在执行过程中存在的问题和建议，请及时反馈给我们。

附件：新疆维吾尔自治区城乡重要建（构）筑物抗震防灾工程资金管理办法

附件

新疆维吾尔自治区城乡重要建（构）筑物抗震防灾工程资金管理办法

第一章　总　　则

第一条　为了按期完成自治区城乡重要建（构）筑物抗震防灾工程（以下简称“抗震防灾工程”）总体目标，进一步规范资金和项目管理，根据《关于印发自治区城乡重要建（构）筑物抗震防灾工程实施方案的通知》（新政办发［2008］84号），制定本办法。

第二条　本办法所指抗震防灾资金，包括各级政府投入用于抗震防灾工程的各类资金。

第三条　自治区财政厅、发展改革委、住房和城乡建设厅、城乡重要建（构）筑物抗震防灾工程领导小组办公室（以下简称“自治区抗震防灾办”）及相关主管部门，按照自治区城乡重要建（构）筑物抗震防灾工程领导小组成员单位工作职责，负责资金和项目管理工作。

第四条　自治区财政厅负责按照自治区党委、人民政府的决定筹措抗震防灾资金。自治区相关主管部门负责做好对口中央部委的资金争取工作。

第二章　项目安排

第五条　自治区抗震防灾办会同相关部门，结合各地实际，根据排查鉴定结果，科学制定全区重要建（构）筑物抗震防灾工程实施方案。

第六条　项目安排原则：按照“先地震重点防御区、高烈度区、地震断裂带及地震多发区的县市、后其他县市”的原则，科学制定各地抗震防灾工程实施方案和年度项目实施计划。

第七条　各地（州、市）抗震防灾工程领导机构会同同级相关部门，于每年10月底前向自治区抗震防灾办报送下一年度抗震防灾工程项目实施计划。自治区抗震防灾办会同相关主管部门审核确定下一年度实施的具体项目清单和建设内容后，由自治区抗震防灾办向各地（州、市）下达年度项目实施计划。

第八条　各地（州、市）应按年度项目实施计划，组织开展抗震防灾工程具体项目的实施，不得擅自调整和变更项目名称、建设规模、建设内容。在实施过程中如确需调整和变更，应按第七条规定的程序办理计划调整。由于计划调整增加的投资，由各地自行筹措。

第九条　属于自治区中小学校舍安全工程的抗震防灾项目，由自治区抗震防灾办会同自治区中小学校舍安全工程领导小组相关办公室组织实施。

第三章　资金安排

第十条　资金安排原则：中央及自治区安排的抗震防灾资金，由自治区统筹安排。采取补助和奖励相结合的方式分配资金。

第十一条　自治区抗震防灾办根据不同结构形式及抗震设防烈度分地区核定每平方米造价，作为安排补助资金的依据之一。

第十二条　由自治区财政厅会同自治区发展改革委、住房和城乡建设厅、抗震防灾办等部门，根据中央和自治区抗震防灾工程资金到位情况、各地年度项目实施计划、各地财力状况、各地上一年完成抗震防灾任务等因素，确定各地补助金额。对未完成上一年度实施计划确定的抗震防灾任务的地（州、市），视具体情况扣减下一年度补助资金。

第十三条　各地（州、市）、县（市）要积极采取措施，多渠道筹集资金，确保工程顺利实施。乌鲁木齐市、克拉玛依市的加固、改造经费由当地负责；其他县市的加固、改造经费，以当地自筹为主，自治区适当给予补助。自治区将重点对南疆三地（州）及其他抗震设防烈度高、地震活动较为频繁的贫困县（市）给予补贴。

第十四条　抗震防灾工程资金用于年度项目实施计划确定的建设内容，抗震加固资金只能用于主体工程建设及破坏部分的修复，不得用于装饰装修、设备改造及设备仪器购置等与抗震防灾无关的支出。如确需增加装修、更新设备等，所需资金由建设单位自筹解决。

第十五条　自治区本级每年从抗震防灾工程资金中安排一定数额的奖励资金。自治区抗震防灾办牵头会同自治区财政厅等部门，对各地年度工作进行考核，对较好的完成年度项目实施计划，以及配套资金到位情况好的地（州、市），视具体情况予以奖励。奖励资金全部用于抗震防灾工程。

第四章　资金和财务管理

第十六条　自治区财政厅按预算级次下达抗震防灾资金支出预算。资金纳入各级财政预算管理，专款专用，不得用于平衡本级预算。

第十七条　各级财政部门应严格按国库集中支付的规定，及时办理资金拨付，不得滞留或挪用。未按规定完成各项前期工作、不具备开工条件或其他资金来源未落实的，不予拨付资金。

第十八条　项目建设单位必须严格按规定用途使用专项资金，不得以任何理由、任何形式截留、挤占、挪用资金。

第十九条　项目建设单位要严格执行基本建设财务有关制度规定，正确核算工程建设成本，按规定编制和报送项目竣工财务决算。

第二十条　各级财政部门、审计部门按规定做好竣工财务决算的审查或审计、批复等管理工作。

第五章　监督管理

第二十一条　自治区财政厅、发展改革委、住房和城乡建设厅、抗震防灾办、审计厅及有关主管部门，每年对资金使用和项目实施情况进行检查。检查结果作为安排年度项目实施计划和资金预算的依据之一。

第二十二条　各级财政部门按规定做好抗震防灾资金绩效评价工作，绩效评价结果作为安排资金的依据之一。

第二十三条　对于违反本规定的行为，按照《财政违法行为处罚处分条例》（国务院令第427号）的规定，追究有关单位和责任人的责任。

第六章　附　　则

第二十四条　中央安排用于我区抗震防灾工程的专项资金，有具体管理规定的，从其规定。

第二十五条　本办法由自治区财政厅会同自治区发展改革委、住房和城乡建设厅、抗震防灾办负责解释。

第二十六条　各级财政部门，可以根据本办法，结合当地实际，会同相关部门，制定具体的资金管理措施，并报自治区财政厅等部门备案。

第二十七条　本办法自发布之日起实施。

关于制定印发《新疆维吾尔自治区主要污染物减排专项资金管理暂行办法》的通知

（2010年1月28日　自治区财政厅、环境保护厅
新财建［2010］42号）

伊犁哈萨克自治州财政局，环境保护局，乌昌财政局、各地（州、市）财政局、环境保护局：

为进一步推动我区污染减排工作，根据《自治区党委自治区人民政府关于进一步加强环境保护和生态建设的意见》（新党发［2009］6号）有关要求，自治区设立主要污染物减排专项资金，现将《新疆维吾尔自治区主要污染物减排专项资金管理暂行办法》印发给你们，请遵照执行。

附件：新疆维吾尔自治区主要污染物减排专项资金管理暂行办法

附件

新疆维吾尔自治区主要污染物减排专项资金管理暂行办法

第一章　总　　则

第一条　根据《自治区党委自治区人民政府关于进一步加强环境保护和生态建设的意见》（新党发［2009］6号）有关规定，自治区设立主要污染物减排专项资金（以下简称“减排专项资金”）。为规范减排专项资金管理，提高资金使用效益，制定本办法。

第二条　企业是污染物减排责任的主体，应切实履行“谁污染、谁治理”的污染治理责任。逐步建立起“政府引导、企业为主、市场化运作”的污染物减排投入长效机制。

第三条　减排专项资金是指中央、自治区财政安排的用于污染物减排方面的各类资金。

第四条　减排专项资金的管理和使用遵循公开透明、突出重点、注重实效、专款专用的

原则。

第二章　部门职责

第五条　减排专项资金由自治区财政厅、环保厅按照资金、项目管理的要求共同实施管理。

第六条　财政厅主要负责减排专项资金的预算和资金管理。具体职责如下：

（一）确定减排专项资金年度预算；

（二）确定减排专项资金年度预算安排的原则及重点，会同自治区环保厅编制发布年度项目申报指南；

（三）会同自治区环保厅对项目进行审核，并根据环保厅提供的国家、自治区重点监控企业名单、自治区主要污染物排放总量控制年度计划及减排量最终核定结果核定奖励标准和奖励额度；

（四）审核并按预算管理程序下达资金预算；

（五）监督检查减排专项资金的管理和使用情况；

（六）审核减排专项资金绩效评价报告。

第七条　环保厅主要负责减排专项资金项目管理和绩效考核工作，具体职责如下：

（一）根据国家和自治区确定的年度污染减排任务和计划。会同财政厅编制发布年度《自治区减排专项资金项目申报指南》（以下简称“申报指南”）。

（二）根据减排专项资金年度预算安排的原则和重点，会同财政厅组织项目申报、审查、评审论证，确定年度支持项目。

（三）按照预算管理程序向财政厅提出年度预算安排建议；负责向财政厅提供国家、自治区重点监控企业名单、主要污染物排放指标及基础数据；会同财政厅确定年度奖励企业名单、奖励标准和奖励额度。

（四）负责减排专项资金绩效评价工作并将审核汇总后的减排专项资金绩效评价报告报财政厅。

（五）会同财政厅加强监督检查和项目竣工验收。

第三章　资金使用范围和支持方式

第八条　减排专项资金使用范围具体包括：

（一）奖励超额完成自治区确定的主要污染物减排指标的、对污染减排做出突出贡献的企业；

（二）重点污染源防治项目、区域性污染防治项目及污染防治新技术新工艺的推广应用项目；

（三）排污口规范化建设项目；

（四）污染减排设施自动控制与计量系统改造项目；

（五）自治区财政厅、环保厅确定的有利于污染减排的其他项目。

第九条　减排专项资金主要采取以奖代补和拨款补助两种支持方式。其中，本办法第八条中第一项采取以奖代补方式，第二项至第五项采取拨款补助方式。

第十条　享受奖励资金的企业必须是列入国家重点监控污染排放企业和自治区重点监控污染排放企业。

第十一条　减排专项资金不支持已列入自治区关停计划、不符合国家产业政策的落后产能项目和环保“三同时”项目。

第四章　项目申请、确定及奖励标准

第十二条　符合年度申报指南所规定条件的企业，按照年度申报指南有关要求，编制符合规范要求的项目申报材料，提出专项资金申请，报所在地（州、市）财政局、环保局。经各地（州、市）财政局、环保局联合审查、筛选后，正式行文汇总上报自治区财政厅、环保厅。申请材料主要包括资金申请报告、项目建设方案以及相关证明材料等。

第十三条　自治区财政厅、环保厅对上报项目进行汇总初审，基本符合条件的项目纳入自治区减排专项资金项目库，并实行滚动管理。

第十四条 建立专家论证评审制度。自治区财政厅、环保厅组织专家论证评审会对通过初审的项目进行评审，经评审通过的项目，才可列入年度专项资金使用计划。

第十五条 自治区财政厅根据环保厅提供的上年度国家、自治区重点监控企业名单、主要污染物排放指标及基础数据，合理确定奖励标准及额度。

第十六条 结合我区实际，暂定纳入奖励范围的指标为：化学需氧量（COD）和二氧化硫（SO_2）。具体奖励标准根据当年减排专项资金规模一年一定。

第五章 资金的下达及管理

第十七条 自治区财政厅根据批准的年度减排专项资金预算，会同环保厅下达减排专项资金支出预算，并按照预算管理程序和国库集中支付的有关规定办理资金拨付手续。

第十八条 对于安排奖励资金的项目，先按照奖励金额的70%下达预算，待下一年度考核后减排量不反弹的，再将剩余资金拨付到位，否则将收回项目奖励资金。奖励资金应主要用于污染减排项目建设支出。

第十九条 减排专项资金实行目标考核评价制度。减排专项资金支持的项目，由自治区财政厅、环保厅与项目承担单位签订《减排项目目标考核责任书》，确保项目按时完工并实现减排目标。

第二十条 项目完工或完成后，项目承担单位应及时向自治区环保厅和财政厅提出项目竣工验收申请，由环保厅和财政厅组织验收或者委托地（州、市）环保局、财政局根据有关规定组织验收。验收时，企业应附项目绩效评价报告。未经验收和验收不合格的项目承担企业不得申报新的项目。

第六章 监督检查

第二十一条 自治区财政厅会同环保厅对《减排项目目标考核责任书》的有关内容完成情况进行监督检查和考核，并出具正式核查报告。

第二十二条 对于违反本办法及有关要求，弄虚作假、截留、挪用、挤占减排专项资金的行为，自治区财政厅、环保厅将视情况采取通报批评、停止资金安排、取消申报资格等措施予以相应处理；构成犯罪的，移交司法机关依法追究刑事责任。

第二十三条 各地（州、市）财政部门应当会同环保部门建立健全监管机制，加强对减排专项资金的监督和考核，确保减排专项资金按规定使用。于每年年底前将本地区减排专项资金使用情况和项目建设情况书面报送自治区财政厅、环保厅。未按要求报送书面报告的，自治区将不予受理该地（州、市）下年度项目。

第二十四条 减排专项资金使用单位应当按照预算批复和国家有关规定使用资金，加强财务管理和会计核算，努力提高资金使用效益，并自觉接受财政、审计、监察等部门的监督检查。

第七章 附 则

第二十五条 各地（州、市）财政和环保部门，可根据本办法，结合当地实际，制定具体实施细则，并报自治区财政厅和环保厅备案。

第二十六条 本办法由自治区财政厅会同环保厅负责解释。

第二十七条 本办法自印发之日起实施。以前相关规定与本办法不一致的，按照本办法执行。

关于印发《新疆维吾尔自治区渔业成品油价格补助专项资金管理暂行办法实施细则》的通知

（2010年3月8日　自治区财政厅、水产局
新财建［2010］48号）

伊犁哈萨克自治州财政局、水产局，各地（州、市）财政局、水产局，有关企业：

为加强渔业成品油价格补助专项资金管理，保障渔业生产者健康发展，确保国家成品油价格和税费改革顺利实施，根据财政部等七部门《关于成品油价格和税费改革后进一步完善种粮农民部分困难群体和公益性行业补贴机制的通知》（财建［2009］1号）和财政部、农业部《关于印发〈渔业成品油价格补助专项资金管理暂行办法〉的通知》（财建［2009］1006号）规定，我们制定了《新疆维吾尔自治区渔业成品油价格补助专项资金管理暂行办法实施细则》，现印发给你们，请遵照执行。

附件：新疆维吾尔自治区渔业成品油价格补助专项资金管理暂行办法实施细则

附件

新疆维吾尔自治区渔业成品油价格补助专项资金管理暂行办法实施细则

第一条　为加强渔业成品油价格补助专项资金管理，保障渔业生产者合法权益，确保国家成品油价格和税费改革顺利实施，根据财政部等七部门《关于成品油价格和税费改革后进一步完善种粮农民部分困难群体和公益性行业补贴机制的通知》和财政部、农业部《关于印发〈渔业成品油价格补助专项资金管理暂行办法〉的通知》规定，结合我区实际，制定本实施细则。

第二条　本实施细则适用于渔业成品油价格补助专项资金（以下简称“补助资金”）的使用管理。

第三条　本实施细则所称补助资金，是指中

央财政预算安排的，用于补助渔业生产者因成品油价格调整而增加的成品油消耗成本而设立的专项资金。补助资金补助对象为渔业生产者，包括依法从事内陆捕捞及水产养殖并使用机动渔船的渔民和渔业企业。

第四条 补助对象应当符合以下条件：

（一）所从事的渔业生产符合《渔业法》等法律规定。

（二）内陆捕捞机动渔船持有合法有效的渔业船舶证书（证件），并在一个补助年度内从事正常捕捞生产活动时间累计不低于三个月。内陆捕捞渔船船数和功率数控制在农业部2008年核定数据范围内，并纳入自治区数据库管理。

（三）养殖渔民（渔业企业）持有合法有效的水域滩涂养殖使用证（以下简称“养殖证”）和渔业船舶证书（证件），使用养殖机动渔船从事正常养殖生产活动。

第五条 当国家确定的成品油分品种出厂价，高于2006年成品油价格改革时的分品种出厂价（汽油4400元/吨、柴油3870元/吨）时，启动补贴机制；低于上述价格时，停止补贴。

第六条 补助资金补助标准的确定和中央财政负担的补助比例按财政部等七部门《关于成品油价格和税费改革后进一步完善种粮农民部分困难群体和公益性行业补贴机制的通知》的规定执行。

第七条 补助用油量核算原则：

（一）补助用油量的核算原则上以2008年为上限。农业部根据自治区水产局上报的渔船和养殖证等情况，考虑增、减变化因素，商财政部核算确定补贴用油量。

（二）内陆捕捞机动渔船补助用油量按照捕捞作业类型和渔船主机总功率进行核算确定。养殖机动渔船补助用油量按照养殖证确定面积和实际使用的养殖机动渔船功率情况进行核算确定，单位养殖水面标准可补助养殖机动渔船主机功率不得超过1.4千瓦/公顷，小于1.4千瓦/公顷的，按实际功率数核准。

农业部根据渔船种类、作业类型、平均作业时间提出机动渔船用油量测算参考标准。

第八条 县级以上渔业主管部门应建立健全国内捕捞机动渔船、养殖机动渔船管理和养殖证发放数据库，完整准确地记录本辖区渔船和养殖证情况，并编制报表。

第九条 补助年度终了后，县级渔业主管部门应组织符合申请条件的渔业生产者填报补助申请表，内容包括国内捕捞机动渔船和养殖机动渔船、船主和养殖证基础信息、补助年度内是否正常生产作业、有无违反《渔业法》等法律法规情况等。

第十条 县级渔业主管部门对补助申请表进行初核、汇总，并对渔业生产者的补助资格进行公示（不少于5个工作日），重点公示渔船在补助年度内是否正常生产作业。公示结束后，县级渔业主管部门应根据本实施细则第六条进行补助用油量测算，并于次年2月底前将补助年度内国内捕捞机动渔船、养殖机动渔船统计补助用油量测算情况逐级报送自治区水产局，抄报同级财政、审计部门（2009年度情况2010年3月11日前报送）。

第十一条 自治区水产局根据本实施细则第六条对县级渔业主管部门报送的材料进行核查、测算，并于每年的3月20日前，以书面文件将自治区上年度《中央财政国内机动渔船油价补助审核汇总表》和《中央财政国内捕捞机动渔船油价补助审核船名册》以及《中央财政养殖机动渔船油价补助审核船名册》上报农业部，同时抄送自治区财政厅、审计厅，并使用不可擦写的光盘介质报送电子表格。

第十二条 自治区财政厅收到财政部下达的上年度补助资金后，将补助资金拨付自治区水产局，由自治区水产局将补助资金逐级下拨至基层渔业主管部门。基层渔业主管部门按程序对补助资金发放对象相关信息公示后，于每年的6月30日前将补助资金发放到补助对象。

第十三条 各地（州、市）渔业主管部门于每年的8月15日前，将上年渔业补助资金发放情况，包括文字总结、使用不可擦写的光盘介质报送的《国内捕捞机动渔船油价补助发放情况统计表》、《养殖机动渔船油价补助发放情况统计表》，以正式文件报自治区财政厅和水产局，抄送自治区审计厅。

第十四条 补助资金实行专账管理，专款专用，任何单位和个人不得以有证无船、一船多证、非法船舶、伪造证件等形式套取补助资金，扩大补助范围发放补助资金，挤占、截留、挪用补助资金和工作经费。有上述行为之一的，将由财政部门依法追缴被侵占的补助资金；对负有直接责任的主管人员和其他直接责任人员依法追究法律责任。对提供虚假材料申请补助资金的，一经查实，将永久取消渔业补助资金领取资格。

第十五条 自治区财政厅将会同水产、审计部门，对各地渔业主管部门和补助受益对象申报的渔船、养殖证、生产作业等情况的真实性、可靠性、完整性，以及各级渔业主管部门资金拨付进度、工作经费使用情况，进行定期和不定期的监督检查，如发现违纪违法行为，及时移送监察机关处理。

第十六条 违反《渔业法》等法律法规规定从事渔业生产的，视情节不得补助或扣减补助。

第十七条 补助资金工作经费由自治区财政厅按照财政管理规定，商自治区水产局重点用于基层管理部门用油量统计和补助资金发放等管理工作。

第十八条 本实施细则由自治区财政厅、自治区水产局负责解释。

第十九条 本实施细则自2010年1月1日起施行。

附表：1. ×××地（州、市）20××年中央财政国内机动渔船油价补助审核汇总表

2. ×××地（州、市）20××年中央财政国内捕捞机动渔船油价补助审核船名册

3. ×××地（州、市）20××年中央财政养殖机动渔船油价补助审核船名册

4. ×××地（州、市）20××年国内捕捞机动渔船油价补贴发放情况统计表

5. ×××地（州、市）20××年养殖机动渔船油价补贴发放情况统计表

附表 1

×××地（州、市）20××年中央财政
国内机动渔船油价补助审核汇总表

制表单位：（盖章）

分类	作业类型	船数（艘）	主机总功率（千瓦）	捕捞渔船补助用油量（吨）	养殖证确认面积（公顷）	持有养殖证养殖渔船补助总功率核定数（千瓦）	养殖渔船补助用油量（吨）	合计补助用油量（吨）	备　注
地（州、市）合计	—								
内陆捕捞小计	拖网				—	—			
	围网				—	—			
	刺网				—	—			
	张网				—	—			
	钓具				—	—			
	耙刺				—	—			
	陷阱								
	笼壶								
	杂渔具				—	—			
	小计				—	—			
养殖小计	—								

备注：（1）本表由地（州、市）渔业行政主管部门加盖公章后，报送自治区水产局。捕捞渔船分别按具体渔船作业类型填写。

（2）养殖渔船不需填写作业类型；平均每公顷养殖水面可补助养殖机动渔船主机总功率之和不超过 1.4 千瓦，小于 1.4 千瓦/公顷的，按实际功率数核准。

附表 2

×××地（州、市）20××年中央财政国内
捕捞机动渔船油价补助审核船名册

填表单位：（盖章）

序号	船名	渔船编码	船籍港	作业类型	主机总功率（千瓦）	渔船检验证书编号	渔船登记（国籍）证书编号	渔业捕捞许可证号	渔船所有人信息			补助年度内是否正常生产（是/否）	补助年度内有无违法违规行为		测算补助用油量（吨）
									姓名/公司名称	居民身份证号码/公司注册登记证号	联系电话		有/无	扣减比例	
1															
2															
3															
……															
……															
合计															

备注：（1）本表由地（州、市）渔业行政主管部门加盖公章后，报送自治区水产局。捕捞渔船分别按具体渔产作业类型填写。

（2）内陆捕捞渔产参照农业部第 1100 号公告确定的海洋渔船编码规则编制和填报。

附表3

×××地（州、市）20××年中央财政养殖机动渔船油价补助审核船名册

制表单位：（盖章）

序号	养殖证编号	养殖证确认面积（公顷）	养殖证持有人信息			养殖证持有者拥有养殖渔船信息					补助年度内是否正常生产（是/否）	补助年度内有无违法违规行为		测算补助用油量（吨）
			姓名/公司名称	身份证号/公司注册登记证号	联系电话	渔船船名	渔船编码	渔船登记证号	渔船检验证号	主机功率（千瓦）		有/无	扣减比例	
1														
2														
3														
…	小计		—	—	—	—	—	—	—		—	—		
合计														

备注：（1）本表由地（州、市）渔业行政主管部门加盖公章后，报送自治区水产局。

（2）养殖渔船参照农业部第1100号公告确定的海洋渔船编码规则编制和填报。养殖证持有人所拥有的每艘养殖渔船均须提供编码和渔船船名。

（3）养殖证持有者与养殖渔船船主必须一致。

（4）小计是对每个养殖证进行统计；合计是对全部养殖证进行统计。

附表4

×××地（州、市）20××年国内捕捞机动渔船油价补贴发放情况统计表

制表单位：（盖章）

序号	船名	渔船编码	作业类型	主机总功率（千瓦）	渔船检验证书编号	渔船登记（国籍）证书编号	渔业捕捞许可证号	渔船所有人信息			补助标准（元/千瓦）	补助金额（万元）	发放完成时间	备注
								姓名/公司名称	居民身份证号码/公司注册登记证号	联系电话				
内陆捕捞合计	—	—			—	—	—				—			
1														
2														
3														
……														
……														
……														

备注：（1）本表由地（州、市）渔业行政主管部门加盖公章后，报送自治区财政厅、水产局。

（2）渔船编码：内陆捕捞渔船由各地参照农业部第1100号公告确定的海洋渔船编码规则编制和填报。

（3）作业类型仅限填写：刺网、围网、拖网、张网、钓具、耙刺、陷阱、笼壶和杂渔具等9种。

附表5

×××地（州、市）20××年养殖机动渔船油价补贴发放情况统计表

制表单位：（盖章）

序号	养殖证编号	养殖证确认面积（公顷）	养殖证持有人信息			养殖证持有者拥有养殖渔船信息					补助标准（元/千瓦）	补助金额（万元）	发放完成时间	备注
			姓名/公司名称	身份证号/公司注册登记证号	联系电话	渔船船名	渔船编码	渔船检验证书号	渔船登记证书号	主机总功率（千瓦）				
合计														
1														
2														
3														
……														
……														

备注：（1）本表由地（州、市）渔业行政主管部门加盖公章后，报送自治区财政厅、水产局。

（2）养殖渔船参照农业部第1100号公告确定的海洋渔船编码规则编制和填报。养殖证持有人所拥有的每艘养殖渔船均须提供编码和渔船船名。

关于印发《新疆维吾尔自治区林业成品油价格补助专项资金管理暂行办法实施细则》的通知

（2010年3月11日　自治区财政厅、林业厅
新财建［2010］49号）

伊犁哈萨克自治州财政局、林业局，各地（州、市）财政局、林业局，各有关企业：

为加强林业成品油价格补助专项资金管理，促进林业健康发展，保障国家成品油价格和税费改革顺利实施，根据财政部等七部门《关于成品油价格和税费改革后进一步完善种粮农民部分

困难群体和公益性行业补贴机制的通知》（财建［2009］1号）和财政部、国家林业局《关于印发〈林业成品油价格补助专项资金管理暂行办法〉的通知》（财建［2009］1007号）规定，我们制定了《新疆维吾尔自治区林业成品油价格补助专项资金管理办法实施细则》，现予印发，请遵照执行。

附件：新疆维吾尔自治区林业成品油价格补助专项资金管理暂行办法实施细则

附件

新疆维吾尔自治区林业成品油价格补助专项资金管理暂行办法实施细则

第一条 为加强林业成品油价格补助专项资金管理，促进林业健康发展，保障国家成品油价格和税费改革顺利实施，根据财政部等七部门《关于成品油价格和税费改革后进一步完善种粮农民部分困难群体和公益性行业补贴机制的通知》和财政部、国家林业局《关于印发〈林业成品油价格补助专项资金管理暂行办法〉的通知》规定，结合我区实际，制定本实施细则。

第二条 本实施细则适用于林业成品油价格补助专项资金（以下简称“补助资金”）的使用管理。

第三条 本实施细则所称补助资金，是指中央财政预算安排的，用于补助国有林业企业、林场和苗圃，因成品油价格调整而增加的成品油消耗成本而设立的专项资金。补助资金补助对象为国有林业企业、林场和苗圃。

第四条 当国家确定的成品油分品种出厂价高于2006年成品油价格改革时的分品种出厂价（汽油4 400元/吨、柴油3 870元/吨）时，启动补贴机制；低于上述价格时，停止补贴。

第五条 补助资金补助标准的确定和中央财政负担的补助比例按财政部等七部门《关于成品油价格和税费改革后进一步完善种粮农民部分困难群体和公益性行业补贴机制的通知》的规定执行。

第六条 补助用油量由林业主管部门按照林业实际工作量和生产定额计算核定在一个补贴年度内合法营运消耗的成品油数量。

林业生产具体包括：育种（育苗）、人工造林、封山育林、迹地更新、抚育、管护（含森林防火、林业有害生物防治）、木材生产及加工等。

第七条 各级林业主管部门应建立、健全本辖区林业生产用油量基础档案等相关管理制度。纳入补助范围的国有林业和林场苗圃应根据相关管理制度和按各项林业生产核定的用油量，完整、准确地填报各项基础数据，并编制报表。

第八条 补助年度终了后，县级以上林业部门应当组织力量，对本辖区上年度林业分品种油料消耗情况进行统计、整理、汇总，经核实无误后，于次年的2月15日前逐级上报自治区林业厅（2009年度林业分品种油料消耗情况于2010年3月11日之前上报），同时抄报同级财政、审计部门。

第九条 自治区林业厅收到下级林业主管部门报送的用油量后，经审核和重点抽查，将本地区林业用油情况整理汇总，于每年的3月15日前上报国家林业局，同时抄送自治区财政厅、自治区审计厅以及财政部驻新疆财政监察专员办事处。

第十条 自治区财政厅收到财政部下达的上年度补助资金后，及时下达预算文件，并按照财政国库集中支付有关规定将补助资金拨付自治区林业厅，由自治区林业厅将补助资金逐级下拨至基层林业部门。基层林业部门应当在每年的6月30日前将补助资金发放到补助对象，年终分别向同级财政部门报送部门决算报表，向林业主管部门报送林业行业财务决算报表。

基层林业部门应当完善补助资金的发放管理制度，并将补助程序、补助对象、补助标准和金额等内容及时向社会公布。

第十一条 各地（州、市）林业部门于每年的8月15日前，将补助资金发放情况以书面形式报自治区财政厅和自治区林业厅，并抄送自治区审计厅。

第十二条 补助资金专款专用，全额用于补助实际用油者，不得挪作他用。任何部门和单位不得截留、挤占、挪用、强行划转或抵扣各种贷款本息、税金、各类债务等。

第十三条 自治区财政厅将会同林业、审计部门，对各地林业主管部门用油量申报的真实性和可靠性、各级林业主管部门资金拨付的及时性和额度等情况，进行定期和不定期的监督、检查，如发现违纪违法行为，及时移送监察机关处理。各单位要建立健全内部稽查制度和内部控制制度，加强日常监督管理。要积极配合财政、审计、林业等部门依法开展的监督检查工作，如实提供会计凭证、账薄、财务会计报告和其他会计资料及有关情况。

第十四条 国有林业企业和林场苗圃应当按照本实施细则规定，及时填报有关报表。对未报送或未按其报送有关报表的，不予补助。

对弄虚作假，套取补助资金的国有林业企业和林场苗圃，一经查实，追回上年度补助资金，并取消下年度补助资格。

对虚报用油量套取财政补助资金、扩大补助范围发放补助资金、截留挪用补助资金的部门和管理人员，一经查实，将严格按照相关法规规定进行处理，并追究相关责任人的责任。

第十五条 补助资金工作经费由自治区财政厅按照财政管理规定，商自治区林业厅，重点用于基层管理部门用油量统计和补助资金发放等管理工作。

第十六条 本实施细则由自治区财政厅、自治区林业厅负责解释。

第十七条 本实施细则自2010年1月1日起施行。

附表：1. ×××国有林业企业、林场、苗圃20××年林业用油量统计表

2. ×××地（州、市）20××年林业用油量统计表

3. 新疆维吾尔自治区20××年林业用油量统计表

附表1

×××国有林业企业、林场、苗圃
20××年林业用油量统计表

填报日期：

工作内容	当年实际完成的工作量（公顷、立方米、公里）	定额（升/公顷、升/立方米、升/公里）	全年用油量（折算为吨）		
			合计	汽油	柴油
合计					
一、育种（育苗）					
二、人工造林					
三、封山育林					
四、迹地更新					
五、森林抚育					
六、森林管护					
七、木材生产					
八、木材加工					
九、其他					

备注：此表由国有林业企业、林场、苗圃填报。

附表 2

×××地（州、市）20××年林业用油量统计表

填报日期：　　　　　　　　　　　　　　　　　　　　　　　　　　　　　　　　　单位：吨

单位名称	合计	汽油	柴油
地（州、市）合计			
一、×××县（市）小计			
（一）国有林业企业			
1.			
2.			
……			
……			
（二）国有林场			
1.			
2.			
……			
……			
（三）国有苗圃			
1.			
2.			
……			
……			
二、×××县（市）小计			
……			

备注：此表由县级林业主管部门填报，地（州、市）林业主管部门汇总后上报自治区林业厅。

附表 3

新疆维吾尔自治区 20××年林业用油量统计表

填报日期：

单位：吨

单位名称	合计	汽油	柴油
合计			
（一）国有林业企业			
（二）国有林场			
（三）国有苗圃			
一、×××县（市）			
（一）国有林业企业			
1.			
2.			
……			
（二）国有林场			
1.			
2.			
……			
（三）国有苗圃			
1.			
2.			
……			
二、×××县（市）			
（一）国有林业企业			
1.			
2.			
……			
（二）国有林场			
1.			
2.			
……			
（三）国有苗圃			
1.			
2.			
……			

备注：此表由自治区林业厅填报。

关于印发《新疆维吾尔自治区清洁生产和循环经济专项资金管理暂行办法》的通知

（2010年4月6日　自治区财政厅　新财建［2010］100号）

伊犁哈萨克自治州财政局，乌昌财政局，各地（州、市）财政局：

为全面贯彻落实科学发展观，积极建设节约型社会，2005年以来，自治区人民政府立足新疆实际，先后制定了一系列加快推进清洁生产、加快发展循环经济的实施意见和配套措施，努力实现全区经济与社会的协调发展。根据自治区人民政府《关于贯彻落实国务院加快发展循环经济若干意见的实施意见》（新政发［2005］101号）等有关文件精神，2010年起自治区本级财政设立清洁生产和循环经济专项资金。结合我区实际，我厅制定了《新疆维吾尔自治区清洁生产和循环经济专项资金管理暂行办法》，现印发给你们，请遵照执行。对执行过程中存在的问题，请及时向我厅反馈。

附件：新疆维吾尔自治区清洁生产和循环经济专项资金管理暂行办法

附件

新疆维吾尔自治区清洁生产和循环经济专项资金管理暂行办法

第一章　总　　则

第一条　根据自治区人民政府《关于贯彻落实国务院加快发展循环经济若干意见的实施意见》等有关文件精神，自治区本级财政设立清洁生产和循环经济专项资金（以下简称“专项资金”）。为切实发挥资金使用效益，结合我区实际，制定本办法。

第二条　本办法所称专项资金是指自治区本级财政预算安排的，用于支持推进清洁生产、发展循环经济、促进实现全区经济与社会可持续发展的专项资金。自治区鼓励有条件的地县安排专项资金支持推进清洁生产、发展循环经济。

第三条 本办法所指清洁生产，是指不断采取改进设计、使用清洁的能源和原料、采用先进的工艺技术和设备、改善管理、综合利用等措施，从源头削减污染，提高资源利用效率，减少或者避免生产、服务和产品使用过程中污染物的产生和排放，以减轻或者消除对人类健康和环境的危害。

第四条 本办法所指循环经济，是指以资源高效循环利用为核心，以“资源减量化、产品再使用、废弃物资源化”为原则，以“低消耗、低排放、高效率”为基本特征的可持续经济发展方式。

第五条 专项资金的管理和使用遵循公开透明、突出重点、注重实效的原则。

第二章 专项资金支持范围

第六条 专项资金重点支持以下方面：

（一）企业清洁生产审核；自治区确定的循环经济试点单位编制循环经济实施方案；

（二）企业推行清洁生产和发展循环经济的重大技术推广应用和示范项目；

（三）工业园区发展循环经济的重大项目和产业化示范项目；

（四）经自治区财政厅批准的，与清洁生产、循环经济相关的促进经济和社会可持续发展的其他项目。

第七条 专项资金重点支持的项目应具备以下条件：

（一）清洁生产审核和编制循环经济实施方案项目，要按照清洁生产审核和编制循环经济实施方案的要求，完成评估或审核报告、实施方案文本，经专家评审并通过验收。清洁生产审核报告中提出的中/高费清洁生产方案和循环经济实施方案中的项目，符合条件的可优先纳入专项资金支持范围。

（二）符合国家产业政策，采取清洁生产和循环经济的新技术、新工艺。项目实施后，节能、节材、节水、资源综合利用效果明显。

（三）技术推广应用和示范项目，要采取具有推广前景的新技术或应用成熟的先进技术。项目实施后，能够显著提升企业资源利用效率、降低污染排放，对区域、行业整体资源高效循环利用和清洁生产具有示范作用和推广效应。重点支持国家颁布的《国家重点行业清洁生产技术导向目录》、《国家先进污染防治示范技术名录》、《国家鼓励发展的资源节约综合利用和环境保护技术》和《国家鼓励发展的环境保护技术目录》中的技术项目。

（四）除企业清洁生产审核和编制循环经济实施方案项目外，应为项目总投资在1000万元以上的新建或在建项目。

第三章 专项资金支持方式

第八条 为了充分发挥专项资金的使用效益，根据不同类别的项目，专项资金采取奖励、贴息和补助的支持方式。同一项目各类资金使用方式不重复支持。

第九条 对项目的奖励为一次性奖励，奖励资金额度与项目实施后资源利用效率、节能减排效果挂钩。奖励标准由自治区财政厅确定。

第十条 对项目的贴息资金不超过实际利息支付金额，实际贴息率由自治区财政厅根据当年专项资金预算总额和专家评审结果，一年一定；贴息年限原则上为1—3年，视项目建设期和贷款期限综合确定。

第十一条 对清洁生产审核和编制循环经济实施方案项目采取补助的支持方式。

第四章 专项资金申报程序

第十二条 专项资金申报实行属地管理，即由项目所在地财政部门会同同级相关主管部门，组织开展项目申报工作。

第十三条 专项资金申请报告应包括以下内容：

（一）地（州）级财政部门出具的专项资金

申请文件。

（二）专项资金申请报告由具备相应资质的咨询机构编制。主要内容包括：企业基本情况、项目基本情况、项目实施方案、项目进展、项目实施效果等，同时附项目核准或备案文件、土地和环保审批文件、初步评审意见、资金来源或到位证明等。已经实施完成的项目，要提供经有关部门审核通过的验收报告。

（三）清洁生产审核项目要提供审核报告、专家评审意见、验收结果。编制循环经济实施方案项目要提供实施方案文本、专家评审意见。

（四）财政部门要求提供的其他文件。

第十四条 每年4月底前，由项目所在地财政部门将专项资金申请报告汇总报送自治区财政厅。逾期报送的，自治区财政厅不予受理。

第十五条 自治区财政厅会同相关主管部门，组织专家对申报项目进行评审，由专家组出具评审意见。项目通过评审后，要尽快修改和完善专项资金申请报告，并报自治区财政厅（一式两份）。已通过评审的项目纳入自治区财政厅清洁生产、循环经济项目库，实行滚动管理。

第五章 预算和财务管理

第十六条 自治区财政厅按照轻重缓急的原则对通过评审的项目进行排序，并根据当年专项资金预算安排总额，将专项资金分配到具体项目，按预算级次向各地（州、市）财政部门下达预算指标。

第十七条 专项资金预算指标下达后，各地（州、市）财政部门不得滞留或挪用，应按国库集中支付的要求，及时将专项资金拨付到有关企业。

第十八条 预算指标下达后，项目建设内容原则上不得进行调整。如确需调整，由各地（州、市）财政部门核实调整原因，并按原申报程序报送自治区财政厅审核同意后，办理预算调整手续。

第十九条 贴息资金，须核实项目贷款合同、贷款到位凭证、利息支付清单等再拨付。奖励资金，须核实工程进展情况以及项目实施后的效果是否达预期目标再拨付。

第二十条 项目单位收到贴息资金后，分以下情况处理：在建项目应作冲减工程成本处理，竣工项目作冲减财务费用处理。项目单位收到奖励和补助资金后，作资本公积管理。

第六章 监督检查

第二十一条 项目单位要按规定用途安排使用专项资金，并按规定进行财务处理，自觉接受财政、审计等部门的监督检查。

第二十二条 自治区财政厅会同相关主管部门加强对专项资金的监督检查，每年组成检查组或委派财政投资评审机构对专项资金的使用情况进行抽查。各地财政部门也要采取有效方式对专项资金的使用情况进行监督检查。

第二十三条 专项资金实行绩效评价制度。各地财政部门和项目承担单位按自治区财政厅的统一要求，在规定时间内报送专项资金绩效评价报告。未按要求开展绩效评价工作的，自治区不受理该地（州、市）下年度资金申请。

第二十四条 各级财政部门、项目单位不得弄虚作假，不得骗取、截留、挪用专项资金，一经查实，按照《财政违法行为处罚处分条例》（国务院令第427号）的规定进行处理。

第七章 附 则

第二十五条 本办法由自治区财政厅负责解释。

第二十六条 本办法自印发之日起施行。

关于印发《新疆维吾尔自治区农民结合产业发展专项资金管理暂行办法》的通知

（2010 年 4 月 9 日　自治区财政厅
新财建［2010］108 号）

自治区国防科学技术工业办公室：

为了加快推进新型工业化建设，促进我区国防科技工业农民结合产业发展，自治区本级财政设立军民结合产业发展专项资金。为规范资金管理，我厅制定了《新疆维吾尔自治区农民结合产业发展专项资金管理暂行办法》，现印发给你们，请遵照执行。

附件：新疆维吾尔自治区农民结合产业发展专项资金管理暂行办法

附件

新疆维吾尔自治区军民结合产业发展专项资金管理暂行办法

第一章　总　　则

第一条　为加快推进新型工业化建设，促进我区国防科技工业军民结合产业发展，自治区财政设立军民结合产业发展专项资金（以下简称“专项资金”）。为规范资金管理，提高资金使用效益，结合我区实际，制定本办法。

第二条　专项资金是指经自治区人民政府批准设立，由自治区本级财政预算内安排的专项用于支持我区“军民结合、寓军于民”体系建设的资金。

第三条　专项资金的管理和使用应当符合自治区国防科技工业发展规划，坚持统筹安排、突出重点和规范运作的原则。

第二章　专项资金使用范围及条件

第四条　专项资金的支持范围是：

（一）国家军工大集团大企业在疆投资的军民结合项目；

（二）军工高新技术转化项目；

（三）卫星综合应用项目；

（四）自治区民口企业给国防军工单位配套

项目；

（五）其他经批准的与军民结合产业发展相关的项目。

第五条 申请专项资金的项目单位必须是从事与国防科技工业相关的军工、民口配套、军民结合、卫星应用等产业的单位，须符合以下条件：

（一）在自治区境内注册，具有独立法人资格；

（二）财务管理制度健全，会计核算真实完整，会计信用和纳税信息良好；

（三）近年经营业绩较好；

（四）涉及给国防军工单位提供配套协作项目单位，应具有相应的保密资格认证。

第三章 专项资金使用方式

第六条 专项资金的支持方式采用投资补助和贷款贴息两种方式。以自筹资金为主投资的项目，采取投资补助方式；以金融机构贷款为主投资的项目，采取贷款贴息方式。

第七条 贴息额度主要参考企业实施军民结合产业发展项目贷款总额、贷款期限、项目实施期限、同期银行贷款利率和年度预算等因素，按照财政厅确定的贴补率给予1—3年的贷款贴息。

补助额度主要参考企业实施军民结合产业发展项目投资总额、项目实施期限和年度预算等因素测算确定。具体补助额度由财政厅、自治区国防科工办按照一定比例核定。

第四章 项目申请及确定

第八条 专项资金由自治区财政厅和自治区国防科工办共同负责管理。自治区财政厅主要负责专项资金的预算和资金管理，自治区国防科工办主要负责专项资金项目管理和绩效考核工作。

第九条 申请自治区军民结合产业发展专项资金的项目单位应提交以下资料：

（一）项目申请单位编制的资金申请文件和专项资金申请表（见附件）。

（二）项目可行性研究报告和自治区国防科工办的立项批复文件。

（三）需银行贷款支持的项目，应提供银行贷款合同、银行结息单。

（四）企业自筹资金落实证明。

（五）法人营业执照副本（复印件）和上年度审计报告。

（六）环保部门批复的项目环境影响评价书（报告）。

（七）规划用地证明（需新征土地的项目）。

（八）保密资格认证证明资料。

（九）其他需要提供资料。

第十条 符合申报条件的项目单位于每年4月底前向自治区国防科工办和自治区财政厅提交申请资料。逾期不予受理。

第十一条 自治区国防科工办会同自治区财政厅组织专家论证评审会进行评审，经评审通过的项目，列入年度专项资金使用计划。

第十二条 专项资金项目完工或完成后，应及时进行项目验收，未经验收和验收不合格的项目承担企业不得申报新的项目。

第五章 专项资金的下达及管理

第十三条 自治区财政厅按照年度专项资金使用计划，按照国库集中支付有关规定及时办理资金拨付手续。

第十四条 专项资金实行绩效考核评价制度。对列入年度资金计划支持的项目，项目单位需定期向自治区国防科工办报送项目建设情况。自治区国防科工办每年度11月底前将汇总的专项资金绩效评价报告报送自治区财政厅。

第十五条 项目完成后30日内，项目承担单位应及时向自治区国防科工办提出项目竣工验收申请，由自治区国防科工办会同财政厅组织验收。

第六章 监督检查

第十六条 自治区国防科工办和财政厅每年

组织对项目实施进展情况和资金使用情况进行监督和检查，对发现的问题要及时纠正。承担项目单位应主动接受审计、监察等部门的监督检查。

第十七条 专项资金必须专款专用，任何单位不得以任何形式、任何理由骗取、截留或挪用专项资金。对弄虚作假、挪用、挤占专项资金的，要收回已拨付资金，并按照《财政违法行为处罚处分条例》等有关法律法规追究有关单位和人员的责任。

第七章 附 则

第十八条 本办法由自治区财政厅会同自治区国防科工办负责解释。

第十九条 本办法自印发之日起施行。

关于印发兰新铁路第二双线自治区征地拆迁补偿资金支付管理办法的通知

（2010 年 4 月 9 日 自治区财政厅 新财建［2010］138 号）

自治区国土资源厅，新疆国有资产投资经营有限责任公司：

为做好兰新铁路第二双线征地拆迁补偿工作，根据自治区党委财经办《关于研究兰新铁路第二双线项目开工仪式及项目征地拆迁有关问题的会议纪要》（新党财办［2009］20 号）精神，经自治区人民政府同意，我厅制定了《兰新铁路第二双线自治区征地拆迁补偿资金支付管理办法》，现印发给你们，请遵照执行。

附件：兰新铁路第二双线自治区征地拆迁补偿资金支付管理办法

附件

兰新铁路第二双线自治区征地拆迁补偿资金支付管理办法

第一章 总 则

第一条 为作好兰新铁路第二双线征地拆迁补偿工作，根据自治区党委财经办《关于研究兰新铁路第二双线项目开工仪式及项目征地拆迁有关问题的会议纪要》（新党财办［2009］20 号）精神，制定本办法。

第二章 资金支付方式

第二条 自治区国土资源厅向自治区财政厅

提出申请兰新铁路第二双线征地拆迁补偿经费资金报告，同时抄送新疆国有资产投资经营有限责任公司。自治区财政厅按程序审核报经自治区人民政府批准后，将征地拆迁补偿费拨付至新疆国有资产投资经营有限责任公司，由新疆国有资产投资经营有限责任公司支付自治区国土资源厅。

第三条 自治区国土资源厅负责编制兰新铁路第二双线征地拆迁补偿费支出专项决算，报送新疆国有资产投资经营有限责任公司。新疆国有资产投资经营有限责任公司签署意见后报送自治区财政厅审核批复和备案。

第四条 自治区国土资源厅收到兰新铁路第二双线征地拆迁补偿费时使用行政事业单位收款收据。为确保该项目征地补偿费及时拨付，自治区国土资源厅通过原有的征地拆迁补偿费专项户直接向地（州、市）、县（市）级国土资源部门拨付征地拆迁补偿费。

第三章 股权处置

第五条 新疆国有资产投资经营有限责任公司代表自治区人民政府出资，在兰新铁路新疆有限公司占相应股份。兰新铁路第二双线自治区境内征地拆迁项目完成后，自治区征地拆迁补偿费实际支出数经新疆国有资产投资经营有限责任公司与兰新铁路新疆有限公司共同认可委托的中介机构审计，兰新铁路新疆有限公司股东会确认后，做为新疆国有资产投资经营有限责任公司出资计入兰新铁路新疆有限公司资本金。

第四章 附　　则

第六条 本办法自印发之日起执行。

第七条 本办法由自治区财政厅负责解释。

自治区财政厅关于印发《新疆维吾尔自治区新能源产业发展专项资金管理暂行办法》的通知

（2010 年 5 月 20 日　自治区财政厅　新财建［2010］199 号）

伊犁哈萨克自治州财政局、乌昌财政局及各地（州、市）财政局：

为支持我区新能源产业加快发展，大力培育战略性新兴产业，推进经济发展方式转变和产业结构调整，自治区财政安排必要的引导资金，对我区新能源产业项目给予适当支持和奖励。为规范资金管理，我们制定了《新疆维吾尔自治区新能源产业发展专项资金管理暂行办法》，现印发给你们，请遵照执行。

附件：新疆维吾尔自治区新能源产业发展专项资金管理暂行办法

附件

新疆维吾尔自治区新能源产业发展专项资金管理暂行办法

第一条 为支持我区新能源产业加快发展，大力培育战略性新兴产业，推进产业结构调整和产业升级换代，根据国家和自治区相关法律、法规，结合我区实际，制定本办法。

第二条 本办法所称“新能源”主要指我区具有良好发展前景和比较优势的风能、太阳能、煤层气等。

自治区新能源产业发展专项资金（以下简称“专项资金”）是由自治区财政预算内安排的用于支持新能源产业发展的专项资金。

第三条 专项资金的管理和使用应当遵循以下原则：

（一）突出重点、兼顾一般；

（二）鼓励竞争、择优扶持；

（三）公开、公平、公正。

第四条 专项资金的使用范围：

（一）风电、太阳能光电装备制造产业重大、关键技术的产业化示范项目；

（二）风电、太阳能光电上网电价财政补助；

（三）煤层气综合开发利用试点、示范工程；

（四）经批准的与新能源产业发展相关的其他项目。

第五条 申请专项资金的项目须具备以下主要条件：

（一）符合国家产业政策及自治区新能源发展规划。

（二）项目申请单位的资金申请文件、项目可行性研究报告（或申请报告）和项目主管部门的备案、核准文件。

（三）需银行贷款支持的项目，应提供银行贷款合同或银行贷款承诺函。

（四）企业自筹资金落实证明。

（五）环保部门批复的项目环境影响评价书，规划用地证明（需新征土地的项目）。

（六）企业营业执照、税务登记证书（复印件）。

（七）企业近两年经中介机构审计的审计报告。

（八）财政部门要求提供的其他资料。

第六条 专项资金的支持方式主要采用贴息、奖励、补助等三种方式。

贴息方式参考企业实施项目贷款总额、贷款期限、项目实施期限、同期银行贷款利率和年度预算规模等因素，按照财政厅确定的贴补率给予1—2年的贷款贴息。

奖励方式适用于产业带动作用强、科技含量高、经济效益良好、发展前景广阔的重大试点示范项目。具体奖励标准由财政厅确定。

补助资金方式适用于对风电、光电项目建成投产后因未能享受国家可再生能源上网电价分摊补贴政策期间给予适当财政补助，企业一经落实享受国家可再生能源上网电价分摊补贴政策后，即取消财政补助资格。补助标准由财政厅根据可再生能源发电项目发电电价与当地脱硫燃煤机组标杆上网电价的差额按照一定比例分类分档确定；具体补助额度为：大型并网电站补助额度 = 企业当年实际上网电量 × 补助标准，用户侧及离网电站补助额度 = 企业当年实际发电量×补助标准；补助期限原则上不超过3年。

第七条 风电、光电上网电价财政补助的范围仅限于地方企业或民营企业为投资主体的风电、光电项目。

第八条 每年4月底前，符合项目申报条件的企业，按照本办法有关要求，编制符合规范要求的项目申报材料，提出专项资金申请，报所在地（州、市）财政局。经各地（州、市）财政局审查后，正式行文上报自治区财政厅。自治区级单位可按上述要求直接向财政厅申报。

第九条 财政厅对上报项目进行汇总审核，符合条件的项目纳入自治区新能源产业发展项目库，并实行滚动管理。

第十条 建立专家论证评审制度。自治区财政厅会同自治区发改委、科技厅等相关部门组织专家论证评审会对通过初审的项目进行评审，经最终评审通过的项目，由财政厅按照轻重缓急原则和当年专项资金规模，确定具体资金支持额度。

第十一条 专项资金项目完工或完成后30日内，项目承担单位应提交项目竣工验收申请。自治区财政厅会同自治区发改委、科技厅等相关部门对项目进行验收。未经验收和验收不合格的项目承担企业不得申报新的项目。

第十二条 财政厅按照预算管理的要求，对自治区本级项目根据国库集中支付有关规定及时将资金拨付到项目承担单位；对地（州、市）项目，财政厅划转下达预算指标，由各地财政部门将资金拨付到项目承担单位。

第十三条 专项资金实行绩效考核评价制度。各级财政部门及项目承担单位应按照财政厅关于绩效评价的有关规定，每年对项目进行绩效评价，并形成绩效评价书面报告按时报送自治区财政厅。未按要求报送书面报告的，自治区将不受理该地（州、市）下年度项目。

第十四条 自治区财政厅会同自治区发改委、科技厅等相关部门每年定期或不定期组织对专项资金支持的项目实施进展情况、资金使用情况进行监督检查，对发现的问题要及时纠正。

第十五条 专项资金必须专款专用，任何单位不得以任何形式、任何理由骗取、截留或挪用专项资金。对弄虚作假、挪用、挤占专项资金的，要收回已拨付资金，并按照《财政违法行为处罚处分条例》等有关法律法规追究有关单位和人员的责任。

第十六条 本办法由自治区财政厅负责解释。

第十七条 本办法自印发之日起施行。

关于印发《新疆维吾尔自治区促进内贸流通服务业发展专项资金管理暂行办法》的通知

（2010 年 6 月 3 日　自治区财政厅、商务厅
新财建［2010］210 号）

伊犁哈萨克自治州财政局、经贸委，乌昌财政局，各地（州、市）财政局、商务局（经贸委）：

为加快我区内贸流通服务业发展，推进经济发展方式转变，促进和谐社会建设，2010 年起自治区财政设立促进内贸流通服务业发展专项资金。为规范资金管理，提高资金使用效益，结合我区实际，制定《新疆维吾尔自治区促进内贸流通服务业发展专项资金管理暂行办法》。请遵照执行。

附件：新疆维吾尔自治区促进内贸流通服务业发展专项资金管理暂行办法

附件

新疆维吾尔自治区促进内贸流通服务业发展专项资金管理暂行办法

第一章　总　　则

第一条　根据《国务院关于加快发展服务业的若干意见》（国发［2007］7 号）和《国务院办公厅关于搞活流通扩大消费的意见》（国办发［2008］134 号）精神，为加快我区内贸流通服务业发展，推进经济发展方式转变，促进和谐社会建设，自治区财政设立促进内贸流通服务业发展专项资金（以下简称“专项资金”）。为规范专项资金的管理，提高资金使用效益，结合我区实际，制定本办法。

第二条　专项资金的分配使用坚持以下基本原则：

（一）突出重点原则。专项资金重点支持我区内贸流通服务业的薄弱环节和关键领域；重点支持与人民群众日常生活密切相关的民生类服

务业。

（二）政府引导、市场化运作的原则。发挥财政资金引导作用的同时，注重发挥市场机制作用。

（三）注重实效原则。建立健全项目资金使用绩效评价考核制度，对资金投入和政策实施情况实行跟踪问效，并根据绩效考核结果确定资金分配和政策调整。

第二章　资金支持范围

第三条　专项资金重点支持我区内贸流通服务业的技术升级、设施改造、网点建设、系统平台建设、人员培训、公共服务等方面，主要包括：

（一）支持新建和改造农家店、农村综合服务社，加快农村商品配送中心建设，提高商品配送能力；支持连锁超市、农产品流通企业与农产品专业合作社对接，在农产品生产基地建设鲜活农产品冷链系统、快速检测系统、物流配送体系等项目。

（二）支持农产品批发市场冷链系统、质量安全可追溯系统、废弃物处理系统以及仓储、分拣包装、加工配送等设施升级改造；支持城乡农贸市场标准化改造，特色商业街、特色专业市场建设；支持城乡物流信息公共服务平台、电子交易平台建设。

（三）支持县及县级以上城市建立家政服务网络中心，整合家政服务资源；支持县及县级以上城市进行社区菜市场标准化改造示范；支持餐饮企业以连锁经营方式发展标准化早餐网络体系。

（四）支持县及县级以上城市建立市场监管和举报投诉服务中心，完善流通领域市场监管公共服务体系；支持符合条件的定点屠宰企业进行升级改造，建设病害畜禽无害化处理和肉品信息质量可追溯体系。

（五）支持城乡市场监测与储备应急体系建设，增强政府应对突发事件调控能力。

（六）经批准同意的与服务业相关的其他项目。

第四条　根据自治区内贸流通服务业发展总体规划和专项资金的使用方向，财政厅会同商务厅制定发布年度专项资金项目申报指南（以下简称“申报指南”）。

第三章　部门职责

第五条　自治区财政厅会同商务厅负责专项资金的管理工作。

第六条　自治区财政厅主要负责专项资金的预算和资金管理。具体职责如下：

（一）确定专项资金年度预算；

（二）会同自治区商务厅确定内贸流通服务业资金年度预算安排的原则和重点，编制发布年度申报指南；

（三）会同自治区商务厅复审项目材料、组织项目评审和确定项目；

（四）审核并按预算管理程序下达资金预算；

（五）监督检查资金的管理和使用情况；会同自治区商务厅组织项目竣工验收和专项资金绩效考核评价工作。

第七条　自治区商务厅主要负责专项资金项目管理和绩效考核工作，具体职责如下：

（一）根据自治区内贸流通服务业发展规划、年度计划及预算规模，会同财政厅编制发布申报指南；

（二）按照预算管理程序向财政厅提出年度预算建议；

（三）具体负责组织专项资金项目的申报、筛选和评审，并会同财政厅确定年度支持项目；

（四）负责对项目承担单位实施专项资金绩效考核评价工作；

（五）牵头或委托组织项目竣工验收，对项目实施情况进行督查检查。

第四章　资金支持方式

第八条　专项资金采取以奖代补、贷款贴息和财政补助等支持方式。

（一）以奖代补。为了提高资金使用效益，对于能够制定具体量化评价标准的项目，采取以奖代补方式予以支持。

（二）贷款贴息。对于投资规模大、已获得银行贷款的项目采取贷款贴息方式予以支持。贴息年限一般不超过3年，年贴息率由财政厅、商务厅核定。

（三）财政补助。对于盈利能力弱、公益性强，难以量化评价不适于以奖代补方式支持的项目采取补助方式予以支持。优先考虑项目承担单位自筹资金比例较高、地县政府重点支持的项目。

第五章　项目申报及资金审核拨付

第九条　各地（州、市）商务主管部门会同财政部门按照年度专项资金项目申报指南要求组织项目申报，经审核后将项目申报材料汇总报送自治区商务厅、财政厅各一式两份（包括电子版）。

第十条　申请使用专项资金应提供以下申报材料：

（一）项目单位的书面申请报告；

（二）项目立项批复及可行性研究报告；

（三）项目承担单位法人营业执照复印件，地税、国税登记证复印件；

（四）申请银行贷款财政贴息的项目，需提供相关银行贷款合同及付息凭单等凭证；

（五）项目承担单位相关资质证书复印件；

（六）其他要求提供的材料。

第十一条　自治区财政厅、商务厅组织有关专家对上报项目进行专家评审论证，经专家评审通过的项目给予资金支持。具体资金额度由财政厅会同商务厅确定。

第十二条　按照现行财政管理体制和专项资金管理规定，资金预算指标由自治区财政厅下达到各地（州、市）财政部门，各地财政部门接到财政厅下达的预算指标后，应及时将专项资金拨付到项目承担单位。

第六章　绩效评价和监督管理

第十三条　地县商务主管部门、财政部门及项目承担单位应按照财政厅关于绩效评价的有关规定，每年对项目实施情况进行绩效评价，并形成绩效评价书面报告按时报送自治区财政厅、商务厅。未按要求报送书面报告的，自治区将不受理该地（州、市）下年度项目。绩效评价结果将作为下年度专项资金安排的重要参考依据。

第十四条　自治区财政厅、商务厅等部门对专项资金管理使用情况进行不定期抽查。地县财政部门、商务主管部门应当加强对专项资金使用情况和项目执行情况的监督和检查，确保资金安全使用，项目有效实施。

第十五条　专项资金实行专款专用，任何单位或者个人不得滞留、截留、挤占、挪用专项资金。对以虚报、冒领等手段骗取和滞留、截留、挤占、挪用专项资金的，一经查实，财政厅将收回已安排的专项资金，并按《财政违法行为处罚处分条例》（国务院令第427号）的相关规定进行处理。

第七章　附　　则

第十六条　本办法由自治区财政厅会同商务厅负责解释。

第十七条　本办法自印发之日起施行。

关于印发《新疆维吾尔自治区节能减排专项资金管理暂行办法》的通知

（2010年6月9日　自治区财政厅、节能减排领导小组办公室、发展和改革委员会　新财建［2010］233号）

伊犁哈萨克自治州财政局、节能减排领导小组办公室、发展改革委，乌昌财政局，各地（州、市）财政局、节能减排领导小组办公室、发展改革委：

为深入推进节能减排工作，确保我区节能减排总体目标任务取得积极进展，根据《中华人民共和国节约能源法》，自治区设立节能减排专项资金。为加强财政资金管理，提高资金使用效益，结合我区实际，我们制定了《新疆维吾尔自治区节能减排专项资金管理暂行办法》办法，现印发给你们，请遵照执行。

附件：新疆维吾尔自治区节能减排专项资金管理暂行办法

附件

新疆维吾尔自治区节能减排专项资金管理暂行办法

第一章　总　　则

第一条　为深入推进节能减排工作，确保我区节能减排总体目标任务取得积极进展，根据《中华人民共和国节约能源法》，自治区设立节能减排专项资金。为加强财政资金管理，提高资金使用效益，结合我区实际，制定本办法。

第二条　自治区节能减排专项资金是指经自治区人民政府批准设立，由自治区财政预算内安排用于支持节能减排工作的专项资金。有条件的地（州、市）、县（市）也应安排专项资金支持节能减排工作。

第三条　节能减排专项资金的管理和使用应当遵循公开透明、突出重点、注重实效的原则。

第二章　部门管理职责

第四条　自治区节能减排领导小组办公室（自治区发展改革委）统筹协调节能减排项目安

排；自治区财政厅是统筹安排节能减排项目资金的自治区预算管理部门。自治区经信委负责自治区工业节能项目的组织申报和管理，自治区环境保护厅负责自治区污染物减排项目的组织申报和管理。自治区住房和城乡建设厅、自治区机关事务管理局等自治区节能减排领导小组其他成员单位按照自治区人民政府确定的职责分工负责各自对口的节能减排项目的申报和管理。

第五条 自治区节能减排领导小组办公室（自治区发展改革委）会同财政厅负责统筹所有节能减排项目的审核、备案、汇总管理工作。具体职责如下：

（一）根据自治区节能减排目标和任务，会同财政厅及自治区节能减排领导小组成员单位编制发布《自治区节能减排专项资金项目申报指南》（以下简称“申报指南”）；

（二）按照预算管理程序向财政厅提出年度预算建议；

（三）会同财政厅及自治区节能减排领导小组相关成员单位组织全社会节能减排专项资金项目的申报、筛选、评审和汇总，并确定年度支持项目；

（四）会同自治区节能减排领导小组相关成员单位对项目承担单位实施节能减排绩效考核评价工作，建立严格的节能减排责任制，并落实到项目承担单位，确保完成节能减排指标任务；

（五）会同财政厅及自治区节能减排领导小组成员单位组织项目竣工验收，对项目实施情况进行督查检查。

第六条 自治区财政厅负责统筹节能减排专项资金的预算和资金管理。具体职责如下：

（一）确定节能减排专项资金年度预算；

（二）确定节能减排专项资金年度预算安排的原则和重点，会同自治区节能减排领导小组办公室（自治区发展改革委）及自治区节能减排领导小组成员单位编制发布申报指南；

（三）会同自治区节能减排领导小组办公室（自治区发展改革委）及自治区节能减排领导小组成员单位筛选、评审和汇总，确定节能减排项目；

（四）审核并按预算管理程序下达预算指标和安排拨付资金；

（五）监督检查资金的管理和使用情况。会同自治区节能减排领导小组成员单位组织项目竣工验收；配合做好节能减排绩效考核评价工作。

第七条 自治区经信委负责全区工业企业节能项目的组织申报和管理。根据自治区工业节能减排目标和任务，与自治区节能减排领导小组办公室（自治区发展改革委）、财政厅编制发布年度工业节能项目的节能减排专项资金申报指南。会同自治区节能减排领导小组办公室（自治区发展改革委）、财政厅做好工业企业节能项目的组织申报、筛选和评审，确定年度拟支持项目，经自治区节能减排领导小组办公室（自治区发展改革委）、财政厅审核、汇总，上报自治区节能减排领导小组组长审定后统一下达。负责对工业企业节能项目实施和绩效考核评价工作。会同自治区节能减排领导小组办公室（自治区发展改革委）、财政厅组织项目竣工验收。

第八条 自治区环境保护厅负责自治区污染减排项目组织申报和管理。根据自治区污染物减排目标和任务，与自治区节能减排领导小组办公室（自治区发展改革委）、财政厅编制发布年度污染物减排项目的节能减排专项资金申报指南。会同自治区节能减排领导小组办公室（自治区发展改革委）、财政厅做好污染减排项目组织申报、筛选和评审，确定年度拟支持项目，经自治区节能减排领导小组办公室（自治区发展改革委）、财政厅审核、汇总，上报自治区节能减排领导小组组长审定后统一下达。负责对污染减排项目实施和绩效考核评价工作。会同自治区节能减排领导小组办公室（自治区发展改革委）、财政厅组织项目竣工验收。

第九条 自治区节能减排领导小组其他成员单位按照职责分工负责各自对口的节能减排项目的申报和管理。配合自治区节能减排领导小组办公室（自治区发展改革委）、财政厅编制发布年度全社会节能减排专项资金申报指南。由自治区节能减排领导小组办公室（自治区发展改革委）、财政厅会同相关成员单位做好建筑、交通、公共机构等领域的节能项目的筛选、审核、评审和汇总，确定年度支持项目，上报自治区节能减排领导小组组长审定后统一下达。各相关成员单位负责对各领域节能项目实施和绩效考核评价工作。会同自治区节能减排领导小组办公室（自治区发展改革委）、财政厅组织项目竣工验收。

第三章　资金使用范围及条件

第十条　专项资金的使用范围：

（一）工业节能项目。工业企业节能、节水改造项目和综合利用项目；重点行业和重点用能企业开展能效对标、能源审计等节能管理活动；能源利用状况统计平台建设和节能监测能力建设；自治区工业节能监管能力建设和节能技术服务机构发展；工业节能宣传培训等活动；工业节能专项执法监察活动；节能技术产品研发推广；其他推进工业节能需要支持的项目。

（二）减排项目。奖励超额完成自治区确定的主要污染物减排指标的、对污染减排做出突出贡献的企业；重点污染源防治项目、区域性污染防治项目及污染防治新技术新工艺的推广应用项目；排污口规范化建设项目；污染减排设施自动控制与计量系统改造项目；其他经批准的有利于污染减排的其他项目。

（三）全社会节能减排项目。公共机构既有建筑的节能改造；低能耗建筑节能示范工程；可再生能源在建筑中应用；供热、供电、供气的分户式计量改造；建筑行业节能新技术、新产品推广应用；绿色照明示范项目；建筑节能监测体系、技术服务体系和管理能力建设等。公共机构节能项目。节能型交通工具和交通领域节能新技术、新材料、新装备的推广应用及农业节能机械的推广。全社会节能监察、节能统计、节能审计、节能标准制定、节能计量审核、节能评估等节能监管能力建设项目。其他经批准的有利于全社会节能减排的项目。

第十一条　申请自治区节能减排专项资金的项目须具备以下主要条件（不同类型项目的具体条件详见申报指南）：

（一）符合申报指南的支持范围。

（二）项目申请单位编制的资金申请文件、相应资质单位编制的项目可行性研究报告和项目主管部门的备案、核准或立项批复文件。

（三）需银行贷款支持的项目，应提供银行贷款合同或银行贷款承诺函。

（四）企业自筹资金落实证明。

（五）环保部门批复的项目环境影响评价书（报告）。

（六）规划用地证明（需新征土地的项目）。

（七）可行性研究报告节能篇（章）的能评意见。

（八）节能减排主管部门要求提供的其他材料。

第四章　资金使用方式

第十二条　自治区节能减排专项资金的支持方式主要采用贴息、补助、奖励等三种方式。

贴息额度主要参考企业实施节能减排项目贷款总额、贷款期限、项目实施期限、同期银行贷款利率和年度预算等因素，按照财政厅确定的贴补率给予1—2年贷款贴息。

补助额度按照节能减排项目总投资，企业或部门资金筹措能力，以及项目的类别等具体情况由财政厅商自治区节能减排领导小组办公室确定。

奖励额度主要根据项目实施后实际节能量和污染物减排量给予资金奖励。具体奖励标准，根据不同类别的项目，以及项目实施后的效果，由财政厅商自治区节能减排领导小组办公室确定。

第十三条 同一项目，只能采取一种资金安排方式予以支持。

第五章 项目申请及确定

第十四条 符合申报指南所规定条件的项目单位，按照项目“申报指南”要求，编制符合规范要求的项目申报材料，按规定程序提出专项资金申请。

第十五条 自治区节能减排领导小组办公室（自治区发展改革委）、财政厅会同自治区节能减排领导小组各成员单位对上报项目进行审核和汇总，符合条件的项目纳入自治区节能减排项目库，实行滚动管理。

第十六条 建立专家论证评审制度。自治区节能减排领导小组办公室（自治区发展改革委）、财政厅会同自治区节能减排相关项目管理部门组织项目预审，对通过预审的项目进行专家论证评审，最终通过的项目给予资金支持。

第十七条 自治区财政厅会同自治区节能减排领导小组办公室（自治区发展改革委）、自治区节能减排相关项目管理部门提出年度节能减排项目资金分配方案，报自治区节能减排领导小组组长审定后下达。

第十八条 项目完成后，应及时进行项目验收，对未经验收或验收不合格的项目承担企业和单位，不得申报新项目。

第六章 资金的下达及管理

第十九条 自治区财政厅按照自治区节能减排领导小组组长审定批准的资金分配方案，依据项目实施计划，对自治区本级项目，根据国库集中支付有关规定及时将资金拨付到位；对地（州、市）项目，财政厅下达预算指标，由各地财政将资金及时拨付到位。

对于安排奖励资金的项目，先按照奖励金额的70%下达预算，待项目竣工验收后达到预期节能减排量的，且不反弹的，再将其余资金拨付到位，否则将收回项目奖励资金。

第二十条 节能减排专项资金实行绩效考核评价制度。对列入资金支持的项目，由自治区节能减排相关项目管理部门与项目承担单位签订《节能减排项目绩效目标责任书》，确保项目按时完工并实现节能减排目标。

第二十一条 项目完成后30日内，项目承担单位应及时向自治区节能减排相关项目管理部门提出项目竣工验收申请，由自治区节能减排相关项目管理部门会同自治区节能减排领导小组办公室（自治区发展改革委）、自治区财政厅组织验收或者委托地（州、市）节能减排相关项目管理部门、财政部门、发展改革部门根据有关规定组织验收。

第七章 监督检查

第二十二条 自治区节能减排各类项目管理部门和自治区节能减排领导小组办公室（自治区发展改革委）、自治区财政厅每年定期或不定期组织对节能减排专项资金支持的项目实施进展情况、计划执行情况、资金使用情况进行监督、检查，及时纠正发现的问题。各地（州、市）节能减排各类项目管理部门、财政部门和发展改革部门要加强对节能减排专项资金支持项目的检查和监督，每年年底前对本地区实施承担的项目进行绩效评价，并书面报送自治区节能减排各类项目管理部门、自治区财政厅和自治区节能减排领导小组办公室（自治区发展改革委）。未按要求报送书面报告的，自治区将不受理该地（州、市）下年度项目。

第二十三条 节能减排专项资金必须专款专用，任何单位不得以任何形式、任何理由骗取、截留或挪用专项资金。对弄虚作假、挪用、挤占专项资金的，在收回已拨付资金的同时，按照《财政违法行为处罚处分条例》等有关法律法规追究有关单位和人员的责任。

第八章 附 则

第二十四条 本办法由自治区财政厅会同自

治区节能减排领导小组办公室（自治区发展改革委）负责解释。

第二十五条 本办法自印发之日起施行，原《新疆维吾尔自治区节能减排专项资金管理暂行办法》（新财建［2007］259号）废止执行。

关于印发《用于农业土地开发的土地出让金计提和划缴管理办法》的通知

（2010年7月7日 自治区财政厅、国土资源厅
新财建［2010］299号）

伊犁哈萨克自治州财政局、国土资源局，乌昌财政局，各地（州、市）财政局、国土资源局：

为了确保用于农业开发的土地出让金及时足额计提和划缴自治区财政，根据自治区财政厅、自治区国土资源厅《关于印发用于农业土地开发的土地出让金收入及支出使用管理相关事项的通知》（新财建［2005］21号）等有关规定，我们制定了《用于农业土地开发的土地出让金计提和划缴管理办法》，现印发给你们，请遵照执行。

附件：用于农业土地开发的土地出让金计提和划缴管理办法

附件

用于农业土地开发的土地出让金计提和划缴管理办法

第一条 为了确保用于农业开发的土地出让金及时足额上解自治区财政，根据自治区财政厅、自治区国土资源厅《关于印发用于农业土地开发的土地出让金收入及支出使用管理相关事项的通知》（新财建［2005］21号）等有关规定，特制定本办法。

第二条 自治区各级财政预算、国库、综合、经建部门应密切协作，严格执行《关于印发用于农业土地开发的土地出让金收入及支出使用管理相关事项的通知》（新财建［2005］21号），加强用于农业开发的土地出让金计提和划缴工作，确保按照规定标准和比例计提本地区用于农业开发的土地出让金，并按规定划缴自治区国库。

第三条 各地（州、市）财政部门按季据

实报送用于农业土地开发的土地出让金计提及划缴自治区财政情况（季报格式附后）。

第四条 自治区财政厅对各地（州、市）实际计提用于农业土地开发的土地出让金及划缴自治区财政情况按季进行通报。

第五条 自治区财政厅对划缴自治区的用于农业土地开发的土地出让金进行年终清算。对欠缴自治区用于农业开发的土地出让金的地（州、市），自治区将在两级财政结算时予以扣回，对多缴的予以返还。具体程序为：自治区财政厅会同自治区国土资源厅在次年2月底前，根据各地（州、市）、县（市）实际出让土地面积和国家规定的土地出让平均纯收益征收标准以及用于农业开发的土地出让金自治区集中的比例，测算各地（州、市）应划缴自治区财政用于农业开发的土地出让金数额、核实各地实际划缴数额，然后进行清算。对欠缴的地（州、市），通过财政两级结算予以扣回，对多缴的在预算执行中以追加预算的方法返还相关地（州、市）。职责分工为：财政厅综合部门负责提供年度各地（州、市）、县（市）土地转让及土地出让金收入情况；国库部门、非税收入管理部门负责提供年度各地（州、市）实际划缴自治区国库用于农业开发的土地出让金数额；经建部门负责会同自治区国土资源相关部门和财政综合部门、国库部门、非税收入管理部门对用于农业开发的土地出让金划缴情况进行清算；预算部门根据年终清算结果办理扣款或返还事宜。

第六条 本办法自2010年10月1日起执行。

第七条 本办法由自治区财政厅会同自治区国土资源厅解释。

附：用于农业土地开发的土地出让金计提及上缴自治区财政情况统计季报

附

用于农业土地开发的土地出让金计提及上缴自治区财政情况统计季报

20　　年　　季度

填报单位：________地（州、市）财政局　　　　填报日期：20____年____月____日

项　　目	×××地（州、市）合计	地（州、市）本级	×××县（市、区）	×××县（市、区）	……
1. 本季度累计土地出让面积（平方米）					
2. 土地出让金收入（万元）					
3. 土地出让金平均纯收益征收标准（元/平方米）					
4. 应计提用于农业土地开发的出让金（万元）					
5. 实际计提用于农业土地开发的土地出让金（万元）					
6. 应上缴自治区财政用于农业土地开发的土地出让金（万元）					
7. 实际上缴自治区财政用于农业土地开发的土地出让金（万元）					

备注：1. 本季度累计土地出让面积根据办理的土地出让合同据实填列。

2. 土地出让金纯收益征收标准根据财政部、国土资源部联合发布的土地出让金纯收益标准按县（市、区）分别填列。

3. 应计提用于农业土地开发的土地出让金＝土地出让面积×土地出让平均纯收益征收标准（对应所在地征收等别）×20%。

4. 应上缴自治区财政用于农业开发的土地出让金＝应计提用于农业土地开发的土地出让金×30%。

关于印发《南疆地区棉花出疆运输公铁分流财政补贴办法（暂行）》的通知

（2010年8月27日　自治区财政厅、经济和信息化委员会
新财建［2010］420号）

有关地（州、市）财政局、经信（贸）委，新棉集团公司、兵团棉麻公司、大陆桥农产品公司、新疆农资集团公司：

为了缓解南疆铁路二线建设施工期间，铁路货运能力下降给南疆地区棉花出疆铁路运输带来的不利影响，加大我区棉花出疆销售力度，帮助解决南疆地区棉花通过公路运输导致运输成本增加问题，自治区决定对南疆地区棉花出疆公铁分流运费给予适当财政补贴。为加强南疆地区棉花出疆运输公铁分流财政补贴资金的管理，提高资金使用效益，我们制定了《南疆地区棉花出疆运输公铁分流财政补贴办法（暂行）》，现印发给你们，请遵照执行。

附件：南疆地区棉花出疆运输公铁分流财政补贴办法（暂行）

附件

南疆地区棉花出疆运输公铁分流财政补贴办法（暂行）

第一章　总　　则

第一条　为了缓解南疆铁路二线建设施工期间，铁路货运能力下降给南疆地区棉花出疆铁路运输带来的不利影响，加大我区棉花出疆销售力度，帮助解决南疆地区棉花通过公路运输导致运输成本增加问题，自治区决定对南疆地区棉花出疆公铁分流运费给予适当财政补贴。为加强南疆地区棉花出疆运输公铁分流财政补贴（以下简称“公铁分流财政补贴”）资金的管理，提高资金使用效益，特制定本办法。

第二条　本办法所指南疆棉花出疆公铁分流运输是指南疆铁路二线建设施工期间，库车火车站以西地区通过公路运到库尔勒、吐鲁番大河沿或乌鲁木齐，再通过火车运输出疆的棉花。

第二章　补贴的范围、标准、方式和期限

第三条　补贴范围。棉花经营企业从库车火

车站以西地区通过公路运到新棉集团公司、兵团棉麻公司、大陆桥农产品公司和新疆农资集团公司在库尔勒站、吐鲁番大河沿站或乌鲁木齐站铁路专用线，再通过火车运输出疆的棉花。

第四条 补贴方式。自治区根据新棉集团公司、兵团棉麻公司、大陆桥农产品公司和新疆农资集团公司设在库尔勒市、吐鲁番大河沿镇、乌鲁木齐市的铁路专用线实际发运南疆地区库车火车站以西地区棉花数量给予财政补贴，上述四家企业相应减免发运棉花客户集站费。

第五条 补贴标准。按运输距离长短，分别按以下标准进行补贴：

（一）库车火车站以西地区通过公路运至库尔勒站中转出疆的，补贴 30 元/吨；

（二）库车火车站以西地区通过公路运至吐鲁番大河沿站中转出疆的，补贴 40 元/吨；

（三）库车火车站以西地区通过公路运至乌鲁木齐站中转出疆的，补贴 50 元/吨。

棉花经营企业从库车火车站以西地区通过公路运输至库尔勒、吐鲁番、乌鲁木齐市，再通过新棉集团公司、兵团棉麻公司、大陆桥农产品公司和新疆农资集团公司在上述地区铁路专用线发运到疆外的棉花，新棉集团公司、兵团棉麻公司、大陆桥农产品公司和新疆农资集团公司按以上标准减免铁路专用线集站费。

第六条 补贴时限：暂定为 2010 年 9 月至 2010 年 12 月，以后年度执行时间由自治区财政厅、自治区经信委另行下文通知。

第三章 补贴资金申报、审核和拨付

第七条 棉花经营企业从库车火车站以西地区通过公路运输至库尔勒、吐鲁番、乌鲁木齐市，再通过新棉集团公司、兵团棉麻公司、大陆桥农产品公司和新疆农资集团公司在上述地区铁路专用线发运到疆外的棉花，由新棉集团公司、兵团棉麻公司、大陆桥农产品公司和新疆农资集团公司在季度结束后 10 日内向专用线所在地（州、市）经信（贸）部门、财政部门申报公铁分流财政补贴，如实填报《____年____季度南疆地区棉花出疆运输公铁分流财政补贴申请明细表》（见附表 1），并制作 EXCEL 电子表格，连同有关单据和凭证，包括集站费发票复印件、公路发票复印件、到货批次清单和对应批次的棉花收购加工码单复印件、铁路货票复印件。

第八条 地（州、市）经信（贸）部门、财政部门对企业上报相关资料进行审核确认，5 个工作日内联合上报至自治区经信委。

第九条 自治区经信委对公铁分流财政补贴进行审核汇总，并填制《____年____季度南疆地区棉花出疆运输公铁分流财政补贴汇总审核意见表》（见附表 2），5 个工作日向自治区财政厅出具公铁分流财政补贴审核意见。

第十条 自治区财政厅收到自治区经信委审核后的公铁分流财政补贴审核意见及相关资料后，及时审核确认，10 个工作日内下达公铁分流财政补贴预算，并将补贴资金直接拨付至新棉集团公司、兵团棉麻公司、大陆桥农产品公司和新疆农资集团公司。

第十一条 为鼓励新棉集团公司、兵团棉麻公司、大陆桥农产品公司和新疆农资集团公司通过库尔勒站、吐鲁番大河沿站、乌鲁木齐站铁路专用线中转发运南疆地区库车火车站以西棉花，按照上述站点实际中转发运的南疆地区库车火车站以西棉花数量，自治区财政给予每吨 1 元奖励资金。年度终了，自治区财政厅根据棉花实际调运量据实兑现。

第四章 监督管理

第十二条 自治区财政厅会同自治区经信委负责对公铁分流财政补贴的审核、拨付进行监督。

第十三条 地方各级经信（贸）部门、财政部门要认真审核公铁分流财政补贴，并自觉接受监督检查。新棉集团公司、兵团棉麻公司、大陆桥农产品公司和新疆农资集团公司必须提供真实、准确的公铁分流财政补贴相关凭证资料，并按补贴及时退还发运棉花客户集站费。对于虚报冒领、骗取补贴的企业，一经查实，取消补贴资格，收回补贴资金，并按照《财政违法行为处罚处分条例》（国务院令第427号）进行处理。

第五章　附　　则

第十四条　本办法由自治区财政厅、自治区经信委负责解释。

第十五条　本办法自印发之日起执行。

附表 1. ＿＿年＿＿季度南疆地区棉花出疆运输公铁分流财政补贴申请明细表

2. ＿＿年＿＿季度南疆地区棉花出疆运输公铁分流财政补贴汇总审核意见表

附表1

＿＿年＿＿季度南疆地区棉花出疆运输公铁分流财政补贴申请明细表

申报企业（盖章）：

序号	发运企业名称	公路运输发票						棉花收购加工码单					发运出疆铁路货票			集站费发票			
		公路运输起止地点	车号	发票票号	开票日期	件数	公定重量（吨）	棉花产地	加工单位	批号	件数	公定重量（吨）	票号	开票日期	数量（吨）	票号	开票日期	数量（吨）	集站费金额（元）
一	经库尔勒站中转																		
1																			
2																			
3																			
…																			
二	经吐鲁番大河沿站中转																		
1																			
2																			
3																			
…																			
三	经乌鲁木齐站中转																		
1																			
2																			
3																			
…																			
合　　计													***	***		***	***		

地（州、市）级经信（贸）部门审核（盖章）　　审核人：　　审批人：

地（州、市）级财政部门审核（盖章）　　审核人：　　审批人：

附表 2

____年____季度南疆地区棉花出疆运输公铁分流财政补贴汇总审核意见表

自治区经信委（盖章）：

填报时间：

序号	申报企业名称	补贴标准（元/吨）	企业申报		自治区经信委审核意见	
			公铁联运出疆棉花数量（吨）	补贴金额（万元）	公铁联运出疆棉花数量（吨）	补贴金额（万元）
一	公铁联运库尔勒中转出疆					
1	新疆棉花集团					
2	兵团棉麻公司					
3	大陆桥农产品公司					
4	自治区农资集团公司					
二	公铁联运吐鲁番大河沿站中转出疆					
1	新疆棉花集团					
三	公铁联运乌鲁木齐市中转出疆					
1	新疆棉花集团					
2	兵团棉麻公司					
3	大陆桥农产品公司					
合计						

审核人：

审批人：

注：本表由自治区经信委填报。

关于印发《新疆维吾尔自治区新农村现代流通服务网络工程专项资金管理暂行办法》的通知

（2010年10月13日　自治区财政厅、供销社合作联合社
新财建［2010］510号）

伊犁哈萨克自治州财政局、供销社，乌鲁木齐市昌吉州财政局，各地（州、市）财政局、供销社，自治区供销社各直属企业：

为加快自治区供销系统农村现代流通服务网络的建设，根据《新疆维吾尔自治区人民政府关于加快供销合作社改革发展的意见》（新政发［2010］93号）的有关精神，我们拟定了《新疆维吾尔自治区新农村现代流通服务网络工程专项资金管理暂行办法》。现印发给你们，请遵照执行。

附件：新疆维吾尔自治区新农村现代流通服务网络工程专项资金管理暂行办法

附件

新疆维吾尔自治区新农村现代流通服务网络工程专项资金管理暂行办法

第一章　总　　则

第一条　按照《自治区人民政府关于加快供销社改革发展的意见》（新政发［2010］93号）的有关精神，自治区财政设立新农村现代流通服务网络工程专项资金（以下简称“专项资金”）。为了加强和规范该项资金的管理，提高资金使用效益，特制定本办法。

第二条　有条件的地（州、市）可根据当地财力情况，安排资金支持“新网工程”项目，并与中央、自治区专项资金统筹使用。

第三条　专项资金的安排应当遵循科学合理、公开透明、突出重点、扶优扶强、规范有效的原则。

第二章　资金使用范围

第四条　专项资金主要用于引导全疆供销社系统控股或参股企业实施的农副产品购销、农资

经营服务、日用消费品经营、再生资源回收利用等农村现代流通网络体系的建设。具体包括：

（一）农副产品、农资及日用消费品的物流配送中心、批发交易市场、连锁经营超市（农家店）的改造或新建项目；

（二）农副产品冷链物流系统改造或新建项目；

（三）再生资源回收企业社区回收站点、分拣加工中心和集散交易市场的新建和升级改造项目；

（四）供销合作社系统农副产品、农资、日用消费品经营企业电子商务项目；

（五）市场信息收集与发布、农化服务、质量安全服务体系等公益性服务项目；

（六）经自治区财政厅批准的其他支出。

第三章 资金使用方式

第五条 专项资金主要采取贷款贴息、以奖代补、财政补助三种支持方式。

第六条 对以银行贷款为主要投资方式的各类配送中心、大型超市、批发交易市场、现代物流设施、农副产品冷链系统、大型再生资源交易市场等建设和改造项目，采取银行贷款财政贴息的方式支持。

（一）实行先付后贴的原则。即项目单位凭借款合同和贷款银行开具的利息支付清单申请财政贴息。

（二）贴息标准：财政贴息的贴补率由自治区财政厅综合考虑年度专项资金预算规模及同期银行贷款利率等因素确定。

（三）贴息资金计算，根据项目单位符合贴息条件的银行贷款额、财政规定的贴补率和当期实际支付的利息额计算确定。

（四）贴息期限：贴息项目原则上按项目建设期限贴息，最长不超过3年，建设期少于3年的按实际建设期计算贴息期限。

第七条 对以企业自有资金为主要投资方式的四大网络体系新建和改造项目（含相应的公益性服务等），采取以奖代补的方式支持。

第八条 对困难地区（南疆三地州和国家、自治区重点扶贫县（市）以及边境县）的县（市）供销社相关企业实施的项目，采取财政补助为主的方式予以支持。

第九条 对各级财政提供配套资金支持的“新网工程”项目给予优先支持。各类项目在同等条件下，向南疆三地州倾斜。建设内容相同的同一项目，已获得国家、自治区其他资金支持的，不得重复申报。

第十条 对中央财政“新网工程”专项资金已支持项目但仍存在缺口的，可在专项资金中给予适当支持。

第四章 项目申报、审定及资金拨付

第十一条 自治区财政厅会同自治区供销社研究制定年度支持方向、支持重点及要求，并向各地印发年度项目申报指南。

第十二条 申报专项资金项目的单位必须是具有法人资格的农副产品、农资、日用消费品、再生资源经营企业，并符合以下条件：

（一）经县级以上有关部门注册登记、具有可持续运营能力，无不良信用记录。

（二）有健全的组织机构和内部控制制度。

（三）会计核算规范，财务状况良好，在行业内具有带动和引领作用。

（四）项目单位须由供销社控股或参股，参股比例不低于34%。

第十三条 符合申报条件的项目单位，向同级财政部门和供销社报送项目申报材料，财政部门和供销社初审确定后，报送至自治区财政厅和自治区供销社；区本级项目单位直接报送至自治区财政厅和自治区供销社。

第十四条 申报专项资金的项目单位，必须提供单位资质证明、项目可行性研究报告、项目年度实施报告，申请贷款贴息的，还须提供项目借款合同和利息结算清单等相关材料。项目申报单位须按年度项目申报指南规定时间一次性上报申报材料，并确保申报材料真实可靠。

第十五条 专项资金支持项目实行专家评审制度。自治区财政厅、自治区供销社组织相关专家对企业申报的项目评审后，确定支持的项目及支持方式。

第十六条 自治区财政厅根据评审结果及当年专项资金财政预算安排情况确定资金预算。

第十七条 专项资金支持项目及金额确定后，财政部门按照预算级次将项目资金及时、足额拨付给项目单位，其中财政贴息和以奖代补项目需检查确定项目单位实际投入后，再予以拨付项目资金。

第五章 监督检查

第十八条 项目承担单位须严格按照批准的项目使用资金，不得任意改变资金用途和扩大使用范围，并接受同级和上级财政部门、供销社的监督检查。

第十九条 专项资金必须专款专用，任何单位或者个人不得滞留、截留、挤占、挪用专项资金。各相关部门要严格按规定使用资金，对违规使用项目资金的，一经查实，自治区财政厅将收回已安排的专项资金，取消专项资金申报资格，并按《财政违法行为处罚处分条例》（国务院令第427号）的相关规定进行处理。

第二十条 项目承担单位必须定期上报、公布项目资金使用情况。项目实施结束后，由供销社会同财政部门组织项目验收。

第二十一条 项目实施单位应按照自治区财政专项资金绩效评价工作的有关要求，认真总结项目进展情况、取得的效果及预期的经济和社会效益，并于每年10月底前将项目绩效评价报告逐级汇总报送至自治区供销社。自治区供销社对项目实施单位绩效评价报告审核后，报送自治区财政厅。

第六章 附 则

第二十二条 本办法自发布之日起施行。

第二十三条 本办法由自治区财政厅、自治区供销社负责解释。

关于印发《新疆维吾尔自治区供销合作社农民合作经济组织“富民十百千工程”专项资金管理暂行办法》的通知

（2010年10月13日 自治区财政厅、供销社合作联合社
新财建［2010］511号）

伊犁哈萨克自治州财政局、供销社，乌鲁木齐市昌吉州财政局，各地（州、市）财政局、供销社，自治区供销社各直属企业：

为支持自治区供销合作社农民合作经济组织发展，根据《新疆维吾尔自治区人民政府关于加快供销合作社改革发展的意见》（新政发

[2010] 93号）的有关精神，我们拟定了《新疆维吾尔自治区供销合作社农民合作经济组织“富民十百千工程”专项资金管理暂行办法》。现印发给你们，请遵照执行。

附件：新疆维吾尔自治区供销合作社农民合作经济组织“富民十百千工程”专项资金管理暂行办法

附件

新疆维吾尔自治区供销合作社农民合作经济组织“富民十百千工程”专项资金管理暂行办法

第一章　总　　则

第一条　按照《新疆维吾尔自治区人民政府关于加快供销合作社改革发展的意见》（新政发[2010] 93号）的有关精神，自治区财政设立新疆维吾尔自治区供销合作社农民合作经济组织“富民十百千工程”专项资金（以下简称“专项资金”），为规范资金管理，提高资金使用效益，特制定本办法。

自治区供销合作社农民合作经济组织是指：由供销合作社管理、引领、发展的各类农民合作经济组织，包括乡镇基层供销合作社、农民专业合作社、村级综合服务社、农村专业经济协会等。

第二条　自治区供销合作社农民合作经济组织“富民十百千工程”专项资金由自治区财政预算安排。专项资金重点用于支持实施10万名农产品经纪人培训工程、100个基层社扶优扶强工程、1000个农民专业合作社升级示范工程。

第三条　专项资金的安排应当遵循科学合理、公开透明、突出重点、扶优扶强、规范有效的原则，并适度向南疆三地州倾斜。

第二章　资金使用范围及支持方式

第四条　专项资金主要支持和引导全疆供销社系统发展以农产品经纪人队伍、基层供销合作社、农民专业合作社为主体实施的农业产业化经营和社会化服务体系的建设，具体包括：

（一）支持农民合作经济组织开展农业生产标准化建设；

（二）支持农民合作经济组织开展农产品质量标准认证和优势农产品品牌培育；

（三）支持农民合作经济组织开展“农超对接”、市场营销网络信息化建设；

（四）开展农民专业合作社示范社建设；

（五）支持基层供销合作社创新为农服务方式，实现“经济强社”；

（六）推进农产品外销工作，支持农民合作经济组织参加各类展览展销与推介活动；

（七）开展农产品经纪人的培训认证工作。

第五条　专项资金采取以奖代补、财政补助两种支持方式，原则上先建设后奖励（补助）。

第六条　各年度项目总数由自治区财政厅、供销合作社根据各地（州、市）实际情况确定，并通过年度项目申报指南分解至各地（州、市），各地（州、市）供销合作社按分解确定的项目数额组织申报。

第三章　项目申报、审定及资金拨付

第七条　自治区财政厅会同自治区供销合作

社研究制定年度支持方向、支持重点及要求，并向各地印发年度项目申报指南。

第八条 申报专项资金项目的单位必须是具备法人资格的各级供销合作社所属企事业单位、基层供销合作社、农民专业合作社、村级综合服务社、各类行（专）业协会等组织并具备以下条件：

（一）经县级以上有关部门注册登记，具有可持续运营能力，无不良信用记录；

（二）有健全的组织机构和内部控制制度；

（三）会计核算规范，财务状况良好，在行业内具有典型示范作用；

（四）经培训合格的农产品经纪人大部分加入所属农产品经纪人协会或农民专业合作社。基层供销合作社由供销合作社独资或控股。供销合作社（含所属企事业单位）在示范农民专业合作社、村级综合服务社内的股金出资额在8%以上。

第九条 符合申报条件的项目单位，向同级财政部门和供销社报送项目申报材料，财政部门和供销社初审确定后，报送至自治区财政厅和自治区供销社；区本级项目单位直接报送至自治区财政厅和自治区供销社。

第十条 培训工作由自治区供销合作社授权所属培训部门统一制定分年度培训计划，并委托供销系统所属企事业单位、行业协会共同组织实施。农产品经纪人认证工作由具有相应资质的培训机构承担。

第十一条 项目申报单位按照年度项目申报指南要求，提供单位营业执照（副本）、组织机构代码证、国地税登记证等相关证明、项目实施报告等材料。

第十二条 自治区财政厅会同自治区供销合作社对申报项目进行考核评审，结合专项资金年度预算安排情况，确定当年支持的具体项目及资金预算。

第十三条 专项资金支持项目及金额确定后，财政部门按照预算级次将项目资金及时、足额拨付给项目单位。

第四章　监督检查

第十四条 项目承担单位须严格按照批准的项目使用资金，不得任意改变资金用途和扩大使用范围，并接受同级和上级财政部门、供销社的监督检查。

第十五条 专项资金必须专款专用，任何单位或者个人不得滞留、截留、挤占、挪用专项资金。各相关部门要严格按规定使用资金，对违规使用项目资金的，一经查实，自治区财政厅将收回已安排的专项资金，取消专项资金申报资格，并按《财政违法行为处罚处分条例》（国务院令第427号）的相关规定进行处理。

第十六条 项目承担单位必须定期上报、公布项目资金使用情况。项目实施结束后，由供销社会同财政部门组织项目验收。

第十七条 项目实施单位应按照自治区财政专项资金绩效评价工作的有关要求，认真总结项目进展情况、取得的效果及预期的经济和社会效益，并于每年10月底前将项目绩效评价报告逐级汇总报送至自治区供销社。自治区供销社对项目实施单位绩效评价报告审核后，报送自治区财政厅。

第五章　附　　则

第十八条 本办法自发布之日起实施。

第十九条 本办法由自治区财政厅、自治区供销合作社负责解释。

关于《南疆地区棉花出疆运输公铁分流财政补贴办法》有关问题的补充通知

（2010 年 11 月 4 日　自治区财政厅、经济和信息化委员会
新财建［2010］564 号）

有关地（州、市）财政局、经信（贸）委，新疆力源投资有限责任公司、新疆果业集团有限公司：

为了进一步做好南疆地区棉花出疆运输公铁分流工作，缓解南疆铁路二线建设施工期间，铁路货运能力下降给南疆地区棉花出疆铁路运输带来的不利影响，加大我区棉花出疆销售力度，经研究，同意将新疆力源投资有限责任公司乌拉泊物流中心和新疆果业集团有限公司两户企业纳入南疆地区棉花出疆运输公铁分流财政补贴政策执行范围。对棉花经营企业从库车火车站以西地区通过公路运至乌鲁木齐站，再通过这两户企业中转出疆的棉花，按实际发运棉花数量给予财政补贴，上述企业相应减免发运棉花客户集站费。补贴标准及申报程序相关要求，仍按自治区财政厅、自治区经济和信息化委员《关于印发〈南疆地区棉花出疆运输公铁分流财政补贴办法（暂行）〉的通知》（新财建［2010］420 号）规定执行。

关于印发《新疆维吾尔自治区土地开发整理重大工程项目和资金管理暂行办法》的通知

（2010 年 12 月 13 日　自治区财政厅、国土资源厅
新财建［2010］598 号）

伊犁哈萨克自治州财政局、国土资源局，各地（州、市）财政局、国土资源局：

为加强和规范自治区土地开发整理重大工程项目资金使用管理，提高资金使用效益，我们制定了《新疆维吾尔自治区土地开发整理重大工程项目和资金管理暂行办法》，现印发给你们，请遵照执行。如在执行中遇到问题，请及时反馈我们。

附件：新疆维吾尔自治区土地开发整理重大工程项目和资金管理暂行办法

附件

新疆维吾尔自治区土地开发整理重大工程项目和资金管理暂行办法

第一章　总　　则

第一条　为加强和规范自治区土地开发整理重大工程项目和资金使用管理，提高资金使用效益，根据《财政部、国土资源部关于印发〈中央分成新增建设用地土地有偿使用费资金使用管理办法〉的通知》（财建［2008］157号）、《国家投资土地开发整理项目管理暂行办法》（国土资发［2000］316号）和自治区财政厅、自治区国土资源厅《关于中央分成新增建设用地土地有偿使用费和自治区新增建设用地土地有偿使用费分配使用及管理有关事项的通知》（新财建［2009］341号）的有关规定，结合自治区实际，制定本办法。

第二条　本办法所指土地开发整理重大工程是指纳入自治区土地开发整理规划，可大幅度提高基本农田综合生产能力，集中连片100万亩以上，新增耕地面积潜力大，由自治区人民政府批准立项，中央或自治区投资的土地开发整理重点领域的土地开发整理项目。自治区土地开发整理重大工程项目资金（以下简称“资金”）是指中央财政或自治区财政专项安排的自治区土地开发整理重大工程项目资金。

第三条　项目和资金管理应当遵循下列原则：

（一）坚持社会效益、生态效益、经济效益相统一的原则；

（二）坚持土地开发整理与新农村建设相结合的原则；

（三）坚持统一规划设计、统一资金管理、统一项目管理、统一组织实施的原则；

（四）坚持专款专用的原则。

第二章　工作职责

第四条　自治区财政厅负责项目资金（中央财政资金、自治区配套资金的落实工作和自治区财政资金预算）落实工作；负责项目预算的审查和下达、资金拨付和项目资金使用情况的监督管理工作；参与项目立项（编制土地开发整理重大工程总体规划、可行性研究报告）、项目设计及工程实施方案编制；参与项目竣工验收工作。

第五条　自治区国土资源厅负责项目立项（组织编制土地开发整理重大工程总体规划、可行性研究报告）、项目设计及工程实施方案编制、审查工作；负责项目实施情况监督检查和项目竣工验收等工作；参与自治区配套资金的落实、项目预算审查和资金使用情况的监督管理工作。

自治区土地开发整理建设管理局为项目承担单位，具体负责项目的组织实施工作。主要承担项目实地踏勘、勘测定界、现状测绘、施工单位招投标、施工监管、编制竣工财务决算和项目验收准备等工作。

第六条 项目所在地地（州、市）和县（市）国土资源局协助自治区国土资源厅进行项目立项论证，负责项目权属调整及有关协调工作，协助项目承担单位参与项目实施管理。

第三章 项目立项、审查及资金申报程序

第七条 自治区土地开发整理重大工程由自治区国土资源厅会同自治区财政厅向自治区人民政府申请立项。

第八条 经自治区人民政府批准立项的自治区土地开发整理重大工程，属于国家支持投资的，自治区财政厅会同自治区国土资源厅向财政部、国土资源部申请资金；属于自治区投资的，由自治区财政厅会同自治区国土资源厅提出资金安排建议报请自治区人民政府审批。

第九条 每年3月底前，自治区国土资源厅和自治区财政厅将上年度实施报告和本年度实施计划报财政部和国土资源部审批。每年10月底前，自治区国土资源厅会同自治区财政厅组织有关专家进行下一年度施工设计和预算的审查工作。

第四章 项目组织实施

第十条 项目实施实行项目法人制、公告制、招投标制、监理制、合同制和审计制。

第十一条 自治区土地开发整理建设管理局应加强工程施工管理，严格按照批准的项目设计和相关技术标准进行施工并建立质量责任制，保证工程质量。按照有关技术标准、设计施工合同和工程监理规范的要求，控制工程建设的投资进度、建设工期和工程质量，对项目建设工程实施监督责任。

第十二条 项目一经实施，原则上不得随意调整和变更项目设计。项目实施中确需变更项目设计的，按以下情形处理：

（一）涉及项目建设位置、建设总规模、项目支出预算、新增耕地面积调整的，由施工单位提出变更施工设计申请，自治区土地开发整理建设管理局初审后报自治区国土资源厅和自治区财政厅批准后执行；

（二）不涉及项目建设位置、建设总规模、项目支出预算、新增耕地面积需变更项目设计的，由施工单位提出变更施工设计申请，自治区土地开发整理建设管理局审查批准。

第十三条 因不可抗力等原因，造成项目无法继续实施的，自治区国土资源厅审查批复终止项目后会同自治区财政厅对项目组织清算，提出有关处置意见按程序报批后处理。

第五章 项目资金管理

第十四条 自治区土地开发整理重大工程项目资金专项用于自治区土地开发整理重大工程区域内的土地整理、耕地开发、基本农田建设。重大工程实施方案编制、可行性研究编制、项目区测绘等前期费用包含在项目投资预算中。

第十五条 自治区财政厅根据已审定的年度施工设计和资金预算，核定年度项目资金预算规模并下达预算。

第十六条 项目资金的使用按照国库集中支付的有关规定办理。

第十七条 自治区土地开发整理建设管理局根据项目竣工价款结算编制项目竣工财务决算，经自治区国土资源厅初审后报自治区财政厅终审并批复。自治区土地整理项目工程价款结算办法和竣工财务决算办法另行制定。

第六章 项目土地权属管理

第十八条 项目区土地权属管理应当遵循依法、公开、公平的原则，确保土地权利人的合法权益不受侵害，维护社会稳定，促进经济发展。

第十九条 县（市）国土资源局应当会同相关部门、乡镇人民政府，按照有利生产、方便生活的原则，编制项目土地权属调整方案。

土地权属调整方案应当充分征求有关村民委

员会、村民小组和村民意见，报县级人民政府批准。

土地权属调整方案批准后，应当按规定在项目所在地进行公告。

第二十条 因规划设计变更，造成土地权属需要重新调整的，应当按规定对原权属调整方案进行补充和说明，并由项目所在地县（市）人民政府确定权属。

第七章 项目验收

第二十一条 项目完成后，自治区土地开发整理建设管理局组织项目所在地地（州、市）国土资源局和县（市）国土资源局对项目进行自查；自查合格的，向自治区国土资源厅申请项目竣工验收。自治区国土资源厅对竣工验收合格的项目予以批复。

第二十二条 自治区土地开发整理建设管理局负责项目材料（文字、图件、表册等）的立卷工作、存档工作；及时将验收合格的项目移交项目所在地人民政府，落实管护主体和责任。项目所在地县（市）国土资源局按批准的土地权属调整方案及时进行土地权属调整、变更调查和登记发证工作；项目所在地地（州、市）、县（市）国土资源局对新增耕地要加强保护，不断提高耕地质量。

第八章 监督检查

第二十三条 自治区国土资源厅会同自治区财政厅对项目执行情况、资金使用情况进行监督检查。

第二十四条 项目资金应专款专用，任何单位和个人不得截留、挤占和挪用。对违反规定截留、挤占、挪用自治区土地开发整理重大工程项目资金的，按照《财政违法行为处罚处分条例》（国务院令第427号）等有关法律法规的规定进行处理。

第九章 附 则

第二十五条 本办法由自治区财政厅会同自治区国土资源厅负责解释。

第二十六条 本办法自印发之日起执行。

关于印发《新疆维吾尔自治区富民安居工程南疆三地（州）农村困难家庭建房贷款财政贴息专项资金管理暂行办法》的通知

（2010年12月20日 自治区财政厅、住房和城乡建设厅、
富民安居工程建设领导小组办公室、农村信用社联社、
中国农业银行股份有限公司新疆分行 新财建［2010］636号）

喀什地区、和田地区、克州财政局、建设局、富民安居工程建设领导小组办公室，喀什地区、和

田地区、克州及各县市农村信用社、农业银行：

为实现我区富民安居工程建设目标，根据自治区人民政府《关于研究"富民安居"工程建设有关工作的会议纪要》（新政阅［2010］142号）的决定，我们制定了《新疆维吾尔自治区富民安居工程南疆三地（州）农村困难家庭建房贷款财政贴息专项资金管理暂行办法》，现印发给你们，请遵照执行。执行过程存在的问题和建议，请及时反馈我们。

附件：1. 新疆维吾尔自治区富民安居工程南疆三地（州）农村困难家庭建房贷款财政贴息专项资金管理暂行办法

2. 富民安居工程南疆三地（州）农村困难家庭建房贷款贴息资金汇总表

3. 富民安居工程南疆三地（州）农村困难家庭建房贷款贴息资金申请表

附件1

新疆维吾尔自治区富民安居工程南疆三地（州）农村困难家庭建房贷款财政贴息专项资金管理暂行办法

第一章　总　　则

第一条　根据自治区人民政府《关于研究"富民安居"工程建设有关工作的会议纪要》（新政阅［2010］142号）的决定，为实现自治区富民安居工程建设目标，自治区财政设立富民安居工程南疆三地（州）农村困难家庭建房贷款财政贴息专项资金（以下简称"贴息资金"）。为规范贴息资金的管理，制定本办法。

第二条　贴息资金列入自治区本级财政预算。

第三条　贴息资金的分配使用坚持公开透明、公平公正的原则，接受社会各界对贴息资金的监督。

第二章　贴息范围和标准

第四条　自2010年1月1日起，属于自治区富民安居工程年度建设任务的南疆三地（州）农村困难家庭，通过农村信用社、农业银行贷款解决自筹建房资金，自治区财政安排贴息资金予以支持。农村困难家庭指南疆三地（州）农村分散供养的五保户、低保户、贫困户。其他建房农户贷款产生的利息由农户自行偿还。

第五条　农村信用社、农业银行按照中国人民银行基准利率向符合条件的南疆三地（州）农村困难家庭发放建房贷款。

第六条　自治区财政按中国人民银行基准利率计算的利息金额，据实足额安排贴息资金。贴息时限最长为贷款发放日起的两年；如贷款期限少于两年，按实际贷款期限贴息。

第七条　本办法印发之日后农村信用社、农业银行发放建房贷款，在贴息时限内不再向符合贴息范围的农户收取贷款利息。2010年1月1日至本办法印发之日前农村信用社发放的建房贷款，已向农户收取的利息，按规定办理退付。

第三章　部门职责

第八条　自治区财政厅负责筹集贴息资金，根据自治区住房和城乡建设厅、富民安居工程建设领导小组办公室（以下简称"富民安居办"）、农村信用社联社或农业银行新疆分行审核确认的南疆三地（州）农村困难家庭建房贷款贴息金额，及时将贴息资金拨付发放贷款的农村信用社联社、农业银行新疆分行。

第九条 自治区住房和城乡建设厅、富民安居办负责审核各地申报材料中的南疆三地（州）农村困难建房家庭是否符合贴息资金支持的范围，并予以确认。

第十条 自治区农村信用社联社、农业银行新疆分行负责审核各地申报材料中贷款时间、贷款利息等数据是否真实有效，并予以确认；负责将贴息资金拨付至发放贷款的农村信用社和农业银行。

第十一条 南疆三地（州）及所属县市财政部门、富民安居办、农村信用社、农业银行负责报送贴息资金申报材料，对申报材料予以审核确认，对申报材料的真实性负责。县级富民安居办、财政部门在申请贴息资金阶段，应对拟申请贴息资金的农村家庭建房农户的贷款情况采取公示制度，接受群众和社会各界的监督，确保申请资料真实有效，防止弄虚作假、骗取贴息资金。

第四章 申报和审核

第十二条 贴息资金的申报程序为：以县为单位提出申请，地（州）审核汇总，自治区复核确认。

第十三条 农村信用社、农业银行根据实际发放的农村困难家庭建房贷款，填制《富民安居工程南疆三地（州）农村困难家庭建房贷款贴息资金申请表》（附件3），并将贷款合同、建房计划等资料报送至县级富民安居办、财政部门；县级富民安居办、财政部门严格审核后，以县为单位，将贴息资金申请报告、《富民安居工程南疆三地（州）农村困难家庭建房贷款贴息资金申请表》及相关附件报送至地（州）级富民安居办、财政部门，地（州）级富民安居办、财政部门负责汇总，并审核申报材料的真实性，审核无误后，填制《富民安居工程南疆三地（州）农村困难家庭建房贷款贴息资金汇总表》（附件2），共同报送至自治区住房和城乡建设厅、富民安居办、农村信用社联社或农业银行新疆分行。

第十四条 自治区住房和城乡建设厅、富民安居办、农村信用社联社或农业银行新疆分行收到南疆三地（州）富民安居办、财政部门提出的贴息资金申请报告后，对贴息资金申请材料的真实性进行复核，将复核意见送达自治区财政厅。

第十五条 自治区财政厅根据自治区住房和城乡建设厅、富民安居办、农村信用社联社或农业银行新疆分行的复核意见，确定年度贴息资金额度。

第五章 申报时间

第十六条 2010年发放的贷款，按全年实际发生的利息予以一次性贴息。南疆三地（州）富民安居办、财政部门会同农村信用社、农业银行于2011年1月30日前完成汇总审核工作，并将贴息资金申请报告报送自治区财政厅、住房和城乡建设厅、富民安居办、农村信用社联社或农业银行新疆分行。

第十七条 2011年1月1日起发放的建房贷款，按年结息，结息日为每年12月20日。南疆三地（州）富民安居办、财政部门会同农村信用社或农业银行于每年12月1日前，完成审核汇总工作，并将贴息资金申请报告报送自治区财政厅、住房和城乡建设厅、富民安居办、农村信用社联社或农业银行新疆分行。

第十八条 南疆三地（州）富民安居办、财政部门严格按照规定的时间报送贴息资金申请报告。申请报告中的贴息金额应测算至12月20日。

第六章 资金管理

第十九条 自治区财政厅根据自治区住房和城乡建设厅、富民安居办、农村信用社联社或农业银行新疆分行出具的复核意见，按国库集中支付的规定将贴息资金拨付自治区农村信用社联社、农业银行新疆分行。根据南疆三地（州）贴息资金申请情况，原则上2010年发放的贷款在当年产生的利息，于2011年2月20日前拨付贴息资金；2010年发放的贷款在2011年开始产生的利息，以及2011年起发放的贷款产生的利息，于每年12月15日前预拨，次年1月完成清算工作。

第二十条 自治区农村信用社联社、农业银行新疆分行收到贴息资金后，负责在每年12月20日前将贴息资金拨付县级或地（州）农村信用社、农业银行。

第二十一条 2010年1月1日至本办法印发之日前农村信用社已发放贷款并向农户收取的利息，自治区财政将贴息资金拨付自治区农村信用社联社或农业银行新疆分行后，自治区农村信用社联社、农业银行新疆分行将贴息资金分别拨付发放贷款的农村信用社、农业银行，由县级财政部门、富民安居办监督农村信用社将贴息资金退付农户。本办法印发之日后农村信用社、农业银行发放的贷款，农村信用社、农业银行只下达利息通知单，不再向农户收取贷款利息。

第二十二条 发放贷款的农村信用社、农业银行收到贴息资金后，按规定进行财务处理。

第七章　监督管理

第二十三条 自治区农村信用社联社、农业银行新疆分行负责按照自治区财政厅关于绩效评价的有关规定，每年对贴息资金使用情况进行绩效评价，并形成绩效评价书面报告按时报送自治区财政厅。

第二十四条 自治区财政厅、住房和城乡建设厅、富民安居办、农村信用社联社、农业银行新疆分行对贴息资金使用情况进行不定期抽查。地（州）和县市财政部门、富民安居办加强对贴息资金使用情况和项目执行情况的监督和检查，确保资金安全运行。

第二十五条 贴息资金实行专款专用，不得滞留、截留、挤占、挪用。对以虚报、冒领等手段骗取和滞留、截留、挤占、挪用专项资金的，一经查实，自治区财政厅将收回已安排的专项资金，并按《财政违法行为处罚处分条例》（国务院令第427号）的相关规定进行处理。

第八章　附　　则

第二十六条 南疆三地（州）及所属县市根据本办法的规定，结合当地具体情况可制定实施细则，报自治区财政厅、住房和城乡建设厅、富民安居办、农村信用社联社、农业银行新疆分行备案。自治区农村信用社联社、农业银行新疆分行制定贴息资金管理实施细则。

第二十七条 其他金融机构向南疆三地（州）农村困难家庭发放建房贷款，贴息程序依照本办法执行。

第二十八条 本办法由自治区财政厅会同自治区住房和城乡建设厅、富民安居办、农村信用社联社、农业银行新疆分行负责解释。

第二十九条 本办法自2010年1月1日起施行。

附件 2

富民安居工程南疆三地（州）农村困难家庭建房贷款贴息资金汇总表

单位：万元

<table>
<tr><td>地区、县市</td><td>贷款金额</td><td>实际支付贷款利息金额</td><td>申请贴息金额</td></tr>
<tr><td>××地区合计</td><td></td><td></td><td></td></tr>
<tr><td>××县小计</td><td></td><td></td><td></td></tr>
<tr><td>××县小计</td><td></td><td></td><td></td></tr>
<tr><td>……</td><td></td><td></td><td></td></tr>
<tr><td>……</td><td></td><td></td><td></td></tr>
<tr><td>……</td><td></td><td></td><td></td></tr>
<tr><td colspan="2">地州级富民安居办（签署意见并盖公章）

年　月　日</td><td colspan="2">地州级财政部门（签署意见并盖公章）

年　月　日</td></tr>
</table>

注：本表由地州级富民安居办会同财政部门审核后汇总，报送自治区富民安居办、农村信用社联社。自治区富民安居办、农村信用社联社负责复核并向自治区财政厅出具复核意见。

附件 3

富民安居工程南疆三地（州）农村困难家庭建房贷款贴息资金申请表

填制单位（盖章）：××农村信用社或××农业银行

单位：万元

序号	县、乡及农户信息	贷款合同序号	贷款金额	贷款利率	贷款期限	贷款实际发放时间	实际应支付贷款利息金额	申请贴息时段	申请贴息金额
一	××县合计								
（一）	××级小计								
1	××农户								

续表

序号	县、乡及农户信息	贷款合同序号	贷款金额	贷款利率	贷款期限	贷款实际发放时间	实际应支付贷款利息金额	申请贴息时段	申请贴息金额
2	××农户								
	……								
(二)	××乡小计								
1	××农户								
2	××农户								
	……								
(三)	以此类推								
审核意见	县级富民安居办（签署意见并盖公章） 年　月　日					县级财政部门（签署意见并盖公章） 年　月　日			

注：1. 本表由发放贷款的农村信用社或农业银行据实填列到户，并随贷款合同等资料报送县级富民安居办、财政部门。县级富民安居办、财政部门审核并签署意见后，报送地州级富民安居办、财政部门审核汇总。

2. 贷款合同序号、贷款金额、贷款利率、贷款期限按贷款合同的约定填列；贷款实际发放时间指农村信用社拨出贷款开始计息的时间；实际应支付贷款利息金额按农村信用社或农业银行利息通知单填列；申请贴息时段指起息日至结息日的时间，如2010年12月21日至2011年12月20日等。

关于印发《新疆维吾尔自治区城乡道路客运成品油价格补助专项资金管理暂行办法实施细则》的通知

（2010年2月28日　自治区财政厅、交通厅
新财建［2010］699号）

新疆维吾尔自治区道路运输管理局，各地（州、市）道路运输管理局、交通局：

为加强城乡道路客运成品油价格补助专项资金管理，促进城乡道路客运健康发展，保障国家成品油价格和税费改革顺利实施，根据财政部等七部门《关于成品油价格和税费改革后进一步完善种粮农民部分困难群体和公益性行业补贴机制的通知》（财建［2009］1号）和财政部、交

通运输部《关于印发〈城乡道路客运成品油价格补助专项资金管理暂行办法〉和〈岛际和农村水路客运成品油价格补助专项资金管理暂行办法〉的通知》（财建［2009］1008号）规定，我们制定了《新疆维吾尔自治区城乡道路客运成品油价格补助专项资金管理暂行办法实施细则》，现予印发，请遵照执行。

附件：1. 新疆维吾尔自治区城乡道路客运成品油价格补助专项资金管理暂行办法实施细则
2. 新疆维吾尔自治区城乡道路客运成品油价格补助专项资金管理暂行办法实施细则附表（略）

附件1

新疆维吾尔自治区城乡道路客运成品油价格补助专项资金管理暂行办法实施细则

第一条 为加强城乡道路客运成品油价格补助专项资金管理，促进城乡道路客运健康发展，保障国家成品油价格和税费改革顺利实施，根据财政部等七部门《关于成品油价格和税费改革后进一步完善种粮农民部分困难群体和公益性行业补贴机制的通知》（财建［2009］1号）和财政部、交通运输部《关于印发〈城乡道路客运成品油价格补助专项资金管理暂行办法〉和〈岛际和农村水路客运成品油价格补助专项资金管理暂行办法〉的通知》（财建［2009］1008号）规定，结合我区实际，制定本实施细则。

第二条 本实施细则适用于城乡道路客运成品油价格补助专项资金（以下简称“补助资金”）的使用管理。

第三条 本实施细则所称补助资金，是指中央财政预算安排的，用于补助城乡道路客运经营者因成品油价格调整而增加的成品油消耗成本而设立的专项资金。补助资金补助对象为城乡道路客运经营者，包括城市公交企业和农村客运经营者。

本实施细则所称的城市公交企业，是指依法取得城市公交经营资格，合法运营，为群众提供公交出行服务的企业。

本实施细则所称的农村客运经营者，是指依法取得道路客运经营资格，在县境内或者毗邻县间固定的道路客运线路上运营，其线路起讫点至少有一端在乡村的道路客运经营企业或个人。其中：“乡村”分别包括乡、村的同级别行政区划，但不包括县级以上人民政府所在的乡或位于城市市区的乡村。

具体补助对象，由道路运输管理机构按照许可的经营范围认定。

第四条 各地应抓紧完善出租汽车价格联动机制，通过调整运价或燃油附加，化解油价调整对出租汽车经营效益的影响。在完善价格联动机制之前，中央财政对出租汽车经营者给予临时油价补贴。

本实施细则所称的出租汽车经营者，是指依法取得出租汽车经营资格，合法运营，为广大城镇居民提供出租汽车服务的企业或个人。

第五条 当国家确定的成品油分品种出厂价，高于2006年成品油价格改革时的分品种出厂价（汽油4400元/吨、柴油3870元/吨）时，启动补贴机制；低于上述价格时，停止补贴。

第六条 补助资金补助标准的确定和中央财政负担的补助比例按财政部等七部门《关于成

品油价格和税费改革后进一步完善种粮农民部分困难群体和公益性行业补贴机制的通知》（财建［2009］1号）的规定执行。

第七条 补助用油量由交通运输部门和道路运输管理机构按照城市公交企业、农村客运和出租汽车经营者合法拥有的汽车数量、车型和行驶里程等，计算核定在一个补贴年度内合法营运消耗的成品油数量。

第八条 城市公交企业、农村客运和出租汽车经营者应当根据国家统一规定和各地交通运输部门及道路运输管理机构的具体要求，建立健全本企业管理档案和管理制度，完整、准确地记录所属车辆、行驶里程、用油量等基础信息，并按燃料种类对每辆车燃料消耗量进行统计、汇总、核实，分别填写城市公交企业、农村客运和出租汽车燃料消耗量明细表（见附表1、2、3），及时按程序上报。

第九条 各级交通运输部门、道路运输管理机构应当按照国家统计规定，建立健全城市公交企业、农村客运和出租汽车经营者车辆及燃油消耗量的基础档案和数据库，完整、准确地填报各项基础数据，科学准确地核算燃料消耗，并编制报表。

第十条 补助年度终了后，县（市）、地（州、市）级交通运输部门、道路运输管理机构应当组织力量，对本辖区上年度城市公交企业、农村客运和出租汽车分品种油料消耗情况进行统计、整理、汇总，经核实无误后，于2月15日前，分别将城市公交企业、农村客运和出租汽车用油量汇总表（见附表4、5、6）逐级上报自治区交通厅，同时抄报同级财政、审计部门（2009年度汇总表于2010年3月11日前报送）。

第十一条 自治区交通厅收到下级交通运输部门、道路运输管理机构上报的车辆油料消耗情况后，经审核和重点抽查，将自治区上年度城市公交企业、农村客运和出租汽车经营者分品种油料消耗情况整理汇总，由自治区交通厅统一于3月15日前上报交通运输部，同时抄送自治区财政厅、审计厅以及财政部驻新疆财政监察专用办事处。

第十二条 自治区财政厅收到财政部下达的上年度补助资金后，按照自治区交通厅提供的城市公交企业、农村客运和出租汽车补贴车辆数量及补贴资金分配方案，将补助资金拨付至自治区交通厅，由自治区交通厅将补助资金逐级下拨至基层交通运输部门。基层交通运输部门在6月30日前将补助资金发放到补助对象。

第十三条 各地（州、市）交通运输部门于8月15日前，将补助资金发放情况以正式文件报自治区财政厅、交通厅，并抄送自治区审计厅。

第十四条 补助资金专款专用，全额用于补助实际用油者，不得挪作他用。

第十五条 自治区财政厅将会同交通、审计部门，对各级交通运输部门用油量申报的真实性、可靠性以及各级交通运输部门资金拨付的及时性和额度等情况，进行定期和不定期的监督检查。如发现违纪违法行为，及时移送监察机关处理。

第十六条 城市公交企业、农村客运和出租汽车经营者应当按照本实施细则规定，及时准确填报有关报表。对未报送或未按期报送有关报表的，不予补助。

对弄虚作假、套取补助资金的城市公交企业、农村客运和出租汽车经营者，一经查实，追回上年度补助资金，并取消下年度补助资格。

对虚报用油量套取补助资金、扩大补助范围发放补助资金、截留挪用补助资金的部门和管理人员，一经查实，将严格按照法规规定进行处理，并追究相关责任人的责任。

第十七条 补助资金工作经费由自治区财政厅按照财政管理规定，商自治区交通厅重点用于基层管理部门用油量统计和补助资金发放等管理工作。

第十八条 本实施细则由自治区财政厅、自治区交通厅负责解释。

第十九条 本实施细则自2010年1月1日起施行

附表：1. 城市公交企业燃料消耗量明细表

2. 农村客运经营者燃料消耗量明细表

3. 出租汽车经营者燃料消耗量明细表

4. 城市公交燃料消耗量汇总表

5. 农村客运燃料消耗量汇总表

6. 出租汽车燃料消耗量汇总表

附表1

城市公交企业燃料消耗量明细表（____年度）

填报单位：（盖章）__________ 企业组织机构代码：__________ 企业登记注册地：__________

填报人：__________ 联系电话：__________ 填报日期：__________

序号	车辆信息										运营信息		运营行驶里程（公里）			平均燃料单耗（升/百公里）				全年燃料消耗总量（升）			
	车牌号	营运证号	车辆型号	车龄（年）	排放标准	车长（米）	发动机功率（千瓦）	燃料类型	变更情况	标台数	年运营期限	实际运营天数（天）	年初公里（表里程）	年末公里（表里程）	全年行驶里程	汽油	柴油	天然气	液化气	汽油	柴油	天然气	液化气
1																							
2																							
…																							
…																							
合计																							

承诺：我承诺本表中所填数据均真实可靠，并承担因数据问题带来的法律责任。企业负责人签名：________ 日期：________

填表说明：1. 本表由城市公交企业填写，统计期为每年的1月1日到12月31日。

2.“车辆型号”填写车辆的厂牌和具体型号；“车龄”填写车辆自首次登记之日至填报时的年数；“排放标准”填写国IV、国III、国II及以下。

3.“燃料类型”主要分为以下几类：汽油、柴油、LPG、CNG、双燃料（分品种油品和LPG/CNG）等。

4.“变更情况”按照车辆实际情况填写“新增”、“报废”。无变更则标“-”。

5.“年运营期限”填写车辆实际运营的起止日期；如车辆在当年度中停运的，则需分段填写运营时间；“实际运营天数”填写车辆在本年度实际运营的天数。

6.“年初公里”、“年末公里”按照车辆里程表填写。

7.“标台数”根据车长按照以下系数折算：

车长（米）	>5—7	>7—10	>10—13	>13—16	>16—18	>18	双层
折算系数	0.7	1.0	1.3	1.7	2.0	2.5	1.9

附表2

农村客运经营者燃料消耗量明细表（____年度）

填报单位：（盖章）____________ 企业组织机构代码：____________ 企业登记注册地：____________

填报人：____________ 联系电话：____________ 填报日期：____________

序号	车辆信息								运营信息		运营方式	客运班线信息		行驶里程（公里）			平均燃料单耗（升/百公里）				全年燃料消耗总量（升）			
	车牌号	营运证号	车辆型号	车龄（年）	排放标准	发动机功率（千瓦）	燃料类型	变更情况	年运营期限	实际运营天数（天）		线路起讫点	线路营运里程（公里）	年初公里（表里程）	年末公里（表里程）	全年行驶里程	汽油	柴油	天然气	液化气	汽油	柴油	天然气	液化气
1																								
2																								
…																								
…																								
合计																								

承诺：我承诺本表中所填数据均真实可靠，并承担因数据问题带来的法律责任。负责人签名：____________ 日期：________

填表说明：1. 本表由农村客运经营者填写，统计期为每年的1月1日到12月31日。

2.“车辆型号”填写车辆的厂牌和具体型号；“车龄”填写车辆自首次登记之日至填报时的年数；“排放标准”填写国IV、国III、国II及以下。

3.“燃料类型”主要分为以下几类：汽油、柴油、LPG、CNG、双燃料（分品种油品和LPG/CNG）等。

4.“变更情况”按照车辆实际情况填写“新增”、“报废”。无变更则标“–”。

5.“年运营期限”填写车辆实际运营的起止日期；如车辆在当年度中停运的，则需分段填写运营时间；“实际运营天数”填写车辆在本年度实际运营的天数。

6.“运营方式”、填写定线运营、区域运营、循环运行中的一种。采取区域经营的，在客运班线信息的起讫点栏目填写运营区域，不必填写客运班线信息栏目其他内容。

7.“起讫点”按道路运输管理机构发放的班车客运标志牌中的《道路客运班线经营许可证明》相应栏目填写。

8.“年初公里”、“年末公里”按照车辆里程表填写。

附表 3

出租汽车经营者燃料消耗量明细表（____年度）

填报单位：（盖章）__________________ 企业组织机构代码：____________________ 企业登记注册地：__________________

填报人：__________________ 联系电话：__________________ 填报日期：__________________

序号	车辆信息								运营信息		行驶里程（公里）			平均燃料单耗（升/百公里）				全年燃料消耗总量（升）			
	车牌号	营运证号	车辆型号	车龄（年）	排放标准	发动机排量（升）	燃料类型	变更情况	年运营期限	实际运营天数（天）	年初公里（表里程）	年末公里（表里程）	全年行驶里程	汽油	柴油	天然气	液化气	汽油	柴油	天然气	液化气
1																					
2																					
…																					
…																					
合计																					

承诺：我承诺本表中所填数据均真实可靠，并承担因数据问题带来的法律责任。负责人签名：______________ 日期：__________

填表说明：1. 本表由出租汽车经营者填写，统计期为每年的 1 月 1 日到 12 月 31 日。

2. “车辆型号”填写车辆的厂牌和具体型号；“车龄”填写车辆自首次登记之日至填报时的年数；“排放标准”填写国 IV、国 III、国 II 及以下。

3. “燃料类型”主要分为以下几类：汽油、柴油、LPG、CNG、双燃料（分品种油品和 LPG/CNG）等。

4. “变更情况”按照车辆实际情况填写“新增”、“报废”。无变更则标“ - ”。

5. “年运营期限”填写车辆实际运营的起止日期；如车辆在当年度中停运的，则需分段填写运营时间；“实际运营天数”填写车辆在本年度实际运营的天数。

6. “年初公里”、“年末公里”按照车辆里程表填写。

附表 4

城市公交燃料消耗量汇总表

填报单位：(盖章) ______________ 填报时间：____________ 填报人：____________ 联系电话：______________

序号	地（州、市）	县（市、区）	企业名称	车辆数量（标台）	平均汩料单耗（升/百公里）				全年行驶里程（公里）				全年油耗总量（折算为吨）			
					汽油	柴油	天然气	液化气	汽油	柴油	天然气	液化气	汽油	柴油	天然气	液化气
1																
2																
3																
…																
…																
合计																

填表说明：1. 此表由县（市）、地（州、市）、自治区级交通运输部门及建设部门填写，按照辖区内城市公交企业填报的明细表进行汇总后逐级上报。

2. “全年行驶里程”栏按使用燃料类型（汽油、柴油、天然气、液化气）行驶里程分别统计。

3. “全年油耗总量”由升折算为吨时，按汽油 1 吨 = 1 388 升、柴油 1 吨 = 1 176 升换算，保留小数点后两位。

附表 5

农村客运燃料消耗量汇总表

填报单位：(盖章) ______________ 填报时间：____________ 填报人：____________ 联系电话：______________

序号	地（州、市）	县（市、区）	经营者名称	车辆数量（辆）	平均油料单耗（升/百公里）				全年行驶里程（公里）				全年油耗总量（折算为吨）			
					汽油	柴油	天然气	液化气	汽油	柴油	天然气	液化气	汽油	柴油	天然气	液化气
1																
2																
3																
…																
…																
合计																

填表说明：1. 此表由县（市）、地（州、市）、自治区级交通运输部门及建设部门填写，按照辖区内农村客运经营者填报的明细表进行汇总后逐级上报。

2. “全年行驶里程”栏按使用燃料类型（汽油、柴油、天然气、液化气）行驶里程分别统计。

3. “全年油耗总量”由升折算为吨时，按汽油 1 吨 = 1 388 升、柴油 1 吨 = 1 176 升换算，保留小数点后两位。

4. 对于成建制的农村客运企业要逐一填写，对个体经营者可累加后填写，并在“经营者名称”栏内注明个体累加。

附表6

出租汽车燃料消耗量汇总表

填报单位：（盖章）＿＿＿＿＿　填报时间：＿＿＿＿＿　填报人：＿＿＿＿＿　联系电话：＿＿＿＿＿

序号	地（州、市）	县（市、区）	经营者名称	车辆数量（辆）	平均油料单耗（升/百公里）				全年行驶里程（公里）				全年油耗总量（折算为吨）			
					汽油	柴油	天然气	液化气	汽油	柴油	天然气	液化气	汽油	柴油	天然气	液化气
1																
2																
3																
…																
…																
合计																

填表说明：1. 此表由县（市）、地（州、市）、自治区级交通运输部门及建设部门填写，按照辖区内出租客运经营者填报的明细表进行汇总后逐级上报。

2. “全年行驶里程”栏按使用燃料类型（汽油、柴油、天然气、液化气）行驶里程分别统计。

3. “全年油耗总量”由升折算为吨时，按汽油1吨=1 388升、柴油1吨=1 176升换算，保留小数点后两位。

4. 对于成建制的农村客运企业要逐一填写，对个体经营者可累加后填写，并在“经营者名称”栏内注明个体累加。

关于下发《新疆维吾尔自治区小型农田水利重点县建设绩效考评细则》（暂行）的通知

（2010年3月9日　自治区财政厅、水利厅
新财农［2010］21号）

伊犁哈萨克自治州财政局、水利局，乌昌财政局，各地（州、市）财政局、水利局：

为建立健全小型农田水利建设专项资金绩效考评体系，提高资金使用效益，促进小型农田水利重点县建设，根据财政部、水利部制定下发的《小型农田水利建设资金绩效考评暂行办法》，我们制定了《新疆维吾尔自治区小型农田水利重点县建设绩效考评细则》（暂行），现印发给你们，请遵照执行。

附件：新疆维吾尔自治区小型农田水利重点县建设绩效考评细则（暂行）

附件

新疆维吾尔自治区小型农田水利重点县建设绩效考评细则（暂行）

第一章 总 则

第一条 为做好新疆小型农田水利重点县建设项目（以下简称“重点县项目”）绩效考评工作，建立健全重点县建设资金使用管理、激励和约束机制，切实提高资金使用效益，确保建成重点县项目对新疆小型农田水利工程切实起到引导和推动作用，根据财政部、水利部《小型农田水利重点县建设资金绩效考评暂行办法》财农［2009］457号，特制定本细则。

第二条 本细则所称重点县建设资金包括中央财政小型农田水利设施建设专项资金用于重点县建设部分，以及地方各级财政对重点县建设的投入。

第三条 本细则所称重点县建设资金绩效考评（以下简称“绩效考评”），是指运用定性定量结合的评价办法、科学的量化指标和统一的评价标准，对重点县建设资金的绩效目标实现程度进行综合性的考核和评价。

第四条 绩效考评遵循的原则：

1. 客观公正。按照公开、公平、公正的要求和科学、规范的考评程序，客观公正地衡量资金绩效情况。

2. 分级负责。采取自评和抽查相结合的方式，实行自治区对地（州）、县（市）考评。

3. 突出重点。重点对资金投入与整合、项目建设与管理等方面进行考评。

第二章 考评依据和内容

第五条 绩效考评的依据。

1. 财政部、水利部联合下发的《小型农田水利重点县建设资金绩效考评暂行办法》（财农［2009］457号）、财政厅、水利厅《关于下发〈关于进一步做好中央财政小型农田水利重点县建设工作的意见〉和〈中央财政小型农田水利重点县建设管理办法〉的通知》（新财农［2009］279号）等相关管理制度。

2. 小型农田水利重点县建设方案、标准文本、资金申请文件、资金拨付文件、总结报告等有关文件资料。

3. 各级财政、水利部门反映资金管理、工程建设等有关数据。

4. 自治区水利部门建设方案批复文件，工程财务决算审计报告，水利部门出具的验收报告。

第六条 绩效考评内容。

1. 项目组织：主要考核重点县建设工作的组织领导、统计与总结，以及信息与宣传等情况。

（1）各地（州）及重点县要充分认识小型农田水利重点县建设的重要性，认真做好组织实施工作，重点县必须要成立由县领导挂帅，水利、财政、农业、土地等多个部门组成的“小型农田水利重点县建设工作领导小组”，组织领导和协调各方面的工作；各地（州）及重点县市财政部门和水利部门要确定专门的领导和具体负责人员，并将本级负责重点县建设的领导及具体人员报财政厅、水利厅备案，负责重点县建设的协调、指导、监督、检查、验收、绩效考评等工作并报备自治区财政厅、水利厅。

（2）县级农田水利综合规划是重点县建设的必备条件，县级农田水利综合规划要体现集中资金投入，连片配套改造，以县为单位整体推进，实现小型农田水利建设由分散投入向集中投入转变、由面上建设向重点建设转变、由单项突破向整体推进转变、由重建轻管向建管并重转变的总体思路。重点县农田水利综合规划要完成县级人大或政府的批准程序。

（3）重点县建设要作为地（州）和县级考核各级领导班子政绩的重要内容，纳入地（州）和县级年度考核中加以落实。各地（州）财政、水利部门要与重点县签订责任书，从机制的建立、前期工作、实施建设、资金使用、检查验收、支农资金的整合、不同阶段的目标任务、用水协会组织建立以及今后的管理等方面，明确具体责任、目标和任务。

（4）农田水利基础设施建设关系重大，各地（州）及重点县要大力宣传，打破凡农民出资出劳即视为增加农民负担的错误理解，要通过报纸、电视、广播、宣传牌、宣传栏，在项目区进行现场宣传，发放宣传单等等方式，大力宣传重点县建设的重要意义，得到各方面的关心和支持，使广大农民自觉投入到建设和管理当中。

（5）重点县要在建设过程中，及时发现和总结经验，自项目申报起至项目竣工验收的项目实施过程中，每县上报信息不少于4条。地（州）要将重点县的好做法、好经验及时总结上报。自治区及时将各地重点县建设的好经验向其他地（州）、重点县进行宣传和介绍。自治区将把信息报送工作作为考评重点县工作的重要方面。

2. 项目管理：主要考核重点县建设方案、工程建设、项目验收、管护机制建设等情况，以及组织农民筹资投劳的规范性。

（1）各地在加强基础设施建设的同时，要切实加强农民用水户协会、合作社等农民参与式管理体系建设，培育和提高农民自主管理意识和水平，组织农民参与工程规划、筹资、投劳、建设、运行、管护的全过程，充分发挥农民用水协会等群众组织在建设和管理农田水利设施方面的重要作用。在项目建设初期必需要建立农民用水者协会，县级财政应积极采取措施对乡村用水户协会等组织建设给予扶持，县水利部门在核定末级水价和计收时，要充分考虑用水户协会组织的管理运行费用，切实扶持用水户协会参与管理等长效机制得以落实。

（2）为了保证重点县水利工程的建设质量，重点县要参照基本建设的“四制”即项目法人制、招投标制、工程监理制、合同制的要求，结合本地实际，因地制宜地实施项目建设。严把“三关”，即把好规划设计关、施工工艺关、检查验收关。随时监督、检查工程质量和工程进度，对弄虚作假造成劣质工程的施工单位和责任人，有关部门追究其行政和法律责任。

（3）在工程建设中，要实行监理单位对工程的进度、质量、资金进行全程监理，业主单位指定代表进行全程监督和指导，水利、财政部门进行全程监督管理。水利部门要加强对重点县的技术指导，及时了解掌握工程建设进度情况、发现问题及时纠正。

（4）为做好农田水利重点县竣工验收和绩效考评工作，确保建成的重点县项目对新疆农业基础设施建设切实起到引导和推动作用，各地要严把质量关，管好、用好各方面资金。各重点县要对项目建设情况进行经常性的检查，随时掌握项目建设进展；地（州）要对项目建设情况进行定期检查；自治区将在项目实施过程中进行不定期检查，检查结果与以后年度重点县数量和资金规模直接挂钩。

（5）重点县工程完工后，小型农田水利重点县建设工作领导小组即刻组织水利、财政、审计等相关单位对工程进行初步验收；初验后上报地（州）财政局和水利局；地（州）组织进行验收，验收后上报自治区财政厅和水利厅；自治区财政厅和水利厅组织相关部门及专家进行项目的抽验。每一项工程建设验收完成后，要按照工程所有权、使用权、管护权相关办法，及时移交给农民用水者协会进行管理，履行相关手续。

（6）重点县要按照《中央财政小型农田水利重点县建设管理办法》中有关严格管理强化考核和监管要求，制定重点县建设与管理实施办法或细则，确保重点县建设取得预期成效。

3. 资金管理：主要考核县级资金投入与整合，以及资金监管等情况。

（1）在各级财政积极加大投入的同时，重点县要积极整合中央与地方、各部门之间的相关资金、技术等资源，明确具体措施，把扶贫、土地整理、以工代赈、高效节水、自治区小农水、优质棉基地建设等用于农业、农村设施建设的有关资金进行有效捆绑使用，以重点县建设为平台，以提高资金使用效益为目标，按照“渠道不乱、用途不变、优势互补、各记其功、形成合力”的原则，积极整合各项涉及农田水利建设资金，统筹安排，集中使用。

（2）自治区财政厅在每年收到财政部关于下达中央小型农田水利重点县建设专项补助资金通知后，将按照财政部和水利部审核通过的资金额度，及时下拨专项补助资金。自治区水利厅将同步下达项目建设方案批复。地（州）财政局根据地（州）水利局提供的重点县开工建设准备就绪报告，及时拨付专项资金到重点县。

（3）重点县财政部门和水利部门要切实建立和完善资金监管体系，制定详细的管理细则，加强对重点县建设资金的监督与检查。重点县专项资金应当规范管理，公开操作，实行公示公告制，县级财政报账制、国库直接支付、政府采购、招投标、工程监理等有效的监管制度，具体实施时由财政部门牵头组织落实。

（4）建设管理和资金使用混乱、存在严重违规违纪问题的重点县不再列入下一年度重点县范围。

（5）地（州）财政、水利部门要定期检查监督重点县资金使用情况，自治区将以抽查方式对重点县建设过程中的资金使用及绩效评价工作予以检查，在重点县本年度计划任务完成后，由地（州）组织统一的检查验收。

4. 实施效果：主要考核项目预期效益完成情况，包括改善农业生产条件和新增农业生产能力两方面。

（1）项目实施区域和全县有效灌溉面积占耕地面积的比重每年提高3%以上。通过3年的建设有效灌溉面积占耕地面积的比重提高10%—15%，或达到60%以上。

（2）项目实施区域和全县节水灌溉面积占有效灌溉面积每年提高5%以上。通过3年的建设节水灌溉面积占有效灌溉面积提高15%，或达到50%以上，其中高效节水灌溉面积提高5%，或达到23%以上。

（3）项目实施区的纯井灌区的管道输水灌溉、喷灌、微灌工程面积占该区节水灌溉工程面积比例第一年达到60%以上，第二年达到70%以上。通过3年的建设纯井灌区的管道输水灌溉、喷灌、微灌工程面积占该区节水灌溉工程面积比例达到80%以上。

（4）高效农业区的喷灌、微灌工程面积占该区工程面积比例第一年达到40%以上，第二年达到45%以上；井灌区灌溉水利用系数第一年不低于0.65，第二年不低于0.70。渠灌区灌溉水利用系数（大中型渠灌区斗口以下、小型灌区渠首以下）：缺水地区第一年不低于0.55，第二年不低于0.60；丰水地区平均第一年不低于0.45，第二年不低于0.50。通过3年建设，高效农业区的喷灌、微灌工程面积占该区工程面积比例达到50%以上；井灌区灌溉水利用系数平均不低于0.75。渠灌区灌溉水利用系数（大中型渠灌区斗口以下、小型灌区渠首以下）：缺水地区平均不低于0.65，丰水地区平均不低于0.55。

（5）全县粮食综合生产能力每年提高3%以上；通过3年的建设全县粮食综合生产能力提高10%以上；缺乏灌溉条件的山丘区和灌区的高岗地，通过新建小型水源工程发展补充灌溉，基本解决农民口粮问题。

第三章　组织实施

第七条　绩效考评工作实行统一组织，分级实施。

1. 重点县财政、水利部门组织开展自评工作；对考评中发现的问题认真研究并及时整改，及时向地（州）级财政、水利部门上报绩效考评报告。

2. 地（州）财政局、水利局负责组织对重点县进行绩效考评，对考评中发现的问题督促整改，及时向自治区财政厅、水利厅上报绩效考评报告。

3. 自治区财政厅、水利厅负责开展自治区自评工作，对重点县绩效考评结果进行检查。根据绩效考评结果，核定各重点县（市）具体补助金额，并对考评中发现的问题督促整改，及时向财政部、水利部上报绩效考评报告。

4. 绩效考评一年一次，每年3月15日前，重点县所在地（州）财政、水利部门完成对上一年度重点县建设资金绩效考评工作，形成自评报告与小型农田水利重点县建设资金绩效考评量化指标表报自治区财政厅、水利厅。

第四章　考评结果运用

第八条　绩效考评实施百分制，计分采用量化指标，考评满分为100分。（具体考评量化指标见附表）

根据考评总分，将考评结果划分为四个等级：考评总分在90分以上（含90分）为优秀，76—89分为良好，60—75分为合格，60分以下为不合格。

第九条　绩效考评结果是对重点县建设资金管理工作的综合评价，将作为下一年度重点县建设资金和名额分配的重要依据。对考核优秀和良好的重点县将核增补助资金额度，对考核不合格的重点县将核减补助资金额度或取消资格。

第十条　在重点县建设资金使用管理中发现违规违纪行为的，除按照有关规定处罚外，本年度绩效考评结果按不合格处理。

第十一条　重点县财政、水利部门应当根据绩效考评结果，及时总结经验教训，完善资金使用管理制度，提高资金使用效益。

第五章　附　　则

第十二条　中央对自治区的绩效考评按财政部、水利部《小型农田水利重点县建设资金绩效考评暂行办法》（财农［2009］457号）执行。

第十三条　本细则由自治区财政厅、水利厅负责解释。

第十四条　本细则自颁布之日起实行。

附表：小型农田水利重点县建设资金县级绩效考评量化指标表

附表

小型农田水利重点县建设资金县级绩效考评量化指标表

______省（自治区、直辖市）______县（市、区）

考评内容	考评指标	考评说明	县级自评	省级考评	中央抽查	备注
一、项目组织（16分）	1. 组织领导（6分）	1. 制定了县级农田水利规划，得1分。 2. 县级农田水利规划经县人民政府或县人大批准，得2分。 3. 建立农田水利重点县领导小组，得1分。 4. 重点县与所在地（州）签订责任书并确定责任人，得2分。				以请示、文件、会议纪要等为依据。
	2. 统计与总结（4分）	1. 按要求及时报送统计报表，得2分；未按要求及时报送，不得分。 2. 按要求及时报送总结报告，得2分；未按要求及时报送，不得分。				以统计数据、总结报告为依据。
	3. 信息与宣传（6分）	1. 重点县及时上报建设信息满4条并获得财政厅或水利厅采用，得2分；重点县所在地（州）或重点县多报一条信息得1分，最高得4分。 2. 在地（州）以上媒体有报道，得2分。				以正式刊发的信息和报道为依据。
二、项目管理（34分）	4. 申报材料质量（8分）	1. 项目申报材料在规定期限内上报，得1分。 2. 项目申报材料经省级评审为优秀、良好和合格的，分别再得6分、4分、2分。				以申请材料报送时间和省级评审结论为依据。
	5. 工程建设（12分）	1. 按年度建设方案计划进度，如实完成各项建设内容的100%、90%、80%、70%、60%，分别得12分、10分、8分、6分和4分；60%以下不得分。 2. 实际建设内容与建设方案不一致的，不得分（经省级财政、水利部门批准调整的建设内容除外）。				以经批准的重点县年度建设方案，及实际抽查情况为依据。
	6. 项目验收（4分）	1. 按有关要求及时组织验收，且验收合格，得4分。 2. 未按时完成验收或验收不合格，不得分。				以阶段或竣工验收报告和结论为依据。
	7. 管护机制建设（6分）	1. 已落实管护主体和建立运行管护制度的项目超过80%、70%和60%，且运行管护效果良好，分别得6分、4分和2分。 2. 已落实管护主体和建立运行管护制度的项目不足60%，或运行管护效果较差，不得分。				以管护组织（用水协会组织）建立的相关制度和随机抽查情况为依据。
	8. 农民筹资投劳（4分）	1. 农民筹资投劳参与工程建设，且筹资投劳符合“一事一议”等政策要求，得4分。 2. 农民未筹资投劳参与工程建设，或筹资投劳不符合“一事一议”等政策要求，不得分。				以农民“一事一议”相关材料为依据。

续表

考评内容	考评指标	考评说明	县级自评	省级考评	中央抽查	备注
三、资金管理（30分）	9. 县级资金投入（6分）	1. 县级财政安排了小型农田水利投入，得4分。 2. 县级财政小型农田水利投入达到中央和省级投入的10%以上，得2分。				
	10. 县级资金整合（14分）	1. 重点县制定的资金整合计划全部落实，得8分。 2. 重点县整合资金规模占年度总投资的30%以上、20%以上和10%以上，分别得6分、4分和2分。 3. 重点县制定的资金整合计划未全部落实，本项指标不得分。				以县级农田水利规划、项目申报文件、县财政拨款文件为依据。
	11. 资金监管（10分）	重点县建设资金使用规范，未发现任何违规违纪行为，得10分，否则不得分。				以检查报告等相关材料为依据。
四、实施效果（20分）	12. 改善农业生产条件（10分）	考查改善农业生产条件的6项预期效益指标的完成情况，按实现程度计分，其中年新增供水能力2分、恢复和新增灌溉面积2分、改善灌溉面积2分、增加补灌面积1分、恢复新增和改善排涝面积1分、年新增节水能力2分，每完成1项取得该项分数，未完成项不得分。				以经批准的重点县年度建设方案的预期效益指标为依据。
	13. 增加农业生产能力（10分）	考查增加农业生产能力的2项预期效益指标的完成情况，按实现程度计分，其中年新增粮食生产能力5分、年新增经济作物产值5分，每完成1项取得该项分数，未完成项不得分。				以经批准的重点县年度建设方案的预期效益指标为依据。
总分（100分）						

注：考评各项打分时，均须提供相关书面依据。

关于印发《新疆维吾尔自治区林业国家级自然保护区中央补助资金管理使用实施细则》的通知

（2010年3月30日　自治区财政厅、林业厅
新财农［2010］30号）

伊犁哈萨克自治区财政局、林业局，乌昌财政局、林业局，各地（州、市）财政局、林业局：

为进一步加强和规范林业国家级自然保护区中央补助资金的管理和使用，提高财政专项资金使用效益，根据财政部、国家林业局《关于印发〈林业国家级自然保护区补助资金管理暂行办法〉的通知》（财农［2009］290号），我们制定了《新疆维吾尔自治区林业国家级自然保护区中央补助资金管理使用实施细则》，现印发给你们，请遵照执行。执行中有何问题，请及时反馈。

附件：新疆维吾尔自治区林业国家级自然保护区中央补助资金管理使用实施细则

附件

新疆维吾尔自治区林业国家级自然保护区中央补助资金管理使用实施细则

第一章　总　　则

第一条　为进一步加强我区国家级自然保护区中央补助资金（以下简称“中央补助资金”）管理，规范林业国家级自然保护区补助资金的管理和使用，提高财政专项资金使用效益，根据财政部、国家林业局制定的《林业国家级自然保护区补助资金管理暂行办法》（财农［2009］290号），及国家、自治区有关法律、法规，结合新疆保护区实际，制定本实施细则。

第二条　中央补助资金是指中央财政预算安排的，用于林业部门管理的国家级自然保护区的专项补助资金。

第三条　本实施细则适用于我区林业国家级

自然保护区中央专项资金。

第四条 中央补助资金安排和使用遵循以下基本原则：

1. 突出重点，集中使用原则。

2. 有利于涉农资金整合的原则。

第五条 中央补助资金由自治区财政厅会同自治区林业厅共同管理。林业部门的主要职责是负责项目的组织申报和管理，对项目实施进行指导监督；财政部门的主要职责是负责项目资金的管理并对项目资金的使用进行监督检查。

第二章 支持对象及使用范围

第六条 中央补助资金的支持对象是林业部门管理的国家级自然保护区。

第七条 中央补助资金使用范围：

1. 保护区自然资源本底调查、社会经济情况专项调查。主要保护对象、典型生态系统、重点保护野生动植物资源等自然资源、野外专项调查及区内生态环境监测所需支出。

2. 珍稀濒危野生动植物保护和救护所需的简易救护设施、药品器械、饲料、燃料费等支出的补助。

3. 与保护区保护、监测、管理等相关的设施维护以及简易设施建设、小型设备购置费等支出的补助。

4. 保护区管理人员管理培训、业务人员技术培训所需的培训费，以及科普宣传教育等公众教育所需的印刷费等支出的补助。

第八条 中央补助资金具体可用于以下支出：

1. 调查监测补助费：是指保护区自然资源本底调查、保护区主要保护对象、典型生态系统、重点保护野生动植物资源等自然资源、野外专项调查及区内生态环境监测等相关工作补助。

2. 印刷费：是指保护区进行科普宣传教育等公众教育所需的印刷支出。

3. 咨询费：是指开展保护区相关工作咨询方面的支出。

4. 邮电费：是指开展保护区相关工作开支的信函、包裹等物品的邮寄费、电报费、传真费等。

5. 交通费：指开展保护区相关工作使用车船等各类交通工具的租用费、燃料费、维修费、过路过桥费等。

6. 维修（护）费：指保护区开展保护、监测、监理使用的固定资产（不包括车船等交通工具）修理和维修费用，保护区监测网络信息系统运行与维护费用。

7. 培训费：指保护区管理人员管理培训、业务人员技术培训所需的培训费。

8. 专用设备购置及材料费：反映开展保护区相关工作所需的小型设备购置，以及开展保护区相关调查和保护工作所需的专用材料费、药品器械、饲料费等支出。

9. 劳务费：指开展保护区相关调查和保护工作所需的人工费、翻译费、评审费。

10. 委托业务费：反映开展保护区相关工作委托外单位办理业务而支付的委托业务费，如审计费。

11. 基础设施建设：指开展保护区相关调查和保护工作所需的简易设施建设，如饲草料仓库、保护动物棚圈等。

第九条 中央补助资金不得用于保护区管理机构人员工资福利性支出、日常办公设备购置费支出及办公用房、职工生活用房等楼堂馆所建设费用支出。

第三章 资金申请及拨付

第十条 各地（州）财政部门会同林业主管部门，每年3月15日之前联合行文向自治区财政厅、林业厅报送资金申请，并附《农业财政资金项目申报标准文本》和有关材料。

第十一条 自治区财政厅、林业厅根据各地（州）资金申请，结合我区保护区发展和当年支持重点，筛选、汇总各地（州）申报项目，于每年3月31日前联合上报财政部、国家林业局。

第十二条　自治区财政厅根据财政部、国家林业局审定安排的项目及资金，按预算级次及时足额下拨资金。

第十三条　中央补助资金必须专款专用，实行专账核算。

第四章　资产管理

第十四条　用中央补助资金购置必要专业设备的，必须严格按照政府采购相关规定执行。

第十五条　使用补助资金购置的资产，要建立固定资产卡片，定期进行核对，保证账卡、账物相符。要建立健全资产的领用、保管、保养、管理制度，并定期对资产进行盘点清查。

第十六条　使用补助资金购置和建造的资产，如需进行产权变更（包括资产的无偿调拨、损赠、出售、报废、报损及其他涉及处置的方式），应报请财政部门审批后方可变更。

第十七条　使用补助资金购置的资产处置收入，应按照政府非税收入管理的规定，实行“收支两条线”管理。

第五章　监督和检查

第十八条　自治区财政厅和林业厅对中央补助资金的拨付和使用情况实行全过程的监督检查，发现问题及时纠正。

第十九条　各保护区要建立健全内部稽查制度和内部控制制度，加强日常管理监督。要积极配合上级和同级财政、审计、林业等部门依法开展的监督检查工作，如实提供会计凭证、账簿、财务会计报告和其他会计资料及有关情况。对违反资金使用规定，截留、挤占、挪用或造成资金损失的单位或个人，将依照《财政违法行为处罚处分条例》（国务院令第 427 号）有关规定处理，同时对于违规使用补助资金的地（州），下一年度将不再安排补助资金，并对违规情况进行通报。

第二十条　自治区林业厅根据财政专项资金绩效评价相关规定，明确绩效目标、考评指标、考评程序等。项目承担地（州）林业部门会同财政部门，必须按照相关要求向自治区林业厅报送项目绩效评价报告，自治区林业厅审核汇总后于当年 10 月 31 日前报自治区财政厅。

第六章　附　　则

第二十一条　本实施细则由自治区财政厅、林业厅负责解释。

第二十二条　本实施细则自发布之日起执行。

关于印发《新疆维吾尔自治区中央财政林业科技推广示范资金管理使用实施细则》的通知

（2010年3月30日　自治区财政厅、林业厅
新财农［2010］32号）

伊犁哈萨克自治州财政局、林业局，乌昌财政局、林业局，各地（州、市）财政局、林业局：

为支持林业科技推广与示范工作，规范中央财政林业科技推广示范资金的管理和使用，提高财政专项资金的使用效益，根据《财政部　国家林业局关于印发〈中央财政林业科技推广示范资金管理暂行办法〉的通知》（财农［2009］289号），自治区财政厅、林业厅联合制定了《新疆维吾尔自治区中央财政林业科技推广示范资金管理使用实施细则》。现印发给你们，请遵照执行。执行中有何问题，请及时反馈。

附件：新疆维吾尔自治区中央财政林业科技推广示范资金管理使用实施细则

附件

新疆维吾尔自治区中央财政林业科技推广示范资金管理使用实施细则

第一章　总　　则

第一条　为进一步加强我区中央财政林业科技推广示范资金（以下简称“科技推广资金”）管理，规范中央财政林业科技推广示范资金的管理和使用，提高财政专项资金使用效益，根据财政部、国家林业局制定的《中央财政林业科技推广示范资金管理办法》及国家、自治区有关法律、法规，结合新疆林业科技推广工作的实际，制定本实施细则。

第二条　中央财政林业科技推广示范资金是指中央财政预算安排的，支持林业科技成果推广与示范的补助资金。

第三条　本实施细则适用于我区中央财政林

业科技推广示范项目。

第四条 科技推广资金由自治区财政厅会同自治区林业厅共同管理。林业部门的主要职责是负责项目的组织、申报，对项目实施进行管理、指导和监督；财政部门的主要职责是负责项目资金的管理、拨付，并对项目资金的使用进行监督检查。

第二章 支持对象和使用范围

第五条 科技推广资金支持对象是承担林业科技成果推广与示范任务的林业技术推广站（中心）、科研院所、高等院校、林业专业合作社、国有森工企业、国有林场和国有苗圃等单位和组织申报的林业技术推广示范类的项目。

第六条 科技推广资金的使用范围：

1. 材料费：指项目实施中用于引进林木新品种、推广辅助材料、低值易耗品的采购，以及运输、装卸等费用。

2. 检测费：指项目实施过程中，用于样品的采集、分析等方面的支出。

3. 仪器设备费：指项目实施中用于购置实施项目必须的仪器和小型设备等费用。

4. 劳务费：指项目实施中用于专家及技术人员的劳务支出和咨询费用，以及项目组临时聘用人员的劳务性支出。

5. 差旅费：指项目实施过程中开展调研、技术指导等工作产生的差旅、交通等费用。

6. 资料费：指项目实施中用于标准技术推广材料印刷、相关资料收集和整理等方面的支出。

7. 会议费：指项目实施中开展技术研讨、论证、协调、验收及审定等会议支出。

8. 培训费：指项目实施中用于培训技术人员所需的师资、场地租用等方面支出。

9. 委托业务费：指项目实施中，因项目承担单位不具备条件，而委托具有一定资质的其他单位进行的试验、测试等费用。

第七条 科技推广资金不得用于日常办公设备购置费支出及办公用房、职工生活用房等楼堂馆所建设费用支出。

第三章 项目申报

第八条 自治区林业厅会同自治区财政厅根据国家林业局和财政部的要求，确定当年科技推广资金支持重点及资金规模，下发项目申报指南，组织当年项目申报工作。

第九条 各项目申报地（州、市）及区本级单位，必须严格按照自治区当年下发的项目指南要求认真组织本地（州）单位的项目申报工作，并在自治区下发的项目申报指南规定的日期内报送项目申请报告及“农业财政资金项目申报标准文本”，逾期报送不予考虑。

第十条 自治区林业厅会同自治区财政厅对各地（州、市）及区本级单位申报的项目进行审核、批复。

经审核确定的跨区域重点推广示范技术项目，由自治区林业厅会同财政厅上报国家林业局、财政部审批。

其他推广示范项目，由自治区财政厅会同林业厅负责评审，并联合向财政部和国家林业局报送资金申请、评审确定的项目及“农业财政资金项目申报标准文本”。

第十一条 科技推广资金支持的项目必须具备以下条件：

1. 符合国家和自治区林业生产建设和林业科技发展战略、规划和政策，有利于林业生态体系、产业体系建设，有利于提升林业建设的科技水平和生产水平，有利于增加林业生产经营者收入。

2. 推广的技术成果必须通过有关专门机构鉴定或认定（审定），技术先进成熟，应用范围广，辐射带动作用大。

3. 项目承担单位有较强的技术力量，有实施项目所需的设备设施等基本条件。

4. 符合当年发布的立项指南的相关要求。

第四章 资金拨付

第十二条 经财政部和国家林业局批复确定

的项目承担单位，必须与自治区林业厅签订项目建设任务书，明确各自权利和责任。

第十三条 自治区财政厅根据财政部和国家林业局对科技推广资金申请的批复和资金拨付文件，及时足额拨付资金。科技推广资金按照财政预算级次拨付。

第十四条 科技推广项目承担单位要严格项目资金管理和使用，必须专款专用专账核算。涉及设备、仪器、材料采购的事项，必须严格按照自治区政府采购相关规定执行。

第十五条 科技推广资金的使用，按项目实行目标管理，由自治区林业厅与项目承担单位及其上级主管部门（单位）签订项目任务书，明确各自权利和责任。

第五章 资产管理

第十六条 项目承担单位使用科技推广资金购置的资产，要建立固定资产卡片，定期进行核对，保证账卡、账物相符。要建立健全资产的领用、保管、保养、管理制度，并定期对资产进行盘点清查。

第十七条 使用科技推广资金购置的资产进行产权变更的（包括资产的无偿调拨、损赠、出售、报废、报损及其他涉及处置的方式），应报林业主管部门及财政相关部门审批后方可变更。

第十八条 使用科技推广资金购置的资产处置收入，应按照政府非税收入管理的规定，实行“收支两条线”管理。

第六章 监督和检查

第十九条 自治区财政厅和林业厅对科技推广资金拨付和使用情况实行全过程的监督检查，并追踪问效，发现问题及时纠正。

第二十条 自治区林业厅根据财政专项资金绩效评价相关规定，明确科技推广项目考评指标、考评程序，组织年度资金绩效评价。项目承担地（州）（单位）林业部门会同财政部门，必须按照相关要求向自治区林业厅报送项目绩效评价报告，自治区林业厅审核汇总后于当年 10 月 31 日前报自治区财政厅。未按要求报送绩效考评报告的地（州）（单位），将减少或不再安排科技推广资金。

第二十一条 对违反资金使用规定截留、挪用或其他违规行为的单位和个人，依照《财政违法行为处罚处分条例》有关规定处理，同时对违规情况进行通报。

第七章 附 则

第二十二条 本实施细则由自治区财政厅、林业厅负责解释。

第二十三条 本实施细则自发布之日起执行。

附：农业财政资金项目申报标准文本

农业财政资金项目申报标准文本

请选择资金类别（通过下拉框选择）

项　目　名　称　＿＿＿＿＿＿＿＿＿＿

项目实施单位　＿＿＿＿＿＿＿＿＿＿

项目申报部门　＿＿＿＿＿＿＿＿＿＿

项目申报文号　＿＿＿＿＿＿＿＿＿＿

项目申报日期　＿＿＿＿＿＿＿＿＿＿

一、项目基本信息

单位：万元

<table>
<tr><td colspan="2">1. 项目名称</td><td></td></tr>
<tr><td colspan="2">2. 资金类别</td><td></td></tr>
<tr><td colspan="2">3. 项目属性</td><td>⊙新建　　○扩建　　○改建</td></tr>
<tr><td colspan="2">4. 总投资</td><td></td></tr>
<tr><td colspan="2">其中：申请财政补助</td><td></td></tr>
<tr><td colspan="2">（1）中央财政</td><td></td></tr>
<tr><td colspan="2">（2）省级财政</td><td></td></tr>
<tr><td colspan="2">（3）市地财政</td><td></td></tr>
<tr><td colspan="2">（4）县及县以下财政</td><td></td></tr>
<tr><td rowspan="6">5. 项目单位</td><td>名　称：</td><td></td></tr>
<tr><td>地　址：</td><td></td></tr>
<tr><td>法人代表：</td><td></td></tr>
<tr><td>法人代表电话：</td><td></td></tr>
<tr><td>开户银行：</td><td></td></tr>
<tr><td>银行账号：</td><td></td></tr>
</table>

二、项目可行性研究报告摘要

单位：万元

（一）项目与项目单位概况	
（二）投资必要性分析	
（三）市场分析	［填写说明］ 1. 项目主要产品种类、生产和销售情况。 2. 主要产品的市场供需状况及发展趋势。 3. 主要产品的市场定位与竞争力。

续表

（四）生产、建设条件分析	
（五）建设方案	
（六）财政补助资金支持环节	

续表

<table>
<tr><td rowspan="30">（七）投资估算与资金筹措</td><td>项目资金来源</td><td colspan="2">金额</td></tr>
<tr><td>一、申请财政补助</td><td colspan="2"></td></tr>
<tr><td>1. 中央财政</td><td colspan="2"></td></tr>
<tr><td>2. 省级财政</td><td colspan="2"></td></tr>
<tr><td>3. 市级财政</td><td colspan="2"></td></tr>
<tr><td>4. 县及县以下财政</td><td colspan="2"></td></tr>
<tr><td>二、项目单位投入</td><td colspan="2"></td></tr>
<tr><td>三、银行贷款</td><td colspan="2"></td></tr>
<tr><td>四、其他投入</td><td colspan="2"></td></tr>
<tr><td>合　计</td><td colspan="2"></td></tr>
<tr><td>投资构成</td><td>金　额</td><td>其中财政补助</td></tr>
<tr><td>以下各栏分别填写项目资金投资构成情况</td><td></td><td></td></tr>
<tr><td></td><td></td><td></td></tr>
<tr><td></td><td></td><td></td></tr>
<tr><td></td><td></td><td></td></tr>
<tr><td></td><td></td><td></td></tr>
<tr><td></td><td></td><td></td></tr>
<tr><td></td><td></td><td></td></tr>
<tr><td></td><td></td><td></td></tr>
<tr><td></td><td></td><td></td></tr>
<tr><td></td><td></td><td></td></tr>
<tr><td></td><td></td><td></td></tr>
<tr><td></td><td></td><td></td></tr>
<tr><td></td><td></td><td></td></tr>
<tr><td></td><td></td><td></td></tr>
<tr><td colspan="3">说明：本表中的 A = D，B = C，如项目单位填报的数据不相等，在上报给财政时不能导入到财政软件中。</td></tr>
<tr><td>合　计</td><td>（C）</td><td>（D）</td></tr>
</table>

续表

（八）主要财务指标	销售收入	
	销售利润	
	税金	
	投资利润率	
（九）社会效益分析	示范带动作用	
	促进农民增收	
	公共服务覆盖范围	
	生态环境影响	

续表

（十）结论	
（十一）项目单位责任	项目单位（盖章）： 法人代表（签字）： 项目单位负责人对报告的准确性、真实性负责。

三、项目评审论证表

项目名称：　　　　　　　　　　　　　　　　　　　　　　　　　　　　　　　单位：万元

<table>
<tr><td>项目申报单位</td><td colspan="5"></td></tr>
<tr><td>项目实施单位</td><td colspan="5"></td></tr>
<tr><td>项目总投资</td><td colspan="2"></td><td colspan="2">申请财政补助</td><td></td></tr>
<tr><td rowspan="2">项目主审专家</td><td>姓　名</td><td colspan="2">工作单位</td><td>职称职务</td><td>专业</td></tr>
<tr><td></td><td colspan="2"></td><td></td><td></td></tr>
</table>

<table>
<tr><td rowspan="2">评审内容</td><td colspan="3">评审标准</td><td rowspan="2">评审结果</td></tr>
<tr><td>优（A）</td><td>中（B）</td><td>差（C）</td></tr>
<tr><td>1. 相关证明文件资料是否齐全</td><td>A</td><td>B</td><td>C</td><td></td></tr>
<tr><td>2. 项目建设单位状况</td><td>A</td><td>B</td><td>C</td><td></td></tr>
<tr><td>3. 项目建设必要性</td><td>A</td><td>B</td><td>C</td><td></td></tr>
<tr><td>4. 主要产品竞争力和市场前景</td><td>A</td><td>B</td><td>C</td><td></td></tr>
<tr><td>5. 项目生产建设条件</td><td>A</td><td>B</td><td>C</td><td></td></tr>
<tr><td>6. 项目建设方案</td><td>A</td><td>B</td><td>C</td><td></td></tr>
<tr><td>7. 财政补助资金支持环节</td><td>A</td><td>B</td><td>C</td><td></td></tr>
<tr><td>8. 投资估算与资金筹措</td><td>A</td><td>B</td><td>C</td><td></td></tr>
<tr><td>9. 财务效益</td><td>A</td><td>B</td><td>C</td><td></td></tr>
<tr><td>10. 示范带动作用</td><td>A</td><td>B</td><td>C</td><td></td></tr>
<tr><td>11. 生态效益</td><td>A</td><td>B</td><td>C</td><td></td></tr>
<tr><td>综合评审结果</td><td colspan="4"></td></tr>
</table>

<table>
<tr><td>评审意见</td><td></td></tr>
<tr><td>专家签字</td><td></td></tr>
<tr><td colspan="2">评审机构及评审成员对评审结果负责</td></tr>
</table>

四、申报项目审核表

项目名称：

<table>
<tr><td>项目总投资</td><td colspan="2"></td><td>申请中央
财政补助</td><td></td></tr>
<tr><td rowspan="16">项
目
审
核
专
家</td><td>姓　名</td><td>工作单位</td><td>职称职务</td><td>专业</td></tr>
<tr><td></td><td></td><td></td><td></td></tr>
<tr><td></td><td></td><td></td><td></td></tr>
<tr><td></td><td></td><td></td><td></td></tr>
<tr><td></td><td></td><td></td><td></td></tr>
<tr><td></td><td></td><td></td><td></td></tr>
<tr><td></td><td></td><td></td><td></td></tr>
<tr><td></td><td></td><td></td><td></td></tr>
<tr><td></td><td></td><td></td><td></td></tr>
<tr><td></td><td></td><td></td><td></td></tr>
<tr><td></td><td></td><td></td><td></td></tr>
<tr><td></td><td></td><td></td><td></td></tr>
<tr><td></td><td></td><td></td><td></td></tr>
<tr><td></td><td></td><td></td><td></td></tr>
<tr><td></td><td></td><td></td><td></td></tr>
<tr><td></td><td></td><td></td><td></td></tr>
<tr><td>审
核
意
见</td><td colspan="4"></td></tr>
<tr><td>专家
签字</td><td colspan="4"></td></tr>
<tr><td colspan="5">审核机构及审核成员对审核结果负责。</td></tr>
</table>

关于印发《新疆维吾尔自治区小型农田水利重点县评选办法（暂行）》的通知

（2010 年 3 月 23 日　自治区财政厅、水利厅
新财农［2010］48 号）

伊犁哈萨克自治州财政局、水利局，乌昌财政局，各地（州、市）财政局、水利局：

为切实做好我区小型农田水利重点县建设工作，根据中央有关政策精神，结合新疆实际，我们制定了《新疆维吾尔自治区小型农田水利重点县评选办法（暂行）》，现印发给你们，请遵照执行。

附件：新疆维吾尔自治区小型农田水利重点县评选办法（暂行）

附件

新疆维吾尔自治区小型农田水利重点县评选办法（暂行）

2009 年开始，财政部、水利部决定在继续做好小型农田水利专项工程建设的同时，实行重点扶持政策，集中资金投入，全面开展小型农田水利重点县建设。为切实做好我区重点县建设工作，结合我区实际，制订本办法。

第一章　总　　则

第一条　小型农田水利重点县建设的指导思想。按照“统一规划，分步实施”和“建一片，成一片，发挥效益一片”的原则，以保障国家粮食安全和农产品有效供给为目标，以工程配套改造和管护机制改革为手段，以各级财政小型农田水利工程建设补助专项资金为引导，通过资金整合、集中投入、整体推进战略，迅速提升小型农田水利建设水平和管护水平，全方位推动小型农田水利基础设施建设实现跨越式发展。

第二条　小型农田水利重点县建设的主要任务。以现有小型农田水利工程和大中型灌区末级

渠系的配套改造为主，因地制宜建设高效节水灌溉工程，适度新建小型水源工程。在搞好分类建设管理的基础上，突出建设重点。建设适度规模的高效节水灌溉示范片区、现代化灌排渠系示范片区、末级渠系节水改造（结合水价改革）示范片区等若干个不同类型的示范片区。

第三条 小型农田水利重点县建设的主要目标。每一个重点县经过连续三年的建设支持，能够基本完成县域内主要小型农田水利工程配套改造，基本形成较为完善的灌排工程体系，基本实现“旱能灌、涝能排”，达到农业生产条件明显改善。在重点县建设任务完成后，要使县域内：

（1）有效灌溉面积占耕地面积的比重提高10%—15%，或达到60%以上。

（2）节水灌溉面积占有效灌溉面积提高15%，或达到50%以上，其中高效节水灌溉面积提高5%，或达到23%。

（3）纯井灌区的管道输水灌溉、喷灌、微灌工程面积占该区节水灌溉工程面积比例达到80%以上。

（4）高效农业区的喷灌、微灌工程面积占该区工程面积比例达到50%以上；井灌区灌溉水利用系数平均不低于0.75；渠灌区灌溉水利用系数（大中型渠灌区斗口以下、小型灌区渠首以下）：缺水地区平均不低于0.65，丰水地区平均不低于0.55。

（5）全县粮食综合生产能力提高10%以上；缺乏灌溉条件的山丘区和灌区的高岗地，通过新建小型水源工程发展补充灌溉，基本解决农民口粮问题；

（6）着力推进工程产权制度改革和以用水户参与灌溉管理为重点的管理体制与运行机制改革。

第四条 小型农田水利重点县的推荐原则。小型农田水利重点县的选择推荐遵循公开、公平、公正的原则，按照科学、规范的评选程序，客观公正地选择推荐重点县。

第二章 参加重点县评选县（市）应具备的条件

第五条 参加重点县评选县（市）应具备的条件：

1. 统一规划、因地制宜。参评县市应根据农业和农村经济发展需要、水土资源承载能力和发展可能，组织编制县级小型农田水利建设规划，并通过自治区的审查，得8分。已经获得所在县市人民政府或人大批准的县市再加2分。

2. 项目建设能够相对集中连片，形成规模，重点解决影响农业综合生产能力提高的“卡脖子”工程和“最后一公里”工程，并且农业增产增效潜力大、示范作用显著、前期工作充分、群众积极性高，得6分。

3. 用水者协会和其他农民专业合作经济组织发展较好，能够按照村民“一事一议”筹资投劳的有关要求，组织农民参与工程规划、筹资、投劳、建设、运行、管护的全过程，切实落实管护主体，已形成以用水户管护为主、基层水利服务组织指导为辅的工程管护机制，得10分。

4. 参加重点县建设评选的县市应具备整合中央与地方、各部门之间的相关资金、技术等资源的能力，整合资金总量和效果突出，能够协调建立工作协作机制，落实相关职责，建立有利于重点县建设的工作环境，得10分。

5. 参加重点县建设评选的县市应建立和完善小型农田水利长效投入机制，县级财政投入农田水利建设的能力较强，得10分。

6. 参加重点县建设评选的县市应具备在各个方面搞好搞活宣传效应的能力和条件，并已经出过多项有关农村水利建设方面的宣传报道成果，得8分。

7. 所在地（州）在2009年重点县建设过程中能够全面按照中央和自治区有关要求，成立了重点县领导小组，落实了相关责任人，与重点县签订落实了责任书，及时向自治区报送了总结、信息、统计数据等材料，得10分。

8. 历年使用小农水资金建设项目完成较好，落实了 2008 年以前项目验收的县市，得 8 分。在 2008 年或 2009 年度自治区农田水利基本建设“天山杯”竞赛评比中获得一等奖和二等奖及综合奖的县市，再加 8 分。

9. 获得国家农田水利建设先进县市，得 10 分。

10. 参加重点县建设评选的县市和所在地（州）资金管理规范，能够按照有关规定管好用好各项农业财政资金，无挤占、截留、挪用农业财政资金的现象，近几年无资金管理使用方面的违规违纪记录，得 10 分。

第三章　小型农田水利重点县的申报

第六条　参选县（市）根据第五条的 10 项指标，组织准备有关文件、批复、请示等依据材料，向所在地（州）申报。

第七条　地（州）应建立小型农田水利重点县参评申报机制，由财政、水利部门本着公开、公平、公正的原则，组织各县（市）按第五条的要求准备申报材料，经初评打分，按得分高低进行排序公示后，确定向自治区上报推荐的重点县。

地（州）申报材料包括：财政、水利部门的联合申请文件、初评打分情况说明、上报推荐的重点县的有关依据材料等。

第八条　每年地（州）上报推荐的重点县名额，原则上 4 个县（市）以下的地（州）向自治区上报推荐 1 个县（市），4－8 个县（市）的地（州）向自治区上报推荐 2 个县（市），9 个县（市）以上的地（州）向自治区上报推荐 3 个县（市）。

第九条　自治区财政厅和水利厅组织相关领导及专家，对各地（州）上报的重点县进行审查，按照上述原则和重点县参评条件，对各地（州）上报推荐的重点县进行打分评比，按照分数高低确定入选重点县。

第十条　自治区评选确定入选的重点县，经张榜和网上公示后，报送财政部和水利部。

第四章　附　　则

第十一条　本办法由自治区财政厅、水利厅负责解释。

第十二条　本办法自发布之日起执行。

关于进一步加强中央财政小型农田重点县建设项目管理有关工作的通知

（2010 年 12 月 1 日　自治区财政厅、水利厅
新财农［2010］266 号）

伊犁哈萨克自治州财政局、水利（务）局，各地（州、市）财政局、水利（务）局：

随着中央财政小型农田水利工程建设补助专项资金的大幅度增加，特别是重点县建设工作启动以来，我区农田水利基础设施和田间高效节水工程的建设步伐不断加快。为确保我区

顺利完成第一批重点县建设任务，及时发现问题、总结经验，有效保障下一阶段小型农田水利工程建设工作的顺利开展，根据财政部、水利部《关于进一步强化小型农田水利重点县建设管理确保如期实现重点建设目标的意见（讨论稿）》精神，进一步加强我区中央财政小型农田水利重点县建设项目的监管力度，具体工作部署如下：

一、开展小型农田水利重点县项目检查验收及调研工作

2010 年是我区开展小型农田水利重点县建设以来承上启下的关键一年，为做好第一批重点县工程设施建设项目竣工验收工作，及时跟踪和掌握重点县建设中的情况和问题，充分发挥第一批重点县的示范带头作用。经研究决定，对 2009 年 13 个重点县、2010 年 16 个重点县进行检查、抽验和调研（具体调研方案详见附件 1）。

二、开展小型农田水利重点县绩效考评工作

为做好我区小型农田水利重点县建设项目绩效考评工作，建立健全重点县建设资金使用管理、激励和约束机制，切实提高资金使用效益，确保建成的重点县对我区小型农田水利工程建设起到引导和推动作用，请各地根据《关于下发〈新疆维吾尔自治区小型农田水利重点县建设绩效考评细则〉（暂行）的通知》（新财农［2010］21 号）要求，抓紧做好重点县绩效考评工作，按时报送重点县绩效考评总结。

三、工作要求

各地财政、水利部门接到本通知后，要高度重视此项工作的重要性，按照《调研方案》的要求，提早做好统筹安排，积极配合检查、抽验和调研工作。对本地（州）承担的重点县建设项目安排专人负责，认真进行绩效考评，切实落实各项考评要求，认真总结和梳理问题。自治区财政厅、水利厅将根据各地上报的绩效考评结果，核定下一年度各重点县（市）具体补助金额，同时对考评中发现的问题督促整改。

联系人：自治区财政厅农业处
刘晓晨　　0991－2359305
自治区水利厅农牧水利处
阿吉古丽　0991－5851105

附件：1. 自治区开展中央财政小型农田水利重点县建设项目检查抽验和调研工作方案
2. 新疆维吾尔自治区小型农田水利重点县建设绩效考评细则（暂行）

附件 1

自治区开展中央财政小型农田水利重点县建设项目检查验收和调研工作方案

一、检查、抽验和调研范围

此次检查、抽验和调研工作分南、北、东疆三个片区，共对 29 个重点县（市）进行调研、检查、抽验。其中对第一批 13 个重点县 2009 年的项目进行竣工抽验、对 2010 年的项目进行年度建设任务完成情况抽验，并进行绩效考评。对第二批重点县 2010 年的项目按照绩效考核要求进行相关检查，对 2011 年各地（州）小农水重点县前期工作开展调研。

二、检查、抽验、调研的主要内容

1. 投资计划执行情况。检查项目实施内容是否与下达的投资计划、批复的项目可行性研究报告和初步设计内容相符。项目在建设过程中是否发生变更，是否按规定程序办理报批手续。

2. 项目资金到位、使用及管理情况。资金是否及时足额到位，资金使用是否符合国家有关投资、财务管理的规定。资金支出及分项支出范畴及结构情况。项目资金管理是否专账独立核算，入账手续及凭证是否完整，支出结构是否合理性等。各相关县是否以重点县建设为平台，积极整合各项涉及农田水利建设资金，统筹安排，集中使用。在提高资金使用效率上，能否达到实施方案预期目标。

3. 项目建设总体完成情况。建设地点、建设内容、建设规模、建设标准、建设质量、建设工期等是否按各县（市）制订的《农田水利综合规划》（以下简称《规划》）中拟定的农田水利建设任务、内容与目标，以及小型农田水利建设任务、内容与目标执行；重点县三年建设方案内容及与《规划》中小型农田水利内容衔接情况；各资金渠道用于农田水利建设的项目与《规划》的衔接情况；重点县建设内容完成情况，包括重点县建设任务、工程量、投资与6项指标的完成情况。

4. 各重点县（市）是否按照《中央财政小型农田水利重点县建设管理办法》中有关要求，严格管理强化考核，是否制定重点县建设与管理实施细则。

5. 项目管理情况。包括项目和资金内部管理制度是否健全，项目法人制、合同制、监理制、招投标制的落实和执行情况。是否严把“三关”，即规划设计关、施工工艺关、检查验收关。在工程建设中，是否实行监理单位对工程进度、质量、资金进行全程管理。

6. 工程建设质量情况。是否符合国家有关专业规范或标准要求，是否达到预定的目标。量、测水设施是否满足计量收费要求。

7. 工程产权制度执行情况。改造完工后的末级渠系工程产权或使用权是否已明确移交给用水户协会，并向用水户协会颁发了产权或使用权证书。

8. 项目初步验收情况。检查项目竣工自验程序是否规范，相关文件材料和档案是否齐全和规范，主要结论和意见是否符合实际情况。年度建设任务完成后，是否按要求编制了竣工决算，并出具合格的审计报告，工程竣工后是否编制各专业竣工图。

9. 项目运行情况检查。检查项目是否能正常运行并达到预期效果。

10. 宣传工作。各重点县所在地（州）及各重点县是否利用电视、广播、宣传牌（栏）等媒体开展宣传工作。

三、组织形式

由自治区财政厅、自治区水利厅组成工作组分别对南、北、东疆三个片区进行检查、抽验和调研。原则上每个片区各抽2—4个县（市）。

项目检查和抽验主要采取召开座谈会、听汇报、查档案资料、查会计账目、查看现场、反馈意见等方式进行。对检查、抽验过程中发现的问题进行现场协调解决，对问题较严重的项目下达整改通知书，监督其限期整改。

四、时间安排

2010年12月初开始对全疆29个小型农田水利重点县进行检查、抽验和绩效考核工作。

2010年12月初对南疆片区，2010年12月中旬对北疆片区，2010年12月底对东疆片区。

具体时间另行通知。

五、工作要求

请各地接到文件后，及时按要求转发各有关项目县财政局、水利局，结合本地区实际制定具体工作方案，要提早做好统筹安排，确保项目档案资料齐备。调研、抽查时各项目主要负责人、财会人员及项目设计、施工、监理单位相关人员在场，以便配合检查抽验工作。

各小组调研结束后，形成分组调研报告，总体调研结束后汇集分组调研报告，形成全疆重点县调研总报告，总报告上报自治区党委、人民政府，同时上报财政部、水利部。

附件 2

新疆维吾尔自治区小型农田水利重点县建设资金绩效考评细则

（暂行）

第一章 总 则

第一条 为做好新疆小型农田水利重点县建设项目（以下简称“重点县项目”）绩效考评工作，建立健全重点县建设资金使用管理、激励和约束机制，切实提高资金使用效益，确保建成重点县项目对新疆小型农田利工程切实起到引导和推动作用，根据财政部水利部《小型农田水利重点县建设资金绩效考评暂行办法》财农［2009］457号，特制定本细则。

第二条 本细则所称重点县建设资金，包括中央财政小型农田水利设施建设专项资金用于重点县建设部分，以及地方各级财政对重点县建设的投入。

第三条 本细则所称重点县建设资金绩效考评（以下简称“绩效考评”），是指运用定性定量结合的评价办法、科学的量化指标和统一的评价标准，对重点县建设资金的绩效目标实现程度进行综合性的考核和评价。

第四条 绩效考评遵循的原则：

1. 客观公正。按照公开、公平、公正的要求和科学、规范的考评程序，客观公正地衡量资金绩效情况。

2. 分级负责。采取自评和抽查相结合的方式，实行自治区对地（州）、县（市）考评。

3. 突出重点。重点对资金投入与整合、项目建设与管理等方面进行考评。

第二章 考评依据和内容

第五条 绩效考评的依据：

1. 财政部、水利部联合下发的关于印发《小型农田水利重点县建设资金绩效考评暂行办法》（财农［2009］457号），财政厅、水利厅联合下发的《关于进一步做好中央财政小型农田水利重点县建设工作的意见》和《中央财政小型农田水利重点县建设管理办法》的通知（新财农［2009］279号）相关管理制度。

2. 小型农田水利重点县建设方案、标准文本、资金申请文件、资金拨付文件、总结报告等有关文件资料。

3. 各级财政、水利部门反映资金管理、工程建设等有关数据。

4. 自治区水利部门建设方案批复文件，工程财务决算审计报告，水利部门出具的验收报告。

第六条 绩效考评内容：

1. 项目组织：主要考核重点县建设工作的组织领导，统计与总结，以及信息与宣传等情况。

（1）各地（州）及重点县要充分认识小型农田水利重点县建设的重要性，认真做好组织实施工作，重点县必须要成立由县领导挂帅，水利、财政、农业、土地等多个部门组成的“小型农田水利重点县建设工作领导小组”，组织领导和协调各方面的工作；各地（州）及重点县（市）财政部门和水利部门要确定专门的领导和具体负责人员，并将本级负责重点县建设的领导及具体人员报财政厅、水利厅备案，负责重点县建设的协调、指导、监督、检查、验收、绩效考评等工作并报备自治区财政厅、水利厅。

（2）县级农田水利综合规划是重点县建设的必备条件，县级农田水利综合规划要体现集中资金投入，连片配套改造，以县为单位整体推进，实现小型农田水利建设由分散投入向集中投入转变、由面上建设向重点建设转变、由单项突破向整体推进转变、由重建轻管向建管并重转变的总体思路。重点县农田水利综合规划要完成县级人大或政府的批准程序。

（3）重点县建设要作为地（州）和县级考核各级领导班子政绩的重要内容，纳入地（州）和县级年度考核中加以落实。各地（州）财政、水利部门要与重点县签订责任书，从机制的建立、前期工作、实施建设、资金使用、检查验收、支农资金的整合、不同阶段的目标任务、用水协会组织建立以及今后的管理等方面，明确具体责任、目标和任务。

（4）农田水利基础设施建设关系重大，各地（州）及重点县要大力宣传，打破凡农民出资出劳即视为增加农民负担的错误理解，要通过报纸、电视、广播、宣传牌、栏，在项目区进行现场宣传，发放宣传单等等方式，大力宣传重点县建设的重要意义，得到各方面的关心和支持，使广大农民自觉投入到建设和管理当中。

（5）重点县要在建设过程中，及时发现和总结经验。自项目申报起至项目竣工验收的项目实施过程中，每县上报信息不少于4条。地（州）要将重点县的好做法、好经验及时总结上报。自治区及时将各地重点县建设的好经验向其他地（州）、重点县进行宣传和介绍。自治区将对信息报送工作作为考评重点县工作的重要方面。

2. 项目管理：主要考核重点县建设方案、工程建设、项目验收、管护机制建设等情况，以及组织农民筹资投劳的规范性。

（1）各地在加强基础设施建设的同时，要切实加强农民用水户协会、合作社等农民参与式管理体系建设，培育和提高农民自主管理意识和水平，组织农民参与工程规划、筹资、投劳、建设、运行、管护的全过程，充分发挥农民用水协会等群众组织在建设和管理农田水利设施方面的重要作用。在项目建设初期必须要建立农民用水者协会，县级财政应积极采取措施对乡村用水户协会等组织建设给予扶持，县水利部门在核定末级水价和计收时，要充分考虑用水户协会组织的管理运行费用，切实扶持用水户协会参与管理等长效机制得以落实。

（2）为了保证重点县水利工程的建设质量，重点县要参照基本建设的“四制”即项目法人制、招投标制、工程监理制、合同制的要求，结合本地实际，因地制宜的实施项目建设。严把“三关”，即把好规划设计关、施工工艺关、检查验收关。随时监督、检查工程质量和工程进度，对弄虚作假造成劣质工程的施工单位和责任人，有关部门追究其行政和法律责任。

（3）在工程建设中，要实行监理单位对工程的进度、质量、资金进行全程监理，业主单位指定代表进行全程监督和指导，水利、财政部门进行全程监督管理。水利部门要加强对重点县的技术指导，及时了解掌握工程建设进度情况、发现问题及时纠正。

（4）为做好农田水利重点县竣工验收和绩效考评工作，确保建成的重点县项目对新疆农业基础设施建设切实起到引导和推动作用，各地要严把质量关，管好用好各方面资金。各重点县要对项目建设情况进行经常性的检查，随时掌握项目建设进展；地（州）要对项目建设情况定期检查；自治区将在项目实施过程中进行不定期检查，检查结果与以后年度重点县数量和资金规模直接挂钩。

（5）重点县工程完工后，“小型农田水利重点县建设工作领导小组”立即组织水利、财政、审计等相关单位对工程进行初步验收，初验后上报地（州）财政局和水利局，地（州）组织进行验收，验收后上报自治区财政厅和水利厅；自治区财政厅和水利厅组织相关部门及专家进行项目的抽验。每一项工程建设验收完成后，要按照工程所有权、使用权、管护权相关办法，及时移交给农民用水者协会进行管理，履行相关手续。

（6）重点县要按照《中央财政小型农田水利重点县建设管理办法》中有关严格管理强化考核和监管要求，制定重点县建设与管理实施办法或细则，确保重点县建设取得预期成效。

3. 资金管理：主要考核县级资金投入与整合，以及资金监管等情况。

（1）在各级财政积极加大投入的同时，重点县要积极整合中央与地方、各部门之间的相关资金、技术等资源，明确具体措施，把扶贫、土地整理、以工代赈、高效节水、自治区小农水、优质棉基地建设等用于农业农村设施建设的有关资金进行有效捆绑使用，以重点县建设为平台，以提高资金使用效益为目标，按照“渠道不乱、用途不变、优势互补、各记其功、形成合力”的原则，积极整合各项涉及农田水利建设资金，统筹安排，集中使用。

（2）自治区财政厅在每年收到财政部关于下达中央小型农田水利重点县建设专项补助资金通知后，将按照财政部和水利部审核通过的资金额度，及时下拨专项补助资金。自治区水利厅将同步下达项目建设方案批复。地（州）财政局根据地（州）水利局提供的重点县开工建设准备就绪报告，及时拨付专项资金到重点县。

（3）重点县财政部门和水利部门要切实建立和完善资金监管体系，制定详细的管理细则，加强对重点县建设资金的监督与检查。重点县专项资金应当规范管理，公开操作，实行公示公告制，县级财政报账制、国库直接支付、政府采购、招投标、工程监理等有效的监管制度，具体实施时由财政部门牵头组织落实。

（4）建设管理和资金使用混乱、存在严重违规违纪问题的重点县不再列入下一年度重点县范围。

（5）地（州）财政、水利部门要定期检查监督重点县资金使用情况，自治区将以抽查方式对重点县建设过程中的资金使用及绩效评价工作予以检查，在重点县本年度计划任务完成后，由地（州）组织统一的检查验收。

4. 实施效果：主要考核项目预期效益完成情况，包括改善农业生产条件和新增农业生产能力两方面。

（1）项目实施区域和全县有效灌溉面积占耕地面积的比重每年提高3%以上。通过三年的建设有效灌溉面积占耕地面积的比重提高10%—15%，或达到60%以上。

（2）项目实施区域和全县有效灌溉面积占耕地面积的比重每年提高3%。通过三年的建设有效灌溉面积占耕地面积的比重提高10%—15%，或达到60%以上。

（3）项目实施区域和全县节水灌溉面积占有效灌溉面积每年提高5%以上。通过三年的建设节水灌溉面积占有效灌溉面积提高15%，或达到50%以上，其中高效节水灌溉面积提高5%，或达到23%以上。

（4）项目实施区纯井灌区的管道输水灌溉、喷灌、微灌工程面积占该区节水灌溉工程面积比例第一年达到60%以上、第二年达到70%以上。通过三年的建设纯井灌区的管道输水灌溉、喷灌、微灌工程面积占该区节水灌溉工程面积比例达到80%以上。

（5）高效农业区的喷灌、微灌工程面积占该区工程面积比例第一年达到40%以上，第二年达到45%以上；井灌区灌溉水利用系数平均第一年不低于0.65，第二年不低于0.70；渠灌区灌溉水利用系数（大中型渠灌区斗口以下、小型灌区渠首以下）：缺水地区平均第一年不低于0.55，第二年不低于0.60，丰水地区平均第一年不低于0.45，第二年不低于0.50。通过三年建设，高效农业区的喷灌、微灌工程面积占该区工程面积比例达到50%以上；井灌区灌溉水利用系数平均不低于0.75；渠灌区灌溉水利用系数（大中型渠灌区斗口以下、小型灌区渠首以下）：缺水地区平均不低于0.65，丰水地区平均不低于0.55。

（6）全县粮食综合生产能力每年提高 3% 以上；通过三年的建设全县粮食综合生产能力提高 10% 以上；缺乏灌溉条件的山丘区和灌区的高岗地，通过新建小型水源工程发展补充灌溉，基本解决农民口粮问题。

第三章　组织实施

第七条　绩效考评工作实行统一组织，分级实施。

1. 重点县财政、水利部门组织开展自评工作；对考评中发现的问题认真研究并及时整改；及时向地（州）级财政、水利部门上报绩效考评报告。

2. 地（州）财政局、水利局负责组织对重点县进行绩效考评，对考评中发现的问题督促整改；及时向自治区财政厅、水利厅上报绩效考评报告。

3. 自治区财政厅、水利厅负责组织对重点县进行绩效考评，对考评中发现的问题督促整改，及时向自治区财政厅、水利厅上报纸绩效考评报告。

4. 自治区财政厅、水利厅负责开展自治区自评工作，对重点县绩效考评结果进行检查。根据绩效考评结果，核定各重点县（市）具体补助金额，并对考评中发现的问题督促整改；及时向财政部、水利部上报绩效考评报告。

5. 绩效考评一年一次，每年 3 月 15 日前，重点县所在地（州）财政、水利部门完成对上一年度重点县建设资金绩效考评工作，形成自评报告与小型农田水利重点县建设资金绩效考评量化指标表报自治区财政厅、水利厅。

第四章　考评结果运用

第八条　绩效考评实施百分制，计分采用量化指标，考评满分为 100 分（具体考评量化指标见附表）。

根据考评总分，将考评结果划分为四个等级：考评总分在 90 分以上（含 90 分）为优秀，76—89 分为良好，60—75 分为合格，60 分以下为不合格。

第九条　绩效考评结果是对重点县建设资金管理工作的综合评价，将作为下一年度重点县建设资金和名额分配的重要依据。对考核优秀和良好的核增补助资金额度，对考核不合格的核减补助资金额度或取消资格。

第十条　在重点县建设资金使用管理中发现违规违纪行为的，除按照有关规定处罚外，本年度绩效考评结果按不合格处理。

第十一条　重点县财政、水利部门应当根据绩效考评结果，及时总结经验教训，完善资金使用管理制度，提高资金使用效益。

第五章　附　　则

第十二条　中央对自治区的绩效考评按财政部、水利部《小型农田水利重点县建设资金绩效考评暂行办法》（财农［2009］457 号执行。

第十三条　本细则由自治区财政厅、水利厅负责解释。

第十四条　本细则自颁布之日起实行。

附表：小型农田水利重点县建设资金县级绩效考评量化指标表

附表

小型农田水利重点县建设资金县级绩效考评量化指标表

新疆 省（自治区、直辖市）_______县（市、区）

考评内容	考评指标	考评说明	县级自评	省级考评	中央抽查	备注
一、项目组织（16分）	1. 组织领导（6分）	1. 制定了县级农田水利规划，得1分。 2. 县级农田水利规划经县人民政府或县人大批准，得2分。 3. 建立农田水利重点县领导小组，得1分。 4. 重点县与所在地（州）签订责任书并确定责任人，得2分。				以请示、文件、会议纪要等为依据。
	2. 统计与总结（4分）	1. 按要求及时报送统计报表，得2分；未按要求及时报送，不得分。 2. 按要求及时报送总结报告，得2分；未按要求及时报送，不得分。				以统计数据、总结报告为依据。
	3. 信息与宣传（6分）	1. 重点县及时上报建设信息满4条并获得财政厅或水利厅采用，得2分；重点县所在地（州）或重点县多报一条信息得1分，最高得4分。 2. 在地（州）以上媒体有报道，得2分。				以正式刊发的信息和报道为依据。
二、项目管理（34分）	4. 申报材料质量（8分）	1. 项目申报材料在规定期限内上报，得1分。 2. 项目申报材料经省级评审为优秀、良好和合格的，分别再得6分、4分、2分。				以申请材料报送时间和省级评审结论为依据。
	5. 工程建设（12分）	1. 按年度建设方案计划进度，如实完成各项建设内容的100%、90%、80%、70%、60%，分别得12分、10分、8分、6分和4分；60%以下不得分。 2. 实际建设内容与建设方案不一致的，不得分（经省级财政、水利部门批准调整的建设内容除外）。				以经批准的重点县年度建设方案，及实际抽查情况为依据。
	6. 项目验收（4分）	1. 按有关要求及时组织验收，且验收合格，得4分。 2. 未按时完成验收或验收不合格，不得分。				以阶段或竣工验收报告和结论为依据。
	7. 管护机制建设（6分）	1. 已落实管护主体和建立运行管护制度的项目超过80%、70%和60%，且运行管护效果良好，分别得6分、4分和2分。 2. 已落实管护主体和建立运行管护制度的项目不足60%，或运行管护效果较差，不得分。				以管护组织（用水协会组织）建立的相关制度和随机抽查情况为依据。
	8. 农民筹资投劳（4分）	1. 农民筹资投劳参与工程建设，且筹资投劳符合“一事一议”等政策要求，得4分。 2. 农民未筹资投劳参与工程建设，或筹资投劳不符合“一事一议”等政策要求，不得分。				以农民“一事一议”相关材料为依据。

续表

考评内容	考评指标	考评说明	县级自评	省级考评	中央抽查	备注
三、资金管理（30分）	9. 县级资金投入（6分）	1. 县级财政安排了小型农田水利投入，得4分。 2. 县级财政小型农田水利投入达到中央和省级投入的10%以上，得2分。				
	10. 县级资金整合（14分）	1. 重点县制定的资金整合计划全部落实，得8分。 2. 重点县整合资金规模占年度总投资的30%以上、20%以上和10%以上，分别得6分、4分和2分。 3. 重点县制定的资金整合计划未全部落实，本项指标不得分。				以县级农田水利规划、项目申报文件、县财政拨款文件为依据。
	11. 资金监管（10分）	重点县建设资金使用规范，未发现任何违规违纪行为，得10分；否则，不得分。				以检查报告等相关材料为依据。
四、实施效果（20分）	12. 改善农业生产条件（10分）	考查改善农业生产条件的6项预期效益指标的完成情况，按实现程度计分。其中：年新增供水能力2分、恢复和新增灌溉面积2分、改善灌溉面积2分、增加补灌面积1分、恢复新增和改善排涝面积1分、年新增节水能力2分，每完成1项取得该项分数，未完成项不得分。				以经批准的重点县年度建设方案的预期效益指标为依据。
	13. 增加农业生产能力（10分）	考查增加农业生产能力的2项预期效益指标的完成情况，按实现程度计分。其中：年新增粮食生产能力5分、年新增经济作物产值5分，每完成1项取得该项分数，未完成项不得分。				以经批准的重点县年度建设方案的预期效益指标为依据。
总分（100分）						

注：考评各项打分时，均须提供相关书面依据。

关于对《新疆维吾尔自治区社会福利基础设施建设专项资金使用管理暂行办法》的补充通知

（2010 年 8 月 13 日　自治区财政厅、民政厅
新财社［2010］226 号）

伊犁哈萨克自治州财政局、民政局，乌昌财政局及各地（州、市）财政局、民政局：

根据自治区党委第十二次常委会议纪要（新党常［2008］12 号）精神，按照自治区财政厅、民政厅《新疆维吾尔自治区社会福利基础设施建设专项资金使用管理暂行办法》（新财社［2008］270 号）规定，为进一步完善社会福利基础设施建设专项资金补助标准及办法，特作如下补充规定：

一、各地要坚持“因地制宜、资源共享、讲求实效，整体规划、分步实施”的原则，综合考虑各地在确定社会福利设施建设规模、标准时，经济社会发展情况、城乡居民收入情况、服务人口、服务半径和财力状况等因素，确定新建或改（扩）建社会福利服务机构。自治区也要按上述因素审定各地的社会福利设施建设规模及床位数。

二、社会福利基础设施建设资金要按照分级负担、多方筹措的原则筹集。自治区综合考虑各地经济社会发展水平、财政状况等因素，确定对各地补助比例和补助金额。

1. 对儿童福利院每新增 1 张床位，各级财政按照 3 万元的标准给予补助，其中：南疆喀什地区、和田地区、克州所需补助资金全部由自治区财政负担，即 3 万元；乌鲁木齐市、克拉玛依市、石河子市所需补助资金由自治区财政负担 20%，即 0.6 万元，当地财政负担 80%，即 2.4 万元；其他地（州、市）所需补助资金自治区财政负担 70%，即 2.1 万元，当地财政负担 30%，即 0.9 万元。

2. 对农村敬老院每新增 1 张床位，各级财政按照 2 万元的标准给予补助，其中：南疆喀什地区、和田地区、克州所需补助资金全部由自治区财政负担，即 2 万元；乌鲁木齐市、克拉玛依市、石河子市所需补助资金由自治区财政负担 20%，即 0.4 万元，当地财政负担 80%，即 1.6 万元；其他地（州、市）所需补助资金自治区财政负担 70%，即 1.4 万元，当地财政负担 30%，即 0.6 万元。

三、各地在自治区财政补助资金的基础上，应足额落实当地承诺安排的社会福利机构项目建设所需资金，凡地方财政未按承诺安排项目建设所需资金的，自治区不再安排该地其他社会福利基础设施建设项目补助。南疆的喀什地区、和田地区、克州也应严格按照自治区核定的床位数完成项目投资。对地县擅自改变自治区核定的建设

规模及床位数而造成的资金缺口，全部由地县财政负担，自治区财政不再安排补助资金。

四、地（州）与地（州）首府所在市对社会福利设施实行统筹规划，整合资源合并新建的项目，自治区优先安排补助资金，并按照自治区审定的建设规模及床位资金总额的15%给予奖励；地（州）与地（州）首府所在市分别实施的社会福利设施建设项目，自治区财政不予补助。对已将社会福利机构建设纳入当地基本建设规划和财政预算的地（州、市），自治区将优先考虑该地的项目建设，并给予资金补助。

五、各地在申请自治区补助资金时，应同时提供当地人民政府安排资金承诺书，并由同级财政部门盖章确认。

六、各地应积极争取将社会福利基础设施建设纳入对口省（市）援建项目，并把援建项目资金和自治区、地县的社会福利设施建设项目资金捆绑使用，加快当地社会福利设施建设进度，确保项目建设资金落实到位。

七、此补充规定只适合《新疆维吾尔自治区社会福利基础设施建设专项资金使用管理暂行办法》（新财社［2008］270号）所涉及的项目。

八、本补充通知由自治区财政厅负责解释。

九、本通知自2010年1月起执行。

关于印发《新疆维吾尔自治区艾滋病防治以奖代补资金管理办法（暂行）》的通知

（2011年1月5日　自治区财政厅、卫生厅
新财社［2010］426号）

伊犁哈萨克自治州财政局、卫生局，各地（州、市）财政局、卫生局：

为预防和控制艾滋病的传播和蔓延，进一步促进干预措施的落实，根据《新疆维吾尔自治区艾滋病防治条例》，坚持政府购买服务的原则，结合我区实际，制定了《新疆维吾尔自治区艾滋病防治以奖代补资金管理办法（暂行）》，现印发给你们，请遵照执行。

附件：新疆维吾尔自治区艾滋病防治以奖代补资金管理办法（暂行）

附件

新疆维吾尔自治区艾滋病防治以奖代补资金管理办法（暂行）

第一章　总　　则

第一条　为预防控制艾滋病的传播和蔓延，进一步促进干预措施的落实，根据《新疆维吾尔自治区艾滋病防治条例》（以下简称《条例》），结合艾滋病防治工作的实际情况，制定本办法。

第二条　本办法中艾滋病防治以奖代补资金（以下简称“以奖代补资金”）是指按照政府购买服务的原则，根据各地（州、市），县（市、区）和相关部门在艾滋病防治工作中干预和治疗工作的数量、质量和取得的效果等情况，以以奖代补方式发放的奖励资金。

第二章　考核指标

第三条　考核指标为：

各县（市、区）美沙酮维持治疗点（美沙酮门诊、流动服药车、延伸服药点），年在治人数；

各县（市、区）清洁针具交换点，年发放和回收注射器支数；

各地（州、市）、县（市、区）艾滋病抗病毒和抗机会性感染治疗、母婴阻断治疗、示范区建设等工作任务完成情况；

各地（州、市）、县（市、区）财政当年预算安排艾滋病防治资金情况和上级补助艾滋病防治资金支出情况；

各地（州、市）、县（市、区）强制戒毒人数。

第三章　考核依据

第四条　考核依据为：（1）各地财政、卫生报表数；（2）财政决算、国库实际执行数、自治区财政厅、卫生厅、艾滋病防治有关单位相关统计报表；（3）对各地（州、市）、县（市、区）和有关单位艾滋病防治工作执行情况的检查结果。

第四章　资金使用和管理

第五条　艾滋病防治以奖代补资金由自治区财政厅会同自治区卫生厅根据各项指标考核分配。

第六条　艾滋病防治以奖代补资金，主要用于艾滋病防治的各项工作，可用于志愿者和聘用人员等一线工作人员报酬，以奖代补资金不能用于购置车辆和设备、房屋维修和建设等支出。各地（州、市）、县（市、区）卫生部门可从以奖代补资金中提取艾滋病防治工作经费。

第七条　在以奖代补资金中提取艾滋病防治工作经费的具体做法是：各地（州、市）卫生部门可按自治区下达其所辖县（市、区）以奖代补资金总额的10%提取工作经费。各县（市、区）卫生部门可按自治区下达该县（市、区）以奖代补资金的20%提取工作经费。

第八条　各地（州、市）财政、卫生和相关部门，凡未在30个工作日内将中央和自治区艾滋病防治专项资金及时分配到系统内单位、县（市、区）的（以地（州、市）财政部门资金拨付文件的时间为准），不得从以奖代补资金中提取工作经费。

第九条　各县（市、区）财政、卫生部门，凡未在30个工作日内将艾滋病防治专项资金拨付到有关资金使用单位和项目的（以各县（市）区财政部门资金拨付文件的时间为准），不得从以奖代补资金中安排工作经费。

第十条 各地（州、市）、各县（市、区）财政、卫生部门和相关单位应确保上报自治区各类统计数据的准确性。申报有关数据中出现弄虚作假、套取自治区以奖代补资金的，一经核实，将扣回该县（市、区）上年的以奖代补资金，同时取消其连续两个年度的考核奖励资格，并在全区范围内通报批评。

第十一条 以奖代补资金的安排使用接受自治区财政厅、自治区卫生厅的监督检查。对违反规定的，依照国家及自治区有关规定予以处理。

第五章 附 则

第十二条 本办法由自治区财政厅负责解释。

第十三条 本办法自2011年1月1日起执行。

关于转发自治区财政厅、人力资源和社会保障厅《自治区就业工作以奖代补资金管理办法（暂行）》的通知

（2010年9月6日 自治区人民政府办公厅
新政办发［2010］198号）

伊犁哈萨克自治州，各地（州、市）、县（市、区）人民政府，各行政公署，自治区人民政府各部门、各直属机构：

自治区财政厅、人力资源和社会保障厅《自治区就业工作以奖代补资金管理办法（暂行）》已经自治区人民政府同意，现转发给你们，请认真贯彻执行。

附件：自治区就业工作以奖代补资金管理办法（暂行）

附件

自治区就业工作以奖代补资金管理办法（暂行）

第一章　总　　则

第一条　为了进一步加强对自治区就业专项资金管理，切实提高资金的使用效益，促进和支持就业，根据《贯彻国务院关于做好促进就业工作通知的实施意见》（新政发［2008］61号）和《自治区党委自治区人民政府关于促进就业工作的意见》（新党发［2009］11号）精神及自治区有关就业政策规定，结合我区实际，制定本办法。

第二条　本办法中的就业工作以奖代补资金（以下简称“以奖代补资金”）是指从自治区当年筹集的就业专项资金中按一定比例安排，根据各地（州、市）、县（市、区）就业工作成效，以以奖代补方式发放的奖励资金。本办法中的就业专项资金是指自治区下拨各地的就业专项资金（含中央补助）、各地财政预算中安排的就业专项资金和各地从失业保险中提取用于促进就业的资金。

第三条　以奖代补资金安排坚持下列原则：

（一）科学、合理的原则；

（二）以绩效考核为依据的原则；

（三）积极促进就业再就业工作健康发展的原则；

（四）提高就业专项资金使用效益的原则。

第二章　以奖代补资金考核因素

第四条　以奖代补资金按照以下因素进行考核：

（一）用于个人补贴支出占就业专项资金支出总额的比重因素。各县（市、区）当年就业专项资金支出中社会保险补贴、公益性岗位补贴、职业介绍补贴、职业培训补贴、职业技能鉴定补贴、小额担保贷款贴息、大中专毕业生见习补贴、大中专毕业生从事农牧业生产经营管理和服务的生活补贴、就业援助金等用于个人补贴支出占当地就业专项资金支出总额的比重奖励25%。上述9项用于个人补贴支出占就业专项资金支出总额的比重越高，所得的奖励资金越多。

（二）享受各项就业扶持政策人数因素。各县（市、区）当年新增享受社会保险补贴、公益性岗位补贴、职业介绍补贴、职业培训补贴、职业技能鉴定补贴、大中专毕业生见习补贴、从事农牧业生产经营管理和服务的大中专毕业生生活补贴、就业援助金等就业扶持政策的人数奖励20%。享受上述8项个人补贴的人数越多，所得的奖励资金越多。

（三）小额担保贷款发放人数因素。各县（市、区）当年新增小额担保贷款发放人数奖励15%。当年新增小额担保贷款人数越多，所得的奖励资金越多。

（四）高校毕业生就业人数因素。各县（市、区）当年实现就业的高校毕业生人数奖励13%。新增高校毕业生实现就业人数越多，所得的奖励资金越多。

（五）就业专项资金结余因素。各地（州、市）、县（市、区）就业专项资金累计结余（含财政专户结余）情况奖励10%。就业专项资金累计结余越少，所得的奖励资金越多。

（六）就业专项资金预算安排因素。各县

（市、区）当年财政预算安排的就业专项资金数额奖励10%。财政预算安排到位的就业专项资金越多，所得的奖励资金越多。

（七）零就业家庭扶持政策落实因素。当年实现零就业家庭动态清零的奖励4%，未实现的不予奖励。

（八）就业机构设立及运行因素。建立健全以当地主要领导负总责的就业工作机制和规范运行的保障机制的奖励3%。

第三章　以奖代补资金考核依据

第五条　考核依据：

（一）新疆统计年鉴、财政总决算、社会保险基金决算、预算执行数；

（二）各地财政、人力资源和社会保障部门报表数；

（三）各地上报的就业专项资金支出及享受就业扶持政策人员情况统计表（见附件）；

（四）对县（市、区）就业再就业工作执行情况和促进就业效果抽查结果。

第六条　各地可从自治区下达的以奖代补资金中安排就业工作经费。具体安排比例如下：各地（州、市）本级的就业工作经费，按照所辖县（市、区）争取的自治区以奖代补资金额度的2%，由自治区财政安排下达；各县（市、区）可从自治区下达本县（市、区）的以奖代补资金中由县（市、区）财政按6%的比例安排就业工作经费。

第七条　各地（州、市）财政、人力资源和社会保障部门未在30个工作日内将自治区就业专项资金及时分配到县（市、区）的（具体以地（州、市）财政部门下文时间为准），自治区将不从以奖代补资金中安排就业工作经费。

第八条　各县（市、区）财政、人力资源和社会保障部门未在规定时间内将就业专项资金拨付到有关资金使用单位和享受就业政策人员手中的（以各县〈市、区〉财政就业专项资金支出进度为准），不得从以奖代补资金中安排就业工作经费。

第四章　以奖代补资金的申报和拨付

第九条　就业奖励资金的申请实行一年上报一次。各县（市、区）财政、人力资源和社会保障部门在每年1月底前统计汇总上年度《××年就业专项资金支出及享受就业扶持政策人员情况统计表》，并由两部门分管负责同志、科（处）室负责人、填表人签字确认后，加盖单位公章上报地（州、市）财政、人力资源和社会保障部门。

第十条　各地（州、市）财政、人力资源和社会保障部门收到县（市、区）财政、人力资源和社会保障部门审核盖章的相关统计报表后，及时进行审核确认，并于当年2月20日前将分县（市、区）《××年就业专项资金支出及享受就业扶持政策人员情况统计表》汇总上报自治区财政厅、人力资源和社会保障厅（同时附各县（市、区）财政、人力资源和社会保障部门审核盖章的统计表原件）。逾期不报的，视为自动放弃，取消当年考核奖励资格。

第十一条　自治区财政厅、人力资源和社会保障厅根据考核因素和考核依据，对各地上报的《××年就业专项资金支出及享受就业扶持政策人员情况统计表》进行认真核实后，在每年3月底前将以奖代补资金直接拨付到各县（市、区）。

第五章　以奖代补资金计算公式

第十二条　以上以奖代补资金比例均为某项考核指标的奖励资金占以奖代补资金总额的比例。各县（市、区）在各项指标中所分配的奖励资金计算方法为：以奖代补资金＝县（市、区）某项考核指标数÷该项指标全区合计数×该项指标奖励资金占以奖代补资金总额的比例×当年自治区安排的以奖代补资金总额。

第六章　以奖代补资金管理使用

第十三条　以奖代补资金严格按照自治区财政厅、原自治区劳动和社会保障厅《关于进一步加强就业再就业资金管理使用有关问题的通知》（新劳社字［2008］82号）、《关于就业专项资金使用管理有关问题的通知》（新财社［2009］26号）、《自治区党委自治区人民政府关于促进就业工作的意见》（新党发［2009］11号）、自治区人力资源和社会保障厅、财政厅、卫生厅、教育厅《关于贯彻落实新党发［2009］11号文件规定有关工作的通知》（新人社发［2010］1号）和自治区人力资源和社会保障厅、财政厅《关于贯彻落实新党发［2009］11号文件及其新人社发［2010］1号文件规定所需就业资金有关问题的通知》（新人社函［2010］403号）等文件规定的范围内安排使用。对有虚报、套取以奖代补资金的单位和个人，要按有关规定严肃处理。对审核不严、违规操作的，要按有关规定追究相关部门和单位的责任。

第七章　监督处理

第十四条　各地（州、市）及县（市、区）财政、人力资源和社会保障部门应确保上报自治区各类统计数据的准确性，上报数据要与当地社保基金决算、财政决算数据一致。申报有关数据中出现弄虚作假、套取自治区以奖代补资金的，一经核实，将扣回该县（市、区）上年的以奖代补资金，同时取消两个年度考核奖励资格，并在全区范围内通报批评。

第十五条　以奖代补资金的安排使用接受自治区财政厅、人力资源和社会保障厅监督、检查和抽查。对违反规定的，依照国家及自治区有关规定予以处理。

第八章　附　　则

第十六条　本办法自2010年下发之日起执行。

第十七条　本办法由自治区财政厅负责解释。

附表：××年就业专项资金支出及享受就业扶持政策人员情况统计表

附表

××年就业专项资金支出及享受就业扶持政策人员情况统计表

填报单位（盖章）：　　　　单位：万元、人

地区	当年用于个人补贴资金支出情况										当年享受各项就业政策补贴人数									当年新增小额担保贷款人数	当年高校毕业生就业人数	当年就业专项资金支出合计	当年就业专项资金滚存结余	当年筹集就业专项资金总额	当地安排就业专项资金预算数
	小计	职业介绍补贴	职业培训补贴	公益性岗位补贴	社保补贴	职业技能鉴定补贴	小贷款贴息	大中专毕业生见习补贴	大中专毕业生生活补贴	就业援助金	小计	职业介绍补贴人数	职业培训补贴人数	公益性岗位补贴人数	社保补贴人数	职业技能鉴定补贴人数	大中专毕业生见习补贴人数	大中专毕业生生活补贴人数	领取就业援助金人数						
	1栏	2栏	3栏	4栏	5栏	6栏	7栏	8栏	9栏	10栏	11栏	12栏	13栏	14栏	15栏	16栏	17栏	18栏	19栏	20栏	21栏	22栏	23栏	24栏	25栏
地（州、市）合计																									
……市																									

续表

地区	当年用于个人补贴资金支出情况										当年享受各项就业政策补贴人数									当年新增小额担保贷款人数	当年高校毕业生就业人数	当年就业专项资金支出合计	当年就业专项资金滚存结余	当年筹集就业专项资金总额	当地安排就业专项资金预算数
	小计	职业介绍补贴	职业培训补贴	公益性岗位补贴	社保补贴	职业技能鉴定补贴	小贷款贴息	大中专毕业生见习补贴	大中专毕业生生活补贴	就业援助金	小计	职业介绍补贴人数	职业培训补贴人数	公益性岗位补贴人数	社保补贴人数	职业技能鉴定补贴人数	大中专毕业生见习补贴人数	大中专毕业生生活补贴人数	领取就业援助金人数						
	1栏	2栏	3栏	4栏	5栏	6栏	7栏	8栏	9栏	10栏	11栏	12栏	13栏	14栏	15栏	16栏	17栏	18栏	19栏	20栏	21栏	22栏	23栏	24栏	25栏
……县																									

财政部门分管领导签字：　　科（处）负责人签字：　　填表人签字：　　联系电话：

人社部门分管领导签字：　　科（处）负责人签字：　　填表人签字：　　联系电话：

备注：1. 1栏=2栏+i+10栏；11栏=12栏+i+19栏。

2. 2栏、3栏、4栏、5栏、6栏、7栏、12栏、13栏、14栏、15栏、16栏、20栏、21栏、22栏、23栏、24栏、25栏相关数据必须与所在县（市、区）上年度财政决算、社会保障基金数据一致。

3. 财政决算和社保基金决算中没有反映的其他数据，应与当地政府及主管部门公布的统计资料一致。

关于印发《新疆维吾尔自治区外经贸区域协调发展促进资金管理实施细则（修订）》的通知

（2010年1月25日　自治区财政厅、商务厅
新财企［2010］13号）

伊犁哈萨克自治州财政局、外经贸局，乌昌财政局，各地（州、市）财政局、外经贸局：

为加强外经贸区域协调发展促进资金管理，推进我区外经贸事业的发展，根据财政部、商务部《关于印发〈外经贸区域协调发展促进资金管理暂行办法〉的通知》（财企［2008］118号）规定，结合我区实际，制定《新疆维吾尔自治区外经贸区域协调发展促进资金管理实施细则（修订）》，请遵照执行。

附件：新疆维吾尔自治区外经贸区域协调发展促进资金管理实施细则（修订）

附件

新疆维吾尔自治区外经贸区域协调发展促进资金管理实施细则（修订）

第一章　总　　则

第一条　为规范外经贸区域协调发展促进资金（以下简称“区域协调资金”）的管理，提高资金使用效率，根据《外经贸区域协调发展促进资金管理暂行办法》（财企［2008］118号，以下简称“管理办法”），结合我区实际，特制定《新疆维吾尔自治区外经贸区域协调发展促进资金管理实施细则（修订）》（以下简称《细则》）。

第二条　本细则所指的区域协调资金，包括中央财政拨付的外经贸区域协调发展促进资金和自治区财政安排的外经贸发展专项资金。

第三条　区域协调资金属财政专项资金，专款专用，无偿资助，并根据实际情况结转使用。

第四条　自治区财政厅和商务厅是区域协调

资金的主管部门，共同对区域协调资金的使用和项目执行情况进行管理。

自治区财政厅负责区域协调资金的预算管理和资金拨付，审核区域协调资金的年度使用计划，并对区域协调资金的使用进行监督检查。

自治区商务厅负责确定区域协调资金的年度支持方向和支持重点，提出年度使用计划；负责对申报的项目进行审核，并对项目实施情况进行监督检查。

第二章　使用原则和支持方向

第五条　区域协调资金的使用应遵循以下原则：

1. 符合 WTO 的基本规则和国际惯例。

2. 符合自治区经济社会发展要求，促进自治区开放型经济的发展。

3. 符合公共财政的要求，营造有利于企业发展的市场环境。

4. 符合经济效益与社会效益并重原则。

5. 符合公开透明、专款专用、规范管理、严格监督的原则。

第六条　区域协调资金的重点支持方向如下：

（一）支持企业大力开拓国际市场

1. 支持企业参加商务部和自治区人民政府在境外举办的重大外经贸活动，促进企业开拓国际市场。

2. 对出口农畜产品及农畜加工产品的企业为获得进口国（地区）市场准入而发生的境外检疫、检验检测费用，建立质量追溯体系发生的费用给予适当补助。

3. 支持境外营销网点建设项目，对自建或收购并投入使用的营销网点建设费用给予适当补助。

4. 支持企业开展包机出口业务，对企业因包机出口而开辟新航线所发生的费用给予适当补助。

5. 支持企业反倾销、反补贴应对项目，对本年度已结案项目实际发生的律师费给予适当补助。

6. 支持企业出口信用保险，对企业投保出口信用保险的保费给予适当补助。

（二）支持企业自主创新，提高国际竞争力

1. 支持技术改造项目。重点对能明显提高出口产品质量、增加附加值、扩大生产能力而实施的进出口企业技术改造费用给予适当补助；有贷款的项目采取贷款贴息方式给予适当补助。

2. 支持企业新产品新技术开发项目。鼓励出口高新技术产业、特色农产品、轻工产品和机电产品等生产企业的研发活动，对研发过程中发生的相关费用给予适当补助。

3. 支持农产品新品种培育项目。重点支持企业为扩大出口进行农产品新品种培育，对实际发生费用给予适当补助。

4. 支持出口品牌建设项目。重点支持企业开展自主品牌建设所进行的境外商标注册、产品认证、品牌宣传和推广、收购国外知名品牌等活动，对实际发生费用给予一次性适当补助。

5. 支持企业专利申请项目。对取得国内外专利的进出口企业发生的专利申请费用给予一次性适当补助。

（三）支持进出口结构调整，促进服务贸易发展

1. 支持承接服务外包业务项目。对服务贸易领域的服务外包项目、创建服务外包信息公共服务平台、外包企业国际资质认证等给予适当补助。

2. 支持售后服务机构建设项目。对企业为销往国外的产品提供售后服务，并在国外设立的售后服务机构的建设费用给予适当补助。

（四）支持开展对外经济技术合作

支持商务主管部门引领企业实施“走出去”战略。对企业在境外投资和境外经济技术合作项目采取前期费用或贷款贴息方式给予一次性适当补助。

1. 前期费用，对企业发生的项目设计费、

咨询费、科研报告编制费、资料翻译费、境外招投标等前期费用给予适当补助。

2. 贷款贴息，对从国内银行取得的用于对外经济技术合作项目的贷款给予贴息。

（五）支持承接国际产业梯度转移

对国际知名、有实力的企业在我区投资建成项目发生的前期费用给予一次性适当补助。

（六）支持国际间经贸学术、人员交流合作等，促进外经贸能力建设

支持商务厅、财政厅组织或参加国际间经贸学术研讨会、论坛以及赴境外进行人才交流培训等活动。

（七）支持外经贸信息服务体系建设，搭建贸易促进信息平台

对新疆国际商务中心建设和完善外经贸信息网络项目的基础设施和信息资源开发利用等费用给予适当补助。

（八）支持外经贸领域重大课题的研究与论证

重点支持为促进我区外经贸事业发展，由财政厅、商务厅组织开展或审核批准的重大外经贸发展战略及规划课题研究费用。

（九）支持贸易便利化环境建设

（十）其他有利于促进自治区外经贸事业发展的事项

1. 支持出口基地建设项目，支持科技兴贸出口创新基地发展，重点支持高新技术产品出口基地、机电产品出口基地、农产品出口基地、医药出口基地、石油石化产品出口基地和软件出口基地建设。对建设征地费用、基础设施建设投入费用或基础设施建设贷款利息等费用给予适当补助。

2. 支持企业扩大农畜产品出口投资建设的保鲜库、冷藏冷冻库，对基础设施建设投入费用或基础设施建设贷款利息等费用给予适当补助。

3. 支持引进先进技术及实用设备引进。对积极引进国外先进技术的生产企业及实用设备，特别是节能减排和环保技术设备，给予一次性适当补助。

4. 其他有利于促进自治区外经贸事业发展的事项。

第三章　使用资格和条件

第七条　区域协调资金的项目申请单位和使用单位必须一致，并具备下列基本条件：

1. 具有企业法人资格并在我区境内登记注册，拥有进出口经营权或对外经济合作经营资格。

2. 健全的财务机构及财务管理制度。

3. 实施该项目必要的专业人员和实施条件。

4. 近两年在外经贸业务管理、财务管理、税收管理、外汇管理、海关管理等方面无违法违纪行为。

5. 具有相应的经济业绩、具有必要的项目建设资金。

6. 按规定向所在地财政部门、商务部门报送企业财务信息。

第八条　申请使用区域协调资金，应提供下列相关资料：

1. 项目单位书面申请及项目申请表（表格附后）。

2. 经会计师事务所审计的上年度审计报告。

3. 项目投资及相关费用支出凭据，申请贴息项目提供贷款合同和付息清单，境外项目提供境外投资企业批准证书。

4. 项目申请单位对报送材料真实性的承诺函。

5. 项目立项批复及可行性研究报告。

6. 环保部门出具的环保评价意见、立项批复。

7. 其他要求报送的材料。

第四章　项目申报和管理

第九条　凡符合该资金重点支持项目的企业（单位），均可以书面申请的方式申请上报。申报程序如下：市县所属企业、单位申请使用区域

协调资金时，先向市县商务、财政主管部门提出申请，经地（州、市）商务和财政部门审核同意后联合上报自治区商务厅、财政厅。

第十条 上报项目纳入本年度区域协调资金项目库进行管理。自治区商务厅、财政厅建立项目评审委员会和专家咨询委员会，作为区域协调资金使用项目的评审和评估论证工作机构。

第十一条 项目实行评审制度。项目评审委员会对项目库中符合条件的项目进行评审，对评审合格的、拟支持额在人民币200万元以上的项目，交项目专家咨询委员会进行论证。

对评审通过的项目在自治区商务厅和自治区财政厅门户网站上公示，接受社会监督。

第五章 资金管理

第十二条 区域协调资金使用计划下达后，自治区财政厅将资助资金拨付至相关地（州、市）财政局，地（州、市）财政局按国库集中支付方式直接拨付企业。

第十三条 在同一年度内，同一项目只能享受一次资助或最多两年的贴息支持。贴息额不高于同期银行贷款利息；其他项目补助额原则上不高于项目支出额的50%。

第十四条 根据实际工作需要，每年可从区域协调发展资金总额中提取不超过3%的工作经费，用于支付项目招标、评审、论证、咨询、公示、审计、检查等费用支出，保证促进资金项目评估、论证和审计工作的实施，强化项目资金的监督管理。

第六章 权利、责任和义务

第十五条 自治区财政厅、自治区商务厅应建立项目的事先评估、事中跟踪和事后绩效评价机制。

对项目进展情况进行监督和检查，必要时可聘请社会中介机构对项目执行和资金使用情况进行专项审计。

自治区财政厅、自治区商务厅按时向财政部、商务部报送项目总结报告，并接受两部的监督、检查及专项审计。

地（州、市）商务主管部门和财政部门应认真组织本地项目，并对推荐项目的真实性予以承诺，按规定向商务厅、财政厅报送总结报告，如实反映项目执行和资金使用情况。

第十六条 项目单位有权按照项目计划（方案）自主使用项目资金并组织实施，不受干预，对因行政干预造成的损失有权向上级财政部门、商务部门申诉。

项目单位应对项目的真实性予以承诺，并按规定向当地商务和财政部门报送项目总结报告。

第十七条 专家评审委员会和咨询委员会根据相关的法律、文件规定及评审工作规则的规定，独立行使职责，不受任何一方干预，并根据委托向管理部门提供客观、真实、可靠的资料和评审论证报告。

第七章 监督检查

第十八条 自治区财政厅和自治区商务厅对区域协调资金共同实施监督检查。检查内容包括：项目执行情况、资金使用和财务管理情况。检查方式采用重点抽查、委托地（州、市）检查或委托中介机构专项审计。

第十九条 各地（州、市）商务部门和财政部门要按本细则的要求，做好项目申请材料审查和资金拨付管理工作，接受监督检查。如发生虚报、截留、挪用等违法行为，自治区商务厅和自治区财政厅在全疆范围内通报，并根据《财政违法行为处罚处分条例》进行处理。

第二十条 项目单位如发生虚报、截留、挪用、冒领和侵占区域协调资金等违法行为，自治区财政厅依照《财政违法行为处罚处分条例》等有关规定进行处罚并取消该项目单位申请资金资格，追回已经取得的项目资金。

第二十一条 严重违反本实施细则的，自治区商务厅和自治区财政厅应对该项目的主管人员和直接责任者给予行政处分，构成犯罪的提交司法部门依法追究刑事责任。

第二十二条 项目单位在项目执行过程中，拒不接受有关部门检查监督的，责令改正，拒不改正的，依照《财政违法行为处罚处分条例》等有关规定进行处罚并取消该项目单位申请资金资格，追回已经取得的项目资金。

第八章 附 则

第二十三条 本实施细则（修订）由自治区财政厅、商务厅负责解释。

第二十四条 本实施细则（修订）自颁布之日起实施。《新疆维吾尔自治区外经贸区域协调发展促进资金管理实施细则（暂行）》（新财企［2008］285号）同时废止。

附表：新疆维吾尔自治区外经贸区域协调发展促进资金项目申请表

新疆维吾尔自治区
外经贸区域协调发展促进资金项目申请表

项目名称 ________________________________

申请单位全称（盖章）______________________

法人代表（签字）__________________________

联系人（签字）____________________________

单位详细地址 _____________________________

电话及传真 _______________________________

邮政编码 _________________________________

<table>
<tr><td colspan="2">申请单位名称</td><td colspan="4"></td></tr>
<tr><td colspan="2">企业注册资本</td><td colspan="2"></td><td>企业海关编码</td><td></td></tr>
<tr><td rowspan="3">上年度
经营状况</td><td>出口额</td><td colspan="2">万美元</td><td>出口每美元成本</td><td>元/美元</td></tr>
<tr><td>进口额</td><td colspan="2">万美元</td><td>利润</td><td>万元人民币</td></tr>
<tr><td>资产总额</td><td colspan="2">万元人民币</td><td>资产负债率</td><td></td></tr>
<tr><td colspan="6">项目简介：</td></tr>
<tr><td>项目投资总额
（万元）</td><td></td><td>其中：
设备投资</td><td></td><td>货币资金投资</td><td></td></tr>
<tr><td rowspan="2">投资来源</td><td>企业自筹</td><td colspan="2">万元</td><td>申请外经贸区域
协调发展资金</td><td>万元</td></tr>
<tr><td>金融机构
贷款</td><td colspan="2">万元</td><td>其他来源</td><td>万元</td></tr>
</table>

续表

<table>
<tr><td>申请外经贸区域协调发展资金用途说明</td><td colspan="2"></td></tr>
<tr><td>申请单位主管部门审查意见</td><td>地（州、市）外经贸部门审查意见：

负责人（签字）：

经办人（签字）：

盖　章
年　　月　　日</td><td>地（州、市）财政部门审查意见：

负责人（签字）：

经办人（签字）：

盖　章
年　　月　　日</td></tr>
<tr><td colspan="2">自治区外经贸厅审核意见：

负责人（签字）　　　　单位（签章）

年　　月　　日</td><td>自治区财政厅审定意见：

负责人（签字）　　　　单位（签章）

年　　月　　日</td></tr>
</table>

关于印发《新疆维吾尔自治区中小外贸企业融资担保专项资金管理暂行办法》的通知

（2010年2月23日　自治区财政厅、商务厅
新财企［2010］35号）

伊犁哈萨克自治州财政局、外经贸局，乌昌财政局，各地（州、市）财政局、外经贸局：

为规范中小外贸企业融资担保专项资金管理，提高资金使用效率，根据财政部、商务部《关于印发〈中小外贸企业融资担保专项资金管理暂行办法〉的通知》（财企［2009］160号）规定，结合我区实际，制定《新疆维吾尔自治区中小外贸企业融资担保专项资金管理暂行办法》，请遵照执行。

附件：新疆维吾尔自治区中小外贸企业融资担保专项资金管理暂行办法

附件

新疆维吾尔自治区中小外贸企业融资担保专项资金管理暂行办法

第一章　总　　则

第一条　为规范中小外贸企业融资担保专项资金管理，提高资金使用效率，根据财政部、商务部《关于印发〈中小外贸企业融资担保专项资金管理暂行办法〉的通知》（财企［2009］160号）规定，结合我区实际，制定本办法。

第二条　本办法所称中小外贸企业是指在我区境内注册、上年度或本年度有出口实绩的中小企业。

第三条　本办法所称的专项资金是指中央财政安排的中小外贸企业融资担保专项资金。

第四条　中小外贸企业融资担保专项资金（以下简称“专项资金”）属财政专项资金，专款专用，无偿资助，并根据实际情况结转使用。

第五条 自治区财政厅和商务厅是专项资金的主管部门，共同对专项资金的使用情况进行管理。

第六条 专项资金的管理和使用应当遵循公开透明、定向使用、科学管理、加强监督的原则，确保资金的使用效率。

第二章 支持对象及方式

第七条 专项资金用于鼓励担保机构开展中小外贸企业融资担保业务。

第八条 申请专项资金的担保机构，必须同时具备以下资格条件：

（一）依法设立，具有独立法人资格。

（二）财务管理制度健全，按规定提取、管理和使用各项准备金。

（三）会计信用、纳税信用和银行信用良好。

第九条 申请专项资金的中小外贸企业必须具备下列资格：

（一）具备独立的法人资格，拥有进出口经营权或对外经济合作经营资格。

（二）会计信用和纳税信用良好。

（三）财务会计制度健全。

第十条 专项资金采取4种支持方式：

（一）鼓励担保机构为中小外贸企业提供融资担保服务，对担保机构开展的中小外贸企业融资担保业务，按照不超过担保额的2%给予资助。

（二）鼓励担保机构提供低费率担保服务，在不提高其他费用标准的前提下，对担保费率低于银行同期贷款基准利率50%的中小外贸企业融资担保业务给予奖励，奖励比例不超过银行同期贷款基准利率50%与实际担保费率之差。

（三）鼓励中小外贸企业采取担保方式融资，对中小外贸企业实际发生的担保费，给予适当补助。

（四）支持各地（州、市）地方政府出资设立担保机构，开展中小外贸企业融资担保业务，按照地方政府出资额的一定比例给予资助。

第三章 项目申报、审核及资金拨付

第十一条 各地商务主管部门会同同级财政部门在本地区范围内按季组织专项资金的项目申报和审核工作。

第十二条 凡符合专项资金支持的担保机构，按照属地关系均可以书面申请的方式按季度向当地商务主管部门、财政部门申报。

第十三条 各地商务主管部门会同同级财政部门对担保机构和企业的资格及相关资料进行审核，并在规定时间内联合上报自治区商务厅、财政厅。

第十四条 自治区商务厅会同自治区财政厅审定项目后，由自治区财政厅在每季度结束后1个月内将资金拨付各地（州、市）财政部门。各地（州、市）财政部门在7个工作日内将专项资金直接拨付担保机构或企业。

第十五条 采取本办法第十条第（一）款、第（二）款支持方式的，担保机构收到的专项资金用于弥补代偿损失；采取本办法第十条第（四）款支持方式的，专项资金作为国家资本金投入担保机构。

第十六条 采取本办法第十条第（三）款支持方式的，企业收到的专项资金按照《企业财务通则》（财政部令第41号）的相关规定进行账务处理。

第四章 监督管理

第十七条 自治区财政厅、商务厅对专项资金管理和使用情况进行不定期抽查。

第十八条 地（州、市）财政部门和商务部门应就每季度专项资金使用情况、政策实施效果、存在问题等形成书面材料，于每季度结束一个月内上报自治区财政厅、商务厅。

第十九条 专项资金专款专用，任何单位或者个人不得滞留、截留、挤占、挪用专项资金，对以虚报、冒领等手段骗取和滞留、截留、挤占、挪用专项资金的，一经查实，财政厅将收回已安排的专项资金，并按照《财政违法行为处罚处分条例》（国务院令第427号）的相关规定进行处理。

第五章　附　　则

第二十条　本办法自印发之日起施行。

第二十一条　本办法由自治区财政厅会同自治区商务厅负责解释。

关于印发《新疆维吾尔自治区中小企业国际市场开拓资金实施细则》的通知

（2010年8月23日　自治区财政厅、商务厅
新财企［2010］160号）

伊犁哈萨克自治州财政局、外经贸局，乌昌财政局，各地（州、市）财政局、外经贸局（商务局、经贸委）：

为加强中小企业国际市场开拓资金管理，支持中小企业开拓国际市场活动，根据财政部、商务部《关于印发〈中小企业国际市场开拓资金管理办法〉的通知》（财企［2010］87号，以下简称《管理办法》），结合我区实际，制定了《新疆维吾尔自治区中小企业国际市场开拓资金实施细则》，请遵照执行。

附件：新疆维吾尔自治区中小企业国际市场开拓资金实施细则

附件

新疆维吾尔自治区中小企业国际市场开拓资金实施细则

第一章　总　　则

第一条　为加强中小企业国际市场开拓资金（以下简称“市场开拓资金”）管理，支持中小企业开拓国际市场，根据财政部、商务部《关于印发〈中小企业国际市场开拓资金管理办法〉的通知》（财企［2010］87号，以下简称《管理办法》），结合我区实际，制定《新疆维吾尔

自治区中小企业国际市场开拓资金实施细则》（以下简称《实施细则》）。

第二条 本实施细则所指市场开拓资金是指中央财政设立的用于支持中小企业开拓国际市场各项业务的专项资金。

第三条 市场开拓资金的管理和使用应遵循公开透明、突出重点、专款专用、注重实效的原则。

第四条 市场开拓资金由自治区财政厅和自治区商务厅共同管理。

自治区商务厅负责市场开拓资金的项目管理，确定市场开拓资金的支持重点、提出资金安排建议，会同自治区财政厅组织项目的申报和评审。

自治区财政厅负责市场开拓资金的预算管理，审核资金的支持重点建议，确定资金安排方案，办理资金拨付，会同商务厅对市场开拓资金的使用进行监督检查。

第二章　支持对象

第五条 中小企业独立开拓国际市场的项目为企业项目；企、事业单位和社会团体（以下简称“项目组织单位”）组织中小企业开拓国际市场的项目为团体项目。

第六条 申请企业项目的中小企业应符合下列条件：

1. 在自治区境内注册，依法取得进出口经营权或依法办理对外贸易经营者备案登记的企业法人，上年度海关统计进出口额在4500万美元以下。

2. 近三年在外经贸业务管理、财务管理、税收管理、外汇管理、海关管理等方面无违法、违规行为。

3. 具有从事国际市场开拓的专业人员，对开拓国际市场有明确的工作安排和市场开拓计划。

4. 未拖欠应缴还的财政性资金。

第七条 申请团体项目的项目组织单位应符合下列条件：

1. 具有组织全国、行业或地方企业赴境外参加或举办经济贸易展览会资格。

2. 通过管理部门审核具有组织中小企业培训资格。

3. 申请的团体项目应以支持中小企业开拓国际市场和提高中小企业国际竞争力为目的。

4. 未拖欠应缴还的财政性资金。

第八条 已批准支持的团体项目，参加该项目的中小企业不得以同一项目或相同的内容重复申请企业项目。

第三章　支持内容

第九条 市场开拓资金的主要支持境外展览会、企业管理体系认证、各类产品认证、境外专利申请、国际市场宣传推介、电子商务、境外广告和商标注册、国际市场考察、境外投（议）标、企业培训、境外收购技术和品牌等项目。具体内容为：

（一）境外展览会项目

1. 境外展览会指在境外举办的国际性或地区性的综合或专业展览会，以及经国家相关部门或自治区人民政府批准在境外主办的各类经济贸易展览会。支持内容为：境外展位费、布展费（只限团体项目）、运输费（只限团体项目）。

2. 申请团体项目，参团的中小企业在5家（含5家）以上，须提供参团企业汇总表。

3. 支持额度境外展位费最高不超过4万元、布展费最高不超过0.8万元。

4. 参加境外展览会团体项目企业的人员费用可申请国际市场考察项目。

（二）企业管理体系认证项目

1. 企业进行管理体系认证应由在中国境内注册，并经中国认证认可监督管理委员会批准的认证机构进行认证。对企业初次认证的认证费或认证证书换证当年的审核费用予以适当补助，不支持咨询培训、年费等支出。

2. 对不同的管理体系认证应分别申请，每个项目只允许申请一种管理体系认证。支持额度每个项目最高不超过3万元。

（三）各类产品认证项目

1. 各类产品认证应视产品进口国的有关法律、合同或机构对认证证明文件的要求、以及对证明文件发出机构的要求进行，不包括国家规定必须进行的强制性认证。从事产品认证的机构应经中国认证认可监督管理委员会批准的认证机构（可通过www. cnab. org. cn进行查询）进行认证。各类产品认证只对认证过程中发生的认证费用或产品检验检测费予以适当支持。

2. 对不同的产品认证应分别申请，每个项目只允许申请一种产品认证。软件生产能力成熟度模型（CMM）认证支持额度最高不超过10万元，其他产品认证最高不超过3万元。

（四）境外专利申请项目

1. 专利申请项目是指中小企业通过巴黎公约或PCT专利合作条约成员国提出的发明专利申请、实用新型专利申请或外观设计专利申请；对所发生的申请费予以支持。

2. 对不同的专利申请应分别申请，每个项目只允许申请一种专利申请。每个项目支持额度最高不超过5万元。

（五）国际市场宣传推介项目

1. 重点支持自治区地方产品生产型企业为出口自产产品在境外进行宣传推介活动，鼓励贸易企业作为经销商或代理商在境外进行产品宣传活动。

2. 宣传材料和宣传视频应按不同项目分别申报，宣传材料和宣传视频至少具有一种外国文字或语言，制作的宣传材料不少于2000份，宣传视频不少于5分钟。

3. 每个项目支持额度最高不超过3万元。

（六）电子商务项目

1. 电子商务项目包括创建企业网站、开发企业电子信息管理系统以及企业在互联网进行的网络营销活动。企业信息管理系统是指开发从外贸业务单证管理、客户供应商管理、产品管理等外贸业务流程一体化的信息化管理项目。企业网络营销活动是指企业在国内、国际有影响的互联网网站进行广告宣传、商品营销等活动。

2. 为企业提供电子商务活动的服务商，应是依法注册、具有相应资质的法人，并通过了ISO、CMMI等相关资质认证的。

3. 创建企业网站、开发企业电子信息管理系统仅支持一次性的建设开发费用，不支持后期维护、改版、升级等费用。每个企业仅支持一次创建企业网站和信息管理系统项目，每年只支持一个网络营销活动项目。

4. 支持额度：创建中小企业网站项目支持额度最高不超过5万元，开发企业电子信息管理系统项目最高不超过20万元，企业网络营销活动最高不超过2万元。

（七）境外广告和商标注册项目

1. 境外广告包括路牌广告、报刊广告和影视广告。重点支持自治区地方产品生产型企业对自产产品在境外市场所做的广告宣传活动，鼓励贸易企业作为经销商或代理商在境外进行产品广告宣传活动。仅对所发生的广告费用给予适当支持。

2. 境外进行产品商标注册，仅对自产产品在境外注册商标发生的费用予以适当支持，不支持咨询服务、年费及其他费用。

3. 每个企业每种产品在一个国别只支持一次商标注册费用，境外广告和商标注册应按不同项目分别申报。

4. 支持额度：报刊广告支持额度最高不超过8万元，路牌广告最高不超过8万元，影视广告最高不超过10万元，商标注册最高不超过5万元。

（八）国际市场考察项目

1. 国际市场考察指为了解和掌握国际市场商品销售情况、建立和完善销售渠道而对境外市场进行的商务考察和调研活动，包括应邀参加在境外举办的行业技术发展论坛、技术交流会等，不包括在境外的各类学习、参观等活动。

2. 国际市场考察项目，支持国家（地区）不超过3个，出访一个国家（地区）支持天数不超过7天，人数不超过5人。

3. 国际市场考察费包括人员交通费（指考察人员所乘国别(地区)间往返航班的经济舱费用，不包括国内机票费用及临时购买的访问国城市间交通费用；如采用其他交通工具，支持标准不超过同段航程飞机经济舱费用)、国外住宿费、伙食费和公杂费（按国家及自治区规定的访问国补助标准核定)。

（九）境外投(议)标项目

1. 境外投(议)标项目是指通过境外新闻媒体发布进行公开招（投）标或定向招（投）标的项目，包括：成套设备和大型单机境外投（议）标、对外工程承包投（议）标和大宗商品采购投（议）标等。

2. 境外投（议）标项目支持内容：标书购置费、项目设计费和考察及调研交通费。申报企业必须具有参加境外投（议）标的相应资格，应在投（议）标工作结束的当年申请，同一个项目只能申请一次。

3. 考察及调研交通费，同一项目只支持3人（次)，标准与国际市场考察项目中的交通费核算标准相同。标书购置费支持额度最高不超过2万元，项目设计费最高不超过4万元。

（十）企业培训项目

1. 企业培训项目指在境内针对中小企业的专项培训活动，包括外经贸业务基本知识、外经贸政策、开拓国际市场方法。只支持会务费，不支持差旅费、交通费。

2. 企业培训项目由项目组织单位申请，参加培训的企业不低于30家且培训时间在一天以上，支持额度最高不超过10万元。

（十一）境外收购技术和品牌项目

1. 境外收购项目是指经国家主管部门批准，中小企业到境外开展收购技术和品牌的活动。

2. 对收购技术和品牌发生的直接收购费用予以适当补助，支持额度最高不超过50万元。

第十条 市场开拓资金优先支持下列活动：

1. 向中亚、东南亚、拉美、非洲、中东和东欧等新兴国际市场的拓展。

2. 取得质量管理体系认证、环境管理体系认证和产品认证等国际认证。

第四章 资金管理

第十一条 自治区财政厅和自治区商务厅结合我区实际情况，研究确定年度支持重点和支持额度。

第十二条 市场开拓资金对符合本实施细则第九条规定且支出不低于1万元的项目予以支持，支持标准原则上不超过项目支持内容所需金额的70%，支持额度原则上不超过最高限额。

第十三条 符合条件的中小企业和项目组织单位，应在规定的申报时间内，在中小企业国际市场开拓资金网站上提出项目资金计划申请，不报送纸质材料。

第十四条 各地（州、市）商务部门和财政部门对企业申报的项目资金计划进行审核，自治区商务厅和自治区财政厅根据财政部下达的项目资金额度，对项目资金计划进行调整和批复。

第十五条 市场开拓资金采取事后拨付的原则，中小企业或项目组织单位应在规定的时间内，在中小企业资金网站上提出项目资金拨付申请。

第十六条 资金拨付申请应提交的材料以当期文件要求为准。

第十七条 各地（州、市）商务部门和财政部门应对本地企业上报的项目资金拨付申请材料严格审核，汇总后联合行文上报自治区商务厅和财政厅。

第十八条 自治区商务厅和财政厅对各地（州、市）上报的项目资金拨付申请材料进行复核和批复。

自治区商务厅根据批复结果报自治区财政厅申请拨付资金，自治区财政厅审核后拨付资金。

第十九条　自治区财政厅将市场开拓资金拨付至相关地（州、市）财政局，地（州、市）财政局按国库集中支付方式直接拨付企业。

第二十条　根据实际工作需要，每年可从市场开拓资金总额中提取不超过3%的工作经费，用于支付项目评审、论证、审计、检查等费用支出。

第五章　监督检查

第二十一条　自治区财政厅和自治区商务厅对市场开拓资金共同实施监督检查。检查内容包括：项目的审批和执行情况、资金使用和财务管理情况。检查方式采用跟踪项目全过程、重点抽查有关资料或委托地（州、市）财政部门和商务部门专项检查、委托中介机构专项审计等。

第二十二条　各地（州、市）财政部门和商务部门要按本细则的要求，做好项目申请材料审查和资金拨付管理工作，接受监督检查。如发生虚报、截留、挪用以及相关工作人员利用职权向企业索取资金回报或其他好处费等违纪违法行为，一经发现，自治区财政厅和自治区商务厅在全疆范围内通报，并根据《财政违法行为处罚处分条例》进行处理。

第二十三条　项目单位如发生虚报、截留、挪用、冒领、骗取和侵占市场开拓资金等违法行为，自治区财政厅依照《财政违法行为处罚处分条例》等有关规定进行处罚并取消该项目单位申请资金资格，追回已经取得的项目资金。

第二十四条　严重违反本实施细则的，自治区财政厅和自治区商务厅应对该项目的主管人员和直接责任者给予行政处分，构成犯罪的提交司法部门依法追究刑事责任。

第二十五条　项目单位拒不接受财政部门和商务部门检查监督的，责令改正，拒不改正的，依照《财政违法行为处罚处分条例》等有关规定进行处罚并取消该项目单位申请资金资格，同时追回已经取得的项目资金。

第六章　附　　则

第二十六条　各地（州、市）财政部门、商务部门每年应对中小企业国际市场开拓资金的执行情况进行总结和效益评价分析，并将总结报告联合上报自治区财政厅和商务厅。各地（州、市）财政部门、商务部门对中小企业和项目组织单位申报的书面材料，保存期限不少于3年。

第二十七条　本实施细则由自治区财政厅、商务厅负责解释。

第二十八条　本实施细则自发布之日起实施。《新疆维吾尔自治区地方中小企业国际市场开拓资金管理办法实施细则（暂行）》（新外经贸发［2001］第102号）同时废止。

关于印发《新疆维吾尔自治区中小企业信用担保资金管理暂行办法》的通知

（2010 年 9 月 10 日　自治区财政厅、经济和信息化委员会
新财企［2010］163 号）

伊犁哈萨克自治州财政局、经贸委，乌昌财政局及各地（州、市）财政局、经贸委，自治区各行业管理办公室：

为规范和加强中小企业信用担保资金管理，提高资金使用效率，自治区财政厅和自治区经济和信息化委员会研究制定了《新疆维吾尔自治区中小企业信用担保资金管理暂行办法》。现印发给你们，请遵照执行。

附件：新疆维吾尔自治区中小企业信用担保资金管理暂行办法

附件

新疆维吾尔自治区中小企业信用担保资金管理暂行办法

第一章　总　　则

第一条　为规范和加强中小企业信用担保资金管理，提高资金使用效率，根据《中华人民共和国预算法》等法律、法规的有关规定，制定本办法。

第二条　中小企业信用担保资金（以下简称“担保资金”）是根据《中华人民共和国中小企业促进法》、《国务院关于进一步促进中小企业发展的若干意见》（国发［2009］36 号），由中央财政和自治区本级财政预算安排，专门用于支持中小企业信用担保机构（以下简称“担保机构”）、中小企业信用再担保机构（以下简称“再担保机构”）增强业务能力，扩大中小企业担保业务，改善中小企业融资环境的资金。

第三条　担保资金的管理应当遵循公开透明、定向使用、科学管理、加强监督的原则，确保资金使用规范、安全和高效。

第四条　自治区财政厅负责担保资金的预算管理、项目资金分配和资金拨付，并对资金的使用情况进行监督检查和绩效考评。

自治区经济和信息化委员会（以下简称

"自治区经信委"）负责确定担保资金的年度支持方向和重点，会同自治区财政厅对申报的项目进行审核，并对项目实施情况进行监督检查和绩效考评。

第二章 支持方式及额度

第五条 担保资金采取以下几种支持方式：

（一）业务补助。鼓励担保机构和再担保机构为中小企业特别是小企业提供融资担保（再担保）服务。对符合条件的担保机构开展的中小企业融资担保业务，按照不超过年担保额的2%给予补助；对符合条件的再担保机构开展的中小企业融资再担保业务，按照不超过年再担保额的0.5%给予补助。

（二）保费补助。鼓励担保机构为中小企业提供低费率担保服务。在不提高其他费用标准的前提下，对担保机构开展的担保费率低于银行同期贷款基准利率50%的中小企业融资担保业务给予补助，补助比例不超过银行同期贷款基准利率50%与实际担保费率之差。

（三）资本金投入。鼓励担保机构扩大资本金规模，提高信用水平，增强业务能力。进一步推动建立自治区、地（州、市）、县多层级、全方位的担保体系。特殊情况下，对符合条件的担保机构、再担保机构，按照不超过新增出资额的30%给予注资支持。但对于新设立的担保机构的首次注册资本投入不给予注资支持。新增注册资本为实缴货币。

（四）其他。鼓励和引导担保机构为中小企业开展担保业务服务，特别是中小企业融资担保业务。对担保机构所开展的中小企业融资性担保业务，按照年新增融资担保额的一定比例给予适当奖励。

第六条 符合条件的担保机构，再担保机构可以同时享受以上不限于一项支持方式的资助，但单个担保机构、再担保机构当年获得担保资金的资助额，除特殊情况外，一般不超过3000万元。

第三章 申请条件及要件

第七条 申请担保资金的担保机构必须同时具备下列条件：

（一）依据国家有关法律、法规设立和经营，具有独立法人资格。

（二）经营担保业务1年以上（含1年），无不良信用记录。

（三）担保业务符合国家有关法律、法规、业务管理规定及产业政策，当年新增中小企业担保业务额占新增担保业务额的70%以上；新增单笔担保责任金额1500万元以下（含1500万元，下同）担保业务占新增担保业务总额的70%以上，或新增单笔担保责任金额1500万元以下担保业务额在3亿元以上。

（四）对单个企业提供的担保责任金额不超过担保机构净资产的10%。

（五）当年新增担保业务额达净资产的3倍以上，且代偿率低于3%。

（六）平均年担保费率不超过银行同期贷款基准利率的50%。

（七）内部管理制度健全，运作规范，按规定提取准备金。

（八）其他。

第八条 申请担保资金的再担保机构必须同时具备下列条件：

（一）依据国家有关法律、法规设立和经营，具有独立企业法人资格。

（二）以担保机构为主要服务对象，经营中小企业再担保业务1年以上（含1年）。

（三）再担保业务符合国家有关法律、法规、业务管理规定及产业政策，当年新增中小企业再担保业务额占新增再担保业务总额的70%以上；新增单笔再担保金额1500万元以下的再担保业务额占新增再担保业务总额的70%以上，或新增单笔再担保金额1500万元以下的再担保业务额在20亿元以上。

（四）当年新增再担保业务额达净资产的5

倍以上。

（五）平均年再担保费率不超过银行同期贷款基准利率的15%。

（六）内部制度健全，管理规范。

（七）其他。

第九条 申请担保资金的担保机构、再担保机构应同时提供下列资料：

（一）法人执照副本及章程（复印件）。

（二）经注册会计师审计的年度会计报表。

（三）经注册会计师专项审计的担保业务情况（包括担保业务明细和风险准备金提取等）。

（四）担保业务收费凭证复印件。

（五）担保机构内部控制和风险管理制度。

（六）其他需提供的资料。

第四章 资金申请、审核及拨付

第十条 自治区经信委、自治区财政厅依据国家、自治区产业政策和行业发展规划，联合下发申报通知，提出当年专项资金支持方向和支持重点，负责在本地区范围内公开组织担保资金的申请审核工作。

第十一条 申请担保资金支持的担保和再担保机构，应根据国家和自治区制定的当年度申报通知的有关规定，按照当年担保资金支持重点、资助比例、具体条件、申报组织等内容要求，进行担保资金的申报。

担保机构、再担保机构按属地关系同时向当地中小企业主管部门、财政部门申报。

第十二条 各地中小企业主管部门应会同同级财政部门具体组织当地担保资金的申请工作。依据本办法的规定和当年担保资金的支持方向和支持重点，对申请单位的资格和相关资料进行审核。

第十三条 地（州、市）级财政部门应会同同级中小企业管理部门在规定时间内，将项目资金申请报告和其他申报材料报送自治区财政厅、经信委。

第十四条 自治区经信委会同自治区财政厅建立专家评审制度，组织相关金融、财务、技术、市场等方面的专家对各地（州、市）上报的项目进行审核，提出项目计划。

第十五条 自治区财政厅根据审核后的项目计划，确定项目资金支持方式，审定资金使用计划和支持额度，并按照预算、国库管理制度的有关规定办理预算指标下达和资金拨付手续。

第十六条 国家担保资金根据《财政部、工业和信息化部关于印发〈中小企业信用担保资金管理暂行办法〉的通知》（财企［2010］72号）规定和当年国家担保资金的支持方向和重点，由自治区财政厅、自治区经信委依据在全疆范围内组织国家担保资金申请工作。自治区财政厅会同自治区经信委根据专家评审意见确定申报的项目，并在规定时间内将专家评审意见底稿和担保资金申请报告以及其他相关资料报送财政部、工业和信息化部。

列入国家专项资金使用计划的项目，在财政部将预算（拨款）下达自治区财政后，自治区财政厅按照财政预算、国库管理制度的有关规定办理预算指标下达和资金拨付手续。

第十七条 担保机构、再担保机构收到担保资金后，应按照有关财务会计规章制度进行财务处理。

第五章 监督检查

第十八条 自治区财政厅和自治区经信委对担保资金申报、审核及使用共同实施管理监督和绩效考评。

第十九条 各地（州、市）财政部门、中小企业管理部门是所推荐担保机构、再担保机构申报、使用担保资金的第一责任人。负责接受自治区财政厅和自治区经信委的监督管理和绩效考评。具体组织所辖范围内担保资金的监督管理。

第二十条 获得担保资金支持的担保机构、再担保机构应按有关财务规定妥善保存有关原始票据及凭证备查。对各级财政部门、中小企业管理部门的专项检查，应积极配合并提供有关资料。

第二十一条 获得担保资金支持的担保机构、再担保机构应于每年1月底前向自治区财政厅、自治区经信委报送上一年度有关资产财务、担保资金使用等情况的材料。其中，列入自治区担保资金支持范围的项目按自治区财政厅的规定上报年度绩效考评报告。

第二十二条 自治区财政厅、自治区经信委应建立担保资金使用跟踪问效和绩效评估机制，并于每年2月底前向财政部、工业和信息化部上报列入国家担保资金支持范围项目的资金使用汇总报告及本地区中小企业信用担保机构发展报告。

第二十三条 担保资金必须专款专用，对违反规定使用、骗取担保资金的行为，一经查实，财政部门将收回已安排的担保资金，并按照《财政违法行为处罚处分条例》（国务院第427号）的相关规定进行处理。

第六章 附 则

第二十四条 本办法由自治区财政厅会同自治区经信委负责解释。

第二十五条 本办法自印发之日起施行。

关于印发《新疆维吾尔自治区新产品新技术开发推广资金管理办法》的通知

（2010年8月30日 自治区财政厅、经济和信息化委员会
新财企［2010］164号）

伊犁哈萨克自治州财政局、经贸委，乌昌财政局及各地（州、市）财政局、经贸委，自治区各行业管理办公室：

为规范和加强新产品新技术开发推广资金管理，提高资金使用效率，自治区财政厅和自治区经济和信息化委员会研究制定了《新疆维吾尔自治区新产品新技术开发推广资金管理办法》。现印发给你们，请遵照执行。

附件：新疆维吾尔自治区新产品新技术开发推广资金管理办法

附件

新疆维吾尔自治区新产品新技术开发推广资金管理办法

第一章 总 则

第一条 为贯彻落实自治区人民政府关于建立自治区新产品新技术开发推广资金的决定，规范企业申报及使用新产品新技术开发推广资金（以下简称“专项资金”）的财务管理，提高资金使用效益，依据《中华人民共和国预算法》及国家财政财务制度的有关规定，制定本办法。

第二条 专项资金是自治区人民政府批准设立的、自治区本级财政预算安排的政府性资金，主要支持列入自治区重点技术创新项目计划的，以促进产业结构调整，转变经济发展方式，增强自主创新能力为目标的重大新产品、新技术、新工艺的开发及推广应用。

第三条 专项资金的管理和使用遵守国家有关法律、法规，应当符合国家和自治区宏观经济政策、产业政策，坚持公开透明、择优支持、规范管理、专款专用的原则。

第四条 自治区财政厅负责专项资金的预算管理、资金拨付，会同自治区经信委审核资金补助方案，对专项资金的使用情况进行跟踪管理和绩效考评工作。

自治区经信委负责会同自治区财政厅确定专项资金的支持方向和范围，审核并下达自治区重点技术创新项目支持计划。

第二章 支持条件、范围和支持方式

第五条 申请专项资金的企业必须具备以下条件：

（一）在新疆境内注册，具有独立企业法人资格。

（二）经营业绩良好，资产负债率合理。

（三）财务管理机构健全，财务管理制度规范。

（四）会计信用和纳税信用良好。

（五）按规定向同级财政部门报送企业财务信息快报。

（六）自治区经信委和财政厅确定的其他条件。

第六条 申请专项资金项目须具备以下条件：

（一）符合国家和自治区产业、技术政策。

（二）技术含量较高，技术创新性强。

（三）项目产品有较大的市场容量，较强的市场竞争力。

（四）项目主管部门确定的其他条件。

第七条 资金支持方向是：

（一）填补自治区空白，对调整产业结构，转变经济发展方式，培育新兴产业有重大促进作用的企业自主开发的新产品新技术项目。

（二）引进消化吸收国内外先进技术再创新取得自主知识产权的项目。

（三）以企业为主体，产学研合作开发重大新产品、新技术项目。

（四）自治区重点发展领域内，依托优势资源实施精深加工的技术开发项目。

（五）用高新技术和先进适用技术改造提升传统产业的技术开发项目。

（六）企业技术中心创新能力建设项目。

（七）奖励自治区优秀新产品及开发有功

人员。

第八条 专项资金采取无偿资助的支持方式，每个项目补助额度不超过企业自有资金的投入额度。个别重点项目、重点企业不超过100万元。

第三章 项目资金申请

第九条 自治区经信委会同自治区财政厅依据国家、自治区产业政策和行业发展规划，确定项目年度重点支持的范围和具体要求，组织年度重点技术创新项目申报工作。

第十条 各地经贸委（经委）会同同级财政部门在本地区范围内公开组织重点技术创新项目的申报工作，并对申请企业的资格及相关资料进行审核。凡符合本办法第五条、第六条、第七条要求的项目，在规定的时间内联合报送自治区经信委、财政厅。

第十一条 企业按属地关系向当地经贸委（经委）、财政部门申报。无主管部门的自治区企业也可通过有关行业管理办公室或行业协会报送自治区经信委、财政厅。

第十二条 申请专项资金的企业应提供下列资料：

（一）重点技术创新项目资金申请报告

（二）企业法人执照副本（复印件）。

（三）经会计师事务所审计的上一年度会计报告和审计报告复印件。

（四）项目主管部门要求提供的其他资料。

第四章 项目资金审核及审批

第十三条 自治区经信委会同自治区财政厅对各地申报项目进行初步审查，确定进入专家评审程序的项目。

第十四条 自治区经信委会同自治区财政厅建立专家评审制度，组织相关技术、财务、市场等方面的专家，对各地（州、市）上报的项目进行评审。

第十五条 自治区经信委、自治区财政厅依据专家评审结果，确定支持的项目，支持的资金额度，下达重点技术创新项目计划。

第十六条 自治区财政厅根据审核后的重点技术创新项目计划，确定项目资金支持方式，审定资金使用计划，并按照国库管理制度的有关规定办理资金拨付手续。

第十七条 企业收到专项资金后，应按照《企业财务通则》（财政部第41号令）第二十条的相关规定进行财务处理。

第五章 监督管理与检查

第十八条 参与项目评审的专家从自治区技术创新专家库中随机抽取，项目专家评审结果对外公开。

第十九条 项目申报、审核、审批全过程接受有关部门监督检查。

第二十条 自治区财政厅负责对专项资金的使用情况进行管理和监督，自治区经信委负责对项目实施情况进行管理和监督。

第二十一条 自治区财政厅、自治区经信委、各行业管理办公室（行业协会）、各地（州、市）财政部门、经贸管理部门和各项目承担单位应按照当年度专项资金绩效考评工作的要求，做好专项资金绩效考评工作。

第二十二条 项目承担企业应在项目完成后15日内申请项目验收，项目验收办法由自治区经信委会同财政厅另行制定。

第二十三条 项目承担企业在项目实施期限内未完成或项目完成后未在规定时间内申请项目验收的，不再安排新的资金支持项目。

第二十四条 项目承担企业应严格执行国家有关财经法规、财务制度，科学、合理、有效地使用专项资金，保证专款专用。自治区财政厅、经信委根据项目执行情况，可委托有关社会中介机构对专项资金项目实行抽查。

第二十五条 对于违反专项资金管理办法及国家财经纪律、财务制度的行为，自治区财政厅会同自治区经信委依据国家有关法律、法规的规定处理，触犯刑律的，移交司法机关处理。

第六章　附　　则

第二十六条　本办法由自治区财政厅会同自治区经信委负责解释。

第二十七条　本办法自发布之日起施行。原《新疆维吾尔自治区新产品新技术开发推广资金管理办法》（新财企［2001］270号）同时废止。

关于印发《新疆维吾尔自治区地方特色产业中小企业发展资金管理实施细则》的通知

（2010年9月26日　自治区财政厅
新财企［2010］176号）

伊犁哈萨克自治州财政局、乌昌财政局及各地（州、市）财政局：

为规范和加强地方特色产业中小企业发展资金管理，提高资金使用效率，根据财政部《关于印发〈地方特色产业中小企业发展资金管理暂行办法〉的通知》（财企［2010］103号）规定，我厅研究制定了《新疆维吾尔自治区地方特色产业中小企业发展资金管理实施细则》，现印发给你们，请严格遵照执行。

附件：新疆维吾尔自治区地方特色产业中小企业发展资金管理实施细则

附件

新疆维吾尔自治区地方特色产业中小企业发展资金管理实施细则

第一章　总　　则

第一条　为规范和加强地方特色产业中小企业发展资金管理，提高资金使用效率，根据《中华人民共和国预算法》等法律、法规的有关规定，制定本办法。

第二条 地方特色产业中小企业发展资金（以下简称“特色产业资金”）是根据《国务院关于进一步促进中小企业发展的若干意见》（国发［2009］36号），由中央财政预算安排，专门用于支持地方特色产业集群和特色产业聚集区内中小企业（以下简称“中小企业”）技术进步、节能减排、协作配套、促进产业结构调整和优化的资金。

第三条 本办法所称地方特色产业是指以地域和资源优势条件为基础，围绕特色产品的生产、销售、服务等而形成的市场化、规模化、集约化和链条化的生产经营群体。主要包括石油石化、煤炭煤化工、矿产资源开发利用、农产品加工、畜产品加工、棉花加工、民族手工艺、新能源、新材料、节能环保、生物医药、信息网络及高端制造等优势资源转化产业、新疆地方特色民族传统手工业和新兴产业等产业。

第四条 自治区财政厅负责确定特色产业资金的年度支持方向和重点，组织项目申报审核，确定资金分配额度，并对资金使用情况进行监督检查和绩效考评。

各地（州、市）财政部门具体负责开展所辖范围内的项目申报审核和绩效评价工作。

第五条 中小企业的划分标准，按照国家现行有关规定执行。

第二章 使用原则和支持方向

第六条 特色产业资金的使用应遵循以下原则：

1. 符合国家和自治区产业发展政策。

2. 符合国家和自治区节能减排和保护环境的要求。

3. 符合自治区经济社会发展需要。

4. 公开透明、定向使用、科学管理、加强监督的原则。

第七条 特色产业资金的主要用于支持方向是：

（一）促进中小企业技术创新和成果转化

重点支持地方特色产业集群和特色产业聚集区内中小企业围绕特色产品的生产、销售、服务所开展的符合国家产业技术政策、创新水平较高、市场竞争力较强、预期经济和社会效益较好、知识产权清晰的技术创新和科技成果转化项目。

1. 重点支持中小企业开展的自治区重点科技攻关项目或能够填补自治区重大科学技术空白的技术创新项目。对经有关部门（自治区经信委、自治区科技厅等有关部门）认证的技术创新项目发生的研究开发费用及专利申请费给予适当补助。

2. 重点支持中小企业为提高特色产品核心竞争力，增加产品附加值，在原有技术工艺的水平上，所开展的引进、消化、吸收国内、外先进技术的科技创新活动。对经有关部门认证的科技创新项目发生的研究开发费用及专利申请费给予适当补助。

3. 重点支持中小企业为提升生产力水平、促进产业升级开展的科技成果转化项目。对经有关部门认证的科技成果转化发生的产品认证、宣传和推广等费用给予适当补助。

（二）鼓励中小企业节能减排

重点支持地方特色产业集群和特色产业聚集区中小企业围绕特色产品的生产、销售、服务所开展的生产或应用节能减排产品的技术改造项目，集群和聚集区内废水、废气、废渣等废弃物综合治理利用项目的建设、改扩建和技术改造等。

1. 重点支持中小企业为节约能源，降低能耗所开展的已经取得明显成效的技术改造或技术创新项目。对中小企业技术改造、技术创新发生的费用，按一定比例给予奖励。有贷款的项目采取贴息方式给予适当补助。

2. 重点支持中小企业为节能减排所开展的生产或应用节能减排产品的项目。对生产和应用节能减排产品的中小企业给予适当奖励。

3. 重点支持中小企业为减少、收集、处置

"三废"所开展的技术改造或技术创新项目。对中小企业发生的技术改造费用或技术创新研发费用，给予适当补助。有贷款的项目采取贴息方式给予适当补助。

4. 重点支持中小企业利用"三废"开展的产品转化项目。对中小企业实施过程中发生的检测、研发费用或项目建设费用，给予适当补助。有贷款的项目采取贴息方式给予适当补助。

（三）加强中小企业与骨干企业专业化协作

重点支持地方特色产业集群和特色产业聚集区内有较强协作配套关系的中小龙头骨干企业重点产品技术改造和改扩建项目，中小企业为建立和加强与龙头骨干企业协作配套关系、提高专业化生产水平而进行的技术改造和改扩建项目。

1. 重点支持与大企业有协作配套关系的中小龙头骨干企业为扩大生产规模、提高生产效率、提升产品附加值而开展的技术改造或技术创新项目。对中小骨干龙头企业实施技术改造或技术创新发生的费用给予适当补助。有贷款的项目采取贷款贴息方式给予补助。

2. 重点支持中小企业为与中小龙头骨干企业专业化协作，提高专业化生产水平所开展的技术改造或技术创新项目。对中小企业实施技术改造或技术创新发生的费用给予适当补助。有贷款的项目采取贴息方式给予适当补助。

（四）支持中小企业产业升级和延伸

重点支持地方特色产业集群和特色产业聚集区内中小企业产业升级改造，新能源、新材料、节能环保、生物医药、信息网络及高端制造等战略性新兴产业和新疆地方特色民族传统手工业的中小企业项目建设和技术改造，聚集和聚集区内主导性产业中小企业向附加值高的产业前端和后端延伸而进行的技术改造项目。

1. 重点支持中小企业围绕新能源、新材料、新工艺代替传统能源、材料、落后工艺，所开展技术改造或技术创新项目。对中小企业发生的项目建设或技术改造费用给予适当补助。有贷款的项目采取贷款贴息方式给予适当补助。

2. 重点支持从事新能源、新材料、节能环保、生物医药、信息网络及高端制造等战略性新兴产业的中小企业项目建设和技术改造项目。对中小企业发生的项目建设费用、技术改造费用给予适当补助。有贷款的项目采取贴息方式给予适当补助。

3. 重点支持新疆地方特色民族传统手工业的项目建设和技术改造项目。对从事新疆地方特色民族传统手工艺中小企业为产业升级实施的项目建设或技术改造费用给予适当补助。有贷款的项目采取贴息方式给予适当补助。

4. 重点支持聚集和聚集区内主导性产业中小企业为提升产品附加值实施的技术改造项目。对发生的技术改造费用给予适当补助。有贷款的项目采取贴息方式给予适当补助。

（五）改善中小企业服务环境

重点支持为地方特色产业集群和特色产业聚集区内中小企业提供研究开发、设计、知识产权保护、工程技术管理、商务信息交流等公共服务项目。

1. 重点支持工业园区、中小企业创业基地、中小企业孵化园区（中小企业孵化器）为帮助中小企业创业所开展的出租办公场所，组织专家指导，吸引战略投资，提供信息咨询，组织企业培训，商务信息交流等各类孵化服务。对提供上述服务的机构发生的费用给予适当补助。

2. 重点支持设计研究院、咨询公司、中小企业信息服务机构、大中专院校面向中小企业所开展的可行性研究、设计、工程技术咨询等各类服务。对提供上述服务的机构发生的相关费用给予适当补助。

第八条 同一年度，每个项目单位只能选择以上一项内容申请支持。

第九条 特色产业资金的支持方式采用无偿资助、贷款贴息方式。同一年度，每个项目只能申请一种支持方式。

第十条 特色产业资金无偿资助的额度，每个项目一般不超过300万元。

特色产业资金贷款贴息的额度，根据项目贷款额及人民银行公布的同期贷款基准利率确定。每个项目的贴息期限一般不超过2年，年贴息率不超过同期贷款基准利率，贴息额度一般不超过300万元。

第三章　项目资金的申请

第十一条　申请特色产业资金的企业或单位必须同时具备下列条件：

1. 位于地方特色产业集群或特色产业聚集区内。
2. 具有独立的法人资格。
3. 财务机构和财务管理制度健全。
4. 会计信息准确完整，纳税信息和银行信用良好。
5. 已经纳入全区财政企业信息网络快报。
6. 企业经济效益良好，资产负债率合理。
7. 申报项目符合本办法规定的支持内容。

第十二条　特色产业资金的申报材料一般包括：

1. 资金申请文件。
2. 项目可行性报告。
3. 生产经营情况或业务开展情况。
4. 经注册会计师审计的会计报表。
5. 承担项目单位法人执照副本及章程（复印件）。
6. 其他需提供的资料。

第四章　项目审核及资金拨付

第十三条　自治区财政厅于每年2月份，依据国家、自治区产业政策和行业发展规划，正式提出当年专项资金支持方向、支持重点、申报要求和组织计划，在本地区范围内公开组织特色产业资金的申请工作。

第十四条　凡符合资金重点支持项目的中小企业（机构），均可按属地原则、以书面申请的方式申请上报。申报程序如下：市（县）所属企业、机构申请特色产业资金时，先向市（县）财政部门提出申请，经地（州、市）财政部门审核同意后报自治区财政。无主管部门的自治区区属企业也可通过有关行业管理办公室报自治区财政厅。

第十五条　自治区财政厅建立专家评审制度，组织相关技术、财务、市场等方面的专家，依据本办法的规定和当年专项资金的支持方向和支持重点，对申请项目进行评审。

第十六条　对评审通过的项目在自治区财政厅门户网站上公示7个工作日，接受社会监督。

第十七条　公示结束后，自治区财政厅提出本地区特色产业资金年度使用计划，于当年4月底前上报财政部备案。按照预算、国库管理制度的有关规定拨付资金。

第十八条　自治区财政厅根据全区国民经济发展总体规划和特色产业发展规划等，研究提出下年度特色产业资金需求、扶持重点、扶持计划和组织实施方案，连同本年度特色产业资金预算执行情况，于每年12月底前上报财政部。

第五章　监督管理

第十九条　自治区财政厅负责对特色产业资金的使用情况进行监督检查。检查内容包括项目执行情况、资金使用情况和财务管理情况。检查方式采用重点检查、委托地（州、市）检查或委托中介机构专项审计。

第二十条　各地（州、市）财政部门要按照本办法的要求，做好项目申请材料审查和资金拨付管理工作，接受监督检查。

第二十一条　各地（州、市）财政部门应按照自治区财政厅的有关要求，组织绩效考评，并于每年12月底之前报送绩效考评报告。绩效考评报告主要内容包括项目资金的预算执行、使用效果，以及存在的问题和政策建议等。

第二十二条　对违反本实施细则规定截留、挤占、挪用专项资金的单位或个人，按照《财政违法行为处罚处分条例》（国务院第427号令）进行处罚，并追究有关责任人的责任。

第六章 附 则

第二十三条 本办法由自治区财政厅负责解释。

第二十四条 本办法自印发之日起施行。

关于自治区水资源费征收使用管理有关问题的通知

（2010年4月6日 自治区财政厅、发展和改革委、水利厅、中国人民银行乌鲁木齐中心支行 新财非税［2010］3号）

伊犁哈萨克自治州财政局、乌昌财政局及各地（州、市）财政局、发展改革委、水利局，水利厅直属流域管理机构、人民银行新疆各地（州、市）中心支行：

财政部、国家发展改革委、水利部联合出台的《水资源费征收使用管理办法》（以下简称《办法》）已于2009年1月1日起正式执行。为贯彻落实国务院《取水许可和水资源费征收管理条例》（国务院460号令）及该《办法》，进一步规范我区水资源费征缴使用管理工作，经自治区人民政府同意，现对有关问题通知如下：

一、按照国务院460号令的规定，使用水利工程供水的，其水价中应当包含水资源费，水资源费由供水工程管理单位缴纳。自备水源的水资源费由取用水单位直接缴纳。各地应根据国家和自治区有关资源性价格改革政策，尽快调整水利工程供水水价，必须将水资源费核入供水成本，开征供水工程水资源费。对于近期内全面调整水价确有困难的地方，可考虑先行调整农业用水以外的供水水价，调整时应首先考虑水资源费的计入。

二、为加强水资源管理，促进水资源的节约与保护，在地下水超采区范围内直接取用地下水的全额征收水资源费；对非地下水超采区范围内农民30年承包土地灌溉直接取用地下水的，按照460号令的规定，限额以内用水免征水资源费，限额以外用水征收水资源费；对农民30年承包土地以外的农业灌溉直接取用地下水、地表水的全额征收水资源费。水利工程供农业生产用水的，暂免征收水资源费。

三、根据国务院460号令和该《办法》的规定，水电厂和火电厂（包括中央直属电厂）都应缴纳水资源费。各地要认真落实规定，加大执法力度，依法足额征收电厂水资源费。

四、水资源费属于政府非税收入，应按照自治区非税收入收缴管理规定全额纳入非税收入收缴系统，实行“收支两条线”管理。按照《办法》规定并结合我区实际，从2010年1月1日起县级以上地方水行政主管部门征收的水资源费解缴比例为：县（市）级征收的水资源费按县（市）、地（州、市）、自治区、中央比例为5.4：1.8：1.8：1分解，地（州、市）级征收的水资源费按地（州、市）、自治区、中央比列为7.2：1.8：1分解，自治区征收的水资源费按自治区、中央9：1分解。各级征收的水资源费应及时足额上缴各地财政，并及时按上述比例分解缴入非税收入收缴系统，具体缴纳办法按照《关于下发〈新疆维吾尔自治区水资源费征收使用财务管理办法〉的通知》（新财农［2008］182号）和《关于进一步明确财政代管非税收入中央分成资金划缴有关问题的通知》（新财库［2008］47号）有关规定执行。此文下发前征收的水资源费由地（州、市）、县（市）财政部门填列“更正通知书”，使用《2010年政府收支分类科目》103类“非税收入”02款“专项收入”02项“水资源费收入”科目，按上述分成比例做相应的预算级次调库。

五、各地要严格执行国家和自治区水资源费征收、使用等各项规定，加大水资源费征收力度，不得违法违规减免水资源费或降低水资源费征收标准。切实做到水资源费及时足额征收，杜绝各种漏征、减征、免征的行为。

六、取水计量设施是落实总量控制和定额管理制度、依法征收水资源费的基础，所有取水单位和个人均应按规定安装符合要求的取水计量设施。各级水行政主管部门和流域管理机构要采取措施，积极推进取用水计量设施的安装。未安装取水计量设施或计量设施不准确的，应按照取用水设施最大取水能力核定取水量，征收水资源费。

各地要加强对国家院460号令、《办法》以及自治区人民政府128号令等法律法规的学习和宣传，扎实做好水资源费征收的基础工作，进一步加大水资源费征收力度，规范水资源费征缴使用，全面推进我区水资源的节约、保护和管理工作。

关于印发《新疆维吾尔自治区义务植树绿化费征收使用管理办法》的通知

（2010年5月6日　自治区财政厅、发展和改革委员会、
绿化委员会　新财非税［2010］8号）

伊犁哈萨克自治州财政局、发改委、绿委办公室，乌昌财政局，各地（州、市）财政局、发改委、绿委办公室：

为保护和改善生态环境，促进国土绿化，推动义务植树活动深入开展，根据2009年12月1日颁布执行的《新疆维吾尔自治区义务植树条例》，我们对2004年制定的《新疆维吾尔自治区公民义务植树绿化费征收使用管理办法》进行重新修订。

现将修订后的《新疆维吾尔自治区义务植树绿化费征收使用管理办法》印发给你们，请认真贯彻执行。

附件：新疆维吾尔自治区义务植树绿化费征收使用管理办法

附件

新疆维吾尔自治区义务植树绿化费征收使用管理办法

第一条 为推动义务植树活动深入开展，促进国土绿化，保护和改善生态环境，根据《新疆维吾尔自治区义务植树条例》，特制定本办法。

第二条 本办法所称义务植树绿化费（简称“绿化费”），是指未履行公民植树义务或用以资代劳方式履行植树义务的公民依法缴纳的费用。

第三条 绿化费由自治区境内县级以上人民政府绿化委员会办公室负责征收管理或者经县级以上人民政府批准有关部门代收。

第四条 本办法适用于新疆维吾尔自治区境内绿化费的收缴、使用和管理。

第五条 绿化费缴费义务人，是指18—60周岁的男性公民、18—55周岁的女性公民。

第六条 下列公民虽属于规定的义务植树适龄公民范围，但免收绿化费：

1. 农牧区直接从事农牧业生产的农牧民。
2. 丧失劳动能力者、残疾人员。
3. 在校大中专、高中学生。
4. 享受社会低保人员、领取生活补助金的下岗失业人员。
5. 驻疆人民解放军指战员、武警部队官兵。

第七条 绿化费收费标准：按照每人每年3个劳动工日计算，每个工日按15元缴纳。

第八条 县（市、区）绿化委员会办公室负责当年义务植树计划任务的下达和绿化费的征收工作，对任务完成情况进行审核。

第九条 执收单位在收取绿化费前，应向缴费义务人送达“公民义务植树绿化费缴款通知书”。缴费义务人在收到“公民义务植树绿化费缴款通知书”30天内，按标准缴清绿化费。

第十条 县（市、区）绿化委员会办公室和代收部门征收绿化费，应按照自治区非税收入收缴管理的有关规定收缴，并到同级价格主管部门办理收费许可证相关手续，收费使用自治区财政部门统一印制的财政票据。

第十一条 绿化费实行财政三级分成，其中：自治区级占10%，地（州、市）级占10%，县（市、区）级占80%。

第十二条 绿化费收入纳入财政预算，按照分成比例缴入各级国库，实行“收支两条线”管理。

第十三条 绿化费主要用于义务植树活动所需的苗木等费用支出。

第十四条 绿化费按照《2010年政府收支分类科目》，收入列第103类“非税收入”04款“行政事业性收费收入”45项“林业行政事业性收费收入”03目“绿化费”科目。支出列第213类“农业”02款“林业”05项“森林培育”科目。

第十五条 绿化费的收缴和使用，要接受监察、财政、审计、价格主管部门的监督检查，并接受社会的监督。

第十六条 对不履行植树义务，又不能按时缴纳绿化费的单位和个人，由县级以上绿化委员会，按照《新疆维吾尔自治区义务植树条例》第二十条之规定予以处罚，罚没收入缴入当地国库。

第十七条 有关单位及个人隐瞒、滞留、截留、挪用、坐支绿化费以及其他违反国家财政收入上缴规定的行为，按国务院《财政违法行为处罚处分条例》（国务院令第427号）处理。

第十八条 本办法自发布之日起执行。《关于颁布（新疆维吾尔自治区公民义务植树绿化费征收使用管理办法）的通知》（新财综［2004］32号）同时废止。

第十九条 本办法由自治区财政厅商有关部门负责解释。

关于公布2009年自治区政府性基金项目目录的通知

（2010年4月28日 自治区财政厅 新财非税［2010］12号）

自治区人民政府各委、办、厅、局，各直属机构，各社会团体，伊犁哈萨克自治州财政局、乌昌财政局及各地（州、市）财政局：

按照《财政部关于公布2009年全国政府性基金项目目录的通知》（财综［2010］18号）有关规定，结合自治区实际，现公布《2009年自治区政府性基金项目目录》（以下简称《基金目录》），并就有关事项通知如下：

一、《基金目录》中所列政府性基金项目截至日期为2009年12月31日，是按规定程序经国务院或财政部批准的向社会征收的政府性基金项目（包括资金、附加、专项收入、下同），各项政府性基金的具体征收范围、征收标准、资金管理方式、征收期限等，应严格按照《基金目录》中注明的有关文件规定执行。凡未列入本通知及《基金目录》的政府性基金项目，公民、法人和其他社会组织可拒绝支付。

二、2010年1月1日以后，新增、调整或取消的政府性基金项目，应严格按照国务院或财政部相关文件规定执行。

三、经国务院批准，财政部、国家发展改革委、水利部联合印发的《国家重大水利工程建设基金征收使用和管理暂行办法》（财综［2009］90号）规定，三峡工程建设基金从2010年1月1日起停征。国家利用三峡工程建设基金停征后的电价空间，设立国家重大水利工程建设基金，征收期限为2010年1月1日至2019年12月31日。

四、经国务院批准，中央对外贸易发展基金和国家茧丝绸发展风险基金政策执行至2009年12月31日。从2010年1月1日起，中央对外贸易发展基金和国家茧丝绸发展风险基金转入一般预算管理，并相应取消中央对外贸易发展基金和国家茧丝绸发展风险基金。

附件：2009年自治区政府性基金项目目录

附件

2009年自治区政府性基金项目目录

	项目名称	征收依据	资金管理方式	征收期限
1	三峡工程建设基金	国办发[1993]34号、财企[2002]651号、财企[2003]155号、财综[2009]90号	缴入中央国库	执行至2009年12月31日
2	新型墙体材料专项基金	国发[1992]66号、财综[2007]3号、新财非税[2007]1号、财综[2007]77号	缴入地方国库	
3	港口建设费	国发[1985]124号、交财发[1993]456号、财综[2007]3号、新财非税[2007]1号	缴入中央国库	
4	民航机场管理建设费	国阅[1991]144号、国办发[1995]57号、财综字[1999]147号,财规[2000]28号、财综[2004]51号、财综[2007]3号、新财非税[2007]1号、财综[2007]78号、新财非税[2007]41号	缴入中央国库	执行至2010年12月31日
5	民航基础设施建设基金	国发[2002]6号、财综[2004]38号、财会[2004]8号	缴入中央国库	
6	铁路建设基金	国发[1992]37号、财工字[1996]371号、财综[2007]3号、新财非税[2007]1号	缴入中央国库	
7	散装水泥专项资金	国函[1997]8号、财综[2002]23号、新财综[2002]74号、财综[2007]3号、新财非税[2007]1号	缴入地方国库	
8	育林基金	《森林法》、经重[1988]122号、林财字[1991]74号、(91)财农字第333号、(93)财农字第144号、财综[2009]32号	缴入中央和地方国库	在法律未作调整的情况下继续保留
9	森林植被恢复费	《森林法》、财综[2002]73号、新财综[2003]28号	缴入中央和地方国库	在法律未作调整的情况下继续保留
10	水利建设基金	国发[1997]7号、新政发[1997]106号、财综字[1998]117—145号	缴入中央和地方国库	执行至2010年12月31日
11	大中型水库移民后期扶持基金	国发[2006]17号、财综[2006]29号、新财非税[2006]30号,监察部、人事部、财政部令第13号	缴入中央国库	
12	大中型水库库区基金	国发[2006]17号、财综[2007]26号、新财非税[2007]11号	缴入中央和地方国库	2010年1月1日—2012年12月31日暂缓征收
13	新菜地开发建设基金	《土地法》、《国家建设征用土地条例》、[1985]农(土)字第11号	缴入地方国库	在法律未作调整的情况下继续保留
14	城市公用事业附加	(64)财预王字第380号、(78)财预26号、(78)建发城584号、财综[2007]3号、新财非税[2007]1号	缴入地方国库	

续表

	项目名称	征收依据	资金管理方式	征收期限
15	文化事业建设费	国发[1996]37号、财税字[1997]95号、国办发[2006]43号、财综[2007]3号、新财非税[2007]1号	缴入中央和地方国库	
16	国家电影事业发展专项资金	国办发[2006]43号、财教[2006]115号、财综[2007]3号、新财非税[2007]1号	缴入中央国库	
17	城市教育费附加	《教育法》、国务院令第60号、国发[1986]50号、国发明电[1994]2号、23号、[1992]财预字第111号	缴入中央和地方国库	在法律未作调整的情况下继续保留
18	旅游发展基金	旅办发[1991]124号、国发[1995]57号、财外字[1996]396号、财行[2001]24号、财综[2006]3号、财综[2007]3号、新财非税[2007]1号	缴入中央国库	执行至2010年12月31日
19	残疾人就业保障金	《残疾人保障法》、财综字[1995]5号、财综[2001]16号、新政发[2005]98号、财综[2007]3号、新财非税[2007]1号、新政办发[2008]73号、新政办发[2008]215号	缴入地方国库	在法律未作调整的情况下继续保留
20	国家茧丝绸发展风险基金	国阅[1996]151号、国茧协[1997]11号、财综[2004]40号、财综[2007]3号、新财非税[2007]1号	缴入中央国库	执行至2009年12月31日
21	中央对外贸易发展基金	国函[1996]17号、财综[2007]3号、新财非税[2007]1号	缴入中央国库	执行至2009年12月31日
22	城市基础设施配套费	计价格[2001]585号、财综函[2002]3号	缴入地方国库	
23	人民教育基金	新政发[1996]12号	缴入地方国库	待地方教育附加开征后，停止征收人民教育基金

关于印发《新疆维吾尔自治区行政事业单位资金往来结算票据使用管理暂行办法》的通知

（2010年7月7日　自治区财政厅　新财非税［2010］17号）

自治区各委、办、厅、局，自治区高级法院、自治区人民检察院，人民团体、大专院校，伊犁哈萨克自治州财政局、乌昌财政局、各地（州、市）财政局，新疆生产建设兵团财务局：

为进一步健全和完善自治区财政票据管理制度，规范行政事业单位资金往来结算票据使用管理，加强行政事业单位财务管理监督，防治乱收费、乱罚款和各种摊派行为，根据财政部《行政事业单位资金往来结算票据使用管理暂行办法》（财综［2010］1号文），特制定《新疆维吾尔自治区行政事业单位资金往来结算票据使用管理暂行办法》，现印发给你们，请遵照执行。票据管理和使用工作中遇有问题，请及时与我厅联系。

附件：1. 新疆维吾尔自治区行政事业单位资金往来结算票据使用管理暂行办法

2. 新疆维吾尔自治区行政事业单位资金往来结算票据（本装票）式样及印制说明（略）

3. 新疆维吾尔自治区行政事业单位资金往来结算票据（滚筒机打）式样及印制说明（略）

附件1

新疆维吾尔自治区行政事业单位资金往来结算票据使用管理暂行办法

第一章 总 则

第一条 为规范行政事业单位资金往来结算票据使用和管理，加强行政事业单位财务监督，防治乱收费、乱集资和各种摊派行为，维护财政经济秩序，根据国家有关财务会计和财政票据管理的法律制度规定，制定本办法。

第二条 本办法所称的行政事业单位资金往来结算票据（以下简称“资金往来结算票据”），是指国家机关、事业单位、社会团体、经法律法规授权的具有管理公共事务职能的其他组织机构（以下简称“行政事业单位”）发生暂收、代收和单位内部资金往来结算等经济活动时开具的凭证。

第三条 资金往来结算票据是会计核算的原始凭证，是财政、税务、审计、监察等部门进行监督检查的依据。

第四条 资金往来结算票据的印制、领购、核发、使用、保管、核销、稽查等活动，适用本办法。

第五条 各级财政部门是资金往来结算票据的主管部门，按照职能分工和管理权限负责资金往来结算票据的印制、核发、保管、核销、稽查等工作。

第二章 资金往来结算票据的内容和适用范围

第六条 资金往来结算票据基本内容包括票据名称、票据编码、票据监制章、付款单位、开票日期、收款项目、数量、金额、收款单位、收款人以及联次。

资金往来结算票据一般应设置为三联，包括存根联、收据联和记账联，各联次以不同颜色加以区分。

第七条 下列行为，可以使用资金往来结算票据：

（一）行政事业单位暂收款项。由行政事业单位暂时收取，在经济活动结束后需退还原付款单位或个人，不构成本单位收入的款项，如法律法规明确规定可以暂时收取的押金、定金、保证金及其他暂时收取的各种款项等。

（二）行政事业单位代收款项。由行政事业

单位代为收取，在经济活动结束后需付给其他收款单位或个人，不构成本单位收入的款项，如代收教材费、体检费、水电费、供暖费、电话费等。

（三）单位内部各部门之间、单位与个人之间发生的其他资金往来且不构成本单位收入的款项。

（四）财政部门认定的不作为行政事业单位收入的其他资金往来行为。

第八条 下列行为，不得使用资金往来结算票据：

（一）行政事业单位按照自愿有偿的原则提供下列服务，其收费属于经营服务性收费，应当依法使用税务发票，不得使用资金往来结算票据。

1. 信息咨询、技术咨询、技术开发、技术成果转让和技术服务收费。

2. 法律法规和国务院部门规章规定强制进行的培训业务以外，由有关单位和个人自愿参加培训、会议的收费。

3. 组织短期出国培训，为来华工作的外国人员提供境内服务等收取的国际交流服务费。

4. 组织展览、展销会收取的展位费等服务费。

5. 创办刊物、出版书籍并向订购单位和个人收取的费用。

6. 开展演出活动，提供录音录像服务收取的费用。

7. 复印费、打字费、资料费。

8. 其他经营服务性收费行为。

（二）行政事业性收费、政府性基金、国有资源有偿使用收入、国有资产有偿使用收入、国有资本经营收益、彩票公益金、罚没收入、以政府名义接受的捐赠收入、主管部门集中收入等政府非税收入，应当按照自治区非税收入收缴管理规定，使用非税收入一般缴款书、非税收入专用收据等相应的财政票据，不得使用资金往来结算票据。

（三）行政事业单位受政府非税收入执收单位的委托，代行收取政府非税收入，应当按照有关委托手续，使用委托单位领购的有关政府非税收入票据代收相应的政府非税收入，不得使用资金往来结算票据。

（四）社会团体收取会费收入，使用社会团体会费专用收据；公立医疗机构从事医疗服务取得收入，使用医疗票据；公益性单位接收捐赠收入，使用捐赠票据，均不得使用资金往来结算票据。

（五）行政事业单位取得的拨入经费、财政补助收入等形成本单位收入，不得使用资金往来结算票据。

（六）财政部门认定的其他行为。

第三章 资金往来结算票据的印制、领购和核发

第九条 资金往来结算票据由自治区财政厅统一印制，并套印全国统一式样的财政票据监制章。

第十条 资金往来结算票据原则上由独立核算、会计制度健全的行政事业单位向同级财政票据监管机构领购。

第十一条 资金往来结算票据实行凭证领购、分次限量、核旧购新的领购制度。

第十二条 行政事业单位首次申领资金往来结算票据时，应提供“财政票据领购证”和领购申请，在领购申请中需详细列明领购资金往来结算票据的使用范围和项目。

财政票据监管机构依照本办法，对行政事业单位提供的资金往来结算票据使用范围和项目进行审核，对符合资金往来结算票据适用范围的，予以核准；不符合资金往来结算票据适用范围的，不予核准，并向领购单位说明原因。

行政事业单位未取得“财政票据领购证”的，应按照规定程序先办理“财政票据领购证”。

第十三条 行政事业单位再次领购资金往来

结算票据时，应当出示“财政票据领购证”，并提交前次领购资金往来结算票据的使用情况及存根，经同级财政票据监管机构审验无误并核销后，方可继续领购。

第十四条 行政事业单位领购资金往来结算票据实行限量发放，每次领购数量一般不超过本单位3个月的需要量。

第十五条 行政事业单位在领购资金往来结算票据时，应按照自治区价格主管部门会同财政部门规定的收费标准，向财政票据监管机构支付财政票据工本费。

第四章 资金往来结算票据的使用与保管

第十六条 行政事业单位必须严格按照财政票据监管机构核准的使用范围开具资金往来结算票据，不得超范围使用资金往来结算票据。

行政事业单位不按规定使用资金往来结算票据的，付款单位和个人有权拒付款项，财务部门不得入账。

第十七条 行政事业单位应当按票据号段顺序使用资金往来结算票据，填写资金往来结算票据时做到字迹清楚，内容完整、真实，印章齐全，各联次内容和金额一致。填写错误的，应当另行填写。因填写错误等原因作废的票据，应当加盖作废戳记或者注明“作废”字样，并完整保存全部联次，不得私自销毁。

第十八条 资金往来结算票据的领用单位不得转让、出借、代开、买卖、销毁、涂改资金往来结算票据，不得将资金往来结算票据与其他财政票据、税务发票互相串用。

第十九条 行政事业单位应当建立资金往来结算票据管理制度，设置管理台账，由专人负责资金往来结算票据的领购、使用登记与保管，并按规定向同级财政票据管理机构报送资金往来结算票据的领购、使用、结存情况。

第二十条 行政事业单位领购资金往来结算票据时，应当检查是否有缺页、号码错误、毁损等情况，一经发现应当及时交回财政票据监管机构处理。

第二十一条 行政事业单位遗失资金往来结算票据的，应及时在县级以上新闻媒体上声明作废，并将遗失原因等有关情况，以书面形式报送原核发资金往来结算票据的财政票据监管机构备案。

第二十二条 行政事业单位应当妥善保管已开具的资金往来结算票据存根，票据存根保存期限一般为5年。

第二十三条 对保存期满需要销毁的资金往来结算票据存根和未使用的需要作废销毁的资金往来结算票据，由行政事业单位负责登记造册，报经同级财政票据监管机构核准后，由同级财政票据监管机构组织销毁。

第二十四条 撤销、改组、合并的行政事业单位，在办理“财政票据领购证”的变更或注销手续时，应对行政事业单位已使用的资金往来结算票据存根及尚未使用的资金往来结算票据登记造册，并报送同级财政票据监管机构统一核销。

第二十五条 自治区财政部门印制的资金往来结算票据，一般应当在本行政区域内核发使用，不得跨行政区域核发使用，但自治区派驻其他省、自治区、直辖市的行政事业单位除外。

第五章 监督检查

第二十六条 各级财政部门应当根据实际情况和管理需要，对资金往来结算票据的领购、使用、保管等情况进行年度稽查，也可以定期或者不定期的专项检查。

第二十七条 行政事业单位应当自觉接受财政部门的监督检查，如实反映情况，提供有关资料，不得隐瞒情况、弄虚作假或者拒绝、阻碍监督检查。

第二十八条 违反本办法规定领购、使用、管理资金往来结算票据的，财政部门应当责令行政事业单位限期整改，整改期间暂停核发该单位的资金往来结算票据。同时，按照《财政违法行为处罚处分条例》（国务院令第427号）等规定进行处理、处罚，涉嫌犯罪的依法移送司法机关追究刑事责任。

第二十九条 各级财政部门对资金往来结算票据使用管理情况进行监督检查时，应当按照规定的程序和要求进行，不得滥用职权、徇私舞弊，不得向被查行政事业单位收取任何费用。

第六章 附 则

第三十条 本办法自2010年8月1日起施行。

关于公布2009年新疆维吾尔自治区行政事业性收费项目目录的通知

（2010年7月7日 自治区财政厅、发展和改革委员会
新财非税［2010］24号）

自治区人民政府各委、办、厅、局，各直属机构，各社会团体，各大专院校，伊犁哈萨克自治州财政局、发展改革委，乌昌财政局、发展改革委及各地（州、市）财政局、发展改革委：

根据相关法律、行政法规规定，以及国务院或财政部、国家发展改革委，自治区人民政府或自治区财政厅、自治区发展和改革委批准设立、调整、取消（停止征收）行政事业性收费项目的情况，我们在《2008年新疆维吾尔自治区行政事业性收费项目目录》的基础上，编制了《2009年新疆维吾尔自治区行政事业性收费项目目录》（见附件，以下简称《收费目录》）。现将有关事项通知如下：

一、《收费目录》中的行政事业性收费项目为截至2009年12月31日仍在执行的行政事业性收费项目，其具体征收范围、征收标准及资金管理方式等，应分别按照《收费目录》中注明的文件规定执行。

二、2009年12月31日以前新疆维吾尔自治区行政事业性收费项目，一律以本通知以及所附《收费目录》为准。凡未列入本通知以及所附《收费目录》和《收费目录》所列文件依据中未规定的行政事业性收费项目，公民、法人和其他社会组织可拒绝支付。2010年1月1日以后，国家新增或调整的行政事业性收费项目，按照国家法律法规、国务院或财政部、国家发展改革委的相关文件规定执行；自治区新增或调整的行政事业性收费项目，按照自治区地方法规、自治区人民政府或自治区财政厅、自治区发展和改革委的相关文件规定执行。

附件：2009年新疆维吾尔自治区政事业性收费项目目录

附件

2009年新疆维吾尔自治区行政事业性收费项目目录

序号	部门	收费项目名称	管理方式	收费及资金管理文件依据
一	公安			
		1. 外国人签证收费	缴入国库	价费字[1992]240号、新价非字[1992]163号、财预字[1994]37号、公通字[2000]99号、计价格[2003]392号
		(1)非对等国家签证、证件收费		
		(2)对等国家签证、证件收费		
		2. 外国人证件费	缴入国库	价费字[1992]240号、财预字[1994]37号、公通字[2000]99号、发改价格[2004]1267号、财综[2004]32号、财综[2004]60号、发改价格[2004]2230号
		(1)外国人永久居留申请费		
		(2)外国人永久居留证费		
		3. 公民出入境证件费	缴入国库	价费字[1992]240号、价费字[1993]164号、财预字[1994]37号、公通字[2000]99号、计价格[2002]1097号
		(1)护照(延期、加页、加注、合定)		计价格[2000]293号
		(2)出入境通行证		财综[2008]9号、新财非税[2008]15号
		(3)往来(含前往)港澳通行证(含签注)		计价格[2002]1097号
		(4)大陆居民往来台湾通行证(含签注)		价费字[1993]164号、计价格[2001]1835号
		(5)台湾居民往来大陆通行证(含签注)		价费字[1993]164号、计价格[2001]1835号、发改价格[2004]334号
		(6)台湾同胞定居证		价费字[1993]164号、发改价格[2004]2839号
		(7)华侨回国定居证		同上
		4. 户籍管理证件工本费	缴入国库	
		(1)户口簿		价费字[1992]240号、新价非字[1992]163号、财预字[1994]37号
		(2)户口迁移证		新价非字[1994]96号

续表

序号	部门	收费项目名称	管理方式	收费及资金管理文件依据
		5. 居民身份证工本费	缴入国库	价费字[1992]240号、新价非字[1993]41号、计价格[1995]873号、计价格[1997]1485号、财预字[1994]37号、发改价格[2003]2322号、财综[2004]8号、新发改收费[2006]593号、新财非税[2006]23号、财综[2007]34号
		6. 机动车号牌工本费	缴入国库	价费字[1992]240号、财预字[1994]37号、计价格[1994]783号、发改价格[2004]2831号、新计价费[2005]450号
		(1)号牌(含临时)		
		(2)号牌专用固定装置		
		(3)号牌架		
		7. 证书工本费		
		(1)机动车行驶证工本费	缴入国库	价费字[1992]240号、财预字[1994]37号、计价格[1994]783号、发改价格[2004]2831号、新计价费[2005]450号
		(2)机动车登记证书工本费	缴入国库	财综[2001]67号、新财综字[2001]26号、计价格[2001]1979号、发改价格[2004]2831号、新计价费[2005]450号
		(3)驾驶证工本费	缴入国库	价费字[1992]240号、新价非字[1992]163号、财预字[1994]37号、发改价格[2004]2831号、新计价费[2005]450号
		(4)临时入境机动车号牌和行驶证工本费	缴入国库	财综[2008]36号、新财非税[2008]30号、发改价格[2008]1575号
		(5)临时机动车驾驶许可工本费		同上
	▲	8. 机动车抵押登记费	缴入国库	财综[2001]年67号、新财综[2001]26号、计价格[2001]1979号、新计价费[2005]450号
	▲	9. 机动车安全技术检验费	缴入国库	价费字[1992]240号、财预字[1994]37号、发改价格[2004]2831号、新计价费[2005]450号
		10. 驾驶许可考试费	缴入国库	财综[2001]年67号、新财综[2001]26号、计价格[2001]1979号、新计价费[2005]450号
		11. 刑事技术对外检验鉴定费	缴入国库	新价非字[1992]163号、新财预[2002]20号
		12. 警报器和标志灯具使用证	缴入国库	新计价费[2001]1436号
		13. 警用装备被装服务费	缴入国库	新财综字[1999]95号、新价非字[1999]77号、新财预[2002]20号
		(1)价拨被装物资服务费		
		(2)价拨警用装备器材服务费		
		14. 消防安全许可证工本费	缴入国库	新价非字[1996]29号、新财预[2002]20号
		(1)消防安全生产许可证工本费(正副本)		
		(2)消防安全经营许可证工本费(正副本)		

续表

序号	部门	收费项目名称	管理方式	收费及资金管理文件依据
		(3)消防安全储存许可证工本费(正副本)		
		(4)长期《易燃易爆化学物品准运证》工本费		
		(5)临时《易燃易爆化学物品准运证》工本费		
		15. 道路交通安全违法记分信息IC卡工本费	缴入国库	新财非税[2006]11号、新发改收费[2006]459号
	▲	16. 烟花爆竹检封签	缴入国库	新价非字[1992]163号
	▲	17. 养犬注册登记费	缴入财政专户	新政函[1995]174号、新价非字[1995]99号、新发改收费[2006]112号
	▲	18. 养犬注册审验费	缴入财政专户	同上
	▲	19. 城市消防设施建设费	缴入财政专户	新财综[2002]14号、新计价费[2002]243号、新发改收费[2009]1818号
二	法院			
	▲	20. 诉讼费	缴入国库	新财预[2002]20号、财行[2003]275号、国务院令第481号、新发改收费[2007]1998号、新发改收费[2008]149号
三	检察			
		21. 司法会计鉴定收费	缴入国库	新财综字[1997]72号、新财预[2002]20号
四	司法			
		22. 公证费(限于行政机关)	缴入国库	计价费[1997]285号、计价费[1998]814号、新财预[2004]52号、新价非字[1998]50号、新计价非[2001]822号
		23. 司法考试考务费	缴入国库	新财综[2002]18号、财综[2002]6号、计价格[2002]154号、新财非税[2009]20号、新财预[2009]202号
		24. 基层法律服务所年检注册公告费	缴入国库	新财综[2003]60号、新计价费[2003]914号
		25. 基层法律服务工作者年检注册公告费	缴入国库	同上
		26. 社会服务司法鉴定机构年检费、登记费、公告费	缴入国库	新财综[2003]61号、新计价费[2003]915号
		27. 律师事务所年检注册费	缴入财政专户	新财综字[2000]51号、新计价非[2001]1090号
		28. 律师年检注册费	缴入财政专户	同上
		29. 律师资格考试报名费	缴入财政专户	新财综[1998]47号、新计价非[2001]896号
		30. 律师注册管理费	缴入财政专户	新财综[1998]47号、新价非字[2000]47号
		31. 律师事务所公告费	缴入财政专户	计价格[1998]2084号、新计价费[2001]1090号
五	外交			
		32. 护照费	缴入国库	[1992]价费字198号、新价非字[1994]43号、计价格[1999]466号、新财预字[2000]120号、新财预[2004]52号

续表

序号	部门	收费项目名称	管理方式	收费及资金管理文件依据
		33. 签证费	缴入国库	价费字[1992]198号、计价格[1999]466号、新财预[2000]120号、新财预[2004]47052号、财综[2003]45号、新财预[2009]202号
		34. 出入境通行证工本费	缴入国库	新价非字[1994]43号
		35. 往来香港特别行政区通行证(因公)工本费及签注费	缴入国库	财综字[1997]114号、新财综字[1997]85号、计价费[1997]1122号、财综[2004]14号、新财综[2004]36号
		37. 签证代办费	缴入财政专户	新价非字[1994]43号、计价格[1999]466号
		38. 归侨侨眷证工本费	缴入财政专户	新财综字[1998]139号、新价非字[1999]6号
六	外贸			
		39. 外事手续费		新价非字[1994]43号
		(1)护照(延期、加页、加注、合定)	缴入国库	
		(2)出入境通行证(一次有效)	缴入国库	
		(3)出入境通行证(多次有效)	缴入国库	
		(4)签证代办费	缴入财政专户	
		(5)签证手续费	缴入财政专户	
七	工商			
	▲	40. 企业注册登记费	缴入国库	价费字[1992]414号、财预字[1994]37号、计价格[1999]1707号、新计价费[2003]408号、新计价费[2004]2002号、发改价格[2004]2839号、计价费[1998]1077号、国办发[2004]10号
		(1)开业注册登记		
		(2)变更登记		
		(3)年度检验		
		(4)补换证照及领取执照副本		
		41. 个体工商户注册登记费	缴入国库	价费字[1992]414号、财预字[1994]37号、《计物价[1993]1744号、新计价费[2003]408号、国办发[2004]10号
		(1)开业登记		
		(2)变更登记		
		(3)补换营业执照		
		(4)营业执照副本		
八	贸易行办			
	▲	42. 酒类经营许可证(零售备案登记证)工本费	缴入财政专户	新价非字[1995]63号、自治区人民政府80号令、新财非税[2007]40号、新发改收费[2008]845号
九	轻工行办			
	▲	43. 食盐零售许可证工本费	缴入财政专户	新价非字[1995]5号
十	财政			
		44. 收费票据工本费	缴入国库	计价费[1998]374号、新价非字[2000]1号、计价格[2001]604号、新财预[2003]1号

续表

序号	部门	收费项目名称	管理方式	收费及资金管理文件依据
		45. 考试考务费	缴入国库	
		(1)会计从业资格考试费		新财综字[2001]7 号、新财预[2003]1 号、计价格[2002]1575 号
		(2)注册会计师考试报名费、考务费		计价格[2001]527 号、新财预[2003]1 号
		(3)会计专业技术资格考试考务费		计价格[2000]1567 号、新财预[2003]1 号
		46. 国有资产产权登记收费		
		(1)行政事业单位国有资产产权登记证书工本费	缴入国库	新财综[2003]59 号、新计价费[2004]1167 号
	▲	(2)企业国有资产产权登记费	缴入财政专户	新价非字[1992]135 号、国资事发[1995]64 号
十一	税务			
	▲	47. 税务登记证工本费	缴入国库	价费字[1992]111 号、财预字[1994]37 号、计价费[1998]1077 号、新价非字[1996]50 号、新发改收费[2006]1220 号、国办发[2002]57 号、国办发[2004]10 号
	▲	48. 税务发票工本费	缴入国库	价费字[1992]111 号、财预字[1994]37 号、新价非字[2001]1038 号、新计价费[2003]908 号
十二	审计			
		49. 考试考务费	缴入国库	
		(1)审计专业技术资格报名考试、考务费		计价格[2002]97 号、新财预[2003]1 号
		(2)国际注册内部审计师报名考试、考务费		财综字[1999]144 号、计价格[2000]323 号、计价格[2002]1941 号、新财预[2003]1 号、财综函[2007]55 号、新财非税[2008]4 号
十三	计划生育			
		50. 社会抚养费	缴入国库	国计生财字[1992]86 号、财规[2000]29 号、国务院令第 357 号、新财预[2000]120 号
		51. 特批指标生育调节费	缴入国库	新财综字[1994]46 号、国发[2001]93 号、新财预[2002]20 号
十四	机要局			
		52. 明传电报收费	缴入国库	(94)财综字第 135 号、计价格[1995]31 号、新财预[2003]1 号
十五	技术监督			
	▲	53. 产品质量监督检验收费	缴入国库	
		(1)产品质量监督检验费(含核发工业产品生产许可证的产品质量检验)		[1992]价费字 496 号,计价格[1996]1500 号、新价非字[1999]34 号、发改价格[2003]1793 号、新财预[2009]202 号

续表

序号	部门	收费项目名称	管理方式	收费及资金管理文件依据
		(2)棉花监督检验		技监局监发[1990]182号、新标发字[1990]17号、新财预[2004]52号、新计价费[2004]675号、新财非税[2007]8号、新财预[2009]202号
		(3)计量器具产品质量检验		新计价费[2003]13号、新财预[2009]202号
		(4)出疆瓜检验费		新政办[1999]81号、新价非字[1992]125号、新计价费[2003]2074号、新财预[2009]202号
		(5)羊毛检验		新价非字[1992]85号、新财预[2009]202号
		(6)游艺机和游乐设施检验费		新财综[2003]118号、新计价费[2004]697号、新财预[2009]202号
		(7)毛绒纤维检验费		同上
		(8)危险化学品储存容器检验费		同上
	▲	54. 特种设备检验检测收费	缴入国库	财综[2001]10号、新财预[2004]52号、新发改收费[2007]2167号
		(1)机电类特种设备检验收费		
		(2)承压类特种设备检验收费		
		(3)专项检验检测收费		
		(4)特种设备行政许可、鉴定评审收费		
	▲	55. 工业产品生产许可证收费	缴入国库	价费字[1992]127号、价费字[1992]317号、价费字[1993]135号、计物价[1993]2182号、计价格[1994]238号、计价格[1994]507号、计价格[1995]99号、计价格[1995]339号、计价格[1995]1029号、计价格[1999]1707号、新财预[2000]120号、新财综[2002]29号、发改价格[2003]1793号、新财非税[2007]4号
	▲	56. 计量收费	缴入国库	新财综[2002]22号、新财预[2003]1号、新计价费[2003]421号、新发改价费[2005]84号、新发改收费[2006]244号、发改价格[2008]74号
		(1)计量标准考核		同上
		(2)计量授权考核		同上
		(3)社会公用计量标准证书		同上
		(4)标准物质定级证书		同上
		(5)计量考评员、计量检定员考核费		同上
		(6)计量考评员、计量检定员证书		同上
		(7)计量标准考核证书		同上
		(8)计量授权证书		同上

续表

序号	部门	收费项目名称	管理方式	收费及资金管理文件依据
		(9)制造和修理计量器具许可证证书		同上
		(10)制造计量器具许可证		同上
		(11)修理计量器具许可证		同上
		(12)国内计量器具新产品型式批准证书		同上
		(13)国内计量器具新产品定型鉴定和样机试验		同上
		(14)国内计量器具新产品标准物质定级鉴定审查		同上
		(15)计量认证合格证书		同上
		(16)计量认证		同上
		(17)计量检定		新发改收费[2007]1702 号、发改价格[2008]74 号、发改价格[2009]234 号
	▲	57. 组织机构代码证书收费	缴入国库	新财综[2003]116 号、新财预[2003]1 号、新计价费[2003]692 号、发改价格[2003]82 号、新发改收费[2006]540 号
	▲	58. 出入境检验检疫收费	缴入国库	发改价格[2003]2357 号、财综函[2007]2 号、财综[2007]54 号、发改价格[2007]2216 号、财综[2009]5 号、新财非税[2009]17 号
	▲	59. 检疫处理等业务收费	缴入国库	同上
	▲	60. 实验室检验项目、鉴定收费	缴入国库	同上
	▲	61. 组织机构代码证电子副本 IC 卡收费	缴入财政专户	新财综字[1998]84 号、新价非字[1998]60 号、新计价费[2003]692 号
	▲	62. 企业产品执行标准登记证书工本费	缴入财政专户	新价非字[1994]91 号
十六	新闻出版			
	▲	63. 内部资料准印证、出版物出疆准印证(出版物品终审费)	缴入财政专户	《出版管理条例》及《内部资料性出版物管理办法》
	▲	64. 印刷业经营许可证工本费	缴入财政专户	新财综字[1999]55 号、新价非字[1999]38 号
	▲	65. 社会文化经营管理费	缴入财政专户	新价非字[1996]48 号、新价非字[1996]94 号
十七	安全生产			
	▲	66. 特种劳动防护用品生产许可证质量检验费	缴入财政专户	计价费[1996]1500 号
	▲	67. 矿山安全收费	缴入财政专户	新财综字[1997]60 号、新价非字[1997]45 号
		(1)矿山安全条件认证收费		
		(2)矿山建设工程施工安装单位安全资格考核认证收费		

续表

序号	部门	收费项目名称	管理方式	收费及资金管理文件依据
		(3)矿山安全卫生检测检验单位资格认证收费		
		(4)矿长安全资格考核发证费		
		(5)矿山企业特种作业人员考核发证费		
	▲	68. 特种设备检测检验准运证	缴入财政专户	新价非字[1992]101 号
十八	贸促会			
	▲	69. 证书工本费	缴入国库	价费字[1992]236 号、发改价格[2004]2839 号、新财预[2009]202 号
		(1)货物原产地证明书		
		(2)不可抗拒力证明书		
	▲	70. 认证费	缴入国库	[1992]价费字 236 号、计价格[1999]1165 号、计价格[1999]466 号、新财预[2009]202 号
		(1)商品注册认证		
		(2)对外经济贸易文件认证(含加急)		
		(3)对外经济贸易单证认证		
		71. 认证代办费	缴入财政专户	[1992]价费字 236 号、计价格[1999]1165 号、计价格[1999]466 号
		72. 代办外国领事认证费(含加急)	缴入财政专户	同上
十九	宗教事务			
	▲	73. 清真食品认证费	缴入国库	新财综字[2000]60 号、新财预[2003]1 号、计价格[2000]1174 号
	▲	74. 清真标志牌工本费	缴入国库	新财非税[2006]21 号、新发改收费[2007]205 号、新财非税[2007]26 号
二十	民语委			
		75. 普通话水平测试费	缴入国库	新财综字[2001]35 号、新计价费[2001]1610 号、发改价格[2003]2160 号、新财综[2003]93 号、新计价费[2003]1355 号、新计价费[2004]1716 号、新计价费[2004]75 号、新发改收费[2006]50 号
		76. 少数民族语言正字正音测试费	缴入国库	新财非税[2005]27 号、新发改收费[2008]151 号、新财非税[2008]24 号
二十一	人防			
	▲	77. 防空地下室易地建设费	缴入国库	中发[2001]9 号、计价格[2000]474 号、新计价房[2001]1410 号、新财预[2003]1 号
	▲	78. 平时使用人防工程收费	缴入财政专户	新价非字[1992]138 号
二十二	文化			

续表

序号	部门	收费项目名称	管理方式	收费及资金管理文件依据
	▲	79. 电影发行放映收费	缴入财政专户	新价费字[1995]44 号
		(1)《电影发行许可证》、《电影放映许可证》工本费		
		(2)年度审验费		
	▲	80. 古籍文献修复费	缴入财政专户	新价费字[1992]79 号
	▲	81. 证书工本费	缴入财政专户	
		(1)网络文化准营证工本费		新计价费[2001]1229 号
		(2)音像制品经营许可证工本费		国务院令第 314 号、新财综[2002]19 号、新计价费[2002]886 号
		82. 社会艺术水平考级教师资格认证费	缴入财政专户	新财综[2003]119 号、新价费[2004]365 号
		83. 电影音乐录音收费	缴入财政专户	新价非字[1992]79 号
二十三	教育			
		84. 普通高中学费	缴入财政专户	教财[1996]101 号、新价非字[1999]32 号、新计价费[2000]29 号、新发改收费[2007]1497 号
		85. 普通高中住宿费	缴入财政专户	教财[1996]101 号、新价非字[1999]32 号、新计价费[2000]29 号、新发改收费[2007]1497 号
		86. 中等职业学校学费	缴入财政专户	教财[1996]101 号、新价非字[2000]29 号、新计价费[2004]557 号
		87. 中等职业学校住宿费	缴入财政专户	教财[1996]101 号、新价非字[2000]29 号、新计价费[2004]557 号
		88. 高等学校学费	缴入财政专户	教财[1996]101 号、新价非字[2000]28 号、新计价费[2002]916 号、新价非字[1998]61 号、新价非字[2000]15 号、新价非字[2000]52 号、新价非字[2001]760 号、新发改收费[2007]1078 号、新发改收费[2008]398 号、新发改收费[2008]990 号、新发改收费[2009]1390 号、新发改收费[2009]1390 号、新发改收费[2009]2237 号
		89. 高等学校住宿费	缴入财政专户	教财[1996]101 号、新价非字[2000]28 号、新价非字[2000]66 号、新计价费[2002]916 号
		90. 高等学校委托培养费	缴入财政专户	教财[1996]101 号、新价非字[2000]28 号、教材[2003]4 号
		91. 函大、电大、夜大及短训班培训费	缴入财政专户	价费字[1992]367 号、计价格[2002]838 号
		92. 外国自费来疆中、小学生学费	缴入财政专户	教外来[1998]7 号、新发改收费[2009]383 号
		93. 义务教育阶段住宿费	缴入财政专户	教财[1996]101 号、新价非字[1999]32 号、新价非字[2000]17 号、新计价费[2002]566 号、新计价费[2004]1384 号、新发改收费[2007]1836 号
		94. 区内高中班学生学习生活费	缴入财政专户	新发改收费[2009]46 号

续表

序号	部门	收费项目名称	管理方式	收费及资金管理文件依据
		95. 区内初中班伙食费	缴入财政专户	新发改收费[2009]2622 号
		96. 考试考务费	缴入财政专户	
		(1)高等教育自学考试考务费		价费字[1992]367 号、发改价格[2003]2161 号
		(2)商务管理和金融管理专业自学考试考务费		财综[1999]110 号、发改价格[2003]2161 号
		(3)剑桥少儿英语考试考务费		发改价格[2003]2161 号、新财综[2004]41 号
		(4)全国计算机应用技术证书考试考务费		财综[1999]110 号,发改价格[2003]2161 号
		(5)在职人员攻读专业学位报名考试考务费		新计价费[2001]1231 号、计价格[2001]1226 号、发改价格[2004]2839 号
		(6)高考(含成人高考)考试考务费		价费字[1992]367 号、新计价费[2002]562 号、发改价格[2003]2161 号、发改价格[2005]1245 号
		(7)研究生报名考试考务费		财综字[1995]16 号、计价格[1995]346 号,新价非字[2000]27 号、发改价格[2003]2161 号
		(8)大学英语四、六级考试考务费		教财[1996]101 号、价费字[1992]367 号、新发改收费[2007]383 号、发改价格[2008]3699 号、新发改收费[2009]2836 号
		(9)电大视听生考试和高等教育学历文凭考试考务费		发改价格[2003]2161 号
		(10)CIT 模块报告考核费		同上
		(11)CIT 资格审查费		同上
		(12)全国外语水平考试考务费		同上
		(13)专科起点本科入学考试考务费		同上
		(14)成人高等职教考试考务费		同上
		(15)计算机等级考试考务费		发改价格[2003]2161 号、新财综[2004]41 号
		(16)同等学历人员申请硕士学位水平全国统一考试报名费		计价格[2000]545 号
		(17)全国网络统考考试费		财综[2006]4 号,发改价格[2006]279 号
		(18)教师资格考试费		财综[2006]34 号,发改价格[2006]2221 号
		(19)普通话水平测试费	缴入国库	财综[2003]53 号、发改价格[2003]2160 号、新计价费[2004]75 号
		(20)成人高等教育教学质量抽查考试费(正考)		新发改价费[2005]174 号
		(21)高中会考收费		新价非字[1998]70 号
		(22)中考收费		新价非字[1996]36 号、新价非字[1998]32 号

续表

序号	部门	收费项目名称	管理方式	收费及资金管理文件依据
		(23)各种学科竞赛报名考试费		新计价费[2001]1704号
		(24)中国汉语水平考试(HSK)		新计价费[2002]639号、新计价费[2004]525号
		97. 新疆区内初中班招生测试费	缴入财政专户	新财综[2004]72号、新计价费[2004]1103号
		98. 公共英语考试收费	缴入财政专户	教财[1996]101号、新计价费[2000]1468号、新计价费[2004]878号
		(1)全国公共英语等级考试三、四、五级		
		(2)全国公共英语等级考试一级B、一级、二级		
		99. 成人高等教育毕业生资格审查费	缴入财政专户	新计价费[2003]1321号
		100. 成人中专(含职业中专)毕业生资格审查费	缴入财政专户	新价非字[1994]109号
		101. 研究生资格审查费	缴入财政专户	新计价费[2003]1321号
		102. 高等教育自学考试护理专业实验费、考核费	缴入财政专户	新财综字[1995]21号
		103. 中小学教师继续教育培训费	缴入财政专户	新计价费[2002]1316号
		104. 少儿计算机培训费及考试费	缴入财政专户	新财综[2001]28号、新计价费[2001]1687号
		105. 证书工本费	缴入财政专户	新计价费[2002]1316号
		(1)中小学教师继续教育证书		
		(2)中小学继续教育登记手册		
		106. 录取费	缴入财政专户	
		(1)成人(含高职)录取费		新价非字[2000]27号
		(2)中专录取费		新价非字[2000]27号
		(3)普通录取费		新价非字[2000]27号、新计价费[2002]562号
		107. 新增专业评审费	缴入财政专户	新价非字[1994]109号
		108. 教研活动费	缴入财政专户	新计价费[2001]1704号
二十四	科技			
	▲	109. 科学技术计划相同项目申报集中评审费	缴入财政专户	新价非字[1992]152号
	▲	110. 民办科研机构管理费	缴入财政专户	同上
	▲	111. 科技成果公告费	缴入财政专户	同上
	▲	112. 科技证书工本费	缴入财政专户	同上

续表

序号	部门	收费项目名称	管理方式	收费及资金管理文件依据
		113. 计算机上岗报名费、培训费、考试费、证书工本费	缴入财政专户	新价非字[1994]23号、新价非字[1995]97号
二十五	体育			
		114. 自治区境内攀登山峰收费	缴入国库	新价非字[1992]110号、价费字[1999]207号、财综[2004]7号、新发改函[2008]56号、新财预[2009]202号
二十六	广电			
		115. 全国广播电视新闻采编人员、播音员、主持人资格考试、考务费	缴入国库	新财非税[2005]34号、财综[2005]33号、发改价格[2005]1518号、新发改收费[2008]758号、财综[2008]37号、新财非税[2008]29号、发改价格[2008]1539号
	▲	116. 录像资料片损耗费	缴入财政专户	新价非字[1992]97号
		117. 音像制品销售、有线电视供片等证照费	缴入财政专户	同上
		(1)录像放映许可证		
		(2)音像制品销售许可证		
		(3)有线电视供片证		
		(4)有线电视节目准播证		
		(5)邮寄录像制品封签证明函		
		118. 音像管理费	缴入财政专户	同上
	▲	119. 有线电视工程质量验收测试费	缴入财政专户	同上
		120. 科技教育等专业性音像资料复录费、制作费、播放收费	缴入财政专户	同上
二十七	发展改革			
		121. 非刑事案件财物价格鉴定费	缴入国库	财综[2004]56号、新财综[2004]98号
		122. 行政事业性收费年审管理费	缴入财政专户	新价非字[1993]13号、新价非字[1993]16号
二十八	煤炭			
	▲	123. 煤炭通风安全检测费	缴入财政专户	新价非字[1992]105号
	▲	124. 煤尘与瓦斯爆炸救护费	缴入财政专户	同上
	▲	125. 培训收费	缴入财政专户	
		(1)矿长培训收费		新财综字[2000]131号
		(2)矿山救护人员培训费		新价非字[1992]105号
	▲	126. 矿产安全收费	缴入财政专户	新财综字[1996]60号、新计价费[2004]708号
		(1)安全管理人员安全资格考核、认证及证书工本费		
		(2)矿长资格考核、认证及证书工本费		

续表

序号	部门	收费项目名称	管理方式	收费及资金管理文件依据
		(3)煤矿特种作业人员考核费		
二十九	统计			
		127. 统计专业技术资格考试考务费	缴入国库	价费字[1992]105号、计价格[2002]964号、新财预[2003]1号
		128. 统计人员岗位培训费	缴入国库	财规[2000]45号、新财预[2009]202号
		129. 统计从业资格考试费及证书工本费	缴入国库	新财非税[2006]19号、新发改收费[2007]942号、新财非税[2007]27号
		130. 统计登记证工本费	缴入财政专户	自治区人民政府51号令、新计价费[2001]1608号
		(1)统计登记证书		
		(2)统计登记手册		
		(3)统计法规手册		
三十	国土资源			
	▲	131. 矿产资源补偿费	缴入国库	国务院令第150号、自治区人民政府令第47号
	▲	132. 矿产资源勘查登记费	缴入国库	价费字[1992]251号、新价非字[1992]103号、国务院令第240号、财预字[1994]37号、新政办[1994]116号
	▲	133. 采矿登记收费	缴入国库	价费字[1992]251号、国务院令第241号、新价非字[1992]103号
	▲	134. 土地复垦费	缴入国库	《土地管理法》、新财预[2000]120号、新计价房[2001]500号、新财非税[2007]8号
	▲	135. 土地闲置费	缴入国库	《土地管理法》、新计价房[2001]500号、新财预[2003]1号
	▲	136. 土地登记费	缴入国库	国土(籍)字[1990]93号、新财预[2000]120号、新财综字[2000]95号、新计价房[2001]500号
	▲	137. 征(土)地管理费	缴入国库	新政发[1985]89号、价费字[1992]597号、财预字[1994]37号、新政办[1994]116号、新财综字[2000]95号、计价格[2001]585号、新计价房[2002]470号、新财非税[2007]8号
	▲	138. 耕地开垦费	缴入国库	《土地管理法》、新计价房[2001]500号、新财预[2003]1号
		139. 地质成果资料费	缴入国库	价费字[1992]251号、新价非字[1993]34号、新财预[2004]52号
		140. 土地评估师考试、考务费	缴入国库	发改价格[2005]147号
	▲	141. 三资企业场地使用费	缴入国库	财工字[1995]53号、新财综字[2000]95号、新计价房[2001]500号
	▲	142. 临时使用土地补偿费	缴入财政专户	《中华人民共和国土地管理法》、新财综字[2000]95号、新计价房[2001]500号
		143. 证书工本费	缴入财政专户	新财综字[2000]95号、新计价房[2001]500号
		(1)国有土地使用证		
		(2)集体土地所有证		

续表

序号	部门	收费项目名称	管理方式	收费及资金管理文件依据
		(3)集体土地使用证		
		(4)土地他项权利证明书		
		(5)土地开发许可证		
		(6)临时用地许可证		
		(7)土地勘界许可证		
	▲	144. 探矿权使用费	缴入国库	国务院令第240号、财综字[1999]74号、财综字[1999]183号
	▲	145. 采矿权使用费	缴入国库	国务院令第241号、财综字[1999]74号、财综字[1999]183号
	▲	146. 探矿权、采矿权价款收入	缴入国库	国务院令第240号、国务院令第241号、财综字[1999]74号、财综字[1999]183号、财建[2006]394号、新财建[2006]262号
三十一	住房城乡建设			
	▲	147. 房屋所有权登记费	缴入国库	财预字[1994]37号、新政办[1994]116号、发改价格[2008]924号、新发改医价[2008]823号
	▲	148. 城市房屋安全鉴定费	缴入国库	价费字[1992]179号、新价非字[1992]50号、新财预[2000]120号
	▲	149. 城市排水设施有偿使用费(未征收污水处理费的城市)	缴入国库	价费字[1993]181号、新财预[2000]120号
	▲	150. 城市道路占用挖掘费	缴入国库	建城[1993]410号、新政办[1999]38号、《城市道路管理条例》、新财预[2004]52号
	▲	151. 白蚁防治费	缴入国库	价费字[1992]179号、财预[2002]584号、新财预[2003]1号
		152. 考试考务费	缴入国库	
		(1)注册土木(岩土)工程师执业资格考试报名费		计价格[2002]2546号
		(2)房地产经纪人执业资格考试报名费		同上
		(3)注册建造师执业资格考试、考务费		发改价格[2007]1467号、财综[2007]35号、新财非税[2007]25号
		(4)注册电气工程师执业资格考试、考务费		发改价格[2009]1003号
		(5)注册化工工程师执业资格考试、考务费		同上
		(6)注册公用设备工程师执业资格考试、考务费		同上
		(7)注册土木工程师(港口与航道工程)执业资格考试、考务费		发改价格[2009]1003号、财综[2007]23号

续表

序号	部门	收费项目名称	管理方式	收费及资金管理文件依据
		(8)注册环保工程师执业资格考试、考务费		财综[2006]37 号、新财非税[2006]34 号、发改价格[2009]2599 号
		(9)注册土木工程师(水利水电工程)执业资格考试、考务费		同上
		(10)物业管理师资格考试、考务费		财综[2009]7 号、新材非税[2009]5 号、发改价格[2009]767 号
		153. 城市污水处理费(限于事业单位)	缴入国库	财综字[1997]111 号、计价格[1999]1192 号、国发[2000]36 号、计价格[2002]515 号、新财预[2009]202 号
		154. 乌鲁木齐市河滩快速路和外环路车辆通行费	缴入国库	新政办函[2004]47 号、乌鲁木齐市人民政府第 53 号令、乌发改费[2005]26 号、新财预[2009]202 号
	▲	155. 出租车营运证特许权有偿使用费	缴入国库	新价非字[1998]36 号、新财非税[2007]8 号
		156. 商品房购销合同工本费	缴入财政专户	新财综字[1997]92 号、新计价房[1997]30 号
三十二	知识产权			
		157. 专利代理人资格考试报名考务费	缴入国库	价费字[1992]332 号、新价非字[1992]124 号、新财预[2003]1 号
		158. 实用新型专利检索报告费	缴入财政专户	计价格[2002]185 号、新计价费[2002]309 号、国务院令第 306 号
		159. 专利纠纷调解处理费	缴入财政专户	新计价费[2003]850 号
		160. 专利代理人培训费	缴入财政专户	《专利代理条例》及专利代理人执业培训办法
		161. 专利技术合同认定登记费	缴入财政专户	新价非字[1992]152 号
		162. 专利许可贸易手续费	缴入财政专户	同上
		163. 专利代理收费	缴入财政专户	同上
		164. 专利文献检索费	缴入财政专户	同上
三十三	环保部门			
	▲	165. 城市放射性废物送贮费	缴入国库	价费字[1992]178 号、计价格[1999]750 号、新价非字[1999]44 号、国办发[2001]93 号、新财预[2003]1 号、新发改收费[2007]557 号
	▲	166. 环境监测服务费	缴入国库	价费字[1992]178 号、新价非字[1992]112 号、国办发[2001]93 号、新财预[2002]20 号
		167. 考试考务费	缴入国库	
		(1)注册环保工程师执业资格专业考试考务费		财综[2006]37 号,发改价格[2009]2599 号
		(2)注册核安全工程师职业资格考试、考务费		财综[2007]41 号,发改价格[2007]1925 号、新材非税[2007]29 号
		(3)环境影响评价工程师职业资格考试、考务费		同上

续表

序号	部门	收费项目名称	管理方式	收费及资金管理文件依据
	▲	168. 自然保护区资源保护管理费	缴入国库	新价非字[1990]50号、新价非字[1992]112号、国办发[2001]93号、新发改收费[2005]1239号、《自治区自然保护区管理条例》
	▲	169. 排污收费	缴入国库	财综[2003]38号、国务院令第369号、四部委令第31号、新计价费[2004]30号
		(1)污水排污		
		(2)废气排污		
		(3)固体废物及危险废物排污		
		(4)噪声超标排污		
三十四	旅游			
		170. 入境签证费	缴入国库	价费字[1992]132号、新价非字[1992]65号、财预字[1994]37号
	▲	171. 证书工本费	缴入国库	
		(1)星级标牌工本费(含证书费)		价费字[1992]132号、新财预[2004]52号
		(2)A级旅游景区标牌(含证书)		财综[2005]50号,发改价格[2006]83号
		(3)工农业旅游示范点标牌(含证书)		同上
		172. 考试考务费	缴入国库	
		(1)导游人员资格报名考试费		新财综[2002]67号、新计价费[2003]2094号、新财非税[2006]31号、财综[2006]31号、发改价格[2006]2051号、新财非税[2007]8号
		(2)中、高级导游人员等级考核、考务费		财综[2006]31号、发改价格[2006]2051号、新发改收费[2009]2580号
		(3)特级导游人员等级考核、考务费		财综[2006]31号,发改价格[2006]2051号
三十五	测绘			
	▲	173. 测绘成果成图资料收费	缴入国库	价费字[1992]176号、新财预[2004]52号
	▲	174. 测绘产品质量监督检验收费	缴入国库	价费字[1992]176号、新价非字[2000]50号、新财预[2004]52号
	▲	175. 测绘仪器检测收费	缴入国库	价费字[1992]176号、新财预[2004]52号
	▲	176. 测绘标志维护补贴费	缴入财政专户	新财综字[1997]61号、新价非字[1997]46号
三十六	烟草			
	▲	177. 烟草制品及原辅材料检验费	缴入国库	价费字[1992]187号、新财预[2004]52号
三十七	铁路			

续表

序号	部门	收费项目名称	管理方式	收费及资金管理文件依据
		178. 铁道行业职业技能鉴定考试费	缴入国库	计价格[2002]435号、新计价费[2003]203号、新财预[2004]52号
	▲	179. 铁路护路联防费	缴入财政专户	新价非字[1993]73号
	▲	180. 铁路用地管理费	缴入财政专户	新财综字[1998]116号
三十八	交通部门			
		181. 证书工本费	缴入国库	新财非税[2006]18号、新发改收费[2006]1592号
		(1)道路运输经营许可证		
		(2)道路运输证		
		(3)国际汽车运输行车许可证		
		(4)国际汽车运输特别行车许可证		
		(5)国际道路运输国籍识别标志		
		(6)道路危险货物运输许可证		
		182. 考试考务费		
		(1)交通行业特有职业技能资格鉴定(考核)考试考务费	缴入国库	财综[2006]36号、发改价格[2007]301号、新财非税[2006]35号
		(2)船员适任证书考试(含海船及内河船员)费	缴入财政专户	计价格[2001]2717号、财预[2003]470号、财预[2003]559号
	▲	183. 船舶登记费	缴入国库	价非字[1992]191号、交财发[1997]93号、新财预[2004]52号、财预[2003]559号、新财预[2009]202号
	▲	184. 船舶及船用产品设施检验费	缴入国库	价非字[1993]17号、计价费[1998]800号、财综[2003]81号、新财预[2009]202号
	▲	185. 车辆通行费(限于政府还贷)	缴入国库	交公路发[1994]686号、《收费公路条例》、新财预[2009]202号、新交综[2009]33号
		186. 公路及其附属设施损坏赔偿费	缴入财政专户	新价非字[1998]68号
		187. 机动车驾驶员培训管理费	缴入财政专户	新价非字[1993]40号、新价非字[1998]30号
		188. 超限运输车辆行驶公路补偿费	缴入财政专户	新交综[2003]135号
		189. 看车费	缴入财政专户	新交征稽字[1992]736号
		190. 驾驶员报名费、考试费、证书工本费	缴入财政专户	新价非字[1993]40号
三十九	工业和信息产业			

续表

序号	部门	收费项目名称	管理方式	收费及资金管理文件依据
		191. 无线电频率占用费(非手机用户)	缴入国库	财预字[1994]37号、新政办[1994]116号、计价费[1998]218号、新价非字[1998]19号、计价格[2002]605号、计办价格[2002]682号、新计价费[2002]900号、发改价格[2003]2300号、发改价格[2004]1945号、《电信条例》、财建[2002]640号、发改价格[2005]2812号、发改价格[2007]3643号
	▲	192. 无线电设备检测费	缴入国库	计价费[1998]218号
		193. 考试考务费	缴入国库	
		(1)计算机软件专业技术资格和水平考试、考务费		发改价格[2003]2148号
		(2)管理咨询师职业水平考试、考务费		财综[2007]18号、新财非税[2007]21号、发改价格[2009]3059号
	▲	194. 自备油罐车管理费	缴入财政专户	新价费字[1992]56号、新价工交字[1998]70号、新党财办[1998]11号
		195. 能源利用监测和测试收费	缴入财政专户	新价非字[1991]1号、新价费字[1992]56号
四十	农业部门			
	▲	196. 国内植物检疫费	缴入国库	价费字[1992]452号、新计价费[1996]42号、新财预[2003]1号、新财综[2004]5号
	▲	197. 农药登记费	缴入国库	价费字[1992]452号、计价费[1996]1718号、新计价费[1996]42号、新财预[2000]120号、计价格[2001]523号
	▲	198. 渔业资源增值保护费	缴入国库	《渔业法》、价费字[1992]452号、新计价费[1996]42号、新财预[2000]120号
	▲	199. 农作物委托检验费	缴入国库	价非字[1992]452号、新价非字[1994]98号、新财预[2009]202号
		200. 证书工本费		
		(1)土地承包经营权证书工本费	缴入国库	新财非税[2005]5号、新计价费[2005]438号
		(2)种子质量合格证工本费	缴入财政专户	新价非字[1994]98号
	▲	201. 新型肥料田间试验示范费	缴入财政专户	新财综[2002]13号、新计价费[2002]463号
四十一	农机部门			
	▲	202. 农机产品测试检验费	缴入国库	发改价格[2008]2976号、新财非税[2007]8号
	▲	203. 农机监理费	缴入国库	价费字[1992]452号、新财预[2000]120号、新计价费[2005]450号
		(1)机动车牌证工本费		
		(2)机动车安全技术检验费		
		(3)驾驶许可考试收费		
	▲	204. 农机试验鉴定收费	缴入财政专户	新价非字[1992]108号
		205. 拖拉机驾驶员培训费	缴入财政专户	新计价费[2002]1040号、新发改收费[2009]2001号

续表

序号	部门	收费项目名称	管理方式	收费及资金管理文件依据
四十二	畜牧部门			
	▲	206. 畜禽及畜禽产品检疫费	缴入国库	价费字[1992]452号、新计价费[1996]42号、《动物防疫法》、新财预[2003]1号、发改价格[2003]2353号、新计价费[2004]108号、新财综[2004]5号、新发改收费[2008]2402号
	▲	207. 水生野生动物资源保护费	缴入国库	财综字[1999]102号、计价格[2000]393号、新财预[2003]1号、财综[2009]18号、新财非税[2009]14号
	▲	208. 新兽药审批费	缴入国库	价费字[1992]452号、新计价费[1996]42号、《兽药管理条例》、新财预[2000]120号
	▲	209. 饲料添加剂登记注册费	缴入国库	价费字[1992]452号、计价费[1997]41号、新财预[2003]1号
	▲	210.《兽药典》、《兽药规范》和兽药专业标准收载品种生产审批费	缴入国库	价费字[1992]452号、新计价费[1996]42号、《兽药管理条例》、新财预[2003]1号
	▲	211. 已生产兽药品种注册登记费	缴入国库	同上
	▲	212. 检验检测费		新财预[2009]79号
		(1)新饲料添加剂质量复核检验费		价费字[1992]452号、新计价费[1996]42号
		(2)进口饲料添加剂质量复核检验费		同上
		(3)饲料及饲料添加剂委托检验费		价费字[1992]452号、新计价费[1996]42号、新价非字[1996]83号
		(4)进口兽药质量标准复核检验费		价费字[1992]452号、《兽药管理条例》、新计价费[1996]42号
		(5)进口兽药检验		同上
		(6)出口兽药检验		同上
		(7)新兽药质量复核检验费		同上
		(8)兽药委托检验费		同上
		213. 执业兽医资格考试考务费	缴入国库	财综[2009]79号、新财非税[2009]34号、发改价格[2009]3104号
		214. 证书工本费		
		(1)草原所有权证书工本费	缴入国库	新财综[2003]52号、新计价费[2003]1855号、新财综[2004]21号
		(2)草原使用权证书工本费	缴入国库	同上
		(3)临时使用草原许可证(正、副)工本费	缴入国库	同上
		(4)畜牧业设施建设占用草原许可证(正、副)工本费	缴入国库	同上
		(5)草原防火管治区通行证(25页/本)工本费	缴入国库	同上

续表

序号	部门	收费项目名称	管理方式	收费及资金管理文件依据
		(6)野生药用植物采集证	缴入财政专户	新财综字[2001]19号、新计价费[2001]1094号
		(7)野生药用植物准用证	缴入财政专户	同上
	▲	215. 草原管理费	缴入财政专户	新政函[1992]247号
	▲	216. 草原补偿费	缴入财政专户	《草原法》、新财综字[1998]94号、新价非字[1999]3号
	▲	217. 草原安置补助费	缴入财政专户	同上
	▲	218. 草原药用(经济)植物资源补偿费	缴入财政专户	新财综字[1998]94号、新价非字[1999]3号
	▲	219. 临时使用草原补偿费	缴入财政专户	同上
		220. 兽医药品器械费	缴入财政专户	牧计字[1986]20号
四十三	林业部门			
	▲	221. 野生动植物进出口管理费	缴入国库	价费字[1992]196号、新价非字[1992]132号、新财预[2000]120号、财综字[2000]75号、计价格[2000]1004号
	▲	222. 森林植物检疫费	缴入国库	价费字[1992]196号、新价非字[1992]132号、新财预[2000]120号
	▲	223. 绿化费	缴入国库	价费字[1992]196号、新财预[2000]120号、新财非税[2007]8号
	▲	224. 陆生野生动物资源保护管理费	缴入国库	《野生动物保护法》、林护字[1992]72号、计价费[1997]2500号、计价格[1999]1707号、新财预[2000]120号、新计价费[2002]693号、计价格[2002]599号
	▲	225. 林权勘测费	缴入国库	财综[2001]43号、计价格[2001]1998号、新计价费[2001]1552号、新计价费[2003]420号
	▲	226. 证书工本费	缴入国库	
		(1)林权证		财综[2001]43号、计价格[2001]1998号、新计价费[2001]1552号
		(2)木材经营加工许可证		新价非字[1995]85号
		(3)野生动物出疆证工本费		新价非字[1992]132号
		(4)野生动物繁殖许可证		同上
		(5)野生动植物允许进出口证明书		同上
		(6)义务植树登记工本费		同上
		(7)进入林区许可证		新价非字[1994]55号
	▲	227. 林地补偿费	缴入财政专户	价费字[1992]196号、《森林法》、新计价房[2001]500号
	▲	228. 林木病虫害防治费	缴入财政专户	新价非字[1996]7号、新价非字[1996]111号
	▲	229. 护林防火费	缴入财政专户	新政函[1989]58号、新价非字[1992]132号
四十四	水利部门			
	▲	230. 河道采砂管理费	缴入国库	新水政资字[1991]3号、价费字[1992]181号、新价非字[1992]92号、财预字[1994]37号

续表

序号	部门	收费项目名称	管理方式	收费及资金管理文件依据
	▲	231. 河道工程修建维护管理费	缴入国库	价费字[1992]181号、新财预[2000]120号、财预字[1994]37号、财综[2003]89号
	▲	232. 占用农业灌溉水源及设施补偿费	缴入国库	水政资[1995]457号
	▲	233. 水土流失防治费	缴入国库	《水土保持法》、新政发[2000]45号、新财预[2003]1号、财综[2003]89号
	▲	234. 水土保持设施补偿费	缴入国库	《水土保持法》、新政发[2000]45号、新财预[2003]1号
		235. 注册土木工程师(水利水电工程)执业资格考试、考务费	缴入国库	财综[2006]37号、发改价格[2009]2599号、新财非税[2006]34号
	▲	236. 水利工程破坏补偿费	缴入财政专户	新价费字[1992]92号
	▲	237. 乌鲁木齐河道管理费	缴入财政专户	新计价非[2001]1070号
	▲	238. 芦苇资源补偿费	缴入财政专户	新财综字[1999]6号、新发改收费[2007]2098号
	▲	239. 水资源费	缴入国库	价费字[1992]181号、财预字[1994]37号、财综[2003]89号、新计价费[2005]89号、财综[2008]79号、发改价格[2009]1779号
四十五	卫生部门			
	▲	240. 卫生监测费	缴入国库	价费字[1992]314号、新价非字[1996]96号、新财综字[1999]67号、新价非字[2000]51号、国办发[2002]57号、新财预[2004]52号
	▲	241. 卫生质量检验费	缴入国库	价费字[1992]314号、计办价格[2001]598号、新财预[2004]52号、财综函[2004]11号、国办发[2002]57号、财综[2008]47号
		242. 预防性体检费	缴入国库	价费字[1992]314号、新财预[2004]52号、国办发[2002]57号、财综[2008]47号
		243. 预防接种劳务费	缴入国库	同上
	▲	244. 委托性卫生防疫服务费	缴入国库	价费字[1992]314号、新财预[2004]52号
	▲	245. 疫情处理费	缴入国库	同上
	▲	246. 医疗事故鉴定费	缴入国库	价费字[1992]314号、新计价费[2002]1522号、发改价格[2003]501号、财综[2003]27号、新财预[2004]52号、发改价格[2007]2749号
		247. 预防接种异常反应鉴定费	缴入国库	财综[2008]70号、发改价格[2008]3295号、新财非税[2008]33号
		248. 考试考务费	缴入国库	
		(1)卫生专业技术资格考试费		计价格[2001]2043号、新计价费[2001]1609号、新财预[2003]1号
		(2)医师资格考试费		财综字[1999]176号、计价格[1999]2267号、新财综字[1999]115号、新价非字[2000]30号、新财预[2003]1号

续表

序号	部门	收费项目名称	管理方式	收费及资金管理文件依据
		(3)医学博士外语考试		财综[2003]79号、新财综[2004]2号、新计价费[2004]364号、发改价格[2007]2749号
		(4)护士考试费		新价非字[1997]23号
	▲	249. 医疗机构管理费	缴入国库	新价非字[1997]24号
		250. 计划免疫管理对象IC卡工本费	缴入财政专户	新财综[2002]61号、新计价费[2003]2093号
四十六	食品药品监督			
	▲	251. GMP认证费	缴入国库	价费字[1992]534号、财预[2000]127号、新财预[2000]120号、计价格[2001]904号、新计价费[2001]1095号、财综字[2003]83号、新计价费[2004]928号、发改价格[2004]59号
	▲	252. GSP认证费	缴入国库	财综字[2003]83号、发改价格[2004]59号、新计价费[2004]928号
	▲	253. 已生产药品登记费	缴入国库	计价格[1995]340号、财综字[1999]5号、新财预[2003]1号、《药品管理法》及条例
	▲	254. 生产药典、标准品种审批费	缴入国库	计价格[1995]340号、新财预[2000]120号、《药品管理法》及条例
	▲	255. 新药审批费	缴入国库	计价格[1995]340号、新价非字[1995]79号、财综字[1999]5号、新财预[2000]120号、《药品管理法》及条例
	▲	256. 许可证收费	缴入国库	
		(1)医疗器械生产许可证		计价费[1996]1500号、计办价格[2001]506号、新财综字[2000]106号、新计价费[2001]1854号
		(2)医疗器械经营许可证		同上
	▲	257. 中药品种保护费	缴入国库	价费字[1993]178号、财综字[1999]5号、新财预[2000]120号、《中药保护条例》
	▲	258. 药品检验收费	缴入国库	发改价格[2003]213号、新计价费[2003]887号、新财预[2009]202号
	▲	259. 医疗器械、制药机械检验费	缴入国库	价费字[1992]534号、新财预[2009]202号
	▲	260. 资格审查费	缴入国库	新财综字[2000]106号、新计价费[2001]1854号
		(一)药品生产、经营企业资格审查费		
		(1)药品生产企业资格审查费		
		(2)药品经营企业资格审查费		
		(二)医疗器械生产、经营企业资格审查费		
		(1)医疗器械生产企业资格审查费		

续表

序号	部门	收费项目名称	管理方式	收费及资金管理文件依据
		(2)医疗器械经营企业资格审查费		
		(3)医疗机构制剂		
四十七	民政部门			
		261. 婚姻登记证书工本费	缴入国库	财预字[1994]37号、新政办[1994]116号、新价非字[1996]110号、计价格[2001]523号、财综[2002]7号、新财综[2002]17号、《婚姻登记条例》
		262. 收养登记费	缴入国库	价非字[1992]349号、《收养法》、财预字[1994]37号、新政办[1994]116号、计价格[2001]523号、新计价费[2001]1418号
		263. 殡葬收费	缴入国库	新价费字[1999]22号、新财预[2009]202号
	▲	264. 地名标志牌标志费	缴入国库	新政办[2001]155号、新财综[2003]25号、新计价费[2003]1040号
		(1)地名标志牌收费		
		(2)标志牌产品质量检验费		
		(3)标志证生产厂家资质年检费		
		265. 对非政府救济对象收费	缴入财政专户	新财综字[1999]104号、新价非字[1999]83号
		(1)食宿费		
		(2)管理费		
		(3)遣返路费		
	▲	266. 社会福利企业证书工本费	缴入财政专户	新价非字[1993]91号
	▲	267. 建筑物标准名称使用证	缴入财政专户	新财综字[1999]93号、新价非字[1999]64号
	▲	268. 门牌证工本费	缴入财政专户	同上
		269. 国道、省道两侧设置村镇地名牌标志费	缴入财政专户	新政办[1997]81号
四十八	口岸			
	▲	270. 口岸建设费	缴入国库	新财综[2003]27号、新计价费[2004]1541号
四十九	法制办			
		271. 行政执法人员培训费	缴入国库	新财非税[2005]12号、新发改收费[2005]993号
		272. 执法证件工本费	缴入财政专户	新财综字[1998]29号、新价非字[1998]23号
五十	人力资源和社会保障			
		273. 职业技能鉴定费	缴入国库	财综函[2001]4号、财综[2004]65号、新财综[2004]119号、新计价费[2003]803号、新计价费[2004]482号、新财非税[2007]8号
		274. 保存人事关系及档案	缴入国库	价费字[1992]253号、新计价费[2002]787号、新财预[2004]52号
		275. 考试考务费(含报名费)	缴入国库	

续表

序号	部门	收费项目名称	管理方式	收费及资金管理文件依据
		(1)专业技术人员计算机能力考试、考务费		计价格[2001]1969号、新计价费[2001]1550号、新财预[2003]1号
		(2)价格鉴证师执业资格考试、考务费		新财综字[2000]42号、财综字[2000]27号、新财预[2003]1号、新计价费[2004]1448号、发改价格[2004]1108号
		(3)注册城市规划师资格考试、考务费		新财综字[2000]42号、财综字[2000]27号、计价格[2000]546号、新财预[2003]1号
		(4)质量专业技术人员职业资格考试、考务费		计价格[2001]1969号、新计价费[2001]1550号、新财预[2003]1号
		(5)专业技术人员职称外语等级考试、考务费		新财预[2003]1号、新计价费[2004]1448号、发改价格[2004]1108号
		(6)经济专业技术资格考试、考务费		同上
		(7)执业药师、执业中药师资格考试、考务费		同上
		(8)监理工程师、造价工程师资格考试、考务费		同上
		(9)注册资产评估师执业资格考试、考务费		同上
		(10)企业法律顾问执业资格考试、考务费		同上
		(11)注册税务师执业资格考试、考务费		同上
		(12)国际商务师执业资格考试、考务费		同上
		(13)初级、中级出版专业技术人员职业资格考试、考务费		计价格[2002]1698号、新财预[2003]1号
		(14)注册咨询工程师(投资)执业资格考试、考务费		同上
		(15)土地登记代理人员执业资格考试、考务费		发改价格[2004]1108号、新发改收费[2007]92号
		(16)注册安全工程师执业资格考试、考务费		新计价费[2005]503号、发改价格[2007]2016号
		(17)注册设备监理师执业资格考试、考务费		同上
		(18)投资建设项目管理师职业水平考试、考务费		财综[2006]22号、发改价格[2006]1577号、新财非税[2006]32号、新发改收费[2007]494号、发改价格[2008]2666号
		(19)注册化工工程师执业资格考试费		发改价格[2009]1003号

续表

序号	部门	收费项目名称	管理方式	收费及资金管理文件依据
		(20)外销员从业资格考试、考务费		发改价格[2004]1108号
		(21)注册公用设备工程师执业资格考试费		发改价格[2009]1003号
		(22)注册土木工程师(港口与航道工程)执业资格考试费		发改价格[2009]1003号
		(23)注册电气工程师执业资格考试费		发改价格[2009]1003号
		(24)环境影响评价工程师职业资格考试费		财综[2007]41号、发改价格[2007]1925号、新财非税[2007]29号
		(25)助理社会工作师职业水平考试、考务费		财综[2007]61号、发改价格[2008]278号、新财非税[2008]5号
		(26)社会工作师职业水平考试、考务费		同上
		(27)招标师职业水平考试、考务费		财综[2009]10号、发改价格[2009]633号
		(28)翻译专业资格(水平)考试、考务费		发改价格[2004]1086号、发改价格[2006]2308号、新发改收费[2007]92号、发改价格[2009]1586号
		276. 证书工本费		
		(1)机关、事业单位工人技术等级岗位证书	缴入国库	计价格[1995]611号、财综字[1995]61号、新财预[2003]1号、新计价费[2004]1646号
		(2)专业技术职务资格证书	缴入国库	新价非字[1992]5号、新价非字[1993]92号
		(3)国家机关、事业单位年度考核手册	缴入财政专户	新计价费[2001]1814号
		277. 专业技术职务任职资格评审费	缴入财政专户	新价非字[1991]66号、新价非字[1992]100号、新价非字[1995]56号
		278. 各类专业技术人员继续教育收费	缴入财政专户	新计价费[2004]518号
		279. 机关事业单位技术工人培训考核收费	缴入财政专户	新价非字[2004]1646号
		280. 职业技能培训费	缴入财政专户	新计价费[2004]480号
	▲	281. 劳动能力鉴定费	缴入财政专户	新政办[1991]22号、新发改收费[2007]1636号、新发改收费[2009]799号
		282. 劳动预备制培训合格证工本费	缴入财政专户	新财综字[2001]15号、新计价费[2001]1607号
		283. 基本医疗保险证书工本费	缴入财政专户	新计价费[2001]1373号、新财综字[2001]31号、新财综[2002]71号、新计价费[2002]1228号
		(1)定点医疗机构资格证书		

续表

序号	部门	收费项目名称	管理方式	收费及资金管理文件依据
		(2)定点医疗机构标牌		
		(3)定点零售药店资格证书		
		(4)定点零售药店标牌		
		(5)基本医疗保险证(手册)工本费		
		284. 基本医疗保险 IC 卡工本费	缴入财政专户	新计价费[2001]1373 号、新财综字[2001]31 号、新财综[2002]71 号、新计价费[2002]1228 号
		285. 外国人就业管理费	缴入财政专户	新价非字[1992]162 号、《外国人就业管理条例》
	▲	286. 民办职业介绍机构收费	缴入财政专户	新价非字[1994]59 号
		(1)登记费		
		(2)许可证工本费		
		(3)年审费		
五十一	编制			
		287. 机构编制管理证	缴入财政专户	新财综[2004]52 号、新计价费[2004]1282 号
五十二	档案			
	▲	288. 档案收费	缴入国库	价费字[1992]130 号、新价非字[1998]47 号、新财预[2004]52 号
	▲	289. 科学技术档案信息资源收费	缴入国库	同上
五十三	各有关部门			
	▲	290. 政府信息公开收费	缴入国库	财综[2008]44 号、新财非税[2008]27 号、发改价格[2008]1828 号

注：标注“▲”的项目为涉及企业的收费项目。

关于落实《新疆维吾尔自治区地方教育附加征收使用管理办法》有关问题的通知

（2010年8月23日　自治区财政厅、地方税务局、中国人民银行乌鲁木齐中心支行　新财非税［2010］33号）

伊犁哈萨克自治州财政局、地税局，乌昌财政局及各地（州、市）财政局、地税局，自治区地方税务局直属征收局、稽查局，人民银行新疆各地（州、市）中心支行：

2010年7月22日自治区人民政府下发了《新疆维吾尔自治区地方教育附加征收使用管理办法》（新政发［2010］71号），（以下简称《办法》），为认真贯彻落实自治区地方教育附加的征收管理，现将《办法》转发给你们，并就有关问题明确如下，请一并遵照执行。

一、缴纳范围

在本自治区行政区域所有缴纳增值税、消费税、营业税（以下简称“三税”）的单位和个人，都应当按照实际缴纳“三税”税额的1%缴纳地方教育附加。

二、征缴方式

地方教育附加由各级地方税务部门负责代征，使用税务部门监制的税收通用缴款书，收入全额就地缴入同级地方国库。

三、缴库科目

地方教育附加缴库时，填列《2010年政府收支分类科目》第103类“非税收入”01款“政府性基金收入”27项“地方教育附加收入”科目。

四、减免方式

符合国家税收征管的有关规定，减免“三税”的单位和个人，相应减免地方教育附加。

五、代征报表

地方税务部门代征地方教育附加后，在税收会统报表中增加地方教育附加收入子项，按月向同级财政部门抄送代征情况。

六、月度对账

月度终了3日内，人民银行各级国库部门将收入月度对账表，一式两份送财政、地税部门，财税部门于3日内核对完毕并盖章后留存1份，1份退回人民银行国库部门。

七、宣传工作

各级财政、税务、人民银行国库应加强对《办法》的宣传，帮助缴费人了解自治区地方教育附加征收管理政策，保障自治区地方教育附加征收工作顺利实施。

附件：新疆维吾尔自治区地方教育附加征收使用管理办法

附件

新疆维吾尔自治区地方教育附加征收使用管理办法

第一条 为了加快我区义务教育和中职教育事业发展，根据《中华人民共和国教育法》和《财政部关于同意新疆维吾尔自治区征收地方教育附加的复函》（财综函［2010］8号），制定本办法。

第二条 在本自治区行政区域内所有缴纳增值税、营业税、消费税（以下简称“三税”）的单位和个人，都应当按照实际缴纳“三税”税额的1%缴纳地方教育附加。

第三条 地方教育附加属于政府非税收入，全额缴入地方同级国库，纳入当地政府性基金预算，实行“收支两条线”管理。

第四条 地方教育附加由地方税务部门负责代征。

第五条 对“三税”实行先征后返、先征后退、即征即退办法的，除另有规定外，随“三税”征收的地方教育附加，一律不予退（返）还。

第六条 地方税务部门代征地方教育附加所需费用，由同级财政部门通过部门预算统筹安排，不得从基金中扣除或提取手续费，具体办法由自治区财政部门另行制定。

第七条 地方教育附加缴库时按照当年政府收支分类科目，填列“非税收入”中“政府性基金收入”款“地方教育附加收入”科目。支出时填列“教育”中“地方教育附加支出”科目。

第八条 地方教育附加专项用于均衡发展城乡义务教育，修建中小学校舍，改善中小学和中等职业学校办学条件。

第九条 地方教育附加应当按本办法规定的范围和标准征收，任何单位和个人不得擅自减征或者免征地方教育附加。

第十条 对单位和个人隐瞒、截留、不缴或者少缴地方教育附加的，按国务院《财政违法行为处罚处分条例》（国务院令第427号）规定处罚。

本办法自2010年8月1日起施行，1996年自治区人民政府印发的《关于印发〈新疆维吾尔自治区人民教育基金征收管理暂行办法〉的通知》（新政发［1996］12号）同时废止。

关于印发《新疆维吾尔自治区差别电价收入征收办法》的通知

（2010 年 11 月 1 日　自治区财政厅、发展和改革委员会、经济和信息化委员会　新财非税［2010］35 号）

伊犁哈萨克自治州财政局、发展改革委、经贸委，乌昌财政局，各地（州、市）财政局、发展改革委、经贸委（经委）：

为实现节能减排工作目标，遏制高耗能产业盲目扩张和低水平建设，促进产业结构调整和技术升级，根据新疆维吾尔自治区人民政府办公厅《关于贯彻完善差别电价政策意见的通知》（新政办发［2007］69 号）和《转发国家发改委等三部委关于清理对高耗能企业优惠电价等问题通知的通知》（新政办发［2010］140 号）的有关规定，新疆维吾尔自治区财政厅、新疆维吾尔自治区发展和改革委员会、新疆维吾尔自治区经济和信息化委员会联合制定了《新疆维吾尔自治区差别电价收入征收办法》，经自治区人民政府批准，现将《新疆维吾尔自治区差别电价收入征收办法》印发给你们，请遵照执行。

附件：新疆维吾尔自治区差别电价收入征收办法

附件

新疆维吾尔自治区差别电价收入征收办法

第一条　根据《关于贯彻完善差别电价政策意见的通知》（新政办发［2007］69 号）和《转发国家发改委等三部委关于清理对高耗能企业优惠电价等问题通知的通知》（新政办发［2010］140 号）精神，为实现自治区节能减排工作目标，遏制高耗能产业盲目扩张和低水平建设，促进产业结构调整和技术升级，特制定本办法。

第二条　本办法所称差别电价收入是指对被确定为实行差别电价的淘汰类、限制类高耗能行业的企业（生产线或设备），按规定征收的差别电价收入。

第三条　差别电价收入征收范围是指自治区经济和信息化委员会公布的差别电价企业名单中的高耗能企业。

第四条　差别电价按淘汰类、限制类高耗能行业的企业（生产线或设备）使用新疆电力公司电网、地方独立电网及其自备电厂的用电量计征，计征标准按照国务院价格主管部门确定的标准执行。

第五条 自治区财政厅委托新疆电力公司、地方独立电网公司代收代缴差别电价收入；使用自备电厂的，由自治区财政厅直接收缴。

第六条 差别电价收入按月征收，收入缴入自治区级国库。新疆电力公司、地方独立电网和使用自备电厂用电的目录内企业于每月 10 日前向自治区财政厅申报上月差别电价实际销售电量和差别电价收入。财政厅于每月 12 日前完成对申报的审核，确定差别电价征收数额，并向申报企业开具“非税收入一般缴款书”。相关单位于每月 15 日前（遇节假日顺延），按“非税收入一般缴款书”所确定的缴款额，足额上缴资金。自治区财政厅与相关单位在次年 3 月底前完成全年应缴差别电价收入的汇算清缴工作。

第七条 各电网企业和相关单位应准确计量销售电量和自发自用电量。不能准确计量的，由自治区财政厅按照其最大售电（发电）能力核定销售电量和自发自用电量，并确定差别电价征收数额。

第八条 自治区财政厅对代征差别电价收入的各电网企业，按代征额的 2‰ 付给代征手续费，代征手续费从自治区本级差别电价支出预算中安排。

第九条 差别电价收入列政府收支分类科目第 103 类“非税收入”99 款“其他收入”12 项“差别电价收入”。支出列政府收支分类科目相关支出科目。

第十条 新疆电力公司和地方独立电网公司应将代征的差别电价收入与其正常业务收入分账核算。

第十一条 相关企业应按规定及时、足额缴纳差别电价收入。除自治区人民政府职能部门外，任何地方、部门和单位均不得擅自减免差别电价收入。差别电价收入缴费义务人不按期缴纳差别电价收入的，自滞纳之日起按日加收滞纳部分 2‰的滞纳金。

第十二条 新疆电力公司、地方独立电网公司和拥有自备电厂企业应及时足额上缴差别电价收入。电网企业已征收差别电价收入，未按规定及时上缴国库的，从滞纳之日起按日加收滞纳部分 2‰的滞纳金。

第十三条 各级财政、发展改革、经贸、审计、监察部门应按照职责分工，加强对差别电价的征收、使用管理情况的监督检查，确保差别电价收入按规定征缴和使用。

第十四条 对违反本规定，多征、减征、缓征、停征，或者侵占、截留、挪用差别电价收入的单位及责任人，依照《财政违法行为处罚处分条例》（国务院令第 427 号）和《违反行政事业性收费和罚没收入收支两条线管理规定行政处分暂行规定》（国务院令第 281 号）进行处罚和行政处分，涉嫌犯罪的，移送司法机关处理。

第十五条 地方独立电网公司是指新疆电力公司所属电网以外的兵团、石油、水利等独立电网企业。

第十六条 本办法由自治区财政厅商有关部门负责解释。

第十七条 本办法自 2010 年 8 月 1 日起执行。此前电网企业已经收取但尚未上缴中央国库的差别电价收入，全额缴入自治区国库。

关于印发《新疆维吾尔自治区国际金融组织和外国政府赠款项目管理暂行办法》的通知

（2010 年 2 月 11 日　自治区财政厅　新财外［2010］2 号）

伊犁哈萨克自治州财政局、乌昌财政局及各地（州、市）财政局：

为加强对国际金融组织和外国政府赠款项目的管理，进一步提高赠款资金的使用效益，特制定《新疆维吾尔自治区国际金融组织和外国政府赠款项目管理暂行办法》，现印发给你们，请遵照执行。

附件：新疆维吾尔自治区国际金融组织和外国政府赠款项目管理暂行办法

附件

新疆维吾尔自治区国际金融组织和外国政府赠款项目管理暂行办法

第一章　总　　则

第一条　为进一步规范和加强我区利用国际金融组织和外国政府赠款管理工作，合理、有效地使用资金，根据《国际金融组织和外国政府贷款赠款管理办法》（2006 年财政部令第 38 号）、《财政部关于印发〈全球环境基金赠款项目管理办法〉的通知》（财际［2007］45 号）等相关规定，结合新疆实际情况，制订本办法。

第二条　本办法适用于我区利用国际金融组织和外国政府赠款开展的所有项目活动，包括项目准备、实施、后评估和资产管理等。

第三条　赠款项目应符合国民经济和社会发展战略，符合赠款支持方向，体现公共财政职能，促进经济社会和城乡区域协调发展。赠款的筹措和使用，应体现责权利相统一的原则，实现可持续性和良性循环。

第四条　本办法下列用语的含义：

赠款：是指由国际金融组织和外国政府提供、由财政部代表国家接受并转赠给我区的资金或实物投入。

国内配套资金：是指由各级政府部门和企业为赠款项目准备和实施提供的现金和实物投入。

国内配套资金承诺函：是指由自治区主管部门或各级财政部门为赠款项目准备和实施分别出具的国内配套资金保证文件，主要明确资金使用的主体、来源、金额、比例、用途和期限等。

项目执行机构：是指申请和实施赠款项目的部门或机构，包括：自治区主管部门；地（州、市）、县（市）有关部门或机构。

第五条 根据国家相关规定，赠款项目应接受审计部门的审计。

第二章 管理机构与职责

第六条 自治区财政厅是我区利用国际金融组织和外国政府赠款的归口管理机构，统一负责赠款的全过程管理，履行下列工作职责：

（1）研究确定自治区接受赠款的管理原则，制定基本规章制度。

（2）统筹考虑自治区赠款项目的申报工作，代表自治区人民政府向财政部提出赠款项目申请；根据财政部有关规定和项目要求，审核项目资金需求，提供国内配套资金承诺函。

（3）代表自治区人民政府与财政部或与受财政部委托的其他机构签署转赠协议；负责与自治区有关主管部门、地（州、市）人民政府签署再转赠协议。

（4）负责赠款项目预算审核、投资计划审核、提款报账、资金支付和专用账户管理等资金和财务管理工作。

（5）对赠款项目执行情况进行监督和检查，对项目形成的资产进行监督管理。

第七条 各级项目执行机构具体负责项目的组织实施和指导协调工作，在业务上接受同级财政部门的指导和监督。其主要职责为：

（1）向同级财政部门申报所在行业或地区的赠款项目并出具国内配套资金承诺函。

（2）负责赠款项目的组织实施，落实赠款协议、转赠协议及再转赠协议所规定的各项工作和安排，包括提供配套资金。

（3）严格执行国家有关赠款方针政策及财经制度，建立健全并落实内部财务会计、资产管理、项目管理、监督检查、人员岗位职责和资产验收审核等各项制度，并由主管部门送财政部门审核、备案；按照财政部门有关赠款项目财务管理与会计核算的规定，对项目进行独立的财务管理和会计核算。

（4）按照相关赠款协议的要求，制定项目实施计划；组织项目实施；审核提交提款报账相关资料；提供项目进度及执行报告；组织办理竣工验收及竣工决算；编制报送完工报告等。

第三章 项目准备工作

第八条 赠款项目的准备工作包括提交赠款申请书、编制项目建议书、磋商与谈判、法律文件签署与生效、转赠关系的确立等内容。

第九条 赠款项目申请书，由自治区主管部门或地（州、市）财政部门向自治区财政厅提出，并提交项目概念书、国内配套资金承诺函。经自治区财政厅核准后，向财政部申请。项目概念书内容包括：项目背景、项目目标、项目内容、项目预算、项目可持续性与示范作用、项目经济效益、项目社会效益、项目风险等。

第十条 在财政部审核同意赠款申请以及项目概念书后，项目执行机构编制项目建议书，经自治区财政厅审定后向财政部报送。项目建议书的内容主要包括：项目目标、项目必要性和可行性、项目活动、项目实施计划和组织安排、项目预算、项目质量和风险控制、项目成果应用及推广、监测与评估等。财政部门对项目预算中的国内外培训、考察及车辆、设备购置等非生产性支出的安排情况审核确认。

第十一条 地（州、市）财政部门及项目执行机构协助自治区财政厅开展赠款项目的磋商谈判工作。

方式。

第十六条　赠款项目完工后，项目执行机构对实施情况进行全面评价和总结。各级项目执行单位及相关部门应明晰产权关系和债权债务关系，防止国有资产流失。并根据有关规定编制、提交项目竣工验收报告，办理资产移交和登记手续，清理、关闭项目账户。

第五章　附　　则

第十七条　赠款资金的使用应符合赠款法律文件规定的范围与用途，任何单位和个人不得虚报、冒领，不得滞留、截留、挪用和擅自改变资金用途。各级财政部门对项目执行情况进行监督检查，对发现的问题，自治区财政厅将采取暂停赠款资金支付、收回已支付资金等措施。

第十八条　本办法自印发之日起施行。

第十九条　本办法由自治区财政厅负责解释。

关于印发《新疆维吾尔自治区自主创新和节能环保产品政府采购实施意见》的通知

（2010 年 3 月 30 日　自治区财政厅、科学技术厅、发展和改革委员会、经济和信息化委员会、环境保护厅　新财购［2010］15 号）

伊犁哈萨克自治州财政局、科技局、发改委、经贸委、环保局，乌昌财政局、科技局、发改委、经贸委（经委）、环保局及各地（州、市）财政局、科技局、发改委、经贸委（经委）、环保局，自治区各委、办、厅、局，大专院校，人民团体：

为积极发挥政府采购政策功能，鼓励、扶持我区自主创新、节能环保产品的研究和应用，根据《中华人民共和国政府采购法》，结合国务院《印发实施〈国家中长期科学和技术发展规划纲要（2006—2020年）〉若干配套政策的通知》（国发［2006］6号），财政部《关于实施促进自主创新政府采购政策的若干意见》（财库［2006］47号），财政部、国家发展和改革委员会《节能产品政府采购实施意见》（财库［2004］185号）等有关文件精神，自治区制定了《新疆维吾尔自治区自主创新和节能环保产品政府采购实施意见》（以下简称“实施意见”）。现印发给你们，请遵照执行。

附件：新疆维吾尔自治区自主创新和节能环保产品政府采购实施意见

附件

新疆维吾尔自治区自主创新和节能环保产品政府采购实施意见

为贯彻落实国务院《印发实施〈国家中长期科学和技术发展规划纲要（2006—2020年）〉若干配套政策的通知》（国发［2006］6号），发挥政府采购政策功能，鼓励、扶持我区自主创新、节能环保产品的研究和应用，根据《中华人民共和国政府采购法》，结合财政部《关于实施促进自主创新政府采购政策的若干意见》（财库［2006］47号），财政部、国家发展和改革委员会《节能产品政府采购实施意见》（财库［2004］185号）等有关精神，现就推进我区自主创新和节能环保产品政府采购提出以下实施意见：

一、自主创新和节能环保产品政府采购的适用范围

我区国家机关、事业单位和团体组织（以下统称“采购人”）使用财政性资金（预算内、预算外、自筹资金）、部门和单位纳入财政管理的其他资金或用以财政性资金作为还款来源的借（贷）款资金，采购列入国家或自治区自主创新产品目录和节能环保产品清单的产品和相关的技术和服务项目。

二、建立政府优先采购自主创新产品和节能环保产品制度

（一）自主创新和节能环保产品政府采购预算的编制

要按照财政部《自主创新产品政府采购预算管理办法》（财库［2007］29号）和自治区财政厅《关于进一步加强政府采购预算管理工作的通知》（新财购［2009］26号）编制要求执行。采购人在编制年度部门预算时，应当按照目录和清单的范围编制自主创新和节能环保产品政府采购预算，标明自主创新和节能环保产品。各级财政部门在部门预算审批过程中，在采购项目支出已确定的情况下，应当优先安排自主创新和节能环保产品的预算。

（二）自主创新和节能环保产品政府采购计划的编制

各主管部门应当严格按照批准的自主创新和节能环保产品政府采购预算编制自主创新和节能环保产品政府采购计划，报财政部门备案。自主创新和节能环保产品政府采购计划与政府采购计划同时编制，并单独列明。

（三）自主创新和节能环保产品政府采购的评审

按照财政部《自主创新产品政府采购评审办法》（财库［2007］30号）和财政部与相关部委公布的节能环保政府采购的相关要求，制定自治区相应的政府采购政策和激励措施。

在招评标评审环节，根据不同类别自主创新和节能环保产品的科技含量、市场竞争程度、市场成熟度和销售特点等，在评审标准中增设评审因素，并在招标文件中载明。

（四）自主创新和节能环保产品政府采购合同的管理

严格按照财政部《自主创新产品政府采购合同管理办法》（财库［2007］31号）和财政部与相关部委对节能环保产品政府采购的相关要求执行，中标、成交通知书发出之日起30日内，采购人应与生产、经营自主创新和节能环保产品的供应商签订政府采购合同。自主创新产品政府采购合同期限一般不得超过自主创新产品认证有效期，政府采购合同一经签订，应按合同约定及时支付采购资金并在履约保证金和付款期限等方面给予支持。

（五）建立政府首购制度

凡列入国家或自治区《政府采购自主创新产品目录》的产品，或未列入国家或自治区《政府采购自主创新产品目录》但属于区内企业或科研机构生产或开发的试制品和首次投向市场的自主创新和节能环保产品，符合我区国民经济发展要求和先进技术发展方向，具有较大市场潜力、需要重点扶持的产品，按规定认定后报财政部门批准，可实行政府首购，并对采购、使用情况进行实时跟踪、绩效评价。

（六）建立政府订购制度

由政府出资或立项需要研究开发的重大创新产品、节能环保产品、技术和软科学研究课题，经财政部门批准，可实行政府订购制度。政府部门（或项目单位）要通过招标或竞争性谈判方式，按照“竞争择优”原则，公开面向社会确定生产企业或研发机构，签订订购产品政府采购合同，并建立相应的考核验收和研究开发成果推广机制，促进技术成果应用转化。

（七）建立进口产品政府采购管理制度

采购人需要采购的产品在中国境内无法获取或者无法以合理的商业条件获取，以及法律法规另有规定确需采购进口产品的，应按照财政部《政府采购进口产品管理办法》（财库［2007］119号）和《关于政府采购进口产品管理有关问题的通知》（财库［2008］248号）的有关规定执行。涉及国家安全或秘密的采购项目，原则上应采购拥有国内自主知识产权的技术和产品，或我国企业生产制造的产品。采购进口产品时，要坚持有利于企业自主创新或消化吸收核心技术的原则，优先购买向我国转让技术和采取其他补偿贸易措施的产品。由政府投资的重大建设工程项目，以及使用财政性资金采购的重大装备和产品的项目，有关部门在初步设计和审批投资概算时，要求项目单位承诺采购自主创新产品，其中国产设备或产品采购比例一般不得低于项目设备产品总投资的60%，提供的同类设备或产品的生产制造商不得少于3家，否则，投资管理部门不予批准工程可行性研究报告，财政部门不予支付资金。

三、确保自主创新和节能环保产品政府采购工作落到实处

（一）加强宣传沟通和协作配合

各级财政部门要加强对优先采购自主创新产品和节能环保产品工作的宣传，在全社会倡导崇尚创新、节能减排，依法采购、科学消费的理念。要在公众媒体上及时公布列入国家、自治区《政府采购清单（或目录）》的自主创新和节能环保产品，扩大其在政府采购领域的影响。要加强与采购单位的沟通，在项目立项阶段明确采购自主创新和节能环保产品，使制度得到有效实施，同时要加强财政、科技、发改、经信、环保、质检、卫生、农业、畜牧、税务、工商、监察和审计等各部门的协作配合，优化服务，提高效率，充分利用政府采购政策，协调和研究解决在政府采购政策实施中的问题，保证政府优先采购自主创新产品和节能环保产品制度的落实。

（二）加强质量检查，工作考核、评价和监督机制

质检部门和工商部门要加强对政府优先采购

自主创新产品和节能环保产品生产企业的质量检查，使生产、销售的产品符合国家和自治区有关质量标准。认证机构要加强对产品质量的跟踪调查，对不符合认证要求的，要暂停企业生产直至撤销认证证书，并及时通报财政、工商等相关部门。各级财政部门要会同有关部门加强对自主创新和节能环保政府采购政策实施情况的考核、评价和监督，督促采购人和采购代理机构自觉执行自主创新和节能环保产品的政府采购政策，对有意规避采购自主创新和节能环保产品的单位和相关责任人，应依照有关规定予以处理。对于在政府采购自主创新和节能环保产品工作中取得明显成就和贡献的单位和个人，应予以鼓励和表彰。要实行信用管理，相关部门对政策实施情况进行跟踪问效。

（三）加大对违规采购行为处罚的力度

财政、监察、审计会同相关部门加强对政府采购自主创新和节能环保产品工作的监督检查，督促采购人或其委托的政府采购代理机构自觉执行政府采购有关法律法规和政策。对于不执行有关法律法规和政策的采购人，应责令其改正，拒不改正的，应核销其采购预算，不得拨付采购资金，并给予通报批评，直至追究有关责任人员的责任；属于政府采购代理机构责任的，要依法追究相关单位和责任人员的责任，直至取消代理资格；对于提供虚假材料冒充自主创新和节能环保产品谋取政府采购合同的供应商，其中标、成交结果无效，并处以罚款，列入不良行为记录名单，予以公告，在1—3年内禁止参加政府采购活动。情节严重构成犯罪的，依法追究刑事责任。

各地区、各部门要高度重视，在财政预算安排、政府采购等过程中，主动按照国家和自治区要求，优先购买自主创新和节能环保产品，同时要加强组织管理和监督，确保政府优先采购自主创新产品和节能环保产品工作落到实处。

关于印发《新疆维吾尔自治区区级2011年度政府集中采购目录和分散采购限额标准》的通知

（2010年7月2日　自治区财政厅　新财购［2010］22号）

伊犁哈萨克自治州财政局、乌昌财政局及各地（州、市）财政局，自治区各委、办、厅、局，各直属单位、大专院校、社会团体，自治区政府采购中心，各政府采购代理机构：

为加强对自治区区级国家机关、事业单位、团体组织实施政府集中采购和分散采购的管理，自治区财政厅根据《中华人民共和国政府采购法》（以下简称《政府采购法》）、财政部颁发的“政府采购品目分类表”及国家和自治区有关规定，制定了《新疆维吾尔自治区区级2011年度政府集中采购目录和分散采购限额标准》（以下简称《集中采购目录和分散采购限额标准》），现印发给你们，请按照以下要求切实做好政府采购各项工作。

一、自治区区级国家机关、事业单位、团体组织（以下简称“采购人”），使用财政预算内资金、预算外资金、自筹资金、中央专款以及以财政性资金作为还款来源的借（贷）款，采购列入《集中采购目录和分散采购限额标准》以内的货物类、工程类、服务类的项目时，必须实行政府采购。

二、列入集中采购目录范围的采购项目，采购人必须委托集中采购机构（自治区政府采购中心）组织采购。采购人因特殊原因，确需按分散采购形式采购的，需提前就项目、预算、用途、申请分散采购的理由等向自治区财政厅提出书面申请，自治区财政厅根据《关于审批自治区区级政府分散采购和变更采购方式有关事项的通知》（新财购［2007］21号文件）规定办理。

三、列入集中采购目录范围内的项目，货物类同类项目达到80万元（含80万元）、工程类同类项目达到100万元（含100万元）、服务类同类项目达到60万元（含60万元，其中软件开发达到100万元），应当以公开招标的方式实施政府采购。达到公开招标限额标准以上的集中采购项目，如有特殊情况需采取公开招标以外方式的，应向自治区财政厅提出申请，自治区财政厅根据《关于审批自治区区级政府分散采购和变更采购方式有关事项的通知》（新财购［2007］21号文件）规定办理，经批准后采购人方可实施采购。

四、在集中采购目录范围内，标注＊号的项目，属区本级政府采购协议定点采购项目。采购人采购协议供货和定点采购范围内的项目时，应严格按照自治区财政厅《关于印发〈自治区区级政府采购协议供货和定点采购管理（暂行）办法〉的通知》（新财购［2007］22号）有关规定执行。

五、不属于自治区区级2011年度政府集中采购目录范围内的货物类、工程类、服务类，但达到分散采购限额标准的采购项目，要按自治区区级2011年度分散采购限额标准执行。属于分散采购范围的货物类、工程类、服务类项目，采购限额未达到公开招标标准的，采购人可自行组织采购，也可委托采购代理机构采购，在邀请招标、竞争性谈判、询价和单一来源等方式中选择适合的方式组织实施。采购限额达到公开招标标准的项目，采购人必须按照自治区财政厅《政府采购代理机构代理政府采购业务管理（暂行）办法》（新财购［2005］11号）的要求，既可以委托经财政部和自治区财政厅批准认定的政府采购代理机构，也可以委托集中采购机构（自治区政府采购中心）组织实施。受委托的政府采购代理机构和自治区政府采购中心要按照规定的政府采购方式和程序组织招投标等采购事宜。达到公开招标限额标准以上的分散采购项目，如有特殊情况需采取公开招标以外方式的，应向自治区财政厅提出申请，自治区财政厅根据《关于审批自治区区级政府分散采购和变更采购方式有关事项的通知》（新财购［2007］21号文件）规定办理，经批准后采购人方可实施采购。

六、政府采购原则上要求购买国内产品和服务，凡国内产品能够满足需要的，都要采购国内产品。确需购买进口产品的，采购人应根据《财政部关于印发〈政府采购进口产品管理办法〉的通知》（财库［2007］119号文件）和财政部办公厅《关于政府采购进口产品管理有关问题的通知》（财办库［2008］248号）规定和程序执行。

七、属于环境标志产品、节能产品和计算机、打印机、空调、照明产品（包括双端荧光灯、自镇流荧光灯、单端荧光灯、管型荧光灯镇流器）、电视机、电热水器、显示器、便器、水嘴等九大类政府强制采购产品的采购，必须优先选择国家财政部、环境保护部、国家发展和改革委员会等有关部门最新发布的“环境标志产品政府采购清单”和“节能产品政府采购清单”（清单将在新疆政府采购网上公布）中的产品；

自主创新产品的政府采购要按照《财政部关于印发〈自主创新产品政府采购预算管理办法〉的通知》（财库［2007］29号文件）、《财政部关于印发〈自主创新产品政府采购评审办法〉的通知》（财库［2007］30号文件）、《财政部关于印发〈自主创新产品政府采购合同管理办法〉的通知》（财库［2007］31文件）、《财政部关于印发〈自主创新产品政府首购和订购管理办法〉的通知》（财库［2007］120号文件）、《关于印发〈新疆维吾尔自治区自主创新和节能环保产品政府采购实施意见〉的通知》（新财购［2010］15号文件）的有关规定执行。

八、自治区本级各部门（单位）对本部门（单位）2011年度政府采购计划的编报、执行以及采购合同的履行，要严格按照自治区财政厅《关于进一步加强自治区本级政府采购计划编制和执行管理的通知》（新财购［2009］28号）、《自治区本级政府采购各环节工作有关问题的通知》（新财购［2009］31号）的相关规定执行。

九、本《集中采购目录和分散采购限额标准》公布后，因特殊情况需要修改、补充的，由自治区财政厅另行公布。

十、根据《政府采购法》的规定，属于政府集中采购目录以内和分散采购限额标准以上的采购行为，要接受财政、监察、审计等部门的监督。

自治区财政厅政府采购管理办公室受理有关政府采购的举报和投诉。联系电话：0991－2816875。

十一、各地（州、市）的政府集中采购目录及分散采购限额标准，可结合本地区实际情况参照制定。

十二、本《集中采购目录和分散采购限额标准》由自治区财政厅负责解释。

附件：1. 新疆维吾尔自治区区级2011年度政府集中采购目录

2. 新疆维吾尔自治区区级2011年度分散采购限额标准

附件1

新疆维吾尔自治区区级2011年度政府集中采购目录

序　号	品目名称	备　注
A	货物类	
A03	一般设备	
A0301	电器设备	
* A030101	电视机	
* A030102	电冰箱	
* A030105	摄像机	
	照相机	
	照相机镜头	单次采购金额1万元以上，年累计采购金额5万元以上

序　号	品目名称	备　注
* A030106	空气调节设备	（包括除湿设备）
* A0302	办公自动化设备	
* A030201	计算机	
* A030202	打印机	
* A030204	传真机	
* A030205	复印机	
* A030206	速印机	
* A030207	碎纸机	
* A030208	投影仪（含投影幕）	
* A030209	扫描仪	
* A030210	计算机通用软件	指商品化、无需研发的操作系统、财务软件、防病毒软件（防病毒软件单次采购金额0.5万元以上，年累计采购金额3万元以上）
* A030211	移动存储盘	单次采购金额0.5万元以上，年累计采购金额3万元以上
* A030212	胶印机	
* A030213	数码印刷机	
A0303	家具	
A030301	办公家具	单次采购金额10万元以上，年累计采购金额50万元以上
A030302	宿舍家具	单次采购金额10万元以上，年累计采购金额50万元以上
A030303	教学家具	单次采购金额10万元以上，年累计采购金额50万元以上
A06	物资	
A0601	救灾物资	单次采购金额10万元以上，年累计采购金额50万元以上
A0604	农用物资	单次采购金额10万元以上，年累计采购金额50万元以上
A0605	储备物资	单次采购金额10万元以上，年累计采购金额50万元以上
A07	专用材料	
A0708	制服及劳保用品	单次采购金额10万元以上，年累计采购金额50万元以上
A10	专用设备	
A1001	通信设备	
A100101	移动通信设备	单次采购金额0.5万元以上，年累计采购金额3万元以上
* A100103	卫星定位仪	单次采购金额0.5万元以上，年累计采购金额3万元以上
A1004	网络设备	
* A100401	服务器	
* A100402	路由器	单次采购金额1万元以上，年累计采购金额5万元以上
* A100403	交换机	单次采购金额1万元以上，年累计采购金额5万元以上
A100405	磁盘阵列	
A100501	发电设备	单次采购金额10万元以上，年累计采购金额50万元以上
A100502	变配电设备	单次采购金额10万元以上，年累计采购金额50万元以上
A1006	医疗设备、器械	单次采购金额10万元以上，年累计采购金额50万元以上
A1007	计划生育设备	单次采购金额10万元以上，年累计采购金额50万元以上
A1008	监控设备	单次采购金额10万元以上，年累计采购金额50万元以上
A1010	农用机械设备	单次采购金额10万元以上，年累计采购金额50万元以上
A1011	工程机械	
A1012	园艺机械	单次采购金额10万元以上，年累计采购金额50万元以上
A1013	消防设备	单次采购金额10万元以上，年累计采购金额50万元以上
A1014	道路清扫设备	

序　号	品目名称	备　注
A1015	警用设备和用品	
A1019	教学设备	单次采购金额10万元以上，年累计采购金额50万元以上
A1020	实验室设备	单次采购金额10万元以上，年累计采购金额50万元以上
A1021	广播电视、摄影设备	单次采购金额10万元以上，年累计采购金额50万以上
A1022	灯光、音响设备	单次采购金额10万元以上，年累计采购金额50万元以上
A1024	体育设备	单次采购金额10万元以上，年累计采购金额50万元以上
A1027	电梯	
A1029	锅炉	
A1030	安检设备	单次采购金额10万元以上，年累计采购金额50万元以上
A1031	物探设备	单次采购金额10万元以上，年累计采购金额50万元以上
A1032	检测设备	单次采购金额10万元以上，年累计采购金额50万元以上
A11	交通工具	
* A11010101	普通轿车	
* A11010102	高级轿车	
* A110102	越野车	
* A11010402	旅行面包车	
A110105	专用汽车	
A11010501	工程汽车	
A11010502	工具汽车	
A11010503	消防车	
* A11010504	警车	
* A11010505	救护车	
A11010506	摩托车	
A11010508	洒水车	
A11010509	道路清扫车	
A11010510	垃圾车	
A11010599	其他专用汽车	
A99	其他货物	（财政部门要求的项目）

序　号	品目名称	备　注
B	工程类	
B01	建筑物类	
B0101	公用房建筑	
B0102	住房建设	
B0104	公益设备建设	
B0105	纪念性建筑设施建设	
B09	修缮、装饰工程	
B10	系统集成、网络工程	
B99	其他工程（财政部门要求的项目）	

采购上述工程类项目，单项造价经财政厅投资评审中心评审后，总额达到50万元以上的项目纳入政府集中采购。

序　号	品目名称	备　注
C	服务类	
＊C01	印刷、出版	
C02	工程设计	工程额度1000万元以上
C0703	交通工具的维护保养	
＊C070301	车辆保险（不含交强险）	
＊C070302	车辆维修	
C08	会议	
＊C0801	大型会议	（二类会议）
C09	软件开发	单次采购金额50万元以上的项目（含50万元）
C99	其他服务	（财政部门要求的项目）

附件 2

新疆维吾尔自治区区级2011年度分散采购限额标准

（一）货物类

单项金额在5万元（含5万元）以上或单项金额低于5万元但一次批量购买金额在10万元以上的货物。对其中采购总额达到80万元（含80万元）以上的货物的采购，按照公开招标的方式进行。

（二）工程类

30万元（含30万元）以上工程项目。对其中达到100万元（含100万元）以上的工程项目的采购，按照公开招标方式进行。

（三）服务类

单项金额在1万元（含1万元）以上或单项金额低于1万元但一次批量购买金额在5万元以上的服务项目。对其中达到60万元（含60万元）以上服务项目采购，按照公开招标方式进行。

关于印发《新疆维吾尔自治区本级行政事业单位车辆处置管理暂行办法》的通知

（2010年8月30日　自治区财政厅、监察厅、审计厅
新财资管［2010］225号）

自治区各委、办、厅、局，人民团体、大专院校：

为加强和规范自治区本级行政事业单位车辆处置管理，根据《新疆维吾尔自治区本级行政单位国有资产管理暂行办法》、《新疆维吾尔自治区本级事业单位国有资产管理暂行办法》，我们制定了《新疆维吾尔自治区本级行政事业单位车辆处置管理暂行办法》，现印发给你们，请遵照执行。

附件：新疆维吾尔自治区本级行政事业单位车辆处置管理暂行办法

附件

新疆维吾尔自治区本级行政事业单位车辆处置管理暂行办法

第一章　总　　则

第一条　为加强和规范自治区本级行政事业单位车辆处置管理，提高处置工作的透明度，防止国有资产流失，实现车辆交易价值最大化，根据《新疆维吾尔自治区本级行政单位国有资产管理暂行办法》、《新疆维吾尔自治区本级事业单位国有资产管理暂行办法》，制定本办法。

第二条　本办法适用自治区本级各行政事业单位车辆处置行为。

第三条　本办法所称自治区本级行政事业单位（以下简称“单位”）车辆是指单位占有、使用的，依法确认为国家所有的，没有产权和债务纠纷的公务用车和业务用车等。

第四条　单位车辆处置包括调拨、出售、报损、报废、核销、捐赠等。

第五条　单位车辆处置的范围包括：

（一）闲置车辆。

（二）因技术原因并经过科学论证，确需报废、淘汰的车辆。

（三）因单位分立、撤销、合并、改制、隶属关系改变等原因发生的产权或者使用权转移的车辆。

（四）已超过使用年限、行驶里程且无法使用的车辆。

（五）依照国家有关规定需要进行车辆处置的其他情形。

第六条 自治区财政厅是自治区人民政府负责自治区本级行政事业单位车辆处置的职能部门，对单位车辆处置实施综合管理。

第二章 车辆处置要求

第七条 自治区垂直管理部门报经自治区财政厅同意可在本系统内进行车辆调拨；自治区非垂直管理部门除扶贫、救灾等特殊情况不得跨政府级次进行车辆调拨，但特种车除外；自治区财政厅可对单位超编制车辆进行调剂处置。

第八条 单位申请调拨小汽车，接收单位要有车辆编制。

第九条 单位申请出售车辆，小汽车已使用年限原则上不少于10年，其他车辆原则上已使用年限不少于6年。

第十条 单位车辆的出售，应当遵循“统一管理，公开透明，集中处置”的原则。

第十一条 单位车辆的出售应当采取电子竞价、拍卖、协议转让以及国家法律、行政法规规定的其他方式进行。

第十二条 单位车辆的出售除协议转让外，应当进入依法设立的产权交易场所（以下简称“产权交易机构”）公开进行。

第十三条 单位申请报废车辆，应达到规定的使用年限或行驶里程；单位因特殊情况需申请报损车辆的，要出具公安部门的技术鉴定报告；单位申请核销有账无物车辆的，应出具对责任人的处理文件或说明材料。

第十四条 单位车辆的处置应当遵守国家法律、行政法规和政策规定，维护国有资产的安全、完整和有关各方合法权益。

第十五条 车辆处置要与预算管理、政府采购、车辆专控审批相结合，单位违规处置车辆，控办不进行专控审批，财政不得安排新购车辆经费预算，也不得进行车辆政府采购。

第十六条 单位处置车辆要做到公开透明，要主动向社会公开处置车辆相关信息，公布举报投诉电话。接受人民群众及社会各界的监督。公示时间不得少于5个工作日。

第三章 车辆处置审批程序

第十七条 单位处置车辆要严格履行审批手续，未经批准不得处置。

第十八条 单位处置车辆，首先向其主管部门提出申请，主管部门审核同意后以文件的形式报自治区财政厅审批，同时提交以下证件及资料：

（一）申报处置车辆清单。

（二）机动车行驶证、机动车登记证复印件。

（三）车辆价值凭证。含购货单据（发票、收据、完税凭证）、记账凭单、固定资产卡片复印件。

（四）《新疆维吾尔自治区行政事业单位国有资产处置管理办法》规定的相关表格。

（五）车辆目前使用状况说明。

（六）单位领取的“新疆维吾尔自治区行政事业单位国有资产占有、使用权登记证”复印件。

以上证件及资料需加盖车辆占用单位行政公章。

第十九条 自治区财政厅对单位提出的申请进行审批，在7个工作日内下发批复文件。

第二十条 自治区财政厅下发的批复是单位进行账务调整和公安车辆管理部门办理车辆过户、转籍手续的重要依据。

第二十一条 单位以报废方式处置车辆的，在收到自治区财政厅批复文件后15个工作日内，向自治区财政厅报送车辆注销证明、车辆回收证明。

第二十二条 单位以出售方式处置车辆的，自治区财政厅或车辆占用单位应委托评估机构进行价值评估。

第二十三条 评估机构应依法对出售车辆进行评估，资产评估结果报自治区财政厅备案。

第二十四条 车辆占有、使用单位须向评估机构提交以下文件、证件及资料：

（一）拟出售车辆清单。

（二）自治区财政厅资产评估立项备案表。

（三）车辆价值凭证。含购货单据（发票、收据、完税凭证）、记账凭证、固定资产卡片复印件。

（四）单位法人登记证书复印件。

（五）行政事业单位机构代码证复印件。

（六）机动车行驶证、机动车登记证复印件。

（七）其他相关材料。

评估机构进行资产评估时，应根据车辆的评估目的和实际状况，选用适当的评估方法，得出公允的车辆评估价值。

第二十五条 任何单位和个人不得干预评估机构依法独立、客观、公正地执行业务。

第二十六条 评估报告经核准或备案后，评估价值作为单位车辆交易底价。

第四章 车辆出售交易程序

第二十七条 车辆占有、使用单位收到自治区财政厅批复3个工作日内将以下车辆证件手续资料交付产权交易机构：

（一）自治区财政厅的批复文件。

（二）组织机构代码证复印件（加盖公章）。

（三）车辆目前使用状况说明。

（四）机动车行驶证复印件（加盖公章）。

（五）车辆购置税凭证复印件（加盖公章）。

（六）车船使用税缴纳凭证复印件（加盖公章）。

（七）购车发票或二手车过户发票复印件（加盖公章）。

（八）车辆保险单复印件（加盖公章）。

（九）单位领取的“新疆维吾尔自治区行政事业单位国有资产占有、使用权登记证”。

（十）其他有关材料。

第二十八条 产权交易机构接到车辆占有、使用单位以上资料和自治区财政厅授权委托书后，到实地核对标的车辆数量和状况，做出标记，并对车辆进行封存。

第二十九条 产权交易机构车辆核实工作完成后两个工作日内进行信息公告，征集受让人。

第三十条 产权交易机构要向意向受让人提供车辆信息查询和实地、实物查看服务。

第三十一条 意向受让人进行受让登记时必须交纳保证金，保证金数额原则上不得低于评估价值的30%。根据市场状况，升值空间较大的，保证金可以高于评估价值的30%。

第三十二条 经公开征集产生两个或两个以上受让方时，根据转让车辆的具体情况采取拍卖方式组织实施产权交易。

第三十三条 经公开征集只产生一个受让方或者按照有关规定经自治区财政厅批准的，可以采取协议转让的方式。

第三十四条 在车辆交易过程中，当实际交易价格低于评估价10%以上的，应当暂停交易，在报自治区财政厅重新确认后方可继续进行。

第五章 车辆处置收入与费用

第三十五条 单位车辆处置收入是政府非税收入的组成部分，按照自治区政府非税收入管理的规定，实行“收支两条线”管理。

第三十六条 单位车辆出售的检测费用、评估费用由车辆委托单位支付。

第三十七条 车辆交易结算价款在车辆交接完成后的3个工作日内，由产权交易机构及时上缴自治区财政厅。自治区财政厅收到车辆处置收入后，应向相关单位开具“新疆维吾尔自治区非税收入一般缴款书”。

第三十八条 企业化管理事业单位、自收自支的事业单位、建设期事业单位车辆处置收入，扣除车辆处置涉及的相关成本费用的净收入，由自治区财政厅行政事业资产监督管理部门负责，按照审批程序返还单位，专项用于车辆更新及维修。

第六章 车辆过户事项

第三十九条 产权交易机构收到车辆交易款项后5个工作日内完成车辆的交接工作。

第四十条 车辆占有、使用单位在车辆交付受让方前，负责车辆保管与安全。

第四十一条 公安车辆管理部门凭受让方提供的自治区财政厅批复文件、产权交易机构成交凭证办理过户、转籍手续。

第四十二条 已成交的车辆必须在办理完过户、转籍手续后，才能将车辆交付给受让方。

第七章 车辆处置责任

第四十三条 自治区财政厅、自治区监察厅、自治区审计厅依法加强对单位车辆处置行为的监督管理，维护国有资产的安全、完整，防止国有资产的流失。

第四十四条 受托参与行政事业单位车辆有偿转让活动的产权交易机构，应严格遵守有关规定，认真履行职责，对造成国有资产流失的，依法追究责任。

第四十五条 对违反本办法，擅自处置车辆的单位和个人，依照国务院《财政违法行为处罚处分条例》等有关法规、规章和制度追究责任。

第八章 附 则

第四十六条 自治区本级社会团体和民办非企业单位占有使用产权归国家所有的车辆，其车辆处置参照本办法执行。

第四十七条 实行企业化管理并执行企业财务会计制度的自治区本级事业单位，以及自治区本级行政事业单位创办的具有法人资格的企业占有使用的车辆处置，由自治区财政厅按照企业国有资产监督管理的有关规定实施监督管理。

第四十八条 自治区各地（州、市）可依据本办法，制定本地区行政事业单位车辆处置管理规章制度。

第四十九条 本办法自2010年10月1日起施行。此前颁布的有关自治区本级行政事业单位车辆处置的规章制度，凡与本办法相抵触的，以本办法为准。

第五十条 本办法由自治区财政厅负责解释。

关于印发《自治区乡镇财政资金监管实施办法（试行）》的通知

（2010年9月20日 自治区财政厅 新财乡财［2010］9号）

伊犁哈萨克自治州财政局、乌昌财政局及各地（州、市）财政局：

为充分发挥乡镇财政职能作用，提高乡镇财政资金使用效益，根据财政部《关于印发切实加强乡镇财政资金监管工作的指导意见的通知》（财预［2010］33号），结合我区实际，我们制定了《自治区乡镇财政资金监管实施办法（试行）》，现印发给你们。

请各地高度重视乡镇财政资金监管工作，将此项工作作为加强财政管理基础工作和基层财政建设的有效举措，作为落实预算编制、执行、监督、绩效考评“四位一体”要求的重要内容，作为推进基层财政科学化精细化管理的主要手段。各级财政门要切实加强对乡镇财政资金监管工作的指导，各地（州、市）财政部门要指导好所属县（市）乡镇财政资金监管工作，加强组织、协调、督促、考核。县级财政部门要承担好组织推动、量化细化工作任务、分解工作责任和承上启下、横向协调等各项工作任务，将乡镇财政资金监管工作抓紧抓实。

各地（州、市）财政部门要根据本通知要求，结合本地区实际情况，研究制定切实可行的实施办法、方案，并于11月30日前报财政厅备案。

附件：自治区乡镇财政资金监管实施办法（试行）

附件

自治区乡镇财政资金监管实施办法
（试行）

第一章　总　　则

第一条　为进一步贯彻统筹城乡发展的要求，推进财政科学化精细化管理，更好地发挥乡镇财政职能作用，落实好中央、自治区各项民生政策，加强乡镇财政资金监管，提高财政资金使用效益，根据财政部《关于切实加强乡镇财政资金监管工作的指导意见》（财预［2010］33号），制定本办法。

第二条　本办法所称乡镇财政资金监管范围是指各级政府安排和分配用于乡镇及乡镇以下的各种财政资金，以及部分乡镇组织的集体经济收入等。主要包括：对人员和家庭的补助性资金，支农惠农的项目建设资金；乡镇财政本级安排的资金，上级财政部门、主管部门下达到乡镇的资金。

第三条　本办法所适用的资金监管由县（市、区）财政局（以下统称“县财政局”）及乡镇财政所具体负责实施。

第四条　乡镇财政资金监管目标是提高乡镇财政资金使用绩效。做好预算执行工作，加快预算支出进度，促进资金及时足额拨付。提高资金项目的安全性，防止出现数据不实、虚假立项、骗取套取、挤占挪用财政资金等行为。推进资金使用的绩效评价工作，不断提高农民受益程度。

第二章　补助性资金的监管

第五条　补助性资金，是指以人口、耕地面积、粮食产量、牲畜头（只）数、购买行为等为分配依据，直接或间接补助到农民的财政资金。包括鼓励农民发展农业生产、增加农民收入、建立农村社会保障和支持农村教育、文化、卫生事业运转等方面的财政补助资金。

第六条　补助性资金发放管理实行“公开公正，规范透明；整合集中，及时发放；封闭运行，确保安全；以人为本，方便高效”的原则。

第七条 县财政局要明确各项补助性资金在财政内部的运行流程，并积极与其他主管部门沟通协调，按照资金归口管理的要求，明确补助性资金在安排、上报、审核、发放过程中各相关部门的职责；乡镇财政所要做好和乡镇其他站所、单位的协调、配合和监督检查工作。

第八条 认真核实补助信息。乡镇财政所应对有关站所、单位提供的补助性资金相关基础数据进行认真审核，重点核实人口、耕地面积、粮食品种面积、粮食产量等补助资金信息，对容易发生变化的五保户人数、优抚对象人数、低保救助人数等补助信息，应派人到现场进行抽查核实，并将抽查结果向县财政局报告。

第九条 做好补助性资金告知和公示工作。乡镇财政所要联系或配合有关站所、单位，及时通过广播电视及网络、公开信、财政惠农补贴明白册（明白卡）、公告栏（宣传栏）、便民联系卡（便民手册）、监督台、电子触摸屏等方式公开各项补助政策、信息；要把有关《公开信》等及时发放到农户，确保农民群众的知情权；按照相关政策将村委会上报的、经初步核实的补贴对象、补贴依据、补贴标准、补贴金额、联系电话等信息通过“村务公开栏”或“财务公开栏”进行公示，公示时间不得少于5个工作日。

第十条 补助性资金应按照各项补助资金管理办法规定，原则上采取国库集中支付与“一卡（折）通”相结合的发放方式，及时、安全、便捷地发放到农户。

第十一条 建立补助性资金基础信息数据库。数据库主要包括：各种补助项目的制度政策、农户基础资料、各项补助资金发放明细、数据报表和根据基础数据建立的补助性资金管理台账等。乡镇财政所适时对有关信息进行补充和更新，确保基础信息完整、真实、准确。

第三章 项目资金的监管

第十二条 项目资金是指用于改善农村生产生活条件、自然生态环境、教育、医疗、文化条件和基础设施项目建设的财政补助资金。

第十三条 充分发挥乡镇财政对项目资金监管作用。乡镇财政所对纳入乡镇财政预算的项目资金，应参与项目的立项申报、跟踪实施、评估验收等工作；对在乡镇范围内未纳入乡镇预算的建设项目资金，应做好协作监管工作。

第十四条 做好项目资金公示。乡镇财政所对于纳入乡镇预算的项目，应在项目实施前进行公示。对未纳入乡镇预算的协管项目，县财政局应委托乡镇财政所进行公示。公示的主要内容为项目的实施范围、责任人、受益人和资金使用等情况。公示时间不得少于5个工作日。

第十五条 加强项目预算编制管理。乡镇财政所对纳入乡镇本级预算的项目应按照部门预算编制要求，认真编报预算，严格审核项目申报的真实性、可行性，经实地察看，对符合要求的项目纳入年度预算。

第十六条 加强项目预算执行管理。乡镇财政所应对项目开工建设和进展情况实施跟踪，定期向县财政局报告；做好项目支出审核，按规定及时拨付资金；项目完成后，及时进行评审验收和绩效考核，将评估验收和考评结果上报县财政局。

第十七条 加强对协作监管项目的管理。乡镇财政所对于上级财政与主管部门共同管理或上级主管部门直接管理的财政资金项目，应将其纳入监管范围，建立与各站所、村委会日常信息沟通的工作机制，及时掌握下达到乡镇各站所、村组、农场、合作社、专业协会等资金项目信息，及时实施监管，实地察看或抽查项目开工建设情况，检查资金使用情况，评估项目运行效果；对于项目施工不实、资金使用不符、支出违规等情况，应及时向县财政局报告。

第十八条 夯实项目建设资金的基础管理工作。乡镇财政所应按照本乡镇的经济社会发展规划，搞好本乡镇范围内的农林水利、乡村道路、学校医院、集镇村庄、环境保护等项目库建设。乡镇项目库包括建设单位的基本情况、投资估算与资金筹措、开工完工时间及项目资金管理情况等。乡镇财政所应根据上级财政和其他主管部门下达项目资金的文件和项目完工验收单等资料，及时登记项目台账；对于未纳入乡镇预算的项目资金，应根据实地察看或抽查情况登记监管项目台账。

第四章 乡镇财政预算管理

第十九条 乡镇财政所应健全预算管理等各项制度，加强乡镇财政预算资金管理。乡镇财政所按照预算管理的要求，认真做好预算编制、执行、调整和决算编制的具体工作，真实反映本级财政收支情况；按法定程序将预算、调整预算、决算报同级人大审查和批准。

第二十条 实行乡镇综合预算管理。乡镇财政将税收收入、非税收入、上年结余资金等所有收入全部纳入预算管理。对乡镇负责征收的各项财政收入，按照规定及时、足额缴入国库或财政专户，严格执行“收支两条线”的规定，不得截留、坐支、挪用和私设“小金库”。要规范乡镇财政预算编制程序，细化预算内容，逐步完善基本支出定员定额管理，建立基础信息数据库，及时做好数据更新，实行动态管理。

第二十一条 严格执行国库集中收付管理制度。乡镇零星支出可实行财政授权支付，项目支出等大宗开支要实行财政直接支付。乡镇经费支出由用款单位根据年度预算提出用款计划，经乡镇领导签批后，报县乡镇财政管理局审核。乡镇按核准后的计划使用，并接受县乡镇财政管理局监督。乡镇要严格按照预算指标控制用款计划。县财政局要逐步建立乡镇财政资金预算执行动态监控机制。

第二十二条 完善预算管理监督机制。乡镇财政所要主动接受乡镇人大、上级审计部门和财政部门的监督，及时公开预算及执行情况，自觉接受社会监督。

第五章 乡村财务管理

第二十三条 加强乡村债务管理。乡镇财政所应严格控制乡村债务发生，对新发生的债务应及时向县财政局报告。县财政局应建立、健全化解债务制度，锁定旧债，协助做好清欠工作。县财政局和乡镇财政所应对乡村债务实行动态管理，建立乡村债务动态监控制度，及时掌握债务变化情况。乡镇财政所年末对乡村债权债务进行清理，清理后按要求及时登记台账。同时，乡镇财政所和乡镇农经站共同做好村组织债务清理工作。县财政局应定期组织对乡村债务情况进行检查，对债务变化的真实性进行核实，并分析变化原因。

第二十四条 加强村级组织财务管理。乡镇财政所应加强对财政安排的村级组织专项资金核算与管理。实行“村财乡代管”的乡镇，村级的各项资金由代理机构统一在乡镇财政所设立“村级资金专户”进行管理。支出经村民理财小组审核、按有关规定审批后报账，对不符合财务规定的，代理机构有权拒付。由其他站所代理村级财务的乡镇，乡镇财政所要切实履行监管职责。

第二十五条 严格乡村资产管理。建立乡村资产购建、验收、保管、使用、处置等管理制度。乡镇财政所建立乡镇资产台账，每年组织对资产进行盘点，切实做到资产实物管理和价值管理相统一；乡镇固定资产购置、处置应报经县财政局批准，变动须及时登记固定资产账；同时，应积极参与村组织资产的管理，加强监督。

第二十六条 严格执行乡镇财务信息公开制度。乡镇财政必须按照财政部《关于进一步做好预算信息公开工作的指导意见》（财预

［2010］31号）和财政厅《关于做好自治区乡镇财政管理信息公开和反馈工作的通知》（新财乡财［2010］7号）的要求，履行必要的法律程序后，及时、准确地向社会公开乡镇财务收支以及乡村债权债务等情况。

第二十七条 做好乡村会计基础工作。乡镇、村级组织要按照《会计法》和《会计基础工作规范化》要求，依法建账设账，将所有收支纳入会计核算。建立健全会计人员岗位责任制、内部牵制和稽核等内部会计管理制度。积极开展会计人员继续教育，提高乡村财会人员综合素质和业务能力。

第六章 指导和监督乡镇财政开展资金监管

第二十八条 各级财政部门要加强乡镇财政资金监管工作的组织领导，成立乡镇财政资金监管工作领导小组，下设乡镇财政资金监管工作办公室，设立在乡镇财政管理局，日常工作由乡镇财政管理局负责。

第二十九条 各级财政部门要认真指导、督促乡镇财政有效开展监管工作，在有关资金和项目管理的文件中要明确规定乡镇财政的监管责任；县财政局要明确乡镇财政的具体监管范围，要量化、细化监管任务和责任。

第三十条 建立信息通报制度。各级财政部门各业务处（科、股）室在下达涉农资金管理办法和拨款文件时，应抄送同级乡镇财政部门；县财政局要加强与同级其他业务主管部门的协调，及时将上级财政、本级财政和主管部门下发的涉农资金政策、管理办法、资金指标文件等逐级抄送传达到乡镇财政所，确保乡镇财政所全面掌握监管信息。

第三十一条 建立、完善乡镇财政直接联系点制度。及时掌握乡镇财政资金监管情况，分析、研究工作中遇到的困难和问题，逐步规范乡镇财政的各项监管工作。建立信息反馈渠道，每季度终了后5个工作日内，中央直接联系点直接将本季度各项资金监管情况及存在的问题以信息、简报、情况反映等方式，通过电话、邮件、信函等形式上报财政部、专员办和自治区财政厅；自治区直接联系点直接上报自治区财政厅；其他乡镇财政所逐级上报财政部门。

第三十二条 建立监管情况月报告制度。乡镇财政所每月根据工作开展情况，上报资金使用、管理等情况。县财政局要将汇总的情况及时上报上级财政部门。

第三十三条 县财政局对于乡镇财政所资金及项目公示不实、补助信息有误、资金使用不符等问题，能够解决的要及时解决；不能及时解决的，应在10个工作日之内派人核实问题，进行认真处理或移交上级财政部门，并及时将处理结果告知有关财政所，将办理情况向社会公布。

第三十四条 县财政局每年至少组织一次乡镇财政监管工作情况抽查，检查相关内设机构履行职能情况；检查乡镇财政所各项监管制度是否健全，监管措施是否到位，提供的基础数据是否真实可靠，数据库资料是否齐全，岗位责任制是否落实，监管是否有效。县财政监督检查部门要积极参与乡镇财政资金监管工作，及时了解情况，反映问题，提出政策建议，配合开展好相关工作。

第三十五条 各级财政要建立财政资金监管工作日常考核和激励约束机制，实行乡镇财政资金监管工作考核制度，制定考核办法。加强乡镇财政监管能力建设、提供监管信息、督促指导相关职能机构和乡镇财政所履行监管职责、实施有效监管等各个方面工作的考核，并予以奖惩。

第三十六条 县财政局应加强对乡镇财政所的领导，充实乡镇财政职能，明确职责，提出监管具体要求，完善乡镇财政所人员管理。选择作风正派、责任心强、业务素质高的干部充实到乡镇财政队伍中来。帮助和督促乡镇财政所建立健全岗位责任制，加强干部培训工作。保障乡镇财政所实施监管工作必要经费，改善工作条件。

第七章　附　　则

第三十七条　各地（州、市）、县财政局应依据本办法，结合当地实际，制定具体实施细则。

第三十八条　本办法由自治区财政厅负责解释。

第三十九条　本办法自下发30日之后实行。

关于印发《新疆维吾尔自治区县域金融机构涉农贷款增量奖励资金管理实施办法》的通知

（2010年12月24日　自治区财政厅、中国人民银行乌鲁木齐中心支行、中国银行业监督管理委员会新疆监管局　新财金［2010］52号）

伊犁哈萨克自治州财政局，乌昌财政局及各地（州、市）财政局，五家渠市、图木舒克市、阿拉尔市财政局，中国人民银行新疆各地（州、市）中心支行，中国银行业监督管理委员会新疆各地（州、市）监管分局：

为贯彻落实财政部《财政县域金融机构涉农贷款增量奖励资金管理办法》（财金［2010］116号），进一步加强和规范县域金融机构涉农贷款增量奖励资金管理，建立和完善财政促进金融支农长效机制，结合自治区两年来开展此项工作试点的情况，我们对《新疆维吾尔自治区县域金融机构涉农贷款增量奖励资金管理办法（暂行）》（新财金［2009］24号）进行了修订完善。现将《新疆维吾尔自治区县域金融机构涉农贷款增量奖励资金管理实施办法》印发给你们，请遵照执行。执行中有何问题请及时向我们反馈。

附件：新疆维吾尔自治区县域金融机构涉农贷款增量奖励资金管理实施办法

附件

新疆维吾尔自治区县域金融机构涉农贷款增量奖励资金管理实施办法

第一章　总　则

第一条　为了加强和规范县域金融机构涉农贷款增量奖励资金（以下简称“奖励资金”）管理，建立和完善财政促进金融支农长效机制，支持“三农”发展，根据国家有关政策、法规及财政部《财政县域金融机构涉农贷款增量奖励资金管理办法》（财金［2010］116号），制定本实施办法。

第二条　本办法所称县域金融机构涉农贷款增量奖励，是指财政部门对年度涉农贷款平均余额增长幅度超过一定比例，且贷款质量符合规定条件的县域金融机构，对余额超增的部分给予一定比例的奖励。

本办法所称县域金融机构，是指县（含县级市，不含县级区，下同）辖区域内具有法人资格的金融机构（以下简称“法人金融机构”）和其他金融机构（不含农业发展银行，下同）在县及县以下的分支机构（以下简称“金融分支机构”）。

本办法所称涉农贷款，是指《中国人民银行、中国银行业监督管理委员会关于建立〈涉农贷款专项统计制度〉的通知》（银发［2007］246号）中“涉农贷款汇总情况统计表”（银统379表）中的“农户农林牧渔业贷款”、“农户消费和其他生产经营贷款”、“农村企业及各类组织农林牧渔业贷款”和“农村企业及各类组织支农贷款”等4类贷款。

本办法所称涉农贷款平均余额，是指县域金融机构该年度每季度末贷款余额的平均值，即每季度末贷款余额之和除以季度数。如果金融机构（网点）为当年新设，则贷款平均余额为其设立之日起的每季度末贷款余额的平均值。

第三条　县域金融机构涉农贷款增量奖励工作遵循政府引导、市场运作、风险可控、管理到位的基本原则。

政府引导，是指财政部门建立奖励机制，发挥财政资金的杠杆作用，引导和激励县域金融机构加大涉农信贷投放，支持农业发展。

市场运作，是指涉农贷款发放工作遵循市场规律，金融机构自主决策，自担风险。

风险可控，是指县域金融机构在增加涉农贷款投放的同时，应当加强风险管理，降低不良贷款率，有效控制风险。

管理到位，是指财政部门规范奖励资金的预决算管理，及时拨付，加强监督检查，保证资金安全和政策实施效果。

第二章　奖励条件和比例

第四条　财政部门对县域金融机构当年涉农贷款平均余额同比增长超过15%的部分，按2%的比例给予奖励。对年末不良贷款率高于3%且同比上升的县域金融机构，不予奖励。

第五条　奖励资金中央财政承担70%，自治区财政承担30%。

第六条　奖励资金于下一年度拨付，纳入金融机构收入核算。

第三章　奖励资金的预算管理

第七条　自治区财政厅根据县域金融机构当

年涉农贷款平均余额增量预测和规定的奖励标准及自治区承担的比例，安排专项奖励资金，列入下一年度自治区财政预算。

第八条 自治区财政厅每年向各地（州、市）财政部门据实拨付奖励资金，各地（州、市）、县财政部门及时转拨。

第九条 各地（州、市）财政部门根据国家关于财政资金管理的规定，及时编制奖励资金的审核、拨付和使用报告并按规定时间上报自治区财政厅。

自治区财政拨付奖励资金后，及时编制奖励资金的审核、拨付和使用报告，经财政部驻新疆监察专员办事处（以下简称“专员办”）审核后，于财政部拨付奖励资金后3个月内报财政部。

第四章 奖励资金申请、审核和拨付

第十条 县域金融机构按年向县级财政部门申请奖励资金。

第十一条 县域金融机构按照国家财务会计制度、本办法规定的涉农贷款统计口径和奖励比例，计算涉农贷款平均余额增量和相应的奖励资金，向县级财政部门提出申请。

第十二条 奖励资金的申请、审核和拨付按以下程序办理：

（一）县域金融机构应当于每年2月10日前，向县级财政部门提交当年奖励资金书面申请及相关材料。奖励资金申请相关材料包括：申请文件及申请表。申请文件应包括机构基本情况、奖励政策的实施情况及对机构经营发展的影响、对政策的建议等。申请表格包括当年涉农贷款平均余额、同比增幅、当年末不良贷款率及变动情况、申请奖励的贷款增量、申请奖励的金额等信息（附表1）。申请材料一式四份。

金融分支机构以县级分支机构为单位汇总报送。

不符合奖励条件的县域金融机构，应在规定时间向县级财政部门报送当年涉农贷款情况表，反映当年涉农贷款平均余额、同比增幅、当年末不良贷款率变动情况等数据。

（二）县级财政部门收到县域金融机构的奖励资金申请相关材料后，在10个工作日内出具审核意见并汇总（附表2），上报各地（州、市）财政局。

（三）各地（州、市）财政部门收到申请材料后，持县域金融机构的资料前往各地（州、市）人民银行和银监部门进行审核。

各地（州、市）财政部门对经人民银行和银监部门审核的奖励资金申请材料审核汇总后于每年3月10日前上报自治区财政厅。

各地（州、市）财政局上报材料包括：符合奖励条件的县域金融机构的申请文件、申请表（一式两份）、本地区该项工作的总结、绩效评价报告、本地区汇总表（附表3，含不符合奖励条件的县域金融机构的资料）。

审核完毕后县域金融机构的资料返县级财政部门一份。

（四）自治区财政厅对奖励资金申请材料进行审核汇总并按要求送专员办审核。

自治区财政厅在每年4月30日之前向财政部报送奖励资金申请材料。

（五）自治区财政厅收到财政部拨付的奖励资金后，在20个工作日内转拨各地（州、市）财政局。

各地（州、市）财政局收到奖励资金后于10个工作日内转拨。

县级财政部门收到奖励资金后，在10个工作日内将奖励资金拨付给县域法人金融机构或金融分支机构的县级分支机构。

第五章 监督管理和法律责任

第十三条 法人金融机构应当如实统计和上报涉农贷款发放情况。其他金融机构应当加强对所属分支机构的监管，县级分支机构应当如实统计和汇总上报县级及以下分支机构涉农贷款发放情况。每季度终了后10个工作日内，金融机构应当向县（市）级财政部门报送本机构该季度涉农贷款发放额和季度末余额等数据，作为财政部门审核拨付奖励资金的依据。

县级财政部门每季度终了后15个工作日内向地（州、市）财政部门上报，各地（州、市）财政部门于每季度25个工作日内向自治区财政厅上报。

每季度终了后20个工作日内，自治区农村信用联合社、其他金融机构的自治区分行、法人金融机构（除农村信用社），应当向自治区财政厅报送本机构所属县域金融机构该季度涉农贷款发放额和季度末余额等数据（附表4）。年度结束时，向自治区财政厅、人民银行乌鲁木齐中心支行、中国银行业监督管理委员会新疆监管局同时上报本系统该项工作总结及绩效评价。

第十四条 各级财政部门对行政区域内县域金融机构涉农贷款增量奖励的审核工作进行指导，做好奖励审核拨付的组织和协调工作。自治区财政厅单独或会同人民银行乌鲁木齐中心支行、中国银行业监督管理委员会新疆监管局对奖励审核拨付工作进行检查。对检查中发现的问题及时处理，保证财政奖励政策落到实处。

第十五条 各级财政部门每年对奖励资金的使用情况和效果进行评价。

第十六条 金融机构不执行国家金融企业财务制度和不按时报送相关数据的，财政部门可根据具体情况，拒绝出具奖励资金申请审核意见。

第十七条 县域金融机构虚报材料，骗取奖励资金的，财政部门追回奖励资金，取消县域金融机构获得奖励的资格，并根据《财政违法行为处罚处分条例》（国务院令第427号）规定对有关单位和责任人员进行处罚。

第十八条 财政部门未认真履行审核职责，导致金融机构虚报材料骗取奖励资金，或者挪用奖励资金的，上级财政部门应当责令改正，追回已拨资金，并按《财政违法行为处罚处分条例》（国务院令第427号）规定对有关单位和责任人员进行处罚。

第六章 附 则

第十九条 本实施办法由自治区财政厅负责解释。

第二十条 本实施办法自印发之日起施行，《新疆维吾尔自治区县域金融机构涉农贷款增量奖励资金管理实施办法（暂行）》（新财金［2009］24）号文件废止。

附表 1. 县域金融机构涉农贷款发放及奖励资金申请表

2. 县域金融机构涉农贷款发放及奖励资金申请县级财政部门汇总表

3. 县域金融机构涉农贷款发放及奖励资金申请地（州、市）汇总表

4. 县域分支机构涉农贷款发放及贷款余额情况表

附表1

县域金融机构涉农贷款发放及奖励资金申请表

______年度

填报单位： 单位：万元，%

贷款及奖励情况 / 金融机构	涉农贷款发放额			涉农贷款余额											年末不良贷款率			是否符合奖励条件	可予奖励贷款增量	奖励金额	备注
	本年金额	上年同期	同比变动	本年金额					上年同期					平均余额同比变动	不良率	上年同期	较上年 + -				
				一季末	二季末	三季末	四季末	平均余额	一季末	二季末	三季末	四季末	平均余额								
××银行																					

地（州、市）人民银行审核意见：	地（州、市）银监分局审核意见：	县级财政部门审核意见：	地（州、市）财政部门审核意见：
负责人（签章）	负责人（签章）	负责人（签章）	负责人（签章）

经办人： 电话： 负责人（签字）：

填报说明：1. 涉农贷款发放额项同比变动栏计算方式为：（本年金额－上年同期）÷上年同期×100。

2. 涉农贷款平均余额为四季度算数平均值。

3. 平均余额同比变动栏计算方式为：（本年平均余额－上年同期平均余额）÷上年同期平均余额×100。

4. 年末不良贷款率较上年变动栏：本年不良贷款率－上年同期。

5. 是否符合奖励条件栏符合填“是”，不符合填“否”。

附表2

县域金融机构涉农贷款发放及奖励资金申请县级财政部门汇总表

______年度

制表单位：______________县（市）财政局 单位：万元，%

项目 / 单位	涉农贷款发放额			涉农贷款余额											年末不良贷款率			是否符合奖励条件	可予奖励贷款增量	奖励金额	备注
	本年金额	上年同期	同比变动	本年金额					上年同期					平均余额同比变动	本年不良率	上年同期	较上年 + -				
				一季末	二季末	三季末	四季末	平均余额	一季末	二季末	三季末	四季末	平均余额								
××银行																					
××农信社																					
××村镇银行																					
……																					
合计：																					

制表人： 电话： 负责人（签章）：

注：填报所属全部县域金融机构资料。

附表 3

县域金融机构涉农贷款发放及奖励资金申请地（州、市）汇总表

______年度

制表单位：______________地（州、市）财政局　　　　　　　　　　　　　　　　　　　单位：万元，%

项目 / 单位	涉农贷款发放额			涉农贷款余额											年末不良贷款率			是否符合奖励条件	可予奖励贷款增量	奖励金额	备注
	本年金额	上年同期	同比变动	本年金额					上年同期					平均余额同比变动	本年不良率	上年同期	较上年+－				
				一季末	二季末	三季末	四季末	平均余额	一季末	二季末	三季末	四季末	平均余额								
××银行																					
××农信社																					
……																					
××县合计																					
××银行																					
××农信社																					
……																					
××县合计																					
……																					
××地区合计																					

制表人：　　　　　　　　　　　　　　　　电话：　　　　　　　　　　　　负责人（签章）：

附表 4

县域分支机构涉农贷款发放及贷款余额情况表

______年度

填报单位：　　　　　　　　　　　　　　　　　　　　　　　　　　　　　　　　　　单位：万元，%

贷款及奖励情况 / 金融机构	涉农贷款发放额			涉农贷款季末余额								季末不良贷款率			
	本年累计金额	上年同期	同比变动	本年金额				上年同期				不良率	上年同期	较上年+－	各地州机构数合计
				一季末	二季末	三季末	四季末	一季末	二季末	三季末	四季末				
××地（州、市）合计															
××银行															
××银行															
……															
××地（州、市）合计															
××银行															
××银行															
……															
××地（州、市）合计															
××银行															
××银行															
……															

制表人：　　　　　　　　　　　　　　　　电话：　　　　　　　　　　　　责任人（签章）：

注：填报单位栏为金融机构自治区分行、农村信用社联社、法人金融机构（除农村信用社）。

第六部分

财政干部、机构、教育

自治区财政厅机构设置及领导干部情况

一、财政厅厅领导名录

党组书记：居来提·买买提明
党组副书记：弯海川
党组成员：托乎提·亚克夫、王富强、赵炜、王彦楼、张立德、张洪武（财政部援疆干部）、张小庚、谢煊、薛江

厅长：弯海川
副厅长：居来提·买买提明、托乎提·亚克夫、王富强、王彦楼、张洪武（财政部援疆干部）
纪检组长：赵炜
总会计师：张立德
自治区农业综合开发办公室主任：张小庚
自治区世界银行贷款项目执行办公室专职副主任（副厅长级）：谢煊
自治区农村综合改革办公室专职副主任（副厅长级）：薛江
副巡视员：马建国、包振洋、尹芳

二、财政厅机关各处室及领导名录：

办公室
主任：艾新鲁
副主任：周萍、木合塔尔·吐尔地、蔡湘平
调研员：高应成
副调研员：古丽巴哈尔·艾合买提、孜来汗·阿不都热合满、赵庆寿、辛强（在柯坪县挂职）、黄团结、赵晓文、霍美伶、马新华

人事教育处
处长：牛立新
副处长：蔡琦、祖力甫哈尔·阿布都热甫

综合处
处长：赵永乖
副处长：达木·马苏提汗、牛芸、胡剑荣

法制税政处
副处长：崔洪波（主持工作）、张淑玲、陈永萍
副调研员：肖彦俐、戎占斌

预算处
处长：王建强
副处长：帕尔哈提·艾合买提、渠慎俭
副调研员：李津鹏

国库处
处长：杜曙光
副处长：李咏、卢同
调研员：冯玉萍
副调研员：宋学庆

行政政法处

处长：李晓春

副处长：百合蒂娅尔·伊明（正处级）、荆华

副调研员：卢良

教科文处

处长：戴跃红

副处长：李小忠、牙生·吾斯曼

副调研员：营雪莲、艾力·吐尔逊

经济建设处

处长：郑勇

副处长：阿布来提·纳曼（正处级）、赵欣春、李晓斌

农业处

处长：朱洁

副处长：李海滨、阿尔达克·阿勒同别克

副调研员：张燕玲

社会保障处

处长：郑军

副处长：王智栋、多里昆、刘艳

副调研员：李红

企业处

处长：代万斌

副处长：艾则孜·艾山（正处级）、刘海燕

副调研员：范云霞

涉外处

处长：阿不都艾尼·突拉克

副处长：王定元、杨晓杰

副调研员：唐娜

行政事业资产监督管理处

处长：地力木拉提·尼亚孜

副处长：戴荣、李平

副调研员：马春燕

会计处

处长：郭瑛

副处长：蓝海、宋君

副调研员：迪丽努尔·阿瓦提

纪检组副组长、监察室主任：王自芳

监察室副主任：朱继平（正处级）

副处级检查员、监察员：陈玉玲

机关党委

专职副书记：成宽忍（正处）

专职工会副主席：赛锦莲（副处）

老干部工作处

处长：王兴盛

副处长：杨虎、热合曼·伊明

副调研员：帕丽达·艾比不拉

自治区农村综合改革办公室

副主任：王能芳（正处）

副主任：夏玉华（正处级）、军卡（伊犁州财政局来厅挂职干部）

副调研员：邓立夫

非税收入管理处

处长：刘晓星

副处长：迪丽拜尔·米吉提、胡方毅（在且末县挂职）

副调研员：刘单立

金融工作处

处长：常戈平

副处长：白西荣、王延丽

三、厅属参照公务员法管理事业单位及领导名录

自治区农业综合开发办公室

副主任：海拉提·巴拉提（正处，在昭苏县挂职）

综合计划财务处

处长：杨兆光

副处长：王铁农

农发项目管理处

处长：卡哈尔·牙生

副处长：王新宇、吾尔肯（昌吉市委来厅挂职干部）

农发项目评审处

处长：张普江（在焉耆县挂职）
副处长：哈斯木·克依木（正处级）
副调研员：吴建成、尹希斌、贾玲霞、王新涛、吴双园

财政扶贫资金管理办公室
主任：甫拉提·玉素甫江
副主任：俞冰、井斌（在洛浦县挂职）
副调研员：黄前奇、陆海燕

政府采购管理办公室
主任：吴兰香
副主任：郭玉清、泰来提·赛依夫拉
副调研员：朱玫、赵建军

自治区财政监督检查局
局长：杜振兴
副局长：胡新元、刘海玲、程平
副调研员：陈明强、孙美华

自治区乡镇财政管理局
局长：吕文平
副局长：刘秀、张延辉

自治区中亚区域经济合作工作处（自治区“塔二”项目办公室综合处）
处长：李筱松
副处长：夏淑惠
副调研员：闫晓胜

自治区政府采购中心
主任：杜强
副主任：阿依努尔·阿不都热合曼、董信军
副调研员：郑新英、李喜洲

自治区财政厅投资评审中心
主任：王青春
副主任：杨有斌
副调研员：甘勇

自治区社会保障基金管理中心
主任：张宏兵（副处）

自治区财政统发工资管理中心
主任：许纪华（副处）
副主任：努斯莱提·吾甫尔
副调研员：赵阳

自治区财政厅部门预算审核中心
主任：地里夏提·木汗买提
副主任：姜波
副调研员：张淑华、夏学军

自治区财政厅国库支付中心
主任：杜曙光（兼）
副主任：赵国萍、陈宇
副调研员：刘虹、米热古力·阿西木

自治区财政票据管理中心
主任：傅祖城
副主任：常戈蓉
副调研员：颜艳丽

四、厅属各单位及领导名录

自治区财政科学研究所
所长：姜爱玲
副所长：刘振林、盛文秀

自治区注册会计师管理中心
主任：玛丽娅·阿不力米提
副主任：李志琳、朱瑞鸿

自治区财政厅信息网络中心
主任：杨云鹏
副主任：商春光、杨林、木合塔尔·台外库力

自治区会计事务服务中心
主任：许灵均（副处）
副主任：谈峰

自治区财政厅机关服务中心
主任：张贵财
副主任：王品德、张彦辉

新疆会计干部培训中心（新疆中华会计函授学校、自治区财政厅干部教育中心）
党委书记：保拉提·巴拉提
主任：吴解铭
副主任：刘欣荣、张礼霞

自治区投资信用保证有限责任公司
总经理：荆莉

副总经理：周军、王秦军

总会计师：阿曼古丽·阿迪力

五、自治区国有资产投资经营有限责任公司

党委书记：田中兴

党委副书记：潘竞

党委委员：古丽娜·司地克

纪委书记：田中兴

纪委委员：古丽娜·司地克、高文举

总经理：潘竞

副总经理：田中兴、任炜、李勇

总会计师：古丽娜·司地克

行政人事部副经理：梁建宁（主持工作）、高文举

信用贷款部副经理：马军（主持工作）、陶建宇

产权管理部副经理：范伟成

规划发展部经理：徐国斌

副经理：王江

财务审计部副经理：叶明

（自治区财政厅人事教育处供稿，李庆江执笔）

自治区财政厅组织机构及人员编制变动情况

一、组织机构编制变动情况

2010 年 1 月 29 日，自治区机构编制委员会办公室《关于二〇〇八年度军队转业干部编制问题的通知》（新机编办［2010］9 号），财政厅增加行政编制 1 名。

2010 年 2 月 8 日，自治区人民政府办公厅《关于印发新疆维吾尔自治区财政厅主要职责内设机构和人员编制规定的通知》（新政办发［2010］49 号），对自治区财政厅主要职责、内设机构、人员编制等进行了规定。

2010 年 4 月 15 日，自治区机构编制委员会办公室《关于撤销自治区有关部门驻京办事机构的通知》（新机编办［2010］54 号），撤销自治区财政厅驻北京联络处。

2010 年 4 月 22 日，自治区机构编制委员会办公室《关于明确自治区纪委（监察厅）双派驻机构和人员编制的通知》（新机编办［2010］63 号），自治区纪委（监察厅）双派驻机构人员编制和领导职数实行单列，由自治区编办、自治区纪委（监察厅）共同管理。驻自治区财政厅纪检组、监察室行政编制 5 名，处级领导职数 2 名。

2010 年 4 月 28 日，自治区机构编制委员会办公室便函，对财政厅所属的政府采购管理办公室、农业综合开发办公室、财政扶贫资金管理办公室三个单位在 2006 年实施《中华人民共和国公务员法》时，经自治区公务员法实施领导小组办公室研究同意转为行政机构。对因行政编制所限，一直未转为行政机构的单位，将在下一步

事业单位分类改革中予以解决，目前仍按参照管理事业单位对待。

2010年8月23日，自治区机构编制委员会办公室《关于调整自治区财政厅所属事业单位编制的批复》（新机编办［2010］144号），同意将自治区注册会计师管理中心1名自收自支编制调整到自治区会计事务服务中心。调整后，自治区注册会计师管理中心、自治区会计事务服务中心编制分别为14名和7名。

二、厅级领导班子变动情况

2010年1月28日，《关于尹芳同志任职的通知》（新党干字［2010］26号），自治区党委决定：尹芳同志任自治区财政厅副巡视员。

2010年8月3日，《关于弯海川同志任职的通知》（新党干字［2010］51号），自治区党委决定：弯海川同志任自治区人民政府党组成员。

2010年9月16日，《关于卢蜀江同志免职的通知》（新党干字［2010］130号），自治区党委决定：免去卢蜀江同志自治区财政厅党组成员职务。

2010年12月29日，《关于张小庚等三名同志任职的通知》（新党干字［2010］242号），自治区党委决定：张小庚同志任自治区财政厅党组成员，谢煊同志任自治区财政厅党组成员，薛江同志任自治区财政厅党组成员。

三、处级领导班子变动情况

2010年4月29日，《关于高应成同志职务调整的通知》（新财党组［2010］6号），财政厅党组2010年4月29日会议研究决定，高应成同志任办公室调研员，不再担任机关服务中心书记。

2010年5月12日，《关于代万斌等22名同志职务任免的通知》（新财党组［2010］8号），财政厅党组2010年4月29日会议研究决定，代万斌同志任企业处处长，免去其办公室副主任（正处级）职务；吴兰香同志任政府采购管理办公室主任，免去其政府采购管理办公室副主任职务；吕文平同志任乡镇财政管理局局长，免去其乡镇财政管理局副局长职务；地里夏提·木汗买提同志任部门预算审核中心主任，免去其人事教育处副处长（正处级）职务；杨云鹏同志任信息网络中心主任，免去其信息网络中心副主任（正处级）职务；蔡湘平同志任办公室副主任，免去其办公室副调研员职务；祖力甫哈尔·阿布都热甫同志任人事教育处副处长；胡剑荣同志任综合处副处长；卢同同志任国库处副处长；李晓斌同志任经济建设处副处长；刘艳同志任社会保障处副处长；胡方毅同志任非税收入管理处副处长；泰来提·赛依夫拉同志任政府采购管理办公室副主任；张延辉同志任乡镇财政管理局副局长；谈峰同志任会计事务服务中心副主任。以上同志任职试用期一年。崔洪波同志任法制税政处副处长（主持工作），免去其部门预算审核中心副主任职务；白西荣同志任金融工作处副处长（列王延丽同志之前），免去其经济建设处副处长职务；赵晓文同志任办公室副调研员，免去其人事教育处副调研员职务；卢良同志任行政政法处副调研员；艾力·吐尔逊同志任教科文处副调研员；李红同志任社会保障处副调研员；赵建军同志任政府采购管理办公室副调研员。

2010年6月9日，《关于明确周萍同志职务的通知》（新财党组［2010］11号），财政厅党组2010年5月31日会议研究决定，周萍同志任办公室副主任，免去其财政厅驻京联络处主任（副处）职务。

2010年7月22日，《关于常戈平同志任职的通知》（新财党组［2010］16号），财政厅党组2010年4月29日会议研究决定，常戈平同志任金融工作处处长（试用期一年），免去其金融工作处副处长职务。

2010年7月22日，《关于李勇同志任职的通知》（新财党组［2010］17号），财政厅党组2010年7月13日会议研究决定，李勇同志任自治区国有资产投资经营有限责任公司副总经理

（试用期一年），免去其自治区国有资产投资经营有限责任公司产权管理部经理职务。

2010年7月22日，《关于霍美伶、马新华两名同志任职的通知》（新财党组［2010］18号），财政厅党组2010年7月13日会议研究决定，霍美伶同志任办公室副调研员；马新华同志任办公室副调研员。

2010年12月25日，《关于确认王能芳同志职务的通知》（新财党组［2010］22号），根据农村综合改革办公室机构名称变化情况，为规范管理，厅党组2010年12月20日会议研究决定，王能芳同志职务确认为农村综合改革办公室副主任（正处）。

2010年12月25日，《关于李志琳同志职务调整的通知》（新财党组［2010］23号），厅党组2010年12月20日会议研究决定，李志琳同志调任中亚区域经济合作工作处副调研员，免去其注册会计师管理中心副主任职务。

2010年12月25日，《关于军卡、吾尔肯同志任职的通知》（新财党组［2010］24号），自治区党委组织部选派伊犁州财政局调研员、会计处处长军卡同志，昌吉市委常委吾尔肯同志到财政厅挂职锻炼，为期一年。厅党组2010年12月23日会议研究决定，军卡同志任农村综合改革办公室副主任（列夏玉华同志之后），吾尔肯同志任农业综合开发办公室农发项目管理处副处长（列王新宇同志之后）。

四、财政厅机关及事业单位人员变动情况

2010年退休的处级干部有原老干处处长（提前离岗）蒽增寿、原企业处处长高玲、原教科文处副调研员罗远萍和原农村综合改革领导小组办公室副调研员杨沙。

2010年去世的处级干部有非税收入管理处副调研员罗剑和离休干部李立。

2010年自治区财政厅接收军队转业干部1人，调出2人，退休7人。

（自治区财政厅人事教育处供稿，李庆江执笔）

自治区财政厅机关职工基本情况

截至2010年底，自治区财政厅干部职工共632人，按不同性质可分为：行政机关137人，事业单位427人（含参照公务员法管理的事业单位169人），企业68人；干部537人，工勤人员95人；男职工386人，女职工246人；汉族472人，少数民族160人；共产党员403人，共青团员33人，民主党派2人。

按职务结构分：厅级以上15人，处级184人，科级124人，一般干部214人，工勤人员95人。

按文化结构分：研究生135人，具有大学本科文化程度的311人，大学专科106人，中专36人，高中及以下44人。

按年龄结构分：35岁以下人员160人，36—45岁人员225人，46—54岁人员219人，55—59岁人员28人。

按参加工作时间分：1966—1970 年参加工作的 12 人，1971—1980 年参加工作的人员 127 人，1981—1990 年参加工作的人员 226 人，1991—2000 年参加工作的人员 160 人，2001 年以后参加工作的人员 107 人。

（自治区财政厅人事教育处供稿，邹森执笔）

自治区财政系统职工基本情况

截至 2010 年底，自治区财政系统职工 10 372人，比 2009 年增加了 338 人。其中：干部 9 523人，工勤人员 849 人；男职工 5 430 人，女职工 4 942 人；汉族职工 6 324 人，少数民族职工 4 048 人；共产党员 5 022 人，共青团员 673 人，民主党派 8 人。

各级财政部门人员分布情况：省厅级财政部门 632 人，地（州、市）局级财政部门 1 837 人，县（市）局级财政部门 4 699 人，乡（镇）所 3 204 人。

按职务结构分：厅局级干部 19 人，处级干部 367 人，科级干部 1 590 人，一般干部 7 547 人，工勤人员 849 人。

按文化结构分：研究生 240 人，大学本科 3 675人，大学专科 4 749 人，中专 1 207 人，高中及以下 501 人。

按年龄结构分：35 岁以下人员 4 230 人，36—45 岁人员 4 246 人，46—54 岁人员 1 681 人，55—59 岁人员 199 人，60 岁以上人员 16 人。

按参加工作时间分：1965 年前参加工作的人员 2 人，1966—1970 年参加工作的人员 71 人，1971—1980 年参加工作的人员 929 人，1981—1990 年参加工作的人员 2 990 人，1991—2000 年参加工作的人员 4 307 人，2001 年以后参加工作的人员 2 073 人。

（自治区财政厅人事教育处供稿，邹森执笔）

自治区各地、州、市财政系统领导干部名单

伊犁哈萨克自治州财政局

姓名	性别	民族	年龄	职务
李新军	男	汉	46 岁	党组书记、副局长
巴科梯夫·依那亚提	男	哈	49 岁	党组副书记、局长
宋得华	女	汉	53 岁	党组副书记、副局长
张旭华	男	汉	48 岁	党组成员、副局长
李　超	男	汉	52 岁	党组成员、纪检组长
姚雪峰	男	汉	45 岁	党组成员、副局长（援疆干部）
王　军	男	汉	45 岁	党组成员、乡镇财政管理局局长
孙　梅	女	汉	48 岁	党组成员、总会计师

乌鲁木齐市财政局

姓名	性别	民族	年龄	职务
张新平	男	汉	51 岁	党组副书记、局长
闫爱秀	女	汉	50 岁	党组成员、纪检组长
杨　黎	女	汉	45 岁	党组成员、副局长
李新鸿	男	汉	47 岁	党组成员、副局长

克拉玛依市财政局

姓名	性别	民族	年龄	职务
贾庆昌	男	汉	54 岁	市政府副秘书长　财政局党组副书记、局长
段凌云	男	汉	48 岁	党组成员、副局长
王新民	男	汉	46 岁	党组成员、副局长
党文举	男	汉	39 岁	党组成员、副局长
苏　伟	男	汉	36 岁	党组成员、总会计师

石河子市财政局

姓名	性别	民族	年龄	职务
高　见	男	汉	48 岁	党组书记、副局长
蒲　林	男	汉	48 岁	党组副书记、局长
方　兴	男	汉	39 岁	党组成员、副局长
朱志华	男	汉	54 岁	党组成员、副局长
李文溢	男	汉	49 岁	党组成员、副局长

昌吉州财政局

姓名	性别	民族	年龄	职务
孙立新	男	汉	51 岁	党组书记
韩　庚	男	汉	55 岁	副书记、局长
马国忠	男	回	47 岁	党组成员、副局长
黄淑红	女	汉	50 岁	党组成员、副局长
王　军	男	汉	47 岁	党组成员、纪检组长
姜　曼	女	汉	45 岁	党组成员、副局长
郑　青	女	汉	43 岁	党组成员、副局长（援疆干部）

塔城地区财政局

姓名	性别	民族	年龄	职务
车建国	男	汉	47 岁	党组书记、副局长
陈长青	男	汉	45 岁	党组副书记、局长
艾力西·阿吉别克	男	哈	47 岁	党组成员、副局长、调研员
崔江生	男	汉	45 岁	党组成员、副局长
王友安	男	汉	45 岁	党组成员、纪检组长
薛建彬	男	汉	43 岁	党组成员、总会计师
臧瑛东	男	汉	42 岁	党组成员、乡财局局长
陈建新	男	汉	53 岁	党组成员
全占学	男	汉	55 岁	党组成员、农业开发办主任、调研员

阿勒泰地区财政局

姓名	性别	民族	年龄	职务
买卫杰	男	回	48 岁	党组书记、局长
肯杰哈德力·阿布力哈孜	男	哈	47 岁	党组成员、副局长
于彩云	女	汉	48 岁	党组成员、副局长
石光云	男	汉	39 岁	党组成员、副局长
欧纪江	男	汉	46 岁	总会计师
刘小鹏	男	汉	46 岁	副局长（援疆干部）

博州财政局

姓名	性别	民族	年龄	职务
邢本波	男	汉	53 岁	州政协副主席　财政局党组书记、局长
汤　毅	男	汉	46 岁	党组书记、副局长
马·巴塔	男	蒙	49 岁	党组成员、副局长
郭丽艳	女	汉	46 岁	党组成员、纪检组长

吐鲁番地区财政局

姓名	性别	民族	年龄	职务
海比布·买合木提	男	维	51 岁	党组书记、副局长
聂自成	男	汉	53 岁	党组副书记、局长

艾尔肯·汉木都	男	维	51岁	党组成员、副局长
戴万成	男	汉	49岁	党组成员、纪检组长
高菊红	女	汉	48岁	党组成员、副局长
郭红兵	男	汉	43岁	党组成员、副局长
徐树东	男	汉	48岁	党组成员、农业综合开发办主任

哈密地区财政局

帕塔尔·巴依阿訇	男	维	58岁	党组书记、副局长
郑连军	男	汉	50岁	党组副书记、局长
陈友辉	男	汉	48岁	党组成员、副局长
许咸敏	女	汉	37岁	党组成员、副局长

巴州财政局

张会疆	男	汉	46岁	党组副书记、局长
才　登	男	蒙	47岁	党组书记、副局长
高　虹	女	汉	48岁	党组成员、副局长
牛　琥	男	汉	48岁	党组成员、副局长
宋宏林	男	汉	52岁	党组成员、纪检组长
才　仁	男	蒙	46岁	党组成员、乡财局局长
马秀兰	女	汉	50岁	党组成员、农发办主任
农　兵	男	壮	51岁	党组成员、中小企业担保中心主任
刘大伟	男	汉	47岁	党组成员、监督检查处处长
华正禄	男	汉	47岁	党组成员、总会计师

阿克苏地区财政局

杨东禄	男	汉	52岁	行署副秘书长兼财政局党组副书记、局长
木塔力甫·尼亚孜	男	维	53岁	党组书记、副局长
杨寅萍	女	汉	48岁	党组成员、副局长
孙维哲	男	汉	50岁	党组成员、纪检组长
景秋宏	男	汉	46岁	党组成员、副局长
裴海文	男	汉	56岁	党组成员

克孜勒苏自治州财政局

吐逊拜克·木哈什	男	柯	54岁	党组书记、副局长
周　勇	男	汉	45岁	党组副书记、局长
李　淼	男	汉	41岁	党组成员、农业开发办主任
唐　东	男	汉	39岁	党组成员、副局长
刘晓俊	女	汉	46岁	党组成员、国资办主任

吐尔洪江·塞太木	男	维	41 岁	党组成员、副局长
赵永忠	男	汉	40 岁	党组成员、住房公积金管理中心主任

和田地区财政局

蒋成章	男	汉	43 岁	党组书记、局长
曾　强	男	汉	46 岁	党组成员、副局长
艾拜杜拉·如则	男	维	57 岁	党组成员、副局长
古丽坚乃提·阿力木	女	维	43 岁	党组成员、国资委副主任
孙　炜	男	汉	48 岁	党组成员、副局长（援疆干部）
聂建康	男	汉	48 岁	党组成员、纪检组长

喀什地区财政局

吐鲁洪·麦麦提	男	维	42 岁	党组书记、副局长
赵　强	男	汉	43 岁	党组副书记、局长
米吉提·马木提	男	维	44 岁	副局长

阿拉尔市财政局

袁宝林	男	汉	47 岁	局长

图木舒克市财政局

苟玉玲	女	汉	49 岁	农三师总会计师兼财政局局长
郭　瑛	女	汉	46 岁	常务副局长
雷　成	男	汉	36 岁	副局长
付礼珍	女	汉	41 岁	副局长

五家渠市财政局

刘敬海	男	汉	45 岁	党组副书记、局长
邱建江	男	汉	47 岁	党组书记、副局长
李广甫	男	汉	46 岁	党组成员、纪检组长、副局长
蒋　海	男	汉	36 岁	党组成员、副局长
冀建宏	男	汉	46 岁	党组成员、副局长（援疆干部）

（自治区财政厅人事教育处供稿，邹森执笔）

自治区财政厅干部教育培训工作

2010 年，新疆维吾尔自治区财政厅干部教育培训工作以深入开展创先争优和“热爱伟大祖国，建设美好家园”活动为主题，以“五五”普法总结验收为契机，大力加强干部职工政治思想和法治理念教育；以面向基层财政干部、提高干部队伍素质为抓手，重点开展干部培训工作，取得良好效果。

一、干部教育工作情况

（一）深入开展创先争优活动，加强干部职工政治思想教育

根据自治区党委《关于在全区党的基层组织和党员中深入开展创先争优活动实施意见》的要求，财政厅党组认真分析当前财政工作面临的形势和任务，把创先争优活动作为提高党员干部队伍素质、转变工作作风、促进财政发展的有利契机。党组专门召开动员大会，安排部署活动实施，厅党组书记、创先争优活动领导小组组长居来提·买买提明同志作动员讲话。会议宣布了《关于在区级财政系统基层组织和党员中开展创先争优活动的实施方案》。财政厅成立由厅党组成员、纪检组长赵炜任组长的厅创先争优活动领导小组，下设办公室，分成 3 个组开展工作，形成了《财政厅创先争优活动领导小组办公室工作任务分工》，安排部署各项工作任务，建立了领导小组办公室每周例会制度、活动信息报送制度。围绕活动载体，创先争优办公室认真抓工作落实，3 次在党组中心学习小组中组织专题学习，注重用自身模范作用带动党员学习，使得工作和学习“两不误、两促进”。

（二）深入开展“热爱伟大祖国　建设美好家园”主题教育活动，增强干部职工职业荣誉感和自豪感

按照中宣部等 5 部委在新疆开展“热爱伟大祖国　建设美好家园”主题教育活动的要求，财政厅党组高度重视、抓好落实，召开财政厅“热爱伟大祖国　建设美好家园”主题教育活动动员大会，坚持把主题教育活动与创先争优活动，与加强财政“双基”管理，与助推新疆经济跨越发展紧密结合起来。在主题教育活动各阶段，坚持科学谋划安排，确保主题教育各项活动落实。一是科学处理工学矛盾，在组织集体学习教育活动时，注重以处室和党支部为单位，采取走出去、请进来的方式开展教育。二是注重在增强财政保障的敏锐性、落实政策的坚定性和为民理财的自觉性上下工夫，坚持把主题教育活动与促进财政科学化精细化管理、与加快财政管理改革、与加强财政基础管理和基层财政干部队伍建设、与加强财政干部队伍思想政治建设、与推动自治区经济社会又好又快发展紧密结合起来，确保教育活动与推动工作相互促进、相得益彰。三是坚持把改善民生作为主题教育活动的出发点和落脚点，大力调整优化支出结构，压缩一般性支出，统筹财力保障教育、医疗卫生、社会保障和就业、公共安全、城乡社区事务等公共服务支出。四是加强宣传教育，不断拓展主题教育活动

载体，通过组织集体学习、定制专题讲座、召集代表座谈、发布个人体会、开展扶贫帮困等多种载体，强化主题教育活动效果。

（三）深入开展法制宣传教育，提升财政干部知法守法、依法行政能力

2010年是“五五”法制宣传教育工作检查验收年，自治区财政厅为进一步调动干部学法、用法热情，规范行政权力运行，提高干部法律意识，卓有成效地开展了法制宣传教育活动。一是将“法治六进”活动同开展财政法制宣传教育、财政法制建设、财政科学化精细化管理、民族团结教育、文明机关建设、廉政建设和财政干部队伍建设等有机地结合起来，认真总结经验做法，收集普法典型经验材料和大事记。二是整理“五五”法制宣传照片和图片，通过互联网“五五普法大晒台”及制作宣传板报，集中展示了财政厅“五五”普法活动开展以来各项成果。三是教育干部把相关法律法规贯穿于具体的工作中，加强财政监督管理，筑实科学化精细化管理的法制基础，真正做到依法理财、为民理财。四是组织干部职工参加法制考试、参与网络法制答题、征集法制漫画，使法制宣传教育更生动，也更具操作性和参与性。

二、干部培训工作情况

2010年财政厅干部培训工作坚持为财政改革发展服务，提高干部队伍素质，注重融入成人教育理论，科学设计培训，在培训对象上大力向基层财政干部倾斜，扩大培训范围覆盖面，加强精细化建设水平。

（一）服务财政科学发展的大局

按照牢牢把握服务大局的工作原则安排年度培训计划。在中央新疆工作座谈会召开后及时分层次地组织学习，由党组中心学习组率先垂范，带头学懂弄通，吃透精神；在处级干部层次安排集体学习讨论，研究贯彻落实会议精神的具体分工；在全厅干部职工大会上传达会议精神，统一思想，振奋精神，明确认识。2010年度计划举办的47期培训班中，有40期培训内容涉及廉租住房、公务卡、乡镇财政干部管理、“小金库”治理等工作，契合财政的焦点、工作的重点、改革的难点。尝试将干部受训与干部选任相结合，有针对性地将考察对象的现实工作表现和受训实际与选任相结合，将提任与后续培训相结合。

（二）科学运用成人培训理论

把握问题导向型、经验学习型、自主互动型的成人学习规律，将成人培训理论运用于实际组织过程中。在需求分析环节，通过个别学员深度访谈、开展问卷调查、开班前学员座谈会等形式充分调研学员的需求；在培训设计中围绕所要解决的问题设计专题模块，充实各模块课程；在组织实施中，使用案例教学、体验式培训、管理游戏等新颖课程，提高学员的参与热情，使学员在自主互动的过程中实现彼此学习。

（三）突出财政干部培训特色

2010年，更加注重致力于开发培训工作特色，使培训管理者既能科学组织、精细筹划、成功管理培训，成为培训的设计者、服务者、组织者，又能走上讲台、组织课堂、开展课程讲授，成为能开发和讲授课程的培训师。在实践中，通过团队学习促进集体与个人共同提升，培养了3名优秀培训师，开发了8门课程。其中有2名培训师还受邀到本系统其他单位授课3次。

（四）注重培训课程开发，加强培训成果转化

近年来，为开展有针对性内容的培训，开发了“破冰演练”、“主任科员教学案例”、“处级干部教学案例”、“创新思维方式培训”、“七巧板游戏”、“啤酒游戏”、“财政干部应急管理能力提升”等各类课程，取得了较好的授课效果。2010年承接了“财政干部应急管理能力课程”课题的研发工作，在课程开发过程中，紧密结合财政工作实际，突出财政实践特色，选取适合于成人的教学模式，促进课题研究成果转化为实际资源。

（五）加强干部培养，完成干部选调任务

结合干部培养目标和参训实际，有针对性地选派20名干部参加了中央党校、自治区党校、国家行政学院、井冈山干部学院、浦东干部学院、自治区党校、区直机关工委党校、天津大学等党干校的学习，确保选送的学员符合选调条件、遵守学习纪律、完成学习任务。选送了2名干部参加北京科技大学“EMBA”项目，选送1名干部作为“西部之光”访问学者赴财政部科学研究所学习1年。

（六）规范出国人员选派

在办理出国人员审查工作中，严格按照中央和自治区出国境人员政治审查工作的有关规定精神，实行由外事专办员初核，处室领导复核，分管厅领导审签，厅党组领导审批的逐级报批制度，层层把关，严格审核。坚持急事急办、特事特办，在严格遵守政策规定的前提下适量简化、合并程序，为出国人员提供高效的服务。2010年，财政厅因公出国（境）共计30人次，其中参加国际会议及谈判4人次，参加业务培训及专业研讨22人次，进行考察交流2人次，友好访问1人次，承担朝觐工作任务1人次。

（自治区财政厅人事教育处供稿，朱黎、陈秀娟执笔）

自治区财政厅企事业单位职称评审工作

专业技术职务任职资格考试

2010年，财政厅机关及所属企事业单位17人报名参加全国职称外（汉）语等级考试，有11人通过考试；12人报名参加专业技术人员计算机应用能力考试，有11人通过考试；23人报名参加全国经济专业技术职务任职资格考试，有2人通过考试；7人报名参加全国高级会计师资格考试。

专业技术职务任职资格评审

2010年，财政厅机关及所属企事业单位3人参加会计系列专业技术职务高级任职资格的评审；5人转评社会科学研究系列专业技术职务任职资格。

会计从业资格管理

根据《新疆维吾尔自治区会计从业资格管理实施办法》（新财会［2005］10号），财政厅机关及所属企事业单位共188人办理了会计从业资格证审核换证。

取得专业技术职务任职资格人数

截至2010年底，在财政厅机关及厅属各事业、企业单位中，取得各类专业技术职务任职资格的人员共有225人，其中：具有高级专业技术职务任职资格的人员有81人，具有中级专业技术职务任职资格的人员有103人，具有初级专业技术职务任职资格的人员有41人。

专业技术职务聘用

2010年中级专业技术职务续聘1人。

技术工人人数

截至2010年底，财政厅机关及厅属各事业、企业单位各类技术工人共有95人，其中：高级技师4人，技师25人，高级工51人，中级工5人，初级工7人，普工3人。

（自治区财政厅人事教育处供稿，陈秀娟、马晓蓉执笔）

全国财政系统先进集体和先进工作者评选表彰工作

根据人力资源和社会保障部、财政部《关于做好2010年全国财政系统先进集体和先进工作者评选表彰工作的通知》（人社部函［2010］128号）要求，新疆开展了全国财政系统先进集体和先进工作者评选表彰的推荐工作。

一、成立机构，明确要求

为做好新疆财政系统“双先”表彰评选推荐工作，会同自治区人力资源和社会保障厅印发了《关于做好2010年全国财政系统先进集体和先进工作者评选表彰工作的通知》（新人社明电（10）34号），成立了以自治区财政厅党组书记、副厅长居来提·买买提明，自治区人力资源和社会保障厅党组副书记、副厅长（厅长级）、公务员局局长康廷凤为组长的新疆维吾尔自治区“全国财政系统先进集体”和“全国财政系统先进工作者”评选表彰工作领导小组，领导小组下设办公室（以下简称“双先表彰工作办公室”）负责具体开展工作。文件明确要求各地（州、市）财政部门会同人事和社会保障部门，共同做好对基层财政部门先进集体和先进工作者推荐工作。

二、周密组织，程序到位

各地（州、市）接到《关于做好2010年全国财政系统先进集体和先进工作者评选表彰工作的通知》（新人社明电（10）34号）后，自下而上逐级推荐，认真组织实施。双先表彰办公室共收到各地（州、市）财政部门推荐的13个先进集体候选单位，10位先进工作者候选人。为了增强评选工作的透明度，落实群众对评选工作的知情权、参与权、监督权，按照有关规定，各地对推荐单位及人选有关情况在各评选范围内进行公示。根据评选活动坚持面向基层和工作一线，原则上不推荐处级干部和处级单位参加评选，以前获得过全国财政系统先进荣誉称号的集体和个人不再参加此次评选的要求，对候选人推荐资格进行了初审，全区共有9个先进集体候选单位，8位先进工作者候选人具备推荐资格。

三、综合评定，确定人选

结合新疆财政系统历次双先表彰情况，综合分析上报的候选单位和候选人情况，经财政厅党组会议研究决定，推荐伊犁哈萨克自治州新源县财政局和喀什地区莎车县财政局为先进集体，推荐巴音郭楞蒙古自治州库尔勒市恰尔巴格乡镇财政管理所所长阿依古丽·亚生同志（女，维吾尔族）为先进工作者。双先表彰办公室派出了两个工作组分别到伊犁哈萨克自治州、喀什地区和巴音郭楞蒙古自治州实地了解情况，多方听取当地政府部门主要领导、纪检监察部门、组织人事部门、计划生育部门、上级财政部门及本单位干部、职工的意见和建议，没有不良反映。

四、明文公示，按时上报

根据财政部《关于2010年全国财政系统先进集体、先进工作者初审情况的复函》（财人干［2010］1061号），经全国财政系统先进集体、先进工作者评选表彰工作领导小组初审，同意伊犁哈萨克自治州新源县财政局、喀什地区莎车县财政局为2010年全国财政系统先进集体，巴音郭楞蒙古自治州库尔勒市恰尔巴格乡镇财政管理所所长阿依古丽·亚生同志为2010年全国财政系统先进工作者。按照复函要求，在《新疆日报》发布公示，对先进集体、先进工作者予以公示，公示时间为5个工作日，公示无异议后，按时向全国财政系统先进集体和先进工作者评选表彰工作办公室报送有关材料。

五、表彰宣传，树立典型

2010年12月27日，全国财政系统先进集体、先进工作者表彰会议在北京召开。人力资源和社会保障部、财政部授予伊犁哈萨克自治州新源县财政局和喀什地区莎车县财政局“全国财政系统先进集体”荣誉称号；授予巴音郭楞蒙古自治州库尔勒市恰尔巴格乡镇财政管理所所长阿依古丽·亚生同志“全国财政系统先进工作者”荣誉称号。

（自治区财政厅人事教育处供稿，朱黎执笔）

第七部分

财 政 大 事 记

2010 年

1 月

1月5日，自治区财政厅厅长弯海川参加自治区人大财经委员会第十五次全体会议，汇报了2009年自治区财政预算执行情况和2010年自治区财政预算草案的情况。

1月9日，自治区财政厅党组成员、副厅长王富强和教科文处负责同志参加自治区学前“双语”幼儿园建设电视电话会议，自治区党委常委尔肯江·吐拉洪到会讲话。

1月10～11日，自治区财政厅厅长弯海川和办公室、预算处负责同志参加在北京召开的全国财政工作会议。会议贯彻落实党的十七大，十七届三中、四中全会、中央经济工作会议精神，学习胡锦涛总书记在中央政治局第十八次集体学习时的讲话，总结2009年财政工作，部署2010年的财政工作。李克强副总理讲话，财政部部长谢旭人作工作报告，廖晓军副部长总结。

1月11～15日，自治区财政厅党组书记居来提·买买提明参加自治区政协十届三次会议。

1月12日，财政部召开全国会计师事务所深入学习实践科学发展观活动整改落实阶段电视电话动员大会，财政部副部长、全国注册会计师行业党委书记王军讲话。自治区财政厅党组成员、总会计师、新疆注册会计师注册资产评估师行业党委书记张立德和行业党委委员以及会计师事务所、评估机构党组织负责同志参加新疆分会场的会议。

1月12～16日，自治区财政厅厅长弯海川参加自治区第十一届人民代表大会第三次会议。

1月13～14日，自治区农业综合开发办公室主任张小庚和综合计划财务处同志参加了全国农业综合开发资金管理培训暨财务工作会议。张小庚主任作大会发言，介绍新疆农业综合开发资金管理的做法。

1月18～19日，财政部在江苏省举办全国财政外经系统与国际金融组织合作研讨班。财政部副部长李勇出席会议。自治区世界银行贷款项目执行办公室专职副主任谢煊和涉外处、中亚处负责同志参加会议。

1月20日，在乌鲁木齐市召开自治区财税工作会议。自治区党委副书记、自治区主席努尔·白克力出席会议并讲话。

1月21日，自治区财政工作会议在乌鲁木齐市召开，自治区财政厅厅长弯海川系统总结了2009年财政工作，分析当前自治区经济财政形势，全面部署2010年财政工作。

1月21日，在自治区财政工作会议上，财政厅党风廉政建设第一责任人，自治区财政厅党组书记居来提·买买提明同志与有关处室领导签订党风廉政建设责任书，按照“谁主管，谁负责”的原则，确保党风廉政建设责任制的有效落实。

1月21～22日，国务院农村综合改革办公室在广西召开全面推进清理化解农村义务教育债务工作会议。自治区财政厅党组成员、副厅长张洪武和综改办负责同志参加会议。新疆等6个省（区）介绍工作经验。

1月22日，自治区财政学会第八次会员代表大会在乌鲁木齐市召开，自治区财政学会各位理事，自治区财政厅、社科联、民政厅有关领导参加会议。会议审议通过自治区财政学会第七届理事会工作报告、《新疆维吾尔自治区财政学会章程》修改意见，选举产生第八届理事会、常务理事会及领导机构。表彰了获得2009年自治区财政学会优秀论文的单位和个人。

1月22日，召开自治区2009年先进会计工作者（总会计师系列）表彰大会。自治区财政厅授予陈海涛、刘丽萍、夏中兵、赵建军、付璟等5名同志“自治区先进会计工作者”荣誉称号。

1月22日，中国注册会计师协会副秘书长、全国注册会计师行业党委副书记董新钢来新疆调研会计师事务所深入学习实践科学发展观活动和行业党建工作，自治区财政厅党组成员、总会计师、新疆注册会计师注册资产评估师行业党委书记张立德，行业党委委员和有关会计师事务所、评估机构党组织负责同志汇报工作并陪同调研。

1月22～24日，自治区财政厅厅长弯海川随同中共中央政治局委员、自治区党委书记王乐泉赴阿勒泰地区、塔城地区调研。

1月23～24日，财政部召开全国注册会计师行业党委书记、注册会计师协会秘书长学习贯彻中央领导同志重要讲话精神座谈会，财政部副部长、全国注册会计师行业党委书记王军讲话，财政厅党组成员、总会计师、新疆注册会计师注册资产评估师行业党委书记张立德，新疆注册会计师协会和行业党委有关负责同志参加会议。

1月28日，自治区党委决定，尹芳同志任自治区财政厅副巡视员。

1月28日～2月2日，自治区人力资源和社会保障厅、教育厅、财政厅组成督察组，自治区财政厅副巡视员包振洋带队赴和田地区、伊犁州、博州，对义务教育学校实施绩效工资落实情况进行督察。

1月30～31日，自治区财政厅党组书记居来提·买买提明，厅长弯海川，厅党组成员、纪检组长赵炜参加自治区纪委七届六次全体会议。

2　月

2月1日，全国财政系统反腐倡廉建设工作会议在北京举行，自治区财政厅党组成员、纪检组长赵炜和纪检监察室负责同志参加。财政部党组书记、部长谢旭人和财政部党组成员、纪检组长刘建华讲话。会议贯彻落实十七届中央纪委五次全会和全国财政工作会议精神，总结2009年财政党风廉政建设和反腐败工作，研究部署2010年的工作任务。

2月1～2日，自治区财政系统农村综合改革工作会议在乌鲁木齐市召开，自治区农村综合改革办公室专职副主任薛江讲话。会议总结2009年工作，安排部署2010年工作。

2月2日，自治区副主席胡伟会见亚行中西亚局区域合作官员杜华女士、王宏先生，就自治区人民政府与商务部、财政部及亚行共同举办中亚区域经济合作工商发展论坛有关事宜进行磋商。自治区世界银行贷款项目执行办公室专职副主任谢煊在座。

2月4～6日，自治区财政厅党组书记居来提·买买提明和相关处室负责同志赴和田地区洛浦县调研，慰问基层财政干部。

2月5日，区直机关工委在自治区党委会议中心召开2010年区直机关党的工作会议。自治区财政厅党组成员、副厅长王富强同志和厅机关党委负责同志参加会议。财政厅机关作为“区直机关十佳文明单位”受到表彰。

2月7日，财政部副部长丁学东到自治区财政厅检查指导工作。财政厅厅长弯海川汇报自治区经济社会发展及财政工作情况。丁学东副部长充分肯定自治区各级财政部门为新疆社会和谐稳定所做的贡献。要求坚定信心，把握机遇，利用新疆的区位和资源优势，推进新疆改革开放和现代化建设；要贯彻落实好全国财政工作会议精神，扎实做好各项工作，为新疆经济腾飞作出更大成绩。

2月8日，自治区财政厅党组研究决定，乡镇财政管理局由农村综合改革办公室专职副主任薛江分管。

2月8日，召开2009年度自治区财政厅机关工作总结暨表彰大会及迎新春团拜会。财政厅厅长弯海川总结2009年度工作，对2010年工作提出要求。会议表彰了先进集体和先进个人。

2月21～23日，自治区农业综合开发办公室主任张小庚和有关处室负责同志赴克州，就设施农业发展情况及万亩高效设施农业建设资金贷款贴息问题进行调研。调研组听取克州领导汇报发展戈壁设施农业方面采取的措施、取得的成效、发展的规划以及设施农业建设资金来源、资金管理、贷款计划等工作情况。

3　月

3月1日，《国务院农村综合改革工作小组、财政部、农业部关于做好2010年扩大村级公益事业建设一事一议财政奖补试点工作的通知》（国农改［2010］1号），批复自治区为全国村级公益事业建设一事一议财政奖补局部试点地区。

3月1日~7月15日，自治区财政厅党组成员、副厅长王彦楼在中央党校学习。

3月2日，自治区财政厅党组研究决定，选派扶贫办副主任井斌同志、办公室副调研员辛强同志分别赴洛浦县、柯坪县挂职，任科技副县长。

3月2日，自治区财政厅党组研究决定，尹芳同志协助副厅长托乎提·亚克夫、王富强两位同志工作。

3月4日，召开自治区财政反腐倡廉建设工作会议。自治区财政厅党组书记居来提·买买提明主持，财政厅厅长弯海川作了关于加强反腐倡廉建设工作的重要讲话。

3月5日，自治区财政厅举行三八国际劳动妇女节100周年联谊会。自治区财政厅党组书记居来提·买买提明书记致辞，厅长弯海川讲话。

3月10日，自治区财政厅党组成员、副厅长托乎提·亚克夫和社保处负责同志赴昌吉州呼图壁县进行调研。

3月15～19日，举办自治区农村综合改革工作业务骨干培训班。自治区农村综合改革办公室专职副主任薛江同志亲自为培训班授课。

3月25日，自治区财政厅党组成员、副厅长王富强和教科文处负责同志参加全疆中小学2010—2012年校舍维修项目编制布置会。王富强副厅长就财政部门如何参与、配合等方面工作发言。

3月27日，自治区财政厅厅长弯海川在新疆迎宾馆参加自治区深化医药卫生体制改革工作会议。

3月27日，自治区财政厅党组成员、副厅长王富强和教科文处负责同志参加自治区“两基”工作表彰会。财政厅教科文处3位同志被评为自治区“两基”工作先进个人。

3月29日，召开自治区第十一届人大常委会第十七次会议，自治区财政厅党组成员、总会计师张立德作《关于2010年自治区本级预算调整方案的报告》。

3月29～30日，自治区财政厅厅长弯海川在北京京西宾馆参加全国对口支援新疆工作会议。

3月31日，自治区财政厅厅长弯海川、自治区农业综合开发办公室主任张小庚随同自治区副主席钱智，赴财政部向财政部副部长丁学东、农业司副司长卢贵敏、国家农业综合开发办公室副主任黄家玉等汇报新疆维吾尔自治区实施设施农业、新疆维吾尔自治区实施农业高效节水灌溉有关工作。

4　月

4月2日，自治区召开治理“小金库”长效

机制建设电视电话会议，自治区党委副书记、常务副主席杨刚主持。自治区财政厅厅长弯海川宣读《新疆维吾尔自治区治理“小金库”长效机制工作意见》。自治区党委常委、纪委书记符强就全面推进防治“小金库”长效机制建设作动员讲话。自治区党委副书记、常务副主席杨刚提出要求巩固2009年“小金库”专项治理工作成果，继续加大工作力度，将“小金库”治理工作延伸到国有及国有控股企业，开展调研试点工作，推进从源头防治腐败长效机制的建立。自治区财政厅党组成员、纪检组长赵炜参加会议。

4月6日，自治区财政厅召开全厅干部、职工大会，传达全国对口支援新疆工作会议精神。

4月6日，自治区财政厅党组书记居来提·买买提明、厅长弯海川在自治区党委参加全党深入学习实践科学发展观活动总结大会。

4月6~12日，自治区财政厅副巡视员包振洋赴塔城地区参加自治区贯彻实施《中华人民共和国中小企业促进法》情况执法检查。

4月6日~5月21日，自治区财政厅党组成员、纪检组长赵炜在国家行政学院学习。

4月8日，为确保2010年财政部和自治区财政厅对全区财政“五五”法制宣传教育工作进行考核验收和总结工作的顺利进行，根据财政部《关于印发全国财政“五五”法制宣传教育考核验收方案的通知》（财法［2010］4号）要求，自治区财政厅制定了全区财政“五五”法制宣传教育考核验收方案。

4月8~9日，自治区财政厅党组成员、副厅长托乎提·亚克夫随自治区党委常委肖开提·依明赴吐鲁番地区就援疆衔接工作进行调研。

4月9~12日，自治区财政厅厅长弯海川、副厅长王富强赴北京参加中国财政学会2010年年会暨第18次全国财政理论讨论会。

4月11日，举办自治区农村综合改革工作第二期业务骨干培训班。自治区农村综合改革办公室专职副主任薛江为学员授课。

4月12~16日，自治区财政厅党组成员、副厅长王富强和综合处负责同志，赴财政部汇报自治区津贴补贴、廉租住房、土地出让收支、彩票公益金等工作开展情况及落实中央相关政策工作进展情况。

4月12~28日，自治区第二期会计领军人才培训班在乌鲁木齐市举办，自治区32名高级会计人才集中培训。财政部会计司副司长刘光忠作《当前会计改革中的主要问题》专题讲座；自治区财政厅厅长弯海川以进一步深化财税体制改革为主题进行专题讲座，就自治区现行财政管理体制、当前进一步深化财税改革等重要问题进行了全面、深入的阐述；自治区财政厅党组成员、总会计师张立德主持讲座。

4月15日，人力资源和社会保障部、教育部、财政部、中国人民银行、国家税务总局、工商总局等六部委召开2010年高校毕业生就业推进行动电视电话会议。人力资源和社会保障部张肖建副部长主持。自治区财政厅党组成员、副厅长托乎提·亚克夫参加会议。

4月15~16日，自治区财政厅党组成员、副厅长托乎提·亚克夫随黄昌元副主席赴克拉玛依市调研社保工作。

4月16~17日，自治区农村综合改革办公室专职副主任薛江、自治区农村综合改革工作业务骨干培训班及乡镇财政管理局负责同志赴吐鲁番市对农村综合改革和乡镇财政管理工作进行调研。

4月19日，自治区财政厅党组成员、副厅长王富强在乌鲁木齐昆仑宾馆参加自治区稳定工作会议。

4月19~20日，财政部在陕西省召开全国财政企业工作会议，期间，财政部副部长丁学东主持召开了财政厅（局）长座谈会，肯定了全国财政企业工作的成绩，提出今后一段时期工作思路。企业司司长贾谌做了大会工作报告，明确工作重点，提出工作要求。自治区财政厅党组成员、副厅长卢蜀江和企业处负责同志参加会议。

4月20日，自治区纪委到自治区财政厅开

展推进市场诚信体系建设工作调研。财政厅党组成员、副厅长王富强就财政部门治理商业贿赂专项工作、推进市场诚信体系建设情况进行汇报。

4月22日，自治区财政厅举行向青海玉树灾区捐款仪式。全厅40多个处室及所属单位参加募捐活动。据统计，全厅干部、职工共为灾区捐款10万多元。

4月23日，自治区农发办召开全区农业综合开发资金和项目管理视频会议。部署2010年全区农业综合开发工作，总结第一季度工作，安排近期工作，重点强调对项目的监督检查。

4月27～29日，自治区农业财政政策培训班在乌鲁木齐市举办，财政厅党组书记居来提·买买提明出席培训班并讲话。各地（州、市）财政局主管局领导、农业科负责人、农业财政业务骨干及自治区农口厅局计财处负责人、业务主管，部分县（市）财政局长参加了培训。

4月29日，自治区财政厅党组会议研究决定，任命代万斌同志为企业处处长，任命吴兰香同志为政府采购办主任，任命吕文平同志为乡镇财政管理局局长，任命杨云鹏同志为信息网络中心主任，任命地里夏提·木汗买提同志为部门预算审核中心主任；任命蔡湘平同志为办公室副主任，任命祖力甫哈尔·阿布都热甫同志为人事教育处副处长，任命胡剑荣同志为综合处副处长，任命卢同同志为国库处副处长，任命李晓斌同志为经济建设处副处长，任命刘艳同志为社会保障处副处长，任命胡方毅同志为非税收入管理处副处长，任命泰来提·赛依夫拉同志为政府采购办副主任，任命张延辉同志为乡镇财政管理局副局长，任命谈峰同志为会计事务服务中心副主任；任命卢良同志为行政政法处副调研员，任命艾力·吐尔逊同志为教科文处副调研员，任命李红同志为社会保障处副调研员，任命赵建军同志为政府采购办副调研员；任命崔洪波同志为法制税政处副处长（主持工作），免去其部门预算审核中心副主任职务；任命白西荣同志为金融工作处副处长（列王延丽之前），免去其经济建设处副处长职务；任命赵晓文同志为办公室副调研员，免去其人事教育处副调研员职务。

4月29日，自治区财政厅党组会议研究决定，高应成同志不再担任厅机关服务中心书记，转任厅办公室调研员。

4月29日，自治区财政厅党组会议研究决定，厅机关服务中心副主任王品德同志不再兼任玛丽艳宾馆总经理。厅机关服务中心副主任张彦辉同志兼任玛丽艳宾馆总经理，同时担任玛丽艳宾馆党支部副书记；玛丽艳宾馆副总经理浦拉提同志担任玛丽艳宾馆党支部书记。

5　月

5月4日，自治区城镇未参保集体企业退休人员（五七工）养老保险遗留问题新闻发布会在乌鲁木齐市举行，自治区党委副书记、常务副主席杨刚讲话，自治区副主席艾尔肯·吐尼亚孜主持会议。自治区财政厅党组成员、副厅长托乎提·亚克夫参加。

5月7日，自治区在乌鲁木齐昆仑宾馆召开自治区解决城镇未参保集体企业退休人员基本养老保障工作会议。自治区党委副书记、常务副主席杨刚出席会议，自治区财政厅厅长弯海川、副厅长托乎提·亚克夫参加会议。

5月11日，自治区财政厅党组成员、副厅长张洪武在乌鲁木齐昆仑宾馆参加自治区跨省安置四川汶川地震和甘肃受灾群众工作会议。

5月11日，自治区财政厅党组举行副处级以上干部和新任处级干部集体廉政谈话大会，党组书记、副厅长居来提·买买提明和党组副书记、厅长弯海川讲话，要求领导干部要增强拒腐防变的能力；廉洁自律的意识不能淡化，监督工作不能缺失，廉政制度执行力不能弱化。

5月11日，自治区农业综合开发办公室主任张小庚赴奇台县、木垒县、吉木萨尔县实地调研农业综合开发高标准农田、中型灌区配套改造项目实施情况。

5月11～14日，自治区财政厅副巡视员尹芳随中央调研组赴喀什地区、石河子市开展新疆棉花发展调研工作。并参加中央调研组新疆棉花发展调研座谈会。

5月11～14日，自治区财政厅党组成员、总会计师张立德赴塔城地区、伊犁州开展《自治区注册会计师、资产评估行业基层党组织建设》课题调研。

5月12日，自治区财政厅党组成员、副厅长王富强、张洪武和教科文处负责同志随自治区副主席靳诺、艾尔肯·吐尼亚孜、黄昌元赴新疆第二产业职教园区考察国家示范学校建设情况。

5月12～14日，自治区财政厅党组成员、副厅长托乎提·亚克夫和社会保障处相关同志随自治区副主席黄昌元赴吐鲁番地区调研。

5月14日，自治区财政厅党组成员、副厅长卢蜀江和行政政法处负责同志前往自治区旅游局就经费保障情况进行调研。

5月15～16日，2010年度全国会计专业技术资格考试和自治区会计专业技术资格考试（维文）顺利举行。全区报考人数25 857人。自治区财政厅党组成员、总会计师张立德前往乌鲁木齐市考区巡考。

5月15～21日，自治区世界银行贷款项目执行办公室专职副主任谢煊和预算处、综合处、行政事业资产监督管理处负责同志，赴塔城地区、阿勒泰地区、巴州开展2009年津贴补贴发放情况专项核查。

5月16～21日，自治区财政厅党组成员、副厅长王富强带队，相关处室负责同志组成核查组，赴伊犁州、博州、克拉玛依市、石河子市等地开展2009年津贴补贴发放情况专项核查。

5月17～19日，自治区财政厅厅长弯海川随自治区领导及部分厅（局）领导赴北京参加中央新疆工作座谈会。

5月20日，《国务院农村综合改革工作小组关于扩大清理化解其他公益性乡村债务试点工作的通知》（国农改［2010］20号），新疆被列入国家第二批清理化解乡村债务试点省（区）。

5月21日，全国治理“小金库”电视电话会议在北京召开。自治区财政厅厅长弯海川同志受自治区治理“小金库”工作领导小组委托，在北京主会场作了题为《标本兼治，综合治理，努力构建防治“小金库”长效机制》的典型发言。自治区党委常委、纪委书记、政法委书记符强同志在自治区分会场讲话。厅党组成员、总会计师张立德在自治区分会场参加会议。

5月21日，自治区财政厅党组成员、副厅长托乎提·亚克夫在北京参加2010年全国深化医药卫生体制改革工作会议暨省部级领导干部深化医药卫生体制改革专题研讨班结业式。

5月24日，自治区财政厅召开全厅干部、职工大会，传达学习中央新疆工作座谈会会议精神。厅党组书记居来提·买买提明主持学习，自治区财政厅厅长弯海川传达了胡锦涛总书记、温家宝总理和周永康同志在中央新疆工作座谈会上的重要讲话精神。

5月25日，自治区召开节能减排工作电视电话会议，自治区党委常委、自治区副主席库热西·买合苏提主持会议，自治区党委副书记、自治区主席努尔·白克力作了重要讲话，自治区有关领导艾尔肯·吐尼亚孜、刘新齐、刘晏良、王世江、张继勋等出席会议。厅党组成员、总会计师张立德参加主会场的会议。

5月26～27日，自治区党委在乌鲁木齐昆仑宾馆召开自治区党委七届九次全委（扩大）会议。厅党组书记居来提·买买提明、自治区财政厅厅长弯海川参加会议。

5月27日，2010年企业所得税税源调查和关税重点产品国际竞争力调查工作布置会在自治区财政厅玛丽艳宾馆召开。自治区财政厅党组成员、副厅长王富强讲话。

5月31日，2010年自治区第一期乡镇财政管理干部培训班在乌鲁木齐市会计培训中心举办。自治区农村综合改革办公室专职副主任薛江讲话。来自全疆14个地（州）、42个县（市）的乡镇财政管理局工作人员参加了培训。

6　月

6月1日，自治区财政厅举办“爱我伟大中华，建设美好新疆”知识竞赛。知识竞赛活动旨在宣传马克思主义民族理论、党的民族宗教政策和新疆各民族人民团结奋斗、繁荣发展的光辉历程，激发全厅各族党员、干部和职工维护新疆社会政治大局稳定、推动新疆经济又好又快发展的责任感和使命感。

6月1日，财政厅召开全厅干部、职工大会，传达学习自治区党委七届九次全委（扩大）会议精神，财政厅党组书记居来提·买买提明主持会议。厅党组成员、副厅长托乎提·亚克夫传达自治区党委书记张春贤在自治区党委七届九次全委（扩大）会议上的讲话；厅党组成员、副厅长王富强传达自治区党委副书记、自治区主席努尔·白克力在会议结束时的总结讲话。厅党组成员、纪检组长赵炜提出要进一步加强财政干部队伍思想建设和作风建设，为财政助推新疆跨越式发展和长治久安提供组织和纪律保证。

6月2~6日，财政厅党组成员、总会计师张立德和国库处负责同志赴伊犁州调研国库改革工作。

6月3日，自治区财政监督工作会议在乌鲁木齐市召开。会议总结近年财政监督工作取得的成效，提出今后一段时期财政监督工作的方向、重点和要求。会议表彰了财政监督战线上涌现出的先进集体和模范个人。

6月3~5日，财政厅党组书记居来提·买买提明随自治区党委副书记、自治区主席努尔·白克力赴喀什地区研究对口援疆有关事宜。

6月4日，自治区召开深化医药卫生体制改革工作会议，自治区副主席、自治区深化医药卫生体制改革领导小组副组长铁力瓦尔迪·阿不都热西提讲话，自治区卫生厅汇报2009年医改工作进展情况和2010年主要工作任务。自治区财政厅党组成员、副厅长托乎提·亚克夫参加会议。

6月8日，自治区纪委副书记巩新、自治区纪委常委郭英华来财政厅检查指导工作，厅党组成员、纪检组长赵炜汇报财政厅纪检监察工作。

6月11日，自治区财政厅召开创先争优活动动员大会。厅党组书记、创先争优活动领导小组组长居来提·买买提明同志作动员讲话。会议宣布了《关于在区级财政系统基层组织和党员中开展创先争优活动的实施方案》。

6月11日，自治区农业综合开发办公室召开“全区农业综合开发办公室主任座谈会”，讨论各地农发办与农发行合作申报贷款贴息项目的相关事宜，安排部署下半年的工作。

6月13日，厅党组成员、纪检组长赵炜参加自治区机关干部进企业服务活动动员大会，自治区党委副书记、自治区主席努尔·白克力作动员讲话，自治区党委常委、自治区副主席库热西·买合苏提讲话。

6月17日，自治区财政厅党组成员、总会计师张立德和国库处负责同志赴北京观察2010年地方政府债券招投标工作全过程，新疆地方政府债券发行额为60亿元。

6月18日，自治区扩大新型农村社会养老保险试点工作会议在乌鲁木齐市召开。自治区党委副书记、自治区主席努尔·白克力，自治区副主席艾尔肯·吐尼亚孜，人力资源和社会保障部副部长胡晓义，财政部社会保障司司长孙志筠出席会议。自治区财政厅厅长弯海川、副厅长托乎提·亚克夫参加会议。

6月19~22日，自治区财政厅党组书记居来提·买买提明、农业处负责同志和部分地（州）财政局领导赴宁夏考察设施农业发展情况。

6月21~22日，自治区财政厅在伊犁州召开自治区财政政府外债管理工作现场会。自治区世界银行贷款项目执行办公室专职副主任谢煊作总结讲话。会议贯彻落实“全国财政外经系统与国际金融组织合作研讨班”和自治区财政工作会议的精神以及财政厅党组对进一步做好全区政府外债管理工作的要求。与会代表观摩伊宁市利用亚行贷款实施城市基础设施建设项目、伊宁市利用日元贷款实施城市环境综合治理项目等4个政府外债项目，交流各地项目管理工作经验，明确政府外债管理工作思路。

6月23日，自治区财政厅成立自治区财政系统“五五”普法神州行媒体系列宣传活动领导小组，财政厅副厅长王富强任组长，负责宣传活动的组织领导，确保自治区财政系统“五五”普法神州行媒体系列宣传活动成功举办。

6月23日~7月1日，自治区财政厅、卫生厅、人力资源和社会保障厅相关人员组成调研组，赴乌鲁木齐市、哈密地区对实施国家基本药物制度工作的情况进行督导调研。自治区财政厅党组成员、副厅长托乎提·亚克夫参加调研。

6月25日，自治区财政厅党组成员、总会计师、行业党委书记张立德和新疆注协负责同志参加中国注册会计师行业党委在云南召开的全国注册会计师行业创先争优活动交流推进会。新疆“两师”行业党委委员、自治区财政厅注册会计师、资产评估师创先争优活动领导小组成员以及乌昌地区“两师”行业基层党支部书记30余人参加新疆分会场会议。

6月25日，自治区召开强农惠农专项清理和检查电视电话会议。财政厅副巡视员马建国主持会议，自治区人民政府副秘书长王绍宁作动员讲话，财政厅党组成员、副厅长王富强进行工作部署。

6月28日，自治区财政厅机关召开“热爱伟大祖国，建设美好家园”主题教育活动动员大会。财政厅党组书记居来提·买买提明同志作动员讲话，安排部署工作。

6月28日，自治区财政厅党组成员、副厅长卢蜀江在自治区公安厅参加自治区稳定工作电视电话会议。

6月28~29日，自治区财政厅厅长弯海川赴和田地区参加自治区农村“富民安居工程”现场交流会。

6月29日，自治区财政厅党组成员、副厅长托乎提·亚克夫随同自治区副主席艾尔肯·吐尼亚孜赴乌鲁木齐市天山区、沙依巴克区调研大中专毕业生、农业富余劳动力、城镇各类失业人员就业和转移就业情况。

6月29日，自治区国有资本经营预算工作会议在乌鲁木齐市召开，自治区国资委党委副书记、主任张继勋，自治区财政厅党组成员、副厅长卢蜀江讲话。

7　月

7月1日，自治区财政厅党组书记居来提·买买提明、纪检组长赵炜参加自治区第十二个党风廉政教育月动员大会。

7月1~8日，自治区财政厅党组成员、副厅长托乎提·亚克夫随同自治区副主席艾尔肯·吐尼亚孜赴和田、克州、喀什三地（州），调研扩大新农保试点和未就业大中专毕业生、农村富余劳动力转移就业等问题。

7月2日，自治区财政厅召开第十二个党风廉政教育月暨“热爱伟大祖国、建设美好家园”主题教育活动动员大会。会议要求党员干部要自觉加强党性修养，不断增强宗旨意识、廉洁从政意识和法律意识。主题教育活动要突出实践特色、舆论引导作用和思想教育功能，创新教育活动方式、方法，突出抓好民族团结教育工作。

7月2日，自治区财政厅、人力资源和社会保障厅印发《关于提高我区城镇居民基本医疗保险财政补助标准的通知》（新财社［2010］178号），从2010年1月1日起，将自治区城镇居民医保财政补助标准提高至每人每年120元，其中中央财政补助60元，地方财政补助60元。

7月4~7日，自治区财政厅党组成员、副厅长托乎提·亚克夫随自治区副主席艾尔肯赴克州、喀什地区调研新农保试点、就业及培训工作，出席新农保启动会议。

7月5日，自治区财政厅厅长弯海川在自治区党委参加国家西部大开发工作电视电话会议。

7月5日，上海市政府援疆工作规划调研组一行来自治区财政厅调研，上海市政府副秘书长陈靖表示，调研组为新疆基层工作条件的艰苦所震撼，为基层干部饱满的工作热情和迫切发展的心情所感动，上海市贯彻落实中央新疆工作座谈会精神，尽最大的力量支持和帮助对口支援的县（市）。财政厅领导和相关处室负责人介绍新疆财政经济方面的情况，希望上海市发挥资金、产业发展和技术管理等方面的优势，通过援助，带动当地经济的迅速发展。

7月5日，自治区财政厅依法行政、依法理财工作领导小组成员进行调整：自治区财政厅厅长弯海川任组长，副厅长王富强任副组长。

7月6日，自治区人大财经委调研组来财政厅调研2009年度自治区本级财政决算情况。

7月7日，自治区财政厅干部、职工来到自治区反腐倡廉教育基地参观学习。参观学习活动提高了干部、职工的党性认识、廉政意识、责任意识，促进了干部、职工立足本职，依法理财、为民理财，弘扬了清正廉洁、秉公用权的价值理念。

7月8～14日，国务院农村综合改革工作小组办公室、国务院发展研究中心、中央农办、农业部、人民银行等部门组成的中央牧区体制改革联合调研组来自治区调研。自治区农村综合改革办公室专职副主任薛江陪同中央调研组赴南、北疆调研。

7月9日，自治区教育厅、财政厅联合召开自治区提高农村义务教育阶段贫困寄宿生生活费补助标准暨设立自治区人民政府高校助学金新闻发布会，自治区财政厅党组成员、总会计师张立德介绍了有关情况。

7月9日，自治区财政厅党组成员、副厅长卢蜀江随同自治区副主席贾帕尔·阿比布拉赴自治区语委会、康复中心调研。

7月13日，自治区财政厅党组会议决定，李勇同志任自治区国有资产投资经营公司副总经理，免去其公司产权管理部经理职务。

7月13日，自治区财政厅党组会议决定，任命常戈平同志为金融工作处处长；任命霍美伶同志为办公室副调研员，任命马新华同志为办公室副调研员。

7月15日，自治区财政厅党组书记居来提·买买提明和财政扶贫资金管理办公室负责同志参加由国务院扶贫办和自治区人民政府联合召开的全疆扶贫工作会议，研究部署自治区新时期财政扶贫工作，确定了在自治区17个县开展边境扶贫开发试点工作。

7月16日，自治区财政厅全体厅领导参加自治区《中国共产党党员领导干部廉洁从政若干准则》辅导报告会。

7月24～25日，自治区农业综合开发办公室主任张小庚陪同国家农业综合开发办公室负责人在乌昌地区昌吉市调研国家农业综合开发产业化经营项目实施情况。

7月24～26日，北方省（市、自治区）会计学会第28次学术研讨会在新疆乌鲁木齐市召开。自治区党委副书记、常务副主席杨刚致欢迎词，原财政部党组成员、纪检组长、中国会计学会会长金莲淑讲话，自治区财政厅厅长、自治区会计学会会长弯海川致辞，中国会计学会副秘书长周守华作专题报告。

7月26～30日，自治区农业综合开发办公室主任张小庚和项目管理处同志赴伊犁州霍城县对2009年农业综合开发中型灌区节水配套改造项目建设情况进行现场踏勘，提出工作要求。

7月27～28日，自治区财政厅厅长弯海川在安徽省合肥市参加全国厅（局）长座谈会。

7月29日，自治区财政厅党组成员、副厅长卢蜀江在自治区党委电视电话会议室参加自治区加强党的基层组织建设工作部署会议。会议传达了自治区党委书记张春贤同志重要指示，对加强基层组织建设作出部署。

7月30日，自治区2010年治理“小金库”工作电视电话会议召开，自治区党委常委、纪委书记、政法委书记符强主持会议，自治区党委副书记、自治区人民政府常务副主席杨刚讲话，自治区财政厅厅长弯海川宣读《自治区国有及国有控股企业“小金库”专项治理实施方案》和《自治区社会团体“小金库”专项治理实施方案》，会议要求。

2010年7～12月底，在全区范围内开展社会团体和国有及国有控股企业“小金库”专项治理工作。

8　月

8月3日，自治区党委决定，自治区财政厅厅长弯海川同志任自治区人民政府党组成员。

8月3～6日，全国财政科研系统办公室主任会议在乌鲁木齐市召开。财政部办公厅领导、财政部科研所领导、自治区财政厅领导及100多名来自全国财政科研系统办公室主任到会。

8月4～5日，自治区财政厅党组成员、副厅长托乎提·亚克夫随同自治区副主席贾帕尔·阿比布拉赴沙湾县、乌苏县调研灾后重建、跨省移民安置、信访有关工作。

8月5日，自治区财政厅对本厅2009年以前制定的规范性文件进行清理。清理规范性文件566件，确认现行有效的规范性文件411件，废止的规范性文件99件，失效的规范性文件56件。清理结果上报自治区人民政府办公厅，并在自治区财政厅门户网站上公布。

8月10～12日，新疆投资信用保证公司举办全疆担保机构担保业务培训班，全疆18个担保机构的负责人和从业人员近80人参加培训。自治区财政厅党组成员、副厅长王彦楼出席开班仪式并讲话。

8月10～13日，自治区财政厅副巡视员马建国随同自治区副主席贾帕尔·阿比布拉赴伊犁州调研灾后重建、跨省移民安置、信访工作。

8月11～18日，财政部税政司王晓华副司长、中石油集团公司温青山副总会计师、中石化股份公司尚胜利副处长一行就资源税改革运行情况及政策执行中存在的问题赴新疆调研，深入中石油克拉玛依新疆油田分公司和中石化乌鲁木齐西北分公司了解情况。财政厅党组成员、副厅长王富强陪同调研。

8月14～15日，自治区财政厅党组成员、总会计师张立德和会计处、机关党委、资产处和会计事务服务中心负责同志赴巴州博湖县社区支部开展“创和谐机关、做人民满意的公务员”主题创建活动。

8月15～18日，自治区农业综合开发办公室主任张小庚带队，由巴州、喀什地区、叶城县、奇台县、阜康市、焉耆县等地（州、县、市）农发办相关人员参加，邀请部分自治区农业综合开发科技专家组成调研组，赴焉耆县、博湖县就农发管理机构项目评审工作开展情况进行调研。

8月17日，中国注册会计师协会副秘书长、全国注册会计师行业党委副书记董新钢一行来自治区调研注册会计师行业党建和行业创先争优活动有关工作，财政厅党组成员、总会计师、新疆注册会计师注册资产评估师行业党委书记张立德和新疆行业党委委员以及有关会计师事务所、评估机构党组织负责同志汇报工作、陪同调研。

8月17日，自治区农村综合改革办公室《关于印发〈新疆维吾尔自治区2010年村级公益事业建设一事一议财政奖补试点工作方案〉及有关问题的通知》（新综改［2010］10号），确定自治区33个县（市）开展一事一议财政奖补试点工作。

8月17～19日，全区财政统发工资业务培训班在乌鲁木齐市举办，自治区财政厅党组成员、总会计师张立德作了《规范操作、严格把关、务求创新，不断提高全区财政统发工资工作科学化、精细化管理水平》的讲话。

8月17～24日，自治区财政反腐倡廉建设课题评审会议在伊宁市、库尔勒市召开，对各地（州、市）财政部门调研形成的财政反腐倡廉建设课题进行评审。总结前几个月自治区财政系统反腐倡廉建设工作，安排部署后几个月的工作任务，财政厅党组成员、纪检组长赵炜和纪检监察室负责同志参加会议。

8月23日，自治区财政厅党组书记居来提·买买提明随同自治区党委副书记、常务副主席杨刚赴昌吉州调研农副产品加工企业发展情况。

8月24日，自治区财政厅党组书记居来提·买买提明在乌鲁木齐昆仑宾馆参加自治区畜牧业重大自然灾害防控体系建设规划启动会议。

8月25日，自治区人民政府与国务院农村综合改革工作小组签订清理化解农村义务教育"普九"债务责任书。

8月26～27日，全区财政工作座谈会在乌鲁木齐市召开。此次会议贯彻落实自治区党委七届九次全委（扩大）会议精神，学习传达全国财政厅（局）长座谈会精神，总结2010年以来财政工作，交流财政科学化、精细化管理经验，部署加强管理基础工作和基层建设，安排后几个月重点工作，全面推进全区财政工作的科学化、精细化管理，促进自治区经济社会又好又快发展。

8月30日～9月3日，自治区2010年第二期乡镇财政管理干部培训班在乌鲁木齐市举办。培训班就贯彻全疆财政局长座谈会精神和加强"两基"建设、全面推进财政管理各项工作作出安排。自治区农村综合改革办公室专职副主任薛江同志讲话。

8月31日，财政部部长助理、党组成员刘红薇一行莅临自治区财政厅检查指导工作。

8月31日～9月2日，中亚区域经济合作分区域研讨会在北京召开。中国、阿塞拜疆参会，两国代表团就中亚区域经济合作十周年成果研究、区域合作未来发展、中亚学院绩效评估及第九次部长会日程等议题进行讨论。自治区世界银行贷款项目执行办公室专职副主任谢煊参加会议。

9　月

9月1～2日，全国财政社会保障工作会议在陕西省西安市召开。财政部副部长王军作《加快民生建设，保促科学发展》的工作报告。自治区财政厅党组成员、副厅长托乎提·亚克夫和社会保障处负责同志参加会议。新疆自治区的《发挥财政职能作用，稳步推进我区新农保试点工作》、《建立机制、落实责任，积极推进社会保险基金预算制度建设》、《建立多渠道经费保障机制，促进基本药物制度顺利实施》3个材料上会交流。

9月1日～10月29日，自治区财政厅副巡视员尹芳参加2010年下半年自治区党委党校地厅级国家公务员进修班。

9月3日，自治区财政厅副巡视员马建国陪同自治区副主席钱智赴新疆果业集团调研。

9月3日，自治区财政厅副巡视员包振洋参加自治区消除麻疹暨2010年麻疹疫苗强化免疫活动电视电话会议。

9月6～8日，自治区人民政府党组成员、自治区财政厅厅长弯海川陪同自治区党委书记张春贤赴喀什地区调研。

9月6～25日，自治区农村综合改革办公室专职副主任薛江在意大利参加农村合作经济组织发展培训班。

9月7日，自治区财政厅第四届职工运动会在新疆农业大学召开。

9月8日，财政部在山西太原召开全国注册会计师行业创先争优机制建设工作会议，财政部副部长、全国注册会计师行业党委书记王军讲话。自治区财政厅党组成员、总会计师、新疆注册会计师注册资产评估师行业党委书记张立德以及新疆注协和行业党委有关负责同志参加会议。

9月8～9日，自治区财政厅党组书记居来提·买买提明在新疆迎宾馆参加新疆扶贫开发工作会议。

9月8～13日，自治区财政厅党组成员、副厅长托乎提·亚克夫陪同自治区副主席贾帕尔·阿比布拉赴昌吉州、哈密地区调研城乡低保、兴边富民、甘肃移民安置、司法工作等情况，并出席自治区第七届全国少数民族传统体育运动会开幕式。

9月9日，自治区人民政府党组成员、自治区财政厅厅长弯海川随同自治区党委副书记、自治区主席努尔·白克力赴自治区文化厅调研。

9月9~10日，自治区财政厅党组成员、总会计师张立德在北京参加中国资产评估协会第四次全国会员代表大会。

9月14日，自治区财政厅党组成员、副厅长卢蜀江在自治区党委参加自治区节能减排工作电视电话会议。

9月16日，自治区治理“小金库”领导小组办公室举办自治区社会团体和国有及国有控股企业“小金库”治理工作培训班，对区本级各相关单位的主要负责人和财务负责人进行培训。财政厅党组成员、纪检组长赵炜在培训班讲话。

9月16日，经自治区党委决定，免去卢蜀江同志自治区财政厅党组成员职务，任命卢蜀江同志为和田地委委员。

9月16~17日，全区财政企业工作会议召开。此次会议贯彻落实自治区党委七届九次全委（扩大）会议精神，学习传达全国财政企业工作会议精神，总结近年来财政企业工作，交流财政企业管理经验，部署财政企业工作任务，全面推进全区财政企业工作的科学化、精细化管理，促进经济社会又好又快发展。自治区财政厅党组成员、副厅长王彦楼作工作报告。

9月16~19日，财政部税政司郑建新副司长带队赴新疆阿勒泰地区、乌鲁木齐市就《财政部、国家税务总局关于继续实行宣传文化增值税和营业税优惠政策的通知》中有关增值税政策的执行情况、政策效果、存在的问题及下一步的政策建议进行调研。自治区世界银行贷款项目执行办公室专职副主任谢煊陪同前往。

9月16~23日，自治区农业综合开发办公室主任张小庚和农发办有关同志，赴克拉玛依市调研农业综合开发生态治理项目资金报账制度，赴塔城地区裕民县调研高标准农田示范工程项目建设情况，赴博尔塔拉州温泉县踏勘莫托中型灌区节水配套改造项目前期工作。

9月20日，自治区财政厅印发《自治区乡镇财政资金监管实施办法（试行）》。对乡镇财政补助性资金、专项资金，乡镇财政预算管理、乡村财政财务管理等方面进行规范，充分发挥乡镇财政职能作用，规范乡镇财政资金监管工作，提高乡镇财政资金使用效益。

9月26日，自治区规范和加强集资建房和统建住房工作会议在新疆迎宾馆召开。会议通报了自治区清房、集资建房和统建住房实施情况，安排部署清房和集资建房各项工作任务。厅党组书记居来提·买买提明、纪检组长赵炜参加会议。

9月28日，财政部召集15个省（市、区）财政厅（局）长开会，讨论进一步加快预算支出进度问题。财政部副部长廖晓军和预算司、国库司有关负责同志参加会议，自治区财政厅党组成员、副厅长张洪武和预算处负责同志参加会议。

9月28日，自治区农业综合开发办公室主任张小庚和农发办有关同志赴乌昌地区吉木萨尔县，对东大龙口中型灌区节水配套改造项目建设情况实地调研并提出施工进度要求。

9月28日，区直机关工委在乌鲁木齐召开区直机关建设学习型党组织推进会。自治区财政厅机关党委等4家单位作经验交流。

9月29日，自治区财政厅党组成员、副厅长王彦楼参加自治区保障性安居工程建设电视电话会议。

10　月

10月10日，自治区人民政府党组成员、自治区财政厅厅长弯海川赴和田地区考察调研财政管理工作。听取和田地区财政局的工作汇报，深入洛浦县财政局、墨玉县财政局以及古勒巴格乡财政所，考察、了解乡镇财政管理、财政支农专项使用管理、村级公益事业建设一事一议财政奖补项目、财政补贴资金“一卡通”发放等有关情况。自治区农村综合改革领导小组办公室专职副主任薛江陪同调研。

10月11日，自治区财政厅党组成员、总会计师张立德在乌鲁木齐市参加自治区非公有制经济组织和新社会组织党建工作深入推进会议。会议总结交流“百日集中组建”活动经验，部署深入推进公有制经济组织和新社会组织党建工作。

10月11～14日，自治区财政厅党组成员、纪检组长赵炜在江苏省参加全国财政系统纪检监察干部培训班。

10月12～16日，自治区财政厅党组成员、副厅长张洪武和行政事业资产监督管理处、行政政法处负责同志在广西南宁参加全国行政政法财务资产管理工作会议。

10月13日，自治区人民政府党组成员、自治区财政厅厅长弯海川，自治区财政厅党组成员、副厅长王彦楼参加全国工程建设领域突出问题专项治理工作电视电话会议。会议总结全国工程治理工作开展一年的情况，研究部署下一阶段的工作。

10月13日，自治区召开“双语”幼儿园建设工程和“双语”教学工作电视电话会议，自治区党委常委尔肯江·吐拉洪发表讲话。财政厅党组成员、总会计师张立德和教科文处负责同志参加会议。

10月15～16日，全区反腐倡廉创新经验交流会在乌鲁木齐市召开，自治区财政厅党组成员、纪检组长赵炜代表财政厅做经验交流。

10月15～16日，自治区财政厅党组成员、副厅长托乎提·亚克夫随同自治区领导对乌鲁木齐市文化、卫生、广播电视等工作进行调研。

10月17～21日，自治区农业综合开发办公室主任张小庚和相关单位负责同志赴伊犁、博州就保障性安居工程建设情况进行现场检查。

10月24～25日，自治区乡镇财政建设工作现场会在伊犁州召开。自治区农村综合改革领导小组办公室专职副主任薛江主持会议，自治区人民政府党组成员、自治区财政厅厅长弯海川参加会议，并作重要指示。

10月25～26日，全国财政系统依法行政、依法理财工作座谈会在北京召开，自治区财政厅党组成员、副厅长王富强和法制税政处负责同志参加了会议。

10月26日，建立草原生态保护补助奖励机制座谈会在新疆迎宾馆召开。会议研究建立草原生态保护补助奖励机制的具体实施措施。自治区人民政府党组成员、自治区财政厅厅长弯海川参加会议并作大会发言。

10月26日，财政部部长助理、党组成员胡静林赴新疆自治区调研强农、惠农工作，自治区财政厅副巡视员马建国参加自治区强农、惠农资金专项清理和检查工作汇报会。

10月31日～11月5日，自治区世界银行贷款项目执行办公室专职副主任谢煊赴菲律宾参加中亚区域经济合作第九次部长会议。

10月31日～11月5日，自治区由组织部、财政厅、民政厅、农业厅四部门联合组成检查组，对自治区村级组织运转经费落实情况进行专项检查。自治区农村综合改革办公室专职副主任薛江赴莎车县、阿瓦提县进行村级组织运转经费落实情况检查。

11　月

11月1～24日，自治区财政厅党组书记居来提·买买提明赴美国参加全国财政系统厅（局）长培训班。

11月2～15日，自治区人民政府党组成员、自治区财政厅厅长弯海川在中国井冈山干部学院参加2010年第12期厅（局）级领导干部“加强党性修养，坚定理想信念，保持优良作风”专题培训班。

11月5～8日，自治区财政厅党组成员、副厅长王彦楼随自治区党政代表团赴宁夏、内蒙古考察。

11月7～27日，自治区财政厅党组成员、纪检组长赵炜赴加拿大参加财政绩效监督培训班。

11月10日，自治区区直机关工委副书记张铁军一行来财政厅检查在基层党组织和党员中开展创先争优活动情况，财政厅党组成员、总会计师张立德以及有关处室负责同志、部分党员代表向检查组一行做专题汇报。

11月11～21日，自治区财政厅副巡视员马建国和农业处相关同志赴宁夏、内蒙古考察、学习草原生态保护奖励补偿机制工作。

11月12日，自治区财政厅党组成员、副厅长托乎提·亚克夫随自治区主席努尔·白克力赴自治区林业厅调研。

11月19日，自治区财政厅党组成员、副厅长张洪武参加自治区防火工作电视电话会议。

11月19～21日，自治区农业综合开发办公室主任张小庚和财政扶贫资金管理办公室负责同志赴云南参加全国兴边富民行动十周年总结暨经验交流会。

11月23日，自治区财政厅党组成员、副厅长王富强在新疆人民会堂参加自治区民族工作会议暨第六次民族团结进步表彰大会。

11月23～25日，2010年度自治区财政决算工作会议在乌鲁木齐市召开。自治区财政厅党组成员、总会计师张立德讲话。会议表彰了2009年度财政总决算、部门决算和2010年预算执行分析工作先进地区。

11月26日，自治区财政学会新形势下新疆财政经济发展问题研讨会在乌鲁木齐市召开。

11月29日，自治区财政厅“两基”建设交流会议在乌鲁木齐市召开，财政厅党组书记居来提·买买提明主持会议，自治区财政厅厅长弯海川作重要讲话。会议听取部分处室“两基”建设工作汇报，安排部署厅机关“两基”建设工作。与会代表观摩了各处室展台。

11月30日，2009年度自治区本级部门决算布置工作会议在乌鲁木齐市召开。自治区财政厅党组成员、总会计师张立德讲话。会议总结自治区本级2009年度部门决算工作，安排部署2010年度工作，表彰2009年自治区本级部门决算先进单位。

12　月

12月3～4日，《新疆财会》通联人员培训班在乌鲁木齐市举办。培训班特邀财政部财政科学研究所副所长、博士生导师王朝才，新疆社会科学院研究员、《新疆社会科学》杂志主编董兆武，新疆日报社高级记者杨继春讲课。表彰奖励了伊犁州等5个地（州）和昭苏县等10个县（市）的先进通联单位及优秀个人。

12月6～14日，自治区农村综合改革办公室专职副主任薛江赴昌吉州木垒县、吉木萨尔县，哈密地区伊吾县、巴里坤县，吐鲁番地区托克逊县等地、县调研指导农村综合改革工作。

12月7日，自治区财政厅举行“全国模范职工之家”授牌仪式。自治区直属机关工委书记涂凤英、财政厅党组书记居来提·买买提明出席授牌仪式。

12月7日，自治区财政厅党组成员、副厅长王富强随自治区党委常委肖开提·依明赴吉木萨尔县就加快北庭故城国家考古遗址公园建设有关工作进行调研。

12月7日，《国务院农村综合改革工作小组关于新疆维吾尔自治区清理化解农村义务教育“普九”债务工作考核验收情况的函》（国农改［2010］43号），通知新疆通过国家清理化解农村“普九”债务考核验收。

12月7～8日，2011年度自治区企业财务信息工作会议在新疆会计干部培训中心召开。会议总结表彰2009年度企业财务会计报告编制工作和2010年度企业财务信息快报编制工作先进单位，布置讲解了2010年度国有及国有控股企业和城镇集体企业财务会计报告编制工作要求和2011年度企业财务信息快报编制工作要求，讲解了2010年新颁布出台的企业财务会计制度、会计准则和有关企业税法政策，讨论了《关于做好我区地方企业财务会计决算分析工作的指导意见》。自治区财政厅党组成员、总会计师张立德同志到会讲话，总结企业财务信息工作取得的成绩，提出下一步企业财务信息工作的主要任务和具体要求。

12月8日，新疆珠心算协会召开会长、秘书长会议，专题研究2010年工作总结和2011年工作计划。财政厅党组成员、总会计师、新疆珠心算协会第一副会长张立德和有关处室负责同志参加会议。

12月8日，自治区财政厅副巡视员包振洋在自治区经信委参加自治区淘汰落后产能工作会议。

12月10日，自治区财政厅党组书记居来提·买买提明，厅党组成员、纪检组长赵炜参加自治区惩防体系建设工作座谈会，厅党组书记居来提·买买提明代表财政厅作大会发言。

12月14日，自治区首期高级会计人才培训班结业典礼在乌鲁木齐市举行。自治区人民政府党组成员、自治区财政厅厅长弯海川同志讲话。他指出，会计工作、会计人才对国家、地区、民族的发展发挥着三个作用：一是制定科学发展战略的基础，二是经济社会有序运行的前提，三是社会可持续发展的保障。他要求自治区高级会计人才要努力学习、敢于担当、做好表率。自治区党委组织部、人力资源和社会保障厅和新疆财经大学领导出席。

12月14日，自治区会计学会在乌鲁木齐市举办自治区会计学会成立30周年纪念大会。自治区社科联、民政厅领导和自治区会计学会全体领导出席会议。中国会计学会会长金淑莲发来贺信。自治区财政厅党组成员、总会计师、自治区会计学会常务副会长张立德同志作《自治区会计学会成立30周年回顾与展望》的报告。

12月15日，自治区人民政府党组成员、自治区财政厅厅长弯海川参加自治区依法行政工作会议。

12月15日，自治区财政厅副巡视员马建国参加自治区水利普查工作电视电话会议。

12月15～25日，自治区财政厅党组成员、纪检组长赵炜带队，纪检监察室和机关党委分两组，到自治区党委宣传部、自治区党委政法委、自治区人事社会保障厅、自治区建设厅、自治区文化厅、自治区水利厅、自治区卫生厅、自治区科学技术厅、自治区安全生产监督管理局和自治区经济信息委员会，以及和田地区财政局、阿勒泰地区财政局和五家渠市财政局进行走访，广泛听取对财政厅在2010年支持自治区经济和社会发展、保障和改善民生、深化财政管理改革、创新财政管理制度、维护社会稳定和民族团结、机关作风建设和廉政勤政等方面的意见和建议。

12月16～18日，自治区人民政府党组成员、自治区财政厅厅长弯海川随同自治区党委书记张春贤赴喀什、和田、阿克苏等地调研。

12月17～21日，自治区农村综合改革工作办公室专职副主任薛江赴博州、塔城地区乌苏市调研指导综改工作，提出清理化解债务应“端正认识、摸清家底、明确责任、自主化债、适度奖补、制止新债”的六点工作要求。

12月20日，经自治区财政厅党组研究决定，选派农业综合开发办公室副主任海拉提·巴拉提赴伊犁州昭苏县党政班子挂职，非税收入管理处副处长胡方毅赴巴州且末县乡镇挂职，综合处王绍华同志赴阿勒泰地区福海县乡镇挂职。

12月20～21日，自治区世界银行贷款项目执行办公室专职副主任谢煊在乌鲁木齐市参加自治区政务公开工作会议。

12月21日，自治区财政厅党组成员、副厅长王彦楼在自治区人民政府参加自治区企业软件正版化工作会议。

12月24日，自治区人民政府党组成员、自治区财政厅厅长弯海川，财政厅党组书记居来提·买买提明在新疆人民会堂参加自治区稳定工作会议。

12月25～26日，自治区人民政府党组成员、自治区财政厅厅长弯海川，财政厅党组书记居来提·买买提明在乌鲁木齐市参加自治区党委七届十次全委（扩大）会议。

12 月 27 日，自治区农村综合改革办公室专职副主任薛江和相关负责同志赴乌鲁木齐市米东区检查指导农村综合改革工作，检查 2010 年农村综合改革工作及各项政策执行情况，征求工作意见和建议，看望基层综改干部。

12 月 27 ~28 日，自治区人民政府党组成员、自治区财政厅厅长弯海川和办公室、预算处、人事教育处负责同志在北京国家会计学院参加全国财政工作会议。会议贯彻落实党的十七大、十七届五中全会和中央经济工作会议精神，总结 2010 年及“十一五”时期的财政工作，明确“十二五”时期财政改革发展的总体要求，部署 2011 年财政工作。

12 月 28 日，自治区农村综合改革办公室专职副主任薛江和相关负责同志赴乌鲁木齐市达坂城区调研指导农村综合改革工作。

12 月 28 ~29 日，召开自治区乡镇财政决算布置会议，会议对乡镇财政决算报表的内容、口径、填报方法和软件操作方法进行培训；同时总结 2010 年工作，明确 2011 年乡镇财政管理工作的方向。

12 月 29 日，自治区党委决定：张小庚同志任自治区财政厅党组成员，谢煊同志任自治区财政厅党组成员，薛江同志任自治区财政厅党组成员。